国网四川省电力公司年鉴

（2020）

国网四川省电力公司年鉴编纂委员会　编

方志出版社
Publishing House of Local Records

图书在版编目（CIP）数据

国网四川省电力公司年鉴. 2020/国网四川省电力公司年鉴编纂委员会编.—北京：方志出版社，2021.10

ISBN 978-7-5144-4765-1

Ⅰ.①国… Ⅱ.①国… Ⅲ.①电力工业—工业企业—四川—2020—年鉴 Ⅳ.①F426.61-54

中国版本图书馆 CIP 数据核字（2021）第 214466 号

国网四川省电力公司年鉴（2020）

编　　者：	国网四川省电力公司年鉴编纂委员会
责任编辑：	高孟君
出 版 者：	方志出版社
	地址　北京市朝阳区潘家园东里 9 号（国家方志馆 4 层）
	邮编　100021
	网址　http：//www.zgfzcb.cn
发　　行：	方志出版社图书经销中心
	电话（010）67110500
经　　销：	各地新华书店
印　　刷：	四川科锐得实业集团有限公司
开　　本：	889×1194　　1/16
印　　张：	26.5
字　　数：	980 千字
版　　次：	2021 年 10 月第 1 版　　2021 年 10 月第 1 次印刷
印　　数：	0001～1300 册

ISBN　978-7-5144-4765-1　　　定价：190.00 元

国网四川省电力公司年鉴编纂委员会

（2019 年 1—12 月）

主　任： 谭洪恩　胡海舰

副主任： 刘　勇　杨桂荣　谭志红　王永平　陈云辉　左宇龙　寇剑波

委　员： 凌廷亮　韩晓言　林　敏　郑卫东　李镇义　杜树兴　涂心畅　刘　冰　侯太明　周　桦　张　敏　贺兴容　周　林　何　勇　何远刚　熊卫东　王嘉明　杨　博　余嘉庆　冯泽亮　王　林　杨迎春　张　灏　田立峰　王经纬　王　旭　陈永举　邬小端　卿　松　朱天科　王小川　倪　力　刘　进　潘旭东

主　编： 吴　玲

副主编： 王　鑫　李　庆

国网四川省电力公司年鉴编辑部

主　任： 吴　玲

副主任： 王　鑫　李　庆

编　辑： 李　庆　何　飞

#《国网四川省电力公司年鉴（2020）》主要特约撰稿人

刘廷鹞	国网四川省电力公司办公室
贺星棋	国网四川省电力公司发展策划部
罗　羿	国网四川省电力公司财务资产部
何　伟	国网四川省电力公司运维检修部
朱　志	国网四川省电力公司安全监察部
鲁　健	国网四川省电力公司营销部
张　烨	国网四川省电力公司建设部
冯　晋	国网四川省电力公司农电工作部
陶晓丽	国网四川省电力公司电力调度控制中心
朱文爽	国网四川省电力公司审计部
陈冬梅	国网四川省电力公司经济法律部
吴娅莎	国网四川省电力公司经济法律部
滕明勇	国网四川省电力公司人事董事部
李　秋	国网四川省电力公司人力资源部
李　佳	国网四川省电力公司电力交易中心
周　剑	国网四川省电力公司运营监控中心
吴　蓉	国网四川省电力公司物资部（招投标管理中心）
谢正军	国网四川省电力公司科技部
陆　娟	国网四川省电力公司离退休工作部
段卫平	国网四川省电力公司后勤工作部
谢玉玲	国网四川省电力公司思想政治工作部
江玉梅	国网四川省电力公司思想政治工作部
王文敏	国网四川省电力公司监察部（纪委办公室）
张如平	国网四川省电力公司对外联络部
阮　征	国网四川省电力公司工会
彭　杰	国家电网有限公司企业管理协会四川分会
张维平	国家电网有限公司成都援藏办
李　琦	四川省公安厅直属二分局
王东源	国网成都供电公司
方美凤	国网乐山供电公司
刘　桢	国网德阳供电公司
李元源	国网雅安供电公司
李　征	国网眉山供电公司
鲁丽玲	国网攀枝花供电公司
李冬梅	国网阿坝供电公司
李泽宇	国网阿坝供电公司
杨　佳	国网绵阳供电公司
刘清宇	国网天府新区供电公司
林静玉	国网达州供电公司
何　磊	国网凉山供电公司
赵亮宇	国网泸州供电公司
张永喜	国网宜宾供电公司
李　锐	国网南充供电公司
李世佳	国网广元供电公司
张光平	国网内江供电公司
舒莘珂	国网广安供电公司
赵　炯	国网遂宁供电公司
左一丁	国网资阳供电公司
邹　庆	国网自贡供电公司
黄　超	国网巴中供电公司
曾春夏	国网甘孜供电公司
李红霞	国网四川映秀湾电厂
王　彬	国网四川省电力公司电力应急中心
贺　捷	国网四川省电力公司综合服务中心
羊　浩	国网四川省电力公司经济技术研究院
马晓丽	国网四川省电力公司建设管理中心
席运生	四川电力工程建设监理有限责任公司
彭　灿	国网四川省电力公司电力科学研究院
栗　源	国网四川综合能源服务有限公司
王建华	国网四川省电力公司电源技术中心
余小闯	国网四川省电力公司检修公司
彭少博	国网四川电力送变电建设有限公司
陈　龙	国网四川省电力公司信通公司
丁妍文	国网四川省电力公司物资公司
丘东懿	国网四川省电力公司党校（管理培训中心）
章志刚	国网四川省电力公司技能培训中心（四川电力职业技术学院）
胡　兵	四川科锐得实业集团有限公司

编 辑 说 明

一、《国网四川省电力公司年鉴（2020）》以马克思列宁主义、毛泽东思想、邓小平理论、“三个代表”重要思想、科学发展观和习近平新时代中国特色社会主义思想为指导，坚持辩证唯物主义和历史唯物主义的立场、观点和方法，实事求是、客观真实地进行记叙编纂。

二、《国网四川省电力公司年鉴（2020）》的编纂宗旨是系统地记述公司一年中的发展进程和运行轨迹。全面反映公司在改革中不断进取的新成就和先进事迹、优秀人物；为各级领导决策和制订发展规划提供参考依据；满足广大电力职工、社会各界人士了解和研究电力改革、建设、发展的需求；为编史修志打下基础；为开展四川省电力行业与全国各省市(区)电力行业乃至国家之间的信息交流提供信息平台，推动四川电力工业持续发展。

三、《国网四川省电力公司年鉴(2020)》记述的是2019年1月1日至12月31日国网四川省电力公司系统的基本情况。

四、《国网四川省电力公司年鉴(2020)》采用条目式框架结构，即按类目、分目、条目方式进行编排，为方便读者查阅，在附录中收入了有关数据表格。全书约980千字。

五、本年鉴所用资料、数据，主要由公司本部各业务主管部门和公司各基层单位提供。如各单位提供数据与统计部门提供数据不一致时，以统计部门数据为准。

目　　录

特 载

栏目编辑：何　飞

电力论坛

保持战略定力　奋力攻坚突破
开创一流能源互联网企业建设新局面

谭洪恩

2019 年工作回顾

2019 年，面对内外风险挑战明显增多的复杂局面，国网四川省电力公司上下在国家电网有限公司党组和省委省政府的坚强领导下，紧紧围绕“十讲十增强、转型再突破”工作思路，克难攻坚、负重拼搏，各项工作实现重要进展、重点突破、重大创新，确保了公司“12333”新战略良好开局。完成固定资产投资 161.3 亿元；售电量 2180 亿千瓦时，同比增长 8.63%(以下均为同比)；营业收入 1133 亿元，增长 7.53%；受政策调整等因素影响，实现利润 -13.32 亿元；资产总额 1625 亿元；资产负债率 69.56%，降低 0.32 个百分点；全口径劳动生产率 55.23 万元/人•年，增长 1.52%；线损率 7.65%，降低 0.72 个百分点。

一、安全生产保持平稳

认真贯彻习近平总书记关于委内瑞拉大停电重要批示精神，有关专报通过省委省政府上报中办、国办并获中央领导肯定，促成省政府首次组织开展全社会大面积停电联合演练，“团结治网”理念在全省形成广泛共识。深入实施保障大电网安全专项行动，制定电网补强及运行措施420项，确保特高压属地化运维、西南电网异步联网后的安全稳定运行。持续健全安全责任体系，完善安全责任清单和安委会工作规则，修订安全述职、巡查、奖惩、培训等制度，安全基础进一步夯实。大力开展设备隐患治理，消除换流变ABB套管端子等重大缺陷52项、换流站危急缺陷13项，整治变电站消防隐患3700余项，本质安全水平不断提升。加快推进安全生产风险管控平台建设，研发“智能视频反违章系统”，实现38类典型违章自动识别、动态监控。圆满完成公安部、省公安厅网络安全攻防演练，以及新中国成立70周年庆祝活动、中日韩领导人会议、世界警察和消防员运动会等重要保电任务，电网连续安全运行天数位居国网系统第一。成功应对宜宾地震、阿坝特大暴雨山洪泥石流等自然灾害和负荷屡创新高考验，得到各级党委政府和社会各界的广泛赞誉。

二、电网发展全面提速

汇集各方力量积极争取，1000千伏川渝特高压目标网架方案通过国家电网有限公司评审和审议。高质量承办四川省第四季度重大项目集中开工仪式，“新三直”特高压工程加快实施，雅中——江西全面开工，白鹤滩——江苏完成可研，白鹤滩-浙江前期工作有序推进。500千伏甘蜀改接、两河口送出等工程取得核准，康蜀串补、绵阳南等项目顺利开工。雅安送出加强、蜀景三回等110余项重点工程建成投产，有效解决甘孜、雅安断面水电外送瓶颈问题，提升受限水电通道送出能力30%、重要负荷中心供电能力10%。大力拓展外送市场，创新实施“绕道外送”和“毛细血管外送”，在送出通道“打9折运行”的情况下，实现全口径外送电量1325亿千瓦时、与上年持平，累计外送电量突破万亿千瓦时大关；弃水电量减少29.35亿千瓦时、降幅24.1%，水电利用率连续三年保持上升态势。“三区两州”深度贫困地区配网项目全部建成投产，户均配变容量、电压合格率、供电可靠性全面达到国家标准。深入开展配网三年整治提升行动，低电压配变、频繁停电线路分别减少33%、21%，不停电作业次数增长24%。

三、泛在电力物联网建设初见成效

高标准制定泛在电力物联网建设三年规划，明确总体框架、实施路径和重点任务。成立首个泛在电力物联网标准国际工作组，获批建设国内首个省级泛在电力物联网工程实验室。与阿里巴巴、联通、川大、电子科大等企业和高校签订战略合作协议，开展泛在电力物联网协同共建。建成投运云平台、数据中台和物联管理平台，初步实现企业级数据贯通和共享应用。推广运检业务“机器代人”，实现46条输电线路和79座变电站巡检替代试点。开展信息系统“瘦身健体”活动，下线僵尸系统23套，整合移动作业终端4411台。研发报表辅助生产工具，减少重复录入、人工录入90%以上。深挖电力数据服务社会价值，研发智慧环保用电监测平台，助力环保精准监管，取得良好社会和经济效益，获李克强总理和生态环境部“点赞”。高质量承办国家电网有限公司现代（智慧）供应链第三次现场会。一些单位积极开展探索实践，国网眉山供电公司建成全国首套5G配网差动保护，国网宜宾供电公司投运省内首套110千伏快速解环装置，国网德阳供电公司研发全川首个综合电力数据平台，国网绵阳供电公司、国网天府新区供电公司等18家单位建成首批“多站融合”数据中心站，均取得良好成效。

四、经营业绩总体稳健

专题召开优化经营管理策略推进会，研究降本节支、提质增效重点措施，多措并举缓解降电价影响。制定进一步加强精准投资管控、提升发展效率效益实施意见，全年整改低效变电站64座、核减不必要项目38个，节约投资8.2亿元。加强资金精益管控，多渠道降低融资成本，减少带息负债35亿元，节约利息支出1.5亿元。成功争取东西帮扶专项资金13.89亿元。治亏损、压“两金”、降杠杆、防风险等专项治理成效显著，存量事项创近年新低。完成长期在建工程项目清理1615个、转资金额35.6亿元。大力推进降本节支，“三公”及会议费降低18.02%，非生产性支出降低22.61%。丰水期谷段弃水电量交易15.8亿千瓦时、增收0.8亿元。持续开展智能稽核和反窃查违活动，查处窃电和违约用电8713起、用电异常3.79万起，取得经济成效2.85亿元。政企合力推动广元铝业破产重整，依法依规解决旧欠电费遗留问题。10千伏及以下台区线损降低0.46个百分点，实现经济效益5.02亿元。深挖电能替代潜力，完成替代电量113亿千瓦时、增长34.4%。合规收购长虹220千伏输变电资产，在非国网供区成功争取泸州鑫阳钢铁扩能项目“点对点”供电、绵阳新敏雅项目“直供电”，有效巩固和拓展售电市场。综合能源服务业务完成收入4.89亿元、增长126%。电商化采购交易额突破19亿元，超额完成国家电网有限公司任务。积压库存物资下降4亿元、减少31%；标准物料压减1736条，压减率41.2%。充分发挥审计监督职能，建立违规经营投资责任追究制度，整改内外部审计发现问题47个，有效防控重大风险。深入开展“规章制度落实督导年”活动，新建、修订、废止制度1270项，合规管理水平进一步提升。

五、改革创新不断深化

积极应对输配电成本监审和核价严峻形势，全力争取合理的核价参数、电价水平和定价机制，千方百计保障电网和公司可持续发展。特别是利用省委省政府主要领导调研公司、陪同省委省政府主要领导到广西调研等契机，积极汇报公司和电网发展情况，讲清困难问题，提出措施建议，取得了省委省政府的理解和支持。落实各项电价政策和降价降费措施，降低客户用电成本216亿元，其中电网环节让利120亿元。推进增量配电改革试点，眉山洪雅项目制公司正式成立运营，成都青白江项目完成可研论证。电力现货市场实现连续结算试运行，交易机构股改方案获省政府批复。全年参与市场化交易用户5177户，完成交易电量872.6亿千瓦时、增长22.5%。水电消纳示范区建设有序推进，雅安、乐山、攀枝花等6个市（州）年用电量增长55亿千瓦时、增长10.8%。“放管服”改革下放权限121项，基层活力不断增强。“三项制度”改革有序推进，岗位聘任制、绩效经理人等案例入选国家电网有限公司典型经验。“两供一业”分离移交全面完成。率先开展集体企业深化改革，组建产业管理公司。积极推进岷江水电重大资产重组，按期完成资产交割，挂牌成立岷江供电公司，确保国家电网有限公司战略有效落地。峨电公司破产重整获国网批复。圆满承办国际智能电网创新会议、CIGRE国际研讨会，立项IEEE国际标准2项，获国家科技进步奖1项，省部级科技进步、管理成果奖44项，青创赛奖8项，专利授权285项，获评全省模范院士专家工作站。

六、服务水平持续提升

深入实施优化营商环境两年行动计划，大力拓展“三省+三零”办电服务，10千伏、低压业务平均接电时间分别降至34天、1.8天，客户“获得电力”感进一步提升。深入开展漠视侵害群众利益问题专项整治活动，积极配合清理转供电环节不合理加价行为。全面推进投诉压降专项整治活动，投诉总量减少57.6%。深化营销智能转型，持续提升客户体验，智能电能表覆盖率、全口径自动采集成功率分别达到99.86%、99.56%，线上缴费客户数达1275万户，增长21%。加快全能型和星级供电所建设，新增国家电网有限公司五星级乡镇供电所6个，农村公变台区网格管理实现全覆盖。结合乡镇区划改革，启动供电所优化提升工作。深入实施电力助推脱贫攻坚，141 个定点帮扶村如期脱贫，“彝兴”“丽火”特色品牌在全国产业扶贫推进会上交流，“四步五路”扶贫新思路被《中国扶贫》杂志收录并在央视直播，《点亮彝区美好生活》等 6 个案例入选国家级扶贫优秀案例，国网四川省电力公司扶贫工作获汪洋等中央领导批示肯定，被评为全球精准扶贫可持续卓越企业、全省先进定点扶贫单位。

七、党的建设全面加强

高质量开展“不忘初心、牢记使命”两批次主题教育活动，开展各级各类集中学习研讨 2400 余次，专题调研 3000 余次，制定整改措施 9600 余条，党员干部理想信念更加坚定，“四个意识”不断增强。加强基层党组织建设，各级党组织标准化建设全面达标。举办庆祝建党 98 周年、新中国成立 70 周年系列活动，组织“十讲十增强”形势任务宣讲，进一步凝聚干事创业合力。实施人才强企战略，广泛开展“大培训、大比武、大提升”活动，完成各类培训 92.5 万人天，新增高端人才 11 名，干部员工素质进一步提升。持续优化干部队伍结构，“70 后”干部占比提高至 45.8%。扎实开展“抓整改、除积弊、转作风、为人民”专项行动，完成 16 家二级单位、51 家县公司巡察，移交问题线索 343 件。深化“126 连心桥”体系建设，响应职工诉求 2096 件，信访积案总量降低 67%。新闻宣传卓有成效，《阿体拉巴》《望望》等微电影获国际、国内大奖。国网四川省电力公司荣获四川省首届十佳模范职工之家、西三角企业品牌影响力百强等称号，56 个集体荣获全国五一劳动奖状、全国工人先锋号、中央企业先进集体、全国青年文明号、全国百佳志愿服务组织等省级及以上荣誉，77 名个人获全国五一劳动奖章、劳动模范等省级及以上表彰，国网泸州供电公司车盛寅获全国离退休干部先进个人称号（国家电网有限公司唯一）称号。

回顾过去一年，成绩来之不易，经验弥足珍贵。这一年，我们始终坚持举旗帜、跟党走，以习近平新时代中国特色社会主义思想为指导，始终把政治建设摆在首位，在脱贫攻坚、乡村振兴、污染防治等重大部署中，充分发挥“六个力量”作用，确保了国家电网有限公司党组和四川省委省政府各项决策部署落地落实。我们始终坚持谋战略、促发展，紧扣国家电网有限公司和四川省委省政府发展战略，找准定位、因地制宜，创新提出“12333”战略体系和“十讲十增强”总要求，矢志不渝把公司做强做优做大。我们始终坚持抓班子、带队伍，落实新时代党的组织路线，不断完善选人用人体系，营造干事创业氛围，各级干部员工团结一心、勇于担当，在重大工程建设、抢险救灾等急难险重任务中，充分彰显了“川电铁军”的良好形象。我们始终坚持打基础、利长远，强化基层、基础、基本功，严把安全、廉政、服务、舆情关口，聚焦重点领域，常态开展违规违纪通报，确保了大局总体平稳，筑牢了可持续发展根基。我们始终坚持强创新、补短板，既立足现实、又着眼长远，对内关心关爱职工、营造和谐氛围，对外加强沟通协调、创造宽松环境，不断攻坚克难、创新突破，历史遗留问题陆续“破冰”，业绩考核大幅提升，企业驶入健康发展快车道。

认清形势任务，加快推进“12333”战略体系

当今世界大变局加速演变，全球经济处于国际金融危机后的深度调整期，国内经济下行压力依然较大。为积极应对挑战，中央坚持“稳”字当头，对推动经济高质量发展、打赢三大攻坚战、全面深化改革等作出一系列重大部署。纵观大势、总览全局，在推进“12333”战略体系的新征程上，国网四川省电力公司内外部环境正发生深刻变化，面临诸多机遇和挑战。我们务必坚决贯彻中央和国家电网有限公司党组决策部署，认清形势、把握机遇，直面现状、攻坚克难，奋力推动公司实现更高质量发展。

一、必须准确把握机遇

在转型突破、变革发展的关键阶段，只有坚定信心、抢抓机遇，才能牢牢把握发展的主动权。要抓住环境向好的窗口期。我国经济正处于转变发展方式、优化经济结构、转换增长动力的攻关期，结构性、体制性、周期性问题相互交织，“三期叠加”影响持续而深远。但就省内发展看，四川是人口大省、资源大省和科教大省，后发优势明显，增长潜力巨大。四川省委省政府积极融入和推动成渝地区双城经济圈建设，深入实施“一干多支、五区协同”“四向拓展、全域开放”等战略部署，重点打造“5+1”现代工业、“10+3”现代农业、“4+6”现代服务业体系，加快推动治蜀兴川再上新台阶。未来几年，我省经济将呈现高位发展的强劲态势，用电需求也将同步保持旺盛的增长势头，为我们市场开拓、业务发展带来巨大机遇。要抓住电网发展的跨越期。预计到 2030 年，随着 1000 千伏特高压目标网架、“新三直”、西北第二通道等一批超特高压交直流工程建成投运，四川电网将实现历史性跨越，建成“一环

多支”超特高压交直流混联网架，形成连接华东、华中、西北、西藏的全国最大枢纽电网，以及水风光协调绿色共享的全国一流能源配置平台，为我们完善网架结构、优化资源配置带来重要机遇。要抓住战略推进的提速期。2019 年，国网四川省电力公司深入推进“12333”战略体系，在向“三型两网”一流能源互联网企业转型的道路上迈出了坚实的步伐。今年是三年战略突破期承上启下的关键之年，国家电网有限公司将围绕智能终端、物联网平台、5G 发展等重点领域，支撑“两网”融合，抢抓发展先机，为我们转型升级、创新突破带来难得机遇。

二、必须充分预估困难

展望 2020 年及今后一个时期的工作，只有保持清醒、克难攻坚，才能实现公司可持续健康发展。要打好效益提升的持久战。国家将降电价作为降低社会用能成本的重要方式，连续两年降低一般工商业电价，加上四川省委省政府出台一系列精准扶持电价政策，国网四川省电力公司已接连出现较大亏损。2019 年，中央明确提出继续降低企业用电成本，并正在研究降价范围、水平和来源。从现阶段掌握的成本监审和核价情况看，“以降价为导向”的趋势明显，国网四川省电力公司经营形势十分严峻。要打好深化改革的升级战。党的十九届四中全会对新时代全面深化改革作出更加清晰的顶层设计，国资委正在抓紧研究制定国有企业改革三年行动方案，进一步明确国企改革的新目标、时间表、路线图，国网四川省电力公司面临的改革压力与日俱增。与之对应的是，企业内部体制机制还不健全，管理粗放、效率低下等“大公司病”仍然存在，用工总量大、劳动生产率低、队伍结构不合理、产业单位承载力不足等问题未得到根本扭转，改革任务艰巨而繁重。要打好风险防范的攻坚战。随着四川电网规模进一步扩大，大送端、大水电、大直流特性日益凸显，电网抗扰动能力下降，短路电流超标，超低频振荡加剧，梯格型主网架逼近极限支撑能力，部分关键断面长期重载满载运行，特高压首台首套设备隐患尚未完全根治，电网面临的安全挑战有增无减。同时，随着中央全面依法治国、全面从严治党纵深推进，巡察审计、政府监管、社会监督越来越严，国网四川省电力公司在合规管理、队伍稳定等方面面临的风险进一步增大。

三、正确处理“三大关系”，充分发扬“四种精神”，奋力实现“五个突破”，不断开创公司和电网高质量发展新局面。

要正确处理“三大关系”。走好“12333”战略发展之路，只有找准定位、不行极端，把握好前后左右、方方面面的分寸，路才能越走越宽。一是政治、经济与社会责任之间的关系。国网四川省电力公司作为党领导下的国有企业，要把政治责任作为统领，确保党和国家大政方针不折不扣贯彻落实；要把经济责任作为前提，只有实现国有资产保值增值，不断增强国有经济活力、控制力和影响力，才能为全面履行政治责任、社会责任奠定坚实的经济基础。三大责任相互交织、各有侧重，必须尽力而为、量力而行。二是质量、服务与效益之间的关系。当前部分地区供电质量与服务水平已经达到“高点”，想再提升0.1或0.01个百分点，都需要成倍的投入。我们要打破“以可靠性为中心”的惯性思维，不盲目追求超越发展阶段和自身能力的高可靠性和过度服务，下大力气解决投资不顾能力、投入不问产出等事倍功半的问题，把钱花在刀刃上、投到“洼地”中，创造更大的效益、惠及更多的群众。三是创新、改革与基础之间的关系。墙高基下、虽得必失。在推进“三型两网”建设和内外部改革进程中，国网四川省电力公司还有很多基础性问题没有解决、很多关键性难题没有突破，如果脱离夯基固本这个根本，“一味追求高大上”“不切实际乱折腾”，结果只会是“花架子”“假大空”，甚至对公司发展造成难以弥补的损害。

要充分发扬“四种精神”。走好“12333”战略发展之路，只有不懈怠、不浮躁，切实增强蓬勃向上、积极进取的精气神，路才能越走越好。一是“担当”精神。继承和发扬川电铁军精神，把心思体现在“想干事、善谋事”上，把目标锁定在“干成事、成大事”上，把本领体现在“会干事、多干事”上，困难面前敢闯敢试、问题面前敢抓敢管、矛盾面前敢作敢为。二是“争先”精神。围绕“三型两网、世界一流”目标，聚焦业绩三年冲 A 行动计划，向一流瞄准、向标杆看齐，以不甘落后、寸步不让的志气和越是艰险越向前的勇气，一环扣一环、一年接一年，驰而不息、追求卓越。三是“斗争”精神。保持奋进姿态，提高斗争本领，在大是大非面前立场坚定、泾渭分明，对损害国家和公司利益行为挺身而出、善于斗争，对当前面临的压力、挑战和艰巨任务，攻坚克难、百折不回，对违法乱纪歪风邪气，不姑息、不迁就、不退让，敢于亮剑、果断出招。四是“实干”精神。要重实干、强执行、抓落实，增强“一日不为、三日不寐”的使命感和“抓铁有痕、踏石留印”的执行力，心里面揣着事、脑子里想着事、眼睛里看着事，对上级和公司党委的决策部署，说了就办、定了就干、干就干成，决不拖拖拉拉、半途而废。

要奋力实现“五个突破”。在推进“12333”战略体系的道路上，国网四川省电力公司上下要牢牢抓住经营管理、“两网”建设、改革改制、创新驱动、党的建设等核心任务，协力同心、奋力攻坚，确保在效益提升、统筹发展、破旧立新、转型升级、管党治党等方面实现新突破。

1. 着力强化经营管理，在效益提升上实现新突破。效益是公司生存之道、电网发展之基。面对严峻形势，当务之急是采取有效措施，拓展盈利空间，确保稳健经营。向成本投资要效益。研究推动“以利润定投资”模式，进一步做大资产、做精投资、做实成本，针对不确定性项目，要“不见兔子不撒鹰”，追求投资综合效益最大化。强化成本管控，严格压降非生产性成本支出和非准许成本支出。向市场拓展要效益。加强水电外送、火电外购和省内购电策略研究，提升省内消纳和跨区输送综合效益。拓增量、守存量，引导发展具有季节特性和地域优势用电产业，坚决制止“专线供电”行为。优化营商环境，增强客户粘连性、聚合度，为效益提升开辟空间。向风险管控要效益。强化量价费损管理，预防电费回收风险，强化台区线损管控，加大窃电、违约用电查处力度，抵制违反国家电价政策行为。强化合规管理，增强对重大投资、法律诉讼等风险的预判、预控和处置。

2. 着力加快“两网”建设，在统筹发展上实现新突破。“两网”是一流能源互联网企业的重要物质基础，要针对电网“大而不强、大而不优”和泛在电力物联网刚刚起步的实际，抓安全、抓发展、促融合，进一步提升统筹发展效能。确保电网安全。落实责任、严格管理、完善制度、强化监督，确保安全生产万无一失。加强交直流混联电网运行特性分析和协调联动防御体系建设，提高电网本质安全水平。优化网架结构。抓住中央推进成渝地区双城经济圈建设的有利时机，加快推进特高压交流目标网架和“新三直”特高压工程不断取得新进展。加快受限断面改造和负荷中心变电站布点，推动省市县乡各级电网协调发展。促进“两网”融合。推动泛在电力物联网技术向传统电网赋能，挖掘“电网一张图”“能源一张图”“水系一张图”“通信一张图”功能应用，提升电网状态感知和治理能力，汇聚价值共享资源，提供数据应用产品，打造多方共赢能源生态圈。

3. 着力深化改革改制，在破旧立新上实现新突破。中央和省委省政府对深化改革提出了很高要求，我们要顺势而为、乘势而上，以改革增活力、添动力、促发展。落实电力改革部署。按照全国统一电力市场建设要求，规范交易机构建设和运营，完善中长期市场、现货市场规则和交易机制。高标准开展增量配电参、控股项目建设，巩固和扩大市场占有率。推进水电消纳示范区建设，引导满足国家精准扶持要求的绿色高载能产业发展，实现公司与社会共赢。顺应国企改革要求。产业单位改革要以提升盈利水平和可持续发展能力为目标，健全运作机制、规范关联交易、拓展特色业务，持续做实做强做优。要在施工、设计等单位尝试推进混合所有制改革，积极探索国地电网协同融合发展有效路径。激发内部改革活力。落实“放管服”改革要求，激发内部体制机制活力、增强基层活力。加快推进“三项制度”改革，打破“铁饭碗”“大锅饭”，优化人才流动、绩效分配等机制，形成内部市场化竞争氛围。

4. 着力实施创新驱动，在转型升级上实现新突破。建设“三型两网”是一次生产关系和生产力的创新，要解放思想、敢于突破，以新思路、新举措推动工作。大力实施科技创新。加强关键技术攻关，深化电网运行模式、控制策略和技术手段研究，攻关泛在电力物联网应用、输变配设备状态感知等关键技术。健全科技创新体系，加快科技创新成果孵化、转化和产业化，完善职工创新激励约束机制，提升整体创新能力。大力实施业务创新。聚焦多元化用能和服务需求，在综合能源服务、电动汽车充换电服务等领域，加快形成一批具有规模效益、示范引领的项目。挖掘智能电表、变电站、电力杆塔、通信网络等资源价值，开辟数据服务、咨询服务、增值服务新蓝海。大力实施管理创新。着眼于提高效率、效益和服务水平，在转变管理理念、完善管理制度、改进管理方式、提升管理绩效等方面勇于变革，进一步深化职责、标准、流程、激励协同应用，促进各类资源统一调配、顺畅流转、协同高效，构建适应“三型”企业发展的现代管理体系。

5. 着力加强党的建设，在管党治党上实现新突破。要坚持党的领导、加强党的建设，始终把“不忘初心、牢记使命”作为必修课、常修课，将国有企业党建优势转化为创新优势、竞争优势和发展优势。增强党建引领作用。深入学习践行习近平新时代中国特色社会主义思想，树牢“四个意识”，坚定“四个自信”，做到“两个维护”。充分发挥各级党组织和党员在改革发展中的先锋模范作用，促进党的建设与生产经营同向契合、相融并进。深化党风作风行风建设。压紧压实“两个责任”，统筹推进中央巡视整改、巡察问题整改与主题教育整改工作。坚决整治漠视侵害群众利益问题，深入开展“抓整改、除积弊、转作风、为人民”专项行动，以更高站位更大力度推进作风行风建设。强化干部队伍建设。坚持新时代党的组织路线，把“十讲十增强”作为选人用人的导向和标准，强化正向激励，完善退出机制，打造忠诚干净担当的干部队伍。加大优秀年轻干部和人才培养选拔力度，广泛开展培训比武活动，为公司发展提供人才支撑。

2020 年重点工作安排

今年是“三型两网、世界一流”战略纵深推进的关键之年，是完成“十三五”规划的收官之年，也是全面建成小康社会和脱贫攻坚决战决胜之年，做好各项工作至关重要。工作总的要求是：坚持以习近平新时代中国特色社会主义思想为指导，认真贯彻党的十九届四中全会精神，深入落实国家电网有限公司党组和四川省委省政府决策部署，紧紧围绕“345”工作主线（正确处理“三种关系”，充分发扬“四种精神”，奋力实现“五个突破”），持续推进“12333”战略体系，不断提升发展质量和效率效益，努力开创公司一流能源互联网企业建设新局面。

一、全力维护安全稳定局面

确保电网安全运行。深入分析西南异步联网、“新三直”投运后大电网特性，强化交直流联防体系建设，筑牢“三道防线”。筹建专业化直流运检公司，落实特高压变压器安全风险防控措施。强化密集输电通道、枢纽变电站运维，实施防雷差异化评估整治，开展“配网调控安全年”活动和新一轮安评工作。配合政府宣贯新版《电力系统安全稳定导则》，深化“团结治网、共保安全”协调联动机制，做好重大活动保电工作。

狠抓现场安全管控。严格执行安全责任清单，实施各类人员安全等级评价，开展全覆盖安全巡查，组建班组性质安全督查队，层层压实安全责任。完善安全风险管控平台，推动省市安全管控中心建设，丰富现场管控手段。推进施工实名制，加强业务外包安全资信管理。整合现有应急指挥中心资源，健全应急抢修和救援基干队伍，提升应急处置能力。

深化重点领域防控。加快大型充油设备、电缆沟道和重要用户设备隐患排查整治，消除 90%配电线路“三跨”隐患，完成复龙站 28 台 MR 真空分接开关换型工作。落实特高压换流站阀厅封堵六大消防提升措施，完成 220 千伏及以上主变灭火系统改造任务。构建全场景网络安全防护体系。严格落实设备质量责任终身制，适当提高设备招标档次。加强安保、交通及保密工作管理。

二、统筹推进电网协调发展

做好规划和前期工作。力促国家电网有限公司与四川省签订战略合作协议，进一步凝聚电网发展合力。开展“十四五”电网规划，探索构建“三张网”格局。配合国家电网有限公司做好四川能源电力规划，加大各方呼吁力度，推动四川特高压交流目标网架尽快纳入国家规划，并加快甘孜——天府南——成都东特高压交流工程实施，保证甘孜两河口等大型水电群电力输送到四川负荷中心。

推进重点工程建设。年内开工布拖一二期、白鹤滩左右岸、雅中配套和两河口等工程，按期投产沐溪至叙府、康蜀串补、遂宁扩等新建工程，加快推进新津、大林等续建工程。持续推进配网三年整治提升和新一轮农网改造升级，差异化制订规划目标、技术原则和建设标准，确保供电可靠率达到合理区间。推进新一代配电自动化主站建设，实现配电自动化覆盖率 60%目标。加快“三区两州”电网建设，确保上半年全部竣工投产。

促进清洁能源消纳。优化电网运行和火电开机方式，最大限度促进水电消纳。创新实施“9+1”水火打捆外送，提升省内、省外市场保障能力。利用外送通道富余容量，开展跨区现货交易。力争全年省内市场化交易电量达到 1000 亿千瓦时，全口径外送电量保持 1300 亿千瓦时，到 2021 年基本解决弃水问题。

三、创新推动泛在电力物联网建设

激发创新创效活力。完成云和数据中台建设，推进打造统一物联管理平台，拓展人工智能基础服务、数据分析和安全防护能力。加大输变配电物联网、机器人巡检等项目试点，实现 4 座换流站、150 条输电线路、400 座变电站“机器代人”。推动现代（智慧）供应链体系 64 个业务场景落地，推动物资管理提档升级。强化公司智库建设，加强重大课题研究协同。

加快实施科技攻关。制定“十四五”科技规划，大力推进重点项目研发。搭建科技攻关创新平台，申报创建国家、省级重点实验室，加快建设省级工程实验室和大数据应用实验室。探索“三台”自主可控，实现数据库、操作系统、芯片等国产化替代。研究推进 5G 技术在电网的实用化应用。深化技术标准建设，力争立项 4 项 IEC 标准，完成 7 项 IEEE 国际标准制定。

全面提升保障能力。落实通信网建设新标准，加快实施省级骨干光传输网络优化改造，做好数据中心、重要系统、网站、互联网应用等风险隐患排查治理，保障系统和数据安全。持续开展老旧设备腾退、系统优化完善工作，进一步提升系统整体性能。推进通信基础数据迁移上云，实现通信与电网数据的共享共用。

四、全力以赴提升经营质效

抓好电价电费工作。紧盯第二轮输配电价成本监审，优化运维费、折旧费等成本结构，积极汇报争取合理核价参数和输配电价水平。加大转供电加价清理力度，做好两部制电价政策调整。坚持高耗能、产能过剩企业“一户一策”，探索建立“日清日结”电费风险防控机制，加快解决电铁、广铝等历史欠费问题。

多措并举增供促销。深耕电能替代市场，聚力打造港口岸电、全电景区等标杆项目和示范工程，实现替代电量130亿千瓦时。积极拓展综合能源业务，力争营业收入超过8.1亿元。启动电厂“专线直供”大数据企业的清理和规范供电工作，推动实施“水火打捆”外送，策略性接收供配电资产，切实维护公司利益。

千方百计降本节支。深化多维精益管理体系变革，持续提升资金使用效能。多维度强化电网投资约束评价，持续提升精准投资能力。开展降本节支专项行动，建立优先购电管理机制，深化降损全过程考核，严控非生产性支出。优化债务结构和融资时序，控制总资产负债率低于69.28%。完成亏损存量企业总亏损再减5%目标，持续“压减”低效无效资产法人户数。

强化依法从严治企。积极推进国网四川省电力公司治理体系和治理能力现代化建设，开展“法治文化建设年”主题活动，推动企业依法治理能力全面提升。完善合规管理体系建设，探索构建合规风险库、底线清单。做好国家重大政策执行、中央资本金项目和公司重大决策内审监督，严肃审计问题整改。持续压降触电案件，实现案件数量压降15%以上。做好民营企业拖欠款项清理工作。

五、更高站位推进各项改革

积极应对电力体制改革。稳步推进电力交易机构股份制改造，完善机构职能体系和治理结构，健全市场运营信息披露机制，实现规范、高效、公平运行。深化电力市场建设，完善市场化交易规则，统筹做好现货市场与中长期市场、省级市场与省间市场的有效衔接。按照“宜放则放”原则，配合政府有序推动第五批增量配电试点项目落地见效。

稳妥推进国企国资改革。探索国地电网协同融合发展路径，适时开展施工、设计类单位混改，实现不同所有制资本相互促进、共同发展。设立各级产业指导委员分会，重塑产业管理体系，优化业务布局，推动省管产业单位持续健康发展。妥善完成四川美好电力工程公司清算关闭工作。稳妥推进离退休管理体制变革，基本完成退休人员社会化管理。

扎实开展企业内部变革。加快推进第二批“放管服”事项落地落实，启动第三批“放管服”清单编制工作，进一步减轻基层负担、激发内生活力。落实国资委中央企业“三项制度”改革专项行动落地年工作要求，建立以岗位聘任制为核心的选人用人机制，完善以绩效贡献为导向的薪酬分配制度。优化供电服务组织架构，推进营销服务中心建设。结合国家电网有限公司“总部机关化”专项整改要求，完成本部机构优化设置。

六、不断提升综合服务水平

持续优化营商环境。认真落实国家《优化营商环境条例》，深入实施优化营商环境两年行动计划，全面开展“三省+三零”办电服务，确保“获得电力”指标排名进入全国前10。大力拓展网上办电、缴费渠道，力争线上交费率达到60%。建立以客户为中心的“穿透式”供电服务指标考核体系，强化曝光通报和督查督办，突出重奖重罚，确保投诉总量再压降10%。

不断夯实营销基础。大力推行政企“客户经理制”、城市“片区经理制”和农村“台区经理制”，加速营配末端融合，实现市县公司全覆盖。加快老旧表计、终端改造，年内实现4G覆盖率100%、HPLC覆盖率超80%。刚性推进“全费控”，严格新投、复电用户费控装置安装，确保高压费控比率超过75%。服务乡镇治理体系变革，启动实施“中心供电所+服务站”优化提升工程，进一步强化服务质效。

确保扶贫圆满收官。紧盯2020年全面脱贫目标，在保障用电的同时，深入开展定点帮扶。坚持“脱贫不返贫”，继续加大“回头看”“回头帮”力度，狠抓“两不愁三保障”排查问题整改。深化爱心帮扶，做好电力志愿服务，切实增强贫困群众幸福感。总结提炼扶贫成效经验，充分展示脱贫攻坚成果。

七、从严从实加强党的建设

持续提升党建水平。开展习近平新时代中国特色社会主义思想大学习，建立“不忘初心、牢记使命”长效机制。把党的建设作为管党治党的重要任务抓紧抓好，推动《中国共产党国有企业基层组织工作条例（试行）》落到实处、见到实效。做好二级单位党委换届工作，持之以恒强根固魂。巩固提升基层党建工作，全面推广“党建+”典型经验。深化“双培养一输送”，力争年底前实现班组站所党员全覆盖。围绕“三个面向”，展示公司脱贫攻坚、电网建设成效。

强化党风廉政建设。贯彻落实十九届中央纪委四次全会精神，加快推进“三不腐”机制建设。切实强化政治监督，开展关键领域专项监督。制定通用化责任清单和差异化履责要点，压紧压实“两个责任”。扎实推进“抓整改、除积弊、转作风、为人民”专项行动，严厉查处群众身边的微腐败行为。深化巡视巡察工作质效，完善上下联动监督网，年内实现县级供电公司巡察全覆盖。

提升队伍整体素质。树立正确选人用人导向，完善“1+N”干部管理制度体系建设。做好干部个人有关事项报告管理，开展规范亲属经商办企业专项治理。加强本部和基层、基层与基层双向交流，培养多专业多岗位锻炼的复合型人才。加大优秀年轻干部选拔力度，实施“两个200”队伍素质提升工程。继续开展“大培训、大比武、大提升”活动。落实“三个区分开来”要求，切实保护干部担当作为积极性。

确保企业和谐稳定。实施四大“文化工程”，开展“文明单位创建年”活动，筑牢精神文化根基。弘扬劳模和工匠精神，大力开展各类先进选树活动。完善“126连心桥”职工诉求服务体系，维护职工合法权益。引导青年立足岗位建功立业，完善“青创联盟”平台建设。加强品牌选题策划，营造良好外部环境。加大基层减负力度，落实离退休人员“两项待遇”，统筹做好统战、后勤、档案、保密、信访稳定等工作。

（作者：谭洪恩，国网四川省电力公司董事长、党委书记。本文系根据谭洪恩2020年1月16日《在国网四川省电力公司六届六次职代会暨2020年工作会议上的报告》整理，有删节，文中小标题为编者所加）

走出央企特色扶贫路

国网四川省电力公司董事长、党委书记　谭洪恩

国网四川省电力公司是国家电网有限公司在川设立的全资子公司，是四川境内最主要的电网建设、运营和电力供应企业。供电面积44.58万平方公里，占全省面积的91.9%；供电人口7704.06万人，占全省人口的95.8%；供电量占全省总量的95.64%。

自2008年公司开始参与扶贫工作以来，已走过11个年头，特别是党的十九大以来，公司将脱贫攻坚工作作为首要的政治任务，成立扶贫工作领导小组，制定扶贫纲领性文件《关于全力实施“电力助推扶贫攻坚”十大行动计划的决定》，集全公司之力推动脱贫攻坚任务的顺利完成，先后荣获四川省“定点扶贫工作先进单位”、中国“民生示范工程”等33项荣誉称号，78位员工被各级党委、政府表彰为“脱贫攻坚先进个人”。

真扶贫，彰显责任担当

在扶贫工作中，我们不忘初心，兼具匠心，有坚定的信念，有央企责任的担当，齐心协力形成“真扶贫”的良好局面。

我们先后对马边彝族自治县和喜德县开展精准帮扶工作，并定点帮扶喜德县额尼乡等两个深度贫困乡和马边县高石头村等5个贫困村。截至2017年底，这5个村已全部脱贫。

近3年来，公司所属各单位共定点帮扶142个贫困村，共选派207名优秀员工驻村帮扶，目前已有126个村脱贫。同时，深化“红细胞”志愿服务、“三本台账”等载体，在贫困乡、村等地建立“心连心”服务站，设置“电力片警”，定点联系残疾人、孤寡老人、贫困家庭等1.69万户，开展志愿服务3.53万次，真正架起党和人民群众的连心桥。

作为惠及民生的电网企业，我们紧紧依托行业优势，把贫困地区“用上电、用好电”作为扶贫的主攻方向。近年来，国家电网有限公司在四川持续加大贫困地区电网建设力度。一方面，大大提升了清洁能源外送通道能力，促进贫困地区资源优势转化为经济优势；另一方面，解决了甘孜、阿坝、凉山三州地区14万户、62.8万人无电人口的用电问题，完成国家电网供区内36个深度贫困县电网改造，其中，藏区户均用电容量已超过全省平均水平，提前打赢新一轮农网改造升级“两年攻坚战”，完成5113

眼机井通电、5992个小城镇（中心村）电网改造升级、520个自然村通动力电，供区内所有贫困村240万贫困人口的生活用电及产业发展用电全面得到保障。

扶真贫，彰显务实作风

务实的工作作风，是做好扶贫工作的关键和前提，体现务实作风主要是看问题是否“找准”，措施是否“精准”。

公司将“精准”体现在聚焦项目、因地制宜中。看马边扶贫，我们充分利用人才优势，因地制宜培育出“竞赛式散养”和“合作社集中养殖”的生态产业，引入专业力量，成立彝绣专业合作社，并通过“彝绣”劳动竞赛等形式，助力彝族村民在脱贫奔小康、传承民族文化等方面的道路上越走越宽广；看喜德县扶贫，我们结合阿吼村的实际情况，始终坚持以党建为引领，大力加强村党支部建设，结合阿吼村的实际情况，公司将驻村“第一书记”纳入共产党员服务队管理，帮扶阿吼村党支部建成标准化党支部，使村党支部始终成为“带领党员脱贫攻坚的典范，培训彝乡脱贫攻坚的学校，团结群众脱贫攻坚的标杆”，创新性地走上了一条以“支部共建、产业共兴、文明共创”的扶贫之路。

公司将“精准”体现在惠及民生、共享发展中。看收入，经过几年的努力，马边县高石头村村民人均年收入从2014年的1820元提高到了2018年的7820元，喜德县阿吼村村民人均年收入从2014年的1500元增长到2018年的7180元。看稳定，以往“土豆填肚子、养鸡换盐巴”的贫穷阿吼村，随着近3年来18位新娘的争相嫁入，成功甩掉了“光棍村”的帽子，实现整村稳定脱贫。

真脱贫，彰显央企力量

在扶贫工作中，公司与定点帮扶贫困村党支部开展党建结对共建，开展“一对一”“一对多”帮扶共建活动。完善村级公共设施，规范建设党支部活动室。选派公司优秀党员干部担任驻村“第一书记”，从支部组织建设、“三会一课”、党员管理等方面进行精准帮扶，破解农村党员“空心化”和基层党组织“虚弱化”等问题。邀请专家为定点帮扶贫困村两委成员、驻村“第一书记”开展廉洁教育，切实筑牢精准扶贫廉洁防线；组织定点帮扶贫困村组干部，外出学习好的脱贫经验做法，开展送知识、送培训和节假日慰问活动，激发贫困群众创业致富的意识信心。深化扶志扶智教育，开展“四好家庭”“光亮宝宝”评比活动，去除陈规陋习、读书无用、封闭迷信等习惯思想。在村委会及显著位置摆放文明宣传展板，组织开展“电力知识微宣微讲”“文明习惯小课堂”“送知识影片书籍”等活动，全力倡导现代文明理念和生活方式，推动物质脱贫向思想脱贫转变。

同时，积极总结经验，努力寻求“输血式”扶贫到“造血式”扶贫新方法，努力促进贫困地区真脱贫。我们探索出乐山市马边县高石头村的“联盟共建”“三位一体”“五步工作法”及凉山州喜德县“334”等能复制、可借鉴的扶贫工作法，并已在脱贫攻坚中成功推广应用。开启了“公司＋合作社+农户+电商”产业发展新模式，成功打造出了马边县“彝兴”和凉山州“丽火”两个绿色品牌。截至2018年底，“彝兴”和“丽火”两家农业公司累计实现产值达360余万元，带动200余户贫困群众增收160余万元。

“但愿苍生俱温饱，不辞辛苦入山林”。下一步，我们将以习近平总书记在重庆考察调研就解决“两不愁三保障”突出问题座谈会上的重要讲话精神，作为我们脱贫攻坚各项工作的行动指南和根本遵循，进一步增强“四个意识”、坚定“四个自信”、坚决做到“两个维护”，积极探索“脱贫是起步，小康要迈步，致富不停步，文明大进步”的扶贫工作新思路、新方法，抓好乡村产业扶贫、人才帮扶和文化建设，为如期全面打赢脱贫攻坚战、如期全面建成小康社会做出新的更大贡献！

（本文原载于《民生周刊》2019年第10期）

脱贫再出发：“四步五路”，助力致富

国网四川省电力公司董事长、党委书记　谭洪恩

4月15日至17日，习近平总书记在重庆考察时强调，脱贫攻坚战进入决胜的关键阶段，要把防止返贫摆在重要位置，探索建立稳定脱贫长效机制，强化产业扶贫，促进转移就业，加强扶贫同扶志扶智相结合，让脱贫具有可持续的内生动力。贫困之冰，非一日之寒；破冰之功，非一春之暖。国网四川省电力公司认真落实总书记讲话精神，提前谋划扶贫工作的“下半篇”，进一步加大帮扶力度，坚定不移地打好消灭绝对贫困的攻坚战，坚持不懈地打好防止返贫、同步奔小康的持久战，最终实现共同致富和乡村振兴的伟大目标。

2019年7月26日，国网四川省电力公司董事长、党委书记谭洪恩（左三）到对口帮扶村——凉山彝族自治州喜德县阿吼村调研指导精准扶贫工作，并为村民们送上节日的祝福。图为谭洪恩在博立木呷家促膝长谈　（姚兴望、袁雨湉　摄）

攻坚“四步”明确扶贫新思路

“脱贫是起步、小康要迈步、致富不停步、文明大进步”，是国网四川省电力公司正在实施的帮扶新思路，目前已经顺利完成“脱贫是起步”工作，帮扶点已稳定脱贫，开启了“小康要迈步”工作。国网四川省电力公司先后对乐山市马边县和凉山州喜德县开展精准帮扶工作，并定点帮扶喜德县额尼乡等2个深度贫困乡和马边县高石头村等5个贫困村。截至2017年，这5个村已全部脱贫。经过这几年的努力，马边县高石头村的人均年收入从2014年的1820元提高到了2018年的7820元，喜德县阿吼村人均年收入从2015年的1500元增长到2018年的7180元，预计2020年将突破10000元。近3年来，国网四川省电力公司所属各单位共定点帮扶142个贫困村，目前已有126个村实现脱贫，剩余贫困村可望在2020年初实现稳定脱贫。要继续实现小康生活目标，人才是关键，教育引导非常重要，扶志扶智要同行。实施产业扶贫，加强就业培训、医疗、农村文化等社会事业，让帮扶地区的群众增加更多技能，具有更多的保障。

习近平总书记强调，脱贫摘帽后，要继续保持帮扶工作的延续性，做到摘帽不摘责任，摘帽不摘政策，摘帽不摘帮扶，摘帽不摘监管。“致富不停步、文明大进步”，这是下一步国网四川省电力公司更加长远的帮扶目标，将与帮扶地区群众携手共进，达到共同致富，最终实现文明的大进步。治贫致富有先后，两个文明齐步走。我们要实现共同富裕，既要达到物质上的充盈，还要实现精神上的富足。历史和现实一再证明，跛足而行不可取，只有物质与精神两条腿走路，才能走得稳健、走得长远。只有口袋、脑袋都鼓了，才能真正使脱贫群众获得自信和尊严。“出水才见两脚泥”，我们将脚踏实地，积极探索扶

贫工作新思路、新方法，抓好乡村产业扶贫、人才帮扶和文化建设，使乡村振兴实现物质文明和精神文明的双丰收。接下来，我们将继续以五大举措确保“四步走”得以扎实推进。

筑好“五路”推动扶贫大踏步

配强干部，要确保带头扶贫有思路。致富不致富，关键看干部。国网四川省电力公司先后选派有项目管理经验的科级后备干部69人担任第一书记，担当帮扶贫困村的致富带头人。在阿吼村，第一书记王小兵与阿吼村村干部一道跋山涉水、走村串户，对贫困户进行深入调研，为精准施策、一户一策、科学制定脱贫方案提供了详细依据。通过“驻村第一书记”，建立了党支部活动室和青少年活动室等，发挥基层党组织的战斗堡垒作用和党员的先锋模范作用，有效推进了脱贫工作的开展。我们在扶贫中始终坚持以党建为引领，大力加强村党支部建设，使党支部始终成为“带领党员脱贫攻坚的典范，培训彝乡脱贫攻坚的学校，团结群众脱贫攻坚的标杆”，创新性地走上了一条以“支部共建、产业共兴、文明共创”的扶贫之路。

选派驻村第一书记，有力促进精准扶贫工作。但仍有许多值得总结的地方。一是有的干部对“三农”工作缺乏了解，扶贫政策掌握不够，与相关方协调不畅，推进扶贫工作进展缓慢。二是产业规划不够科学，缺乏因地制宜的好招，产品规模、质量有待提升。三是存在帮扶是短期行为的错误认识，防止返贫，奔康致富的长期措施不力，存在畏难情绪。这些现象都必须切实加以解决。今后在扶贫干部的选配中，必须选拔那些对党忠诚、年富力强、综合素质高，对农业、农村、农民有了解、有感情，有管理经验和扶贫思路的好干部。对脱贫奔康工作成绩突出的干部要表彰、重用，调动一批干部为乡村振兴做出贡献。

培训技能，要确保群众奔康有门路。人才帮扶，扶志扶智必须同行。国网四川省电力公司坚持“授人以渔”教育扶贫理念，培养464名大中专学历电力专业藏区学生。让27名贫困青年参加电工培训，持证后解决就业问题。为了让村民掌握致富奔康的“金饭碗”，想了很多办法。利用闲暇时间，开办农民夜校，每月两次开课，邀请公司的志愿者、农牧局的专家、老党员等来授课，传授养殖种植技能，培养外出创业的本领，引导正确的价值观和人生观。

当前“双扶”工作取得了一些成绩，但仍是扶贫工作的短板。由于贫困地区人员文化基础较差、因此结构差异较大，因此，无论文化学习还是技能培训都存在较大难度。接下来，我们将对帮扶点群众分类建档，因人施策，大力实施文化和技能提升工程，让50岁以下群众至少掌握一门谋生致富的技能。大力抓好“控辍保学”工作，阻断贫困的代际传递，让每位适龄儿童接受应有教育，培养出不同层级不同专业的新时代社会主义建设者。

2019年9月9日，国网四川省电力公司与四川省发展和改革委员会、四川省经济和信息化厅、凉山彝族自治州政府签订战略合作协议，共同促进凉山州水电消纳 （曹志刚 摄）

拓展渠道，要确保特色产品有销路。精准扶贫不仅需要捐钱捐物的传统式“输血”扶贫，更需要精准扶贫模式“造血”功能的强化。消费扶贫，一头连着贫困地区，一头连着广阔市场，通过线上线下拓展渠道，以产业共进发展力，将捐赠扶贫引向消费扶贫，在兜底保障上下功夫，不断激发出脱贫内生动力。

这就需要首先做好产品本身，要在开发环保绿色产品上下功夫，在产品特色、规模上下功夫，在产品深加工上下功夫。其次，要做好产品营销，要积极打造“互联网+”电商平台，建立微信销售公众号、农特产品销售网点，采取实体店销售、网上预订、现场订货会等方式，全方位打通线上线下销售渠道。积极联合雅西高速沿途兄弟单位、国航、四川电视台等开展“以购代捐”活动，拓展扶贫产品销售增长点，为优质的农牧产品找到出路，推动新型农牧业模式的良性发展。策划开展扶贫农特产品订货会，举办“阿吼村农特产品交易会”“办年货、促特销”活动，确保扶贫产品种得出、卖得好，推动该公司在精准扶贫主战场上取得新突破。

开展竞赛，要确保文明建设有新路。物质层面的脱贫已经取得阶段性的胜利，而由于生活习惯、历史传承等因素，精神层面的脱贫难度更大。要促进文明迈大步，达到“真脱贫”的目标，还需要下一番精细的功夫，需要从一点一滴中去帮助贫困群众形成良好的社会风气和生活习惯，切实增强贫困群众的幸福感。国网四川省电力公司在阿吼村推广“文明新风村民积分制”，对村民卫生习惯、生活习惯、自律习惯、守法新风、勤俭新风等方面表现进行分值量化。每个季度，村民都可以用积分到“国家电网”爱心超市兑换生活用品和劳动工具，以示奖励。

在阿吼村通过组织党支部制定实施方案，开展“四好家庭”建设，全面倡导现代文明理念和生活方式。开展“光亮宝宝”评比活动，从娃娃抓起，帮助其养成卫生健康的生活习惯。开展“厕所革命”活动，保证每家都有冲水式厕所，建立乡村污水处理站，将污水集中处理，保护环境。引导村民建立生态文明建设意识，组织员工力量建设阿吼村生态经济林，打造“党员共建林”“团员志愿林”“青年爱心林”，吸引系统内外各方参与，形成生态文明建设的发展合力。

发挥优势，要确保乡村振兴有大路。作为电网企业，我们紧紧依托行业优势，把“帮眼前”与“扶长远”结合起来。确保贫困地区“用上电、用好电”是实现脱贫和乡村振兴的基础与保障。我们努力加快贫困地区电网建设，提前打赢新一轮农网改造升级“两年攻坚战”，完成5113眼机井通电、5992个小城镇（中心村）电网改造升级、520个自然村通动力电，供区内所有贫困村240万名贫困人口的生活用电及产业发展用电全面得到保障。

脱贫并致富，培育支柱产业至关重要。没有产业带动，脱贫难以彻底；缺乏产业支撑，脱贫难以持续，乡村振兴无从谈起。我们紧紧抓住产业发展这个扶贫脱贫的“牛鼻子”，因地制宜实施光伏产业开发，下大力气培植支撑经济发展的种养殖优势产业。在扶贫工作中，国网四川省电力公司积极总结经验，努力寻求产业扶贫新方法，探索出马边县高石头村的“联盟共建”“三位一体”“五步工作法”及凉山喜德县“334”等能复制、可借鉴的扶贫工作法，并已在脱贫攻坚中成功推广应用。开启了“公司＋合作社+农户+电商”产业发展新模式，成功打造出了马边县“彝兴”和凉山州“丽火”两个绿色品牌。截至2018年底，“彝兴”和“丽火”两个农业公司累计实现产值达360余万元，带动200余户贫困群众增收160余万元。2019年元宵节，合作社实现首次盈利分红，贫困户和非贫困户分别领到1450元和810元的分红金。

脱贫攻坚无坦途，发展致富绣真功。脱贫不是一朝一夕，致富更不可能一步到位。攻坚阶段更需要“慢功”，一针一线加精心制作才能出“细活”。在2017年全国两会上，习近平总书记在参加四川代表团审议时强调，脱贫攻坚全过程都要精准，有的需要下一番“绣花”功夫。下阶段，我们将进一步落实习近平总书记的要求，不忘初心，牢记使命，下好“绣花”真功夫，为如期全面打赢脱贫攻坚战，如期全面建成小康社会做出新的更大贡献！

深化“三项制度”改革　增强企业发展动力

国网四川省电力公司董事长、党委书记　谭洪恩

深入推进“三项制度”改革，是增强中央企业活力和竞争力的迫切需要，是建立现代企业制度，形成有效制衡的法人治理结构和灵活高效的市场化经营机制的重要举措。

国网四川省电力公司沿着国家电网有限公司勾勒出的新时代战略目标路径，着眼四川发展新格局，守正创新，担当作为，明确了“12333”发展体系，以“十讲十增强”持续推进改革全面深化，不断增

强企业发展动力，为加快建设一流能源互联网企业奠定了坚实基础。

深化人事改革　干部能上能下

事业之成败、发展之兴衰，关键在人，关键在各级领导班子和领导干部。深化国有企业三项制度改革，关键是要建立健全干部“能上能下”的机制，让干部队伍成为“一池活水”。“能上”就是选贤任能，使能者得其位、尽其才；“能下”就是新陈代谢、优进劣退，是一种淘汰机制，更是一种活力机制。

建立健全干部“能上能下”机制，必须与打造高素质专业化干部队伍以及做好年轻干部工作结合起来，在选准上下功夫、在退出上出实招、在育强上求实效。近年来，国网四川电力认真贯彻中央和国网公司人事制度改革精神，结合企业干部队伍建设实际开展了一系列探索和实践。公司坚持国有企业领导人员“20字”标准，以公司“十讲十增强”要求作为重要标尺选贤任能，让想干事、能干事、敢干事的干部有更加广阔的舞台，树立了担当作为的鲜明导向。着力破解干部队伍年龄老化难题，实施“常青树”计划，通过灵活运用职员职级通道、配备专职董监事等方式，既统筹用好各年龄段干部，又为年轻干部成长腾挪更多空间。近一年来公司现职处级干部平均年龄由50.1岁下降至49.6岁，干部队伍梯次更加合理。坚持专业的人干专业的事，结合特高压换流站属地化等新要求，加强专业干部储备。注重干部队伍能力素质提升，改进青年干部培训模式，强化“双基”培训，实施“三州两区”干部援藏援计划，选派干部到政府部门挂职，让干部在“走出去”中拓宽视野、增强本领。

下一步，国网四川电力还将按照现代企业治理结构，推行干部任期制，积极探索建立市场化选聘、职业经理人等制度，更好发挥企业家作用。持续优化日常、年度、任期“三位一体”考评体系，以政治建设、担当作为、履职实绩、工作作风为考核重点，全方位、多角度、立体式考核评价干部。加强考核结果应用，严格落实德能勤绩廉5方面25种情形“下”的要求，切实做到干部上之有凭、下之有据。建立健全容错纠错机制，切实落实“三个区分开来”要求，支持干事者、保护担当者。

深化用工改革　员工能进能出

人力资源是企业的第一资源，充分有效地利用人力资源，是企业永葆青春活力，持续健康发展的重要基础。随着市场经济的不断发展，国有企业传统用工制度存在的问题逐渐显现，日益成为阻碍企业持续发展、生产力进一步解放、企业进一步做大做强的制约因素。

国网四川电力用工总量大与结构性超缺员并存，员工契约意识不强，叠加地域、收入、专业、素质等多重因素，造成管理技术向生产一线流动难、内地向艰苦边远地区流动难、支援集体职工回流安置难、分子公司间流动不畅，用工整合调配机制与公司提高服务能力不匹配现象。为此，国网四川电力加大存量盘活力度、加强内部人力资源市场建设，以控总量、调结构、提素质为目标，聚焦主干专业一线岗位超缺员问题，重点推行跨区域、跨单位、跨专业人力资源优化配置和劳务协作，加强人才援藏和关键岗位交流。坚持“构建通道、严控标准、分类施策、集约管理”的原则，不断升级员工有序流动，统筹推进各级单位人员合理调剂。贯彻落实国网公司劳动合同管理办法，加强员工劳动合同签订（续订）、履行、变更、中止、解除（终止）等全过程管理，提升劳动合同履约效力。

2018年，优化配置5067人次，执行考核降岗50人，待岗10人，开展2316名不在岗人员专项清理，完成129名停薪留职人员处置，依法解除劳动合同355人。针对公司系统科级以下管理、技术和重要技能岗位2.3万人，引入聘期合约管理手段，以3年为聘期、绩效评价为抓手，加强聘期内年度动态考评和聘期结束考评，实现岗位动态管理。在绵阳公司、乐山公司集体企业以及综合能源公司等市场化单位试点实践职业经理人制度，探索市场化的人才引进机制。

接下来，国网四川电力将进一步强化市场化、契约化意识，着力推进岗位聘期制全面实施，深化六种人员配置方式，严格岗位退出制度，继续扩大职业经理人选聘试点，建立完善更加开放、充满活力、富有效率的用工机制，助力公司发展。

深化分配改革　收入能增能减

健全完善的激励约束机制是增强企业发展动力和员工队伍活力的源泉。坚持以人为本，最大限度地调动人的主观能动性是事关“三项制度”改革成功的关键。随国资国企改革的深入推进，激励机制不活，收入分配关系不顺，日渐成为激活企业发展潜力，提升企业竞争力的重要掣肘；供电企业响应客户需求不及时，人工成本投入产出效率缺乏比较优势，越来越不适应日益加剧的配售电市场竞争；电网企业的市场相对稳定性和作业方式群体性，造成同层级考核分配差距不大，仍存在高水平“大锅饭”现象。

国网四川电力全面推行差异化业绩考核，统筹各基层单位特点差异，优化设计效益贡献型、管理提升型、综合发展型等3种关键业绩指标体系，弹性设置经营管理和投入产出、内部运营、均衡发展的考核权重，实现了“被动考核”向“主动承诺”的转变。分类优化工资总额分配模式，突出业绩贡献及价值创造与薪酬分配的挂钩联动，充分体现“干多干少、干好干坏”差异。强化各级绩效经理人履职尽责，充分赋予绩效经理人权力，注重收入分配与绩效贡献、岗位价值、个人价值相匹配，合理拉开收入差距，在调动各级单位、团队和员工的积极性上取得初步成效。

紧接着，国网四川电力将加大工资总额与业绩考核挂钩力度，深化绩效考核“工具集”的应用和下放绩效工资分配权，着力健全与团队业绩相匹配的绩效工资核定机制，实现压力逐级传递，激励分级实施的目标，优化内部各业务、各层级的分配关系。

2019 年，国网四川电力已印发《进一步推进“三项制度”改革促进“六能”落地见效意见》，明确 18 项重点工作任务，实行抢单制与规定动作相结合，各基层单位正在抓紧推进实施。志之所趋，无远弗届。国网四川电力将在国网公司的坚强领导下，以“三项制度”改革为契机，破立结合、革故鼎新，破除利益固化藩篱，坚持改革创新驱动，坚定不移地推动公司高质量发展。

（本文载于《国家电网》杂志 2019 年第 5 期）

要事特辑

泛在物联网建设

【概况】高标准制定泛在电力物联网建设三年规划，明确总体框架、实施路径和重点任务。成立首个泛在电力物联网标准国际工作组，获批建设国内首个省级泛在电力物联网工程实验室。与阿里巴巴、联通、川大、电子科大等企业和高校签订战略合作协议，开展泛在电力物联网协同共建活动。建成投运云平台、数据中台和物联管理平台，初步实现企业级数据贯通和共享应用。推广运检业务“机器代人”，实现46条输电线路和79座变电站巡检替代试点。开展信息系统“瘦身健体”活动，下线僵尸系统23套，整合移动作业终端4411台。研发报表辅助生产工具，减少重复录入、人工录入90%以上。深挖电力数据服务社会价值，研发智慧环保用电监测平台，助力环保精准监管，取得良好社会和经济效益，获李克强总理和生态环境部“点赞”。高质量承办国家电网有限公司现代（智慧）供应链第三次现场会。一些单位积极开展探索实践，国网眉山供电公司建成全国首套5G配网差动保护，国网宜宾供电公司投运省内首套110千伏快速解环装置，国网德阳供电公司研发全川首个综合电力数据平台，国网绵阳供电公司、国网天府新区供电公司等18家单位建成首批“多站融合”数据中心站，均取得良好成效。国网四川省电力公司电力科学研究院牵头国家电网有限公司全场景网络安全防护体系中态势感知应用规划设计，参与“三维数据信息与调度数据共享”“国网自然灾害监测预警平台建设”，参与国家电网有限公司泛在电力物联网（2019—2021）三年规划网络安全部分编制。主编国网四川省电力公司泛在电力物联网（2019—2021）三年规划科技创新、安全防护两部分，参与调度、设备、营销、产业单位等多个专业领域规划编制，支撑国网四川省电力公司2019年建设方案编制。征集并优化形成院泛在电力物联网储备项目25项。

2019年12月12日，电网头条直播报道电科院打造的成都市智慧环保用电监测平台（孙佳丽 摄）

【重点突破】1.成立国际上首个泛在电力物联网领域CIGRE工作组。国网四川省电力公司获批成立国际上首个泛在电力物联网领域CIGRE（国际大电网组织）工作组——“架空输电线路状态监测与遥感技术”工作组（编号：B2/D2.72)。工作组主要研究内容为输电线路状态监测技术，包括在线监测装置的安装布点、环境适应性、装置供电、信号传输、检测校验以及相关信息通信、物联网和信息安全技术等，主要任务是解决野外复杂环境下的输电线路状态监测问题，重点攻克输电线路智能传感、无线组网、云雾结合计算等关键技术，通过构建输电线路状态感知物联网，实现输电线路立体感知、通道全景监控、运检效益提升，在输电领域推进坚强智能电网和泛在电力物联网的深度融合和应用。

2.获批建设国内首个泛在电力物联网省部级工程实验室。获四川省发改委批复建设四川省泛在电力物联网工程实验室，包括电网信息安全与防护、电网运行数据品质提升、大电网分析与控制、基于人工智能的电力调控4个研究方向。以工程实验室挂牌为契机，整合在线监测终端检测、配网自动化设备检测、信息安全测评等专业实验能力，建设泛终端功能、性能、安全全检能力。积极申报四川省泛在电力物联网重点实验室。建设电力数据共享服务实验室，涵盖智能家居数据共享服务、政企数据联动等内容，打造以电为中心的智慧家庭生活方式，为泛在电力物联网“进入寻常百姓家”奠定基础，为用电大数据价值变现寻找业务突破。

3.建设环保监控大数据平台。深度挖掘电力数据服务社会价值，与成都生态环境局合作开展基于电力大数据的环保监控大数据平台项目建设，通过用电数据分析，对污染源企业生产、排污状况精准画像，以预测排污量形式协助成都市实现大气污染精准管控，全力支撑成都市冬季大气污染防治攻坚战，取得显著经济效益和社会效益，迈出四川电力数据服务社会第一步，获李克强总理和国家生态环境部高度认可。

2019年12月12日，电网头条直播报道电科院打造的成都市智慧环保用电监测平台。

4.深化应用智能运检管控平台。在运检管控平台建设方面，国网四川省电力公司电力科学研究院开展电网故障智能研判项目，将覆冰、山火、雷电、污秽等信息综合应用，实现电网故障保护信息与输电在线监测信息关联和智能同步分析；将站端机器人、无人机巡线、视频监视等采集信息接入变电站三维运检系统，开展运检管控平台智能应用模块的开发。作为国网四川省电力公司代表作品之一，参展中国西部数字经济博览会，获四川省委书记、四川省人大常委会主任彭清华充分肯定。

5.推进试点与科技研究项目。参与国家电网有限公司人工智能基础支撑能力建设顶层方案编制，开展国家电网有限公司“基于知识图谱的二次设备缺陷智能诊断与识别”人工智能试点项目。积极参与科技部国际合作科技项目，与中国科学院、北京航空航天大学等单位达成初步意向，联合加拿大魁北克省政府合作开展绿色节能减排信息通信技术项目，力争实现国网四川省电力公司牵头的国际科技合作项目第一单成功落地。与华为公司就联合创新实验室达成初步合作意向。

电力精准扶贫

近年来，国网四川省电力公司把电网建设作为扶贫工作的关键点和着力点，高标准、高质量、高效率推进贫困地区电网基础设施建设，发挥大电网资源配置和供电保障优势，服务贫困地区脱贫攻坚大局，电力扶贫工作取得显著成效。

四川省贫困地区供电基础设施得到持续改善

近年来，国网四川电力公司累计投资340亿元，大力实施农网改造升级工程，提前完成“两年攻坚战”三个专项农网建设任务，实现5113眼机井通电、5992个小城镇（中心村）电网改造升级、1194个自然村通动力电。2018年，继续投资24.13亿元精准解决全省1515个贫困村的用电需求，10个地市提前完成贫困村电网改造任务，8250个贫困村电网已满足未来居民生活水平提升和产业发展的用电需求。贫困村电网各项指标显著提高，供电可靠率、综合电压合格率分别从2015年的99.50%、98.40%提高到2018年的99.84%、99.28%，户均配变容量由1.48千伏安提高到1.80千伏安，全面消除既有“低电压”问题。贫困地区生产生活用电条件得到极大改善，边远贫困地区的乡亲们反映电压更稳、质量更高，可以看电视、用冰箱，搞加工、办企业。

“三州”深度贫困地区供电能力得到有效提升

2019年，完成“三区两州”农网项目投资21.26亿元，有效推动贫困地区电网提挡升级，并保障了易地扶贫搬迁、彝家新寨、藏家新居等项目用电。投资7039万元开辟绿色通道，及时为4723个农村产业项目通电投产，为贫困群众增收创造了有利条件。

据统计，“十三五”规划以来，国网四川电力公司在凉山、阿坝、甘孜三州供区内累计完成农网改造投资55.65亿元，其中投资12.65亿元10千伏项目精准改善供区内915个贫困村电网状况。实现2497个贫困村摘帽，34.91万户、115.32万人脱贫，无一人一户因电力原因影响脱贫，四川藏区彝区群众彻底告别无电历史，正在由“用上电”向“用好电”转变。3年来，“三州”地区用电量由223亿千瓦时增加到272亿千瓦时，年均增长6.77%；GDP由1803亿元增加到2131亿元，年均增速5.71%。安全充足可靠的电力供应，为深度贫困地区经济社会发展提供了坚强保障。

清洁能源资源加快向经济发展优势转化

国网四川电力公司先后建成“八交四直”外送输电通道，实施“电力天路”“情暖藏羌”等工程，投运500千伏会东、开工500千伏马尔康等重点项目。全力促进四川省水电消纳，保障了“三州”4317万千瓦清洁能源并网，年发电量1643亿千瓦时。自2016年以来，“三州”清洁能源消纳持续增加，累计达1898亿千瓦时，年均增长14%，高于全省平均水平三个百分点，带来经济值500多亿元，促进了资源优势转化。

精准扶贫模式得到社会各界广泛认可

国网四川省电力公司本部参与凉山州喜德县精准扶贫，连续十余年结对帮扶乐山市马边县，定点帮扶2个深度贫困乡和5个贫困村。依托集体企业平台分别在马边县和喜德县成立扶贫开发农业公司，大力发展特色种植业和优势养殖业，成功打造“彝兴”“丽火”绿色品牌，累计实现产值达360余万元，带动贫困户增收160万元以上。国网四川省电力公司系统共选派207名驻村干部帮扶208个村（贫困村142个），已有72个村脱贫。先后荣获“四川省定点扶贫工作先进单位”“四川省国有企业脱贫攻坚考核优秀”“民生示范工程”等30项荣誉称号，62人被各级党委政府表彰为“脱贫攻坚先进个人”。

十大新闻与大事记

栏目编辑：李　庆

公司2019年十大新闻

高标准高质量开展“不忘初心、牢记使命”主题教育　6月以来，公司党委把开展主题教育摆在突出重要位置，牢牢把握根本任务，聚焦“十二字”总要求，紧扣“五句话”目标，加强组织领导，层层落实责任，实现了高起点开局、高标准开展、高质量推进。在国家电网有限公司党组第六巡回指导组的指导下，读原著学原文悟原理，扎实开展学习研讨；坚持三个导向，深入推进调查研究；拓宽检视问题渠道，从严从细检视问题；坚持问题导向，扎实开展整改落实；丰富载体和形式，确保主题教育有效落地。公司广大党员干部理论学习有收获，用新思想武装头脑取得突出进展；思想政治受洗礼，党员干部“四个意识”显著增强；干事创业敢担当，公司持续保持高质量发展态势；为民服务解难题，优质服务水平得到有力提升；清正廉洁做表率，政治生态保持健康稳定。

彭清华、尹力到公司调研，高度赞赏央企责任担当　12月18日，在四川省2019年第四季度重大项目集中开工仪式召开前，省委书记彭清华，省委副书记、省长尹力到公司数字川电博物馆、电力调控中心、电力交易中心调研四川电力工业发展、企业经营发展、电力外送、重大节日电力保障、四川电力市场建设等情况，并看望慰问公司员工。彭清华充分肯定公司在共产党员服务队建设、市场化交易、清洁能源消纳、脱贫攻坚、科技创新、职工文化建设等方面所做的努力，高度赞赏央企责任与担当。

雅中直流工程等四川省第四季度重大项目集中开工 12月18日，省委书记彭清华宣布四川省2019年第四季度重大项目集中开工，全省共组织重大项目1405个、总投资7244亿元，其中，雅中—江西±800千伏特高压直流工程备受关注。主会场设在公司本部，省委副书记、省长尹力发表讲话，省委常委、常务副省长王宁主持集中开工仪式，省委常委、秘书长王铭晖在主会场出席仪式。公司董事长、党委书记谭洪恩在主会场介绍雅中工程项目情况；公司总经理、党委副书记胡海舰在凉山州盐源县项目现场，通过视频连线介绍项目建设进展情况。

科学应对宜宾长宁地震获四川省和国网公司领导肯定 6月17日22时55分，宜宾市长宁县发生6.0级地震，公司迅速启动二级应急响应，立即部署应急抢险工作。6月19日下午，省委书记彭清华到宜宾市长宁县最大的灾民集中安置点看望慰问受灾群众和抗震救灾队伍，肯定公司抗灾保电工作保障有力。国家电网有限公司董事长、党组书记寇伟肯定四川公司处置及时，抢修恢复速度快，体现了国网良好风貌。6月20—21日，国家电网有限公司总经理、党组副书记辛保安受寇伟委托，赴四川长宁地震灾区，代表公司党组看望慰问战斗在抗震救灾一线的国家电网员工。

“三区三州”电网建设精准扶贫见成效 2月15日，公司在西昌市召开“三区三州”深度贫困地区电网建设攻坚誓师大会，打响“三区三州”四川深度贫困地区电网建设脱贫攻坚决胜之战。2018—2020年，公司电网建设投资52.10亿元，主要用于解决“三区三州”四川地区脱贫攻坚需求，改善贫困地区生产生活用电条件，进一步提高农村电网供电质量和供电可靠性。8月18日，在国际档案理事会主办的“第二届档案与文件管理电影节”原创微电影评选活动中，公司创作的以精准扶贫为主题的微电影《阿体拉巴》，代表中国参加了这个被誉为“档案界的奥斯卡”影片大赛，获“人民奖”。12月14日，公司选送的反映驻村第一书记的微电影《望望》，获由中宣部主办的第三届社会主义核心价值观微电影征集展示活动优秀作品一等奖。

四川水电外送电量累计突破1万亿千瓦时 四川水电全口径外送电量在11月底累计突破1万亿千瓦时大关，达到10093亿千瓦时，相当于10个三峡水电站的年发电量。同时，四川电网跨省最大外送能力超过3000万千瓦，居全国第一。自1998年四川电网开始向省外送电起，22年来四川外送的清洁电能相当于为华东、华中地区累计减少电煤消耗约4亿吨，减排二氧化碳约10亿吨、二氧化硫约800万吨、氮氧化物约150万吨。2月26日，在公司和雅安市委、市政府积极推动下，国网四川综合能源服务公司与雅安经开区市政工程建筑有限公司签署全省首个大数据产业购售电协议。9月9日，公司与省发改委、省经信厅、凉山州政府签订四方战略合作协议，加快凉山州水电消纳产业示范区建设。目前已有雅安、乐山、攀枝花、甘孜、阿坝、凉山六大水电消纳示范区。

高效推进泛在电力物联网建设　3月12日，公司董事长、党委书记谭洪恩与阿里巴巴集团副总裁钟天华就构建泛在电力物联网、开展综合能源服务、电网人工智能、大数据应用等内容进行交流探讨。5月16日，中科院院士卢强与公司共建院士工作站续约，充分发挥清华大学卢强院士团队在智能电网及先进控制领域的技术优势，以提升四川特高压交直流混联电网安全稳定运行水平。11月12日，公司分别与四川大学、电子科技大学签订战略合作协议，共建能源互联网研究中心和联合研究院。9月，省发改委复函同意由公司建设四川省泛在电力物联网工程实验室，包括电网信息安全与防护技术、电网运行数据品质提升技术、大电网分析与控制技术、基于人工智能的电力调控技术4个研究室。

四川电力现货市场启动模拟试运行　6月20日，四川电力现货市场启动模拟试运行，四川省电力市场化改革又迈出了坚实的一步。四川电力现货市场的建设是四川省全面贯彻落实中发9号文件及改革配套文件精神，认真落实国家发改委、国家能源局各项改革部署的具体行动，是对四川省电力市场体系的重要补充，将进一步促进四川清洁能源的开发和消纳，助推四川经济社会高质量发展。四川电力现货市场的建设充分结合四川实际情况，遵循电力生产客观规律，坚持安全供电、民生优先、清洁利用、节能减排，按照"统一规划、总体设计、积极稳妥、分步实施"的原则，有计划、有步骤、分阶段推行，逐步建立交易品种齐全、功能完善的电力现货市场，形成竞争充分、开放有序、健康发展的市场体系。

保障全省重大活动可靠用电 12月24日，公司承担第八次中日韩领导人会议特级保电工作。公司严格落实省委、省政府保电工作要求，成立专项保电小组，周密制定总体方案和9个子方案，集中各专业力量，做到上下联动、高度配合、密切协同。11月28日，公司承办四川省应对大面积停电事件的联合演练，有效检验了全省大面积停电事件应急处置预案、应急响应流程，充分展示了党委、政府、电力公司及有关单位之间的快速响应、应急联动能力，提高了社会各界应对突发性大面积停电事件的快速反应能力、指挥协调能力和协同作战能力。8月8日，第18届世界警察和消防队员运动会开幕式在成都市双流体育中心举行，公司全力保障世警会开幕式用电，并在赛事期间安排应急电源车8辆、发电机37台，调集应急抢修队伍30支、人员682人、车辆220辆。

完成重组整合瘦身健体等系列改革改制 12月20日，国网信通产业集团与四川岷江水电签署资产交割协议，公司与国网信通产业集团签署资产无偿划转协议、股份无偿划转协议和表决权委托协议，重组进入实质性交割阶段。12月19日，公司新成立四川蜀能电力产业管理有限公司，对集体资产进行全面管理，将集体企业统称“省管产业单位”，实现其独立自主运营和持续健康发展，保证改革落地生根。公司围绕厂办大集体改革目标，按照国家电网有限公司统一部署，超前谋划，主动作为，开展了重组整合、改革改制、瘦身健体等系列改革，解开了省市层面集体企业资本纽带关系。

国网四川省电力公司大事记
（2019 年 1—12 月）

1 月

1 月 2 日 公司党委以电视电话会议的形式上了新年“第一课”——党风廉政教育专题讲座，邀请上海市委党校马克思主义研究中心主任王强讲授全面从严治党与党风廉政建设。公司系统设 334 个分会场，各级领导人员共计 5827 人次同步收看讲座。

是日 下午，在国家电网有限公司安全生产电视电话会议后，国网四川省电力公司即刻召开 2019 年安全生产电视电话会议，第一时间贯彻落实国家电网公司董事长、党组书记寇伟讲话要求，深入分析形势任务，精准剖析问题症结，明确 2019 年工作思路方向。

1 月 3 日 谭洪恩到国网四川应急中心（国网四川应急培训基地）调研，并在应急指挥舱与宜宾指挥中心视频连线，了解珙县 5.3 级地震情况。

是日 下午，谭洪恩到国网四川电力运营监测（控）中心和国网四川电力调控中心进行专题调研，了解运监工作和四川电网运行情况，指导提升与拓展运监工作，进一步做好电网运行工作。

1 月 4 日 谭洪恩、谭永香在公司本部会见国网重庆市电力公司董事长、党委书记陈连凯，双方就进一步深化合作进行交流座谈。重庆公司党委副书记、副总经理吕跃春，公司总工程师石俊杰参加座谈。

1 月 6 日 经紧急抢修，此前受冰雪影响供电中断的 500 千伏东天二线成功恢复送电。

1 月 7 日 公司召开意识形态工作责任制领导小组办公室会议暨新闻宣传选题策划双月例会，回顾公司 2018 年意识形态工作，布置下一阶段重点工作。

1 月 9 日 国家电网有限公司信访办公室、国家电网公司西南分部和国家电网公司藏中联网工程建设指挥部、国网电动车服务有限公司、国网甘肃省电力公司、中电联行业发展与环境资源部、中车集团成都机车车辆有限公司 6 家单位分别给国网四川省电力公司发来感谢信，感谢公司在信访、藏中联网工程先进事迹报告、电力交易合作、电力行业统计、电动车产业发展、“三供一业”供电分离移交改造等方面工作上给予的支持。

是日 四川省人大常委会副主任陈文华率慰问组赴雅安市芦山县，代表省委书记彭清华、省长尹力看望慰问了坚守在基层一线的省级劳模、曾在“4·20”芦山强烈地震中点亮灾区第一盏灯的国网芦山县供电公司员工杨新陆，感谢他在供电服务岗位发挥的模范作用，并向长期工作在一线的电力员工送去了新年的祝福。

是日 谭永香拜访国家能源集团国电大渡河流域水电开发公司、国家能源集团国电四川发电公司、中国华电集团四川公司、华电金沙江上游水电开发有限公司，与发电企业深入交流沟通。公司总工程师石俊杰陪同拜访。

是日 国家电网有限公司设备部主任周安春和国网四川省电力公司董事长、党委书记谭洪恩深入四川特高压宜宾管理处调研慰问，详细了解属地划转后特高压换流站设备运行状况、现场检修开展情况，指导宜宾管理处继续做好特高压换流站安全运维工作，确保特高压电网持续稳定运行。公司副总经理陈云辉陪同调研。

1 月 10 日 在中国经济日报社举行的“中国时间”2018 年度经济新闻盘点暨“推动中国”影响力品牌展示活动年会上，国网四川省电力公司获得“扶贫贡献奖”。

1 月 11 日 公司召开 2019 年优质服务领导小组会议，对公司当前供电服务情况进行深入分析，精准剖析存在的主要问题，明确 2019 年供电服务工作思路和问题整改目标。

是日 公司召开在全国、四川省及地方两会期间做好沟通宣传工作的工作部署会，要求利用全国、四川省和各市州两会召开的良好契机，提前谋划好与相关媒体的沟通和对外传播工作，通过公司系统内外的参会代表主动发声，充分宣传和展示公司服务地方经济发展所做出的贡献。公司党委副书记、副总经理张晓明出席会议。

1 月 14 日 上午，四川省第十三届人民代表大会第二次会议在成都开幕。省人大代表，国网四川省电力公司董事长、党委书记谭洪恩率公司系统内当选的省人大代表参加会议。

1 月 15 日 在四川省两会期间，省人大代表，国网四川省电力公司董事长、党委书记谭洪恩接受新华社四川分社对外采访部主任杨迪、《四川日报》首席记者梁现瑞的采访，回应社会关切。

1 月 16 日 四川省政府工作报告指出，四川省 2018 年通过推进电力体制改革为企业减少电费 150 亿元，今后还将以电力体制改革为重点，深化要素市场化改革，同时加快提升电气化水平，将全省丰富的清洁能源优势转化为发展优势。2018 年四川省水电装机容量达 7674 万千瓦，建成全国最大清洁能源基地，奠定了四川可持续发展的基础。

是日 四川省公安厅专职党委副书记胡钢率公安厅相关部门到国网四川省电力公司调研电力公安保卫工作。公司副总经理陈云辉出席会议并与胡钢座谈交流。

1 月 17 日 国家电网有限公司第三届职工代表大会第四次会议暨 2019 年工作会议在京召开。国家电网有限公司董事长、党组书记寇伟在会上作题为“守正创新 担当作为 奋力开创世界一流能源互联网企业建设新局面”的报告。

国网四川省电力公司的代表们为国家电网有限公司两会带来了涉及加快特高压发展和清洁能源消纳、拓展混改广度和深度、完善风险管控机制、维护职工主体地位、创建“国网扶贫”品牌、加强高技能人才培养、向国家争取对在川国调电站外送电量收取省内过网费、建立健全综合管廊有偿使用等 19 项提案、建议。

1 月 18 日 公司所属基层单位团组织负责人 2018 年度述职评议会议在公司团校（国网四川技培中心）召开。公司党委副书记、副总经理张晓明出席会议并讲话。

1 月 19 日 下午，四川省第十三届人民代表大会第二次会议完成各项议程后闭幕。省人大代表，国网四川省电力公司董事长、党委书记谭洪恩高票当选四川省第十三届人民代表大会常务委员会委员。

1 月 21 日 公司召开 2019 年维稳领导小组会议，听取“六项重大风险”排查情况汇报，安排部署 2019 年公司维护稳定工作。

1 月 22 日 由公司创作的诗朗诵参加 2019 年“畅想新时代 助力新征程”国家电网有限公司离退休员工 2019 年新春团拜会演出获得一致好评。国家电网有限公司董事长、党组书记寇伟，总经理、党组副书记辛保安等领导评价节目：主题好。

是日 谭洪恩与来自公司系统各单位的 30 名董事长联络员面对面座谈交流，听取意见和建议并提工作要求。公司工会主席左宇龙主持会议。

1 月 23 日 公司召开 2018 年度经济活动分析会，重点总结公司和集体企业 2018 年经营管理情况，分析 2019 年公司经营形势。

是日 上午，中共四川省委组织部召开国网四川省电力公司选派干部到省直部门挂职培养锻炼工作座谈会，公司党委副书记、副总经理张晓明，省委组织部、省发改委（能源局）、经信厅相关处室负责人及公司两批赴省直部门挂职的 7 名处级干部参加会议。

是日 谭洪恩拜访四川省能源投资集团有限责任公司、华能四川水电有限公司，就深化交流合作、实现合作共赢，共同促进电力行业健康可持续发展进行沟通交流。公司总会计师杨桂荣、副总经理董京营陪同拜访。

是日 在全省能源工作会议上，国网四川省电力公司就电能替代工作推进情况作专题交流发言。

1 月 24 日 公司召开 2018 年度基层党委书记抓党建现场述职评议会。

1 月 25 日 谭洪恩出席会议并作题为《十讲十增强 转型再突破 以改革创新精神加快建设一流能源互联网企业》的工作报告。公司总经理、党委副书记谭永香主持会议并传达国家电网有限公司“两会”精神。公司副总经理董京营宣读国家电网有限公司贺信、上级领导批示。公司副总经理王永平宣读了表彰事项。公司领导张晓明、谭志红、石俊杰、左宇龙、寇剑波出席会议。部分公司离退休老领导特邀出席会议。

会议为国家电网有限公司特等劳模、劳动模范、先进集体、一流班组、工人先锋号、优秀班组长代表颁奖。

是日 公司 2019 年 1 月售电量达到 200.74 亿千瓦时，同比增长 12.73%，历史上单月售电量首次突破 200 亿千瓦时。

是日 国家电网有限公司设备管理部副主任毛光辉率 27 家省（市）公司设备管理部主任，到国网四川电科院、国网四川检修公司调研国网四川省电力公司智能运检体系建设，详细了解四川电网智能运检分析管控平台建设及应用、运检管控中心运转等情况。公司副总经理陈云辉陪同调研。

1 月 26 日 上午，公司召开第六届职工代表大会第四次会议暨 2019 年工作会议。

大会全面总结了公司 2018 年的工作，深刻分析了公司面临的新形势新任务，结合国家电网有限公司战略部署，明确了公司今后三年的战略目标、发展路径和主要任务，安排了 6 项重点工作。会议共征集职工代表提案 118 件，与会代表开展讨论，积极建言献策。

1 月 28 日 公司召开 2019 年第二次意识形态工作责任制领导小组办公室会议，部署春节期间公司保电宣传、舆情防控和电力科普知识宣传相关工作。

1 月 29 日 谭洪恩、谭永香会见大唐四川公司董事长、党委书记潘明，总经理、党委副书记黄宇，双方就 2018 年经营发展及 2019 年工作进行交流。公司副总经理陈云辉参加座谈。

是日 公司党委副书记、副总经理张晓明到国网四川综合服务中心媒体业务部和四川科锐得实业集团有限公司传媒中心，看望慰问公司新闻宣传工作者，并就春节期间公司保电宣传、舆情防控和电力科普知识等工作提出要求。

1 月 30 日 公司召开 2018 年度党员领导干部民主生活会。公司党委书记、董事长谭洪恩主持会议，公司领导班子成员做个人对照检查发言，并接受其他成员的批评，国家电网有限公司第十三督导组成员参加会议并作点评。

1 月 31 日 公司召开 2019 年“规章制度落实督导年”启动电视电话会议。

2 月

2 月 1 日 谭永香到国网宜宾供电公司和特高压宜宾管理处调研，检查安全用电、春节保电等工作情况，看望慰问劳模和一线、困难职工，送去节日的问候和祝福。

2 月 2 日 谭洪恩在公司本部会见国网信息通信产业集团有限公司董事长王政涛，双方就相关工作进行交流沟通。谭永香，谭志红出席会见。

2 月 3 日晚 中央电视台三套播放的一档晚会节目上，出现一组都江堰紫坪铺雪后大山的画面。画面中除了熟悉的车永莉、王铮亮等演员外，还有几位身穿工作服的电力运检工人。当天，他们合唱一首原创歌曲《山路上的巡线兄弟》，娓娓讲述了一线巡线工人的艰苦工作，瞬间打动观众。

2 月 4 日（农历大年三十） 谭洪恩带着关怀和期望，带着对值班人员的祝福和问候，来到应急指挥中心、后勤配电室、后勤系统智慧管理平台、调控中心自动化机房、信息通信调度运行监控中心、电力调控中心、食堂、安保室等处，叮嘱春节期间值班工作人员，慰问在岗值班员工，共贺新春、共话未来，把浓浓的暖意带到干部员工心里。公司副总经理谭志红和相关部门负责人一同慰问。

2 月 11 日 中国农历春节假期后的第一个工作日，谭洪恩等公司领导齐聚大厅，为上班的公司本部员工送上新春祝福。

是日 公司召开深化卓越本部建设和作风建设动员大会。

2 月 12 日 谭洪恩到国网四川综合服务中心媒体业务部和四川科锐得实业集团有限公司传媒中心，看望慰问公司新闻宣传工作者。

2 月 14 日 雅安市石棉县栗子坪大熊猫放归基地举办“关爱熊猫村、守护国家公园”公益扶贫捐赠活动。活动中，国网四川省电力公司通过四川省慈善总会向石棉县捐赠扶贫资金 118 万元和一批爱心物资，用于帮助石棉县贫困乡村，重点支持产业扶贫，改善空巢老人及留守儿童生活条件。公司党委副书记、副总经理张晓明，雅安市副市长王双全出席捐赠活动。

是日 国家电网有限公司在国网四川省电力公司举行重组框架协议签署暨实施启动会。

国家电网有限公司财务部（资本运营中心）主任冯来法出席会议，副主任于楠楠主持会议。国网四川省电力公司董事长、党委书记谭洪恩，国网信息通信产业集团有限公司董事长、党委书记王政涛等参加会议。国网四川省电力公司总会计师杨桂荣、副总经理谭志红及相关部门负责人参加会议。

2 月 15 日 公司在西昌市召开“三区两州”深度贫困地区电网建设攻坚誓师大会，打响“三区两州”四川深度贫困地区电网建设脱贫攻坚决胜之战。国网四川省电力公司总经理、党委副书记谭永香，凉山彝族自治州州长苏嘎尔布，国家电网公司设备部副主任张薛鸿，省扶贫开发局一级调研员刘伯庆，省能源局副局长李明騄，公司副总经理王永平出席会议，公司副总经理陈云辉主持会议。

“三区两州”的“三区”是指西藏、新疆南疆四地州和四川藏区，“两州”是指甘肃的临夏州、四川的凉山州。其中，涉及四川的有甘孜、阿坝藏区和凉山州，全省共有 88 个贫困县、45 个深度贫困县、11501 个贫困村，贫困村数量居全国第一。2018—2020 年公司电网建设规划投资 53.95 亿元，其中 10 千伏及以下项目 29.95 亿元，35 千伏及以上项目 24 亿元，主要用于解决“三区两州”四川地区脱贫攻坚需求，改善贫困地区生产生活用电条件，进一步提高农村电网供电质量和供电可靠性。

是日 谭永香深入凉山彝族自治州，到国网凉山供电公司就“放管服”“营配调合一”以及为基层单位减轻工作负担、提升工作效率等方面情况进行调研。副总经理王永平陪同调研。

2 月 19 日 公司召开 2019 年安全生产应急工作会议。

是日 中央电视台走进四川凉山喜德县阿吼村，现场直播了阿吼村种植养殖专业合作社首次分红、阿吼村青薯九号种薯发放以及阿吼村新居等, 有力地展现了阿吼村在公司“334”模式精准帮扶下所取得的成效。

2 月 19 日和 20 日 谭洪恩、谭永香在公司本部会见到访的泸州市委书记刘强，市委副书记、市长杨林兴，广安市委书记李建勤，市委副书记、市长曾卿一行，就加快电网建设、加深交流合作，共同促进地方经济社会发展进行交流沟通，并达成共识。

2 月 19—20 日 谭永香在公司本部会见到访的成都市副市长、党组成员曹俊杰，攀枝花市委常委、常务副市长沈钧，副市长刘建明一行，就深化合作进行沟通交流。

2 月 24 日 《国家电网报》四川记者站荣获英大传媒 2018 年度十佳记者站称号，公司多部新闻作品及微电影作品在新闻年会上获奖。

2 月 24—25 日 自贡荣县连续两天发生 3 次四级以上地震。公司对管辖范围内的输、变、配及水工设备和易发生地质灾害的隐患点开展特巡，重点防范低压小方杆倒杆和纯铝导线断线造成人身伤害事件。

2 月 25 日 公司召开三年配网整治提升行动启动视频会议，贯彻落实公司“12333”发展战略布局，按照“十讲十增强”总体要求，以提高供电优质服务水平为目标，着力解决公司配网存在的突出问题，加快构建现代供电服务体系。公司总经理、党委副书记谭永香出席会议并讲话。公司副总经理陈云辉主持会议并作会议总结。

2 月 26 日 在国网四川省电力公司和雅安市委、市政府积极推动下，国网四川综合能源服务公司（售电公司）与雅安经开区市政工程建筑有限公司（大数据企业代表）签署全省首个大数据产业购售电协议。协议约定，自 2019 年 1 月 1 日至 2023 年 12 月 31 日 5 个自然年交易周期内，售电公司确保大数据企业享受优惠电价 0. 34 元/千瓦时（包括交易电价、输配电价、基金及附加）。雅安水电消纳示范区“川西大数据产业”电价顺利落地。

是日 国家电网有限公司首次召开宣传工作会议，全面落实公司两会各项部署，为建设具有全球竞争力的世界一流能源互联网企业营造舆论强势、凝聚磅礴力量。国家电网有限公司党组书记、董事长寇伟讲话，党组副书记、总经理辛保安作会议总结。国网四川省电力公司党委书记、董事长谭洪恩在会上作经验交流发言。国网四川省电力公司党委副书记、副总经理张晓明参加会议。

国网四川省电力公司获得“国家电网有限公司宣传工作先进单位”称号，国网成都供电公司获“国家电网有限公司宣传工作先进集体”称号，王劲松、夏江获宣传工作先进个人称号，《绣花功》获 2018 年“国网故事汇”优秀作品最佳传播奖。

2 月 27 日 国家电网有限公司总工程师、国网调控中心主任、党委副书记陈国平，国网西南分部副主任、国网调控中心副主任李勇到国网四川省电力公司，调研省级电力现货市场建设推动情况及西南电网异步运行准备情况。四川公司总经理、党委副书记谭永香，副总经理陈云辉陪同调研并座谈。

2 月 28 日 中宣部、中央文明办在北京召开全国学雷锋志愿服务工作暨岗位学雷锋推进会，国网四川电力（成都连心桥）共产党员服务队、国网资阳供电公司学雷锋“红细胞”志愿服务联盟两个志愿服务组织入选全国 100 个最佳志愿服务组织，在四川省 3 个入选 100 个最佳志愿服务组织中，公司占据三分之二。

是日 谭永香在公司本部会见到访的通威集团有限公司董事局主席刘汉元，双方就进一步深化合作以及新能源发展与趋势等相关问题进行沟通交流。

是日 谭洪恩同国家能源集团火电产业运营管理中心主任肖创英，神华四川能源有限公司党委书记、董事长刘志强一行参观调研四川电力交易中心、国网四川电力调控中心，了解电力交易、发电、外送等方面情况，进一步加强交流合作。

四川水电资源主要集中在川西高原地区，有金沙江、雅砻江、大渡河、岷江等河流 1300 余条，水能技术可开发量约 1.5 亿千瓦，产煤区集中在川南、攀西地区，煤炭资源相对匮乏，保有储存量约 130 亿吨，电煤需求部分依赖省外供给。四川水电通过“四交八直”12 条跨省区输电线路与省外相连，外送输送能力 2960 万千瓦。

3 月

3 月 1 日 四川省作家协会第八届四次代表大会在成都召开，四川电力作协荣获全省作协系统先进集体称号，国网四川省电力公司工会主席左宇龙出席并代表四川电力作协在大会上作经验交流。省委宣传部副部长周青、省作协主席阿来、省作协党组书记侯志明等出席会议。

自 2016 年 6 月四川电力作协成立以来，公司高度重视职工文艺创作，将繁荣职工文艺创作作为企业先进文化建设的重要组成部分，始终坚持为时代放歌，为职工抒写，明导向、建机制、搭平台、育新人、推作品，成绩突出。四川电力作协发展会员150余人，出版诗歌、散文、小说及职工书画文集20余部。

是日 国家能源局电力安全监管司司长童光毅调研国网四川省电力公司应急中心，了解公司应急体系建设发展和成果情况。公司总经理、党委副书记谭永香，副总经理陈云辉一同调研。

是日 公司召开电视电话会议，启动“大培训·大比武·大提升”活动。

是日 公司党委召开中心组学习（扩大）会议，学习近期中央重要精神、国家电网有限公司有关会议精神及公司安全风险分析报告。

是日 公司党委会作出关于进一步加强公司会议管理的决定，对改进会风，加强会议管理提出明确要求。

3月5日 公司召开“十讲十增强、转型再突破”形势任务宣讲团宣讲活动启动会。

3月6日 公司组织召开反违章“安全约谈”会议，对去年反违章成效较差、违章情况较为严重的单位进行提醒约谈。公司副总经理陈云辉出席会议并提出要求。

是日 零时，发源于四川的±800千伏复奉、锦苏、宾金三大特高压直流线路已累计向上海、江苏、浙江输送电量6044亿千瓦时。

从2010年7月8日四川第一个±800千伏复龙——奉贤特高压直流输电工程投运以来，国之重器——特高压直流落地四川已经8年有余，三大特高压实现外送四川水电超6000亿千瓦时。

是日 公司2019年青年干部培训班开学典礼在公司党校举行。谭洪恩出席开学典礼并讲话。

该期青干班共有学员30名在公司党校集中脱产学习3个月。公司办公室、组织部等部门负责人参加开班典礼。开班前，公司党校负责人同全体青年干部班成员一同参加了升旗仪式并重温入党誓词。

3月7日 公司2019年党风廉政建设和反腐败工作会议在公司党校召开。

3月8日 国家电网有限公司召开2019年国网泛在电力物联网建设工作部署电视电话会议后，国网四川省电力公司董事长、党委书记谭洪恩立即对泛在电力物联网建设工作提出要求。

3月10日 公司召开三大特高压换流站年度检修启动会。

随着国家“西电东送”战略实施，四川电网已经从西南末端电网发展成为梯格型枢纽电网。±800千伏复龙、锦屏和宜宾三座特高压换流站年度检修从3月13日开始，5月4日结束，共53天，计划实施技改项目22项、消缺102项，完成5654台设备检修。

3月11日 公司组织召开电力泛在物联网工作方案编制会。公司总工程师石俊杰出席会议并提出要求。公司科技信通部介绍了《泛在电力物联网2019年建设方案》编制工作方案，明确了公司建设工作组织体系及职责，部署了下阶段的工作任务，相关业务部门进行了深入讨论。

是日 公司副总经理谭志红代表公司在四川省国资委主办的全省国资系统法治建设工作会上作《创新推进合规管理，加快法治川电建设，为新时代改革“再出发”提供坚强法治保障》经验交流，公司是唯一在该次会上作交流发言的在川央企。

是日 公司党委2019年巡察工作动员暨培训会在公司党校召开。

是日 谭洪恩到国网四川信通公司、国网四川电科院调研，面对面倾听存在的困难和问题，共同探讨泛在电力物联网建设。

3月12日 谭洪恩在公司本部会见到访的中信银行成都分行行长沈强一行。

是日 谭洪恩、谭永香与阿里巴巴集团副总裁钟天华一行交流座谈，双方就构建泛在电力物联网、开展综合能源服务、电网人工智能、大数据应用等内容进行交流探讨。

阿里巴巴集团的工作人员专题介绍了支付宝助力四川电力营销服务、阿里云在电力企业的应用、北斗精准时空智能助力坚强智能电网建设、钉钉办公等方面内容，并与公司与会人员就具体内容现场互动、交流探讨，进行了一场互联网思维的头脑风暴。

3月14日 四川省电力市场管理委员会在国网四川省电力公司本部召开2019年第一次全体会议，通报2018年四川电力市场运营情况和管委会专业工作组组建方案。省发展和改革委员会党组副书记、副主任徐立出席会议。省电力市场管委会主任、国网四川省电力公司总工程师石俊杰主持会议并作会议总结。

是日 公司2019年党建暨宣传工作会议在公司本部召开。

3月15日 公司召开泛在电力物联网技术研讨会，特邀阿里巴巴集团物联网技术人员及国电南瑞科技股份有限公司工作人员分享数据运营实践经验。公司总工程师石俊杰出席探讨会，并对公司开展泛在电力物联网建设提出具体要求。

是日 公司召开四川省电力工会全委（扩大）会暨2019年工作会议，深入贯彻中共十九大和全总十七届二次执委会、四川省总工会十四届二次全委会精神，总结回顾工会2018年工作，部署2019年重点任务，组织动员广大职工为全面完成2019年各项工作任务而不懈奋斗。公司工会主席左宇龙参加会议并提出工作要求。

是日 公司召开“126 连心桥”职工诉求服务工作启动会。公司党委副书记、副总经理张晓明，省总工会副主席周键参加会议并讲话，公司工会主席左宇龙主持会议。

是日 国网成都供电公司、国网四川信通公司和国网四川电科院三家单位在国网成都供电公司联合召开泛在电力物联网专题研讨会，对泛在电力物联网的技术路径、演进方向、与现有系统整合等课题进行了深入探讨，进一步加深了对泛在电力物联网的理解。

是日 四川省经济和信息化厅党组副书记、副厅长刘少敏到国网四川省电力公司，调研公司电力生产运行及电力市场交易等工作。公司总工程师石俊杰陪同调研。

是日 公司召开2019年法治企业建设工作电视电话会。

3月19日 公司党委3个巡察组分别进驻国网达州供电公司、国网都江堰市供电公司、国网成都市双流供电公司3家大型县级供电公司开展提级巡察现场工作。

是日 谭洪恩到国网南充供电公司调研。

3月20日 公司召开2019年全面深化改革工作电视电话推进会议，谭永香出席会议并提出要求。

是日 国网四川省电力公司与电力规划设计总院（有限公司）签订战略合作协议，进一步拓展和深化双方合作，充分发挥四川作为可再生能源资源大省的优势，服务“长江经济带”建设，推进国家电网有限公司新时代“三型两网”战略实施。

公司董事长、党委书记谭洪恩，电规总院董事长谢秋野出席仪式并见证签约。公司总经理、党委副书记谭永香，电规总院总经理梁政平在协议上签字。公司副总经理王永平主持仪式。

是日 在国家电网有限公司雨雪冰冻灾害防治专题现场会上，公司副总经理陈云辉就四川公司抗冰防冰工作开展情况作经验交流。

3月21日 谭洪恩到国网内江供电公司和国网四川检修公司500千伏内江变电站调研。

是日 公司与阿坝藏族羌族自治州政府在马尔康市召开了2019年“三区两州”暨阿坝电网重点工程建设推进会。国网四川省电力公司副总经理王永平、阿坝州副州长赵京东参加推进会。

3月22日 国际电工委员会（IEC）正式公布了由国网四川省电力公司主导申请的“电力厂站低压辅助系统”项目委员会（PC）的投票结果。决议文件表明，该项目委员会以92%的高支持率获批通过。

3月25日 公司召开党委中心组学习（扩大）会议，学习全国两会精神、政府工作报告、近期中央重要精神，学习传达中央和省脱贫攻坚有关重要会议精神。

是日 谭洪恩、谭永香在公司本部会见乐山市委副书记、市长张彤，双方就加强政企合作，支持产业发展，推动地方经济社会发展进行沟通交流。

是日 国网四川省电力公司与省发展和改革委员会、省经济和信息化厅、攀枝花市政府在公司本部签订水电消纳产业示范区建设战略合作协议，加快电力要素市场化配置改革，促进富余水电消纳和攀枝花工业转型升级、绿色发展，加快建设全省水电消纳产业示范区。

3月26日 公司召开泛在电力物联网建设方案研讨会，进一步厘清重点任务，切实推进公司泛在电力物联网建设方案编制工作。公司总工程师石俊杰出席会议并提出要求。

3月27日 中央纪委委员、人力资源社会保障部纪检组长耿文清一行赴凉山彝族自治州喜德县阿吼村调研产业发展、人社保障等工作，通过听取汇报、座谈、入户走访等方式，对国网四川省电力公司在阿吼村扶贫工作给予高度肯定。

是日 国网四川省电力公司举办四川电网清洁能源技术发展论坛暨主要流域2019年气象水情会商会。会议旨在进一步发挥大电网优势，推动电力、气象、水文行业间协同互通，打造研、学、产、用全产业链合作新模式，科学统筹全省电力供需平衡及水电外送消纳，实现2020年基本解决存量水电弃水问题的目标。四川省水利厅处长徐尧出席会议并作报告。

是日 谭洪恩、谭永香与华为技术有限公司能源行业产品管理部总裁董伟嗣一行交流座谈，双方就构建泛在电力物联网、开展大数据应用、新型智能配变终端、电网智能巡检等内容进行交流探讨。公司在蓉领导杨桂荣、石俊杰、寇剑波参加座谈。

华为技术有限公司工作人员围绕物联网发展趋势、华为和国家电网有限公司在配电物联网的合作及华为物联网技术在电力视频巡检的探索等方面内容作了介绍。

4月

4月1日 公司在本部召开安全生产委员会2019年第一次专题会议，部署“安全日”活动，组织开展“安全日”集中学习。

4月2日 CIGRE国际大电网会议技术理事局审查通过了由国网四川省电力公司主导申请的“架空输电线路状态监测与遥感技术”工作组，该工作组的成立标志着公司在泛在电力物联网标准国际化方面迈出了坚实的一步。

是日 公司对口帮扶的四川甘孜藏区乡城县水洼乡那拉岗村和康定市吉居乡吉居村，接受省级脱贫退出情况专项评估，达到“一超六有”的贫困户脱贫标准和“一低五有”的贫困村脱贫标准，全村人均纯收入分别达到4600元、6000元左右，成功实现省级“脱贫摘帽”。

4月4日 公司召开2018年度四川省“电力网络智能化关键技术研究及应用示范”重大科技项目启动会，公司副总经理陈云辉出席会议并讲话。省科技厅相关人员及项目参与单位西南交通大学、清华四川能源互联网研究院等代表参加会议。

4月9日 公司党委理论学习中心组来到成都飞机工业（集团）有限责任公司开展“走出去”学习交流活动。谭洪恩、谭永香及公司党委中心组成员参加本次活动。

是日 四川省电力行业协会年会在国网四川省电力公司召开，公司董事长、党委书记谭洪恩当选新一届四川省电力行业协会理事长，公司副总经理陈云辉当选四川省电力行业协会常务副理事长。会议由公司总工程师石俊杰主持。

2018年，全社会用电量再创新高突破2450亿千瓦时，评价营商环境的“获得电力”指标跃居全省第一；全川清洁能源装机、发电量稳居全国第一，全口径外送电量连续5年超过1000亿千瓦时。

是日 四川省人大常委会副主任陈文华到公司调研电力市场运行情况。四川省发展改革委副主任、省能源局局长梁武湖，公司总经理、党委副书记谭永香，公司总工程师石俊杰陪同调研。

4月10日 国家电网有限公司2019年部分单位离退休部门负责人调研座谈会在国网四川省电力公司召开。

是日 谭洪恩会见了绵阳市委书记刘超，双方在以往达成系列合作共识基础上，表示将进一步全面落实合作，早日推动泛在电力物联网建设在绵阳试点，以更坚强智慧的电力保障，助推中国科技城和西部现代化强市建设。

是日 9时许，谭洪恩匆匆赶到成都火车东站，坐上G1282次动车，从成都赶往绵阳，以“十讲十增强，转型再突破”形势任务第一宣讲团宣讲人的身份，为国网绵阳供电公司干部员工作一场形势任务宣讲。

4月11日 谭永香走访成都市高新区英特尔产品（成都）有限公司、成都京东方光电科技有限公司两家大客户，国网四川省电力公司副总经理、国网成都供电公司总经理刘勇陪同走访。谭永香首先来到为英特尔产品（成都）有限公司提供电源支撑的110千伏奔腾变电站了解客户供电方式、设备运行情况，并参观了芯片封装测试车间、了解英特尔企业文化。

4月15日 谭洪恩前往国网雅安电力（集团）公司调研，先后深入雨城供电营业厅、国网四川电力（雅安）共产党员服务队和雅安电力调控中心，深入了解雅安公司在电力保障服务、基层党建、电网运行管理和发展等方面情况。雅安市委副书记、市长邹瑾，副市长苟乙权一同调研。

是日 在国网四川省电力公司和雅安市委、市政府积极推动下，国网四川综合能源服务公司分别与四川大渡河龙头石水力发电有限公司等3家发电企业及雅安安山钢铁有限公司等10家用电企业签订购售电协议，标志着全省首个水电消纳示范区试点政策正式落地。国网四川省电力公司董事长、党委书记谭洪恩，雅安市委书记兰开驰出席签字仪式并讲话。公司总经理、党委副书记谭永香，总会计师杨桂荣，总工程师石俊杰；雅安市委副书记、市长邹瑾，市委常委李东；华能四川公司总经理赵明川等参加仪式，雅安市副市长苟乙权主持仪式。

4月16日 谭永香在公司本部与到访的山东电工电气集团有限公司董事长、党委书记周群就进一步深化合作，推动共同发展进行会谈。

是日 谭洪恩、谭永香在公司本部会见神华四川能源有限公司党委书记、董事长刘志强，双方就四川电力行业的持续健康发展和江油发电厂项目的推进情况进行沟通交流。公司副总经理王永平参加会见。

是日 公司召开第七届行风监督员总结座谈会。

是日 国家能源局华东监管局副局长（正局级）郑逸萌，在国家能源局四川监管办公室专员马军杰的陪同下，来到国网成都供电公司调研优化“获得电力”营商环境工作开展情况。国网四川省电力公司副总经理、国网成都供电公司总经理刘勇陪同调研。

4月17日 谭洪恩在公司本部会见北京智芯微电子科技有限公司执行董事、党委书记赵东艳，双方就进一步加强合作进行深入交流。公司总工程师石俊杰参加座谈。

是日 应四川省总工会邀请，以奥地利生产工会联邦副主席、奥地利生产工会联邦妇女主席克劳迪亚·弗立本为团长的友好交流代表团到国网四川省电力公司“品斋”职工文化活动室参观交流，省总工会一级巡视员、省十二届政协常委武晓鹏及公司工会主席左宇龙陪同参观。

是日 谭永香到国网德阳供电公司督察春季安全大检查工作。

是日 公司川南片区防震减灾应急演练在泸州举行。演练模拟泸州市发生 6.8 级地震，国网泸州供电公司办公大楼受损，相关变电站、输电线路、配网受损严重，导致大面积停电。

是日 谭永香到国网德阳供电公司，为干部员工宣讲“十讲十增强 转型再突破”，对“十讲十增强”再学习，进行再动员。

4 月 18 日 谭永香与宜宾市委书记刘中伯，市委副书记、市长杜紫平座谈。

4 月 19 日 谭永香在公司本部会见四川省煤炭产业集团有限公司董事长景宏年和英大长安保险经纪有限公司总经理常世平，公司总会计师杨桂荣、公司副总经理陈云辉陪同会见。

4 月 21 日 国家发展改革委员会体改司副司长万劲松率调研组到国网四川省电力公司调研电力市场交易工作。四川省发展改革委员会副主任、省能源局局长梁武湖，国网四川省电力公司总经理、党委副书记谭永香，省能源局副局长李明騄，公司副总经理谭志红陪同调研。

4 月 23 日 公司“送文化下基层”慰问组赴±800 千伏特高压宜宾换流站，开展主题“为劳动放歌”五一特别送文化活动，为坚守在特高压直流年检技能劳动竞赛现场的 700 多名一线员工，送去一场文化大餐。

4 月 24 日 公司召开“创建世界一流示范企业行动指南”研讨会。

4 月 25 日 谭永香在公司本部会见中国电力国际发展有限公司党委委员、总经济师杨玉峰，双方就成都市高新西区分布式能源站接入项目交易模式、四川水电消纳、综合能源发展等问题进行深入交流。公司副总经理董京营陪同会见。

是日 国家能源局四川监管办党组书记、专员马军杰率专家组到国网南充供电公司就优化营商环境、报装接电工作、农村电网建设等调研指导。

是日 国家电网电子商务有限公司副局级调研员李华一行到国网四川省电力公司调研“国网商旅”应用建设和试点推广情况。公司总会计师杨桂荣参加会议。

4 月 23—25 日，国家电网有限公司特高压部主任张福轩一行到成都市以及凉山彝族自治州布拖县、盐源县，现场指导四川“新三直”特高压输电工程建设前期准备工作。

“新三直”特高压输电工程是指雅中—江西、白鹤滩—江苏、白鹤滩—浙江特高压直流输电工程，是国家电网有限公司服务国家能源战略、保障西部水电消纳、满足东部发展需求的重大项目，对于促进地区资源优势转化为经济优势、全面建成小康社会、打赢污染防治攻坚战具有重要意义。“新三直”特高压工程额定输送容量达 2400 万千瓦，建成投运后，四川水电外送容量将翻一番，为四川 2020 年基本解决水电弃水问题和国网四川省电力公司服务治蜀兴川提供坚强支撑。

4 月 25 日 第二届中国优秀扶贫案例报告会在人民日报社新媒体大厦人民网一号演播厅举行，报告会主题为“大国攻坚，聚力扶贫”。国网四川省电力公司《点亮彝乡美好生活》在该次参选的 1000 多个案例中脱颖而出，入选该届社会扶贫板块十大优秀扶贫案例。谭洪恩应主办方邀请发言，交流公司在精准扶贫工作中的心得和体会。

国务院扶贫办政策法规司副司长李富君，人民网党委书记、董事长、总裁叶蓁蓁，《中国扶贫》杂志社总编辑张丽荣等领导分别为报告会致辞。

报告会后，谭洪恩还接受了《中国扶贫》杂志和人民网记者专访。

4 月 28 日 四川省召开庆祝“五一”国际劳动节暨表彰大会，表彰 2019 年全国及四川省获五一劳动奖的集体和个人。国网四川省电力公司系统 2 个集体荣获“全国工人先锋号”称号，1 个集体荣获“四川省五一劳动奖状”，1 名个人荣获“四川省五一劳动奖章”，6 个集体荣获“四川省工人先锋号”。

4 月 29 日 省委宣传部在国网四川省电力公司举行“时代楷模”其美多吉先进事迹报告会，地点在国网四川技培中心礼堂，公司纪委书记寇剑波主持报告会。

是日 公司召开泛在电力物联网 2019 年第一批建设任务工作推进会，公司总工程师石俊杰参加会议并提出要求。公司 3 月 29 日完成泛在电力物联网建设方案编制。国家电网有限公司近日完成方案评审并下达了第一批建设工作任务，四川公司参与总部 23 项建设工作任务，其中专项试点 3 项，统一组织工作任务 20 项。

4 月 30 日 上午 10 点 30 分，国网四川省电力公司两名青年员工杨沛东、张芮作为全国优秀青年代表，到北京人民大会堂参加全国纪念五四运动100周年大会。

是日 谭永香到国网四川电科院公司智能运检管控中心调研。

是日 在五四运动100周年之际，公司组织开展了纪念五四运动100周年先进评选表彰活动，公司“纪念五四运动100周年”青年文化节在国网四川技培中心举行。公司评选出十大杰出青年，20名新时代青年先锋，10名青年岗位能手，并表彰了一批青年文明号、优秀“川电先锋”青年突击队和优秀青年志愿者等先进集体和个人。同时，授予9个基层团委“五四红旗团委”称号，37个一线团支部“五四红旗团支部”称号，39名优秀共青团员和20名优秀共青团干部受到了表彰。

5月

5月1—2日 公司副总经理、特高压工程建设指挥部总指挥王永平，公司副总经理陈云辉分别赴特高压施工现场和特高压宜宾、复龙换流站，慰问特高压参建人员和运维人员。

5月5日 谭洪恩、谭永香与甘孜藏族自治州委书记刘成鸣，州委副书记、州长肖友才座谈，双方就进一步深化合作、促进藏区电力事业发展进行深入交流。公司副总经理董京营，甘孜州副州长杜德清参加座谈。

是日 ±800千伏特高压直流宜宾换流站2019年年度检修工作全面告捷。至此，四川境内三座特高压换流站全面完成年度综合体检，为±800千伏复奉、锦苏、宾金三大特高压直流输电线路在今年迎峰度夏期间长期满功率运行奠定了坚实基础。2018年12月29日，复龙、锦屏、宜宾三座特高压直流换流站正式移交国网四川省电力公司运维。此次年度检修，是特高压换流站实施属地化管理后首次综合检修。

三大特高压直流输电线路是四川水电外送的大通道，输送电量约占四川水电外送电量的85%，分别占上海、江苏、浙江三省市最高电量负荷的34%、12%和17%。已累计向华东地区输送电量6125亿千瓦时，对改善能源结构、治理大气污染、促进经济社会发展做出了巨大贡献。

5月6日 长篇报告文学《鲁鹏现象》首发暨作品研讨会在德阳市举行，省内多名专家学者参加研讨会，对作品给予高度评价 。中共德阳市委常委、秘书长、宣传部部长、总工会主席卢也，公司党委副书记、副总经理张晓明出席会议并讲话。德阳市委宣传部常务副部长、新闻出版局局长赵仕圣致欢迎辞。

5月7日 谭洪恩、谭永香召集本部相关部门在公司调控中心进行“圆桌会议”，召开西南电网转异步运行安全风险分析研讨会，研究如何更为有效地保障异步运行后电网安全稳定运行。公司总工程师石俊杰参加讨论。

5月8日 公司在本部举办《“三型两网”能源互联网战略与实施的认识和思考》专题讲座，全面启动“泛网讲坛”专题活动。

5月9日 谭洪恩在本部会见平高集团有限公司董事长、党委书记成卫一行，双方就加强多领域务实合作进行了交流。

是日 历时165天，公司负责的±800千伏雅中至江西特高压直流输电工程贵州段前期核准转报工作圆满完成，涉及贵州省区县、市州以上政府与国土部门的373份文件全部收资到位，标志着±800千伏雅中至江西特高压直流输电工程全面完成沿途五省核准转报工作，进入国家核准程序。

±800千伏雅中至江西特高压直流输电工程主要为满足四川水电外送及江西等华中地区用电需求，优化全国能源布局，促进资源节约型和环境友好型社会建设，助力扶贫攻坚。工程输送容量800万千瓦，起于四川省凉山州盐源县，止于江西省抚州市，送电距离1711千米，线路途经四川、云南、贵州、湖南、江西等5省，总投资248亿元。

5月10日 四川省甘孜藏族自治州水电消纳产业示范园区开工。

甘孜州水电消纳产业示范园区规划面积3000亩，园区距康定市瓦泽乡政府18千米，距G318线10.5千米，距康定机场8.4千米，同时靠近正在建设中的川藏铁路。当天开工建设的为园区基础设施一期工程，项目总投资7742.56万元，建设项目包括场地平整、道路工程、市政综合管线工程，建设工期12个月。

5月13日 公司召开2019年第二次扶贫工作领导小组办公室会议，深入学习贯彻习近平在解决“两不愁三保障”突出问题座谈会上的重要讲话精神，审议2019年扶贫捐赠项目，落实公司2019年消费扶贫工作安排。公司副总经理董京营出席会议并部署近期脱贫攻坚重点工作。

是日 公司与广安市签署战略合作协议，携手把广安建设成为“中国输变电安装之乡”和“中国输变电施工机具制造之乡”，推动输变电安装产业和施工机具装备产业加速发展。国网四川省电力公司董事长、党委书记谭洪恩，广安市委书记李建勤出席签约仪式并讲话。

5 月 14 日 公司组织 2019 年第一期厂处级领导干部安全专项培训。

5 月 15 日 公司组织召开交直流协调控制系统建设工作总结会，公司副总经理陈云辉出席会议并提出要求。

是日 公司召开中国电科院、江西电科院及国网四川计量中心结对共建启动会。公司党委副书记、副总经理张晓明，中国电科院副院长陈梅出席会议并讲话。

5 月 16 日 谭洪恩在公司本部会见南瑞集团董事长、党委书记冷俊，双方就进一步加强合作进行深入交流。公司总工程师石俊杰参加会见。

是日 公司举行院士工作站合作协议签字仪式，清华大学院士卢强与公司共建院士工作站续约，继续深入合作。

5 月 20 日 公司 2019 年第一期处级干部及二、三级职员履职培训班在公司党校开班。

5 月 20—21 日 凉山彝族自治州委副书记、州长苏噶尔布和州委常委、常务副州长、凉山州电网建设领导小组组长蒋刚先后到国网四川省电力公司特高压工程建设指挥部，调研“新三直”特高压直流输电工程项目前期工作情况。国网四川省电力公司副总经理、特高压工程建设指挥部总指挥王永平陪同调研。

5 月 21—24 日 由国际电气电子工程师学会(IEEE)电力与能源协会(PES)主办，电子科技大学和国网四川省电力公司承办的 2019 年亚洲智能电网创新国际会议（2019 IEEE PES ISGT ASIA)在成都举行。来自德国、美国、丹麦、比利时、印度等 30 个国家、800 余名电力与能源领域知名专家学者云集，围绕“智能电网连接未来”的主题，交流学术思想、分享学术成果，促进全球智能电网发展。

5 月 22 日 国家电网有限公司总会计师罗乾宜在国网四川省电力公司本部主持召开四川岷江水利电力股份有限公司重组工作现场会。四川公司董事长、党委书记谭洪恩参加会议并汇报工作开展情况。四川公司总经理、党委副书记谭永香参加会议。

岷江水电于 1998 年 4 月上市，是四川省少数民族地区首家、阿坝藏族羌族自治州唯一的A股上市公司。2019 年 1 月 24 日，在国家电网有限公司统一部署下，岷江水电申请停牌启动重大资产重组。

5 月 23 日 国家电网有限公司发布数据，国网四川省电力公司泛在电力物联网建设同期线损监测治理 4 月百强县级供电公司、百强供电所总数量位列国家电网有限公司第八位。

其中，国网射洪县供电公司、国网蓬安县供电公司分列国家电网有限公司 1171 家参评县公司的第 4 位和第 30 位；国网射洪县供电公司城郊供电所、复兴供电所、天仙供电所、大于供电所、太乙供电所和国网南充市蓬安供电公司城北供电服务班分列国家电网有限公司 14224 个参评供电所的第 31、44、48、70、90 和 72 位。

是日 国网南充供电公司开展负荷批量控制功能实际操作综合演练，国家电力调度控制中心及国网天津、河北、江苏、陕西、宁夏、辽宁、四川 7 家省级电力调度控制中心到现场观摩。演练中的基于负荷批量控制的无功反送批量控制和小电流接地故障智能切除功能为全国首创。

是日 公司召开 2019 年综合计划执行推进会，加快推进公司 2019 年综合计划执行，确保完成全年任务目标。

5 月 24 日 公司与华能四川水电有限公司签订战略合作框架协议，共续合作、共谋发展。公司董事长、党委书记谭洪恩，华能四川公司董事长、党委书记刘兴国，总经理赵明川出席签约仪式，公司副总经理陈云辉、总会计师杨桂荣及华能四川公司副总经理王雄志、黄守全等参加签约仪式。

是日 省人大常委会党组成员、副主任刘捷到国网四川省电力公司调研，“把脉问诊”四川电力发展情况。省人大常委会委员、经济委主任委员黄昌明，省发改委副主任、能源局局长梁武湖，国网四川省电力公司董事长、党委书记谭洪恩陪同调研。

5 月 25 日 由《中国作家》杂志社、四川省作家协会、新世界出版社主办，中共雅安市委宣传部、国网雅安电力（集团）公司、巴金文学院协办的长篇纪实文学《勇闯法兰西》作品研讨会在成都举行。中共雅安市委常委、宣传部部长杨军，国网四川省电力公司党委副书记、副总经理张晓明出席会议并讲话。

是日 公司原创扶贫歌曲《绣花功》在四川电视台播出。该歌曲由公司和马边县委宣传部共同推出，该歌曲继续于 28 日、29 日、30 日在四川电视台播出 3 次。

5 月 29 日 上午，国家电网有限公司在四川省宜宾市召开特高压重要输变电设备迎峰度夏运维保障部署会。

是日 下午，国家电网有限公司总经理助理单业才率设备管理部、安全监察部、国家电力调度控制中心相关负责人，到四川省宜宾市±800 千伏复龙换流站检查指导迎峰度夏运维保障工作。国网四川省电力公司副总经理陈云辉陪同。

截至2019年5月1日，通过三大特高压直流输电线路的远距离输电，上海、江苏、浙江共承接了来自四川的水电6095亿千瓦时。

5月30—31日 国际电气与电子工程师学会（IEEE）电力与能源协会标准联合制定启动暨首次工作组会议在国网四川电科院召开。国家电网有限公司国际合作部副主任范建斌，IEEE标准协会代表、国网四川省电力公司总工程师石俊杰出席会议。

5月30日 在成都召开的四川省庆祝“全国科技工作者日”座谈会上，省委副书记邓小刚向“2018年度模范院士专家工作站”授牌。国网四川省电力公司院士专家工作站从全省400多个工作站脱颖而出，成为7家中国科协模范院士专家站之一。公司总工程师石俊杰出席座谈会。

是日 公司召开5月基建安全质量分析点评电视电话会议，通报在基建安全风险督查、量化考核、达标投产复检和实时安全管控系统应用工作中的亮点和问题，部署6月基建安全质量重点工作。公司副总经理王永平出席会议并提出要求。

5月31日 四川省电力行业协会和国网四川省电力公司在成都承办中电联2019年省级电力行协秘书长座谈会。

6月

6月17日 22时55分，宜宾市长宁县发生6.0级地震。

公司迅速启动地震灾害一级响应，全面收集地震受灾受损情况，组织开展震后隐患排查，力保地震灾区电力供应，并迅速组织救援力量奔赴现场展开行动，第一时间投入到抗震救灾中。

6月18日 2时，公司第一批90名应急人员，7台大车携带应急照明、发电车等物资到达灾区，通过应急发电车全力支撑路灯供电，为各方救援措施开展提供电力供应，为震中位置双河卫生院、避难广场等居民集中点搭建帐篷架起临时的家。

是日 国家电网有限公司董事长、党组书记寇伟从国家电网有限公司办公厅《值班报告》中获悉四川长宁发生6.0级地震的相关情况后，肯定四川公司处置及时，抢修恢复速度快，体现了国网良好的风貌。

是日 谭洪恩先后两次到公司应急指挥中心，分别向国网宜宾供电公司、国网四川检修公司和四川电力送变电建设有限公司等了解灾区受灾情况、电网抢修恢复情况和特高压有无受损，了解当地政府需求，并叮嘱抢修人员注意安全。

是日 国网电子商务有限公司副局级调研员李华一行到国网四川省电力公司，就集体企业电商化交易推广应用工作深入交流，公司副总经理谭志红参加了交流。

是日 下午，谭永香到宜宾市长宁县双河镇，在现场应急指挥部组织召开现场会，到变电站查看灾情和抢修情况，现场向四川省副省长尧斯丹汇报电力抢险救灾工作情况。

是日 由四川省电力行业协会主办，国网四川省电力公司和国网信通产业集团承办的2019泛在电力物联网发展与应用论坛在成都举行，来自发电企业、电网企业、设计院、信息化建设企业、高校和科研院所等单位的200多名领导和专家，围绕“泛在共享、发展创新”主题，通过主题演讲和座谈研讨的方式，深入探讨泛在电力物联网的发展与应用，助推资源共享和融通发展。

6月19日 凌晨3时15分，随着雅安Ⅱ—资阳500千伏双回线路工程N408～N418放线区段最后一相导线的锚固，工程夜跨成贵客专高铁作业圆满完成。至此，500千伏雅安送出加强工程（大雅π接、雅资线）实现全线贯通。

是日 12时18分，国家电力调度控制中心宣布西南电网与华中电网异步运行，标志着四川电网正式进入异步联网运行新时代。

西南电网异步联网是国家电网有限公司优化电网结构保障电力供应安全和推进节能减排的重大举措。异步运行后，四川电网“强直弱交”稳定特性发生改变，长链式电网结构风险得到降低，运行特性得以优化，安全稳定水平得到提高；同时，结合雅安送出加强工程的投运，省内水电送出通道输送能力累计提升约640万千瓦，局部地区窝电问题有效缓解，大力提升四川清洁能源消纳能力，为2020年基本解决弃水问题奠定坚实基础。

是日 上午，公司“旗帜领航程·共筑同心圆”统战工作座谈会在自贡召开。

是日 下午，四川省委书记彭清华到宜宾市长宁县最大的灾民集中安置点看望慰问受灾群众和抗震救灾队伍，先后与国网四川电力（宜宾）共产党员服务队和国网四川电力（德阳）共产党员服务队队员一一握手。彭清华在仔细询问灾区电力恢复情况后，肯定国网四川省电力公司抗灾保电工作保障有力。

是日 谭洪恩调研国网四川计量中心和国网四川客服中心，了解科技创新和优质服务方面的最新举措和做法。

6月20日 北京电力交易中心副主任谢开一行到公司调研电力市场交易及电力现货市场试点建设

等相关工作。公司副总经理陈云辉陪同调研。

是日 四川电力现货市场启动模拟试运行，四川省电力市场化改革又迈出了坚实的一步。

国家发展改革委价格司副司长牛育斌，国家电网有限公司副总工程师、国网西南分部主任、党委书记刘勤，省经济和信息化厅副厅长刘少敏，国网四川省电力公司董事长、党委书记谭洪恩以及相关单位代表出席该次启动仪式。启动仪式由公司副总经理陈云辉主持。

作为全国首批电力现货市场建设试点省份之一，电力现货市场的建设，充分考虑了四川水电装机占比高、峰谷发电特性差异大、网架输电安全约束多等因素。初期主要面向四川省统调电厂、在四川电力交易中心注册的售电公司和市场化用户。

6月21日 在召开的全省深化“放管服”改革优化营商环境现场会上，谭洪恩就国家电网有限公司在优化电力营商环境方面的工作情况作交流发言。

6月20—21日 国家电网有限公司总经理、党组副书记辛保安赴四川长宁地震灾区，察看地震灾情，了解电力设施受损情况、电力设备抢修恢复情况以及抢险救灾电力保障服务情况，看望慰问战斗在抗震救灾第一线的国家电网员工，并且听取国网西南分部与国网四川省电力公司工作汇报，要求四川公司在地方党委政府统一指挥下做好救灾工作，全力保障人民群众生产生活用电，为灾后重建做出更大贡献。

6月24日 谭洪恩、谭永香在公司本部会见中兴通讯股份有限公司董事长李自学，双方就进一步加强合作进行深入交流。公司总工程师石俊杰参加会见。

是日 公司党委第一、第二、第三巡察组分别进驻国网乐山、眉山、广安3家供电公司开展常规巡察工作,标志着公司党委2019年第二轮巡察工作全面启动。

6月25日 公司党委理论学习中心组（扩大）开展“不忘初心 牢记使命”主题教育第二次集中学习研讨活动，国家电网有限公司党组主题教育第六巡回指导组组长、国网企业管理协会副理事长（副总师级）于良民一行莅临指导。

是日 谭洪恩、谭永香在公司本部会见中国大唐集团四川公司董事长、党委书记朱利明一行，双方就加强团结治网，深化共同发展进行沟通、交流。

6月27日 谭洪恩、谭永香在公司本部会见三峡大学校长何伟军，就校企合作进行交流座谈。

是日 国网四川省电力公司党委“不忘初心、牢记使命”主题教育读书班正式开班，并特别举办专题辅导报告会讲授《习近平新时代中国特色社会主义思想》。

6月28日 在中国共产党98周年诞辰即将来临之际，国家电网四川电力（成都高新连心桥）共产党员服务队先进事迹报告会在公司本部召开。

是日 公司在本部召开迎“七一”创先争优表彰暨“党建+”工程推进会。

是日 四川省经济和信息化厅、雅安市委市政府、中国电信四川分公司、国网四川省电力公司联合在雅安举办“西部数据．中国雅云”——川西大数据产业园开园暨招商推介会。园区优质的供电营商环境成为推介会的一大亮点，受到投资企业和各大媒体的广泛关注。活动中，国网四川省电力公司总工程师石俊杰现场接受新华社、四川电视台等媒体记者的采访。

是日 公司在国网四川技培中心（罗家碾校区）举办“我和祖国共奋进”职工演讲比赛。公司工会主席左宇龙出席活动并为获奖选手颁奖。

是日 14点56分，随着最后一次冲击合闸成功，500千伏尖山变电站3号主变压器充电成功，投入运行。尖山变电站3号主变投运将提高成都高新南区、天府新区等地区的供电能力。

6月29日 随着蜀州—丹景第Ⅲ回500千伏输变电工程一次送电成功，标志着在今年用电高峰的关键时期，四川又新增一条清洁能源消纳通道，为四川电网迎峰度夏提供有力支撑。

7月

7月1日 下午，公司党校在国网资阳供电公司的“党建研究基地”正式揭牌，两家单位联合共同启动“红细胞”工程理论研究课题。加上此前公司党校与国网成都供电公司打造首个“党建研究基地”——都江堰共产党员服务队和广安邓小平故居、红军飞夺泸定桥纪念馆等“党性教育基地”后，正式形成“一校两基地”。

7月2日 谭洪恩、谭永香，公司在蓉领导等公司党委理论学习中心组成员，到充满红色记忆的热土——甘孜藏族自治州泸定县听党课，重走泸定桥。

7月4日 国网四川省电力公司党委副书记、副总经理张晓明，公司副总经理董京营在公司本部会见资阳市委常委、组织部部长周宇，双方就如何进一步加强政企合作进行友好交流。

7月3—5日 国家电网有限公司基建部副主任丁燕生一行到四川指导“新三直”特高压配套500千伏输变电工程前期工作，现场调研相关工程前期准备情况。国网四川省电力公司副总经理、“新三直”

特高压工程四川建管段总指挥王永平陪同调研。

7月3日 四川省委、省政府发布《关于表扬2018年脱贫攻坚先进集体和先进个人的决定》(川委〔2019〕295号)，表彰2018年全省脱贫攻坚先进集体和个人。国网四川省电力公司作为国有企业荣获“2018年先进定点扶贫省直部门（单位)”称号，四川电力职业技术学院（国网四川技培训中心）作为高校荣获“2018年先进定点扶贫省直部门（单位)”称号，1名个人荣获“2018年省内对口帮扶藏区彝区贫困县先进个人”称号，2名个人荣获“2018年脱贫攻坚‘五个一’帮扶先进个人”称号。

7月8日 国网四川省电力公司党委理论学习中心组(扩大)学习，开展“不忘初心、牢记使命”主题教育集中学习研讨。

7月9日 公司工会主席左宇龙到国网四川客户服务中心，详细了解省级“126连心桥”职工诉求服务平台工作情况，了解职工诉求收集的六种渠道受理分布、职工诉求类型分布、诉求数量分布和省级126连心桥职工诉求中心业务受理情况。

7月10日 公司召开经济调度工作汇报会，谭永香出席会议并提出要求。

是日 下午，公司召开“三区两州”及新一轮农网改造升级电视电话专题推进会，深入贯彻落实国家电网有限公司7月9日召开的提前一年完成农村电网改造升级任务部署会议精神和相关要求。

是日 500千伏雅安送出加强输变电工程成功投入试运行，电力建设者们仅仅用7个月的时间就成功新建了一条四川清洁能源消纳主动脉，创造了电力建设史上的又一个奇迹。

7月10—11日 公司在国网四川技培中心举办2019年资本运营及资产产权知识竞赛。

7月11日 中华全国总工会副主席、书记处书记阎京华，在四川省总工会副主席胥纯、周键，遂宁市委常委袁超等陪同下，到国网遂宁供电公司调研职工思想政治引领、工会组织履行政治责任等工作。

7月12日 公司与国网信通产业集团有限公司、阿坝藏族羌族自治州政府三方签署合作协议。

7月16日 四川省政府召开基础研究工作会，发布了《四川省基础研究发展规划（2019—2023）》，国网四川省电力公司关于智能电网向能源互联网发展演进中面临的理论难题及关键技术研究被纳入其中。

7月16—18日 国家电网有限公司工会副主席、女工委员会主任樊英率国家电网有限公司职工代表、董事长联络员组成的第二调研组，先后到国网自贡供电公司、国网内江供电公司、国网天府新区供电公司，开展“直奔主题、直奔基层、交心职工”调研活动。国网四川省电力公司工会主席左宇龙陪同调研。

7月18日 公司开展2019年电网迎峰度夏联合反事故演习。

是日 谭洪恩在公司本部会见中电传媒集团董事长、党委书记顾平安一行，双方就进一步深化合作进行友好交流。

7月18—19日 谭永香到绵阳市开展“不忘初心、牢记使命”主题教育调研。

7月21日 公司组织召开第六届职工代表大会第五次会议预备会议及大会，履行公司职工董事、职工监事选举产生的民主程序。

7月22日 公司2019年年中工作会议在公司党校召开。

7月23日 谭洪恩在公司本部会见成都市委常委左正，双方就建设抽水蓄能电站进行交流探讨。

7月25日 谭永香到国网南充供电公司调研。

是日 绵阳市新益大厦历时5个多月的升级改造，科技城智慧营业厅顺利完成转型并投入运行，成为四川首个具备“新零售”商业模式的智能型、市场型、体验型、线上线下一体化营业厅。

7月26日 中共中央总书记、国家主席、中央军委主席习近平在京会见全国退役军人工作会议全体代表，国网四川电力（成都连心桥）共产党员服务队队长刘源作为全国模范退役军人参加会议并受到了习近平的亲切会见。国网凉山供电公司输电运检一班班长殷显树荣获了“全国模范退役军人”称号，并受到习近平、李克强、王沪宁等中央领导的接见。

是日 国网四川省电力公司员工、国家电网有限公司“第一书记”代表王小兵，在2019年中国电力主题日活动上激情演讲，受到与会代表高度称赞。

7月25—26日 谭洪恩先后到国网攀枝花供电公司和凉山彝族自治州喜德县阿吼村调研指导工作，了解精准扶贫工作开展情况，看望慰问一线员工。

7月26—27日 谭永香出席国网人才交流服务中心有限公司主办的第十四届电力人才就业论坛预备会并致辞。该次会议旨在探讨泛在电力物联网建设，推进产教融合人才培养。

7月29日 由中国电力科学研究院有限公司主办，国网四川省电力公司承办的泛在电力物联网技术标准体系研究项目启动会在川召开，四川公司参与了其中4个课题37项关键核心标准编制。

7月31日 公司召开2018年专项巡察、提级巡察整改工作汇报及巡察约谈会，进一步压紧压实巡察整改政治责任。

是日 谭永香到四川电力医院看望慰问 95 岁高龄的公司离休干部陈德亭。

是日 共青团四川省委书记、省青联主席张荣到国网四川省电力公司调研指导共青团和青年工作。

7 月 31 日至 8 月 2 日 国家电网有限公司第五届青年创新创意大赛决赛在江苏苏州市举行，国网四川省电力公司内外部项目共斩获 2 金、1 银、5 铜。

8 月

8 月 1 日 四川省委常委、统战部部长，省总工会主席田向利到国网四川省电力公司党校（管理培训中心），看望慰问在那里创作的国家电网有限责任公司书画家们，向他们致以诚挚的问候。

是日 公司组织相关部门和单位召开世警会保供电工作推进会，部署供电保障工作确保世警会期间电网的安全稳定运行。

是日 四川省科技厅基础处组织人员到国网四川省电力公司现场指导泛在电力物联网四川省重点实验室创建工作，双方就共建联合基金、专家参与科技服务以及建立长效机制等深入交流。

8 月 2 日 国家电网有限公司艺术家“送文化下基层”一行 19 人到国网都江堰市供电公司连心桥共产党员服务队开展“送文化下基层”活动，艺术家们挥毫泼墨，写书作画，为党员服务队队员们送书画作品，为党员服务队加油鼓劲。

8 月 5 日 成都电网正式进入世警会供电保障状态，强化运行维护，科学运用电网、天网和地网三大系统，保障世警会用电可靠性和安全性，助力成都打造“三城三都”国际标识。

是日 谭洪恩、谭永香及公司在蓉领导到公司电力调控中心了解四川电力现货市场模拟试运行详细情况。

8 月 6 日 公司 2019 年特高压直流年度检修技能劳动竞赛总结暨表彰大会在国网四川检修公司召开。

是日 公司在公司党校召开 2019 年信访稳定工作会。

是日 谭洪恩到成都市双流区检查迎峰度夏、防汛减灾及世警会保电工作，并慰问一线员工。

8 月 6—7 日 谭永香到国网泸州供电公司，作“不忘初心、牢记使命”专题党课主题教育，并走访当地用电客户，看望慰问一线员工。

8 月 7 日 谭洪恩先后到国网四川综合能源服务有限公司和国网四川建设工程咨询分公司（监理公司）两家直属单位调研。

8 月 8 日 谭永香在公司本部会见凉山彝族自治州委常委陈文。

8 月 9 日 上午，公司召开互联网和科技半年工作会。

8 月 12 日 四川电网统调用电负荷达 3724.5 万千瓦，刷新 2018 年峰值，创历史新高。

是日 公司党委举行“不忘初心、牢记使命”主题教育读书班第三次集中学习研讨，并举行读书班结业式。

是日 公司召开 2019 年度第二次安委会会议。

8 月 13 日 公司董事长、党委书记，省电力行业协会理事长谭洪恩主持在都江堰市召开的省电力行业协会常务理事会，共商四川电力行业发展大计。

是日 下午，国网四川省电力公司党委召开对照党章党规找差距专题会议，重温《中国共产党章程》《关于新形势下党内政治生活的若干准则》《中国共产党纪律处分条例》。

8 月 14 日 谭洪恩在公司本部会见英大泰和财产保险股份有限公司董事长、党委书记范跃。

是日 成昆铁路甘洛段埃岱 2 号至 3 号隧洞突发岩体崩塌，导致线路受损。灾害发生后，国网凉山供电公司第一时间组织国网甘洛县供电公司抢险人员前往受灾地区对电力设施受损情况进行排查。

8 月 15 日 公司董事长、党委书记谭洪恩到国网四川物资公司调研。

8 月 18 日 国际档案理事会（ICA）主办的“第二届档案与文件管理电影节”原创微电影评选活动正式开启网络投票，由国网四川省电力公司创作的微电影《阿体拉巴》作为全球 12 个入围作品之一，代表中国参加了这个被誉为“档案界的奥斯卡”影片大赛。

8 月 20 日 谭洪恩在公司 2019 年新进高校毕业生集中入职培训班开班典礼上殷切寄语新员工。

是日 国网四川电力启动防汛应急响应，紧急调集电力抢险队伍，奔赴四川阿坝州各洪灾受灾区，展开抢险复电工作。

受持续暴雨影响，阿坝多地出现山洪、泥石流、山体滑坡、塌方等地质灾害，导致四川电力共 8 座水电站、5 座 110 千伏变电站、13 座 35 千伏变电站、20 条 110 千伏线路、52 条 35 千伏线路、66 条 10 千伏线路停运，汶川县城、三江、水磨等乡镇 725 个台区的 2.12 万名用户停电。

是日 公司开展四川电网 2019 年度主备调切换演练，国网西南分部副主任、党委委员兼国调中心副主任李勇等相关领导、专家赴备调现场观摩指导，公司副总经理陈云辉为主备调切换演练总指挥。该次演练故障设置为模拟故障，备调自动化系统启用及备调运行值班为实操演练。

8 月 21 日 谭洪恩，公司总经理、党委副书记谭永香在公司应急指挥中心连线国网阿坝供电公司、国网四川映秀湾电厂、四川岷江水利电力股份有限公司和国网四川应急中心派出的“动中通”（便携站），了解抢险救灾情况。

是日 公司与国网大数据中心在公司本部签订战略合作框架协议，进一步开展深度合作交流，携手推进泛在电力物联网建设。

是日 省委书记彭清华作出重要批示：“电力供应是国民经济发展和城乡人民生活的重要支撑，用电量也是经济运行情况的重要指标。今年以来全省用电负荷屡创新高，电力系统做出了巨大努力和突出贡献，谨此表示感谢和问候。又：当前我省部分地区降雨集中，灾害频发。近日汶川强降雨引发山洪泥石流灾害，造成部分地区交通、通信和电力中断。希望国网四川省电力公司加强统筹调度和应急抢修，为抢险救灾提供电力保障。”

8 月 21—22 日 谭洪恩调研国网四川经研院和国网四川电力服务有限公司。

8 月 22 日 四川省总工会党组成员、副主席苗勇一行到公司本部调研 “职工之家”建设和工会工作开展情况。

8 月 23 日 国家发改委核准批复雅中—江西±800 千伏特高压直流输电工程，标志着该工程将进入建设实施阶段。

雅中—江西特高压直流工程将新建四川雅中换流站，位于四川省凉山州盐源县西北；新建江西南昌换流站，位于江西省抚州市东乡区杨桥殿镇；新建雅中换流站至南昌换流站±800 千伏直流线路，全线 1711 千米，采用单回双极架设，途经四川、云南、贵州、湖南、江西 5 省。工程静态投资 237.86 亿元。

8 月 26 日 2019 年第三届“四川工匠杯”职业技能大赛——四川省第三届电力行业职业技能大赛在国网四川技培中心隆重举行。

8 月 27 日 经过各方努力，“8・22”雅安特大暴雨洪灾抗洪抢险工作基本结束，灾区用电基本恢复。从 8 月 28 日零时起，雅安市解除三级应急响应。

是日 公司与阿里巴巴丝路有限公司（阿里巴巴集团旗下企业）签署战略合作框架协议，共同推动一流能源互联网企业建设。

是日 经过连续 5 天行程，公司在雅安市开展的“电力金熊猫・助力扶贫路”高校暑期社会责任实践活动结束。

8 月 28 日 晚，四川省职工文艺作品大赛颁奖仪式在遂宁市举行，公司职工创作的《松引清风来》（国画）、《直挂云帆济沧海》（国画）、《大国脊梁》（国画）、《努力超越》（对联）、《云端》（油画）5 幅书法绘画作品喜获金奖，公司工会获优秀组织奖；在四川省第五届职工微电影大赛中，公司创作选送的《缘竹》获故事类银奖、《你是最亮的那颗星》获非故事类铜奖；在四川省第六届职工摄影大赛中，公司职工创作的《观冰特巡》获铜奖。

是日 在中国社会科学院组织的第十三届“CSR 竞争力——中国企业社会责任”评选中，公司企业公益项目——国网绵阳供电公司“电管家”荣获“社会责任行业影响力”奖。

是日 公司集体企业与国网新疆电力有限公司集体企业在新疆维吾尔自治区乌鲁木齐市签订战略合作协议。

8 月 29 日 14 时 58 分，随着渔子溪水电站 3 号机组并网成功，因“8・20”强降雨特大山洪泥石流灾害而停机 228 小时的国网四川映秀湾电厂渔子溪水电站全面恢复生产。

8 月 30 日 国网四川省电力公司召开干部任免宣布大会，宣布国家电网有限公司党组对国网四川省电力公司领导职务变动的决定。

胡海舰任国网四川省电力公司董事、总经理、党委副书记；张晓明任国网四川省电力公司副局级调研员；免去谭永香国网四川省电力公司董事、总经理、党委副书记职务，免去张晓明国网四川省电力公司董事、党委副书记、副总经理职务，免去石俊杰国网四川省电力公司总工程师、党委委员职务。

是日 由省人力资源和社会保障厅、省总工会和国网四川省电力公司联合举办的 2019 年第三届“四川工匠杯”职业技能大赛电力行业职业技能大赛暨配网不停电作业技能竞赛在国网四川技培中心落幕。来自公司系统 22 个地市供电公司的 132 名队员参加该次竞赛，国网成都供电公司代表队获得团体项目一等奖，袁林、尹石山获得个人一等奖。

是日 下午，四川省应对大面积停电事件联合演练准备工作会在国网四川应急中心召开，国网四川省电力公司副总经理陈云辉在会议上发言。

省委宣传部、省经济和信息化厅、省应急管理厅、国家能源局四川监管办、国网四川省电力公司 5 家演练工作组副组长单位，以及省级部门单位 21 家、演练地区成都和宜宾两市 9 家部门和单位参加会议。

是日 谭洪恩、胡海舰在本部会见国家电力投资集团有限公司党组副书记、董事时家林，双方就进一步加大合作力度、拓宽合作领域进行交流。

8 月 27 日至 9 月 2 日 按照国家电网有限公司统一要求和部署，国网四川省电力公司副总经理谭志红任组长的公司集体企业安全年交叉检查组，到国网新疆电力有限公司检查集体企业安全年活动开展情况。

9月

9月1日 国务院农业农村部、扶贫办在四川省广元市苍溪县召开全国产业扶贫工作推进会，电力扶贫成为亮点之一。中共中央政治局委员、国务院扶贫开发领导小组组长胡春华出席会议并作重要讲话。中央农办主任、国务院农业农村部部长韩长赋主持会议。四川省委书记彭清华致辞。国家电网有限公司副总经理韩君就电力助推脱贫攻坚工作作大会发言。

9月1—2日 谭洪恩先后到广元、巴中两地，调研指导国网广元供电公司和国网巴中供电公司工作。

9月3日 阿坝藏族羌族自治州委副书记吴立岩、副州长蔡清礼代表阿坝州委、州政府向公司赠送锦旗，感谢公司在汶川“8•20”强降雨特大山洪泥石流灾害发生后，精心组织，省、州电力抢险队伍团结协作，奋勇抢险，在最短时间内恢复了灾区供电。

9月4日 下午，公司新时代先锋川电“党建+”工程座谈会在绵阳市召开。公司副局级调研员张晓明出席会议并提出要求。

9月3—4日 公司副总经理陈云辉到凉山彝族自治州督导“三区两州”深度贫困地区电网建设。

是日 北京电力交易中心主任史连军一行到公司调研，肯定四川电力交易中心各项工作取得的成效。

9月5日 四川省发改委正式复函国网四川省电力公司《关于四川省泛在电力物联网工程实验室项目的复函》，同意由公司建设四川省泛在电力物联网工程实验室，建设周期24个月，建设地点为国网四川电科院，内容包括电网信息安全与防护技术、电网运行数据品质提升技术、大电网分析与控制技术、基于人工智能的电力调控技术4个研究室。该实验室是国内首个由省级发改委批复同意建设的泛在电力物联网工程实验室。

是日 国家发展改革委员会经济运行调节局局长李云卿一行到国网四川省电力公司调研，公司董事长、党委书记谭洪恩陪同调研。

是日 国家电网有限公司第五届“青创赛”成果交易展暨泛在电力物联网论坛在北京亦创国际会展中心正式开幕。国家电网有限公司总经理、党组副书记辛保安莅临活动现场，参观优秀青创成果，对国网四川省电力公司青创工作给予充分肯定。公司副局级调研员张晓明出席活动，并向辛保安汇报四川公司青创工作开展情况。

9月6日 国家技术标准创新基地（智能电网）筹建验收会议在国网四川电科院举行。会议由国家市场监管总局组织并主持，牵头申报单位——国家电网有限公司作工作汇报，中国电力企业联合会、国家技术标准创新基地（智能电网）成员单位代表以及国家技术标准创新基地（智能电网）筹建工作秘书处相关人员参加会议，国网四川省电力公司副总经理陈云辉到会并致欢迎辞。

9月8日 6时42分，四川内江市威远县（北纬29.55度、东经104.79度）发生5.4级地震，震源深度10千米。地震发生后，公司立即启动四级应急响应。

9月9日 公司与省发展和改革委员会、省经济和信息化厅、凉山彝族自治州政府在公司本部签订四方战略合作协议，携手加快凉山州水电消纳产业示范区建设、助力凉山州决战决胜脱贫攻坚。

9月10日 公司“不忘初心、牢记使命”主题教育第一批总结暨第二批动员大会在公司本部召开。

是日 公司召开“不忘初心、牢记使命”主题教育第二批巡回指导组培训会，围绕如何高效指导基层单位开展主题教育、明确有关事项作了全面部署。公司副局级调研员张晓明出席会议并提出要求。

9月11日 公司举办以“初心为民　一网情深”为主题的“消费扶贫”现场推介活动，来自凉山、乐山、广元等地的木耳、百合、贝母、跑山鸡等30多种扶贫产品在活动中得到展示和推介，公司下属的20多家单位与扶贫产品供货方签订了认购意向书。

9月12日 公司全力打造的国家电网有限公司系统首个配电网电气量测设备智能化检测实验室试运行已满两个月，运行情况良好，实验室正式建成投运。

是日 上午，国家电网有限公司“我和祖国共奋进”庆祝新中国成立70周年主题歌会在北京举行，国网四川省电力公司职工自编自导的歌舞情景剧《祖国不会忘记》在主题歌会激情呈现，大放光彩。

9月13日 公司副总经理、特高压工程建设指挥部总指挥王永平到位于凉山彝族自治州盐源县桥梁建设施工现场，督察正在建设的大金河桥现场施工安全，并慰问施工人员。

9月17日 胡海舰看望公司离退休老领导原西南电业管理局局长、党组书记王尊相，原四川省电力工业局局长、党委书记石万俭，国网重庆市电力公司原党委书记、国网四川省电力公司原正局级调研员甘德一，与老领导拉家常、谈工作，送去衷心的祝福。

9 月 18 日 国家能源局总经济师郭智一行到公司调研，谭洪恩陪同并汇报了电力规划建设及电力安全工作；胡海舰陪同调研。

是日 上午，公司在国网四川管培中心举办“翰墨留香七十华诞功业伟，时光剪影三型两网画卷新”离退休人员书画摄影作品巡回展首展活动。公司工会主席左宇龙出席活动。

是日 公司派驻凉山彝族自治州喜德县阿吼村“第一书记”王小兵以“山顶上的绣花功”为题，在省国有企业 2019 年扶贫日系列活动“责任——我的扶贫故事”演讲比赛决赛中取得第二名的好成绩。省国资委主任徐进、副主任任兴文等出席活动。

是日 下午，公司在国网四川管培中心召开本部离退休老员工情况通报会。

9 月 19 日 公司在成都举行“我和祖国共奋进”庆祝中华人民共和国成立 70 周年活动。省总工会党组成员、副主席任远明，四川省作家协会副主席、《星星》诗刊主编龚学敏，公司工会主席左宇龙，巴蜀画派促进会常务副会长、秘书长李杰出席活动。公司副局级调研员张晓明主持活动。

是日 谭洪恩先后到国网眉山供电公司、国网四川检修公司 500 千伏东坡变电站调研。

是日 公司召开“防风险、保安全、迎大庆”安全生产行动督查反馈会，国家电网有限公司督查组向四川公司反馈“防风险、保安全、迎大庆”安全生产专项行动督查情况。国家电力调度控制中心党委书记、副主任董昱参会并讲话，四川公司总经理、党委副书记胡海舰作表态发言，四川公司副总经理陈云辉陪同督查并参加会议。

是日 谭洪恩在公司会见国家电网有限公司直流建设分公司董事长、党委书记丁永福一行，双方就携手建设好雅中—江西特高压直流输电工程进行交流。

是日 在北京举行的能源产业献礼“新中国 70 华诞”主题活动——第三届（2019）中国能源产业发展年会暨首届能源文化节上，国网四川省电力公司推荐的 “项目管理植入精准扶贫新模式”被该主题活动评选为十大精准扶贫案例之一。

是日 下午，2019 年公路、铁路、水利、输电线路、轨道交通交叉跨越重点项目第二次协调会在国网四川省电力公司召开，省发改委、省交通厅、省能源局等 24 家单位参加，公司副总经理王永平出席会议。

是日 首届“中国能源微电影大赛”在京揭晓，国务院原参事、国家发改委原能源局局长徐锭明出席大赛并颁奖。在全国 282 部参赛作品、最终 70 部入围作品中，国网四川省电力公司选送的作品获 2 个金奖、5 个单项最佳奖，并获唯一组委会大奖——最佳组织奖，是获奖层次最高、数量最多的单位。其中，国网成都供电公司作品《变脸》和国网雅安电力（集团）公司作品《守灯人》获最高奖项——“绿能星”剧情类十大金奖之一。

9 月 20 日 公司国际标准创新基地现场督导会在国网四川电科院举行。

是日 由省人力资源和社会保障厅、省总工会和国网四川省电力公司联合举办的 2019 年第三届“四川工匠杯”职业技能大赛电力行业职业技能大赛暨配电自动化技能竞赛在国网四川技培中心落幕。来自公司系统 17 个地市供电公司的 92 名队员参加此次竞赛，国网成都供电公司代表队获得团体项目一等奖，刘晓、金鑫琨获得个人一等奖。

是日 以“开放创新·合作共赢”为主题的第三届西博会进出口商品展暨国际投资大会在成都中国西部国际博览城启幕当天，四川省委书记彭清华巡视了展馆。在巡视国网四川省电力公司展馆时，彭清华对四川电网发展和一流能源互联网企业建设给予了充分肯定。省委副书记邓小刚陪同巡馆。公司董事长、党委书记谭洪恩陪同并介绍相关情况。

9 月 19—20 日 胡海舰到国网阿坝供电公司调研。

9 月 20—26 日 由国网四川省电力公司、四川大学、清华四川能源互联网研究院承办的国际大电网委员会（CIGRE）2019 年国际研讨会在成都举行，探讨建设主动、可持续和弹性数字电网，促进从特高压到配电系统一体化的实现。

9 月 21 日 中央企业先进集体和劳动模范表彰大会在人民大会堂举行，根据国家人力资源和社会保障部、国务院国资委的表彰决定，国网四川省电力公司 1 个集体、2 名个人荣登央企光荣榜。

其中，国网德阳供电公司通过层层筛选，在众多中央企业中脱颖而出荣耀上榜，被授予“中央企业先进集体”称号；国网四川检修公司带电作业一班副班长兼输电检修中心带电作业专责邱中华、国网广安供电公司共产党员服务队队长蒙媛被授予“中央企业劳动模范”称号。

9 月 22 日 晚，中央电视台综艺频道《群英汇》国庆特别节目“我和我的祖国”大型歌会上演，国网甘孜州炉霍县供电公司运维检修工长青二度登上央视舞台。

9 月 23 日 在凉山彝族自治州盐源县双河乡包 1 标段线路基础施工现场，雅中—江西±800 千伏特高压直流输电线路工程——四川段N0021 首基塔位基础浇筑暨现场施工质量、工序工艺示范试点开工，标志着雅中工程川云段线路进入全面建设阶段。

9 月 24 日 上午，国网四川省电力公司组织开展新中国成立 70 周年网络应急演练活动，公司纪委书记寇剑波观看演练并提出要求。

是日 胡海舰到国网广元供电公司调研指导工作，并就电力与地方发展问题与广元市委、市政府座谈交流。公司副总经理肖杰陪同调研。

是日 晚，四川省总工会“庆祝中华人民共和国成立70周年全省职工文艺会演暨第二届四川工匠发布仪式”在四川电视台演播大厅举行，国网四川省电力公司职工常健摘获第二届“四川工匠”荣誉称号。

9 月 25 日 胡海舰到位于凉山彝族自治州西昌市的四川“新三直”特高压工程建设指挥部，调研工程建设开工准备情况。公司副总经理、特高压工程建设指挥部总指挥王永平陪同调研。

是日 在日本东京第 44 届国际质量管理小组大会(ICQCC)上，国网广元供电公司的勇攀高峰QC团队代表国网四川省电力公司，入选国家电网有限公司 9 支参赛队伍并参加大会发布，其成果《智能电缆输送装置的研制》赢得评委一致肯定，斩获金奖。

是日 谭洪恩会见四川省交通运输厅厅长、党组书记汪洋一行，双方就高速公路建设推进等相关问题进行会谈。公司副总经理陈云辉参加会谈。

9 月 26 日 “庆祝新中国成立 70 周年”全国电力职工美术作品展在南方电网有限公司开幕。国网四川省电力公司有 7 幅职工作品入选。公司工会主席左宇龙作为中国电力美术协会副主席，代表国家电网有限公司工会上台领取该次美术作品展优秀组织奖。

是日 胡海舰到国网凉山供电公司调研指导工作。

是日 在四川电力市场完成注册的市场主体总数达到 5533 家，其中电力客户 5014 家、售电公司 215 家、发电企业 304 家。

9 月 27 日 8 时 33 分 ，四川省第一座智能化“积木式”（集装箱室）变电站——九寨沟 110 千伏隆康变电站及 35 千伏荷叶站提前 3 天完成投运工作。

是日 谭洪恩在公司本部会见华为技术有限公司川藏区域总经理刘嘉，就加快推进双方在重点领域全面深化合作进行沟通交流。

是日 公司举行“庆祝中华人民共和国成立 70 周年”纪念章颁发仪式，谭洪恩为王尊相、许家海、陈德亭、余寿山等 14 人颁发纪念章。

公司有 87 名离休干部获得“庆祝中华人民共和国成立 70 周年”纪念章。

活动结束后，谭洪恩专程看望慰问了公司本部退休困难党员谢仁贵。

是日 四川首座变电站 5G共享基站在国网成都供电公司 220 千伏双桥子变电站投运，该站采用“变电站+5G”相结合的新兴业务模式开展建设，是国网四川省电力公司突破现有管理模式，首次实现电网变电站与通信 5G基站融合。同时，也是电网企业和通信运营商携手响应国家基础资源共建共享号召的具体实践，也是加速泛在电力物联网 5G新技术推广应用的有益探索。

是日 公司特高压工程建设指挥部会同凉山彝族自治州委、州政府组织召开四川“新三直”电网建设协调会，共同推进工程全面开工建设。

是日 公司“我和祖国共奋进”职工篮球赛完成了各项赛事后落下帷幕。公司工会主席左宇龙为冠军球队颁奖。该次比赛历时 1 个月，38 支代表队在紧张、热烈、团结、和谐的氛围中激烈角逐。经过精彩对决，国网阿坝供电公司代表队获本届篮球赛冠军。

9 月 26—27 日 胡海舰到国网攀枝花供电公司调研指导工作，并在国庆节日前夕看望慰问一线员工。

9 月 29 日 谭洪恩、胡海舰在公司本部会见中国电力财务有限公司党委书记、董事长辛绪武，双方就加强合作进行友好交流。

9 月 30 日 公司在国网四川技培中心礼堂举行“壮丽 70 年 礼赞新时代”庆祝中华人民共和国成立 70 周年文艺演出。公司工会主席左宇龙出席，并代表谭洪恩董事长、胡海舰总经理及全体班子成员向离退休老领导、老员工致以节日的祝贺和亲切的问候，感谢他们为公司发展和进步做出的杰出贡献。

是日 8 时，国网四川省电力公司、国网西南分部在生产运营综合楼前举行升国旗仪式，升旗仪式结束后，全体人员共同参观了四川电网 70 周年成就展。

是日 四川省副省长王凤朝莅临公司调研指导工作，看望慰问公司调控中心员工，向坚守一线的电力员工致以节日问候。省政府副秘书长代永波、省应急厅厅长段毅君、省经济和信息化厅副厅长刘少敏陪同调研慰问。公司董事长、党委书记谭洪恩，公司总经理、党委副书记胡海舰陪同调研并汇报工作。

是日 24 时，四川电力现货市场完成首次连续 5 天结算试运行，标志着四川电力市场化改革取得了重大突破，成为电力市场体系建设的重要里程碑。

10 月

10 月 1 日 国家电网有限公司召开国庆保电视频会，国家电网有限公司董事长、党组书记寇伟对应急保电工作作出要求，并抽查各单位应急情况。全天值班的国网四川省电力公司董事长、党委书记谭洪恩在国网四川应急中心参加会议，公司总经理、党委副书记胡海舰早上 7 点已前往成都市天府广场代表公司参加省委、省政府庆祝中华人民共和国成立 70 周年升旗仪式，副总经理陈云辉在国网四川应急中心参加会议。

10 月 9 日 公司在国网四川计量中心召开“电力智能传感技术及应用”实验室联合申报启动会，将联手中国电科院等 4 家单位共同申报国家电网有限公司联合实验室，加速布局泛在电力物联网。

10 月 11 日 国家电网有限公司召开庆祝新中国成立 70 周年活动保电、北京世园会保电和 2019 年迎峰度夏安全生产值班总结电视电话会议，副总经理、党组成员张智刚出席会议并讲话。国网四川省电力公司副总经理陈云辉代表公司就迎峰度夏安全生产和抗灾保电工作作交流发言，获国家电网有限公司高度肯定。

是日 公司召开 2019 年新一轮农网改造升级项目建设攻坚工作督导会。

10 月 10—11 日 胡海舰先后到国网成都供电公司和国网天府新区供电公司调研指导工作。

10 月 12 日 公司与宜宾市政府在宜宾市召开沐溪至叙府 500 千伏断面加强工程项目推进协调工作会。

是日 四川省电力行业协会 2019 年羽毛球、乒乓球联谊赛在成都举办。

10 月 14 日 凌晨，国网广元供电公司援建的凉山彝族自治州雷波县上田坝35 千伏输变电扩建工程主变充电正常，全部变电及线路设备通过验收并投入运行。该工程是国网四川省电力公司 2019 年新开工 44 个 35 千伏及以上“三区两州”项目中投产的第一个项目。

是日 “我的驻村故事”主题征文获奖作品名单在北京举行的 2019 年全国扶贫日系列论坛之“驻村帮扶扶贫论坛”上揭晓，国网四川省电力公司派驻广元市新山村“第一书记”杨奇国作为 12 名领奖代表之一登台领奖。公司派驻凉山彝族自治州喜德县光明镇阿吼村“第一书记”王小兵撰写的《“春暖阿吼”——我和阿吼村的故事》在该次征文活动中荣获三等奖。

是日 是第 50 届世界标准日，国家电网有限公司在国网高培中心组织“世界标准日 • 国家电网主题活动”，国网四川省电力公司参加该次活动并在大会交流发言。

10 月 15 日 在成都举行的“西部力量 品牌榜样”2019 第二届西三角品牌大会上，国网四川省电力公司获“西三角企业品牌影响力百强”称号，在评选中排名第六，也是唯一进入榜单前 20 名的西部电网企业（包括国家电网和南方电网）。

10 月 16 日 国网四川省电力公司迅速落实国家电网有限公司《关于进一步加强漠视侵害客户利益问题专项整治工作的通知》要求，公司营销部、发展策划部、设备管理部、党委宣传部召开专项整治工作布置会。

是日 国网四川省电力公司共产党员服务队“不忘初心、牢记使命”助推巴中革命老区脱贫攻坚主题活动动员会在国网巴中供电公司隆重举行。公司副局级调研员张晓明，巴中市副市长王祥兵出席活动并讲话。

10 月 17 日 凉山彝族自治州盐源县干海乡施工现场，挖掘机、压路机、旋挖机等大型施工机械轰鸣声响起，雅中±800 千伏换流站正在进行土建施工，这是继复龙、锦屏、宜宾 3 座特高压换流站后，四川境内开建的第四座±800 千伏特高压换流站。

10 月 21 日 胡海舰调研四川电力交易中心有限公司。

10 月 15—21 日 第十三届世界喷气模型飞机大师赛（JWM）在山东省荣成市举办，国网四川省电力公司员工李维宁入选中国国家队代表中国参赛，这是中国首次以国家代表队名义参赛。

10 月 22 日 公司召开 2019 年管理创新成果评审委员会会议。

是日 国家电网有限公司主题教育第六巡回指导组组长于良民一行，到国网四川省电力公司检查指导主题教育开展情况。公司党委副书记、总经理胡海舰代表公司党委汇报主题教育工作开展情况，公司副局级调研员张晓明主持汇报会。

10 月 22—23 日 国家电网有限公司特高压部副主任种芝艺先后到位于西昌的四川“新三直”特高压工程建设指挥部、±800 千伏雅中换流站、大金河桥施工现场、±800 千伏布拖换流站督察。国网四川省电力公司副总经理、特高压工程建设指挥部指挥长王永平陪同督察。

10 月 22—24 日 四川党政代表团前往广西考察学习。国网四川省电力公司董事长谭洪恩在防城港参观了核电厂，学习广西解决弃水的经验做法。

10 月 23 日 中华全国总工会女工部副部长封蕾，省总工会党组成员、女工委主任徐真彦一行到国网四川省电力公司开展专题调研，来自全省各行各业 100 名女职工干部也一同到公司参观交流。

10 月 24 日 世界上海拔最高 500 千伏智能变电站——500 千伏新都桥变电站安全投运五周年。截至

10月23日，新都桥变电站安全稳定运行1826天，累计往藏区输送电量222910万千瓦时，保障着甘孜北部9个县近30万人民的用电需求。

10月23—24日 国家电网有限公司在北京主办首届大众创业万众创新主题日活动，公司三项创新成果应邀参展。公司优选了国网广元供电公司“智能电缆输送装置”，国网成都供电公司“通用信号智能变送器”、国网四川计量中心“电力互感器智能监测终端”三项成果参与成果路演和展示，展示内容吸引了国网公司系统内外部专家学者、技术人员的驻足交流，成果的实用价值及转化应用前景获得充分肯定。

10月25日 公司召开川电产业单位宣传平台上线发布会暨新闻宣传培训会。国网四川省电力公司副总经理谭志红出席会议并对川电产业发展以及宣传工作提出要求。川电产业单位“两网一微”（即内外网和微信公众号）进行了发布并宣布正式上线，标志着川电产业宣传工作迈上了新台阶。

10月24日 国家能源局第十二检查督导组谢康组长一行到四川，督导检查国网四川省电力公司专项整治漠视侵害群众利益问题的工作开展和推进情况。国网四川省电力公司副总经理肖杰陪同督导。

10月22—25日 “中国梦·劳动美”第八届全国职工全民健身排舞大赛在古城西安举行，国网泸州供电公司荣获该次大赛中青组串烧类排舞一等奖。

10月28日 公司2019年第四季度工作会议在公司本部召开。

10月29日 公司举办第二批“不忘初心、牢记使命”主题教育先进事迹报告会。

国网四川电力成都 “连心桥”共产党员服务队队长、全国道德模范刘源等6人围绕坚强电网、创新创效、志愿服务、扶贫攻坚等主题讲述了他们的亲身经历和切身感受。

10月30日 国家电网有限公司在成都组织召开了由国网四川省电力公司牵头的国家重点研发计划——分布式光伏与梯级小水电互补联合发电技术研究及应用示范项目督导会。国家电网有限公司科技部副主任沈江、特一级职员修建出席会议。公司总经理、党委副书记胡海舰出席会议并致辞。

10月31日 谭洪恩在公司本部与英大泰和人寿保险股份有限公司董事长、党委书记丁世龙座谈交流。

11月

11月1日 四川岷江水利电力股份有限公司重大资产置换及发行股份并支付现金购买资产并募集配套资金暨关联交易事项，经中国证券监督管理委员会上市公司并购重组审核委员会审核，获得有条件通过。

11月4日 公司召开干部任职宣布会议，宣布国家电网有限公司党组对国网四川省电力公司领导职务变动的决定。

受国家电网有限公司党组的委托，国网四川省电力公司董事长、党委书记谭洪恩宣布国网四川省电力公司领导任命的决定：刘勇任国网四川省电力公司董事、党委副书记、副总经理；王永平任国网四川省电力公司党委委员。

是日 谭洪恩、胡海舰，在蓉公司领导等到公司电力调控中心，了解四川电力现货市场连续结算试运行情况和泛在电力物联网“电网一张图”建设应用情况。

是日 胡海舰在公司本部会见眉山市长罗佳明、副市长唐宏一行，双方就电价政策、电网建设等问题进行深入交流，公司副总经理王永平参加座谈。

是日 谭洪恩在公司本部与四川省林业和草原局党组书记、局长，大熊猫国家公园四川管理局局长刘宏葆交流座谈，双方就进一步加强合作进行了沟通交流。公司副总经理王永平参加座谈。

是日 胡海舰在公司本部会见华能四川水电有限公司董事长刘兴国，双方就四川电力市场特点、运营情况、面临的问题和挑战等进行充分交流。

11月5日 公司第一台新型智能配变终端在国网成都供电公司10千伏驷盐路蓝光碧蔓汀前环网柜公变一路箱变完成安装投运工作，标志全川首个配电物联网台区正式投运，公司配电侧泛在电力物联网建设进入实施阶段。

11月6日 公司召开第二批“不忘初心、牢记使命”主题教育专题辅导报告会，邀请省委省直机关党校副校长陈学明作专题讲座。公司党委副书记、副总经理刘勇主持会议。

11月7日 谭洪恩到国网乐山供电公司调研，并与乐山市委书记彭琳交流会谈，就进一步深化务实合作，助推乐山市经济社会发展进行深入交流。公司副总经理谭志红参加调研。

是日 从第七届亚洲微电影艺术节传来喜讯，公司选送的作品从来自全球20多个国家的4773部作品中脱颖而出，一举囊括3个金奖，为该届亚微节国家电网有限公司系统获奖层次最高、数量最多的单位。

11月7—8日 胡海舰到国网四川特高压宜宾管理处，以实地考察、座谈交流等方式深入调研。

11月8日 “与共和国同行”全国职工主题阅读活动国网四川映秀湾电厂专场在该厂“涤心堂”

女工文化工作室举行。该活动是由全国工会职工书屋建设领导小组、中华全国总工会宣传教育部在全国范围内统一策划、主导开展的70场“与共和国同行”示范性主题阅读活动之一。

是日 在云南省昆明市召开的中国电力企业联合会主办的“立责于心 履责于行”全国电力行业企业社会责任工作研讨会首次发布电力行业企业社会责任优秀案例。国网四川省电力公司选送的社会责任案例《“一乡一品”为服务地方经济发展定制供电方案》入选服务创新类优秀案例。

是日 国家电网有限公司直流建设分公司专家组深入雅中—江西±800千伏特高压直流输电线路工程四川3标段，进行标准化开工暨四季度协同监督检查，现场反馈检查意见，并对依法合规、管理策划和标准化开工给予肯定。

11月11日 公司党委召开会议，学习中共十九届四中全会精神。

11月12日 公司分别与四川大学、电子科技大学签订战略合作协议，进一步深化合作，共谋发展。公司董事长、党委书记谭洪恩，四川大学校长李言荣，电子科技大学校长曾勇出席签约仪式。公司副总经理陈云辉代表公司分别与两所高校签订协议。

是日 中国电力作家协会四川分会会员代表大会在国网四川省电力公司名雅职工文体中心举行，公司总会计师杨桂荣，中国电力作家协会副主席潘飞，四川省作协副主席、《星星》诗刊主编龚学敏出席大会并讲话。

11月12—13日 胡海舰到甘孜藏族自治州调研，了解国网甘孜供电公司各方面工作的开展情况，看望慰问一线员工。

11月14日 四川省应急委员会办公室在省应急管理厅机关举行首批四川省应急救援队伍集中授旗仪式，国网四川省电力公司电力应急救援队被命名为首批“四川省电力抢险应急救援队”，正式成为省级应急救援队伍，与国家综合性消防队伍等一道参与抢险救援。

11月15日 公司召开四川省应对大面积停电事件的联合演练预备会，通报准备工作总体情况，介绍联合演练流程，安排落实相关事宜，确保正式演练万无一失，达到预期效果。

11月18日 胡海舰在公司本部会见广元市委副书记、市长邹自景。

是日 国家电网有限公司正式发文，国网四川省电力公司旗下的国网宜宾供电公司配调、国网成都市温江供电公司县调、国网峨眉山市供电公司县调荣获“配网调控管理最佳实践”称号，国网仁寿县供电公司县调荣获“配网调控管理典型经验”称号。

11月19日 国家电网有限公司安全监察部在川召开西南地区安全生产调研座谈会，国网西南分部、国网四川省电力公司、国网重庆市电力公司、国网西藏电力有限公司分管领导和相关负责人参加会议，就当前安全监督监管重点难点问题进行座谈交流。公司副总经理陈云辉参加会议。

是日 谭洪恩到国网四川省电力公司党校（管培中心）和技培中心（青峰岭实习实训电厂），检查指导国家电网有限公司2019年现代智慧供应链建设四川现场会筹备工作，肯定公司员工在会议筹备工作中所付出的努力，希望他们科学安排排练时间，以饱满的精神状态争取最佳的展示效果。

11月18—20日 四川省职业技能等级认定试点单位评审会在国网四川技培中心（温江校区）进行，国网四川省电力公司以优秀等级通过省职业技能等级认定试点单位评审。

11月20日 谭洪恩在公司本部与中国电建集团成都勘测设计研究院有限公司董事长、党委书记黄河，党委副书记、总经理郝元麟，副总经理、总工程师余挺一行交流座谈，双方就能源电力规划建设等有关事宜进行了沟通交流。公司副总经理陈云辉主持座谈会。

11月21日 公司举行四川电网“团结治网、共保安全”媒体开放日活动，该次活动也是针对四川省即将开展的应对大面积停电事件的联合演练的预热活动。

是日 在浙江省杭州市举办的英大传媒2019年度优秀电视作品展评会上，国网四川省电力公司报送作品《1+6》（国网四川综合服务中心、国网达州供电公司）获纪录片类一等奖，《公司六天恢复金堂绝大部分线路》（四川科锐得实业集团有限公司）获新闻类一等奖，《变脸》（国网成都供电公司）、《父子和弦》（国网德阳供电公司）获微电影类一等奖。

11月18—21日 由国网四川电科院张晨萌、穆舟、夏亚龙组成的国网四川省电力公司博士后团队，到湖南省长沙市参加2019年中国创新方法大赛总决赛，经过理论测试、项目展示等环节紧张激励的角逐，参赛项目“非接触式过电压在线监测控制系统”从200个项目中脱颖而出，获得大赛二等奖。

11月21日 谭洪恩到国网四川电力技培中心（温江校区）查看演练场景布置，现场指导联合演练筹备工作，为筹备人员加油鼓劲。

11月21—22日 在北京举行的2019全球企业可持续竞争力高峰论坛、中国电力行业企业公众透明度高峰论坛颁奖典礼上，国网四川省电力公司获得“精准扶贫可持续卓越企业”称号，国网内江供电公司获得“可持续公益项目卓越企业”称号，国网宜宾供电公司获得“新媒体传播卓越企业”称号，国网南充供电公司“千人千村”全域监督助推乡村振兴战略项目获得“最佳透明度案例”称号。

11 月 22 日 国网四川省电力公司在国网四川技培中心（温江校区）举行第二届新员工“技能新星”竞赛。

11 月 26 日 国家电网有限公司在四川成都召开“打造泛在电力物联最佳实践　开启现代智慧供应链新篇章”现场会，全面贯彻落实“三型两网、世界一流”战略目标，总结展示物资领域泛在电力物联网建设成效，加快推进现代智慧供应链建设和电工装备智慧物联，促进产业转型升级。

11 月 27 日 公司与国网电子商务有限公司签订战略合作协议，双方围绕公司发展和合作空间，以及电商扶贫、国网商旅、新能源云等具体业务板块进行充分交流。公司总经理、党委副书记胡海舰，国网电子商务公司总经理闫华锋出席签约仪式。

是日 国家电网有限公司抽水蓄能和新能源部副主任吴骏到四川调研小水电管理工作，并到国网四川映秀湾电厂检查指导工作。

是日 开展建设专业安全述职评议工作。

是日 国家电网有限公司审计部副主任王端瑞一行 5 人到国网四川省电力公司调研数字化审计平台部署工作。公司总会计师杨桂荣出席调研会，并就加大数字化审计平台的部署和应用工作力度作表态发言。

11 月 28 日 9 时 37 分，四川省人民政府、国家电网公司在成都市、宜宾市举行一次应对大面积停电的联合演练，旨在增强全社会应对大面积停电事件的应急能力和意识。这是四川省首次开展此类应急演练，省级及相关市州的公安、消防、卫生、通信、电力等 30 多家单位、3000 余人次参加。

是日 中华全国总工会副主席、书记处书记、党组副书记张工到公司调研工会工作，省委常委、省总工会主席田向利陪同调研。在公司总经理、党委副书记胡海舰陪同下，张工一行参观了公司文化展示厅，调研“126 连心桥”职工诉求服务工作情况、职工书屋、职工文体活动中心建设、劳模创新工作室等，对公司工会的工作给予充分肯定和高度评价。

是日 四川省委常委、成都市委书记范锐平充分肯定国网成都供电公司近期重点工作，并就电网规划、国际化营商环境建设、规范用电秩序、创先争优等方面提出要求。

是日 在北京举办的全国基层供电所建设经验交流研讨会上，国网成都供电公司旗下的国网蒲江县供电公司朝阳供电所获“第五届中国最美供电所”殊荣。

11 月 29 日 公司召开 2019 年重点调研课题“四川省分散电力体制格局对深化电力体制改革的影响研究”结题评审会。

11 月 28—29 日 在乌干达首都坎帕拉举行的 2019 年中非合作论坛——减贫与发展会议上，北京师范大学中国扶贫研究院院长、教授张琦作《中国的发展经验对非洲转型的启示》主旨发言时，引用国网四川省电力公司马边扶贫案例。

12 月

12 月 3 日 四川省总工会组织召开全省工会职工之家建设现场推进会,国网四川省电力公司工会从全省一万多家单位中脱颖而出，荣获四川省“十佳模范职工之家”荣誉称号，省委常委、省总工会主席田向利出席会议并为获奖单位颁奖。

是日 四川省委宣讲团到国网四川省电力公司宣讲中共十九届四中全会精神，宣讲团成员杨先农生动形象、深入浅出的宣讲博得现场的阵阵掌声。公司党委副书记、副总经理刘勇主持报告会。

是日 胡海舰到国网绵阳供电公司调研。

12 月 2—3 日 国家电网有限公司“不忘初心、牢记使命”主题教育第六巡回指导组副组长王向红一行到国网四川省电力公司，检查指导第一批主题教育整改落实情况“回头看”，并出席国网成都供电公司、国网四川电力送变电建设有限公司专题民主生活会。公司党委副书记、副总经理刘勇陪同检查。

12 月 5 日 胡海舰到国网眉山供电公司调研。

是日 谭洪恩先后到国网自贡供电公司、国网泸州供电公司调研指导工作，并到国网四川检修公司 500 千伏洪沟变电站调研指导。

是日 国际志愿者日。四川省文明办表彰了第七届“四川志愿・携手圆梦”志愿服务先进典型，国网四川省电力公司 1 个集体、7 名员工光荣上榜。

12 月 6 日 四川省首个 5G融合智享营业厅在国网天府新区供电公司永安供电所正式建成投运。

是日 在浙江省杭州市召开的国家电网有限公司设备侧泛在电力物联网建设现场推进会上，国网四川省电力公司发布题为《深化智能运检落地，助推泛在电力物联网迈上新台阶》的智能运检体系建设实践，展示构建自然灾害监测预警、巡视“机器代人”、输变电移动作业（移动巡检、远程会商、小微课件等）三个方面试点建设及应用成效，吸引了与会人员的关注。公司副总经理陈云辉参加会议。

12 月 5—6 日 在北京召开的国家电网有限公司大数据应用成果遴选会上，国网四川省电力公司多项应用成果得到评审专家好评。

12 月 10 日 公司党委中心组学习以“走出去”的方式进行——谭洪恩率队前往四川广播电视台签订战略合作协议，并以参观、座谈的方式，学习考察媒体融合发展的做法与经验。四川广播电视台党委书记、台长刘成安陪同参观座谈。公司党委副书记、副总经理刘勇，四川广播电视台副台长刘萌代表双方在战略合作协议上签字。公司在蓉领导谭志红、左宇龙、寇剑波参加学习及座谈。

是日 公司特高压工程建设指挥部组织召开第四季度安委会会议暨雅中特高压直流工程推进会。

是日 胡海舰到国网德阳供电公司调研。

是日 谭洪恩在公司本部会见鞍钢集团党委常委、副总经理，攀钢集团党委书记、董事长段向东，双方就进一步深化合作进行交流。

12 月 11 日 胡海舰到公司智能运检管控中心调研指导工作。

12 月 12 日 胡海舰到国网资阳供电公司调研。

12 月 13 日 公司组织召开专项整治漠视侵害群众利益工作推进会。

12 月 14 日 第三届社会主义核心价值观微电影征集展示活动优秀作品发布仪式在北京中央广播电视台二楼音乐厅举行。中央宣传部副部长、中央广播电视总台台长慎海熊出席活动并颁奖。国网四川省电力公司选送、国网攀枝花供电公司拍摄的微电影《望望》荣获 15 分钟类一等奖。

是日 15 时左右，位于宜宾市珙县巡场镇的川煤集团杉木树煤矿发生透水事故。

12 月 16 日 全国离退休干部先进集体和先进个人表彰大会在北京举行，中共中央总书记、国家主席、中央军委主席习近平在人民大会堂会见受表彰代表。在这次表彰的 450 名全国离退休干部先进个人中，国网四川省电力公司系统离休干部车盛寅榜上有名，为国家电网有限公司系统唯一受到表彰的离休干部。

是日 在重庆市璧山区召开的中国电视艺术家协会 2019 年度电视节目推选会上，国网四川省电力公司推选的纪录片《1+6》荣获纪录片节目类优秀作品（二等奖）荣誉。

是日 谭洪恩在公司本部会见泸州市委书记刘强，双方就支持产业园项目建设、加快变电站建设进度等方面具体事宜进行交流和探讨。公司副总经理王永平参加会见。

是日 胡海舰到国网成都供电公司，检查指导第八次中日韩领导人会议特级保电工作。

是日 公司全面完成“三区两州”深度贫困地区电网建设任务，工程新建及改造 10 千伏及以下线路共 12172.48 千米，新建及改造配电变台 3168 台。

12 月 17 日 公司收到国网电子商务有限公司感谢信，信中祝贺四川公司圆满完成国家电网有限公司下达的 2019 年省管产业单位电商化采购全年指标任务，并感谢四川公司对电商化交易工作的高度重视和鼎力支持。

12 月 18 日 四川省 2019 年度第四季度重大项目集中开工，主会场设在国网四川省电力公司本部，全省 19 个市（州）设分会场。这次集中开工，全省共组织重大项目 1405 个、总投资 7244 亿元，其中，四川水电外送第四回特高压直流输电工程（雅中——江西±800 千伏特高压直流工程）是最受关注的项目。

上午 11 时 25 分许，省委书记彭清华宣布：四川省 2019 年第四季度重大项目集中开工，省委副书记、省长尹力讲话，省委常委、常务副省长王宁主持集中开工仪式，并介绍集中开工重大项目情况。省委常委、省委秘书长王铭晖在主会场出席仪式。公司董事长、党委书记谭洪恩在主会场介绍雅中工程项目情况；公司总经理、党委副书记胡海舰在凉山州盐源县项目现场，通过视频连线介绍项目建设进展情况。

是日 下午，公司副总经理陈云辉率队到国网四川检修公司，现场督察中日韩领导人会议保电部署工作。

是日 胡海舰到凉山彝族自治州国网盐源县供电公司调研。

是日 四川省 2019 年第四季度重大项目集中开工前，省委书记彭清华，省长尹力到国网四川省电力公司数字川电博物馆、电力调控中心、电力交易中心等，调研四川电力工业发展、企业经营发展、电力外送、重大节日电力保障、四川电力市场建设等情况，并看望慰问公司员工。

12 月 19 日 四川蜀能电力产业管理有限公司授牌授印暨授权委托协议签订仪式在国网四川省电力公司本部举行。

是日 公司 2019 年度基层党委书记抓党建现场述职评议在公司本部进行。

公司党委书记、董事长谭洪恩对现场述评情况进行点评，并对公司党建工作提出要求。公司党委副书记、总经理胡海舰出席述评活动并讲话。在蓉公司领导刘勇、杨桂荣、左宇龙、寇剑波参加会议，刘勇主持会议。

是日 四川省电力行业协会理事长，国网四川省电力公司董事长、党委书记谭洪恩出席在成都召开的四川省电力行协第三次常务理事会并讲话。

12 月 20 日 从国网四川省电力公司互联网部获悉，国网绵阳供电公司警钟街营业厅数据中心站建成投运，成为全省第一座建成投运的“多站融合”营业厅。

是日 公司国网新能源云平台试点建设工作取得阶段性进展，软硬件环境部署、接口服务配置与调试等工作相继完成，系统已上线试运行。

12 月 21 日 电力工程质量监督站在国网四川省电力公司特高压工程建设指挥部开展质量监督检查总结会，通报检查情况，±800 千伏雅中特高压直流输电工程川云段通过首次监督检查。

12 月 22 日 ±800 千伏宜宾换流站 550 千伏环氧树脂浸纸导杆式载流结构网侧套管（以下简称“干式套管”）已连续安全挂网试运行 8 天。

12 月 23 日 胡海舰在公司本部会见乐山市委副书记、市长张彤，副市长廖克全一行，双方就支持产业园项目建设、大企业用电增量、农网改造等方面具体事宜进行交流和探讨。公司副总经理王永平参加会见。

是日 谭洪恩在公司本部会见国网福建省电力公司董事长、党委书记谭永香一行。

是日 公司党委召开会议，专题听取 2019 年第三轮巡察情况汇报。

是日 经历了一轮重污染过程的成都重现蓝天。也是在这一天，中共中央政治局常委、国务院总理李克强在成都听取环保治理工作汇报，电力数据服务环保管控的方法与实践作为三大亮点之一，参与了汇报；同时，生态环境部部长李干杰详细了解并点赞了基于企业用电数据挖掘支持环保治理的情况。

12 月 24 日 谭洪恩到国网成都供电公司 110 千伏大源变电站，看望慰问为第八次中日韩领导人会议特级保电的一线员工，并指导保电工作。

12 月 24—25 日 第八次中日韩领导人会议在成都召开，22—26 日为保电时段，圆满完成会议供电保障任务。

12 月 25 日 四川省总工会党组成员、副主席周键一行到国网四川省电力公司本部和名雅职工文体中心调研指导工会工作。公司党委副书记、副总经理刘勇陪同调研。

是日 下午，公司最新结算数据表明，四川水电全口径外送电量在 11 月底累计突破 1 万亿千瓦时大关，达到 10093 亿千瓦时，相当于 10 个三峡水电站的年发电量。同时，四川电网跨省最大外送能力超过 3000 万千瓦，全国第一。

据测算，自 1998 年四川电网开始向省外送电起，22 年来四川外送的清洁电能相当于为华东、华中地区累计减少电煤消耗约 4 亿吨，减排二氧化碳约 10 亿吨、二氧化硫约 800 万吨、氮氧化物约 150 万吨。这标志着四川落实“西电东送”取得了丰硕成果，四川清洁能源实现了在全国优化配置。

12 月 26 日 公司召开 2019 年第三次安全生产委员会会议。

是日 公司党委中心组学习再度以“走出去”的方式进行——谭洪恩、胡海舰带着如何加快泛在电力物联网建设、怎么进行 5G创新业务发展的思考，率队前往中国联通四川省分公司签订战略合作协议，召开双方党委中心组（扩大）学习交流会，学习考察 5G创新业务发展。中国联通四川省分公司党委书记、总经理黄晨陪同参观座谈。

12 月 27 日 公司省管产业单位四川格瑞德资产管理公司携手国网电商、中金支付、中国网安共同发布首个基于区块链技术的电力行业在线供应链金融解决方案，格瑞德区块链金融科技平台“川电云链”（www.sckrdcredit.com）是日宣布正式上线。

12 月 28 日 在北京举行的第七届中国民生发展论坛暨第十三届中国国际公益慈善论坛发布 “2019 年最美奋斗者”获奖名单和“2019 年民生示范工程”，国网四川省电力公司获三项荣誉：国网四川检修公司运维检修部主任丁志林获“最美奋斗者”称号，是唯一入选并且获奖的国家电网有限公司员工；国网南充供电公司的“千人千村”全域监督项目及国网自贡供电公司的“电参谋”专项行动获“民生示范工程”称号。

12 月 30 日 眉山市 110 千伏金龙变电站 10 千伏金湖一线 5G配网差动保护试点工作正式投入试运行，这也是国内首套投运的 5G配网差动保护。

12 月 31 日 在成都举行的四川省青年联合会第十四届委员会全体会议上，到会代表以无记名投票方式，选举产生新一届四川省青联主席班子及常委，国网四川省电力公司青年员工刘源当选省青联十四届委员会副主席，王光祥当选省青联第十四届委员会常务委员，青年员工谢振宇、刘彦琴当选省青联第十四届委员会委员，委员、常委当选数量均居全省国有企业前列。

是日 国务院国资委宣传局主办的“我和我的祖国”第二届中央企业故事大赛优秀故事宣传发布活动在北京举办。活动现场公布了故事大赛优秀作品获奖名单。国网四川省电力公司作品《一个人温暖一座城》荣获一等奖。

是日 公司 2019 年全年完成售电量 2180.19 亿千瓦时，圆满完成国家电网有限公司下达的 2180 亿千瓦时年度售电目标，售电规模在国家电网有限公司系统排名第五位；售电增速达 8.63%，增速排名第四位；年度售电预测偏差率仅为万分之九，远低于国家电网有限公司千分之二以内的要求。

（李　庆）

公司概况

栏目编辑：何　飞

公司业绩

【企业概况】国网四川省电力公司是国家电网有限公司的全资子公司，主要负责四川境内国家电网的规划建设、运营管理和电力供应。截至 2019 年年底，国网四川省电力公司本部职能部门 26 个，全资二级单位 39 家(其中发供电企业 24 家、直属单位 15 家)；上市公司 3 家；县级供电企业 151 家（全资县供 105 家、控股县供 46 家）。2019 年，国网四川省电力公司紧紧围绕“十讲十增强、转型再突破”工作思路，克难攻坚、负重拼搏，各项工作实现重要进展、重点突破、重大创新，确保公司“12333”新战略良好开局。完成固定资产投资 161.3 亿元；售电量 2180 亿千瓦时，同比增长 8.63%（以下均为同比）；营业收入 1133 亿元，增长 7.53%；受政策调整等因素影响，实现利润-13.32 亿元；资产总额 1625 亿元；资产负债率 69.56%，同时降低 0.32 个百分点；全口径劳动生产率 55.23 万元/人·年，同时增长 1.52%；线损率 7.65%，降低 0.72 个百分点。获得雅中配套、康蜀串补、甘蜀改接、绵阳南、川南城际铁路自贡东等 69 项 110 千伏及以上电网项目核准及延期批复，完成 35 千伏及以上可研批复 110 项，配网可研批复 7 批次，迁改批复 144 项。完成白鹤滩左右岸送出、布拖换流站一二期配套、两河口送出等 500 千伏工程可研评审。

2019 年 4 月 25 日，国网四川省电力公司董事长、党委书记谭洪恩在第二届中国优秀扶贫案例报告会上作交流发言　（曹志刚　摄）

【人资管理】国网四川省电力公司人力资源工作以大力提升劳动生产率、企业活力、队伍素质、业绩水平为中心，深化三项制度改革，开展“大培训、大比武、大提升”活动，实施组织体系、用工配置、激励机制、人才结构的转型升级，各项任务圆满完成，为国网四川省电力公司建设具有中国特色国际领先的能源互联网企业提供了坚强的组织和人才保障。2019年，国网四川省电力公司业绩考核位列国家电网有限公司第九名，较2018年提升4名。国网四川省电力公司全口径用工总量减少2409人，同比减少2.49%；职工劳动生产率达到55.23万元/人•年，同比增长1.52%；人才当量密度1.0327，同比增长0.78%。

1.“大培训、大比武、大提升”活动成效显著。以管理精益化、项目精准化、资源精品化为目标，推行培训计划新模式，推动培训机构转型升级，推广应用典型经验做法 30 余项，推动竞技操场赛向生产现场赛的实战运用，共 8 名员工通过竞赛获“五一劳动奖章”“四川工匠”和“四川技术能手”称号，2 名员工获“全国电力行业技术能手”称号。4095 人通过国家电网有限公司中高级资格评审，3287 人通过技能等级认证。建立“三站”人才高地，组建重点实验室、大师工作室等柔性攻关团队 191 个，新增高端人才 11 名，院士工作站获评中国科协模范院士专家工作站。选拔 10 名“金牌内训师”，并开发 10 门精品课程。主动适应国家职业技能等级评价改革，成为四川省职业技能等级认定首家备案试点单位。国网四川省电力公司作为国家电网有限公司唯一代表，获 2019 年电力行业技能人才培育突出贡献奖。

2. 组织模式逐步完善。印发实施所属单位内设机构设置标准，突出跨专业组建综合性职能部门、业务机构以及“全能型”复合大班组，推广营配“网格化”服务，探索开展变电运检一体化。制定国网成都供电公司组织模式和机制创新建设方案，支持新业务和新业态发展。出台业务外包管理办法，有效提升业务外包规范管理水平。牵头国家电网有限公司人资 2.0“业务管理工作台”建设，研究提出场景验证方案。协同建成投运四川配网智能化检测实验室、获批建设首家省级泛在电力物联网工程实验室。研究完善职员职级管理，调整管控模式，拓展职级设置，细化破格及优先聘任情形。

3. 用工配置不断优化。岗位聘期制稳步落地，科级以下管理、技术和重要技能岗位，以 3 年为聘期签订岗位聘任协议书；落实劳动合同管理办法，严格执行考核降岗待岗，清理规范不在岗人员；员工流动稳妥有序，年度人力资源优化配置 3821 人次。积极组织参与内地援藏劳务协作、人才帮扶，通过组织调配、岗位竞聘等方式推动内地超员县公司向藏区、“子改分”县公司向直供直管单位流动；一体联动推进“三项制度”改革，指导各单位完成规定动作，积极试点 77 项抢单任务，梳理问题清单 191 项，举办两轮 13 期专题培训、12 场改革督导工作会，提炼汇编典型案例 75 个。

4. 薪酬激励持续深化。分类完善工资总额管理，强化供电企业及直属单位工资总额与业绩考核强挂钩。探索市场化单位工资总额与经营效益直接挂钩，试点市场化单位工资计划储备制度，根据员工配置率，试行“增人不增资、减人不减资”。针对工资分配拉不开差距的难点，印发促进收入能增能减 10 项具体措施、绩效经理人“三权”落地实施意见，强制岗变薪变，细化绩效工资与绩效考核结果挂钩方式，将绩效薪金分配权下放到团队绩效经理人，关键、核心及高端人才待遇同比提升。

5. 考核机制渐趋精准。实施业绩三年冲 A 行动计划，开展引领、赶超、攻坚、突破、争先、固基六大行动。深化差异化业绩考核，优化调整业绩考核指标体系，聚焦效率效益，大幅压减与投入产出、市场开拓、优质服务关联不紧密的指标，实行供电企业自主选择指标权重分配方案、市场化单位自主申报经营效益指标目标值，引导基层找准定位。修订完善绩效经理人管理等制度办法，印发覆盖 10 大类、105 小类一线业务多元量化考核工具集，优化绩效考核结果评定，员工绩效等级占比与其单位业绩考核排名挂钩。举办绩效论坛，提炼典型经验，发布共享管理成果。

6. 保障管理日臻规范。修订印发体检、疗养等 6 项福利制度，编制福利保障制度汇编和专业题库。组织完成福利项目名录修编、参数申报、计划编制申报和分解执行。督导推进建设项目参加工伤保险工作。认真落实退休人员统筹外补贴整改。

【电网建设】国网四川省电力公司着力推动四川电网高质量发展，完成电网建设任务和基建管理工作目标，电网建设业绩考核在国家电网有限公司系统名列第7。汇集各方力量积极争取，1000千伏川渝特高压目标网架方案通过国家电网有限公司评审和审议。高质量承办四川省第四季度重大项目集中开工仪式，“新三直”特高压工程加快实施，雅中—江西全面开工，白鹤滩—江苏完成可研，白鹤滩—浙江前期工作有序推进。500千伏甘蜀改接、两河口送出等工程取得核准，康蜀串补、绵阳南等项目开工。雅安送出加强、蜀景三回等110余项重点工程建成投产，有效解决甘孜、雅安断面水电外送瓶颈问题，提升受限水电通道送出能力30%、重要负荷中心供电能力10%。大力拓展外送市场，创新实施“绕道外送”和“毛细血管外送”，在送出通道“打9折运行”的情况下，实现全口径外送电量1325亿千瓦时，与2018年持平，累计外送电量突破万亿千瓦时大关；弃水电量减少29.35亿千瓦时，降幅24.1%，水电利用率连续3年保持上升。“三区两州”深度贫困地区配网项目全部建成投产，户均配变容量、电压合格率、供电可靠性全面达到国家标准。深入开展配网三年整治提升行动，低电压配变、频繁停电线路分别减少33%、21%，不停电作业次数增长24%。

泛在电力物联网建设初见成效。高标准制定泛在电力物联网建设三年规划，明确总体框架、实施路径和重点任务。成立首个泛在电力物联网标准国际工作组，建设国内首个省级泛在电力物联网工程实验室。与阿里巴巴、联通、川大、电子科大等企业和高校签订战略合作协议，开展泛在电力物联网协同共建。建成投运云平台、数据中台和物联管理平台，初步实现企业级数据贯通和共享应用。推广运检业务“机器代人”，实现 46 条输电线路和 79 座变电站巡检替代试点。开展信息系统“瘦身健体”，下线“僵尸系统”23 套，整合移动作业终端 4411 台。研发报表辅助生产工具，减少重复录入、人工录入 90%以上。深挖电力数据服务社会价值，研发智慧环保用电监测平台，助力环保精准监管，取得良好社会和经济效益。高质量承办国家电网有限公司现代（智慧）供应链第三次现场会。一些单位积极开展探索实践，国网眉山供电公司建成全国首套 5G 配网差动保护，国网宜宾供电公司投运省内首套 110

千伏快速解环装置，国网德阳供电公司研发全川首个综合电力数据平台，国网绵阳供电公司、国网天府新区供电公司等18家单位建成首批“多站融合”数据中心站。

【经营管理】国网四川省电力公司专题召开优化经营管理策略推进会，研究降本节支、提质增效重点措施，多措并举缓解降电价影响。制定进一步加强精准投资管控、提升发展效率效益实施意见。全年整改低效变电站64座、核减不必要项目38个，节约投资8.2亿元。加强资金精益管控，多渠道降低融资成本，减少带息负债35亿元，节约利息支出1.5亿元。成功争取东西帮扶专项资金13.89亿元。治亏损、压“两金”、降杠杆、防风险等专项治理成效显著，存量事项创近年新低。完成长期在建工程项目清理1615个，转资金额35.6亿元。大力推进降本节支，三公及会议费降低18.02%，非生产性支出降低22.61%。丰水期谷段弃水电量交易15.8亿千瓦时，增收0.8亿元。持续开展智能稽核和反窃查违，查处窃电和违约用电8713起、用电异常3.79万个，实现效益2.85亿元。政企合力推动广元铝业破产重整，依法依规解决旧欠电费遗留问题。10千伏及以下台区线损降低0.46个百分点，实现经济效益5.02亿元。深挖电能替代潜力，完成替代电量113亿千瓦时，增长34.4%。合规收购长虹220千伏输变电资产，在非国网供区成功争取泸州鑫阳钢铁扩能项目“点对点”供电、绵阳新敏雅项目“直供电”，有效巩固和拓展售电市场。综合能源服务业务完成收入4.89亿元，增长126%。电商化采购交易额突破19亿元，超额完成国家电网有限公司任务。积压库存物资下降4亿元，减少31%；标准物料压减1736条，压减率41.2%。充分发挥审计监督职能，建立违规经营投资责任追究制度，整改内外部审计发现问题47个，有效防控重大风险。深入开展“规章制度落实督导年”活动，新建、修订、废止制度1270项，合规管理水平进一步提升。

【安全生产】2019年，国网四川省电力公司持续推进本质安全建设和安全生产领域改革发展，扎实开展安全生产专项行动，积极应对自然灾害和突发事件，完成各项政治保电任务，公司安全生产局面保持稳定。

1.全面强化安全生产管理。加强全年安全工作组织落实，统筹做好春（秋）检预试、迎峰度夏（冬）各阶段安全工作，有序组织保障大电网安全、“防风险、保安全、迎大庆”、安全生产集中整治等系列专项行动，各级单位全员发动、狠抓落实，全面完成80项年度安全生产重点任务。推进安全生产领域改革发展措施落地，制（修）订安委会工作规则、安全工作奖惩、安全生产巡查、安全述职、安全培训等制度，编制发布全员责任清单3.8万份，组织各单位领导班子安全述职280人次，试点巡查县供电公司5家。建立省市两级专项报告和风险会商机制，督办落实地下电缆重点管控措施30项。扎实开展信息通信及电力监控安全性评价，首批通过国家电网有限公司专家查评验收。

2.全力保障电网安全稳定运行。深化西南异步电网特性分析，优化运行控制策略，落实补强措施420项，建成交直流协控系统，确保了西南电网异步联网后的安全稳定运行。加强电网运行风险预警管控，全年累计管控各级风险1451次，保障了重点工程、重要检实施。全面开展二次系统“排雷”行动，深化“三道防线”核查整改。加强电网调度控制，应对全省3次、17个地市、49次用电负荷创新高考验。加强并网电厂管理，规范地县调小水电和分布式光伏并网流程，完成全网5000余户分布式电源信息接入，实现机组涉网安全闭环管控。充分发挥大电网、大市场、大平台资源优化配置优势，实现新能源全额消纳，水电调峰弃水损失电量连续3年下降。

3.切实提升设备运维管理水平。坚持“应修必修、应试必试”，全面完成春季秋季集中检修和特高压直流年检任务，消除锦屏站换流变乙炔超标、复龙站阀塔水管漏水、宜宾站换流阀水冷电阻漏水等重大缺陷，完成72支换流变ABB套管端子、28台MR真空分接开关隐患整治，特高压直流属地化运维保持平稳。整治输电线路“三跨”隐患232处，完成2200余座变电站（换流站、升压站）消防隐患治理，成都地区高压电缆接头防火措施实现全覆盖。针对频繁停电和低电压问题，实施“配网整治提升三年行动计划”，推广综合不停电作业、县域绝缘杆作业、低压不停电作业，户均停电时长较同期降低15.27%。大力推进“互联网+运检”建设，“三位一体”智能运检管理质效显著提升。

4.持续强化现场作业安全管控。科学组织检修预试，细化落实安全保障措施，严格按照《安规》、“两票三制”和“十不干”执行，逐项管控生产作业风险8550项。深入推进基建改革12项配套措施落地，建设标准化作业层班组，培育核心分包队伍，加强“四不两直”安全督查，有效实施2313项输变电施工风险预警管控。开展配电网工程安全管理巩固提升行动，安全推进“三区两州”深度贫困地区电网建设。强化科技兴安，丰富“泛在物联+安全监督”手段，开展“一体系一平台”建设，高质量完成国家电网有限公司安全风险管控平台建设试点。

自主研发“智能视频反违章系统”，实现38类典型违章动态监控、自动甄别、实时告警，全面提升现场安全管控效能。

5.加强网络信息和相关领域安全管理。深入贯彻落实网络安全法和等级保护2.0要求，加强电力监控系统网络安全风险监测和防控。顺利通过省网信办网络安全检查并获全川最高分。扎实开展集体企业安全年活动，自查自纠1225项问题全部整改到位。加强危化品安全管理，建立重点单位联系机制，明确经营、存储、使用全过程工作职责和要求。制定公司消防管理办法，进一步理顺消防管理职责和界面。深入开展电气火灾综合治理，结合专项行动，完成215项消防隐患治理销号，完成687座变电站和2座高层建筑消防验收备案取证。健全林区输配电线路引发火灾隐患治理机制，完善电力设施保护安全隐患告知机制，开创电力设施防外破管理新局面。

2019年6月18日，国网四川省电力公司总经理、党委副书记谭永香（右三）在宜宾长宁指挥抗震救灾工作（曹志刚 摄）

6.完成重大保电和抢险救灾。加强统筹指挥，强化协同联动，严格保电值守，各级累计出动保电和应急人员4.3万人次，完成庆祝新中华人民共和国成立70周年活动、第二届中国国际进口博览会、世界警察和消防员运动会、中日韩领导人会议等重大政治保电任务，全面实现“四个零”保电目标。承办四川省应对大面积停电事件的联合演练，全社会对大电网安全重要性认识进一步增强，“团结治网、共保安全”能力显著提升。高效应对迎峰度夏持续高温、宜宾地震、汶川强降雨等灾害影响，第一时间抢修受损设备、恢复电力供应，得到地方党委、政府和社会各界充分肯定。

【电力营销】国网四川省电力公司抓好内涵式和外延式两个市场的拓展，积极应对改革，市场驾驭能力显著提升，2019年完成售电量2180.19亿千瓦时，同比增长8.63%。1.售电市场不断拓展。电能替代政策支撑体系逐步完善。积极促请政府出台《四川省2019—2022年电能替代推进方案》，明确电锅炉、电蓄冷空调、电烤烟等重点领域补贴政策，进一步刺激和释放了重点领域的替代潜力。电能替代成效持续扩大。通过环保、补贴、交易等手段的综合应用，完成工业锅炉窑炉改电810.64蒸吨（吨），年替代电量5亿千瓦时，替代燃煤自备机组82.24万千瓦，年替代电量37亿千瓦时，累计推广电火锅13237户，年替代电量10亿千瓦时。建成投运乐山港港口岸电项目，实现长江干流及支流岸电全覆盖。丰水期谷段弃水电量交易成效突出。采用逐户走访或召开专题会议等方式开展政策宣传，引导用户参与丰水期低谷弃水电量交易，全力配合用户完成市场化注册，注册用户1670户，交易电量15.8亿千瓦时，为公司增加纯收益8346万元，为用户节约电费2.52亿元。交通用能“以电代油”发展迅猛。京昆高速省内段沿线服务区充电站项目陆续开工，充电服务网络从广元至攀枝花全覆盖，其中攀枝花段已建成投运。自建充电设施的运营指标大幅提升。积极为社会充电设施做好供电服务，推动交通用能“以电代油”市场发展。全社会充电设施1—12月累计用电量3.16亿千瓦时，同比增长250.44%。供配电设施资产接收有序推进。签订10千伏及以上供配电设施接收协议对应原值166.23亿元。

2.营商环境持续优化。国网四川省电力公司优化营商环境两年行动计划执行有力。全面开展“三省+三零”服务，通过自查和交叉检查加强过程管控，确保报装接电一次性告知、精简办电资料、压减流程环节、压缩接电时间、执行出资界面等政策落实到位，10千伏、低压平均接电时间分别压降至34天、1.8天，大幅提升“获得电力”感知。优化电力营商环境举措在国务院大督查、国家发改委营商环境评价、第三方评估中均获得充分肯定和较高评价。严格落实“一般工商业电价再降10%”要求。积极落实降低一般工商业电价措施，两次一般工商业降价政策全部落实到位，一般工商业的目录电价降幅超过11%，为一般工商业用户节约电费支出超过36亿元。转供电加价清理成效明显。积极配合省发改委制定清理转供电加价工作实施方案，全面落实相关具体工作。累计摸排转供电主体5450户，涉及终端用户36万余户，确保降价红利全部传导到位。网上办电渠道广泛拓展。积极推广“网上国网”App、微信公众号办电和营业厅微信、支付宝“扫码付”缴费，“互联网+”线上缴费客户达4192万户次，缴费金额超过77亿元，分别同比增长118%和109%。

3.供电服务品质显著提升。投诉压降成效明显。牢固树立“服务至上、践诺为先、全员参与、重奖重罚”服务理念，通过采取加大供电服务曝光力度、持续开展明察暗访和自查整改、提高工单处理质量、建立看板式通报制度等管控措施，各类供电服务投诉得到进一步压降。1—12月，公司“95598”投诉共7552件，同比减少57.63%，其中营销服务及营业投诉共=1318件，同比减少67.19%。完成重大活动保电与应急抢险救灾。完成全国两会、世警会、西博会、庆祝建国70周年、中日韩领导人会议等重大保电任务共140余次，快速响应“6·17”宜宾长宁抗震救灾、“8·20”阿坝、雅安暴雨、“9·08”内江威远地震等应急救灾工作，得到社会各界充分肯定。

4.经营管理不断强化。智能交费工作有序开展。前移风险防范关口，针对高风险企业推行智能缴费，电费回收风险防范基础进一步夯实，推进高压用户“五自”建设，实现电费资金实时到账和实时销账，进一步提升电费资金风险防控能力，企业网银交费率超过27%。企业客户智能收费全面推广。推进高压用户“五自”建设，实现电费资金实时到账和实时销账，进一步提升电费资金风险防控能力。企业网银交费率超过27%。智能稽查、反窃查违取得明显经济效益。以科技手段及大数据分析为载体，建立“线上分析研判+线下精准打击”的反窃查违工作模式，查处窃电和违约用电8713起，运用营销现代化手段开展智能稽核，查处用电异常问题3.79万笔，合计取得经济成效2.8531亿元。台区线损治理成效显著。通过开发台区智能体检功能，大幅提升台区高负损治理效率。采用专项管控、定点帮扶等手段，10千伏及以下线损率较2018年降低0.28个百分点，节约购电支出1.77亿元。

【科技与信息化】国网四川省电力公司获得省部级（含行业奖）及以上奖励26项。其中获2018年国家科学技术二等奖1项、第二十一届中国专利优秀奖1项。获2019年度四川省科技进步二等奖3项、三等奖5项。获2019年度中国电力科技进步奖二等奖2项、三等奖2项。获2019年度国家电网有限公司科技进步奖一等奖3项、二等奖1项、三等奖4项。获2019年电力创新奖大奖1项、二等奖2项、三等奖1项。专利申请方面，全年申请专利382件，其中发明专利249件；获得专利授权249件，其中发明专利117件。2019年，国网四川省电力公司主要采用以下新技术：

1.在成都西（温郫）500千伏输变电工程、成都新津500千伏输变电工程、四川绵阳南500千伏输变电工程等工程中，应用变电站标准化设计技术、变压器油中溶解气体在线监测技术、保护测控集成装置技术和一体化监控系统技术。

2.在成兰铁路阿坝松潘牵引站220千伏供电工程、成昆铁路扩能凉山喜德西牵引站220千伏供电工程、成昆铁路扩能凉山黄水塘南牵引站220千伏供电工程等工程中，应用水土保持与生态保护措施设计技术、三维优化选线技术和输电线路防振设计技术。

3.成都大林（籍田）500千伏输变电工程中应用杆塔、基础数字化设计建模技术、保护测控集成装置技术、智能变电站设计技术和变电站暂态过电压及避雷器放电电流在线监测技术等。

4.甘谷地—蜀州改接500千伏线路工程应用线路覆冰监测预警及融冰技术、水土保持与生态保护措施设计技术、数字化移交技术等。

【优质服务】国网四川省电力公司深入实施优化营商环境两年行动计划，大力拓展“三省+三零”办电服务，10千伏、低压业务平均接电时间分别降至34天、1.8天。深入开展漠视侵害群众利益问题专项整治，积极配合清理转供电环节不合理加价行为。全面推进投诉压降专项整治，投诉总量减少57.6%。深化营销智能转型，持续提升客户体验，智能电能表覆盖率、全口径自动采集成功率分别达到99.86%、99.56%，线上缴费客户数达1275万户，同时增长21%。加快全能型和星级供电所建设，新增国家电网有限公司五星级乡镇供电所6个，农村公变台区网格管理实现全覆盖。结合乡镇区划改革，启动供电所优化提升工作。深入实施电力助推脱贫攻坚，141个定点帮扶村如期脱贫，“彝兴”“丽火”特色品牌在全国产业扶贫推进会上交流，“四步五路”扶贫新思路被《中国扶贫》杂志收录并在央视直播，《点亮彝区美好生活》等6个案例入选国家级扶贫优秀案例。国网四川省电力公司扶贫工作获汪洋等中央领导批示肯定，被评为全球精准扶贫可持续卓越企业、全省先进定点扶贫单位。

【党的建设和精神文明建设】国网四川省电力公司高质量开展两批次“不忘初心、牢记使命”主题教育活动，开展各级各类集中学习研讨2400余次、专题调研3000余次，制定整改措施9600余条，党员干部理想信念更加坚定，“四个意识”不断增强。加强基层党组织建设，各级党组织标准化建设全面达标。举办庆祝建党98周年、新中国成立70周年系列活动，组织“十讲十增强”形势任务宣讲，进一步凝聚干事创业合力。实施人才强企战略，广泛开展“大培训、大比武、大提升”活动，完成各类培训92.5万人天，新增高端人才11名，干部员工素质进一步提升。持续优化干部队伍结构，“70后”干部占比提高至45.8%。扎实开展“抓整改、除积弊、转作风、为人民”专项行动，完成16家二级单位、51家县公司巡察，移交问题线索343件。深化“126连心桥”体系建设，响应职工诉求2096件，信访积案总量降低67%。新闻宣传卓有成效，《阿体拉巴》《望望》等微电影获国际、国内大奖。国网四川省电力公司获四川省首届十佳模范职工之家、西三角企业品牌影响力百强等称号，56个集体获全国五一劳动奖状、全国工人先锋号、中央企业先进集体、全国青年文明号、全国百佳志愿服务组织等省级及以上荣誉，77名个人获全国五一劳动奖章、劳动模范等省级及以上表彰，国网泸州供电公司车盛寅获全国离退休干部先进个人（国家电网有限公司唯一）。

【获得荣誉】2019 年，国网四川省电力公司各项工作稳步推进。公司所属各单位及公司员工获省部级以上各项荣誉、各类先进人物、先进集体奖项见下表：

2019 年度国网四川省电力公司及公司员工获省部级及以上各项荣誉、各类先进人物、先进集体一览表

表 1

序号	表彰项目（荣誉称号）
1	全国民族团结进步模范集体
2	四川省先进党组织
3	国有企业先进党组织、优秀共产党员、优秀党务工作者
4	2019 年四川省脱贫攻坚奖先进个人
5	国家电网有限公司先进集体、特等劳动模范、劳动模范、一流班组（工人先锋号）、优秀班组长、巾帼建功标兵、杰出青年岗位能手、青年岗位能手、
6	国网楷模（优质服务类）
7	最美国网人
8	国家电网有限公司先进班组
9	国家电网有限公司安全工作先进单位
10	国家电网有限公司科技工作先进单位、先进集体、先进个人
11	国家电网有限公司经济法律工作先进单位、先进集体、先进个人
12	国家电网有限公司宣传工作先进单位、先进集体、先进个人
13	国家电网有限公司物资管理优秀单位（物资供应管理）
14	供电服务指挥中心建设推广优秀单位
15	国家电网有限公司“红旗党委”“电网先锋党支部”
16	国家电网有限公司安全工作先进集体、先进个人
17	国家电网有限公司财务工作先进集体、先进个人
18	国家电网有限公司设备管理工作先进集体、先进个人
19	国家电网有限公司营销工作先进集体、先进个人
20	国家电网有限公司调度控制工作先进集体、先进个人
21	国家电网有限公司后勤工作先进集体、先进个人

续表 1

序号	表彰项目（荣誉称号）
22	国家电网有限公司人力资源工作先进集体、先进个人
23	国家电网有限公司物资管理先进集体、先进个人、优秀评标专家
24	国家电网有限公司环境保护工作先进集体、先进个人
25	国家电网有限公司环境保护工作先进集体、先进个人
26	国家电网有限公司优秀共产党员、优秀党务工作者
27	国家电网有限公司藏中电力联网工程突出贡献集体、先进集体、突出贡献个人、先进个人
28	国家电网有限公司昌吉—古泉±1100 千伏、渝鄂背靠背、新一代调相机工程先进个人
29	国网有为时代老人

公司领导及机构设置

【公司领导】2019 年，国网四川省电力公司领导班子成员有部分调整。原公司董事、总经理、党委副书记谭永香调离四川公司，胡海舰由西藏公司调四川公司担任董事、总经理、党委副书记。原公司副总经理、党委委员董京营、原总工程师、党委委员石俊杰调离四川公司，原公司董事、副总经理、党委副书记张晓明转任公司三级顾问，刘勇由成都公司总经理、党委副书记提任四川公司董事、党委副书记、副总经理，肖杰由四川送变电公司执行董事、党委书记提任四川公司副总经理。调整后的公司领导班子成员为：

谭洪恩：董事长、党委书记

胡海舰：董事、总经理、党委副书记

刘　勇：董事、党委副书记、副总经理

杨桂荣：总会计师、党委委员

谭志红：副总经理、党委委员

王永平：副总经理、党委委员

陈云辉：副总经理、党委委员

左宇龙：职工董事、党委委员、工会主席

寇剑波：党委委员、纪委书记

肖　杰：副总经理

【公司总经理助理、副总工程师】

凌廷亮：总经理助理

韩晓言：副总工程师

林　敏：副总工程师、人才交流服务中心主任

郑卫东：安全总监

李镇义：副总工程师，电力调度控制中心主任、党总支副书记

杜树兴：副总政工师、党委宣传部（对外联络部）主任

涂心畅：总审计师

【公司系统机构设置】截至 2019 年年底，国网四川省电力公司本部职能部门 26 个，全资二级单位 39 家（其中发供电企业 24 家、直属单位 15 家）；上市公司 3 家；县级供电企业 151 家（全资县供 105 家、控股县供 46 家）。国网四川省电力公司所属基层企业（单位）名录如下：

2019 年国网四川省电力公司所属单位组织机构一览表

表 2

类别	细　类		备　注
	序号	单位名称	
（一）发供电企业	1	国网四川省电力公司成都供电公司	
	2	国网四川省电力公司乐山供电公司	
	3	国网四川省电力公司德阳供电公司	
	4	国网四川省电力公司雅安供电公司	与国网四川雅安电力（集团）股份有限公司合署办公
	5	国网四川省电力公司眉山供电公司	
	6	国网四川省电力公司攀枝花供电公司	
	7	国网四川阿坝藏族羌族自治州电力有限责任公司（国网四川省电力公司阿坝供电公司）	
	8	国网四川省电力公司绵阳供电公司	
	9	国网四川省电力公司天府新区供电公司	
	10	国网四川省电力公司达州供电公司	
	11	国网四川省电力公司凉山供电公司	
	12	国网四川省电力公司泸州供电公司	
	13	国网四川省电力公司宜宾供电公司	
	14	国网四川省电力公司南充供电公司	
	15	国网四川省电力公司广元供电公司	
	16	国网四川省电力公司内江供电公司	
	17	国网四川省电力公司广安供电公司	
	18	国网四川省电力公司遂宁供电公司	
	19	国网四川省电力公司资阳供电公司	
	20	国网四川省电力公司自贡供电公司	
	21	国网四川省电力公司巴中供电公司	
	22	国网四川甘孜藏族羌族自治州电力有限责任公司（国网四川省电力公司甘孜供电公司）	
	23	国网四川岷江供电有限责任公司	
	24	国网四川省电力公司映秀湾发电厂	

续表 2

类别	细类		备注
	序号	单位名称	
（二）省公司层面业务支撑实施机构及其他直属单位	1	国网四川省电力公司综合服务中心	
	2	国网四川省电力公司经济技术研究院	
	3	国网四川省电力公司电力科学研究院	
	4	国网四川省电力公司检修公司	
	5	国网四川电力送变电建设有限公司	
	6	国网四川省电力公司信息通信公司	
	7	国网四川省电力公司物资公司	
	8	国网四川省电力公司党校（管理培训中心）	
	9	国网四川省电力公司技能培训中心	与四川电力职业技术学院实行“两块牌子、一套人马”
	10	国网四川省电力公司电力应急中心（国家电网公司应急培训基地）	
	11	国网四川电力服务有限公司（机关事务服务中心）	
	12	四川电力交易中心有限公司	
	13	国网四川综合能源服务有限公司	
	14	四川电力建设工程咨询公司（监理公司	
	15	四川蜀能电力产业管理有限公司	
（三）上市公司	1	四川明星电力股份有限公司	
	2	乐山电力股份有限公司	
	3	四川西昌电力股份有限公司	

公司本部建设

【概况】2019年，国网四川省电力公司本部党委坚持以习近平新时代中国特色社会主义思想为指导，深入学习贯彻中共十九大和十九届二中、三中、四中全会精神，全面落实国家电网有限公司和国网四川省电力公司“两会”精神。高质量开展“不忘初心、牢记使命”主题教育活动，强化党建引领、夯实基层基础，带头践行“十讲十增强”，各项工作取得新业绩。

【党的建设】扎实开展“不忘初心、牢记使命”主题教育活动，聚焦主题主线，国网四川省电力公司本部以上率下，一体推进四项重点措施，本部党组织和广大党员干部进一步树牢“四个意识”，坚定“四个自信”，做到“两个维护”。持续提升党组织组织力，印发《中共国网四川省电力公司本部委员会议事规则》，认真做好支部换届选举和党员发展工作，举办本部党务工作者培训班。严肃党内政治生活，编制《党支部日常工作资料模板汇总》，支部学习更加规范。

【队伍建设】强化本部人事制度建设，制定国网四川省电力公司本部绩效管理实施细则。持续优化本部人力资源配置，组织完成32个处长岗位补员、17名处长岗位的轮岗交流、42名专责岗位公开竞聘和组织调配，47名基层骨干到本部培养锻炼和64名员工完成新一轮履职能力培训任务，队伍建设不断加强。

【作风建设】扎实推进“抓整改、除积弊、转作风、为人民”专项行动，坚决整治漠视侵害群众利益等问题。切实开展“转作风、走基层、结对子”活动，举办本部作风建设监督员座谈会，定期召开员工大会，驰而不息强作风，进一步营造风清气正、干事创业的良好氛围。

【文化建设】评选表彰本部卓越团队和十佳员工，举办庆祝新中国成立70周年系列活动。开展形式多样的文化体育活动，积极做好新春游园、读书、健步走等活动。新增文体协会2个，丰富职工业余生活。关心关爱本部职工，及时掌握职工思想动态、家庭困难，解决存在的问题，做好慰问工作，为员工送温暖切实规范做好职工疗养工作。

2019年2月11日，国网四川省电力公司召开深化卓越本部建设和作风建设动员大会 （曹志刚　摄）

【本部机构设置及主要负责人】2019年，国网四川省电力公司本部机构设置及部门主要负责人如下：

刘　冰：董事会秘书，办公室（党委办公室、董事会办公室）主任

周　桦：发展策划部主任

张　敏：财务资产部主任

贺兴容：设备管理部主任

周　林：安全监察部主任

何　勇：营销部主任

何远刚：建设部主任

熊卫东：农电工作部、国家电网有限公司成都援藏办主任

李镇义：电力调度控制中心主任、党总支副书记（兼）

王嘉明：电力调度控制中心党总支书记、副主任
杨　博：审计部主任，国网四川服务中心审计中心主任
余嘉庆：经济法律部（体改办）主任
钟俊翔：党委组织部（人事董事部）副主任
冯泽亮：人力资源部主任
王　林：四川电力交易中心有限公司执行董事、总经理
杨迎春：互联网部主任
侯太明：互联网部党支部书记
张　灏：物资部（招投标管理中心）主任
田立峰：科技部主任
王经纬：离退休工作部主任
王　旭：后勤工作部主任、成都电力生产调度基地筹备处主任
陈永举：党委党建部（思想政治工作部、团委）主任、本部党委书记
邬小端：公司纪委副书记，纪委办公室主任、巡察办主任、本部纪委书记
苏旭燕：巡察组组长
马　强：巡察组组长
何自力：巡察组组长
杨　周：巡察组组长
马江怒：巡察组组长
杜树兴：党委宣传部（对外联络部）主任（兼）
卿　松：证券管理部主任
朱天科：工会常务副主席
王小川：国家电网有限公司企业管理协会四川分会秘书长
倪　力：集体企业管理办公室主任，四川格瑞德资产管理公司总经理，四川蜀能电力产业管理有限公司执行董事、总经理
刘　进：省公安厅直属二分局局长
潘旭东：社保中心副主任，国网四川服务中心副主任、人力资源部主任
林　敏：人才交流服务中心主任（兼）

基层单位及负责人名录

截至2019年年底，国网四川省电力公司下设=供电、发电、电力建设、科学研究、产业等45个单位。截至2019年12月31日，国网四川省电力公司所属单位主要领导成员如下：

国网成都供电公司

陈　强：总经理、党委副书记　（国家电网有限公司管理干部）
王宏波：党委书记、副总经理　（国家电网有限公司管理干部）
涂彦明：副总经理（正处级）
赵　芳：二级职员、副总经理
陈继辉：纪委书记
白学祥：副总经理，国网都江堰市供电公司总经理、党委副书记
付　强：副总经理
曾宪平：副总经理、工会主席
秦文云：总会计师
曾嘉志：副总经理

国网乐山供电公司

林双庆：总经理、党委副书记，乐山电力董事长、党委书记
谢连芳：党委书记、副总经理
徐　卫：副总经理、总工程师
李定明：总会计师
夏　军：副总经理
谢　星：副总经理
康　驰：国网峨眉山市供电公司总经理（副处级）、党委副书记

国网德阳供电公司

甘　涛：总经理、党委副书记
王　曦：党委书记、副总经理
袁明友：副总经理
杨　斌：副总经理
王　剑：副总经理
石　红：纪委书记、工会主席
青　松：副总经理
徐　健：副总经理，国网广汉市供电公司总经理、党委副书记（挂职）

国网雅安电力（集团）公司（国网雅安供电公司）

黄克林：国网雅安电力（集团）公司董事长、总经理、党委副书记，国网雅安供电公司总经理、党委书记

程　虎：国网雅安电力（集团）公司党委书记、副董事长

陈　政：国网雅安电力（集团）公司副总经理（正处级）

袁剑波：国网雅安电力（集团）公司副总经理

沈　涌：国网雅安电力（集团）公司纪委书记、工会主席，国网雅安供电公司纪委书记、工会主席

曾　敬：国网雅安电力（集团）公司副总经理，国网雅安供电公司副总经理

唐正胜：国网雅安电力（集团）公司财务总监、董事会秘书，国网雅安供电公司总会计师

张　劲：国网雅安电力（集团）公司副总经理，国网雅安供电公司副总经理

黄廷彬：国网雅安电力（集团）公司副总经理，国网雅安供电公司副总经理

张　强：国网雅安电力（集团）公司副总经理，国网雅安供电公司副总经理

国网眉山供电公司

赵　藟：总经理、党委副书记

刘　璧：党委书记、副总经理

田　伟：纪委书记、工会主席

蒋　劲：副总经理，国网仁寿县供电公司总经理、党委副书记

李　诚：副总经理

曹　刚：副总经理

李建立：副总经理

高　峰：总会计师

国网攀枝花供电公司

汪康康：总经理、党委副书记

文光辉：党委书记、副总经理

刘永辉：副总经理、总工程师

王培云：副总经理

祝武权：副总经理

李天林：副总经理

封晓梅：纪委书记、工会主席

甘德刚：副总经理

国网阿坝藏族羌族自治州电力有限责任公司（国网阿坝供电公司）

蒋　平：国网阿坝藏族羌族自治州电力有限责任公司董事长、总经理、党委书记，国网阿坝供电公司总经理

郑文强：国网阿坝藏族羌族自治州电力有限责任公司党委副书记、副总经理

张洪斌：国网阿坝藏族羌族自治州电力有限责任公司副总经理，国网阿坝供电公司副总经理

王朝晖：国网阿坝藏族羌族自治州电力有限责任公司纪委书记、工会主席

侯小松：国网阿坝藏族羌族自治州电力有限责任公司副总经理，国网阿坝供电公司副总经理

黄　培：国网阿坝藏族羌族自治州电力有限责任公司财务总监，国网阿坝供电公司总会计师

严　辉：国网阿坝藏族羌族自治州电力有限责任公司副总经理，国网阿坝供电公司副总经理

朱　峰：国网阿坝藏族羌族自治州电力有限责任公司副总经理，国网阿坝供电公司副总经理

国网绵阳供电公司

姚建东：总经理、党委副书记

张　昀：党委书记、副总经理

王小平：副总经理、总工程师

罗　建：总会计师

王　拥：纪委书记、工会主席

金卓睿：副总经理

高　俊：副总经理

国网天府新区供电公司

刘　洋：总经理、党委副书记

程文艺：党委书记、副总经理

贺　辉：副总经理，国网成都市双流供电公司总经理、党委副书记

贾有根：副总经理

蒋光祥：总会计师

林明星：副总经理

熊　茜：副总经理

李　贵：纪委书记、工会主席

刘　江：副总经理，国网成都市龙泉驿供电公司总经理、党委副书记

国网达州供电公司

王　涛：总经理、党委副书记

杨　军：党委书记、副总经理

李　荣：副总经理，国网达县供电公司总经理、党委副书记

赵廷刚：副总经理

徐耀伦：副总经理

郑尚雄：工会主席

熊　毅：副总经理

何　平：纪委书记

国网凉山供电公司

王　戈：总经理、党委副书记

王　锐：党委书记、副总经理

陈银青：副总经理、工会主席

甘　洪：副总经理

张文有：纪委书记

石占全：副总经理

周　毅：副总经理
潘海涛：副总经理

国网泸州供电公司

明自强：总经理、党委副书记
张　勇：党委书记、副总经理
王立东：副总经理
熊浩伟：副总经理
宋瞰昉：副总经理
肖乃慎：纪委书记、工会主席

国网宜宾供电公司

高　峰：总经理、党委副书记
尹德君：党委书记、副总经理
张国君：总会计师
吴汝文：纪委书记、工会主席
罗　飞：副总经理
杨　云：副总经理
李漾汛：副总经理

国网南充供电公司

廖学静：总经理、党委副书记
唐　敏：党委书记、副总经理
李　敏：副总经理、四川电网备调中心主任
江泰廷：纪委书记、工会主席
邬才斌：副总经理
樊　犁：副总经理
钟　涛：副总经理

国网广元供电公司

余志军：总经理、党委副书记
杨　坤：党委书记、副总经理
聂鸿宇：副总经理
王志民：副总经理
应成荣：纪委书记、工会主席
杨　将：副总经理
胡志强：总会计师

国网内江供电公司

贺　军：总经理、党委副书记

冉友铭：副总经理，国网威远县供电公司总经理、党委副书记

唐　林：副总经理
熊　勇：副总经理
王秀梅：总会计师
刘明志：纪委书记、工会主席
游俊刚：副总经理

国网广安供电公司

何德胜：总经理、党委副书记
文　曹：党委书记、副总经理
房开建：总会计师
殷作洋：副总经理
何　东：副总经理
陈　果：副总经理
杨京川：纪委书记、工会主席

国网遂宁供电公司

何永祥：总经理、党委副书记
陈必文：党委书记、副总经理
向建兵：副总经理
王世彬：副总经理
姚晓峰：副总经理
马建龙：纪委书记、工会主席

国网资阳供电公司

栗　璐：总经理、党委副书记
肖　磊：党委书记、副总经理
曾明贵：副总经理
周建聪：副总经理
龙　辉：副总经理
何万桢：纪委书记、工会主席

国网自贡供电公司

胡朝华：总经理、党委副书记
柏　松：党委书记、副总经理
罗明才：副总经理、总工程师
杨　忠：纪委书记、工会主席
张　涛：总会计师
代　颍：副总经理

国网巴中供电公司

李敬雄：总经理、党委副书记
陈　峰：党委书记、副总经理
谭书云：总会计师
戴海宁：副总经理
王爱平：副总经理
王运满：纪委书记、工会主席
邓　华：副总经理

国网甘孜藏族自治州电力有限责任公司（国网甘孜供电公司）

李　旻：国网藏族自治州电力有限责任公司董事长、总经理、党委副书记，国网甘孜供电公司总经理

刘友志：国网藏族自治州电力有限责任公司党委书记

刘元生：国网藏族自治州电力有限责任公司副总经理，国网甘孜供电公司副总经理

陈晓东：国网藏族自治州电力有限责任公司副总经理，国网甘孜供电公司副总经理

石　磊：国网藏族自治州电力有限责任公司副总经理，国网甘孜供电公司副总经理

罗　斌：国网藏族自治州电力有限责任公司副总经理，国网甘孜供电公司副总经理

余　刚：国网藏族自治州电力有限责任公司财务总监，国网甘孜供电公司总会计师

林　勇：国网藏族自治州电力有限责任公司纪委书记、工会主席

胡　正：国网藏族自治州电力有限责任公司总工程师，国网甘孜供电公司总工程师

国网四川岷江供电有限责任公司

吴　耕：执行董事、党委书记

李高一：总经理、党委副书记

夏天泉：副总经理（正处级），黑水冰川水电开发有限责任公司总经理

任永刚：监事、纪委书记、工会主席

肖劲松：副总经理

罗　鹏：副总经理

朱德彬：财务总监

田　劲：副总经理

高　军：副总经理

国网四川映秀湾电厂

梁　柱：厂长、党委副书记

王金全：党委书记、副厂长

赵玉忠：副厂长

陈安全：副厂长

吴晓冬：副厂长、总工程师

曾　刚：副厂长

王劲松：纪委书记、工会主席

国网四川应急中心

罗　辉：主任、党委副书记

李远德：党委书记、副主任

蔡　辉：副主任、工会主席

何孝忠：副主任、纪委书记

国网四川服务中心

张　帆：主任、党委副书记

赵雄翔：党委副书记（主持党委工作）、副主任

杨　博：审计中心主任，省公司审计部主任

刘　林：副主任，审计中心党支部书记（正处级）、副主任

朱　敏：副主任，会计核算中心主任

黄兴勇：副主任，媒体业务部主任

潘旭东：副主任，人力资源服务部主任，省公司社保中心副主任

左　炬：纪委书记、工会主席

游　睿：审计中心副主任

刘礼志：审计中心副主任

国网四川经研院

肖行诠：院长、党委副书记

汪荣华：党委书记、副院长

王　晞：副院长

曾　鉴：副院长

陈雄才：纪委书记、工会主席

国网四川电力建设工程咨询分公司（监理公司）

冯　翰：执行董事、总经理、党委副书记

邓武军：党委书记、副总经理

谭　韧：纪委书记、工会主席

詹迎雪：总会计师

付俐修：副总经理、总工程师

汪洪春：副总经理

刘　平：副总经理

徐　源：副总经理

国网四川电科院

苏少春：院长、党委副书记

李科峰：党委书记、副院长

张星海：副院长（正处级）

曹树屏：纪委书记、工会主席

常晓青：副院长

李富祥：副院长

丁理杰：总工程师

国网四川客户服务中心

彭　军：主任、党委副书记

曾　敏：党委书记、副主任

唐　军：副主任

权　锐：副主任

劳　文：纪委书记、工会主席

国网四川计量中心

严　平：主任、党委副书记

何惧熊：党委书记、副主任

苗长胜：副主任、纪委书记

覃　剑：副主任

程志炯：副主任、工会主席

国网四川综合能源服务有限公司

徐　波：执行董事、党委书记

向　波：总经理、党委副书记

苗　锋：副总经理

代　明：纪委书记、工会主席

陈　缨：副总经理

周　松：副总经理，电力工程分公司总经理、党委副书记

颜正行：副总经理

秦毓毅：副总经理

李　恩：副总经理，电力工程分公司党委书记、副总经理

国网四川检修公司

白仕雄：总经理、党委副书记

李继辉：党委书记、副总经理

张剑廷：副总经理

安　宁：副总经理

张仕民：副总经理

舒　野：副总经理

李忠林：总会计师

黄　敏：纪委书记、工会主席

宋　梁：副总经理

王红梅：总工程师

国网四川特高压宜宾管理处

程　炯：国网四川特高压宜宾管理处处长（副处级）、党总支副书记

胡　风：国网四川特高压宜宾管理处党总支书记（副处级）、副处长

杨世贵：国网四川特高压宜宾管理处副处长（副处级）

四川电力送变电建设有限公司

罗　亮：执行董事、党委书记

陈泓达：总经理、党委副书记

李百根：副总经理

王　毅：副总经理、总工程师

陈和生：工会主席

王中华：纪委书记

刘兰捷：总会计师

龙晓春：副总经理

国网四川信通公司（数据中心）

王　卓：总经理（主任）、党委副书记

高永翔：党委书记、副总经理（副主任）

刘开金：纪委书记、工会主席

桂贤明：副总经理（副主任）

邓　毅： 副总经理（副主任）

周里涛： 副总经理（副主任）

国网四川物资公司

方　晴：总经理、党委副书记

吴田兵：党委书记、副总经理

张昆炳：纪委书记、工会主席

闵向东：副总经理

朱　锦：副总经理

国网四川电力党校（国网四川管培中心）

刘晓宇：国网四川电力党校常务副校长，国网四川管培中心主任、党委副书记

罗　亘：国网四川电力党校副校长，国网四川管培中心党委书记、副主任

林　琳：国网四川电力党校副校长，国网四川管培中心工会主席、副主任

章志刚：国网四川电力党校副校长，国网四川管培中心纪委书记、副主任

国网四川技培中心（四川电力职业技术学院）

朱　康：主任（院长）、党委副书记

熊维荣：党委书记、副主任（副院长）

文海荣：副主任（副院长）

袁从文：纪委书记、工会主席

李　力：副主任（副院长）

钟　良：副主任（副院长）

王　蓉：副主任（副院长）

国网四川电力服务有限公司（机关事务服务中心）

冷继伟：总经理、党委副书记，机关事务服务中心主任

李春来：党委书记、副总经理，机关事务服务中心副主任

唐明昌：纪委书记、工会主席

焦振中：副总经理，机关事务服务中心副主任

何云志：副总经理，机关事务服务中心副主任

陈　烜：副总经理，机关事务服务中心副主任

段卫平：副总经理，机关事务服务中心副主任

四川蜀能电力产业管理有限公司、四川格瑞德资产管理公司

倪　力：省公司集体企业管理办公室主任，四川蜀能电力产业管理有限公司执行董事、总经理，四川格瑞德资产管理公司总经理

邱永志：四川蜀能电力产业管理有限公司副总经理，四川格瑞德资产管理公司副总经理

蒲　静：省公司集体企业管理办公室副主任，四川蜀能电力产业管理有限公司副总经理，四川格瑞德资产管理公司副总经理

四川科锐得实业集团有限公司

王旭东：董事长、党委书记

王　刚：总经理、党委副书记

秦怀平：监事会主席（正处级）

林映雄：副总经理，四川蜀能电力公司执行董事、党委书记(正处级)

张文章：工会主席

杨　华：纪委书记

杨选华：副总经理、财务总监

陈治明：副总经理，四川蜀能电力公司总经理

张志远：副总经理

林　伟：副总经理

王　维：副总经理

四川蜀能电力有限公司

林映雄：执行董事、党委书记（兼）

陈治明：总经理（兼）

四川科锐得实业集团有限公司传媒中心

胡　铁：主任（副处级）、党支部副书记

肖　雁：党支部书记（副处级）、副主任

四川西星电力科技咨询有限公司

冯　伟：总经理（副处级）、党委副书记

陈　岩：党委书记（副处级）、副总经理

成都城电电力工程设计有限公司

肖　猛：总经理、党委副书记

李　刚：党委书记、副总经理

四川明星电力股份有限公司

王更生：董事长

李　江：副总经理

陈华祥：副总经理

邹德成：财务总监

雷　斌：董事会秘书

乐山电力股份有限公司

林双庆：董事长、党委书记，国网乐山供电公司总经理、党委副书记

乔向东：总经理、党委副书记

杜品春：纪委书记

唐前正：副总经理

祝攀峰：副总经理

王　迅：副总经理、董事会秘书

杨景岗：副总经理、总工程师

何党军：工会主席

游　涛：财务总监

李树成：四川晟天新能源发展有限公司董事长、总经理

廖政权：高级顾问

四川西昌电力股份有限公司

牟　昊：董事长、党委书记

钟显伦：党委副书记、纪委书记

李建文：副总经理

牛义和：财务总监

邝伟民：董事会秘书

四川峨眉山电力股份有限公司

孙志远：董事长、总经理、党委书记

吴豫安：副总经理

刘正雄：副总经理

吴英俊：纪委书记、工会主席

四川电力行业协会

涂　辉：秘书长

黄　志：副秘书长（副处级）

赵　恒：副秘书长（副处级）

四川电机工程协会

张建明：常务副秘书长（正处级）

杨嘉湜：副秘书长（副处级）

四川启明星实业有限责任公司、四川启明星投资有限责任公司、四川启明星控股有限责任公司

苟骁毅：总经理

国网四川电动汽车服务有限公司

王　华：执行董事、总经理（副处级）

特高压工程建设指挥部

胡国强：常务副总指挥，省公司建设部主任

何尔文：副总指挥，省公司人才交流中心副主任

李　伟：副总指挥，省公司人才交流中心副主任

蓝健均：副总指挥，省公司人才交流中心副主任

借用人员

钟志翔：四川启明星铝业公司总经理、党委副书记

尹友中：白马硫化床公司副董事长

靳东辉：白马硫化床公司监事会主席

电网规划与建设

栏目编辑：何　飞

电网概况

【覆盖范围】四川省位于中国西南腹地，地处长江上游，辖区面积48.6万平方千米，居全国第五位。东西长1075千米，南北宽921千米，与7个省（区、市）相接，北连陕西、甘肃、青海，南接云南、贵州，东邻重庆，西衔西藏。四川处于第一级青藏高原和第二级长江中下游平原的过渡带，高低悬殊，西高东低的特点尤为明显，西部为高原、山地，海拔多在3000米以上；东部为盆地、丘陵，海拔多在500～2000米。全省行政区划分为21个市（州）、183个县（市、区）。截至2019年年底，全省常住人口8375万人，居全国第四位。

四川省电力公司为四川电力市场供应主体，下属22个供电公司，经营区域涵盖全省21个市州，承担绝大部分地区供电任务，并通过控股、代管、趸售等方式对地方电网供电。2019年，省内市场占有率达到92.13%。

【电网规模】1.电源规模。截至2019年年底，四川电网全口径装机容量9901.4万千瓦。其中，水电7840.3万千瓦，火电1570.8万千瓦，风电302.8万千瓦，光伏187.5万千瓦，占比分别为79.18%、15.86%、3.06%、1.89%。

2.电网规模。截至2019年年底，公司电网共有±800千伏直流换流站3座，换流容量2160万千瓦；±500千伏直流换流站1座，换流容量300万千瓦；500千伏变电站（含开关站）52座，总变电容量8583.6万千伏安，线路长度16029千米；220千伏变电站244座，总变电容量7909.4万千伏安，线路长度20481千米；110千伏变电站827座，总变电容量7090.1万千伏安，线路长度27027.6千米。

【用电量和负荷】截至2019年年底，四川全社会用电量、用电负荷分别为2636亿千瓦时、4935万千瓦，同比增长7.2%、7.2%。

【与周边电网送受电情况】四川电网与省外电网呈“四直八交”联网格局，即通过±800千伏向家坝—上海、锦屏—苏南、溪洛渡—浙西直流与华东电网相连，通过±500千伏德阳—宝鸡直流与西北电网相连，通过500千伏洪沟—板桥双回、黄岩—万县双回、资阳—思源双回共6回线路与重庆电网相连，通过500千伏巴塘至芒康双回线路与西藏电网相连，跨省电力最大外送能力达到约3000万千瓦。2019年，四川全口径累计外送电量1323.89亿千瓦时，同比减少0.7%。

电网规划

四川电网“十三五”发展规划覆盖四川21个地市。预计2022年四川电网全社会用电量3048亿千瓦时，最大负荷5703万千瓦。2016—2022年，年均增长分别为6.4%、5.44%。

【特高压电网】建设±800千伏雅中—江西、白鹤滩左—江苏、白鹤滩右—浙江特高压直流工程，与已有的向家坝—上海、锦屏—苏南、溪洛渡—浙西3回直流工程构成6回特高压直流外送通道，送电华中、华东地区。

【500千伏电网】规划新建巴中—昭化、大林、沐叙加强等500千伏输变电工程，500千伏“梯格形”网架将得到进一步加强。根据水电和新能源布局，在现有八大水电集中送出通道的基础上，新建马尔康、甘谷地——蜀州改接、康蜀串补等省内水电送出工程，更加适应“西电东送”需要。2016—2022年期间，规划新建500千伏变电站13座，扩建500千伏变电站12座，新增变电容量3455万千伏安，新增线路长度约5348.2千米。

【220千伏电网】衔接500千伏电网，220千伏主网架将进一步完善，提高潮流输送能力，扩大电网覆盖面，满足新增电源送出需要，提高各地区电网的供电能力和供电可靠性。2016—2022年期间，规划新建220千伏变电站82座，扩建220千伏变电站31座，新增变电容量4354万千伏安，新增线路长度约

8463.62千米。

【110千伏及以下配电网】以电力需求为导向，本着协调发展、适度超前、安全可靠、节能环保、标准统一的原则，坚持规划引领，打造“可靠性高、互动友好、经济高效”的一流现代化配电网。城市“用好电”。持续提升城市配网可靠性和供电能力，不断满足人民生产生活需要。农村“小康电”。协同推进新型城镇化，着力解决农村配电网薄弱环节，补齐配电网发展短板。三州“温饱电”。推进“三区三州”深度贫困地区电网改造，打赢电网脱贫攻坚，服务全面建成小康社会宏伟目标。全网“智能电”。积极稳妥推进配电网自动化、营销自动化，建设坚强智能四川电网。

2016—2022年期间，四川电网将成为西南电网的核心枢纽，为实现成为具有中国特色世界领先的能源互联网企业的目标奠定坚实基础。

【重点措施】1.科学规划引领电网持续健康发展。一是持续推动四川特高压交流电网目标网架纳入国家规划。特高压交流网架得到国家电网有限公司认可并通过总部党委会审议，促成川渝两省市再次召开川渝电网网架规划推进会并印发会议纪要，明确1000千伏特高压交流环网的川渝电网一体化发展目标；再次促成川渝两省市近期联合向国家能源局汇报，再次要求尽快明确特高压交流网架方案。二是扎实推进落实电网规划工作。不断加强电网发展重大问题研究，高质量编制“十三五”电网发展滚动规划，完成“1+2+2”报告体系，并通过总部评审，新增重点项目全部纳入规划；制定甘孜白玉亚青寺电网改造规划方案，宜宾地震和阿坝、雅安洪水灾后重建方案。三是加强电网规划基础管理。研究35千伏装配式变电站在偏远地区的应用；编制配电网规划工作业务指导手册，细化国家电网有限公司配电网规划设计技术和管理要求。四是积极配合政府输配电价核定。配合相关委局开展输配电价核定，对报送项目进行逐项汇报说明，协调能源主管部门合理核定规划投资，并上报国家。

2019年11月10日，由国网四川电力送变电建设有限公司承建的500千伏马尔康至色尔古输电工程跨越高海拔雪山标段全线贯通（曹志刚 摄）

2.项目前期稳步推进。一是特高压前期工作取得突破。取得雅中直流核准批复和自然资源部关于白鹤滩至江苏换流站用地预审意见、规划选址意见书、稳评意见，全力配合国家电网有限公司开展白鹤滩至浙江可研，启动金沙江上游川藏段水电外送预可研。二是加强前期工作协调。协调各级自然资源部门进行生态保护红线调整，将国网四川省电力公司重点电网项目所在区域调出生态红线范围，为后续工程前期手续办理创造良好条件。三是持续提升可研质量。深入分析论证项目建设的必要性，加强站址、路径方案的综合经济技术比较，充分开展物资利库、利旧。2019年，取消或推迟必要性不足项目9项，利旧或利库主变7台（容量354.5兆伏安），优化可研设计方案，节约投资约8.2亿元。四是有序推进220千伏变电站10千伏出线改造工作。完成第一批24个项目的可研批复。同时，对有主变扩建的220千伏基建工程结合站址条件同步扩建10千伏出线，已批复项目6个，并开工建设。五是积极推进可研设计一体化管理。完成可研设计一体化招标方案，并在220千伏及以下项目逐步推广实施。

国网四川省电力公司建成投运220千伏输变电工程17项，分别是西成客运专线四川广元剑门关牵引站220千伏外部供电工程、四川乐山500千伏沐溪变电站扩建220千伏送出工程、阿坝黑河塘220千伏输变电工程、四川成都太金220千伏双回线路改造工程、西成客运专线绵阳青林口牵引站220千伏供电工程、西成客运专线广元中子牵引站220千伏供电工程、成都九江500千伏变电站220千伏配套工程、阿坝汶川220千伏开关站扩建工程、乐山龚嘴——铜街子 220 千伏线路改接工程、南充搬罾 220 千伏开关站扩建工程、四川资阳广惠—文峰 220 千伏线路工程、四川绵阳磨家梁—海峰 220 千伏线路工程、四川成都大面—三圣 220 千伏线路改造工程、凉山盐源大河光伏电站 220 千伏送出工程、凉山盐源 500 千伏变电站 220 千伏配套工程、四川凉山普格—宁南 220 千伏线路工程、四川内江至寿溪桥 220 千伏线路新建工程。

电网建设

【概况】2019 年，国网四川省电力公司完成电网投资 161.46 亿元，完成年度计划的 100%，同比下降 1.64%。其中电网基建投资 131.97 亿元，完成年度计划的 100%，同比下降 2.63%。在建 110 千伏及以上项目 168 个，在建线路 6017.84 千米，变电容量 2691.4 万千伏安。其中，续建 110 千伏及以上项目 93 个，线路 3630.27 千米，变电容量 1366.15 万千伏安；新开工 110 千伏及以上电网项目 75 个，开工 110 千伏及以上线路 2387.57 千米，同比增长 6.65%；开工 110 千伏及以上变电容量 1325.25 万千伏安，同比增长 101.67%。2019 年，投产 110 千伏及以上电网项目 67 个，投产 110 千伏及以上线路 1985.75 公里，同比下降 2.75%；投产 110 千伏及以上变电容量 625.75 万千伏安，同比增长 6.17%。

【项目完成情况】2019 年，国网四川省电力公司强化素质提升和施工安全管理，着力推动四川电网高质量发展，完成电网建设任务和基建管理工作目标，电网建设业绩考核在国家电网有限公司系统名列第七。全年完成 110 千伏及以上开工 76 项、线路长度 1845.84 千米、变电容量 1307.17 万千伏安，投产 68 项、线路长度 1061.79 千米、变电容量 584.61 万千伏安；35 千伏项目开工 75 项、线路长度 556.16 千米、变电容量 17.83 万千伏安，投产 74 项、线路长度 927.21 千米、变电容量 40.39 万千伏安。工程项目建设高效推进，安全质量管控得到进一步加强，基建改革措施落地持续深化，工程造价管理不断精益，工程技术管理不断提升，建设管理水平稳步提升。

【项目投产情况】建成投运 500 千伏输变电工程 4 项，分别是江油 500 千伏输变电工程、会东 500 千伏输变电工程、四川雅安送出加强 500 千伏线路工程、四川蜀州至丹景第三回 500 千伏线路工程。

建成投运 220 千伏输变电工程 18 项，分别是四川绵阳桑枣 220 千伏变电站改造工程、成贵铁路宜宾东牵引站 220 千伏供电工程、四川宜宾兴文 220 千伏输变电工程、成贵铁路四川宜宾兴文牵引站 220 千伏外部供电工程、四川成都蓉大 220 千伏双回线路改造工程、四川乐山犍为 220 千伏变电站扩建工程、德阳云绣—丰谷西线 π 入南华变 220 千伏线路工程、成贵铁路乐山犍为牵引站 220 千伏供电工程、四川遂宁小于 220 千伏输变电工程、四川乐山嘉州—翰林山 220 千伏线路工程、四川广安岳池南 220 千伏输变电工程、四川绵阳江油 500 千伏变电站 220 千伏配套工程、凉山会东 500 千伏变电站 220 千伏配套工程、成贵铁路宜宾屏山牵引站 220 千伏外部供电工程、四川泸州纳溪至震东 220 千伏线路工程、成昆铁路扩能攀枝花南牵引站 220 千伏供电工程、四川成都北府河 220 千伏输变电工程、四川巴中城西 220 千伏输变电工程。

建成投运 110 千伏输变电工程 46 项，分别是成都营门口 110 千伏输变电工程、资阳安岳石板 110 千伏变电站扩建工程、巴中城西 220 千伏变电站 110 千伏送出工程、攀枝花米易城北 110 千伏变电站增容改造工程、阿坝马尔康三家寨 110（66）千伏变电站增容改造工程、成都龙泉驿高桐 110（66）千伏输变电工程、成蒲铁路成都蒲江朝阳湖牵引站 110 千伏外部供电工程、阿坝九寨沟（甘海子）110 千伏变电站恢复改造工程、凉山甘洛 110 千伏变电站扩建工程、成都天斑 110 千伏输变电工程、凉山会东大桥 110 千伏变电站扩建工程、甘孜藏族州甘孜县来马 110 千伏输变电工程、阿坝松潘川主寺至九寨沟 110 千伏线路恢复改造工程、阿坝松潘川主寺至若尔盖 110 千伏线路恢复改造工程、内江隆昌石燕桥 110 千伏变电站增容改造输变电工程、阿坝九寨沟隆康 110 千伏输变电工程、宜宾江安高石 220 千伏变电站 110 千伏间隔扩建工程、凉山越西乃托至越西牵引站 110 千伏线路工程、成都东华 110 千伏输变电工程、达州宣汉北至盖家坪 110 千伏线路工程、阿坝小金县光伏扶贫项目 110 千伏送出工程、达州达川双堰 110 千伏变电站扩建工程、阿坝汶川白石 110 千伏输变电工程、阿坝松潘城关 110 千伏输变电工程、凉山布拖拖觉110千伏变电站扩建工程、凉山喜德县光伏扶贫项目110千伏送出工程、内江市城市生活垃圾焚烧发电项目110千伏送出工程、凉山乐武及新凉牵引站改接冕山110千伏线路工程、甘孜康定新城110千伏2号主变扩建工程、甘孜九龙溪古500千伏变电站110千伏送出工程、宜宾江安桐梓林110千伏变电站110千伏及35千伏间隔扩建工程、眉山仁寿宝飞至信利110千伏线路工程、凉山越西青龙110千伏输变电工程、巴达铁路巴中牵引站110千伏改接供电工程、绵阳涪城高桥至金能110千伏线路工程、凉山甘洛海田110千伏变电站扩建工程、雅安汉源万工110千伏变电站扩建工程、凉山德昌乐跃至德昌牵引站110千伏线路工程、南充顺庆舞凤110千伏变电站扩建工程、绵阳松仙一线110千伏线路改造工程、甘孜泸定沙嘴至桃子坪改接入幸福110千伏线路工程、巴中平昌信义110千伏变电站扩建工程、绵阳涪城南塔110千伏变电站增容改造工程、凉山布拖县光伏扶贫项目110千伏送出工程、阿坝松潘樊江关至川主寺110千伏线路恢复改造工程、成都双流东升110千伏输变电扩建工程。

【在建项目情况】2019年，在建110千伏及以上输变电工程共125项，线路长度2325.14千米、变电容量1053.98万千伏安。

在建500千伏项目8项，分别是四川尖山500千伏变电站3号主变扩建工程、四川沐溪—叙府500千伏线路工程、四川绵阳天明电厂500千伏送出工程、四川绵阳南500千伏输变电工程、四川新津500千伏输变电工程、四川大林（籍田）500千伏输变电工程、四川康定—蜀州500千伏线路串补站工程、四川甘谷地—蜀州改接500千伏线路工程。

在建220千伏项目12项，分别是川南城际铁路泸州泸县牵引站220千伏外部供电工程、成兰铁路四川阿坝松潘牵引站220千伏供电工程、川藏铁路施工（新都桥）220千伏临时供电工程、川南城际铁路四川自贡东牵引站220千伏供电工程、资阳文化220千伏输变电工程、四川宜宾珙县220千伏输变电工程、西成客运专线四川绵阳青林口牵引站改接220千伏外部供电工程、四川成都苏场220千伏变电站主变扩建工程、成都武侯220千伏变电站增容改造工程、四川阿坝水磨220千伏变电站扩建工程、四川成都正兴（兴隆）220千伏输变电工程、四川成都崇州经开区220千伏输变电工程。

在建的110千伏项目43项，分别是巴中南江东榆110千伏输变电工程、成都都江堰新区110千伏输变电工程、阿坝马尔康三家寨110（66）千伏变电站增容改造工程、成都北府河220千伏变电站110千伏配套工程、成都崇州110千伏变电站增容改造工程、成都锦江胜利110千伏变电站增容改造工程、成都天府新区幸福110千伏输变电工程、攀枝花东区青龙山至目伦110千伏线路工程、凉山甘洛110千伏变电站扩建工程、成都崇州经开区220千伏变电站110千伏配套工程、成都高新大源110(66)千伏输变电扩建工程、凉山会东大桥110千伏变电站扩建工程、自贡荣县双石110千伏输变电工程、成都简阳绛溪河南组团110千伏输变电工程、成都天府新区正公110千伏输变电工程、四川广安中桥110千伏输变电工程、泸州江阳沙湾110千伏输变电工程、阿坝夹壁至马塘110千伏线路工程、成都成华五块石110千伏变电站增容改造工程、资阳安岳文化220千伏变电站110千伏配套工程、成都锦江塘坎街至荔枝巷110千伏线路改造工程、成都双流永安110千伏输变电工程、成都兴隆220千伏变电站110千伏配套工程、成都高新南北大道110千伏输变电工程、雅安雨城严桥110千伏输变电工程、甘孜巴塘中咱110千伏输变电工程、110(66)千伏输变电工程、雅安雨城大兴110千伏输变电工程、甘孜康定新城110千伏2号主变扩建工程、甘孜九龙溪古500千伏变电站110千伏送出工程、甘孜泸定磨西110千伏输变电工程、巴中平昌城南110千伏变电站升压工程、凉山甘洛海田110千伏变电站扩建工程、乐山五通桥区汤家坝至塘叶110千伏线路工程、南充阆中长青110千伏输变电工程、达州宣汉天生110千伏输变电工程、广元利州万源110千伏输变电工程、内江东兴高桥110千伏输变电工程、南充西充观音110千伏输变电工程、成都温江新城区110千伏输变电工程、绵阳磨家梁至西岩110千伏线路工程、成都天府新区兴隆110千伏输变电工程、巴中恩阳西龛110千伏输变电工程、乐山五通桥大兴110千伏输变电工程。

【工程达标和创优情况】2019年，国网四川省电力公司完成90项110千伏及以上电压等级工程达标投产。其中，500千伏变电站工程5项，220千伏变电站工程7项，110千伏变电站工程21项，500千伏线路工程5项，220千伏线路工程22项，110千伏线路工程30项。

获国家电网有限公司输变电优质工程银奖1项，为国网四川电力成都锦江芷泉街110千伏变电站工程。

通过达标投产考核的500千伏10项，分别是四川江油500千伏变电站工程、四川桃乡500千伏变电站3号主变扩建工程、巴塘500千伏变电站升压扩建工程、乡城变至巴塘变500千伏输电线路升压改造工程、四川富乐变至广元变双回π入江油变500千伏输电线路工程、四川南坝变至富乐变、广元变改接入江油变500千伏输电线路工程、四川新都变至龙王变500千伏双回输电线路工程、会东500千伏变电站工程、甘泉变至会东变500千伏输电线路工程、四川蜀州变至丹景变三回500千伏输电工线路程。

2019年12月18日，四川省2019年第四季度重大项目集中开工，图为雅中—江西±800千伏特高压直流输电工程项目现场　　（杨林　摄）

通过达投产考核的220千伏项目29项，分别是四川成贵铁路江南变至长宁牵引站220千伏输电线路工程、大源220千伏变电站工程、华阳东变至大源变220千伏双回线路工程、巴中城西220千伏变电站工程、巴中至城西220千伏线路工程、成贵铁路宜宾屏山变至屏山牵引站220千伏线路工程、成贵铁路宜宾丰收变至屏山牵引站220千伏线路工程、阿坝汶川220千伏开关站扩建工程、震东变至兴文牵引站220千伏线路工程、绵阳江油500千伏变电站220千伏配套线路工程、凉山普格变至宁南变220千伏第二回输电线路工程、宜宾兴文变至兴文牵引站220千伏线路工程、德阳云绣变至丰谷变西线π入南华变220千伏线路工程、四川乐山嘉州变至翰林山变220千伏线路工程、乐山犍为变至犍为牵引站220千伏线路工程、乐山嘉州变至犍为牵引站220千伏线路工程、乐山犍为220千伏变电站扩建工程、泸州纳溪变至震东变220千伏线路工程、内江至寿溪桥220千伏线路工程、宜宾兴文220千伏变电站新建工程、叙府500千伏变电站兴文220千伏间隔扩建工程、宜宾叙府变至兴文变电站220千伏线路工程、宜宾丰收变至宜宾东牵引站220千伏线路工程、宜宾城南变至宜宾东牵引站220千伏线路工程、会东220千伏变-会理一、二回π入会东500千伏变220千伏线路工程、会东500千伏变至会理变220千伏线路工程、遂宁小于220千伏变电站工程、遂宁小于变至杨胡变220千伏线路工程、遂宁小于变至万林变220千伏线路工程。

通过达标投产考核的110千伏项目51项，分别是苏场变至大邑牵引站110千伏线路工程、隆兴变至大邑牵引站110千伏线路工程、金马变至朝阳湖牵引站110千伏线路工程、邓双变至朝阳湖牵引站110千伏线路工程、巴中平昌信义110千伏变电站扩建工程、南充清泉变至龙桂牵引站π入搬罾110千伏线路工程、南充保宁变至黄家坝二回π接入河溪变110千伏线路工程、南充阆中变至河溪变110千伏线路工程、南充高坡变至金城变110千伏线路工程、南充仪陇变至巴中恩阳变π入金城变110千伏线路工程、南充阆中河溪110千伏变电站工程、南充仪陇金城110千伏变电站工程、成都东升110千伏变电站扩建工程、成都黄水变至东升变110千伏电缆线路工程、阿坝小金变至官家河坝变110千伏线路工程、阿坝观音桥110千伏变电站工程、阿坝中查沟110千伏变电站工程、阿坝黑河塘变至中查沟变110千伏线路工程、底蓬110千伏变电站工程、龙头变至底蓬变110千伏 双回线路工程、雅安汉源万里110千伏变电站扩建工程、草坝变雅安牵引站110千伏线路工程、名山变至雅安牵引站110千伏线路工程、泸州龙山变电站110千伏2号主变扩建工程、成都新园北110千伏变电站新建工程、达州双堰110千伏变电站扩建工程、达州宣汉北至盖家坪110千伏线路工程、巴中城西变至大佛寺变110千伏线路工程、巴中城西变至杨家坝变110千伏线路工程、巴中城西变至城南变110千伏线路工程、巴中杨家坝至恩阳改接进城西变110千伏线路工程、巴中大佛寺变至巴中牵引站π接城西110千伏线路工程、眉山仁寿宝飞变至信利变110千伏线路工程、绵阳涪城青义110千伏变电站工程、绵阳百胜至金家林T接入青义变110千伏线路工程、绵阳百胜变至青义变110千伏线路工程、南充荆溪变至龙门变π入搬罾变110千伏线路工程、南充顺庆舞凤110千伏变电站扩建工程、内江石燕桥110千伏变电站增容改造工程、内江金鹅变至石燕桥变双回110千伏线路改造工程、内江垃圾电厂至平安变110千伏线路工程、攀枝花米易城北110千伏变电站增容改造工程、雅安汉源万工110千伏变电站扩建工程、宜宾江安高石220千伏变电站110千伏间隔扩建工程、自贡向义变至新华变110千伏输电线路工程、凉山木里110千伏变电站工程、凉山通威变至喜德变110千伏线路工程、凉山越西至喜德Ⅱ回π入冕山110千伏线路工程、凉山喜德至新凉牵引站Ⅱ回改接冕山110千伏线路工程、甘孜来马110千伏变电站工程、资阳安岳石板110千伏变电站扩建工程。

【重点项目建设情况】1.遂宁500千伏变电站主变扩建工程。土建完成98%，电气安装完成93%。

2.资阳500千伏变电站主变扩建工程。土建完成95%，电气安装完成83%。

3.马尔康500千伏输变电工程。变电站土建完成26.5%；色尔古间隔扩建土建完成95%；马尔康—色尔古双回线路工程（411基，2×148千米）基础开挖410基（99%），基础浇筑410基（99%），铁塔组立409基（98%），架线136.798千米（92%）。

4.色茂三回500千伏输变电工程。茂县、色尔古间隔扩建土建均完成100%；色尔古—茂县Ⅲ回线路工程线路工程（含色尔古—毛尔盖线路改迁工程共9基，4.16千米）基础开挖9基（100%），基础浇筑完成9基(100%)，铁塔组立4基(44%)，架线2.919公里（70%）。

5.新津500千伏输变电工程。变电站正在办理征地手续；雅安—尖山开断接入新津500千伏线路工程（18基，5.104千米）基础开挖6基（33%），基建浇筑4基（22.2%），铁塔组立0基（0%），架线0千米（0%）。

6.水洛500千伏变电站3号主变扩建工程。进站道路完成56%，桥梁施工方面：桩基完成100%，承台完成50%，墩柱完成50%，盖板完成66%。路基施工方面：土石方开挖完成90%，挡土墙完成90%，排水工程完成66%，路基基本成型。抗滑桩施工方面：山体抗滑桩完成22根（共28根），大桥左岸防护抗滑桩完成15根（共15根）。

7.康定至蜀州500千伏线路串补工程。串补站土建完成73%，电气安装完成0%；康定—蜀州π入隆兴串补站线路工程（10基，2×4.6千米）基础开挖10基（100%），基础浇筑完成10基（100%），铁塔组立1基，架线0千米；甘谷地—蜀州π入隆兴串补站线路工程（15基，2×7.6千米）基础开挖14基（93%），基础浇筑完成11基（73%），铁塔组立1基（6%），架线0千米（0%）。

8.大林500千伏输变电工程。变电站正在办理征地手续；彭祖、嘉州变电站间隔扩建未开工；彭祖—大林线路工程(44基，2×22千米)基础开挖0基(0%)，基础浇筑完成0基（0%），铁塔组立0基（0%），架线0千米（0%）；嘉州—大林线路工程（215基，2×107千米）基础开挖16基（7.%），基础浇筑完成4基（1.8%），铁塔组立0基（0%），架线0千米（0%）。绵阳天明电厂500千伏送出工程。间隔扩建未开工；天明电厂—江油变线路工程、太白电厂—富乐变开断江油变线路工程（共51基，2×10+2×9.85千米）基础开挖8基（15.6%），基础浇筑完成3基（5.8%），铁塔组立0基（0%），架线0千米（0%）。

9.沐溪—叙府500千伏断面加强工程。间隔扩建未开工。叙府—宜宾线路叙府侧改接至沐溪变500千伏工程（158基，2×76千米）基础开挖61基（38.6%），基础浇筑完成23基（14.5%），铁塔组立0基（0%），架线0千米（0%）。

10.甘谷地至蜀州500千伏线路改接工程。间隔扩建未开工。康定—蜀州线路工程（158基，2×62.7千米）基础开挖0基（0%），基础浇筑完成0基（0%），铁塔组立0基（0%），架线0千米（0%）。甘谷地—雅安Ⅱ线路工程（74基，2×36.6千米）基础开挖0基（0%），基础浇筑完成0基（0%），铁塔组立0基（0%），架线0千米（0%）。

11.绵阳南500千伏输变电工程。变电站正在办理征地手续；间隔扩建未开工；绵阳南—富乐线路工程、绵阳南至德阳换流站线路、太白电厂—富乐500千伏线路改造工程（共222基，2×81.772+0.55+2×10+千米）基础开挖3基（1.3%），基础浇筑完成2基（0.9%），铁塔组立0基（0%），架线0千米（0%）。

电网调度与通信

栏目编辑：何　飞

调度机构

【概况】四川电力调度控制系统包括四川电力系统内各级调度控制机构和发电厂、变电站、梯级电站集控中心等的运行值班单位。四川电力系统设置三级调度控制机构，即：省级电力调度控制机构（以下简称“省调”），省辖市级电力调度控制机构（以下简称“地调”），县级电力调度控制机构（以下简称“县调”）。

【省电力调度控制中心】四川电力调度控制中心主要负责四川电网调度运行、变电设备运行集中监控、系统运行、调度计划、继电保护、自动化、水电及新能源、通信等各专业管理职责；调度管辖省域内500千伏电网和220千伏主网，直调所辖电厂；承担省域内500千伏交流变电站变电设备运行集中监控、输变电设备状态在线监测与分析业务。控制中心内设9个处，分别为调度控制处、调度计划处、系统运行处、继电保护处、自动化处、综合技术处、水电及新能源处、设备监控管理处、通信处。截至2019年年底，中心正式员工89人。

【省调的职责和权限】1. 接受国调、区域分中心（简称“西南分中心”）的调度管理，接受国调、区域分中心（西南分中心）授权或委托的与电力调度相关的工作。2. 负责省电网的安全、优质、经济运行，划分省电网调度管辖范围，对所辖电网及并网电厂实施统一调度管理。3. 负责电网内调度控制运行、调度计划、运行方式、继电保护、调度自动化、水库及新能源调度、通信等专业管理，制定电力系统电力调度、设备监控方面的标准、规程、制度和办法，负责所辖电网二次设备技术监督。4. 负责指挥调度及监控范围内设备的运行、操作及电网的事故处理，参与电网事故调查分析；负责指挥电网调频、调峰及调压工作，负责指挥网间联络线潮流的调度控制。5. 负责组织制定和执行所辖电力系统的运行方式。执行上级调度控制机构下达或批准的网间联络线运行方式。6. 负责所辖电网电力电量平衡、临时交易和检修平衡，负责制订和执行所辖电力系统调度计划。7. 参与所辖电网规划、设计、建设、工程项目审查及设备选型工作。8. 受理并批复新建或改建管辖设备投入运行申请，制定新设备启动调试调度方案并组织实施。9. 参与签订发电厂、地方电网的并网协议和购售电合同，负责签订调度管辖范围内的发电厂、地方电网、用户的并网调度协议。10. 会同有关部门编制《四川电网有序用电预案》《四川电网紧急拉闸限电序位表》，报政府批准后执行。11. 负责所辖水电厂水库发电调度工作，制定水库调度方案。参与主要水电厂发电与防洪、航运和供水等方面的协调工作。12. 负责组织制定全网继电保护及安全自动装置配置的技术方案和调度管辖范围内的整定方案，并督促实施，负责继电保护专业归口管理，负责继电保护专业技术监督，负责继电保护二次设备的大修、技改项目的审查。13. 负责所辖电力系统的安全稳定运行管理。14. 参与制定自动化系统的规划，负责电力二次系统安全防护。15. 负责公司电力调度控制技术装备的运行和管理。16. 负责对本级监控范围内电网运行设备的集中监控。17. 负责四川电力通信网建设、运维、安全的专业归口管理。

【省调调度管辖设备范围】1. 四川电网除国调、国调西南分中心管辖外的500千伏系统（含500千伏站内无功补偿设备）。2. 四川电力系统内220千伏主网架和地区电力系统间220千伏联络线。3. 四川省内参与统调统分机组，220千伏并网电厂的送出系统。4. 国调、国调西南分中心授权调度的设备。

【省调监控设备范围】1. 国网四川省电力公司资产范围内500千伏变电站一、二次及辅助设备。2. 国网四川省电力公司资产范围内输变电在线监测装置。

【地区电力调度控制中心】四川电网设有22个地调，分别是成都地调、天府地调、德阳地调、绵阳地调、广元地调、资阳地调、内江地调、自贡地调、宜宾地调、泸州地调、乐山地调、眉山地调、达川地调、南充地调、巴中地调、攀枝花地调、广安地调、遂宁地调、阿坝地调、雅安地调、甘孜地调、岷江地调。

【地调的职责和权限】1. 接受省调的调度管理，接受省调授权或委托的与电力调度相关的工作。2. 负责所辖电网的安全、优质、经济运行，负责调度控制管辖范围内设备的运行、监控、操作及电网的事故处理。3. 负责所辖电力系统调度控制、设备监控、调度计划、继电保护、调度自动化、水电及新能源等专业管理和技术监督。4. 负责编制和执行所辖电网的运行方式，执行省调下达的运行方式。5. 负责编制并执行所辖电网调度计划。6. 会同有关部门编制本地区电网有序用电预案和本地区电网紧急拉闸限电序位表，报政府批准后执行。7. 负责组织制定和执行所辖电力系统的继电保护方案。8. 受理并批复新建或改建管辖设备投入运行申请，制定新设备启动调试调度方案并组织实施。9. 参与所辖电网发展规划、设计、有关工程项目的审查和设备选型。10. 负责所辖电力系统的安全稳定运行管理。11. 负责所辖水电厂水库发电调度工作，制定水库调度方案。参与主要水电厂发电与防洪、航运和供水等方面的协调工作。12. 负责所辖调度控制自动化设备的运行管理。13. 负责签订所辖发电厂并网调度协议。14. 负责对本级监控范围内电网运行设备的集中监控。15. 负责本级电力通信网建设、运维、安全的专业归口管理。

【地调调度管辖设备范围】1. 本地区除省调调度管辖外的220千伏系统。2. 本地区110千伏及以下系统。3. 本地区装机容量10兆瓦以下发电厂及其送出系统。4. 本地区与其他地区间的110千伏联络线（由相关地调协商调度）。5. 省调委托调度管辖的设备。

【地调监控设备范围】1. 本地区220千伏、110千伏变电站设备。2. 本地区220千伏、110千伏输电设备。

调 度 管 理

【电网安全经济运行】2019年，四川电力供需总体富余，燃煤火电除迎峰度冬和迎峰度夏高峰时段，基本按最小方式发电。丰水期电量供大于求的矛盾仍比较突出，迎峰度夏高峰时段电力供应偏紧的问题依然存在。枯水期用电量增幅高于预期水平，电力供需形势略偏紧，火电电煤供应平稳，同时增加了网间外购电量，确保了电力可靠供应。

2019年，四川电网新增装机放缓，用电负荷持续增长。1月，网供用电量增幅在2018年同比增长30.3%的基础上，又增长6.1%，当月日均网供用电量达到6.30亿千瓦时，创历史新高，电力供应偏紧。为保障枯水期后期用电需求，水库水位按计划消落，公司通过增加燃煤机组约21亿千瓦时，增加网间外购电量约10亿千瓦时，有力地保障了电力供应。2月，受春节放假影响，用电负荷较轻。3月起，随着气温升高，空调制热负荷减少，电力供需形势趋缓。

迎峰度夏期间，全省出现3次阶段性晴热高温天气，呈现出负荷同比大幅增长、但持续天数不长的特点。高峰时段电力供应偏紧，但未发生有序用电和拉闸限电；高负荷天数总体偏少，统调用电负荷超过上年夏季最大负荷3691万千瓦的天数仅12天，超过3800千瓦的累计天数6天，超过3900万千瓦的累计天数仅3天。7月底，迎来夏季第一次高负荷，7月28日统调口径最大用电负荷达到3695.2万千瓦，创夏季历史新高；8月中下旬，连续出现两次高负荷，8月12—26日，统调口径最大用电负荷持续超过3500万千瓦，并于12日、13日和26日2次创历史新高（调度口径发受电电力也同时创历史新高）。成都地区（含天府）负荷创新高1次（8月12日），达到1334万千瓦，增幅5.04%；日用电量2次创新高（8月12日和13日），最高2.56亿千瓦时，增幅4.92%。

迎峰度夏期间，高峰负荷时段电力平衡偏紧。受水电送出通道受阻、避峰和受灾等因素影响，水电最大出力与水电装机容量差额超过900万千瓦。为满足省内用电和外送需求，增开燃煤火电机组确保高峰电力供应。7月25日至9月2日，通过协调国调拉停宾复一线，释放川南两台60万千瓦机组。7月下旬，累计增开9台机组，容量400万千瓦，总开机容量达到700万千瓦。8月初，用电负荷下降，为减少弃水，开机容量回落到430万千瓦。8月中下旬，受高温天气影响，用电负荷快速增长，再次陆续增开15台燃煤机组。8月26日总开机容量达到886万千瓦，火电最大电力达到960万千瓦，其中煤电853万千瓦，燃机70万千瓦，高峰备用电力仅15万千瓦。8月27日，受川西地区气温下降影响，统调口径用电负荷仅3435万千瓦，比前一日骤然下降719万千瓦。为减少弃水立即安排燃煤机组停机备用，至9月2日，燃煤机组开机容量仅300万千瓦，10月8日进一步下降到240万千瓦。

11月中旬停止外送后，陆续增加火电开机容量，至12月。下旬，备用火电机组全部开机运行，电力供需平衡略偏紧，由于12月气温同比偏暖，用电增长有所放缓。

2019年，通过密切跟踪重要气象信息，提高水情预测精度，深挖水库调蓄和火电减发潜力，发挥电网输电潜力，争取跨区备用互济，实施跨区现货交易等措施，外送通道输送能力得到最大限度发挥，实现了弃水连续3年下降，11月9日停止弃水，累计调峰弃水电量92.2亿千瓦时，同比减少29.1亿千瓦时，降幅24.1%。

【电源情况】截至2019年12月31日，四川电网全社会口径装机容量9901.4万千瓦，其中水电7840.3万千瓦、火电1570.8万千瓦、风电302.8万千瓦、光伏187.5万千瓦。

截至2019年12月31日，四川电网调度口径装机容量9260.7万千瓦（国调2310万千瓦，西南分中心330万千瓦，省调5914.4万千瓦，地县调706.3万千瓦），发电厂共2912座（国调6座，西南分中心1座，省调399座，地县调2506座），机组共6407台（国调35台，西南分中心6台，省调931台，地县调5435台）。其中，水电装机共7509.6万千瓦（国调2310万千瓦，西南分中心330万千瓦，省调4192.7万千瓦，地县调676.9万千瓦），占总容量的81.1%，机组6170台（国调35台，西南分中心6台，省调761台，地县调5368台）；火电装机1246.8万千瓦（省调1228.0万千瓦，地县调18.8万千瓦），占13.5%，机组136台（省调96台，地县调40台）；风电场27座，装机324.7万千瓦，占2.5%，均为省调调度；光伏电站74座（省调47座，地调27座），装机179.6万千瓦（省调169.0万千瓦，地调10.6万千瓦），占1.9%；自备电厂5座，装机98.9万千瓦，未纳入规模统计。

2019年年末四川电网调度口径发电设备总体情况表

表 3　　　　单位：台、万千瓦

	火电		水电		风电		光伏	
	台数	容量	台数	容量	台数	容量	台数	容量
国调	—	—	35	2310	—	—	—	—
网调	—	—	6	330	—	—	—	—
直调	96	1228.0	761	4192.7	27	324.7	47	169.0
地县调	40	18.8	5368	676.9	—	—	27	10.6
总计	136	1246.8	6170	7509.6	27	324.7	74	179.6
	1000/750千伏		500千伏		220千伏		110千伏及以下	
	台数	容量	台数	容量	台数	容量	台数	容量
国调	—	—	35	2310	—	—	—	—
网调	—	—	6	330	—	—	—	—
直调	—	—	76	2285.6	397	2871.1	458	757.7
地县调	—	—	—	—	—	—	5435	706.3
总计	—	—	117	4925.6	397	2871.1	5893	1464.0

【统调统分电力】1.发电可调容量。省调机组日最大发电出力4194万千瓦，同比增加526万千瓦，增幅14.3%；日最大上网电量8.24亿千瓦时，同比增加0.88亿千瓦时，增幅12.0%，均发生在8月26日。2.发电设备利用小时数。省调机组平均发电利用小时数为3456小时，同比增加161小时。其中，水电为3662小时，同比增加122小时；火电为3170小时，同比增加349小时；风电为2632小时，同比增加134小时；光伏为1653小时，同比增加140小时。

【电网负荷】2019年，四川电网用电电力、电量均创历史新高。四川电网调度口径最大发受电电力4504.1万千瓦，同比增加384.9万千瓦，增幅9.3%，日最大发受电电量8.98亿千瓦时，同比增加0.66亿千瓦时，增幅8.0%，均发生在8月26日。统调口径日最高网供用电负荷4154.3万千瓦，同比增加453.7万千瓦，增幅12.3%。日最大网供用电量7.71亿千瓦时，同比增加0.65亿千瓦时，增幅9.2%，均发生在8月26日。

调度口径最大发电峰谷差2244万千瓦，同比减少338万千瓦，降幅13.1%，发生在1月14日；调度口径最大发受电峰谷差1693万千瓦，同比增加95万千瓦，增幅5.9%，发生在8月26日。

【电网频率】1.频率质量情况。2019 年，四川电网频率质量继续保持高水平，全网无50±0.2 赫兹越限情况，频率合格率为100%。2019年6月19日，西南电网与华中电网正式异步运行，四川电网频率控制难度增大，保证频率稳定成为四川电网调控运行难点之一。四川电网最大偏差频率为49.87赫兹，发生在5月6日15：17。出现该次频率偏差的原因为5月6日重庆500千伏张家坝站500千伏双母线跳闸导致西南电网与华中电网异步运行，频率大幅波动。

2.提高电网频率质量采取的措施。四川电网异步运行后，电网运行特点变化较大，电力电量平衡难度增加。为进一步提高电网频率质量，主要措施如下：

（1）加强 AGC 系统运行管理。针对西南异步运行后电网新特点和频率稳定对 AGC 系统运行的重要依赖，采取包括修改 AGC 系统主要参数、调整 AGC 系统各电厂响应速率、优化自动避开 AGC 电厂振动区功能、新增 AGC 系统电厂调节带宽模式、扩大投入电厂等各种手段，进一步提高AGC系统运行稳定性。同时，开展 AGC 辅助服务市场建设、测试及试运行，为 AGC 辅助服务市场正式运行做好准备。

（2）加强负荷预测、预留足够备用容量。提早预测负荷趋势、熟悉联络线变化，提前判断高峰备用情况，及时调整开机规模和调整非 AGC 电厂出力，预留足够备用容量。同时，充分利用网间电力通道的输送能力，开展网间电力电量支援和交易，进一步提高省内电力电量平衡水平；完善有序用电方案和拉闸限电序位表，为负荷管控做好准备。

（3）加强风险管控和事故处理能力。针对西南异步运行后电网新特性和风险进行梳理分析，严格执行电网运行各类控制措施，制定针对性事故预案。对网内主要电厂现场宣贯异步运行后的电网特性、频率稳定新问题和 AGC 系统运行相应要求，强化运行管控，提高四川电网对区内、区外故障抵御能力，减轻对频率的影响程度。

（4）开发利用各种预警手段。开发完善 D5000 智能告警系统、综合智能分析与告警系统等辅助手段，对系统频率、联络线 CPS 值、重要断面情况、系统上下旋转备用、AGC 系统及投入电厂运行状态、机组调速器模式等进行实时监督，为值班调控员提供语音和弹窗告警，以便辅助掌握电网实时运行状态。

（5）加快推进一次调频考核分析系统改造。针对水电机组一次调频与监控/AGC 配合不协调问题，深入摸排 98 座主力水电厂实际情况，参与制定解决方案，为后续组织电厂整改打下基础。加快推进一次调频考核分析系统改造，满足新版华中能监“两个细则”考核要求，完善统计分析和可视化展示功能，提升技术支撑手段与管理水平。

【无功补偿】2019年，四川电网500～220千伏主网电压监测考核点的电压合格率为100%，继续保持历史最高水平。220千伏及以上母线电压实际运行情况见表4。

2019 年，四川电网 500 千伏系统最高电压为541.1千伏，2019年11月17日发生在九龙变电站，主要原因是夜间轻负荷时段水电通道末端线路充电功率过剩导致母线运行电压偏高；500 千伏最低电压为 517.1 千伏，11 月 15 日发生在巴中站，主要是受巴中站主变额定电压限制，亭子口电厂需进相运行来维持该站母线电压靠下限运行。

2019 年，四川电网 220 千伏最高电压为 239.9 千伏，2019 年 10 月 14 日发生在塘坎街变电站，因成都城区变电站夜间轻负荷时段电缆线路充电无功过剩导致母线运行电压偏高；220 千伏最低电压为 220.0 千伏，11 月 2 日发生在甘孜站，因甘孜站需长期投入较多电抗器补偿线路充电无功，导致母线运行电压较低。

220 千伏及以上母线电压实际运行情况表

表 4 单位：千伏

	最高电压			最低电压		
	数值	发生站点	发生时间	数值	发生站点	发生时间
500 千伏母线	541.1	九龙	11 月 17 日 04：10	517.1	巴中	11 月 15 日 11：05
220 千伏母线	239.9	塘坎街	10 月 14 日 4：55	220.0	甘孜	11 月 02 日 11：10

【电厂信息接入】2019年，继续推进并网发电机组AGC接入试验，大幅提升了AGC调节容量。截至2019年年底，新增AGC机组867.5兆瓦，其中水电138兆瓦，新接入水电站1座，新能源729.5兆瓦，新接入新能源电站13座。具体见下表：

2019 年水电厂 AGC 新接入情况表

表 5

序号	水电厂	容量/兆瓦
1	固滴	138
总计/兆瓦	138	

2019 年新能源电厂 AGC 新接入情况表

表 6

序号	风电	容量	光伏	容量
1	黄茅埂	150	补约	30
2	赛果乐	100	若先	20
3	铁达	107.5	惠金	30
4	漫天岭	102	公达	20
5	摇铃	100	三关桥	20
6			八角硐	20
7			阿拉学	10
8			昌盛	20
总计/兆瓦	559.5		170	
	729.5			

完成备调系统 AGC 运维工作，与主调同步完成电厂 AGC 接入，为四川电网 2019 年主、备调系统切换演练工作的顺利完成提供了坚强的技术保障。

【电网技术装备】随着“云、大、物、移”等新技术的快速应用和电力监控系统安全防护要求的提高，电网二次系统建设和更新力度大大加强。一方面，新一代调度控制系统、调度数据网和安全防护系统完善建设进度加快；另一方面，仍有大量的老旧变电站综合改造、设备更换等问题亟待解决。2019年，四川省调自动化重点开展电力监控系统网络安全专项整治，省调智能电网调度控制系统功能完善、四川省级调控云建设、主配一体化系统应用功能实用化和云端OMS系统建设等工作，电网二次技术装备功能不断完善、各项指标稳步提升。

【川电外送和外购电量】2019年，四川外购电量为257.64亿千瓦时，同比增长11.05%。其中，留川电量203.19亿千瓦时，同比增加1.16%；省间外购电量54.45亿千瓦时，同比增加74.83%。其中，四川购西北49.64亿千瓦时，同比增加65.3%。四川全口径外送电量1323.89亿千瓦时，同比减少0.70%。其中，国网四川省电力公司外送304.36亿千瓦时，同比减少4.63%。在北京电力交易中心的大力支持下，持续开展灵绍、祁韶、吉泉等新路径“绕道”外送，省内新能源实现全额消纳、调峰弃水电量连续3年同比下降。

2019 年外购外送电量构成情况表

表 7　　　　（单位：亿千瓦时）

序号	项目	2019 年	同比	同比增幅
1	购西北（德宝）	49.64	19.62	65.3%
2	购华中	0.00	0.00	—
3	购重庆（川渝偏差）	0.20	0.04	25.7%
4	购甘肃	3.39	2.51	287.0%
5	购锦官	142.50	0.36	0.3%
6	购向家坝	44.03	3.13	7.6%
7	购溪洛渡	16.65	-1.16	-6.5%
8	购西藏	1.23	1.14	1321.2%
一	**公司外购合计**	**257.64**	**25.64**	**11.1%**
1	川电东送	17.39	1.21	7.5%
2	送华东（复奉）	13.64	0.93	7.3%
3	送华东（锦苏）	46.49	-5.89	-11.2%
4	送华东（宾金）	53.38	15.72	41.8%
5	送华东（德宝）	16.95	-18.40	-52.0%
6	送华东（川渝）	0.00	-1.89	-100.0%
7	送华北	12.46	-17.73	-58.7%
8	送西北	26.47	2.79	11.8%
9	送华中	58.58	6.44	12.4%
10	送重庆（千瓦时）	9.00	0.00	0.0%
11	送重庆（计划外含偏差）	47.26	-0.48	-1.0%
12	送西藏	1.05	0.82	373.7%
13	送贵州	1.70	1.70	—
二	**公司外送合计**	**304.36**	**-14.77**	**-4.63%**
1	二滩送重庆	43.26	-0.05	-0.1%
2	锦官送重庆	99.83	-0.63	-0.6%
3	锦官送江苏	315.32	5.94	1.9%
4	向家坝送上海	290.36	3.16	1.1%
5	溪洛渡送浙江	270.39	-3.38	-1.2%
6	溪洛渡送重庆	0.36	0.36	—
三	**全口径外送**	**1323.89**	**-9.36**	**-0.70%**

【电力市场建设情况】2019年，四川电力体制改革继续深入开展，计划处牵头配合推进电力体制改革，紧跟改革步伐，积极投入电力市场建设和运营。

一是配合编制和落实电改相关文件。在国网四川省电力公司统一部署下，配合四川省经信委出台《关于印发 2019 年全省电力电量平衡方案及节能调度电力生产计划的通知》，有序推动有序放开发用电工作，满足电力生产供应要求。配合四川能源监管办编制《2019 年四川电力交易指导意见》等，提出合理化建议，进一步完善电力中长期市场运营规则。

二是开展四川电力中长期市场运营。在四川省经信委、四川能监办领导下，紧密结合四川实际和电网调度运行规律，严格按照规则开展市场运营。通过各方努力，在确保省内电力正常供应的同时，枯水期 1—4 月和平水期 5 月实现水电不弃水，平水期 6 月尽量推迟弃水时间，丰水期各水电厂偏差控制在规定范围以内，确保 “三公”调度原则的贯彻和电力市场平稳运营。

三是形成较为完善的市场规则体系。按照国家电网有限公司要求，在四川省经信厅指导下，通过广泛收资、专题调研、对比分析、集中研讨等形式，充分吸取国内外经验，深入研究、反复论证，至 2019 年 6 月，形成一个包括一个建设方案和四个实施细则的“1+4”规则体系，为现货市场建设及试运行提供坚实的政策依据。

四是创新电力现货市场技术支持系统建设。高质量建成符合四川源网特点的技术支持系统，创新研发了考虑水力—电力耦合约束联合出清的模型和算法，确保电力市场高效出清、清洁能源充分利用。

五是按期完成试点建设阶段目标。根据国家发改委能源局的统一部署，按期完成各项建设任务，于 2019 年 6 月 20 日启动现货市场模拟试运行，并在 9 月 26—30 日和 10 月 29—30 日开展两次连续模拟结算试运行，实现了运营机构、市场主体全流程演练，为现货相关规则和技术支持系统的完善积累了宝贵经验，为 2020 年连续结算试运行夯实了基础。

【继电保护管理】2019年，继电保护及安全自动装置作为电网安全防线对电网的安全稳定运行起到了显著作用。全网220千伏及以上系统保护装置共动作2289次，正确动作2289次，不正确动作0次，正确动作率为100%；220千伏及以上系统一次设备共发生故障303次，快速保护动作切除故障303次，快速切除率为100%。故障录波完好率为100%。没有因为继电保护原因造成电网稳定破坏或大面积停电事故，为电网安全稳定运行和设备安全做出了贡献。

四川省调积极推动继电保护设备技改、大修等项目的落实，全网继电保护装备水平得到明显提升。截至2019年年底，四川电网220千伏及以上线路保护光纤化率达到98.06%，保护装置国产化率为99.73%，微机化率为100%，220千伏及以上线路保护、母线保护、变压器保护等双重化率均为100%。截至2019年年底，四川电网共有110千伏及以上电压等级智能变电站234座。

2019年，四川省调共下达定值启用通知单440张，整定并下达定值单1472套，完成各项保护定值整定任务，未发生误整定事故。完成《2019年度四川220千伏及500千伏电力系统继电保护整定方案和调度运行说明》的编制、审核和印发工作。3—5月，开展并完成全网继电保护定值核对工作，确保了电网迎峰度夏前的保护定值四统一。为应对电网特性变化和交直流保护控制协调矛盾突出问题，全面变革四川主网继电保护配合整定原则，7月，全面完成220千伏及以上电网的后备保护定值优化调整，主网继电保护配合情况得到明显优化，突发故障情况下电网保供电水平显著提升。9月，省地县一体化整定计算系统建设成果通过国网专家组实用化验收，省、地调继电保护整定参数、模型、定值均已实现互联互通，继电保护整定计算管理水平。

在国调中心统一部署下，开展四川电网继电保护和安全自动装置“排雷”专项行动，继续开展电网“三道防线”专项核查问题的整改工作。随着西南异步联网运行，电网运行特性发生根本性变化，“排雷”专项活动是针对电网“三道防线”存在风险采取的重要举措，也是2019年四川电网继电保护专业管理贯穿全年的重点工作。

深化开展继电保护精益化管理，切实提升继电保护运维质量。严把新建工程入网投运关口，确保220千伏及以上新建投产变电站均达到继电保护精益化标准；树立精益化运维标杆旗帜，在2018年打造19座精益化管理红旗变电站的基础上，2019年又集中力量打造20座精益化管理红旗变电站，逐年稳步提升在运变电站运维水平。

重点提升安控装置管理，确保重点工程顺利投运，保障异步联网运行安全。将安控装置纳入继电保护专业管理范畴，开展安控装置配置设计、判据逻辑、建设实施、调试检验、运行评价的全过程管理，积极参与西南电网交直流协控系统建设，深度参与前期规划和安控方案制定，全面组织设计联络和出厂验收，开展安控联调方案、调度方案、调度保障方案和现场作业方案“四维体系”管理，发布继电保护现场作业风险预警，赴现场开展指挥和安全督导工作，确保西南协控顺利投运。已投运的交直流协控系统在4月4日德宝双极停运和5月6日重庆张家坝事件过程中均正确动作，为四川电网乃至西南电网异步运行的安全稳定提供了坚强保障，为此，四川省调牵头建管公司、四川送变电和省检修公司获国网四川省电力公司安全生产特殊贡献奖。此外，2019年内，先后组织完成川藏联网安控系统、川电东送安控系统的升级改造和联调工作，组织完成茂县、东坡、康定、雅安安控升级改造及与交直流主站、总站的联调工作，涉及500千伏变电站27座、水电站8座、220千伏变电站4座，四川电网安全运行基础得到进一步夯实。

全面加强换流站直流保护专业管理，全力保障三大特高压换流站属地化工作。将三大特高压换流站直流保护纳入四川继电保护专业管理范畴，建立、健全直流保护专业管理体系，通过组织复龙站BCP保护主机状态丢失导致双极功率慢降异常、锦屏站交流滤波器外部TDM通信故障隐患、三大特高压换流站故障录波缺陷等事件的分析和缺陷排查，全面梳理四川直流保护专业管理体系，保障属地化运维的顺利进行。加强相关系统建设，完善OMS二次设备库，在省调接入三大换流站保护故障信息。加强重点工作全过程管控，全力支撑国调的直流相关重点任务。全过程参与三大特高压换流站属地化后的首次年度检修工作，审查年度检修方案，审批软件升级流程，参与现场技术监督和专业管理，保障三大特高压换流站属地化年检工作的开展。

率先开展5G配网差动保护试点工作。国网四川省电力公司以继电保护的“四性”为指导思想，以配网保护中存在的各类问题为导向，综合考虑各类配网保护的经济性和可靠性，在国网眉山供电公司推进试点了基于5G通信的配网差动保护。该试点项目于2019年12月30日在眉山东坡岛投入运行，这标志着国内首套5G配网差动保护投入运行。

常态化开展继电保护及安全自动装置缺陷整改管理工作，全面实现“一厂站两清单”“一隐患一档案”缺陷线上管控流程，继电保护及安控装置反措问题和家族性缺陷排查整治机制日趋完善，并有效减轻基层单位重复排查负担。2019年新增3项家族性缺陷后，截至年底，累计排查51项家族性缺陷涉及7894套缺陷装置，已完成4556套装置整改，其余3338套装置的整改情况均上线管控，确保排查整改不漏项。

常态化实施继电保护和安全自动装置现场高风险作业预警管控，全过程严控继电保护人员责任风险。截至年底，共发布现场高风险作业预警6次。开展作业过程现场督导，确保不发生因继电保护现场工作造成的五级及以上电网事件和继电保护“三误”责任事件。持续推广继电保护远方操作，2019年，63座变电站实现了保护远方操作，保护远方操作覆盖率逐年提升。

开展继电保护专业培训，备战国家电网有限公司专业竞赛。为落实“大培训、大比武、大提升”活动要求，培养一支“十讲十增强”高素质员工队伍，备战国网公司专业竞赛，国网四川省电力公司举办了2019年继电保护专业知识及技能竞赛。该次竞赛首次将继电保护整定计算纳入竞赛，共有来自27家单位的152名选手参赛，参赛人数规模创历史之最。省调组织各单位在赛前编制了7000道题的题库，并在公司网络大学发布，要求全体专业人员学习。同时，国网四川省电力公司还组织了多期竞赛集训班，取得了国网公司继电保护专业竞赛优秀组织奖的成绩。

【水库调度及新能源管理】1.水库优化调度促进水电增发减弃，清洁能源消纳成效显著。渝鄂直流背靠背联网工程投运后，各大水电通道送电能力得到有效释放，加之省内用电保持适当增速，为2019年丰水期水电增发减弃创造了良好条件。中心各专业通力协作，密切跟踪重要气象信息，提高水情预测精度，深挖水库调蓄和火电减发潜力，发挥电网输电潜力，争取跨区备用互济，实施跨区现货交易，外送通道输送能力得到最大限度发挥。汛前组织召开“四川电网清洁能源技术发展论坛暨主要流域2019年气象水情会商会”，邀请电力、气象、水利、水文行业主管部门及发电企业共商技术交流、探讨行业合作，会商消纳趋势，促进了源网间协同配合，推动了电力、气象、水文多行业间互通，打造了研、学、产、用全产业链合作的新模式。

汛前枯末，全网水库蓄能仅2.7亿千瓦时，为近4年来最低水位。弃水连续3年下降，通过“一升、二拓、三优”（水电通道输送能力大幅提升，外送市场、交易品种不断拓展，水电运行、火电开机、外送方式持续优化），弃水连续3年下降，截至11月9日，全网累计调峰弃水92.23亿千瓦时，同比减少29.35亿千瓦时，降幅24.1%；全网累计装机弃水228.06亿千瓦时，同比减少155.56亿千瓦时，降幅40.6%。其中，网架受阻弃水电量100.34亿千瓦时，同比减少127.12亿千瓦时，降幅55.9%。

2.持续推进新能源技术支撑建设，完善规范制度，增强软实力。通过狠抓技术支撑建设，强化网源端电厂信息数据规范化同质化管理，持续深入开展数据质量提升，发挥技术厂家和科研院所技术优势，研究制定资源监测数据的横向、纵向校验逻辑规则，实现所有并网清洁能源电站水情、风速、光照等资源数据及运行数据的实时可观、可测，源网间数据交互共享的质量和范围不断提升。研发四川电网清洁能源运行监视及协调调度辅助决策系统，通过挖掘和展示水风光资源及发电的预测、实测数据、电网断面实际数据，提出基于清洁能源富集地区的多重嵌套断面越限预警和源网荷调整模型，主站功率预测准确率同比提升 16%，完成年度新能源全额消纳目标。全年共消纳新能源电量 96 亿千瓦时，同比增加 25.8%，其中风电 69.8 亿千瓦时，同比增加 26.3%；光伏 26.2 亿千瓦时，同比增加 24.5%。

试点先行、稳妥推进四川新能源集控中心建设。针对发电企业建立集控中心的诉求，主动应对主动作为，将规范集控中心建设标准与提升发电企业管理水平结合起来，创新编制《四川电网风电集控中心调度管理规范》，建立了一套涵盖集控中心建设、运行、管理、评价的完整体系，促进网源共赢、共发展。积极配合政府部门开展新能源《两个细则》修编，依托华中能监部门、四川能监部门对考核细则修编的契机，积极推动新能源电站并网友好性进一步提升，新能源电站一次调频功能要求，理论功率考核要求增补入新修编的考核细则，同时推动考核计算方法的改进，缩短新能源电站考核电量结算周期，为下一步新能源规范化发展提供了政策依据。

【设备监控管理】1. 深化监控大数据应用。基于大数据提炼的告警频度排名前十的各类设备，遵循“产生原因、排查响应、解决效果、闭环反馈”四个层次，按照“人员行为、设备水平、管理机制”三个维度，按周剖析、按月通报电网隐藏问题，累计发现问题点236个，闭环解决189个，大幅提升设备监控管控水平；基于大数据开展全网隐患监测，形成服务于专项整治的专题报告11篇；首度开展基于设备监控大数据的年度运行分析报告的编写。

2. 稳步有序推进调控远方操作。印发《国网四川省电力公司负荷批量控制管理规定》，建立负荷批量控制管理机制；将负荷批量控制纳入迎峰度夏、度冬应急预案并建立常态演练机制，邀请国调中心及 6 家省（区、市）调至摩南充公司现场观摩，全国首创基于负荷批量控制技术的小电流接地故障智能切除和无功返送批量控制两项应用获得国网肯定；以德阳等 7 个供电公司为试点开展刀闸远方操作，以成都等 14 家供电公司为试点开展远方顺控操作，以国网德阳供电公司为试点开展调控主站开关远方操作视频联动模块的研究部署。

3. 推进变电站辅助设施监视职责优化调整。按照四川电力有关专业议定的业务分流原则（川电运检〔2017〕95 号），试点开展 46 座 500 千伏和 2 座 220 千伏变电站集中监控与运维单位监控信息的分流采集和协同监视，另有 5 座 500 千伏和 27 座 220 千伏变电站已在进行站端改造；借鉴站用交直流和通信电源监控信息业务分流成效，筹备开展全省变电站安消防、工业视频、动环系统等辅助类监视信息的业务分流，确保监控与运维单位负责的监视信息互有重点、互为补充。

【电网变化大事记】2019年，四川电网500～220千伏主网电压监测考核点的电压合格率为100%。220千伏及以上母线电压实际运行情况见表8。

2019 年，四川电网 500 千伏系统最高电压为 541.1 千伏，2019 年 11 月 17 日发生在九龙变电站，主要原因是夜间轻负荷时段水电通道末端线路充电功率过剩导致母线运行电压偏高；500 千伏最低电压为 517.1 千伏，11 月 15 日发生在巴中站，主要是受巴中站主变额定电压限制，亭子口电厂需进相运行来维持该站母线电压靠下限运行。

2019 年，四川电网 220 千伏最高电压为 239.9 千伏，2019 年 10 月 14 日发生在塘坎街变电站，因成都城区变电站夜间轻负荷时段电缆线路充电无功过剩导致母线运行电压偏高；220 千伏最低电压为 220.0 千伏，11 月 2 日发生在甘孜站，因甘孜站需长期投入较多电抗器补偿线路充电无功，导致母线运行电压较低。

220 千伏及以上母线电压实际运行情况表

表 8　　单位：千伏

	最高电压			最低电压		
	数值	发生站点	发生时间	数值	发生站点	发生时间
500 千伏母线	541.1	九龙	11 月 17 日 04：10	517.1	巴中	11 月 15 日 11：05
220 千伏母线	239.9	塘坎街	10 月 14 日 4：55	220.0	甘孜	11 月 02 日 11：10

电网运行

【运行方式】2019年6月，渝鄂直流背靠背联网工程投产，西南电网正式转入直流异步联网运行。四川电网作为西南电网的主要组成部分和重要枢纽，与华东电网通过锦苏、复奉和宾金特高压直流异步联网运行，与西北电网通过德宝直流异步联网运行，与华中电网通过渝鄂直流异步联网运行。

四川电网与重庆电网通过 500 千伏六回交流联络线同步联网运行，川渝 220 千伏、110 千伏联络线与 500 千伏联络线解环。

四川电网与西藏电网通过 500 千伏川藏联网工程、藏中联网工程联网运行。

四川电网与甘肃电网通过 220 千伏早广线联络，正常运行方式下保持解环运行。

500 千伏纳日变电站尚未接入配套工程，500 千伏纳九线线路及两侧开关间隔，500 千伏纳日变电站站内所有设备全停，配合系统调压和降损。

【电网稳定】西南电网异步联网运行，四川主网稳定运行特性发生根本转变，超低频振荡和频率稳定问题突显；短路电流持续增长成为制约电网发展与运行的首要因素；重点补强工程在提升水电通道输电能力的同时也使500千伏梯格型主网架达到承载极限，断面重载运行、电压调节困难等问题进一步加重；地区电网大负荷集中接入，局部电网供电能力不足，500千伏主变下网能力不足、500/220千伏电磁环网和220千伏线路输电能力不足等问题日益突出，电网安全风险不断增加，对网源荷协调运行管理要求及安全稳定控制系统依赖进一步增强，电网运行控制难度增大，安全稳定运行形势严峻。

【电网存在的主要问题】1. 渝鄂直流联网工程投产，频率越限风险和超低频振荡风险突出。2019 年 6 月 19 日，西南电网正式转入直流联网运行后，四川电网稳定特性发生巨大变化，电网运行进入全新形态，面临全新的风险与挑战：一是电网频率控制难度加大，存在低频或高频的风险。异步联网运行后，西南电网变为独立的频率控制区，转动惯量仅为原西南—华中—华北同步电网的 1/6～1/5，频率维系能力降低，控制难度加大，直流闭锁、机组跳闸、新能源脱网等故障可能导致频率越限，严重情况下可引起低频减载、高频切机反复动作，甚至导致电网崩溃。二是电网水电高占比特性凸显，存在超低频振荡风险。四川电网水电装机占比超过 80%，丰期水电出力占比超过 90%。异步联网运行后，高比例水电的“水锤效应”特性可能激发超低频振荡，导致机组跳闸，甚至引发连锁故障。

2. 部分水电通道送出仍旧受限，川电外送通道能力不足，丰水期水电窝电问题依然存在。2019 年丰水期，随着西南电网转入异步联网运行，西南与华中、华北之间区域电网复杂耦合关系消除，四川水电通道及重要断面输电能力不再受到大电网稳定约束制约，仅受到通道自身稳定和通道近区稳定的两方面约束制约，各大水电通道输电能力得到有效释放。在 500 千伏蜀景第三回线路以及雅安送出加强工程投产后，水电通道送出能力合计提升 640 万千瓦，茂县和雅安通道送出不再受限，康甘和攀西通道送出仍分别受阻约 300 万千瓦和 380 万千瓦，布坡通道受短路电流制约，限制了 60 万千瓦的开机容量。同时，渝鄂直流联网工程投产后，川渝断面输电能力提高了 50 万千瓦，达到 550 万千瓦，直流通道送出能力保持不变。可见，四川的整体通道外送输电能力提升空间小于水电通道释放能力，在平谷负荷时段水电消纳主要矛盾由水电通道送出受阻逐渐变为负荷需求和川电整体外送能力受阻。在负荷高峰时段，为保证电力平衡被迫增开火电机组，在负荷低谷时段燃煤机组不能日启停运行，占用水电发电空间，形成“既弃水又增发火电”的被动局面。

3. 梯格型主网架长期重载运行，难以满足水电大功率外送和负荷可靠用电需求。四川电网已成为全国最大的省级电网。异步联网运行后，水电通道和川渝断面的输电能力大幅提高，对四川主网架的承载能力提出了更高要求，而主网架挖潜措施已基本用尽，无法满足快速增长的负荷用电需求和能力释放后水电通道送电需求，电网“大而不强、大而不优”的瓶颈效应凸显。如不尽快提档升级，形成更强大的电力交换支撑平台，实现合理分层分区运行，则电网发生大面积停电的安全风险将与日俱增。

丰水期时，500 千伏沐叙、天坡、坡彭、山彭等线路满载运行，其载流能力制约水电送出及川西负荷用电；500 千伏尖山站近区线路故障后梯格型主网架被严重削弱，可能激发出川西与攀西机组之间的弱阻尼振荡问题，甚至造成大量机组失去稳定而跳机，最终导致电网崩溃，制约着川西断面外送能力，影响平峰和低谷时段川西水电外送空间的利用与发挥。

枯水期，500 千伏天坡、坡彭、山彭和洪泸等线路长期重载运行，其载流能力制约川西负荷用电和直流留川电力组织能力。在迎峰度冬大负荷期间，可能出现川西地区电力电量平衡偏紧的情况，需采取增开川西火电、增加德宝直流外购电力的措施。若德宝直流大功率南送时发生直流闭锁故障，潮流全面转移至川西断面可能导致断面受电功率超过稳定限额，在川西电网备用容量不足的情况下，川西地区将被迫紧急限电；若坡彭双回、山彭双回等线路发生 N-1 或者 N-2 故障跳闸，川西断面控制限额大幅下降，将进一步加剧矛盾，川西地区有紧急大面积限电的风险。

4. 部分地区电网供电能力逼近极限，威胁供电安全。2019 年 8 月中下旬，全省范围出现两次阶段性晴热高温天气，呈现出负荷同比大幅增长、但持续天数不长的特点。统调全网用电负荷 3 次创新高。成都、南充、泸州、宜宾、遂宁等地区高峰负荷已逼近电网整体供电能力极限，在采取优化运行方式、合理调整电厂出力顶峰、向区外电网倒供负荷等措施后，2019 年度夏期间未采取有序用电措施。但是，在高峰负荷时段，上述地区电网安全裕度极低，且南充地区高度依赖嘉陵江流域水电出力支撑，泸州、宜宾地区高度依赖方山、新平火电机组支撑，一旦发生嘉陵江流域机组大面积停机避峰，或上述地区的重要 500 千伏主变、重要机组故障，电网供电安全难以保障，势必面临紧急控制大量用电负荷的严峻局面，可能构成四级甚至三级电网事件。

同时，迎峰度夏期间，电网合计暴露薄弱点 28 处，其中 500 千伏输供电断面薄弱点 6 处，其中蜀景第三回线投产已消除 1 处；220 千伏输供电断面薄弱点 8 处，均在成都电网；220 千伏主变薄弱点 3 处，其中 2 处在成都电网；110 千伏薄弱点 8 处中有 5 处集中在泸州电网；35 千伏薄弱点 3 处全部集中在乐山电网。与 2018 年迎峰度夏四川电网暴露的薄弱点相比，减少 25 处。上述薄弱点不但构成电网供电瓶颈，而且设备长时间压安全稳定极限运行，电网安全运行承担了较大压力。

5. 电网运行高度依赖安控等二次系统，电网安全整体风险增加。四川电网电源装机规模大，是省内负荷容量的两倍左右，而且电源多集中在偏远的三州地区，形成了逐级串联、接力汇集、远距离输电的六大水电通道，安全稳定问题突出。为提高水电通道外送能力和异步联网运行后系统的频率控制能力，在四川电网各大水电通道部署了复杂的安全稳定控制措施，导致安控系统庞大，连接设备多、分布广、策略复杂，对通信网的可靠性也提出更高要求。安控执行站广泛分布在电源侧，若电源侧管理不善，电网整体风险显著增加。一旦发生两条直流同时闭锁且安控拒动等严重故障，将带来稳定破坏的严重后果。

6. 短路电流超标问题日益突出，严重影响电网运行控制。随着雅安送出加强工程和电源陆续投产，东坡、尖山、复龙、宜宾等站短路电流已逼近甚至超过断路器遮断容量，严重威胁电网安全运行。目前，只能采取临时运行措施以降低短路电流，但这对电网运行控制或发电能力组织造成不利影响。以抑制东坡三相短路电流不超标为例，若采取 500 千伏布坡三、四线与坡资一、二线在东坡站出串运行的措施，将大幅削弱主网架结构，极大降低主网稳定水平，川西断面输电能力将下降 360 万千瓦（约 46%），对平谷时段川西水电外送和高峰时段川西负荷供应都将造成极大约束；若采取限制东坡站近区机组开机的措施，需要限制瀑布沟通道开机至少 60 万千瓦，同样降低了全川整体发电水平和电力供应保障能力。

7. 水电汇集变电站的母线电压偏低问题愈发严峻。西南异步运行后，随着水电通道能力的释放，在提高水电消纳能力的同时，因输电线路有功潮流增大，无功损耗变大，长线路、远距离、重负荷水电送出特性导致丰水期四川 500 千伏电网电压偏低的情况越来越严峻，电网安全裕度越来越低。尤其是洪沟站、蜀州站、雅安站，随着攀西、康甘水电通道能力进一步释放，500 千伏母线电压会更加降低。2019 年丰水期时，在近区调压手段用尽的情况下，洪沟站 500 千伏母线电压在负荷高峰时段电压仍然越下限运行。

在实际运行中，采用主变调档改变无功分布提升 500 千伏电网电压水平，但改变分接头位置是调节地区间、电压层间和变电站间的无功潮流，借以改变无功出力和无功损耗，但这一措施并没有就地调节无功电源出力，会引起不合理的无功流动和增加有功网损。500 千伏主变档位调高后，低压侧母线的电压随着电容器组的投入也随之升高，导致电容器过压保护跳闸。因电容器的过压约束，导致配置的低压侧电容无法全部投入。这个问题，在洪沟站、内江站、资阳站、叙府站、蜀州站、尖山站均已出现，负荷高峰时段500千伏电压偏低需投入低压电容器，而低压侧电压偏高导致无功补偿装置过压保护跳闸。500千伏电网运行电压偏低而低压侧电压偏高导致低压电容器无法投入的矛盾越来越突出。

电网通信自动化

【通信概况】国网四川电力通信系统分为传输网、业务网和支撑网。截至2019年12月，全省各类通信设备共17020台，位居全国第六。传输网方面，全省光缆共91664.6千米，在国网27家省公司中位居第二。其中，OPGW光缆49332.5千米，ADSS光缆36042.1千米，普通光缆4582.6千米，其他类型光缆1707.4千米。全省全资35千伏及以上变电站光纤覆盖率为94.66%，其中220千伏及以上变电站双光纤覆盖率为100%。按照省、地分级建设原则，建成省级光传输网（A平面为SDH网络、B平面为OTN网络）和22个地市SDH光传输网，共覆盖通信站点4045个，包括35千伏及以上变电站3174个，地市公司22个，直调电厂637个，其他站点（含县公司和独立通信站）212个。业务网方面，全省通信业务总量20909条，位居全国第六。实现所有35千伏及以上变电站专网和公网调度电话100%全覆盖；建成覆盖全省绝大部分全资35千伏及以上变电站、供电所/营业厅的数据通信网；建成省地两级统一组网、县级以上管理单位100%全覆盖、全部1080P制式的高清视频会议系统；建成以卫星通信为主、短波等其他多种通信方式结合的机动应急通信系统，正在配合国网公司开展机动应急通信系统优化整合工作，完成后国网四川省电力公司将作为国网备用卫星中心站所在地。支撑网方面，基本实现全省35千伏及以上变电站通信电源必要告警信号接入各级调控中心集中监控；已建成覆盖全省各地市的频率同步网；已实现全省全资35千伏及以上变电站、供电所/营业厅视频监控100%全覆盖。

1.完成通信管理职能调整。按照国家电网有限公司机构设置优化调整工作要求，国网四川省电力公司基于电力通信保障大电网安全和支撑智能电网建设的职能管理需要，将通信专业管理职能划转至省、地电力调度控制中心。省调编制并印发《国网四川省电力公司关于进一步明确各级通信专业工作职责的通知》（川电调控〔2019〕127号），明确了省地调控中心、运维单位和支撑单位的工作职责，为全面提升全省通信专业管理水平、指导公司通信网健康发展奠定了基础。

9月17日，阿里与藏中电网联网工程开工动员大会在西藏拉萨召开，图为四川电力（信通运检）共产党员服务队参加大会

2.推进通信网络优化改造。在详细分析核心站点老化/重载设备风险、系统资源瓶颈可能造成的设备及电网安全运行事件基础上，兼顾投资经济性和实施可操作性，省调统筹制定了"保命""健全""健康"三年三步走的省级骨干光传输网优化改造方案，其中第一步项目已进入实施阶段，第二、三步独立二次项目已通过总部评审。此外，在充分考虑不同区域电网发展水平和业务需求差异的基础上，省调组织各单位分轻重缓急开展地市光传输网优化改

造。3家单位项目已完成建设，9家单位项目已进入实施阶段，10家单位项目已完成国网四川省电力公司内审。

3.支撑电网安全平稳运行。一是开展常态化保护、安控等重要生产业务通信通道抗风险能力评估、运行质量分析和运行方式优化，针对重要输电线路及重要断面的377条生产业务，逐条制定应急迂回处置方案，并利用输电线路停电窗口，组织开展通道切换验证。二是做好通信运维保障，省级通信网共下达并执行省级通信运行方式单724张，执行省网系统内通信检修工作票780张，完成三大直流大功率运行及西南电网异步运行通信保障，保障国网及省公司电视会议623场次、电话会议198场次、本地会议1718场次。三是持续提升服务支撑水平，完成阿里与藏中电网联网工程开工动员大会、全省第四季度重大项目集中开工仪式、四川省大面积停电事件联合演练、国/分/省调迎峰度夏联合反事故演习等重大活动通信技术保障，常态化开展应急通信系统实操演练，在“6·17”长宁地震、“8·20”阿坝暴雨地质灾害等抢险救灾中提供了应急通信支撑。

4.深化通信系统隐患治理。一是推进ADSS光缆“三跨”隐患治理，与铁路、高速公路等外部单位建立联动机制，采取“一路四方”协调会等方式合力推进整改实施，全省40处“跨高铁”隐患已全部完成整改，503处“跨高速公路”隐患已整改完成204处。二是开展通信系统电气火灾治理专项行动，组织各单位全面排查清理变电站通信机房、设施设备、通信光缆沟道及竖井的火灾隐患，严格落实防火措施和隐患整改闭环管理。三是推进500千伏变电站光缆沟道隐患整治，按照“沟道N-1”容灾管理要求，完成全部500千伏站点光缆沟道路由图绘制及运行方式清理，梳理出不能共沟敷设的光缆共61条次，逐一制定了整改计划，治理项目均已列入2020年生产技改预安排计划。

5.狠抓项目管控质效。参与“白鹤滩—江苏±800千伏特高压直流工程”“雅中—江西±800千伏特高压直流工程”，以及白鹤滩左岸、右岸换流站500千伏配套工程的评审，牵头推进500千伏榄普一线OPGW光缆新增改造，消除攀西片区500千伏线路光缆未成环运行风险和光缆纤芯瓶颈。作为“国网信通大容量骨干光传输网扩容改造”“国网信通省际通信网西北西南区域SDH网络互联优化改造”“西南备调配套光传输系统建设工程”总分部项目的现场管理单位，积极协调设计、施工、运行和项目单位，开展项目的全过程进度管理和质量管控，保障项目高效、有序、安全进行。

6.积极开展“规章制度督导年”活动。编制国家能源局《2018年版电力建设工程概预算定额和费用计算规定》，牵头开展技术部分框架搭建、子目修编，配合技经人员完成子目费用测算、定额计价等工作，为电力建设工程配套信息、通信项目计经取费提供了完整、科学的依据。牵头编制国网公司企业标准《机动应急通信系统运行维护规程》，参与编制《电力通信机房动力环境监控系统技术规范》《电力通信基础数据统计分析规范》《国家电网有限公司通信调度管理办法》《通信专业备品备件管理研究工作报告》，完成修订《国网公司通信电源技术、验收及运行维护规程》《国网四川电力通信系统突发事件应急处置预案》。

【自动化概况】2019年，四川省调自动化紧密围绕调控安全生产需求，以平稳运行、安全生产为核心，以自动化数据合格率、站端自动化设备缺陷处置率和月度运行情况通报为抓手，督促各基层单位加强自动化系统精细化运行管理，严格执行月度运行分析制度，国网同业对标指标居国家电网有限公司A段。

开展电力监控系统网络安全专项整治，健全安全防护体系。一是积极提升网络安全工作标准化水平；二是开展并网电厂监控系统涉网安全防护专项检查暨渗透抽查工作，督促并网电厂问题整改闭环；三是持续开展安全防护技术手段补充建设工作，涵盖网络安全管理平台建设、厂站网络安全监测装置部署等重点项目，在地市实现运维操作审计功能；四是开展“省地调一体化自动化、网安联合”7×24小时运行值班，实现网络空间的实时监控和闭环管理，加强网络安全运行指标管理；五是大力开展电力监控系统网络安全“排雷”专项行动，提升电力监控系统网络安全防护水平；六是积极开展应急演练，建立省级渗透测试队伍，完成2019年各类重大活动保电任务。

不断完善调度控制系统功能，提升技术支撑能力。一是加强省调和电厂侧AGC功能管理，按照国网分调要求完成四川电网AGC功能适应性调整；二是完善综合智能告警判据，拓展告警数据源，新增监控信息、直流换相失败、直流再启动等告警信号；三是推进电网故障处置预案、保电方案结构化建设，基于结构化数据推进D5000系统一区流程建设。

持续开展基础数据整治，提升电网运行数据质量。一是督促国网四川检修公司、各地市公司加快老旧设备改造工作，更换一批因设备原因导致上送数据质量不合格的站端自动化设备；二是加强自动化装置缺陷管理；三是开展并网电厂机组实时数据准确性排查，结合多种技术手段，督促并网电厂整改因大数据负荷导致的机组数据异常上送等问题。

按照国调中心统一部署，开展四川省地调控云系统建设。一是优化基于虚拟化技术的云计算资源、云存储，建设大数据平台、实时数据平台；二是基于调控云在全川地调推进配网模型结构化设计接入，完成配网设备云端汇集，实现调控云调管范围全覆盖；三是基于调控云持续推进自动化设备库整治，并基于自动化设备台账库完成各级网管、网络安全管理平台等系统的台账统一；四是开展全流域水电拓扑建模工作，全面打通流域—河流—水库—水电厂—电网模型。结合水情信息优化水库模型，评估水电厂未来可发电能力，将电力约束与水力约束同步纳入安全校核，助力清洁能源消纳。依托图数据库技术，绘制出全面覆盖发—输—变—配—用的电网一张图与水系一张图。

持续推进主配一体化系统应用功能实用化。一是深化主配一体化系统功能应用，优化小电流接地选线策略和主配网在线解合环校验机制；二是继续推进主配一体化功能试点建设，试点完成供电能力分析、配网状态估计、输配协同潮流计算、主配一体电压协同优化等功能建设；三是共享营配调贯通成果。

全面开展自动化精益化评价工作，提升专业管理水平。一是在管理规定和标准规程要求的基础上，结合实际工作，修订、完善自动化专业精益化管理评价细则，增强了评价工作的可操作性；二是通过专项培训，初步形成自动化精益化评价专家库，充实了专业骨干队伍；三是稳步推进全川自动化精益化评价工作；四是总结精益化评价成果，提炼典型经验，在全川进行发布、推广，全面提升自动化专业管理能力。

研究电网、设备及监控特性规律，探索监控“事件化”，功能建设初见成效。一是开展监控信息事件化归并，完成典型监控信息标准化建模及数据匹配；二是实现监控事件处置流程规范化；三是提升了监控工作的智能化水平；四是做好试点应用和推广部署。

结合调控业务特点，不断探索新技术应用场景。一是进一步开拓图计算在电力系统的应用场景，深入挖掘图计算、图数据库在状态估计、潮流计算、静态安全分析方面的计算潜力；二是基于图数据库开展“电网一张图”建设，探索供电路径追踪，为后续开展“能源一张图”等应用提供技术基础。

【通信系统建设】通信站点建设方面，2019 年，随电网基建配套工程建设，四川电力通信网新投通信站点 24 个，其中 500 千伏通信站点 2 个、220 千伏通信站点 8 个、并网电厂通信站点 13 个、其他站点 1 个。通信设备设施方面，四川省级通信网新增设备 41 台套，较 2018 年度增长 3.64%；光缆新增 0.12 万千米，较 2018 年度增长 2.97% 。卫星通信系统方面，2019 年，国网四川省电力公司卫星中心站进行了优化升级和安全加密改造，涉及卫星中心站及系统所辖全部卫星远端站。通信电源方面，2019 年，国网四川省电力公司所辖 220 千伏及以上站点共新增独立通信电源 15 套，涉及 2 个 500 千伏站点和 6 个 220 千伏站点。

【备调系统建设】2019 年，备调系统继续与省调主系统同步接入新投厂站，与主调同步完成电厂 AGC 接入，常态化开展主备调切换演练，完成四川电网 2019 年主、备调系统切换长周期演练工作，确保备调系统随时可用。

【调度数据网建设】2019 年，四川电力调度数据网得到完善和发展，已全面建成国家电力调度数据网（SGDNet）双平面骨干网在四川范围内的节点，220 千伏以上变电站业务系统已完成双平面接入。截至 2019 年年底，四川调度数据网规模达 3527 个节点，110（66）千伏厂站的网络覆盖率达 100%，35 千伏厂站的网络覆盖率达 100%，为电网生产信息传输提供了可靠的传输平台。全四川 22 个地调接入网建设已完成，22 个地调已将具备业务接入条件的厂站业务接入主备调。宜宾等 20 地调第二接入网核心建设已完成，具备第二接入网接入条件。

【通信科技项目】2019 年，国网四川信通公司开展通信科技项目 3 项，包括技术攻关类项目“基于深度学习和计算机视觉技术融合的生产视频在电网运检中的应用研究”、群创项目“通信电源集中化管控及智能维护研究”、技术标准类项目“机动应急通信系统运行维护规程”。2019 年，发表论文 1 篇，申请实用新型专利 2 项。1 个项目通过验收，其余 2 个项目于 2020 年验收。

市场营销

栏目编辑：何 飞

营销概况

【售电市场】1.电能替代政策支撑体系逐步完善。积极促请政府出台《四川省2019—2022年电能替代推进方案》，明确电锅炉、电蓄冷空调、电烤烟等重点领域补贴政策，进一步刺激和释放重点领域的替代潜力。

2.电能替代成效持续扩大。通过环保、补贴、交易等手段，完成工业锅炉窑炉改电810.64蒸吨（吨）、年替代电量5亿千瓦时，替代燃煤自备机组82.24万千瓦、年替代电量37亿千瓦时，累计推广电火锅13237户、年替代电量10亿千瓦时。建成投运乐山港港口岸电项目，实现长江干流及支流岸电全覆盖。

3.丰水期谷段弃水电量交易成效突出。采用逐户走访或召开专题会议等方式开展政策宣传，引导用户参与丰水期低谷弃水电量交易，全力配合用户完成市场化注册，注册用户1670户，交易电量15.8亿千瓦时，为公司增加纯收益8346万元，为用户节约电费2.52亿元。

4.交通用能"以电代油"发展迅猛。京昆高速省内段沿线服务区充电站项目陆续开工，充电服务网络从广元至攀枝花全覆盖，其中攀枝花段已建成投运。自建充电设施的运营指标大幅提升。积极为社会充电设施做好供电服务，推动交通用能"以电代油"市场发展。全社会充电设施1—12月累计用电量3.16亿千瓦时，同比增长250.44%。

5.供配电设施资产接收有序推进。签订10千伏及以上供配电设施接收协议对应原值166.23亿元。

【营商环境】1.国网四川省电力公司优化营商环境两年行动计划执行有力。全面开展"三省+三零"服务，通过自查和交叉检查加强过程管控，确保报装接电一次性告知、精简办电资料、压减流程环节、压缩接电时间、执行出资界面等政策落实到位，10千伏、低压平均接电时间分别压降至34天、1.8天。优化电力营商环境举措在国务院大督查、国家发改委营商环境评价、第三方评估中均获得充分肯定和较高评价。

2.严格落实"一般工商业电价再降10%"要求。积极落实降低一般工商业电价措施，两次一般工商业降价政策全部落实到位，一般工商业的目录电价降幅超过11%，为一般工商业用户节约电费支出超过36亿元。

3.转供电加价清理成效明显。积极配合省发改委制定清理转供电加价工作实施方案，全面落实相关具体工作。累计摸排转供电主体5450户，涉及终端用户36万余户，确保降价红利全部传导到位。

4.网上办电渠道广泛拓展。积极推广"网上国网"App、微信公众号办电和营业厅微信、支付宝"扫码付"缴费，"互联网+"线上缴费客户达4192万户次，缴费金额超过77亿元，分别同比增长118%和109%。

【供电服务品质】1.投诉压降成效明显。牢固树立"服务至上、践诺为先、全员参与、重奖重罚"服务理念，通过采取加大供电服务曝光力度、持续开展明察暗访和自查整改、提高工单处理质量、建立看板式通报制度等管控措施，各类供电服务投诉得到进一步压降。1—12月，国网四川省电力公司"95598"投诉共计7552件，同比减少57.63%，其中营销服务及营业投诉共1318件，同比减少67.19%。

2.完成重大活动保电与应急抢险救灾。完成全国两会、世警会、西博会、庆祝建国70周年、中日韩领导人会议等重大保电任务共140余次，快速响应"6·17"宜宾长宁抗震救灾，"8·20"阿坝、雅安暴雨，"9·08"内江威远地震等应急救灾工作。

【经营管理】1.智能缴费工作有序开展。前移风险防范关口，针对高风险企业推行智能缴费，电费回收风险防范基础进一步夯实，推进高压用户"五自"建设，实现电费资金实时到账和实时销账，进一步提升电费资金风险防控能力，企业网银交费率超过27%。

2.企业客户智能收费全面推广。推进高压用户"五自"建设，实现电费资金实时到账和实时销账，进一步提升电费资金风险防控能力。企业网银交费率超过27%。

3.智能稽查、反窃查违取得明显经济效益。以科技手段及大数据分析为载体，建立"线上分析研判+线下精准打击"的反窃查违工作模式，查处窃电和违约用电8713起，运用营销现代化手段开展智能稽核，查处用电异常问题3.79万笔，合计取得经济成效2.8531亿元。

4.台区线损治理成效显著。通过开发台区智能体检功能，大幅提升台区高负损治理效率。采用专项管控、定点帮扶等手段，10千伏及以下线损率较2018年降低0.28个百分点，节约购电支出1.77亿元。

增供扩销

国网四川省电力公司抓好内涵式和外延式两个市场的拓展，积极应对改革，市场驾驭能力显著提升。2019 年，完成售电量 2180.19 亿千瓦时，同比增长 8.63%。

【推进产权接收，把控电网关键要素】坚持不懈地推进客户产权公用属性供配电设施接收，2019 年，累计签订接收协议、接手运维、财务入账的 10 千伏及以上供配电设施对应原值 28.01 亿元、24.45 亿元、13.68 亿元。

【深化电能替代，有效拓展市场空间】2019 年，完成公司口径替代电量 113 亿千瓦时，同比增长 34.4%。82.24 万千瓦燃煤自备机组参与清洁替代，年替代电量 37.78 亿千瓦时；253 家企业共 848.13 蒸吨锅炉窑炉完成“煤（气、油、柴）改电”，年替代电量 6.3 亿千瓦时；全省 2 万余家火锅店中，有 13452 家完成电能替代推广，年替代电量 10 亿千瓦时，打造了电能替代的四川品牌；完成绵阳南郊机场登机桥桥载电源改造，全省 89 座登机桥已完成桥载电源改造 87 座，乐山港已建设 2 套岸电设施，省内长江流域主要港口码头基本实现岸电全覆盖，年替代能力 0.6 亿千瓦时。

电费回收

【提前防控】国网四川省电力公司 2019 年电费回收率 100%，圆满完成电费回收任务。2019 年电费回收形势异常严峻，受中美贸易摩擦和国内经济持续调结构、去产能等因素影响，部分企业面临经营困难的局面。

【精准管控】国网四川省电力公司抓好电费回收管控。一是提前防控，针对高风险企业推行智能缴费。对“两高一剩”企业、散乱污企业、恶意拖欠电费企业以及被金融、税务、司法等列入征信惩戒的企业大力推行智能交费方式。对于新投和欠费复产客户，积极推广“一月多次购电”“银行承兑汇票抵押购电”“政府性担保购电”等购电形式，精准施策，前移电费回收防线，从源头上防控欠费风险。二是精准管控，坚持“营财一体化”管理模式。国网四川省电力公司要求各单位严格按照财务系统推送的电费网银信息进行电费资金对账，坚决打击电费资金虚假到账确认行为。

【智能管理】截至 2019 年年底，利用网银数据对账率达到 99%以上，大幅压降了手工单边对账比例，为电费资金管控提供了管理基础。全面推进电费抄核收“五自”智能管理，持续提升量价费损智能化管理水平和服务市场化改革能力。打通采集与营销系统中间数据库壁垒，建立多维度智能审核规则体系，实现企业用户智能交费功能。

电能计量

【智能电能表推广应用及用电信息采集系统建设】2019 年，累计完成计量器具集中检定配送 686 万只，全年累计完成智能电表换装 285.49 万只。截至 2019 年年底，国网四川省电力公司运行智能电能表

3315.92 万只，智能电表覆盖率 99.90%，全口径自动采集成功率达到 99.73%。远程充值成功率达到 99.64%，较 2018 年提升 2.05 个百分点。全省 13 版智能表和采集终端从年初的 2104.53 万只、19.04 万台，提高到 2629.25 万只、51.01 万台，占比分别由 66.28%、33.68%提高至 79.61%、90.21%。试点开展 HPLC 通信技术深化应用，开展停上电信息精准定位及发布，实现故障停电主动抢修；开展低电压及配变监测，实现配网异常实时感知；开展台户关系识别，实现台区档案远程智能甄别；开展远程充值感知提升及远程开户，提升客户用电体验；部署台区体检功能，实现台区异常智能分析。专题组织研究“计费表计周期性失压异常诊断”“高频强磁干扰窃电”等数据提取模型，通过大数据分析诊断出异常专变客户 153 户，现场核查确认窃电 30 户，追补电量电费损失 171.6 万元，实现反窃查违精准打击。

【计量资产全寿命周期管理】全年共完成 37 个批次的供货前质量监督工作、259 个批次的到货后抽样验收质量监督工作。全年共完成量值传递 1216 台(套)，标准设备周期受检率达 100%。建成国网系统首条全兼容通信单元检测流水线，新增 HPLC 通信单元、面向对象协议设备、电子标签 3 类设备共 12 项质量监督检测实验能力，进一步提升计量设备检验检测能力。电能表失准更换有序推进，实现自贸区 3 万余只智能表实时监测，具备超差表实时监测定位、智能表计量故障远程诊断及台区线损监控，获得政府主管部门高度认可。健全在运计量设备质量监控、分析和处理机制，实现故障分析处置闭环管理，全年按期完成各类计量设备故障分析工作任务 35 项，有效消除故障隐患。

【科技创新】全年获省部级科技进步一等奖 1 项、三等奖 4 项，国网四川省电力公司级科技进步一等奖 1 项、二等奖 1 项、三等奖 2 项；牵头编制 2 项国家标准和 2 项电力行业标准；授权及受理发明专利 28 项，实用新型 5 项。

电力需求侧管理

2019 年，根据国家电网有限公司《关于执行电网企业实施电力需求侧管理目标责任考核适用项目类型的通知》规定范围，结合四川实际情况，国网四川省电力公司主要在企业自身、推动社会节能两个方面实施节约电力电量措施。

【电网内部的供配电节能类项目】如将 S7 及以下型号的高损耗配电变压器更换为 S13 节能型或 SBH15 非晶合金变压器，在低压侧通过合理配置无功补偿装置或三相不平衡治理装置；在 10 千伏线路安装串联补偿装置，可有效优化配网运行方式，降低电网损耗。

【推动社会节电】大力推广绿色照明、电锅炉+MVR 技术、电蓄冷空调、高效风机等节能技术，达到节能又节费的目的。

业务扩充

【客户容量】2019 年，国网四川省电力公司完成各类新装增容 167.38 万户，比 2018 年减少 34.75 万户。其中，新装或增容的大工业客户数为 3090 户，比 2018 年减少 2053 户。非普、农业、非居民、居民、商业、趸售电力公司等客户的业扩完成数为 167.07 万户，比 2018 年减少 34.55 万户。完成新装增容容量为 3090.8 万千伏安，比 2018 年减少 1913.98 万千伏安，同比降低 38.24%。其中，大工业客户新装或增容的容量为 831.64 万千伏安，比 2018 年减少 794.29 万千伏安，同比降低 48.85%；非普、农业、非居民、居民、商业、趸售等客户新装或增容的变压器容量为 2259.16 万千伏安，比 2018 年减少 1119.69 万千伏安，同比降低 33.14%。公司 2019 年各类新装增容客户业扩完成户数和容量与 2018 年同期比较情况见下表。

国网四川省电力公司 2019 年各类客户业扩完成户数同期比较情况表

表 9　　（单位：户）

类别	大工业	非普	农业	非居民	居民	商业	趸售	合计
2018 年	5143	30397	27659	35139	1818063	104826	31	2021263
2019 年	3090	22409	26833	32057	1488720	103684	52	1676845
同比增幅	-39.92%	-26.28%	-2.99%	-8.77%	-18.12%	-1.09%	67.74%	-17.04%

国网四川省电力公司 2019 年各类客户业扩完成容量同期比较情况表

表 10　　（单位：万千伏安）

类别	大工业	非普	农业	非居民	居民	商业	趸售	合计
2018 年	1625.93	775.64	59.18	393.54	1519.54	592.22	38.13	5004.78
2019 年	831.64	411.77	47.26	150.41	1182.38	360.82	101.53	3090.8
同比增幅	48.85%	46.91%	20.1%	61.78%	22.19%	39.07%	-166.27%	38.24%

【主要工作】1. 开展持续优化营商环境提升供电服务水平两年行动。紧紧围绕“简政放权、放管结合、优化服务”总体思路，制定出台《持续优化营商环境提升供电服务水平两年行动计划》，全面开展“三省+三零”服务（省力、省时、省钱，零上门、零审批、零投资），让客户办电享受实惠、便利和舒心。

（1）10 千伏及以上大中型企业“三省”服务

更省力：通过压减环节、推广线上办电、推行“1+1”双经理模式、业务代办等服务，实现大中型企业客户办电“最多跑一次”。

更省时：通过简化供电方案审批程序、加快配套电网工程建设、推动加快行政审批速度、提高装表接电效率，实现大中型企业客户办电更省时。

更省钱：通过延伸电网投资界面，对省级及以上各类园区、电能替代和电动汽车充换电设施等项目，由供电企业出资到客户红线，实现大中型企业客户平均办电成本明显下降。

（2）低压小微企业“三零”服务

零上门：线上审核申请材料，客户经理提供上门收资、现场查勘、组织配套工程实施、装表接电等“一岗式”服务，实现“客户不上门，服务送上门”。

零审批：取消低压供电方案审批，业务办理环节压缩为“申请受理，装表接电”两个环节，实现办电过程零审批。

零成本：提高低压接入容量标准，城市地区从 100 千瓦提升到 160 千瓦及、农村场镇从 50 千瓦提升到 100 千瓦，电网企业投资界面延伸至客户计量装置，让低压小微企业享受“零成本”接入。

2. 稳步推进国有企业职工家属区供电分离移交工作。为确保供电分离移交顺利推进，国网四川省电力公司建立了常态协同机制，并根据项目实际情况对各地市公司进行任务分解，常态管控移交进度。一是成立“三供一业”供电分离移交工作领导小组，统筹推进供电分离移交工作。健全制度体系，落实工作责任，明确分离移交工作的基本原则、实施步骤和里程碑计划，将供电分离移交工作完成情况纳入企业负责人业绩考核。二是持续加大与移交企业的沟通力度。建立地方政府、供电公司和移交企业三方联席例会制度，多次组织移交企业召开专题座谈会，按照“一企一策、先易后难，突出重点，有序推进”的原则，对分离移交意愿强烈、无历史遗留问题、改造实施难度低的企业先行启动户表更换和改造工作，加快提升供电分离移交改造完成量。三是规范工艺标准，保障工程建设质量。定期开展工程检查指导，严把工程验收关。加强工程全过程审计，防范经营法律风险。聘请第三方工程造价管理机构对供电分离移交工程进行全过程审计管理，严格控制工程造价。

电力交易

【省内购电交易情况】2019 年，完成市场化交易电量 872.57 亿千瓦时，同比增长 22.54%。其中，直接交易 701.74 亿千瓦时，留存电量 79.25 亿千瓦时，富余电量 53.43 亿千瓦时，低谷弃水电量 15.52 亿千瓦时，居民替代电量 22.63 亿千瓦时。发电权交易累计完成燃煤机组关停替代电量 31.71 亿千瓦时。

【跨区跨省交易情况】2019 年，四川全口径外送电量合计 1323.89 亿千瓦时，同比减少 0.7%，其中国网四川省电力公司口径外送电 304.36 亿千瓦时，同比减少 4.63%。四川外购电量为 257.64 亿千瓦时，同比增长 11.05%。其中，留川电量 203.19 亿千瓦时，同比增加 1.16%；省间外购电量 54.45 亿千瓦时，同比增加 74.83%。

【重点工作及创新】1. 持续深化电力市场建设，提升市场运营质效。一是积极落实四川省委、省政府工作部署，不断优化交易机制、创新交易方式，进一步提升市场运营效率、释放改革红利。二是配合加快全国统一电力市场顶层设计，促进电力资源在全国范围内优化配置，落实可再生能源责任权重市场建设任务。三是配合推进省间现货市场建设，实现省间现货市场试运行；配合推动省内现货试点连续长周期结算运行，做好省间与省内、中长期与现货衔接。四是创新完善中长期与现货衔接机制，促进现货与中长期交易价格有效联动，落实国家发改委中长期交易电量不低于上一年用电量的95%或近三年平均用电量的要求。五是加强市场培育和市场风险防控。常态化开展市场轮训，建设具有较强市场意识、较高专业水平的交易人员队伍；完善市场监测防控手段，规范市场主体行为，推动建立更加公平、开放的市场环境。

2. 加强跨省跨区互济，深化更大范围互利共赢。一是大力拓展外购电市场。进一步加强对西北新能源基地、西南水电基地供应能力季节性、时段性波动特性的研究，扩大四川与西北各省份的丰枯互济，加大四川枯期从陕西、甘肃购电规模，拓展宁夏、新疆等新的购电渠道，发挥四川枢纽电网作用。二是推动多类型能源打捆外送。深入分析省内供需形势变化后的季节性、时段性外送能力，全力推动四川“水火打捆”外送落地实施；充分利用四川水电与西北新能源互补的发电特性，建立跨区打捆外送长效机制，促进多类型清洁能源同步消纳。

3. 积极沟通协调，切实抓好交易机构股改工作。一是配合完成股改方案编制和印发。配合政府部门起草股改方案，已由省发改委上报国家发改委备案，并经省政府主管领导批示后正式印发。二是研究制定增资扩股方案，已呈报国家电网有限公司统一报送国务院国资委审批。三是做好产权进场交易前期准备工作。完成注册资本增资，启动审计、法律和资产评估工作。

市场服务（优质服务）

【概况】2019 年，国网四川省电力公司进一步构建以客户为中心的现代供电服务体系，以深化营销“三全”建设为“一体”，以提升服务水平和拓展售电市场为“两翼”，理顺服务机制，创新服务手段，强化服务全过程闭环管控，提高服务效率，全面提升公司供电服务水平和客户体验。

【主要工作】1. 深入开展投诉压降专项整治。牢固树立“服务至上、践诺为民、全员参与、重奖重罚”的服务理念，持续深入开展投诉压降工作。通过采取加大供电服务曝光力度、持续开展明察暗访和自查整改、提高工单处理质量、建立看板式通报制度等管控措施，各类供电服务投诉得到进一步压降。2019 年，国网四川省电力公司“95598”投诉共 7552 件，同比减少 57.63%。

2. 持续推进优质服务便民举措。全面开展“三省+三零”服务，10 千伏、低压平均接电时间分别压

2019年8月19日，雅安市宝兴县和芦山县遭受特大暴雨灾害，山洪频发、山体滑坡、道路阻断。图为灾后宣传、保障安全 （曹志刚 摄）

降至34天、1.8天。优化电力营商环境举措在国务院大督查、国家发改委营商环境评价、第三方评估中均获得充分肯定和较高评价。积极推进“微办电”试点和营业厅微信、支付宝“扫码付”，推进业务办理线上化，持续提升客户体验。“互联网+”线上缴费客户达4192万户次，缴费金额超过77亿元，分别同比增长118%和109%。

3.“三优队伍”建设卓有成效。以“三公”促“三优”，建立公开、公平、公正的考核机制，每月发布营销所有指标情况和各单位投诉考核情况，着力打造“思想作风优良、业务技能优秀、工作业绩优异”的营销队伍。组织开展多层次多专业全员参与的岗位练兵和技能培训，确保培训的全业务全流程覆盖，不断提升供电服务技能水平。组织国网四川省电力公司“第七届供电服务之星”竞赛，评选10名“十佳服务之星”，并参加国家电网有限公司“第七届供电服务之星”，获得优秀组织奖；积极备战参加国家电网有限公司第五届青创赛，营销参赛项目获得该届青创赛金奖、铜奖。

4.营销安全服务水平不断提升。强化高危重要客户管理，督促安全隐患整改到位，严格落实“服务、通知、报告、督导”“四到位”工作要求。依托智能营销系统平台，建立线上隐患台账信息，实行隐患“销号式”闭环管理。完成重大活动保电与应急抢险救灾。完成中日韩首脑会议、全国两会、世警会、西博会、庆祝建国70周年等重大保电任务共140余次，快速响应“6·17”宜宾长宁抗震救灾，“8·20”阿坝、雅安暴雨，“9·08”内江威远地震等应急救灾工作。

国网四川综合能源服务有限公司

【企业概况】国网四川综合能源服务有限公司由原国网四川节能服务有限公司转型成立，并于2018年1月揭牌，是国网四川省电力公司的全资子公司。国网四川综合能源服务有限公司注册资金1.2亿元，根据业务发展逐步增加到5亿元。国网四川综合能源服务有限公司打造“售电+”综合能源服务的特色发展模式，主要从事国家积极倡导的节能环保与能源高效开发利用项目的投资、建设与运营，涵盖综合能源、购售电、新能源及储能、电网节能、电能替代、电源（电网、需求侧）的调试与运检、工程总承包等业务。为国网四川省电力公司在综合能源服务产业发挥电网企业资源优势，高度市场化运作、专业化管理、多元化发展，提供专业支撑。

国网四川综合能源服务有限公司有在职正式员工214人、离退休人员80人。其中研究生及学历人员99人，占比36%；中级及以上专业技术人员204人，占比74%。设立7个职能部门分别为：办公室（党委办公室）、党委党建部（党委宣传部、纪委办公室、工会）、党委组织部（人力资源部）、财务资产部、投资经营部、市场发展部、安全技术部，2个中心（购售电中心、新型业务中心），1个分公司（电力工程分公司）。

【主要业务完成情况】2019年，国网四川综合能源服务有限公司深入学习贯彻习近平新时代中国特色社会主义思想，践行初心使命，坚决贯彻落实国家电网有限公司党组、国网四川省电力公司党委决策部署，认真贯彻落实国网四川省电力公司“两会”精神，践行“十讲十增强 转型再突破”要求，紧紧围绕“售电+”综合能源的发展思路，始终以“管理提升”“融合发展”“从严治党”三个关键词贯穿全年工作，三条主线并行不悖，各项重点工作取得新进展、实现新突破。2019 年，国网四川综合能源服务有限公司实现营业收入 4.89 亿元，超额完成国家电网有限公司下达国网四川省电力公司的 4.05 亿元产值目标，完成率 120.5%。利润总额 3245.87 万元。

【改革融合】1. 深度融合，“三项制度”改革初获成效。国网四川综合能源服务有限公司“三项制度”改革稳步推进，国网四川省电力公司领导高度重视，大力支持综合能源业务发展，不断深化机制体制改革，将原国网四川电源技术中心（四川省电力工业调整试验所）以分公司方式划入综合能源公司，成为国网四川省电力公司层面独立二级机构，实现人力资源、技术科研和市场化业务的管理融合。按照国家电网有限公司、国网四川省电力公司对市场化单位的改革要求，国网四川综合能源服务有限公司编制“三项制度”改革相关实施方案 2 份，拟定重点工作任务 16 项，出台组织机构优化、绩效考核、薪酬激励、干部管理、人才培养等方面配套改革试行文件 17 份。人力资源管理方面，以市场化改革为导向，全面推行了员工聘期制管理，聘任协议签订率达 100%；完成了新单位成立后的全员组聘上岗和缺员岗位补员，依托国网四川省电力公司内部人力资源市场，有序流动员工 4 人；编制完成社会化招聘方案，新增市场化用工岗位 10 个；引入项目经理制度，激励职工应聘，孵化优秀项目人才，打造员工成长平台；修编绩效考核标准，设立浮动考核绩效薪金，采取项目绩效工资包等市场化分配方式，实现团队业绩与公司业绩同步走，薪酬同升降；丰富了各类用工形式，采取直签用工、劳务派遣、任务期限用工、业务外包等灵活多样用工方式逐步解决结构化用工矛盾。“六能”成效逐步显现。

2. 安全稳定，改革融合全面深化。发布国网四川综合能源服务有限公司安全责任清单，制定国网四川综合能源服务有限公司事故处置应急预案。组织全员学习《安全生产典型违章 300 条》，开展全员安规考试及消防应急演练。开展项目安全巡视、巡查，发现违章并及时制止 6 起习惯性违章行为，切实确保项目现场安全可控、在控。全面落实国网四川综合能源服务有限公司组建方案的相关要求，稳妥推进融合改革方案相关工作，保障国网四川综合能源服务有限公司生产经营和员工队伍稳定。

2019 年 4 月 9 日，国网四川综合能源服务有限公司在甘孜新那伽光伏电站开展逆变器电能质量测试工作，确保扶贫光伏顺利投运 （高峰 摄）

【市场发展】1. 市场开拓，内外部项目齐头并进。全年签订了绵阳机场飞机岸基供电设施项目、西昌华润啤酒煤改电锅炉项目和川威三期项目合同，合同金额 1.28 亿元。建设包括龙泉成工机械厂等三个物流园区充电站在内的电动汽车充电站 5 座，投资金额 805.34 万元。积极介入综合能源托管与大数据中心业务项目，参与泛在电力物联网建设，编制“多站融合”实施方案，全程配合绵阳高新营业厅数据中心站建设。取得系统内节能技改项目 4864 万元并纳入 2020 年实施计划、国网四川省电力公司设备租赁业务 37598 万元，为国网四川综合能源服务有限公司开展经营性租赁业务打下基础。工程分公司全年新签合同 195 个，累计合同额包含 8670.25 万元人民币、348.551 万美元，实现合同收入折合人民币 8369.89 万元。国网四川综合能源服务有限公司在境外哥伦比亚 G3.2 电站、越南升龙燃煤电厂等调试项目在 2019 年全面完成，并得到业主方及中国总承包方的高度认可。全力推进专业技术设备调试工作开展，业务涉及电网、电厂、石化、石油、钢材等领域，项目涉及贵州、浙江、江苏、青海等地。同时，除了正在投入的约旦油页岩调试工程性能测试、印尼PT.GRAHA运维、宁波泥螺山动力站调试等在建项目，公司不断发展创新市场拓展模式，积极介入综合能源托管与大数据中心业务，推进海霸王郫都冷藏物流园能源托管、晴朗、天路等大数据中心项目。

2.售电业务，打造新利润增长点。全年累计结算合同电量51.09亿千瓦时，购售电服务费收入约4384.51万元。积极参与雅安、阿坝水电消纳产业示范建设，签订《水电消纳产业试点示范区电力市场化交易合作协议》，推动雅安水电消纳产业示范园在全省率先落地。大力开展电力现货交易技术研究，做好相应人员、技术储备。出台《购售电市场业务管理实施办法（试行）》，规范契合电力交易市场化要求的操作流程。

2019年5月6日，国网四川综合能源公司调试组在哥伦比亚GECELCA3.2号电站机组调试现场　　（贺联合　摄）

3.项目实施，在建工程全面收官。根据年初制定的里程碑计划和倒排工期表，加强对工程设计、施工、验收全过程质量管控，在保证安全的前提下，优质高效完成2019年第一批综合计划48个节能技改项目的建设、竣工验收、结算工作，项目关闭及时率和准确率达100%，累计投资金额6188.69万元；第二批综合计划9个节能技改项目按计划开展工程前期工作；完成2020年项目储备金额累计42462.11万元，其中节能技改项目4864.13万元，国网四川省电力公司设备租赁项目37597.98万元。精心组织，确保华润啤酒电能替代项目和绵阳机场项目按期投运。开工建设龙泉成工、双流弘锴、金堂金裕、西昌泸山四座充电站，龙泉成工充电站于5月正式投运，实现充电量130.63万千瓦时，实现营业收入43.33万元，运维费收入16.06万元，西昌泸山充电站已移交业主运营管理。

4.渠道建设，集聚效应全面形成。与天投实业、国电投下属子公司签订共同推进天府新区综合能源服务的战略合作协议。拓展车桩网储一体化新能源业务，与四川省“一带一路”经贸合作促进会以及地方政府平台公司、在川车企、动力总成公司等签订战略合作协议，在绿色交通发展、充电站建设运营、客车销售与租赁、电池梯级开发利用领域等方面深入合作，开拓市场，为综合能源业务的发展找到新的着力点。

【经营管理】管理提升，经营质效全面加强。获取电力工程施工、市政公用工程施工总承包叁级和地基基础工程专业承包、建筑机电安装工程专业承包叁级4项资质证书，多方位支撑公司业务拓展范围。以“规章制度落实督导年”为契机，完成规章制度新建18项，国网四川综合能源服务有限公司“从制度入手，防范购售电交易风险”典型经验报告，入选国网四川省电力公司典型经验集。开展全面风险控制和多维精益化管理；加强工程及资产管理；完成与分公司的账务合并。协调兄弟单位回收川威成渝钒钛陈欠费用5353万元。

【党建工作】深入开展“不忘初心、牢记使命”主题教育活动，强化理论武装、坚定理想信念，掀起党委中心组、党支部学习热潮。党的建设全面融入公司治理，“旗帜领航•三年登高”计划完成。党建引领全面强化，制定国网四川综合能源服务有限公司党委中心组年度学习计划，构建学习长效机制；积极开展“十讲十增强、转型再突破”形势任务宣讲工作；持续推进“两学一做”学习教育常态化、制度化；深入开展“不忘初心、牢记使命”主题教育活动取得实效；创新提出“党建+”实践新模式，推动党建工作与业务工作深度有机融合；夯实党支部建设，成立项目临时党支部，领办安全生产重点工作。人才队伍建设方面，全面贯彻“大培训 大比武 大提升”工作要求，强化职工队伍建设。以“理念提升、职业生涯规划、榜样引领”三项措施为抓手，扎实推进员工培养成长计划，自办培训班14个，有430人次参加培训。加强青年骨干内外部、多岗位交流锻炼，输送4人到系统内外交流锻炼，国网四川综合能源服务有限公司内部交流岗位3人次。企业文化建设方面，加强新闻宣传力度，在《中国电力报》、《国家电网报》

手机报、电网头条、《四川工人日报》、《四川经济日报》等媒体平台刊登40余篇新闻稿件。全面落实《企业文化建设工作指引（2019）》，完成对企业文化上墙内容、办公场所、文化长廊、宣传板报、网站等线上线下阵地整治。推进国网四川综合能源服务有限公司价值理念内化于心、外化于行。

安全生产

栏目编辑：何　飞

安 全 管 理

【安全概况】2019年，国网四川省电力公司深入贯彻六届四次职代会暨2019年工作会议精神，紧紧围绕“十讲十增强、转型再突破”工作思路，认真落实年度安全生产工作实施意见，加强组织领导，狠抓责任落实，持续推进本质安全建设和安全生产领域改革发展，扎实开展安全生产专项行动，积极应对自然灾害和突发事件，完成各项政治保电任务，公司安全生产局面保持稳定。截至2019年12月31日，国网四川省电力公司安全生产5421天。

【主要举措】1. 全面强化安全生产管理。加强全年安全工作组织落实，统筹做好春（秋）检预试、迎峰度夏（冬）各阶段安全工作，有序组织保障大电网安全、“防风险、保安全、迎大庆”、安全生产集中整治等系列专项行动，各级单位全员发动、狠抓落实，全面完成80项年度安全生产重点任务。推进安全生产领域改革发展措施落地，制（修）订安委会工作规则、安全工作奖惩、安全生产巡查、安全述职、安全培训等制度，编制发布全员责任清单3.8万份，组织各单位领导班子安全述职280人次，试点巡查县供电公司5家。建立省市两级专项报告和风险会商机制，督办落实地下电缆重点管控措施30项。扎实开展信息通信及电力监控安全性评价，首批通过国网总部专家查评验收。

2019年4月29日，国网四川省电力公司召开本部安全责任清单集中培训会（曹志刚 摄）

2. 全力保障电网安全稳定运行。深化西南异步电网特性分析，优化运行控制策略，落实补强措施420项，建成交直流协控系统，确保了西南电网异步联网后的安全稳定运行。加强电网运行风险预警管控，全年累计管控各级风险1451次，保障了重点工程、重要检修顺利实施。全面开展二次系统“排雷”行动，深化“三道防线”核查整改。加强电网调度控制，成功应对全省3次、17个地市、49次用电负荷创新高考验。加强并网电厂管理，规范地县调小水电和分布式光伏并网流程，完成全网5000余户分布式电源信息接入，实现机组涉网安全闭环管控。充分发挥大电网、大市场、大平台资源优化配置优势，实现新能源全额消纳，水电调峰弃水损失电量连续3年下降。

3. 切实提升设备运维管理水平。坚持“应修必修、应试必试”，全面完成春季秋季集中检修和特高压直流年检任务，消除锦屏站换流变乙炔超标、复龙站阀塔水管漏水、宜宾站换流阀水冷电阻漏水等重大缺陷，完成72支换流变ABB套管端子、28台MR真空分接开关隐患整治，特高压直流属地化运维保持平稳。整治输电线路“三跨”隐患232处，完成2200余座变电站（换流站、升压站）消防隐患治理，成都地区高压电缆接头防火措施实现全覆盖。针对频繁停电和低电压问题，实施“配网整治提升三年行动计划”，推广综合不停电作业、县域绝缘杆作业、低压不停电作业，户均停电时长较同期降低15.27%。大力推进“互联网+运检”建设，“三位一体”智能运检管理质效显著提升。

4. 持续强化现场作业安全管控。科学组织检修预试，细化落实安全保障措施，严格《安规》、“两票三制”和“十不干”执行，逐项管控生产作业风险8550项。深入推进基建改革12项配套措施落地，建设标准化作业层班组，培育核心分包队伍，加强

“四不两直”安全督查，有效实施2313项输变电施工风险预警管控。开展配电网工程安全管理巩固提升行动，安全推进“三区两州”深度贫困地区电网建设。强化科技兴安，丰富“泛在物联+安全监督”手段，开展“一体系一平台”建设，高质量完成国家电网有限公司安全风险管控平台建设试点，自研“智能视频反违章系统”，实现38类典型违章动态监控、自动甄别、实时告警，全面提升现场安全管控效能。

5.加强网络信息和相关领域安全管理。深入贯彻落实网络安全法和等级保护2.0要求，加强电力监控系统网络安全风险监测和防控。完成公安部专项演习，通过四川省网信办网络安全检查并获全四川省最高分。扎实开展集体企业安全年活动，自查自纠的1225项问题全部整改到位。加强危化品安全管理，建立重点单位联系机制，明确经营、存储、使用全过程工作职责和要求。制定公司消防管理办法，进一步理顺消防管理职责和界面。深入开展电气火灾综合治理，结合专项行动，完成215项消防隐患治理销号，完成687座变电站和2座高层建筑消防验收备案取证。健全林区输配电线路引发火灾隐患治理机制，完善电力设施保护安全隐患告知机制，开创电力设施防外破管理新局面。

6.完成重大保电和抢险救灾。加强统筹指挥，强化协同联动，严格保电值守，各级累计出动保电和应急人员4.3万人次，完成庆祝新中国成立70周年活动、第二届中国国际进口博览会、世界警察和消防员运动会、中日韩领导人会议等重大政治保电任务，全面实现“四个零”保电目标，省领导对公司保电工作给予高度评价。承办四川省应对大面积停电事件的联合演练，全社会对大电网安全重要性认识进一步增强，“团结治网、共保安全”能力显著提升。高效应对迎峰度夏持续高温、宜宾地震、汶川强降雨等灾害影响，第一时间抢修受损设备、恢复电力供应，得到地方党委政府和社会各界充分肯定。

【存在问题】1.内外部安全约束愈加严苛。安全是电网企业最大的政治，是公司的“生命线”，事关员工生命健康，事关公司生存发展，事关经济发展和社会稳定。随着经济社会深入发展和人民生活水平的进一步提高，社会和人民群众对电力依赖越来越强，政府对电力安全的监管越来越严，党纪国法对安全生产的追责力度越来越大，作为最基本、基础性工作，各级对遵循“安全第一”这一基本要求的约束越趋严苛。

2.影响安全的因素日趋复杂。受特高压跨区大功率送电、西南电网异步运行影响，四川电网失去大区交流互济优势，送受端深度耦合、相互影响；同时，四川电网已延伸至偏远、高寒、高海拔地区，线路穿越无人区，运维保障难度日增。此外，特高压首台首套设备隐患治理需要长期过程，部分城市电网结构薄弱，互供和自愈能力不强，地下电缆风险仍待解决，安全管控难度和压力只增不减。

3.安全风险防控形势依然严峻。红线禁令违章时有发生，习惯性违章尚难根治，随着电网、企业发展方式快速转变，现场监督、风险管控、队伍管理方式与现场规模、风险实际等不相适应，安全承载力不足，外包队伍管理精准度不够，安全领域不平衡不充分发展的问题、矛盾更加凸显，安全生产风险依然高企，安全生产防线有待进一步加固，容不得一丝一毫松懈。

运检管理

【生产设备】截至2019年12月31日，国网四川省电力公司负责运检的110千伏及以上输电线路2771条，全长6.46万千米，110千伏及以上变电站（开关站）1127座，变电容量2.6亿千伏安。其中，500千伏交流变电站（开关站）共52座、容量8583.6万千伏安，±500千伏换流站1座、容量300万千伏安；±800千伏换流站3座、容量2160万千伏安，500千伏交流输电线路197条、1.6万千米，±500千伏直流输电线路1条、240.1千米，±800千伏直流输电线路3条、854.4千米、接地极线路280.4千米。

此外，国网四川省电力公司管理直属水电厂（国网四川映秀湾电厂）1个，下属映秀湾、渔子溪、耿达电站3座，共有11台机组，总装机容量45.5万千瓦。公司所属小水电站197座，总装机容量60.8万千瓦，其中设计库容10万立方米及以上的小水电站41座。

【技术指标】输电设备可用系数98.5%，同比提升0.99%；变电设备可用系数99.998%，同比持平；换流设备可用系数100%，同比持平。

换流站平均能量可用率93.41%。

城市综合电压合格率99.999%。农村综合电压合格率99.942%。

生产技改大修资金完成率：技改项目83.26%、大修项目90.28%。

综合供电可靠率99.812%，用户平均停电时间16.427小时/户。同比2018年综合供电可靠率完成值99.802%提升0.01%，同比2018年用户平均停电时间17.328小时压降0.901小时。

配网项目完成率：2019年110千伏及以下配网工程投资62.16亿元，共5121个单体工程，开工率100%，竣工率100%，其中“三区两州”项目开工率100%，竣工率100%。新增实物ID覆盖率100%。

2019年4月17日，国网四川电力送变电建设有限公司对所辖220千伏榆定一线进行停电检修。图为在崎岖的山路上，检修人员艰难攀爬

（郑俊逸　摄）

【设备运行维护检修】国网四川省电力公司紧紧围绕建设一流能源互联网企业发展目标，不断提升设备精益化管理水平，电网持续保持安全稳定运行。

1.完成三大特高压属地化及首次年检。平稳实施特高压换流站属地化运维，生产管理体系全面融入公司运检体系，设备管理从“四个不降低”向“四个提升”快速转变。各级管理人员常驻现场、靠前指挥，高质量完成特高压换流站属地化后首次年度检修。完成58支换流变ABB套管端子更换、28台MR真空分接开关吊芯检查等重大隐患排查，及时消除锦屏站极Ⅱ高端Y/Y-B相换流变乙炔含量超标、复龙站阀塔S型水管法兰漏水、宜宾站换流阀水冷电阻漏水等5项重大设备缺陷。

2.全力保障异步电网安全运行。下发《西南电网异步联网后四川电网输变电设备运维工作重点要求》，部署针对性保障措施，确保电网异步后运行安全。克服建设工作时间跨度长、涉及站点多等困难，组织300余人实施检修计划168项，完成交直流协控系统建设，为西南电网异步运行提供坚强保障。对拒动可能引起四级及以上电网风险的断路器开展防拒动排查治理，有效解决越级故障对电网的影响。西南电网异步联网运行以来，四川电网及设备运行稳定。

3.扎实开展设备隐患排查治理。大力完成直流核心设备隐患整治，完成新东北电气GIS开关操作机构频繁打压（缸体质量缺陷），西电换流阀均压电极结垢，山东电工换流变网侧套管出线装置下沉，宜宾站ABB套管油乙炔含量超标等重大隐患治理；对影响直流稳定运行的宜宾站斯尼汶特光CT、换流变保护装置进行换型改造，为直流系统长周期稳定运行提供保障；通过带电检测、在线监测及时发现锦屏站极Ⅱ高端Y/Y-B相换流变乙炔含量超标和普提站主变危急缺陷，避免2起主设备损坏事故。深入开展变电重大设备隐患整治，开展500千伏平高东芝开关液压油乳化、西开CT20机构隐患、断路器机构三相不一致误动、ABB HPL550TB2合闸电阻故障等隐患的排查治理，解决重大设备隐患。全面开展输电“三跨”和电缆隐患整治工作，完成158处“双挂点”改造、37处导地线接头改造、26处普通钢绞线改造、11处“非独”改造，有效降低了“三跨”运行风险。完成110千伏望江楼、东风路等变电站配网出站通道超容分流专项整治。

4.大力开展输变电设备电气火灾隐患治理。完成三大直流换流站消防控制室完善化改造、换流变感温电缆换型、消防管网改造、德阳站消防水池扩容、泡沫系统现混改造等20个国网重点消防隐患治理项目；排查并治理换流站电缆沟道（夹层、竖井）、消防设施隐患13项。全面完成84座重要变电站消防隐患整治，主变固定灭火装置投自动率100%，完成3家单位消防控制室试点建设。组织开展高压电缆及通道防火专项整治，累计完成安装灭火弹1311

套、防火隔板727组、防火墙（门）929扇、防爆槽盒251套，涂刷防火涂料约80公千米，全面完成成都地区高压电缆接头防火措施全覆盖。

5.全面推进设备侧泛在电力物联网建设。印发《设备侧泛网建设指导原则和三年推进规划》。牵头承担总部《输变电设备物联网传感器现场施工安装技术规范》编制，有序推进承担的总部泛在电力物联网建设试点项目。深化电网运检智能分析管控系统建设，持续推进“大平台、微应用”，成立并实体运转省市两级运检管控中心，实现数据分析、预判、电网设备故障辅助诊断、移动作业和远程管控运检作业现场等功能省市两级落地应用。开展运检业务“机器代人”，试点完成46条输电线路和79座变电站巡检替代工作，构建智能立体巡检模式，提升运检质效。完成新一代配电自动化主站建设及图模工作站部署，配电自动化覆盖率达60%，农网台区漏保在线监测覆盖率达50%。全力推进实物ID应用，完成20.77万片“国网芯”RFID标签安装。

6.全面开展配网整治提升工作。编制印发公司《配网三年整治提升行动方案》，提升配网专业管理水平。深化供服系统运营，移动工单应用率超过99%，配网故障停电同比降低22.5%，运检类投诉同比压降52%。严格执行计划停电管控，配网停电计划执行率为98.90%，同比提升4.55个百分点，非计划管控率99.49%，同比提升1.43个百分点。推行配电网差异化巡视，采用“一巡多用”的方式，综合开展线路巡视检测、运行管理、缺陷处理，发现缺陷11342处，处理9510处、消除率83.85%。通过触电风险防控管理前移、采用先进技术整治隐患等方式创新开展触电风险防范工作，2019年，公司系统新发触电事件27起，同比下降65.38%。强化配网异常分级管控，对含10台及以上低电压配变的线路由省公司“挂牌”督办，限期治理，全省94条重点线路治理完成60%，预计年内全部完成。提升配电网不停电作业能力，编制印发全面加强配网不停电作业管理工作方案，推进45岁以下配网检修人员不停电作业取证，以实现用户停电“零感知”为目标，推广综合不停电作业、县域绝缘杆作业、低压不停电作业，完成不停电作业12000次，同比提升明显。

7.安全有序推进“三区两州”等配网项目建设。优化配网工程管理体系，省、市、县三级项目管理力量大幅提升；全力推进“三区两州”等配网项目建设，统筹3家供电公司开展对口援建，严格落实一项目一方案，优化停电施工组织，减少停电时间1263小时，确保安全有序完成建设任务；扎实开展配网工程现场安全管理巩固提升专项行动，建立施工作业安全风险管控机制，累计发布582项三级施工作业风险预警；全面开展配电网工程管理提升，强化工艺质量和施工组织，建成26个预制车间，形成配电变台、架空、电缆三册典型施工工艺库，优质工程率达到97%，搭建配网工程全业务流程信息化管控平台，不断提升项目管理质效。“三区两州”深度贫困地区电网建设配网项目已全部完工，提前一年完成建设目标任务，全面推动农村电网提档升级，实现深度贫困地区人民由“用上电”向“用好电”转变，全力助推深度贫困地区脱贫攻坚。

【抢险救灾】高效开展宜宾地震等应急抢险工作。应对宜宾长宁“6·17”地震和乐山、阿坝、雅安等11地市多轮大范围强降雨自然灾害，第一时间启动应急响应，积极开展输变配电设备抢修恢复。累计投入抢险人员9600人次，抢修车辆2020台次，及时恢复了因灾停运的35千伏及以上变电站12座、线路28条及6504个台区、40万户用户供电。

应急体系建设和应急救援

【安全管理】2019年，国网四川电力应急中心围绕“12333”战略体系，践行“十讲十增强”总体要求，圆满完成各项工作，安全管理基础进一步夯实。强化安全培训与学习，完善中心《安全奖惩制度》，编制《抗洪抢险安全注意事项》和《雨雪冰冻灾害应急救援安全注意事项》，制定安全责任清单，开展春、秋季安全大检查和隐患排查治理专项行动和“安全生产万里行”“安全月”“网上安全生产万里行”等活动。构建安全巡查协同机制，进行试点县公司安全专项巡察，协助进行违章视频通报。

【应急管理】1.应急预案体系日益完善。强化预案动态修编，组织完成国网四川省电力公司总体预案及26项专项预案修编、评审和备案；落实国网四川省电力公司防范化解地下电缆重大安全风险若干措施，牵头编制《公司电缆事故应急预案》，进一步完善了国网四川省电力公司预案体系。

2. 贴近实战，演练取得实效。按照国网四川省电力公司演练计划完成全年演练工作，组织国网四川省电力公司各单位结合防震、防汛及预防大面积停电、安全生产月等常态开展演练，国网四川电力应急中心领导班子牵头到国网泸州供电公司、国网巴中供电公司等市（州）公司指导和评估应急演练工作，进一步强化国网四川电力应急中心对各单位高质量开展应急演练的督导力度，提高演练实效。

2019年4月15日，国网四川应急中心在川南片区地震应急演练中成立“共产党员突击队”（王彬 摄）

3. 重点牵头组织开展“四川省应对大面积停电事件的联合演练”。演练呈现了各级党委、政府、企事业单位和社会群众共同应对大面积停电事件的应急处置全过程，凸显了紧急情况下省市政府“以人民为中心”的思想和“团结治网，共保安全”的电网治理理念。演练采用分项实施，集中呈现方式开展，由桌面推演和实战演练两部分构成，包含60个演练场景、36家单位、100余台次装备，超过3000人次参演。

4. 防灾救灾工作科学有效。国网四川电力应急中与四川省生态环境厅沟通协商，签订保密协议，掌握了四川地区约3.8万个地质灾害易发点分布。并根据分布特点，督导相关单位开展生产经营场所、基建工地等的隐患排查和周边地质风险排查，组织实施人员疏散、撤离、转移和安置演练，提高防灾救灾能力；调研各单位应急管理、应急装备及应急指挥系统状况，就应急救援抢险力量、应急通信、应急物资、交通运输等方面存在问题和不足提出了改进完善建议，确保防灾救灾装备保障能力，做好地震等自然灾害的“防大灾、救大险”准备工作。

5. 应急训练不断强化。完成全年培训计划，完成“应急标准化作业指导书”“应急救援人员心理干预”和“无人机三维建模”课程，进一步提升应急训练的系统性、专业性和实用性；参加“国网西藏电力2019年应急能力提升专项帮扶”活动，深入藏区开展应急技术服务和实操培训；参加国网西南分部“三省联合互训互练”活动，促进与省市兄弟单位应急技能交流和经验共享；代表国家电网有限公司参加应急管理部应急竞赛，表现优秀，获得国家电网有限公司书面表扬；组织开展“大培训、大比武、大提升”活动，2名应急基干队员取得IRATA培训和作业资质，促进员工立足岗位、钻研专业技术，提高应急技能水平。

6. 突发事件应对高质高效。强化应急和行政值班，全年国网四川省电力公司启动Ⅱ级、Ⅳ级地震应急响应各1次、Ⅲ级防汛应急响应1次、Ⅳ级防汛应急响应2次，应对宜宾长宁“6·0”级地震、“8·20”阿坝洪水泥石流和“7·22”“7·29”强降雨等自然灾害。特别是在宜宾“6·17”长宁地震和阿坝“8·20”地质灾害应急抢险救援工作中，国网四川省电力公司先后调配应急抢修队携带应急照明、发电机等物资赶赴灾区，紧急支援救灾工作，累计投入抢险人员6493人次、抢险车辆1162台次、发电车（机）26台次、帐篷277顶、医药箱56个等，确保了抢险救灾高效开展，得到了四川省委省、省政府、市（州）委及政府和广大群众的高度肯定和赞扬。

【党建工作】扎实开展主题教育。以政治建设为统领，以学习习近平新时代中国特色社会主义思想为根本任务，抓紧抓实支部工作，强化从严从实管党治党，加强队伍建设，齐心构建和谐企业。充分运用“126连心桥”工程，收集员工诉求，解决员工疾苦。成立青年工作领导小组，进一步加强青年工作的研究和有序开展。视频《为了你，我们时刻准备着》入选人民网视频，为中华人民共和国成立70周年献礼。

经营管理

栏目编辑：何　飞

计划管理

【计划管理概况】一是加强项目投资管控监督。发出协同监督整改通知书8份，督促基层单位进一步规范项目投资管理，防范违规投资风险。二是强化项目执行管理。开展全口径项目计划管控分析和《以“放管服”和“三个导向”为目标的省级电网公司综合计划管理》研究，进一步推动项目计划执行中的数据共享、可视化、在线化、智慧化，促进电网项目执行效率和执行质量提升。三是深化市场预测分析。密切跟踪四川经济发展态势及电力供需情况，加强电力市场预测分析工作，确保完成国网四川省电力公司2019年售电量经营指标。四是优化项目计划管理。开展老旧（弃管）小区供配电设施改造、业扩配套项目现场调研，研究制定老旧（弃管）小区供配电设施改造、业扩配套项目进一步管理措施。

【精准投资】一是不断强化精准投资管控要求。出台精准投资实施意见，明确管理新要求，建立综合评价体系，多维度对投资进行约束，切实提高投资有效性。二是服务公司发展，精益投资管理。继续向服务脱贫攻坚、消除安全隐患、解决设备重过载、促进水电消纳等方面倾斜投资。2019年，申请国家电网有限公司追加投资25亿元，确保提前一年完成新一轮农网改造升级任务。三是着力提升电网利用率。按照优化存量、严控增量原则，完成64座低效变电站整改，优化调配35千伏及以上低效主变14台；核减地市公司38个建议项目，节约投资8.18亿元。

【降损提质】一是不断强化线损基础管理。依托同期线损管理系统应用提升，加强线损相关基础档案治理，检验营配贯通结果和“四分”线损模型配置，夯实管理提升基础。二是强化线损指标过程管控。分解下达季度线损计划，约谈长期整改不力县公司主要负责人，按月通报，季度考核，有效传递管理提升压力。三是强化线损指标分析。专题组织开展高损、负损配线、台区分析和治理，有效堵塞“跑冒滴漏”。2019年，低损配线、台区占比分别为84.59%、76.85%，较年初提升22.54、12.02个百分点；市公司线损率完成4.82%，同比降低0.74个百分点，减少线损电量17.95亿千瓦时。四是稳步推进同期线损管理系统应用提升。搭建同期系统建设对标互学互助平台，协调采集质量提升及营配贯通，国网四川省电力公司同期线损在线监测率指标完成88.4%，较国家电网有限公司确定的年度目标值优3.4个百分点。

互联网管理

【聚焦基层】国网四川省电力公司切实服务生产一线。以“四个见面”方式深入一线收集问题意见，已解决问题300余项，开发研制“小喔机器人”，有效解决重复录入、报表自动生成等问题，节约人工90%的时间，在国网信息化大会作经验交流，并形成“网创”公司产品向省外推广。

【聚焦基础】国网四川省电力公司筑牢持续发展根基，国网四川省电力公司推动省级“红蓝队”常态化、实战化建设，在70周年保电等护网中表现突出，成为国家电网有限公司“蓝队”典型经验，并获得四川省网信办检查全川第一。推进43项项目建设，与业务部门相互配合支撑，风控建设、审计平台、智慧供应链等国网试点项目获国家电网有限公司肯定。

【聚焦价值】促进企业运营服务推广。培育“电眼”产品，已成为国网四川省电力公司品牌，在四川省内和国家电网有限公司发挥效用，并代表国家电网有限公司到工信部争取“大数据产业发展示范项目”。与成都生态环保局达成150万元/年的数据服务协议，实现国家电网有限公司数据变现零突破。多站融合、资源共享、新零售营业厅、绿色酒店等方面商务拓展也较有成效，在总部作经验共享。

【聚焦平台】持续深化重点任务。统筹省、市人才和支撑厂家150余人，挂图作战，““5+2”、“白+黑”建设 “三台”，进度和质量居国家电网有限公司前列，成为国家电网有限公司自建系统上云和运营模式构建试点。

【聚焦发展】推进项目精准落地实施。编制“泛在电力物联网三年规划”，提出“一横三纵”推进模式和“333工程”实施路径，已对接四川省政府纳入“四川省数字政府规划”。多维度培养新型人才和团队，以“训”提升素养，周五课堂开设20余次；以“干”提升能力，通过护网、平台建设等大型攻坚工作培养市县人才；以“海选”网罗人才，在国家电网有限公司比武中获第七名。

财务管理

【公司经营和财务状况】2019年，国网四川省电力公司财务认真贯彻落实党委决策部署，主动适应复杂严峻的新形势，坚持稳中求进总基调，以提质增效为目标，以经营管控为抓手，深化财务精益管理，强化风险边界管控，资产负债结构不断改善，财务管控水平持续提升，全面完成了年度经营目标，持续推动公司和电网高质量发展。全年实现利润总额-13.32亿元，同比增亏0.6亿元；营业总收入净额1132.79亿元，同比增加83.97亿元，增长8.01%；营业总成本1153.03亿元，同比增加79.37亿元，增长7.39%；资产负债率69.56%，比预算下降0.24个百分点，同比降低0.32个百分点；净资产收益率-2.29%，同比提升0.03个百分点；经济增加值-30.93亿元，比预算水平高3.23亿元。

【电价改革】以国网四川省电力公司主要负责人为组长的输配电价改革工作领导小组成立。国网四川省电力公司严格落实国务院“一般工商业电价再降10%”任务，配合开展转供电环节加价清理，完成国务院大督查。国网四川省电力公司综合施策，推动用户电价水平大幅下降，全年降低用电成本约216亿元，其中电网环节让利约120亿元。有序完成第二监管周期实地监审工作，国网四川省电力公司主要负责人多次向四川省委、省政府主要领导和分管领导专题汇报监审核价情况及诉求，积极争取合理的监审结果和核价参数。高质量推进电力现货市场建设试点任务，加强市场价格规则和结算规则研究探索。

【财务专项治理】主动适应改革监管要求，提升优化经营管理水平，推动电网投资与核价资产有效衔接，夯实有效资产基础，引导成本结构与核价趋同。聚焦压控一般性和非生产性支出、优化营商环境、增补电网薄弱环节等重点，持续优化资源配置，推动降本节支措施落地，高效完成三公经费、会议费压降5%和非生产性支出压降10%目标。扎实开展治亏损、压两金、降杠杆、防风险等专项工作，圆满完成“亏损企业减亏5户、应收账款余额零增长、资产负债率降低0.3个百分点、民营企业存量逾期账款清零”等目标任务，存量事项均创近年新低。结合公司考核机制，完善企业负责人业绩考核财务指标体系，科学引导各级单位经营责任落实。

【资产产权管理】坚持压控与盘活存量资产相结合，全面清理低效无效的房产土地，持续优化布局、加强盘活利用、挖掘潜在价值。充分利用协同监督机制平台，持续提升电网工程转资效率，累计完成长期在建工程清理项目1615个、转资金额35.6亿元，完成竣工决算项目3901个、转资金额52.62亿元。岷江水电重大资产重组进入实质性资产交割阶段。扎实推进县公司子改分和低效无效投资处置工作，会东、会理等4家县公司完成子改分任务。“十三五”规划以来，国网四川省电力公司累计压减法人单位133户，实现处置收益3亿元。

【资金集约管控】国网四川省电力公司秉承“安全、集约、精益、高效”理念，持续强化现金流量预算管理，稳步提升精准融资能力，压控融资规模，提高融资效益，2019年减少带息负债规模36.45亿元，节约利息支出1.6亿元。积极争取东西帮扶基金，收到总部13.89亿元专项资金，为电网均衡发展拓展资金渠道。加强银行承兑汇票管控，大幅压降银行承兑汇票收取规模，全年母公司收取票据11.94亿元，下降率达78.62%，积极探索银行承兑汇票开票业务，全年共开票13.41亿元，年化节约利息支出约0.5亿元。扎实做好资金安全专项检查“后半篇”文章，全面排查资金风险隐患，持续筑牢资金安全防线。

【防范经营风险】推动风委会常态化、规范化运行，建立专项风险评估机制，加强重点领域风险管理，推动专项风险评估成为重大决策前置必须环节。以“在线+现场”稽核为抓手，强化财务监督，推动线上线下检查协同，补充完善财务稽核规则库，25 条规则纳入典型共性问题管理。围绕资金安全、费用报销等重点领域开展常态化实时监督，完成对资阳、自贡等 8 家单位的现场稽核工作，并同步落实整改，着力化解潜在风险。

【财务管理】高效部署多维精益管理体系变革，持续推动“会计科目+管理维度”业财一体化改造，构建开放共享的价值精益反映体系，有效促进业务流、数据流和价值流自动融合、无缝衔接。积极构建“1233”新型资金管理体系，注重上下联动、强化业财融合，完成现金流“按日排程”全业务、全单位上线应用。完成新一代电费结算系统主体功能部署，实现财务、调度、交易数据高效集成。全面推广应用“互联网+商旅”，实现商旅审批、预订、报销、结算等全流程线上单轨运行，有效降低差旅费用和廉政风险。创新应用物资结算财务机器人，实现物资采购到付款环节全流程自动化处理，并在总部智慧供应链现场会成功参展。

【财会队伍建设】全面宣贯习近平新时代中国特色社会主义思想，加强会计职业道德建设，打造忠诚、干净、担当的财会队伍。开展预算管理、财税政策、资产产权、风控稽核、资金管理、工程管理、会计核算等专项培训，夯实财务人员业务水平。围绕“政策、知识、管理、创新、分享”，深入开展“财务大讲堂”主题活动。以赛促学、以学促用，大力宣贯国家电网有限公司资本运营、资产产权通用管理制度及国家输配电价成本监审相关政策，充分展现财会队伍良好的精神风貌。鼓励财务人员在岗自学，提升学历学位。2019 年，本科学历增加 6 人，研究生学历增加 3 人，硕士学位增加 1 人，新增中级职称 57 人、高级职称 15 人，另有 5 人获得注册会计师、1 人获得注册税务师、12 人获得其他职业资格。

农电管理

【工作成效】1. 有序推进各项年度扶贫任务。加强扶贫工作组织领导。完成扶贫工作领导小组成员部门职责调整，进制定年度扶贫工作重点，定期召开扶贫领导小组办公室会议，协调推进各项重点任务，国网四川省电力公司定点帮扶的 142 个村将如期脱贫。积极推进贫困地区电网建设。2019 年，完成“三区两州”农网项目投资 21.26 亿元，有效推动贫困地区电网提挡升级，并保障了易地扶贫搬迁、彝家新寨、藏家新居等项目用电。投资 7039 万元开辟绿色通道，及时为 4723 个农村产业项目通电投产，为贫困群众增收创造了有利条件。扎实推进贫困户用电问题排查整改。按照四川省委、省政府“两不愁三保障”大排查工作要求，逐户排查逐户整改，累计完成整改不通电户数 1592 户、不满足基本家用电器要求 638 户，确保不影响全省脱贫攻坚大局。多措并举推进消费扶贫。组织扶贫产品推介会，借助微信公众号和国网电商平台，推动线上线下产品销售。累计完成扶贫产品采购 220 万元，并将扶贫产品纳入工会慰问和营业厅展示，初步搭建稳定的供、销、购模式，营造全员参与消费

2019 年 9 月 11 日，省公司消费扶贫现场推介活动，图为各单位代表签订意向认购书（曹志刚 摄）

扶贫的良好氛围。

2. 强化扶贫工作规范化管理。加强扶贫捐赠项目管理。印发《扶贫捐赠项目管理实施细则》，明确项目申报条件，科学安排捐赠资金，落实相关各方管理责任。2019 年，扶贫捐赠项目共投资 803 万元，涉及 6 家单位的 15 个贫困村，在各级规范管理下，项目进展基本顺利，年内将全面完成。开展扶贫领域问题督查巡查。重点关注“两个责任”落实不到位、扶贫措施不精准、捐赠资金使用不规范等突出问题，督促各单位早发现、早整改，补齐漏洞和短板。截至 2019 年年底，完成对广元、巴中公司扶贫领域问题专项巡察，并将关注重点纳入常规巡察。

3. 积极营造脱贫攻坚良好氛围。扎实开展扶贫日系列活动。10 月 17 日，国网四川省电力公司组织 23 家基层单位共 1.2 万人开展“六个一”特色扶贫活动，活动募捐资金 132 万元，捐赠物资折合 102 万元人民币。通过扶贫捐赠、用电检查、知识下乡、金秋助学、爱心陪伴等专项活动，展现公司责任央企形象。优秀事迹案例成果突出。反映马边县扶贫实践的案例《点亮彝乡美好生活》入选社会扶贫板块十大优秀扶贫案例；反映国网四川省电力公司精准扶贫的微电影《阿体拉巴》在国际“第二届档案与文件管理电影节”荣获最高奖人民奖。国网四川省电力公司被表彰为 2018 年全省先进定点扶贫单位。技培中心获得省级表彰，乐山、绵阳、内江 3 家单位获得市州级表彰，4 人次获省级脱贫攻坚先进个人表彰。

4. 以星级乡镇供电所创建为引领，持续推动供电所综合管理提升。国网四川省电力公司组织开展五星级乡镇供电所可研申报与审核工作，将 35 个乡镇供电所列入 2019 年五星级乡镇供电所创建计划。组织召开五星级乡镇供电所现场会，部署 2019 年创建工作；内质外形建设方案研讨会，结合国网四川省电力公司已建成五星级供电所亮点、特色及农电重点工作拟订各项初步推荐方案，为基层创建工作提供依据，为各单位提供经验交流的平台。同时，以各市州公司已建成的五星级供电所为示范标杆，加强兄弟单位学习和交流。国网四川省电力公司实地深入调研国家电网有限公司系统内农电管理名列前茅的浙江、江苏等省的乡镇供电所管理体系，借鉴经验，消化回收，有力地促进了国网四川省电力公司系统供电所管理提升。国网四川省电力公司对各单位的拟创建供电所开展了全面现场督导，并对各单位创建情况进行月度通报。经过国网四川省电力公司组织的内部考评，该年度有 25 个乡镇供电所达到五星级标准，并从这 25 个乡镇供电所中进一步择优推选了 6 个供电所接受国家电网有限公司营销部组织的五星级现场考评，现已顺利通过考评验收。国网四川省电力公司还组织对各单位 2019 年创建的 59 个四星级乡镇供电所进行考评验收。国网四川省电力公司系统形成了积极争创星级供电所、努力提升供电所管理水平的良好氛围。

5. 研究实施乡镇供电所优化提升工作。紧密衔接地方行政区划调整。组织各单位加强与属地政府衔接，紧密结合地方调整方案、结合本单位农电管理实际，因地制宜研究乡镇供电所布局调整、减量提质工作。优化乡镇供电所人财物资源配置。随着“全能型”乡镇供电所建设的深化，供电所结构性缺员、基础设施薄弱等困难日益突显。通过省内外调研，提出供电所优化提升典型模式，协同专业部门制订专项工作方案，进一步集约资源配置。

6. 积极推进“全能型”乡镇供电所提升、乡村电气化建设等农电重点工作。国网四川省电力公司编制并印发公司《全能型乡镇供电所完善提升两年行动计划实施方案》和《推动乡村电气化工作实施方案》，明确两项工作的任务目标、时间节点及部门职责，切实推进两项工作有序开展。国网四川省电力公司每季度通报各项计划工作的进展情况，协调推动相关部门和单位按时完成节点任务，并将两项工作推进情况的阶段总结及时上报国家电网公司营销部。

7. 积极组织推进国网系统东西人才帮扶。根据国家电网有限公司人资部工作要求，组织国网内蒙古东部电力有限公司、国网甘肃省电力公司等 5 家公司开展 2020—2021 年度帮扶需求计划调研，并对国家电网有限公司 2020—2021 年度东西人才帮扶需求计划进行调整和优化。该次计划选派人员 296 名。组织国网西藏电力有限公司完成调剂 27 名帮扶人员参与阿里联网工程、“三区两州”工程建设及配网运维工作。组织协调国网西藏电力有限公司对需要延期的 133 名农网工程帮扶人员名单进行梳理和审核，并下发相关文件。组织国网山东省电力公司、国网江苏省电力有限公司等 6 家省公司选派 6 名专业技术人员赴国网新疆电力有限公司开展直流运检帮扶工作，完成相关培训、交接、协议签订等工作。根据国家电网有限公司换流站移交工作安排，组织协调国网上海市电力公司、国网河南省电力公司、国网内蒙古东部电力有限公司等 6 家省公司完成 12 名帮扶人员移交的相关衔接工作。

8. 组织开展东西帮扶考核表彰。组织开展 2017—2019 年度藏中联网工程专项帮扶 28 名帮扶人员帮扶期满考核鉴定工作。完成帮扶人员期满的工作交接及返程安排等组织协调工作。制作国家电网有限公司2017—2018年度东西人才帮扶工作先进单位、先进集体和先进个人荣誉证书，为国家电网有限公司系统33家单位寄发先进单位、先进集体和先进个人荣誉证书共140本。

9.有序开展东西帮扶常态管理。完成国网青海省电力公司、国网内蒙古东部电力有限公司等受援单位帮扶人员岗位调整的审批，组织协调国网河北省电力有限公司、国网吉林省电力有限公司等6家省公司做好帮扶人员因病替换的相关工作。组织协调各派援单位开展元旦、春节走访慰问帮扶人员工作，共慰问帮扶人员527名。组织国网内蒙古东部电力有限公司、国网甘肃省电力公司等5家受援单位开展2019年度帮扶人员年度绩效等级评价工作。每月定期对帮扶人员绩效考核等级和生活补助费的计算进行审核，并将相关通知单寄发33家派援省公司（直属单位）。组织对国家电网有限公司新选派的4名中组部对口援藏援青干部生活补助费标准进行核算，并由东西帮扶办下文通知相关省公司执行。加强帮扶工作宣传报道，编辑并下发《国网东西人才帮扶工作简报》11期。配合完成国家电网有限公司进藏举办多维精益管理、经济活动分析等6个帮扶培训班的相关工作，培训西藏公司管理人员495人次。

10.协调推进省内援藏各项工作。按照国家电网有限公司援疆援藏办有关部署，及时组织落实国家电网有限公司各项省内援藏的工作措施，督促开展省内藏区县公司对口帮扶，按时完成上级要求的各类报告和报表的编制上报，并及时开展年度工作总结和计划工作。

【存在的问题】1.光伏供区延伸供电压力增大。随着脱贫攻坚的深入推进，四川省部分独立光伏供电村对供电质量提出了更高的要求和期望，希望改为大电网延伸供电，而且经常与脱贫工作挂钩。四川省能源局也提出在条件成熟的独立光伏供电地区实施电网延伸供电，但未明确资金来源和支持政策。由于光伏设备损毁，或光伏供区农牧民搬迁，客观上形成了新“无电户”的出现。从管理责任来说，光伏供区应由中兴能源有限公司负责建设和维护，但政府有关部门仍然希望电网企业兜底，对后续的脱贫攻坚考核验收增加了压力。

2.贫困户用电问题仍需高度关注。个别地方易地扶贫搬迁项目计划时有调整，供电配套设施同步建设协调难度大；有些地方，国网四川省电力公司完成了易地扶贫搬迁项目高压部分的建设工作，但由地方统筹的低压部分进展迟缓，导致贫困户通电滞后，还有一些地方政府，在四川省脱贫攻坚大数据平台中将正常用电的贫困户误标注为未通电或电能质量不达标，给公司带来负面影响，还需要各单位进一步加强与属地政府的衔接，做好项目对接和信息沟通。

3.深化乡镇供电所管理难度较大。国网四川省电力公司供电所已按照国家电网有限公司部署，建立了内外勤班，实行了台区经理、综合柜员制，在形式上完成了全能型的转型工作。但因供电所业务由诸多专业贯穿，“上面千条线，下面一根针”，缺乏综合统筹机构和机制，造成乡镇供电所对上级各专业口部署的工作疲于应付。加上农电员工平均年龄达47岁，因此难以真正实现营配业务末端融合、客户服务一站完成、农电员工一专多能等管理提升目标。

审 计 工 作

【主要工作情况】2019年，国网四川省电力公司审计工作贯彻落实国家电网有限公司审计工作会议和国网四川省电力公司“两会”精神，聚焦国网四川省电力公司党委关注的重大事项和企业经营管理中的薄弱环节，强化审计质量管控，创新审计工作手段，全年完成审计项目642个，提出审计建议4389条，促进增收节支1.54亿元，切实发挥审计监督在全面从严治党、依法从严治企、公司合规经营等方面的重要作用。

1.高质量完成国家电网有限公司总部和区域中心的审计项目（高质量完成总部审计任务）。国网四川省电力公司承担国家电网有限公司总部任务，组织完成国网长沙供电公司经济责任审计，配合西南审计中心完成国网青岛供电公司原总经理孙敬任期经济责任审计等8个审计项目。

2.高效完成迎审迎检配合工作。积极做好国家电网有限公司对国网四川省电力公司原董事长离任经济责任审计、国网四川省电力公司驻京办专项审计等内外部审计检查迎审配合，建立高效迎审联动机制，协同调组织相关部门、单位58个，开通业务系统 32 个，提供相关资料 3832 份，圆满完成迎审任务。

3. 积极推进审计体制机制建设。充分利用审计机构定期报告工作机制和党委审计工作领导小组决策平台，进一步强化党对审计工作的领导，突出审计的独立性和权威性。积极推进“上审下”及审计部-审计中心业务一体化运作机制，优化工作组织形式，切实发挥国网四川省电力公司审计队伍一盘棋作用。

4. 有序推进审计全覆盖。一是强化领导干部经济责任审计质量。开展经济责任审计 104 项，查出问题 2121 个，提出审计建议。二是加强工程项目审计质量管控。全面组织实施“三区两州”电网建设和新一轮农网改造工程全过程跟踪审计，开展 491 个工程项目竣工决算审计，查出问题 1567 个，促进增收节支 1.35 亿元，提出审计建议。三是聚焦重点领域风险，开展物资仓储管理、线损管理等专项审计 26 项，查出问题 775 个，提出审计建议。

5. 全面推进数字化在审计工作中的应用。一是积极融入泛在电力物联网建设，全面推进数字化审计工作。二是高效推进数字化审计平台部署。积极参加每月泛网建设会议，汇报平台建设进度，解决建设难点，高质量完成审计平台的部署。三是完成国家电网有限公司持续审计监督工作。开展“合同管理”“日清日结电费管理”等 9 个主题的持续审计监督，查询数据 1000 多万条，发现疑点 439 个。四是审计创新重点突破（积极开展数字化管理创新工作）。总结近年提炼优秀审计成果，深度融合数字化理念和技术，开展《依托于数字化审计工作室运用的审计监督》管理创新项目，荣获国网四川省电力公司管理创新三等奖。

6. 全力推进审计问题整改工作。分类建立 2011—2019 年问题整改台账并实行动态销号管理，实施全程跟踪和督导，审计问题整改得到有效闭环管控。积极开展整改联动督导，加强对共性问题、屡查屡犯问题的研究，修订完善管理制度，促进规范经营和管理提升。全年整改问题 4367 个，问题整改率 98.05%。

7. 积极推进违规经营投资责任追究体系建设。经国网四川省电力公司党委会审核通过，正式印发《国网四川省电力公司违规经营投资责任追究实施细则（试行）》（川电审计〔2019〕66 号），明确责任追究范围、责任认定、责任追究处理等具体情况，为下一步强化责任追究提供了制度保障。

【存在的问题】由于国网四川省电力公司资产规模大、管理链条长、所属单位多、生产经营点多面广，在改革发展过程中依然存在许多薄弱环节。从 2019 年各类审计检查情况看，还存在许多风险和隐患。

1. 重大政策及决策部署落实方面。主要是“三供一业”分离移交工作不及时、不彻底；违规调节“两金”压降指标；优化营商环境搞变通；国家涉电清费政策执行不到位；集体企业瘦身健体工作落实不到位，低效无效资产处置不彻底。

2. 重大经济决策方面。主要是违规决策、未经集体决策、先实施后决策等决策过程不规范；决策事项未履行报批或备案程序；“三重一大”决策事项执行不到位；对外担保管控不力，历史遗留担保未及时解除存在损失风险。

3. 财务资产管理方面。主要是部分单位违规通过个人银行卡收缴电费，存在电费截留或挪用风险；个别单位收取的电费、电力设施损坏赔偿费等现金未及时缴存，存在较大资金安全风险；物资清算、结算、决算不及时；决算转资管理不规范，在建工程长期挂账，影响有效资产认定和输配电价确认；提前列支成本、资本性支出费用化现象仍在大量单位存在。

4. 程建设管理方面。主要是部分项目立项可研深度不够，投资计划不准确，投资完成率差异较大；项目设计深度不足，设计变更未经审批；项目实施违反基本建设程序，未批先建、未经审批先开工、未批先采购；部分单位项目未实施或项目未按进度计划完工，实施进度滞后；项目违规转包、分包；监理履职不到位，应监理未监理；项目建场费依据不充分或超标准、超范围赔付；项目未实施未完工提前结算或以预算代结算；部分项目结算依据不充分，重复结算或结算与项目无关的成本费用。

5. 采购及物资管理方面。主要是越权采购；应招未招、化整为零规避招标；非招标采购不规范，存在虚假采购、围串标、应废未废等现象；未履行采购程序、直接指定供应商；虚假采购，先实施后采购，未中标已分包；物资出入库管理不规范，账实不符；甲供物资结算不规范；库存物资长期积压；废旧物资未及时足额回收和规范处置。

6. 营销管理方面。主要是电价执行错误，存在少计收变损电费、未执行或执行错误功率因数调整电费等现象；估抄、漏抄电量；擅自改变抄表例日，无关联预收转实收业务，人为调整电费回收指标；退费依据不充分或计算不正确；少计收违约使用电费；违规减免电费；计量差错处理不正确、不及时；“不明款项”电费管理不规范、清理不及时；业扩报装流程管控不严，营销业务线下流转；用电安全隐患未及时消除。

7. 人力资源管理方面。主要是部分单位组织机构设置不规范，干部管理不合规；部分集体企业仍为主业人员负担薪酬；个别单位违规发放加班费或超工资总额计划发放工资；超范围列支福利费，职工疗养管控不到位，辞退福利支付把关不严；核心业务违规外包；用工管理不规范，存在人员混岗、核心岗位使用劳务派遣人员等现象。

8. 产业单位管理方面。主要是重大经营决策程序履行不到位，重大事项未经集体决策或决策不规范；关联交易管理不规范、价格不公允、依据不充分；往来款项清理不规范、不及时，存在资金损失风险；超能力承揽主业业务，工程转包、违规分包、挂靠问题突出，存在安全隐患；采购策略选取不合规，采购过程招、评、定环节不规范；部分集体企业潜亏，存在较大经营风险。

依 法 治 企

【电力体制改革】1. 强化政企联动与会商机制，加强与主管部门沟通汇报，有效把握改革主动性。配合省级相关部门开展课题研究，智力成果得到充分采纳。

2. 创新水电消纳示范区建设，四川省委、省政府采纳国网四川省电力公司建议，并印发《水电消纳示范区实施方案》，6 个市（州）试点建设有序推进。

3. 积极推进增量配电改革试点，完成第二批眉山洪雅试点项目制公司工商注册，并做好开工准备；完成第四批成都青白江试点项目可研论证。积极协助做好第五批试点申报工作及各试点的配套服务。

4. 探索推进国、地两网融合，向四川省委、省政府主要领导，国家能源局、国务院参事室等全方位沟通汇报，取得理解支持。赴广西等地交流学习，形成更为明确的改革路径思路。

2019 年 12 月 9 日，国网四川省电力公司开展法治文化建设主题活动
（姚林灵　摄）

5. 深化电改重点问题研究，牵头国网四川省电力公司政策咨询委改革课题研究 3 项，进一步深化对四川分散电力体制特殊省情、网情支持。

【国资国企改革】1. 创新开展“创一流”工作，明确重点工作 26 项，专项实施方案 16 个，重点突破项目 26 项。现代(智慧)供应链建设排名国家电网有限公司第二，国际标准创新基地建设排名国家电网有限公司第一，泛网工程四川省重点实验室正式获批并开建。

2. 产业单位遗留问题处置取得突破性进展。国网四川省电力公司积极推进四川峨眉山股份有限公司破产重组，取得国家电网有限公司同意批复，进入实质性重整阶段，英惠燃气完成工商注销，龙源电力和中水西南公司完成税务注销，成美公司已签订转让协议，受让方已履行付款。

3. 率先上报国网四川省电力公司集体企业深化改革工作实施方案，完成产业管理公司工商注册。

4. 制定并落实国网四川省电力公司第一批“放管服”事项清单 97 项，加快研究制定第二批“放管服”事项清单。累计修订制度 41 个，优化流程 76 项，调整信息系统 17 个。

5. 有力深化内部改革改制，正式完成岷江供电公司工商注册；长宁县电力公司改制前期工作基本完成；完成调试业务市场化改革。

【法治能力提升】1.主要负责人积极履行法治建设第一责任人职责，法治川电建设顶层设计能力持续提升。国网四川省电力公司党委4次专题听取法治工作汇报，统筹安排部署法治建设工作。国网四川省电力公司董事长、党委书记谭洪恩提出“十讲十增强”要求，强调“讲法治，增强规则意识”；进一步完善治理结构，设立董事长办公会、董事会秘书，建立健全相关议事规则。与所属各单位主要负责人签订2019年度法治企业建设责任书，逐级压紧压实法治企业建设主体责任。

2019年12月9日，国网四川省电力公司以情景剧等方式在线上开展“规章制度落实督导年”活动优秀成果发布，促进先进经验共享交流

（曹志刚　摄）

2.创新开展“规章制度落实督导年”活动，规范化管理能力持续提升。以制度落实为抓手，统筹开展“规章制度落实督导年”专项活动，梳理完成问题整改259项，全面深化制度执行。夯实制度管理基础，完成国网四川省电力公司制度新建359项，修订188项，废止723项。将制度培训纳入各专业培训模块，多渠道深化制度宣贯。创新制定《规章制度执行监督管理办法》，探索建立制度落实长效机制。

3.全面启动合规管理体系建设工作，企业合规治理能力持续提升。编制国网四川省电力公司合规管理体系建设工作方案，完善各级合规管理组织机构。积极参与国家电网有限公司总部顶层设计，深度参与合规管理办法编制。积极开展合规培训，促进合规文化宣贯。编制下发《重点岗位合规风险防范手册（第一批）》，加强合规风险防控。开展四川省国资委“具有电网企业特色的合规管理体系建设研究”，该研究获省国资委优秀课题成果奖。

4.强化重大决策合法性审查，法律风险防范能力持续提升。建立依法治企法律审查、议题合规审核和决策合法性审核三级审查机制，支撑重大涉法经营管理，对峨电破产重整、集体企业压降和岷江水电重组等重大经济业务进行法律审核，针对重大议题出具法律意见书11份。对国网四川省电力公司电驻京办事机构专项清理等事宜提出52项法律意见。

5.全面深化案件管理机制，公司主动维权能力持续提升。试点建立重大重要案件专项处置组，提高办案效率。召开典型案例分析会，提升法律顾问案件处置能力。探索优化案件管理，触电案件压降取得突破。该年度新发触电案件数量33件（国网指标为48起），同比下降37.74%。2019年，国网四川省电力公司及系统共处理各类案件354件，其中新发案件192件，结案44件，避免和挽回经济损失8931万元。主动起诉追偿房屋租金、股权转让等问题引发的纠纷，积极维护公司合法权益。

6.启动法律风险全面排查，法律风险防范能力持续提升。评估164项法律风险，动态跟进化解各项法律风险30余次。优化国网四川省电力公司“走出去”重大境外法律风险防控预案，调研国网四川省电力公司公平无歧视放开电网、三指定和滥用市场支配地位等边界行为，研制防控措施。深入开展“关联交易 靠企吃企”专项治理工作，排查整改工程建设、物资采购和招投标等方面问题13个，制定整改措施17项，均已整改完毕。

7.加强合同全流程业务督导与招标全程法律服务，法律保障能力持续提升。国网四川省电力公司系统签订合同54556份，涉及金额728.35亿元，法律审核率100%。严格落实授权管理制度，办理授权849项，规范国网四川省电力公司内部管理行为和对外法律行为。提供招标全程法律服务，审查采购方案36个，采购文件2055份。配合国家电网有限公司总部开展招标法律保障制度修订前期工作，参与《国网公司招标采购文件法律审核指引》编写。

8.创新开展法治文化示范阵地试点建设，法治文化建设能力持续提升。积极推进国家电网有限公司法治文化示范阵地试点建设，扎实开展法治宣传教育活动。举办法治文化建设演讲比赛，联合四川省司法厅开展“安全用电大比拼”暨电力法律知识有奖知识竞答活动，累计答题200万人次。拍摄《电与法》系列小视频，制作《我与宪法》宣传片2部。各级单位中心组学法60余次，分层级强化各级人员法治培训，切实增强全员法治意识。

9.法治组织体系更加健全，法治队伍专业能力持续提升。配齐配优省级法律中心人员，出台《法治管理运行机制优化调整方案》，系统完备、运转高效的公司法治组织体系和工作机制初步建立。调研分析国网四川省电力公司系统法律资源，加强市、县公司法治队伍建设，新进法律专业大学生7人。开展法律顾问执业能力培训，提升法治队伍专业能力水平。

10.法治环境进一步改善，内外部法治资源统筹能力持续提升。主动前往四川省司法厅、四川省国资委沟通交流法治建设工作，加强与行政机关的职能对接，建立持续稳定的工作沟通、业务研究和联合处置机制。完成26件四川省人大代表涉电建议、四川省政协委员涉电提案办理，受到四川省人大、四川省政协的肯定。国网四川省电力公司获评全国普法办“七五”普法中期先进集体。

【存在的问题】1.经济下行压力大，全社会降低用能成本期望值过高，电网促进能源转型发展工作任务重，现代企业制度不够完善，适应监管的体制机制尚未健全等问题逐渐凸现。推进公司治理体系和治理能力现代化，推动经济高质量发展，更好满足人民对美好生活向往，落实能源安全新战略，建设“三型两网，世界一流”能源互联网企业对加快全面深化改革提出了新的要求。

2.法治影响力仍需加强。法律与业务部门协同协作合力还未完全形成，部分单位依法治企工作仍存在表面化、形式化问题。

3.依法维权形势较为艰巨。在侵权责任纠纷案件处置中，国网四川省电力公司仍处于不利地位。在减免责任的触电案件中，国网四川省电力公司仍承担较高的赔偿比例；近期出现国网四川省电力公司送达安全隐患整改通知书而被判承担责任的情况。

公安消防管理

【主要指标完成情况】2019年，公司发生10千伏及以下盗窃、破坏电力设施案（事）累计321起，造成直接经济损失364.43万元。发生35千伏及以上盗窃、破坏电力设施案（事）累计23起，造成直接经济损失195.68万元。其中，220千伏及以上线路外破事件累计6起。国网四川省电力公司外破事件数量相比去年下降12%，直接经济损失下降38.8%；未发生消防、交通和外破考核事故。

【创新消防管理模式】1.制定国网四川省电力公司消防管理办法（川电保卫〔2019〕13号），理顺并明晰消防管理体系，构建起消防归口管理、监督管理和专业管理分工负责、协同配合、齐抓共管的格局。

2.按照国家和国家电网有限公司“防风险保平安迎大庆”消防安全隐患排查治理专项行动要求，4—10月，组织开展国网四川省电力公司各级单位为期半年的专项行动发现消防隐患215起，完成整改215起，无重大消防隐患。国网广元供电公司、国网绵阳供电公司等单位对上半年危化品隐患整治工作进行“回头看”，做好危险源管控，摸清危化品管理的底数和薄弱环节，避免“想不到”和“管不到”的问题。

3.推动开展消防设施第三方检测工作，有针对性的组织消防隐患立项或落实预算开展精准治理；实行负面清单管理，严把消防施工、维保项目质量关，督促社会消防从业单位提升服务质量；督查各级单位消防维护管理工作，提升消防管理水平。

4.截至11月底，国网四川省电力公司2019年消防隐患治理纳入综合计划管理216项目，总投入1.6亿元，其中生产技改大修1.45亿元、生产辅助技改大修0.15亿元；上报国家电网有限公司的“万条治理”消防和电缆沟隐患在ERP中已列入各级单位可控费用7.08亿元。在ERP等信息系统中，205项生产技改大修的需求提报率92.15%，合同履约率26.23%，累计支出入账率31.96%；11项生产辅助技改大修的需求提报率90.25%，合同履约率10.67%，累计支出入账率11.46%。“万条治理”消防和电缆沟隐患项目的累计支出入账率17.51%。2019年，公司4座直流换流站消防隐患31项，完成治理26项，剩余5项，完成率83.9%；变电站消防隐患共3867条，已治理3439条，剩余782条，完成率88.93%。有561座变电站消防告警信号上传至国网四川省电力公司。

5.截至11月底，国网四川省电力公司收集到2020年消防隐患治理及生产技改大修、生产辅助技改大修等项目需求425项；总投入2.3亿元，其中生产技改大修1.87亿元、生产辅助技改大修0.34亿元。

6.截至11月底，国网四川省电力公司完成687座变电站和2座高层建筑消防验收备案取证工作；其中，国网德阳供电公司、国网雅安供电公司、国网凉山供电公司、国网遂宁供电公司的变电站和办公楼已取得地方消防部门验收或备案合格手续。国网四川省电力公司检修公司的3座500千伏变电站，18个供电公司的77座220千伏变电站、447座110千伏变电站、678座35千伏变电站和部分高层建筑地方消防部门验收或备案合格手续正在协调办理中。

7.截至11月底，国网司四川省电力公司4座换流站的53名运行人员通过消防培训及考试，全部满足每个当班值不少于2人持中级消防设施操作员证上岗的要求。604人完成变电运维人员中级消防设施操作员证上岗取证工作。

【创新电力设施外破工作】1.提请四川省经信厅牵头政府多部门会签并联合下发《四川省电力线路“三跨”安全隐患治理专项行动》，着力解决“三跨”隐患治理工作协调难、现场协同难、审批时间长、收费标准不一等问题。

2.在国网四川省电力公司领导大力推动下，四川省森林草原防灭火指挥部、四川省森草局高度重视林草区输电线路安全，完善了全省林区输配电线路引发森林火灾隐患治理机制，开展专项隐患排查整治行动，全年无公司线路引起的山火发生。

3.在全省开展外破隐患、防山火专项行动，联合公安机关，加大外破事件打击处罚力度，积极追缴经济损失，3名肇事人员受到治安拘留10日处理。

4.修编下发安全隐患告知书模板，完善企业告知程序，加强制度建设，组织开展“5·17”和6月安全生产月电力设施保护宣传培训活动，对成都地区30多家建设施工单位进行涉电警示教育培训，提高全社会涉电安全意识。全年对重点人员建档4734份，大型施工机械信息3442条，并纳入重点人员档案管理，集中培训重点人员8470人，施工现场开展涉电安全培训14300人次。

5.大力开展外破隐患排查整治，深化应用外破隐患治理“工单制”，加强现场安全管控，加大技防设施建设和高科技手段应用，防外破重大案件同比下降。2019年，共排查出外破重大隐患488起，整改400起；一般隐患13635起，整改12863起。

6.充分发挥警务室的特殊作用，组织开展系统23家单位的电力警务管理工作现场交流，着力加强电力警务室管理，规范警务室档案管理、施工许可、“三书”发放、隐患处置、安全巡视等警务工作，提升工作质效。

【交通安全警企联动】协调四川省公安厅交警总队开展国网四川省电力公司公务用车、生产用车和集体企业用车等交通违法数据按月通报、督办。截至11月30日，国网四川省电力公司车辆管理平台共有车辆12345台，发现违（法）章11997起，其中酒后驾车9起（已经责令所属单位严肃处理）。

【存在的问题】1.消防管理工作有待强化。（1）消防隐患治理在综合计划、各单位可控费用列支的项目支出入账率均不足32%，项目管控工作还需要加强。

（2）变电站、办公楼运行使用消防合规性取证工作难度大，尚有1286座变电站、部分高层建筑未取得消防验收或备案合格证书。同时，随着建设时未通过消防机构初设审查和竣工验收（备案），国家消防管理体制改革后，政府主管部门内部职责变动，消防初设审查和验收（备案）工作由消防机关移交至住建部门管理，但具体职责划分、业务移交进度各地市均不尽相同，因此严重影响该项工作开展进度。

（3）消防隐患存量较多，消防设施的配置率、完好率、自动化率未达到国家电网有限公司要求。特别是容易发生火灾的同沟电缆消防存在项目申报审批、资金投入滞后，隐患治理进程较慢等问题。尚有354个变电站消防告警信号未上传到度；有78处未按《电力设备典型消防规程》《火力发电厂与变电站设计防火规范》要求配置变压器固定自动灭火系统，或需要整体更换；131处火灾自动报警系统应配未配、损坏或报警信号远传不全；212处存在动力电缆与控制电缆、通信电缆等混沟敷设情况，且未采取可靠的防火隔离措施，极易引发电缆火灾事故。部分变压器固定自动灭火系统未投入“自动”状态，且不满足防误动条件。从生产辅助场所隐患看，部分人员密集区域防火分区不合理，一些防火隔墙、防火卷帘、防火门等损坏，部分建筑物消防器材存在配备数量不足、过期失效；部分办公经营场所存在疏散通道不畅，部分大楼电缆竖井存在强弱电未隔离布置、未设置防火封堵；一些通信机房、档案室等重点部位未按规范配置合适种类的灭火设备；部分单位消防设备设施存在配置不齐全、灭火器超期、消防标识不齐全、消防栓静水压不足、消防泵运行异常等缺陷，不能满足消防设备设施完备可用的要求；部分移交的老旧、自管（非直供）小区电力设备长期缺乏运维，居民私接电线情况较多，极易引发火灾。

2. 电力设施外破事件时有发生。（1）以大成都为首的省内经济活动繁荣地区，基础设施、市政建设工程依然如火如荼开展，施工单位存在赶进度、抢工期、野蛮施工的现象，对电网安全构成严重威胁。且责任单位均是重点工程、大型单位，协调处置难度大，防范外力破坏的任务繁重。

（2）社会临时零散的吊装、运输作业造成外破时有发生，临时聘请的施工、操作、驾驶人员涉电安全意识淡薄，安全知识匮乏是造成事故的主要原因，并且这类临时作业人员没有责任单位和主体，难以进行涉电安全培训和施工涉电安全交底。

（3）城市配电电缆被盗案件时有发生，案件呈现出专业化、团伙化、流窜作案特点。被盗的多为未带负荷线路和运行电缆线路的接地线，需要进一步加大配网监测和技术防控投入。

（4）同时，有 16 家市级公司和 78 家县级供电公司（含省检 6 个分部）处于重点防火区域（全省为甘、阿、凉、攀枝花、雅安），输配电线路防山火任务繁重。

3. 交通安全意识有待提升。从 2019 年 7 月开始，国网四川省电力公司开始通报公司车辆违章违法情况，目前仍然存在公司车辆违章违法次数多、总量大，酒架违法等总问题，公司行车安全存在重大隐患风险。

企业基础管理

【质量管理】国网四川省电力公司印发《质量管理小组成果奖励办法》，建立激励机制，力促基层班组全员创新创业创效活力。国网四川省电力公司整合公司系统资源，组建多单位、多专业参加的专家团队，多维度、全过程指导国网广元供电公司 QC 小组成果《智能电缆输送装置的研制》。该成果获得 44 届（东京）国际质量管理小组大会金奖，为国网四川省电力公司成立以来 QC 成果获得的最高荣誉。国网四川省电力公司 QC 成果 2019 年共获得国际金奖 1 项、国家级 2 项、行业级和国家电网有限公司级成果 5 项。加强 QC 人才队伍培训，截至 2019 年，国网四川省电力公司外送骨干人员 56 人次参加中质协举办的 QC 小组活动诊断师培训；开展质量管理小组活动内训师培训，培养既懂 QC 知识又懂授课技巧的人才，为公司高质量发展提供人才支撑。

【管理创新】持续优化完善管理创新体系，健全管理创新奖励和成果评审机制，印发《管理创新奖励办法和成果评审指南》，管理体制机制进一步完善，为促进创新驱动发展动能的进一步释放提供制度保障。成果屡获表彰，2 项成果获全国电力行业（管理类）科技创新奖一等奖，获奖数量位列全国省级电网企业第 2 名；2 项成果获第 26 届国家级管理创新成果二等奖。按时高质量组织完成国家管理创新项目 2 项、国家电网有限公司项目 5 项和国网四川省电力公司级创新项目 58 项，分层分级做好全过程管控，对国家级项目不定期组织专题研讨推进会，邀请中企联和省企联专家进行现场辅导和跟踪指导；对纳入国家电网有限公司计划的项目按月管控进度，定期检查汇报成效，重点辅导成果提炼，严格把关推荐申报材料；对国网四川省电力公司项目从项目实施、中期检查和成果提报等关键环节进行管控。

【对标管理】编制完成国网四川省电力公司《以对标推动世界一流示范企业创建实施方案》，将创建一流企业 9 项关键指标落实到省、市公司对标指标中。围绕“三型两网、世界一流”战略目标，按照“一个引领、三个变革”的框架，重新构建地、市供电公司对标指标体系。同时，将指标数量大幅压减至 39 个，提高对标工作的针对性。坚持“不排名、不考核、强化纵向对比”的工作思路，编制国网四川省电力公司 2019 年对标指标提升工作方案，开展季度对标评价，分析各项指标与创一流目标值和国家电网有限公司系统先进水平值的差距，找原因，做整改，防风险，实现由“对排名”到“对差距”的根本转变。组织国网成都供电公司到江苏、上海等配网资产国际对标先进单位学习，提升国网四川省电力公司配网基础数据治理和供服系统应用水平；组织国网甘孜供电公司和国网阿坝供电公司参加“四省一区”高海拔供电企业对标交流，共同推进藏区电网发展方式和企业管理模式转变。

【制度标准】按照国家电网有限公司制度标准智能知识图谱体系建设要求，国网四川省电力公司积极组织，对基建专业、交易专业219项制度标准进行拆解匹配，并在公网环境完成系统录入审核工作。开展制度标准智能管理体系应用验证，组织10人分组织、员工、薪酬及教培四个小组开展验证测试，完成通过对智能搜索、AI专家及差异对比等模块的测试，逐条与制度规范比对，发现891个问题，其中智能搜索794个，AI专家95个，差异对比1个，智能推送（热门推荐、相关推荐）1个。

【信用体系建设】推进失信联合惩戒工作常态化工作。按季度开展国网四川省电力公司内部信用信息排查，重点排查县级供电公司和集体企业，持续优化信用管理工作机制。督促相关部门和单位协同处理并顺利退出两起被纳入失信重点关注名单事件。截至2019年年底，国网四川省电力公司系统未发生具有较大影响的失信事件，公司失信联合惩戒工作典型经验入选《国网动态》专刊。

【社团管理】严格把关入会审批，规范会费缴纳，完成两家直属单位入会申请审批流程。开展国网四川省电力公司基层单位加入外部社团排查，重点排查集体企业加入社团组织的情况，健全社团信息档案。履行国网司四川省电力公司作为四川省电力行业协会理事长单位的职责，协助行协完成了赴锦屏电厂参观学习、体育活动交流、企业文化建设、课题研究等各项工作。首次对国网四川省电力公司加入的11家社团及相关二级单位参加的10家社团开展年度成效评价，就各社团在沟通交流、组织活动、提供服务等方面分析、评价并发布成效结果，实现国网四川省电力公司社团管理完整闭环。

【可持续管理】按照国家电网有限公司《关于深入推进可持续性管理工作方案的通知》要求，选送国网四川省电力公司骨干人才参加国家电网有限公司与清华大学公共管理学院组织的可持续性管理骨干人员培训班，邀请国家电网有限公司专家到四川宣贯和培训《国网电网有限公司可持续性管理实务1.0》。结合国网四川省电力公司泛在电力物联网建设，探索可持续性发展项目与泛网项目的融合，从2019年泛网示范项目中遴选出5个与可持续性管理内涵关系紧密的项目进行储备和培育，以打造具有理论和推广价值的可持续性示范项目。

综合服务管理

【关键业绩指标完成情况】2019年，国网四川省电力公司综合服务中心（以下简称“中心”）在国网四川省电力公司党委的领导下，贯彻“十讲十增强、转型再突破”要求，全力推进实体化运作、一体化管理，各项工作有序推进，年度目标任务完成。流动资产余额23.42万元，内部模拟利润5.96万元，有效资产转资率100%。未发生安全、廉政、稳定等违纪违规事件和影响中心形象的负面事件，支撑业务工作任务完成率100%，支撑服务满意率100%。完成18家会计主体单位资金支付47.70亿元、工程决算12.34亿元、省调电厂购电费核算610.06亿元，并实现“零差错”。完成各类审计项目35项，查出问题980余个，促进增收节支3000余万元。开展8家直属单位在线审计，促进增收节支180余万元。建立法律服务保障机制，组织审查重要决策118项，办理案件365件，挽回经济损失8942万元。获得省级人大政协提案100%满意，合理传导电价、农网等诉求。受托管理年金资产72亿元，年金分公司、子公司计划投资收益率分别为8.54%和8.58%，排名国家电网有限公司前列，及时足额收取和缴纳各类社保费用共21.14亿元。服

2019年11月22日，国网四川省电力公司综合服务中心参观学习蚂蚁C空间
（高珩瑞　摄）

务本部500多名离退休人员，处理员工利益诉求事件十余件，员工队伍和谐稳定。撰写“十讲十增强”等评论报道60余篇，3名记者获国网四川省电力公司2019年安全生产特殊贡献奖。

【主要工作完成情况】1.强化党建引领，发挥核心作用。开展“不忘初心、牢记使命”主题教育活动，组织党支部结对共建、主题党日、红色教育等特色活动，开展“抓整改、除积弊、转作风、为人民”专项行动，立行立改问题22项。党委领导班子运行机制进一步完善，规范完善了中心议事决策制度，建立周例会机制，通报重点工作，班子合力进一步增强。党风廉政建设深入推进，完成2个B类协同监督项目，各级廉政约谈27人次，保持风清气正良好局面。推进“党建+”工程，审计支部在一线成立临时党小组，财务支部结对联系特高压指挥部临时党支部，法律支部设立“咨询服务日”。中心涌现出国家电网有限公司优秀党务工作者、国网四川省电力公司电网先锋党支部等先进典型，会计核算中心党支部书记龙波荣获“川电工匠”。

2019年9月27日，国网四川省电力公司综合服务中心开展“我和我的祖国系列活动之我和祖国共庆生”活动　（董雪　摄）

2.规范经营管理，推进一体建设。落实《国网四川省电力公司关于优化调整国网四川省电力公司综合服务中心管理机制的通知》（川电人资〔2018〕101号）要求，中心一体化管理深入推进，支撑服务能力进一步增强。强化班子成员对中心业务的管理职责，创新业务板块承担中心管理的职能，形成“立体式”监督网络，增强了中心基础管理水平，提高了决策风险防范能力。开展“规章制度落实督导年”专项行动，建立中心制度落实问题台账，完成制度“废改立”工作，推动制度有效贯彻执行。针对重点环节定期开展隐患排查，开展全员安全和保密教育，安全风险保持可控在控。建设文化长廊、职工书屋、党员活动室，开展中华人民共和国成立70周年、健步走、道德讲堂、集体生日、节日慰问等活动，群团组织桥梁纽带作用充分发挥。

3.塑造内质外形，提升队伍素质。抓住关键少数，调整干部13人次，提拔年轻干部3名。规范干部管理8项制度，严格干部考核、出差、请销假、因私出国（境）等管理。优化薪酬及绩效管理体系，修订中心绩效管理实施细则，绩效考核体系更加科学、高效。主动适应教育培训形势，推进“大培训、大比武、大提升”活动，开展全员履职培训和高校毕业生轮岗实习。会计核算中心“全员微课堂”成效受到公司和员工的肯定。提升员工队伍素质水平，开展“互联网学习周”，领导班子带队赴阿里云参观学习，邀请3名互联网专家授课，紧跟移动互联信息化发展趋势。中心获国网四川省电力公司管理创新二、三等奖各1项。

4.夯实财务基础，深化业财融合。巩固中心财务基础管理，修订中心经济业务报销审核审批制度，落实业务归口主体责任，强化业务预算与财务预算刚性。助力多维精益变革，按照新的成本归集模式规范会计核算，完成资产负债和损益类科目转换。服务意识和水平进一步提升，在国网四川省电力公司范围内率先部署应用财务机器人，坚持核算单位月度走访、季度信息通报，落实财务专管员制度，开展集中专题培训、现场服务。业财融合机制初步形成，支撑公司输配电价成本监审、财务决算、审计巡察等，配合清理办结民企欠款近2亿元。

5.丰富审计手段，实现质效齐升。审计组织模式实现“三个融合”：审计业务与党建融合，支撑职能部门与审计业务一体化运作融合，现场审计与数字化审计融合。审计作业现场实现“三个全覆盖”：对被审计单位经济业务全覆盖，审计对象全覆盖，项目管控流程全覆盖。审计工作成效实现“三个满意”：形成要情专报、管理建议书等，管理层对审计成果满意；建立审计联络员制度，及时提出可执行的审计意见，被审计单位对审计服务满意；创新“审计中心+基层单位支撑”合作模式，审计人员对能力提升满意。

6.支撑法治川电，风险持续在控。国网四川省电力公司全力推进法律服务与中心管控、本部支撑“一体化”，抓住“法律咨询日、授权管理、法律审核、合同管控”4个着力点，切实提升了中心全面依法治企水平。做到法律支撑服务“12345”，获国家级法治荣誉1项；完成触电防治和关联交易整治2个专项；举办法治演讲、法治竞答、法治视频3项活动；高效保障法律审核、案件、风险、触电压降4项指标；全程支撑岷电重组、峨电破产、水电消纳示范区等5项年度重点任务，满意率为100%。

7.注重正面引导，保离退休稳定。严格执行两项待遇，召开情况通报会2次。组织参观考察、集中学习等大型活动，700余人次参加。全年慰问300余人次，妥善处理13名离退休人员去世善后事宜。联合中心团委开展志愿服务，营造尊老敬老氛围。开展庆祝中华人民共和国成立70周年系列活动，联合成都片区5家单位举办文艺演出。稳步推进离退休统筹外费用自查整改事项宣传，开展退休人员移交社会化管理前期情况收集。

8.坚持创新探索，维护职工权益。适时调整投资策略，强化受托主动管理，保持投资业绩稳健增长。社保管理水平不断提高，配合国网四川省电力公司第二个监管周期输配电价成本监审，全面实施补充医保理赔直付。支撑国网四川省电力公司电力医院划转、特高压直流换流站属地化等重点工作，积极参与农电工信访问题调研，充分维护职工权益。开展各类专业培训1.1万人次，参与编制国网四川省电力公司领导重点调研课题1项。

9.紧跟战略重点，媒体主动发声。围绕泛在电力物联网、主题教育等开展专项策划，中心《建“三精团队” 做一流支撑》经验入选国网四川省电力公司“十讲十增强”实践案例集。纪录片《1+6》《大地琴弦》在多个国家级媒体、行业媒体广泛传播。积极参与电网头条直播的《电网黑科技》《泛网下的机器人》等作品获得良好宣传效果。在英大传媒2019年度优秀电视作品展评会上，国网四川省电力公司组织制作的获纪录片类一、二等奖各1个，微视频类二等奖1个。

人资管理

栏目编辑：何　飞

人才与人力资源管理

【主要指标完成情况】2019 年，国网四川省电力公司人力资源工作以大力提升劳动生产率、企业活力、队伍素质、业绩水平为中心，深化三项制度改革。开展“大培训、大比武、大提升”活动，实施组织体系、用工配置、激励机制、人才结构的转型升级，各项任务完成，为公司建设具有中国特色国际领先的能源互联网企业提供了坚强的组织和人才保障。2019 年，国网四川省电力公司业绩考核位列国家电网有限公司第九名，较 2018 年提升 4 名。国网四川省电力公司全口径用工总量减少 2409 人，同比减少 2.49%；职工劳动生产率达到 55.23 万元/人•年，同比增长 1.52%；人才当量密度 1.0327，同比增长 0.78%。

2019 年 8 月 20 日，国网四川省电力公司 2019 年新进高校毕业生集中入职培训班开班（曹志刚 摄）

【重点工作成效】 1. 国网四川省电力公司“三项制度”改革落地见效。印发 50 个改革配套制度（其中总体推进 4 个、“能上能下“13 个、”能进能出“4 个、”能增能减‘10 个、其他支撑 19 个）。举办两轮 13 期专题培训、12 场改革督导工作会，宣贯改革政策，现场诊断问题困难。基层单位开展集中培训、送教上门、网络（视频）教学等 150 余场，梳理问题清单 191 项，完成规定任务 318 项、抢单任务 77 项，提炼汇编典型案例 78 个。《三个“着力”激发改革活力》文章入选《国家电网》杂志。实施科级以下管理、技术和重要技能岗位聘期制，以 3 年为聘期签订岗位聘任协议书 25709 人。落实劳动合同管理办法，严格执行考核降岗待岗 34 人，清理规范不在岗 216 人，整改超期借用 166 人。实现员工有序流动，年度人力资源优化配置 3821 人次，103 人参与内地援藏劳务协作，95 人参与援藏人才帮扶，以组织调配从超员县公司向藏区流动 25 人，以岗位竞聘由“子改分”县公司向直供直管单位流动 72 人，关键岗位到期交流 112 人。分类完善工资总额管理，强化供电企业及直属单位工资总额与业绩考核强挂钩，探索市场化单位工资总额与经营效益直接挂钩，根据员工配置率试行“增人不增资、减人不减资”。组织开展长期职工和农电用工的工资收入调查，针对工资分配拉不开差距的难点，印发《促进收入能增能减、绩效经理人“三权”落地》等实施意见，强制岗变薪变，细化绩效工资与绩效考核结果挂钩方式，将绩效薪金分配权下放到团队绩效经理人，关键、核心及高端人才待遇同比提升。

2. 组织模式和人资管控进一步优化。印发实施所属单位内设机构设置标准，突出跨专业组建综合性职能部门、业务机构以及“全能型”复合大班组，推广营配“网格化”服务，探索开展变电运检一体化。制定国网成都供电公司“三型两网”组织模式和机制创新建设方案，支持新业务和新业态发展。出台业务外包管理办法，有效提升业务外包规范管理水平。牵头国家电网有限公司人资 2.0“业务管理工作台”建设，研究提出场景验证方案。研究完善职员职级管理，调整管控模式，拓展职级设置，细化破格及优先聘任情形。在业绩考核中，实行供电企业自主选择指标权重分配方案、市场化单位自主申报经营效益指标目标值，引导基层找准定位。在加大放权授权的同时优化管控模式，定期开展“网监飞检”，盯住关键环节、关键节点，加强监督考核问效，实时监管基层专业管理情况，确保重大风险可控、在控。

3.“大培训、大比武、大提升”活动成效明显。以管理精益化、项目精准化、资源精品化为目标，推行培训计划新模式，推动培训机构转型升级，推广应用典型经验做法30余项，推动竞技操场赛向生产现场赛的实战运用。建立“三站”人才高地，实施“青年英才”培养，引入“双导师制”（技能导师和职业导师），组建重点实验室、大师工作室等柔性攻关团队191个，新增高端人才11名。国网四川技能培训中心获2019年电力行业技能人才培育突出贡献奖。

【内外部形势及对人资管理的影响】1.外部形势日趋严峻。中共十九届四中全会把深化国有企业改革和完善中国特色现代企业制度，作为推进国家治理体系和治理能力现代化重要内容，全面从严治党、法治企业建设、外部监管强化，给国网四川省电力公司经营管理提出更高要求。受经贸摩擦、经济下行、一般工商业电价再降10%等因素，传统业务利润贡献下滑，国网四川省电力公司发展边界进一步收紧。随着电改持续深化，第二周期配电价核价，以及央企总部职能优化、集体企业改革等，给国网四川省电力公司未来发展带来更大压力。

2.内部挑战更加明显，具体到人资管理，一是需要更加深化研究人工成本机制，紧盯第二轮核价人工成本监管要求，内化到国网四川省电力公司经营管理各个环节，持续优化经营管理策略，在严格执行国资委批复的工资总额基础上，重点分析需增补计入的人工成本，进一步做好工资披露预案，争取合理的披露范围、口径和渠道，确保国网四川省电力公司合理利益。二是需要更加聚焦“三型两网”建设。当前，国网四川省电力公司业务管理实行分专业条块，内耗较大、缺乏统筹，无法适应“三型两网”一流企业发展目标，需要通过组织模式优化、整合管理职能，在改革实施过程中实现价值创造最大化。三是需要更大力度推动“放管服”和“三项制度”改革。随着改革的深入实施，推进机构、职责、岗位、流程、制度、考核等将进行全方面调整，国网四川省电力公司人资部作为“三项制度”改革牵头部门，应强化顶层指导、创新管理措施、推动改革深入实施。

【主要存在的问题】1.组织模式与国网四川省电力公司发展战略不适应。国家电网有限公司提出“三型两网”战略转型，对组织模式变革提出新要求。传统的专业条块化切割难以支撑业务深度融合、岗位职责分工过细增加协同成本、新兴业务受体制机制约束较难开展，制约国网四川省电力公司发展。各专业在业务调整和机构优化时，始终是“增业务就要增编制、增人”，对专业条线上的机构设置及人员配置要求越来越高，惯性思维、思想观念一时难以转变。

2.机制建设与市场化改革方向不适应。“三项制度”改革在“六能”上取得初步成效，但从整体上看，国企“铁饭碗”认识仍有市场，管理行政化、员工身份化、发展单一化，难以形成能上能下的内部市场化竞争氛围。综合能源等市场化单位用工、考核、分配政策受传统体制机制制约，与市场化要求存在差距；职员职级激励作用不明显，薪酬激励作用需进一步发挥，员工薪酬增长空间小，内生动力和工作积极性不足。

3.员工队伍与国网四川省电力公司发展需要不适应。对照新战略新要求，当前员工队伍普遍存在知识结构需优化完善，物联网、大数据、新能源等专业人才需求加大，人财物等核心资源专业人才数量不足，国网四川省电力公司用工策略需适当调整。专业技能需进一步固化。一线班组人员年龄老化、新员工普遍追求个体价值，扎根一线动力不够，高端技能工匠严重不足，导致国网四川省电力公司核心竞争力不足。

干部与人才援藏

【工作概况】2019年，国网成都援藏办（国网东西人才帮扶办）在国家电网有限公司、国网四川省电力公司的领导和相关公司及部门的支持下，完成国网东西人才帮扶需求调研、计划拟定、人员选派，以及帮扶人员考核评价、信息沟通、工作宣传等各项工作任务。国网成都援藏办为扎实推进国网西藏电力有限公司“三区两州”电网建设，助力国网内蒙古东部电力有限公司、国网甘肃省电力公司、国网青海省电力公司、国网新疆电力有限公司、国网西藏电力有限公司进一步提升管理水平上新台阶做出了应有的贡献。

【编制人才帮扶计划】组织国网内蒙古东部电力有限公司、国网甘肃省电力公司、国网青海省电力公司、国网新疆电力有限公司、国网西藏电力有限公司开展2020—2021年度帮扶需求计划调研，对各受援单位上报需求计划进行调整和优化。该次计划选派人员296人，其中网内蒙古东部电力有限公司30人、国网甘肃省电力公司20人、国网青海省电力公司35人、国网新疆电力有限公司40人、国网西藏电力有限公司171人。

【支援重点工程建设】按照国家电网有限公司对“三区两州”深度贫困地区电网建设的工作要求，组织国网西藏电力有限公司完成调剂27名帮扶人员参与阿里联网工程、“三区两州”工程建设及配网运维工作。组织协调国网西藏电力有限公司对需要延期的133名农网工程帮扶人员名单进行梳理和审核，并拟定下发相关文件，对工作进行安排。

【组织专项帮扶工作】1.组织开展国网新疆电力有限公司直流专业帮扶工作。针对国家电网有限公司换流站属地化管理后，国网新疆电力有限公司面临直流管理人员匮乏，直流运检技术力量薄弱等问题，组织国网山东省电力公司、国网江苏省电力有限公司、国网浙江省电力有限公司、国网湖北省电力有限公司、国网湖南省电力有限公司、国网辽宁省电力有限公司6家公司的6名专业技术人员赴国网新疆电力有限公司开展帮扶工作，完成帮扶人员赴岗培训、交接、帮扶协议签订等工作。

2.组织做好国网运行公司换流站相关人员移交工作。根据国家电网有限公司关于运行公司原所属5个管理处、12个换流站移交国网内蒙古东部电力有限公司等8家公司的工作安排，组织协调国网上海市电力公司、国网河南省电力公司、国网四川省电力公司、国网内蒙古东部电力有限公司、国网甘肃省电力公司、国网新疆电力有限公司完成12名帮扶人员移交的相关衔接工作。

【常态管理服务工作】2019年，国家电网有限公司系统在国网内蒙古东部电力有限公司、国网甘肃省电力公司、国网青海省电力公司、国网新疆电力有限公司、国网西藏电力有限公司开展帮扶工作的帮扶人员共516人。一是完成国网青海省电力公司、国网内蒙古东部电力有限公司、国网新疆电力有限公司、国网甘肃省电力公司、国网河南省电力公司、国网四川省电力公司等受援单位帮扶人员岗位调整的审批工作。二是组织协调国网河北省电力有限公司、国网吉林省电力有限公司、国网重庆市电力公司、国网浙江省电力有限公司、国网四川省电力公司、国网西藏电力有限公司做好帮扶人员因病替换的相关工作。三是组织协调国家电网有限公司各派援单位开展元旦、春节走访慰问帮扶人员工作。对国家电网有限公司系统31家派援单位开展春节走访慰问活动情况备案表进行了汇总，并对有关落实情况进行了督办，共慰问帮扶人员、挂职干部共527名。四是组织开展2017—2019年度藏中联网工程专项帮扶28名帮扶人员帮扶期满考核鉴定工作，并完成帮扶人员期满的工作交接及返程安排等组织协调工作。五是组织受援单位开展2019年度帮扶人员年度绩效等级评价工作。六是每月定期对帮扶人员绩效考核等级和生活补助费的计算进行审核，并寄发国家电网有限公司系统33家派援省公司（直属单位）。七是组织对国家电网有限公司新选派的4名中组部对口援藏援青干部生活补助费标准进行核算，并下文通知相关省公司执行。八是加强帮扶工作宣传报道，编辑并下发《国网东西人才帮扶工作简报》12期（电子版），编辑《简报》内容达54万多字。

科技管理与创新

栏目编辑：何　飞

科技管理

【科技工作概况】1.加强创新工作机制建设。加强与系统内外高校和科研机构的交流与合作。国网四川省电力公司正式与四川大学和电子科技大学签署战略合作协议，共建联合研究院和联合研究中心，实现科技创新优势互补。建立与四川省科学技术厅常态汇报交流机制，公司多次到科技厅汇报工作，争取基础研究、科技科普、成果奖励等方面的政策支持；组织国网四川省电力公司优秀团队申报泛在电力物联网四川省青年科技创新研究团队，并获批立项。

2.加强能源互联网关键技术攻关。紧扣坚强智能电网与泛在电力物联网建设重大需求，编制完成国网四川省电力公司《2019—2021年科技行动计划》。开展坚强智能电网、泛在电力物联网和两网融合等关键技术研究，加强“大云物移智链”在电网中的应用，支撑和促进“两网”融合发展，部分重点项目已被列入国网四川省电力公司2020年科技研究计划。

2019年5月16日，国网四川省电力公司院士工作站合作协议签字仪式在蓉举行　（曹志刚　摄）

3.获批四川省电力物联网工程实验室。8月30日，四川省发改委正式复函国网四川省电力公司《关于四川省电力物联网工程实验室项目的复函》，同意由国网四川省电力公司建设四川省电力物联网工程实验室。该实验室是国内首个由省级发改委批复同意建设的电力物联网工程实验室。

4.建立科技奖励和成果转化激励机制。营造全员创新氛围，正式发布《国网四川省电力公司科学技术奖励实施意见》和《国网四川省电力公司科技成果转化管理实施意见》，调动科技工作者积极性，促进科技成果转化。

5.深化标准国际化工作。主导申请的“电力厂站低压辅助系统”项目委员会提案在国际电工委员会获批通过，秘书处设在国网四川省电力公司；“架空输电线路状态监测与遥感技术”工作组通过国际大电网会议审查并成立。举办国际大电网委员会2019年成都国际研讨会；CIGRE B3.42工作组报告《低压直流辅助系统可靠性分析和设计导则》正式出版发布。

6.积极开展科技成果转化。征集国网四川省电力公司科技成果，对评审出的10项优秀成果开展成果转化对接。参加国家电网有限公司“双创主题日”活动，优选“智能电缆输送装置”等3项实用性强、转化前景好的项目参展，现场反馈良好。已签订转化协议的“自适应电缆弯曲机”有望进入国家电网有限公司电商平台销售。“基于智能控制的过负荷继电器”参加国家电网有限公司泛在电力物联网青年创新创业成果路演并获得高度认可。

【科研成果】2019年，国网四川省电力公司获得省部级（含行业奖）及以上奖励26项。其中，2018年国家科学技术二等奖1项，第二十一届中国专利优秀奖1项，2019年度四川省科技进步二等奖3项、三等奖5项，2019年度中国电力科技进步奖二等奖2项、三等奖2项，2019年度国家电网有限公司科技进步奖一等奖3项、二等奖1项、三等奖4项，

2019年电力创新奖一等奖1项、二等奖2项、三等奖1项。专利申请方面，全年申请专利382件，其中发明专利249件；获得专利授权249件，其中发明专利117件。

【新技术应用】1.在成都西（温郫）500千伏输变电工程、成都新津500千伏输变电工程、四川绵阳南500千伏输变电工程等工程中应用变电站标准化设计技术、变压器油中溶解气体在线监测技术、保护测控集成装置技术和一体化监控系统技术。

2.在成兰铁路阿坝松潘牵引站220千伏供电工程、成昆铁路扩能凉山喜德西牵引站220千伏供电工程、成昆铁路扩能凉山黄水塘南牵引站220千伏供电工程等工程中应用水土保持与生态保护措施设计技术、三维优化选线技术和输电线路防振设计技术。

3.成都大林（籍田）500千伏输变电工程中应用杆塔、基础数字化设计建模技术、保护测控集成装置技术、智能变电站设计技术和变电站暂态过电压及避雷器放电电流在线监测技术等。

4.甘谷地—蜀州改接500千伏线路工程应用线路覆冰监测预警及融冰技术、水土保持与生态保护措施设计技术、数字化移交技术等。

国网四川电科院

【单位概况】国网四川省电力公司电力科学研究院（以下简称“国网四川电科院”）成立于1952年，前身是西南电业管理局中心试验室，曾为全国六大电力试研院(所)之一。“三集五大”体系建设后，国网四川电科院成为国网四川省电力公司技术支撑机构，主要支撑国网四川省电力公司“大运行”“大检修”，服务“大规划”“大建设”及特高压智能电网建设等，负责四川电网的技术监督、技术研发、技术服务和技术调试等，为四川特高压智能电网建设与发展提供坚强技术保障。

2019年9月23日，CIGRE 2019成都国际研讨会议召开　（孙佳丽 摄）

拥有中电建协电力工程调试单位特级资格证书、AAA级信用企业证书和能监办一级承装（修、试）电力设施许可证，为国家电网有限公司智能变电站调试资格现场调试A级资格认定合格单位、智能变电站调试资格系统动模试验资格认定合格单位。已通过质量、环境、职业健康安全管理体系认证、中国合格评定国家认可委员会（CNAS）国家实验室认可、检验检测机构资质认定、司法鉴定许可，为电力技术服务提供了资质能力保障。获得“全国实施卓越绩效模式先进企业”“中国工程建设诚信典型企业”“全国电力建设优秀调试企业”“四川省知识产权优势培育企业”“国家电网有限公司先进集体”“国家电网公司科技工作先进集体”“国家电网公司溪洛渡左岸—浙江金华±800千伏特高压直流输变电工程先进单位”“国家电网公司文明单位”“省级文明单位”“四川省民族团结进步模范集体”和“国网四川省电力公司红旗党委”等称号。

建有“电力互感器运行性能”“输变电设备极端环境运行与检测技术（四川）”2个国家电网有限公司实验室，“智能电网”“人工智能”“电力系统广域测量与控制”3个四川省重点实验室，建有“电网控制保护新技术”“电力环境监测治理评价”“过电压与接地技术”3个国网四川省电力公司重点实验室和

33 个院实验室，覆盖电力各专业领域。建成“电网设备地震及其次生灾害评估预警及防护技术”1 个国网科技攻关团队、“大电网分析与控制技术”“输电线路防灾减灾关键技术”2 个国网四川省电力公司科技攻关团队。创建 2 个国网四川省电力公司大师工作室、1 个国网四川省电力公司劳模创新工作室、1 个国网四川省电力公司职工技术创新工作室和 3 个院专家工作室。

主要承担并完成藏中联网工程、川藏联网工程、青藏直流联网工程±400 千伏拉萨换流站、锦屏—苏南±800 千伏直流输电工程裕隆换流站和溪洛渡—浙西±800 千伏直流输电工程宜宾换流站调试和技术监督任务，顺利完成国家电网有限公司首座 110 千伏北川智能变电站、四川省内首座 220 千伏绵阳东智能变电站、四川省内首座 500 千伏路平智能变电站调试任务；参与“复奉直流”“新甘石”“电力天路”等重点建设工程。全面掌握±800 千伏换流站调试技术，具备 1000 千伏特高压交流站的全站调试能力。

2019 年 10 月 30 日，“分布式光伏与梯级小水电互补联合发电技术研究及应用示范”国家重点研发计划项目通过国家电网有限公司督导

（孙佳丽　摄）

【人力资源】

1. 领导班子

3 月 13 日，聘任李科峰为国网四川省电力公司电力科学研究院副院长；聘任丁理杰为国网四川省电力公司电力科学研究院总工程师（试用期一年）；免去杨子辛国网四川省电力公司电力科学研究院副院长职务；免去朱清代国网四川省电力公司电力科学研究院副院长职务，由国网四川省电力公司另行安排工作。

9 月 16 日，聘任李富祥为国网四川省电力公司电力科学研究院副院长；免去陈缨国网四川省电力公司电力科学研究院副院长职务，由国网四川省电力公司另行安排工作。

截至 2019 年年底，国网四川电科院领导班子成员为苏少春、李科峰、张星海、曹树屏、常晓青、李富祥、丁理杰。

2. 机构设置

国网四川电科院设有六部三中心，分别为办公室（党委办公室）、党委组织部（人力资源部）、党委党建部（党委宣传部、工会、团委）、纪委办公室、发展安监部、科技部（技术服务中心）、电网技术中心（信息通信技术中心）、设备状态评价中心（物资质量检测中心）和综合服务中心。此外，还建有国网四川省电力公司院士工作站、博士后工作站及研究生工作站。

3. 人员现状

截至 2019 年年底，国网四川电科院有全民职工 296 人，其中博士研究生 45 人、硕士研究生 135 人；教授级高级工程师 10 人、高级职称 160 人。拥有国家电网有限公司专业领军人才 1 人、国家电网有限公司优秀专家人才 4 人、四川省学术和技术带头人后备人选 5 人、国网四川省电力公司优秀专家人才 32 人、双千人才 15 人、电力雏鹰 9 人；精益黑带 4 人、精益绿带 6 人；院级专家人才 6 人。中国电力建设企业协会认证的电力工程调总 9 人。人才当量密度 1.2635。

【科研设备】 2019 年，电科院新增科研设备有：

1. 高压冲击发生器
2. 变压器绕组变形测试仪
3. 机载小型激光雷达
4. 接地线成组测试仪
5. 半导体屏蔽电阻率测试仪
6. 落锤冲击试验装置
7. 弯曲破坏试验设备
8. 维卡软化温度测定仪
9. 热机械性能试验设备

10. 干燥空气发生器
11. 无局放试验电抗器
12. 接地电阻直流测试仪
13. 通信终端设备授时测试仪
14. 无线通信仿真仪器
15. 物联网终端安全分析设备
16. 卫星信号发生器
17. 在线监测装置防护等级试验设备
18. 在线监测装置振动试验设备
19. 实物 ID 移动应用 App 安全测评设备

【科技开发成果】“分布式光伏与梯级小水电互补联合发电技术研究及应用示范”国家重点研发计划项目高分通过国网科技部督导。国际标准创新基地在国家电网有限公司国际部督导中排名第一。举办 CIGRE 2019 成都国际研讨会议，获上级领导和与会学者高度称赞。获批成立 1 个 IEC 项目委员会和 1 个 CIGRE 工作组，正式发布国网四川省电力公司首个 CIGRE 技术报告，立项 4 项 IEEE 标准，召开 4 项 IEEE 标准启动会。技术标准科普教育基地组织 20 余次参观培训活动。获省部级及以上科技进步奖 14 项，其中与清华大学等单位共同申报的“交直流电力系统连锁故障主动防御关键技术与应用”项目获国家科技进步二等奖。授权发明专利 43 项，完成 6 项知识产权价值评估，1 项软件著作权转让协议落地，科技成果转化取得实质性成效。国网四川省电力公司与清华大学续签院士工作站协议，获评中国科协模范院士专家工作站。创新开展博士后学术沙龙 8 期，博士后工作站研究项目获 2019 年中国创新方法大赛二等奖。研究生工作站获评“重庆市研究生联合培养基地”。

2019 年 11 月 8 日，国网四川电科院举办 2019 年规章制度知识竞赛
（林瑞星　摄）

【技术监督与服务】完成特高压属地化后“三特一超”换流站首次年检技术监督及专项带电检测工作。优质高效开展 58 台特高压换流变套管、28 台有载分接开关重大隐患排查，获国家电网有限公司设备部肯定。处置锦屏站换流变端子与拉杆连接松动、普提站主变线圈故障等重大缺陷，有力保障电网主设备安全稳定运行。首次走出国门，参与巴西美丽山二期工程系统调试。完成西南电网异步运行后大电网安全稳定及控制措施校核。完成川渝特高压交流目标网架运行特性、特高压直流群运行特性及交互影响分析。保障省调自动化主站系统 D5000 全年安全稳定运行，完成配网大Ⅳ区主站系统上线试运行。高质量推进智能运检管控系统“大平台、微应用”，深化平台架构调整、数据治理和高级应用拓展，建设水平保持国网领先。开展 88 条配网线路低电压治理，低压调压器试点运行。持续开展输电线路防雷、防冰、防地质灾害等工作，完善 39 条线路“一线一案”融冰方案，创新编制 5 条 220 千伏、9 条 110 千伏线路交流融冰方案，首次在 110 千伏尔海线成功实施交流融冰。完成全川油色谱实验室数据联网。变电站厂界噪声监测系统上线运行。完成 732 项物资抽检任务，发现重大质量问题 25 个。开展 907 项金属专项监督，发出预告警单 70 份。网络安全督查发现并督促整改漏洞、隐患 735 项。高质量开展网络安全演习技术支撑，完成“新中国成立 70 周年”“中日韩领导人会议”等政治保电任务的网络安全保障。

【企业管理】贯彻国网四川省电力公司“规章制度落实督导年”工作部署，完成制度新建 11 项、修订 2 项、废止 111 项，举办规章制度知识竞赛，夯实“三全五依”法治企业基础。推进“创一流”工作，实施 14 项专项方案和 27 项重点突破项目。持续优化预算管理，有序推进多维精益管理体系变革和内模市场建设。开展“大培训、大比武、大提升”活动，以需定培，精准实施，实现培训全员覆盖。推进岗位聘期制管理，加大绩效经理人分配权，实现业绩贡献与薪酬收入深度挂钩，推动“六能”落地见效，获评国网四川省电力公司“三项制度”改革先进单位。强化综合计划全过程管控，工作成效位居国网四川省电力公司前列。完成多管理体系外部评审4次，科研综合楼首获CMA及CNAS证书。完成一级承试资质换证复审。蜀能高新分公司经营质效取得明显改善，初步实现转型升级。荣获第26届全国企业管理现代化创新成果二等奖1项、国网四川省电力公司管理创新成果一、二等奖各1项、省公司QC成果二等奖1项。

【党的建设和精神文明建设】高质量开展“不忘初心、牢记使命”主题教育活动，深入推进“抓整改、除积弊、转作风、为人民”专项行动。深化基层党支部标准化建设，实现“一部门一支部”。积极配合国网四川省电力公司党委巡察，开展巡察问题整改，编制立行立改落实情况报告15份，完成6个移交问题线索核查和整改。创新开展“党建+科技创新”“党建+安全”，完成8项重点任务。成立“科创先锋”共产党员服务队，开展配网运维、优质用电、综合能源等技术服务，解决10项问题。加大先进典型选树力度，4名员工分别获评国家电网有限公司优秀共产党员、优秀共青团干部、杰出青年岗位能手、“最美国网人”称号。加强高端人才培养，新增正高级工程师9名、国网四川省电力公司青年岗位能手1名、优秀专家人才22名、电力雏鹰2名。荣获国家电网有限公司青创赛金、银、铜奖各1项，创历史最好成绩。新闻宣传取得新突破，完成2项“电网头条”直播，1部纪录片获“学习强国”App转载。实施“126连心桥”职工诉求服务，收集并解决10条员工诉求。严格执行离退休统筹外补贴政策，做好宣贯疏导，保持队伍和谐稳定。

【存在的主要问题】1.核心技术能力亟须增强。近年来，国网四川电科院功能定位和管理模式发生重大变化，保障电网生产运行和设备安全的重要性愈发突出，与国网四川省电力公司的沟通联系也日益紧密，而与之相匹配的核心技术能力提升却相对滞后。

2.精益规范管理水平有待提升。与全面依法治国和依法从严治企新形势新任务相对照，与“创一流”工作要求相对照，还存在管理基础薄弱，依法合规、精益管理水平不高等问题。

党的建设与精神文明建设

栏目编辑：何　飞

党 建 工 作

【党的建设】坚决贯彻落实中共中央重大决策部署和上级要求，将党的建设全面融入国网四川省电力公司各项工作，细化落实《中共中央关于加强党的政治建设的意见》具体措施84项，制定地（市）县公司党委履行前置程序事项清单和操作规范，推动党的领导和公司治理有机统一。坚持高标准高质量，深入推进“不忘初心、牢记使命”主题教育活动，国网四川省电力公司各级班子集中学习研讨2436次，累计调研3058次，征求意见13845条，梳理问题5327项，制定整改措施9673条，将整改落实贯穿两批主题教育。组建20个宣讲团，开展“十讲十增强、转型再突破”形势任务宣讲41场次，开展庆祝建党98周年、新中国成立70周年系列活动，举办党员服务队先进事迹报告会等，进一步统一干部员工思想，凝聚干事创业合力。

2019年6月25日，国网四川省电力公司召开“不忘初心、牢记使命”主题教育第二次集中学习研讨会 （曹志刚 摄）

部署63项国网四川省电力公司党委重点工作，制定各级党建责任清单，常态化开展党委书记述职评议考核，严格基层党建绩效考核和年度党建报告工作制度，压紧压实党建责任。开展党建工作形式主义问题集中整治和软弱涣散基层党组织集中整顿，现场督查党建量化计划完成情况，切实提升基层党建工作水平。推进“旗帜领航•三年登高”创先争优年各项工作，编写党建典型经验库，选树15个党委示范点，评选表彰“一先两优”，国网四川省电力公司30个党组织、57名党员获四川省委、国家电网有限公司党组等上级组织表彰。以创建“时代楷模”为主线，深化共产党员服务队建设，成都高新党员服务队作为“时代楷模”候选集体推报至中宣部。全面推进新时代先锋川电“党建+”工程，开展“党建+”安全生产、精准扶贫等9个领域试点工作，建立“支部领项目、党员领任务”有效机制，探索实施党建工作与生产经营融合新路径。

【干部人才队伍】健全优化干部管理制度体系，新建《强化领导人员担当作为推进能上能下实施细则》《大力发现培养选拔优秀年轻领导人员实施方案》等5项制度。坚持“好干部”标准，严格组织程序，严把选人用人关，统筹用好各年龄段干部，大力选拔优秀年轻干部，“70后”干部比例提高到47.68%。强化干部监督，开展任职回避专项清理，对科级及以上领导人员及其亲属经商办企业情况进行全覆盖清理。加强干部培养，出台“两个200”优秀年轻干部队伍建设规划，选派4名处级干部到政府职能部门挂职，推荐7名中青年干部到国网系统培养锻炼。实施人才强企战略，广泛开展“大培训、大比武、大提升”活动，新增高端人才11名，干部员工素质进一步提升。

【党风廉政建设】深化党风廉政建设和反腐败工作，落实6个方面、86项重点工作。国网四川省电力公司积极构建政治生态评价机制。配合做好中央巡视组到国网四川省电力公司延伸巡视，扎实开展中央巡视反馈重点问题整改。综合运用常规、专项、提级、交叉等方式，巡察16家二级单位、51家县公司，对21家单位开展巡察整改“回头看”。强化权力运行监督，驰而不息纠正“四风”，一体推进“三不腐”机制建设。保持执纪问责高压态势，处理处分239人次，强化“不敢腐”的震慑；通过监督推动职能部门新建、修订内控制度92项，扎牢“不能腐”的笼子；举办“清风川电”讲堂，强化问题整改和源头治理，增强“不想腐”的自觉。深化作风行风建设，严肃查处违反中央八项规定精神问题，专项整治漠视侵害群众利益问题，坚持“逢节必查，逢查必报”，挂网通报问题77个。国网四川省电力公司党风廉政建设态势总体保持平稳，被国家电网有限公司评为“优秀”等级，纪律审查工作名列国网系统第一。

2019年6月28日，国网四川省电力公司召开迎“七一”创先争优表彰暨“党建+”工程推进会　　　（曹志刚　摄）

【宣传文化】落实意识形态工作责任制，强化正面宣传和舆论引导，策划实施新中国成立70周年、“脱贫攻坚”、“十讲十增强”、“新三直”等主题传播26项，在省级及以上级媒体上稿6050篇。国网四川省电力公司党员服务队受邀到四川省委办公厅、宣传部作报告，受到广泛好评。模范履行社会责任，扶贫攻坚形成“四川经验”，乐山马边扶贫经验亮相2019中非合作论坛，“四步五路”扶贫新思路被《中国扶贫》收录，《点亮彝乡美好生活》等6个案例入选国家级扶贫优秀案例，微电影《阿体拉巴》《望望》获国际国内大奖，国网四川省电力公司公司品牌形象进一步提升。汲取巴蜀优秀文化基因，开展重点课题研究，编写红色文化实践案例，打造具有国网川电特色的优秀企业文化。开展学雷锋志愿服务成果展示交流活动，国网四川省电力公司1名员工获评“中国好人”，2个集体获评全国“最佳志愿服务组织”。

【统战团青工作】国网四川省电力公司积极做好新形势下统战工作，开展“旗帜领航程•共筑同心圆”主题活动，召开统战工作座谈会，推进党外代表人士建言献策工作室建设，国网四川省电力公司在四川省国有企业统战工作现场推进会上作交流发言。充分发挥工会桥梁纽带作用，构建“126连心桥”职工诉求服务体系，联合举办“第三届四川省电力行业职工职业技能竞赛”，开展供电服务之星、电网调控等14项劳动竞赛，深化“班组大讲堂”“班组微课堂”系列活动，11个集体和3名个人受到全国总工会、四川省总工会表彰。开展“青春心向党•建功新时代”主题宣讲、青年文化节系列活动，引导团员青年不忘初心跟党走。推进青年成长“深根”计划，试点青年职业生涯导航、“双导师”机制。举办国网四川省电力公司第五届青年创新创意大赛，组建省市公司两级“青年创客联盟”，在国家电网有限公司青创赛中取得了2金1银5铜的佳绩。

宣传品牌

【主要指标完成情况】1. 未发生引起社会广泛关注的舆情事件，未出现被国家电网有限公司考核的情况。

2.情况：2019年，开展主题传播30项，召开新闻通气会14场。国网四川省电力公司在国家级媒体稿件发布2200余篇，省级媒体稿件发布4500余篇，行业媒体上稿2500余篇，公司媒体上稿2200余篇。其中，《人民日报》发稿30篇，新华社发稿95篇，中央电视台发稿51条，《中国电力报》发稿270篇，《国家电网报》发稿420篇，国网公司网站发稿150篇。新媒体方面，在新华社、《人民日报》等新媒体发稿5条，阅读量超600万；通过“国网四川电力”微博发布信息3000余条次、“国网川电”微信发布信息200余条，通过抖音发稿74条。

【重点工作】1.把握政治方向，团结鼓劲，传播品牌。一是紧抓《条例》落实。以学习好宣传好贯彻好习近平新时代中国特色社会主义思想为首要任务，落实《中国共产党宣传工作条例》，加强党对意识形态工作的全面领导，实现从“对外联络”到“党委宣传”的责任、定位顺利转换。深入开展形势宣传、成就宣传、主题宣传、典型宣传，展现国网四川省电力公司以“十讲十增强”推动“旗帜领航”落实的生动实践和显著成效，国网四川省电力公司董事长、党委书记谭洪恩在《国家电网报》发表署名文章《牢记初心使命传承红色基因》。二是聚焦专题策划。重点策划新中国成立70周年、“不忘初心、牢记使命”主题教育、脱贫攻坚主题传播。深度报道四川电网服务“治蜀兴川”成效，在国网报刊发《秀美川蜀展新颜》专版，出版画册《四川夜景》，反映四川电网70年从省级电网到枢纽电网阶梯跨越式发展成就。三是紧扣重点宣传。因势利导开展营商环境优化、“三型两网”建设等重点工作传播；因地制宜策划“丰水期水电消纳”“三区两州”建设、“新三直”工程及“川电外送”等特色传播，积极宣传藏区电网建设及农网改造成效，《农网改造成为惠民工程》通讯在《人民日报》刊发。

2.管控舆论导向，固本培元，压实责任。一是强化监督检查，确保守土有责。推动督促国网四川省电力公司上下明晰意识形态工作责任，按季度召开意识形态工作领导小组办公室会议，推动履责；严格确保各级党委每年至少两次专题研究意识形态工作，以企业党建工作绩效考核为抓手，严肃考核意识形态工作责任制落实情况。二是强化阵地意识，确保守土负责。加强舆情风险排查和舆论引导，坚持实施舆情红、橙、黄、蓝四色分级处置制度。通过与职能部门、基层单位高效联动，积极应对，妥善化解多起舆情事件。汇编舆情管控典型案例集。11月，配合国网宣传部处置“济南换流站爆炸”舆情。三是强化应急管理，确保守土尽责。在宜宾长宁地震、凉山森林火灾、雅安特大暴雨洪灾等急难险重中，及时回应社会关切，增进价值认同。长宁地震抢险保供电期间，实时推出400余条报道，全程展示震区电力保障工作。其中，央视连续17次报道电力抢险工作（含新闻联播2次）。深度参与“全省应对大面积停电事件联合演练”，策划实施“团结治网、共保安全”媒体开放日活动。

3.引领价值创造，精准发力，履责践诺。一是立体传播扶贫故事。加强国网四川省电力公司“四步五路”扶贫新思路的宣传，央视《壮丽七十年 奋斗新时代》特别报道组直播“阿吼村贝母收获”现场。扶贫主题节目《绣花功》登上央视大型公益节目《手挽手之央企行动》。国网四川省电力公司员工王小兵代表国家电网有限公司参加2019年“中国电力主题日”活动，讲述扶贫感人故事。二是开展扶贫公益实践活动。邀请社会主流媒体关注公司“初心为民•一网情深”消费扶贫现场推介活动，并通过新媒体平台广泛传播；联合四川大学等开展“电力金熊猫•助力扶贫路”高校暑期社会实践公益活动。三是推动扶贫攻坚提升品牌价值。乐山马边扶贫经验亮相2019中非合作论坛；配合总部编写《国网专报》3414期，《补短板 保民生 促发展 国家电网全面助力打赢脱贫攻坚战》受到汪洋批示；国网四川省电力公司扶贫项目“项目管理植入精准扶贫新模式”入选首届能源文化节十大精准扶贫案例之一，《点亮彝乡美好生活》等6个案例入选国家级扶贫优秀案例；打造扶贫微电影《阿体拉巴》获国际档案电影节唯一最高奖项“人民奖”；国网四川省电力公司公司获评2019全球精准扶贫“可持续卓越企业”。

4.紧跟发展动向，统筹资源，融合转型。一是推动线下线上结合。在“三大央媒”客户端、“电网头条”等新媒体平台开展“10万+”传播112次，其中《中国西南部的一个悬崖村如何冲破黑夜，摆脱贫困》推文在国家领导人脸书“Xi's Moments”吸引阅读102.6万次。拍摄制作系列微视频作品，获评“亚洲微电影最佳作品”等各类奖项63项，其中，微电影《望望》获中宣部授予“社会主义核心价值观微电影一等奖”；MV《绣花功》等作品在优酷、今日头条等曝光上亿次。策划公司员工登上央视《群英汇》《中国诗词大会》《我的中国梦》《向幸福出发》等节目，“电力员工登杆作业”图文在北京120个公交站台展示，“快手”等多家官微转发，感性传播国网声音，激发民众广泛价值认同。二是推动媒体融合。赴新华社四川分社、腾讯网、成都电视台等外部媒体学习融媒体建设，与四川广播电视台签署战略合作协议。梳理现有媒体业务、软件硬件设施情况，结合实际制定标准统一、模型统一的融媒体中心建设方案，确立平台建设的三年规划，明确“纵向贯通、横向协作，内外网呼应、多平台联动”建设目标；成立公司融媒体中心，确保人员就位，初步构建起“党委宣传部统筹、融媒体中心支撑、基层单位协作”的一体化运作格局。

5.强化制度导向，规范管理，迈步精益。一是推动问题解决建立健全规章制度。以深化审计、巡视问题整改为契机，以规章制度落实为抓手，全面加强新闻宣传重点领域规范管理，制定国网四川省电力公司《新媒体负面清单管理办法》《网站信息发布实施意见》，完成规范媒体合作协同监督项目，开展集中整治形式主义、官僚主义媒体专项整治行动。二是推动风险点预控编制工作指导手册。针对防范媒体合作和新媒体运营中的廉洁、知识产权保护风险点，编制国网四川省电力公司新闻媒体合作项目业务指导书、公司新媒体工作手册，对业务流程、管理机制进行全流程指导。

工 会 工 作

【概况】2019年，国网四川省电力公司工会坚持融入中心、服务大局，牢牢把握新时代工会工作定位和工作要求，创新管理、真抓实干，团结带领广大职工积极为企业高质量发展做贡献。2019年，共有11个集体和3名个人获全国总工会、四川省总工会表彰。1名职工荣获全国“三八红旗手”称号。2名职工荣获中央企业劳动模范称号，1个集体被评为中央企业先进集体。1名职工荣获国家电网有限公司特等劳模称号，5名职工荣获国家电网有限公司劳模。

2019年9月27日，“我和祖国共奋进”国网四川省电力公司职工篮球赛顺利完成各项赛事　（陈力　摄）

【重点工作】1.做好民主管理，构建企业和谐劳动关系。不断深化民主管理工作实践，坚持以职代会为基本形式，平等协商、合理化建议、职工代表提案、代表团长和专委会联席会议等多种民主管理渠道并重，积极搭建企业与职工的良性沟通平台，形成了横向到边、纵向到底、统一联动、互补互促的民主管理体系，持续发挥了民主管理在企业改革发展中的保障和促进作用，助力企业科学和谐发展。组织召开国网四川省电力公司六届五次职代会，履行公司职工董事、职工监事选举民主程序。完成新一轮集体合同和三个专项合同签订，保障广大职工合法权益。开展职代会建设质量自查和满意率测评，组织对7个单位开展职工代表巡视检查，推动职代会决议和“十讲十增强”在各层级有效落实。召开5次职代联席会，审议通过涉及职工切身利益的24项议案。加大提案过程督办力度，提案办结率达到100%。

2.做实建功立业，激发职工创造创新活力。联合省总工会、省人社厅举办“第三届四川省电力行业职工职业技能竞赛”，推动“新三直”特高压工程建设纳入省级劳动竞赛，牵头完成全面覆盖、全员参与的“大比武”活动，开展供电服务之星、电网调控等14项劳动竞赛。征集合理化建议11313条，3条建议被评为国家电网有限公司优秀建议。结合全国安全生产月工作，组织5万名职工参加全国“安康杯”安全卫生知识竞赛，不断提升职工群众安全健康意识。坚持开展“班组大讲堂”“班组微课堂”系列活动，专题调研班组减负，梳理班组五大方面、13点工作负担，梳理减负问题清单台账408项，为优化班组管理模式、科学制定班组减负措施奠定基础。高质量承办“与共和国同行”全国职工主题阅读活动走进四川电力专场活动，连续两年获全国“书香三八”读书活动特别组织奖。工会获四川省首届“十佳模范职工之家”称号。

3.做深关爱帮扶，满足职工美好生活需要。着力人文关怀，启迪职工与企业同心同向，构建“126连心桥”职工诉求服务体系，建成地市服务中心40个、县公司（车间）服务站476个、班组服务点3134个，共收到各类诉求2250件，办结2235件，办结率99.33%。实现职工的心里话有人听，烦心事有处诉，困难事有人管，由上访信访转变为诉求交流，为企业掌握职工思想动态、做好管理决策提供有力依据。常态化开展“冬送温暖、夏送清凉、平时送帮助”，做好重点工程建设、“6·17”宜宾长宁地震抗灾保电等送温暖活动。坚持在慰问帮困上对多种用工身份职工一视同仁，不搞差异化对待。国网四川省电力公司行政和工会拨款103.6万元给予209名困难职工帮扶。在7个法定节日里，对所有职工实施普惠式关爱。不断规范疗休养管理，会同相关部门审查确定50家疗养机构入围名单。深化开展女职工关爱行动，对女劳模、女先进及困难女职工等进行慰问，特别对重疾致困的女职工进行帮扶。为女职工办实事，设立“妈咪宝贝屋”，重视女职工“四期”保护，设立“心灵驿站”。做好金秋助学活动和困难职工帮扶工作，推动解决困难职工（农民工）家庭子女上学难问题。

4.做优职工文化，丰富企业文化深刻内涵。传承巴蜀文化，凝聚国网精神，精心打造国网四川省电力公司文化展厅，成为企业重要展示窗口。投入工会资金3000万元（省总工会补助800万元）建成名雅职工文体活动中心、名雅职工美术馆、职工之家，为15个单位职工文化阵地项目补助建设经费2000万元，搭建文化交流平台，丰富职工文化生活，让职工多一份爱好、少一分烦恼。以新中国成立70周年为契机，举办第二届“星星点灯”全国电力诗歌征文大赛，组织开展职工羽毛球、篮球比赛、演讲比赛等一系列积极向上的文体活动。职工创作的节目《扶贫书记》参加全国电力协会庆祝中华人民共和国成立70周年演出。职工长青两度登上央视综艺频道《群英汇》国庆特别节目，职工原创歌曲《山路上的巡线兄弟》登上中宣部、央视主办的《东西南北贺新春》，展现了电力职工充满活力与拼搏的“电力新风采”。多部微电影获中华全国总工会第六届“中国梦、劳动美”微影视大赛大奖，《你是最亮的那颗星》获MV类金奖，《谢谢你，让生活如此温暖》获宣传片金奖，《为爱存档》《缘竹》获故事片银奖，《我们在路上》获音乐MV银奖，《王从亮的一天》获纪录片铜奖。

后勤物资保障

栏目编辑：何　飞

物资及招投标

【概况】2019年，国网四川省电力公司物资工作以质量、效率和效益为中心，以提升采购设备质量、提高采购供应时效、防范物资管理风险为重点，进一步优化机制、创新管理、夯实基础、强化监督、提升服务，全力推进现代智慧供应链建设。国网四川省电力公司累计完成集中采购220.535亿元，同比增长43.43%；签订物资合同42272份，金额124.924亿元；减少积压库存金额0.93亿元。

【工作成效】1.物资管理基础得到夯实。编制物资专业发展五年规划（2019—2023），推进物资管理短板及智能评标基地、储检一体化、供应链运营中心等基础建设，不断夯实物资管理基础。推行投标文件电子化，免费提供招标文件，优化投标保证金递交方式，建立投标保证金定期清零机制，推进物资合同质保金保函替代质保金落地实施，助力优化营商环境、支持民营企业发展。

2.现代智慧供应链建设高效推进。加快现代智慧供应链建设，高质量承办国家电网有限公司现代智慧供应链第三次现场会，全面完成由国网四川省电力公司负责实施的标准场景的建设。作为试点单位，首批在新一代电子商务平台ECP2.0上实施线上采购。率先在国网系统上线运行“川电e物资”移动应用，实现合同、履约及结算等业务内外部用户的移动协同。

3.采购设备质量稳步提升。推进标准物料再精简，进一步压减物料41.2%，实现设备选型“更集约、更精简、更精良”。坚持质量导向，合理降低价格因素的敏感性，引导供应商理性报价。运用资质能力核实、资格预审分级分档、分级分类技术规范成果，全面优选供应商、选优采购设备。2019年，国网四川省电力公司配网物资A类和B类供应商中标占比达93%，供应商优质率和集中度持续提升。

4.采购管理更加规范高效。推进物资专业“放管服”，进一步规范未纳入两级集中采购目录的部分物资及服务管理，扩大授权采购范围，优化应急需求申报方式，激发供应链的活力与动力。印发授权采购工作手册，明确各专业部门的职责划分，完善地市授权采购内控机制，指导各单位规范开展授权采购。创新采购实施模式，拓展电子化单轨制、远程异地、资格预审、电商采购等的应用范围和深度，不断提高采购效益。

5.设备入网把关更加严格。组织开展主设备制造过程金属技术监督，供应商生产现场巡视检查，制造关键环节、出厂试验关键点见证等工作，确保主设备监造规范及反事故措施要求落实到位。开展重点物资全型式试验项目检测，“三区两州”项目差异化专项检测，累计完成抽检任务1850条，发现质量问题1122项。加强供应商资质能力核实和年度绩效评价组织管控，提高核实评价的公正性、客观性和准确性，为两级招标提供有力的数据支撑。

6.物资保障能力不断增强。加强供应商生产进度和质量管控，将供应商原材料供应情况纳入工程物资生产供应节点管控，确保物资供应可控、在控，有力保障了雅安加强、尖山扩建、“三区两州”等重点工程的物资供应。建立35～220千伏电缆备品备件常态储备机制，完善应急物资保障体系，为抢险救灾、灾后重建提供了坚实的物资保障。持续压降积压库存，加强物资计划源头和新增工程结余物资管控，强化平衡利库，严格出入库管理，累计利库4.01亿元。

7.物资风险防控更为严密。加强物资管理监督体系建设，落实监督主体责任，聚焦关键业务环节，开展专业、专项和日常监督，实现监督全覆盖。针对巡视巡察和审计检查中发现的问题，通过专项监督检查、协同监督、专题研究等方式，落实问题整改，建立长效机制。完善招标采购投诉异议处理流程，建立定期会商处置和审批机制，提高投诉异议处理的规范性和时效性。

国网四川物资公司

【企业概况】国网四川省电力公司物资分公司（以下简称“公司”）是国网四川省电力公司下属分公司，主要为省公司系统电力生产建设提供物资供应及配送服务。

公司现有在职正式员工168人、离退休人员224人。设立9个职能部门：办公室（党委办公室）、党委党建部（党委宣传部、纪委办公室、工会）、党委组织部（人力资源部）、财务资产部、物资计划部、招标采购部、合同管理部、物资供应部、质量监督部，2个中心（仓储配送中心、供应商服务中心），1个委托管理子公司（国网四川招标公司）。

公司主要负责国网四川省电力公司物资一体化采购平台与仓储配送体系的建设；负责国网四川省电力公司所需物资的催交催运、配送仓储、移交验收、现场服务；负责所辖仓库仓储物资管理和库存储备物资的配送；负责库存物资和应急储备物资的日常管理；负责开展物资核算工作，配合国网四川省电力公司物资结算工作；负责在招标人委托的范围内组织招标活动并提供相关服务；负责配合国网四川省电力公司编制物资需求计划及供应商管理；负责实施国网四川省电力公司废旧物资处置。

2019年6月18日，国网四川省电力公司物资分公司成都中心库及时响应，为宜宾地震抢送应急物资　　（刘扬　摄）

【主要业务完成情况】2019年，公司深入学习贯彻习近平新时代中国特色社会主义思想，践行初心使命，坚决贯彻落实国家电网有限公司党组、国网四川省电力公司党委决策部署，紧紧围绕“十讲十增强，奋进勇担当”工作思路，攻坚克难、顽强拼搏，各项重点工作取得新进展、实现新突破。全年完成招标采购63亿元、非招标采购7.5亿元，完成废旧物资处置0.65亿元，完成合同签订42000份，金额127亿元，完成10个500千伏输变电工程物资供应保障任务，全省物资供应总金额102.71亿元。企业负责人业绩考核排名第七，提升3位，公司获国网四川省电力公司安全生产先进集体称号。

【物资管理】1.助力优化营商环境。突出政治站位，高位推进“三金一款”清退。成立清退工作领导小组强化组织保障，定期召开情况分析会疏通流程“梗阻”，及时清理地市公司陈旧账款，确保年末逾期账款清退完毕，做到“应付尽付、及时支付”。全方位多渠道建立供应商沟通联络机制，“急供应商之所急”打破“壁垒”，简化了支付流程；“想供应商之所想”协助办理单据，减少“跑趟次数”。践行服务理念，营商环境持续向好。积极响应国务院“减费降税”政策，取消供应商招标文件收费，推行投标保函保险替代，降低供应商投标资金占用，节约投标成本。开通供应商服务热线，建立供应商咨询记录及反馈机制，答疑解惑、解决困难，切实提升优质服务水平。不断改进业务办理流程，建立流水收票机制，实现窗口“一站式”服务。强化履约保函管理，定期梳理履约保函有效性，建立临期保函预警机制，严把资金风险关和岗位廉洁风险关。推进合同集中结算标准化，制定物资合同集中结算管理办法，实现结算业务紧密衔接，支付风险有效防范。

2.现代智慧供应链体系建设成效显著。64个场景率先在川落地，标准场景落地率名列国网系统第二。电子签章全面铺开，实现合同线上签订，签约效率大幅提升。年均减少纸质合同20万份、物理盖章 60 万次，签约成本节省近 200 万元。财务机器人上线使用，发票月处理量从 0.4 万份提高到 4 万份提升 10 倍，挂账时限从 3 天缩短为 1 天，资金计划提报及时性大幅提升。“川电 e 物资” App 上线试运行，实现移动 App 与内网数据实时交互，一键完成系统出入库，免去供应商现场跑单签单，大幅提高物资结算效率。物资调配平台完善升级，部署增加 4 个模块、25 个功能点，数据接入更广、监控预警更强、处理效率更高、应急响应更快。评标基地通过国家电网有限公司验收，配合开展青峰岭评标基地适应性改造和建设，全面建成智能管理系统，实现评标专家报到、入住、考勤、定位、提醒、通知和健康等全过程规范化管理，初步打造了状态感知全面、信息处理高效、应用灵活便捷的评标现场物联网。

2019 年 6 月 26 日，国网四川省电力公司物资分公司共产党员服务队前往合同签订现场开展供应商服务满意度调查，助力提升供应商服务质量（刘柯余　摄）

3. 持续强化物资供应保障能力。坚持采购质量优先，强化关键工艺、组件材料等质量评审要素，突出技术和质量因素在招评标中的引导作用。深化评价结果与招标采购的联动，从源头优选供应商，全年运行绩效 A、B 级供应商市场份额占比 90%以上。推行标准化监造和差异化抽检，以季度巡察和重点工程巡察相结合，完成监造计划 176 条，完成 31 类物资抽检任务 2903 项，全年处理不良行为供应商 35 家。高效完成 18 类 68 家供应商资质能力核实，推进核实模式由“合格制”向“体检制”转变，电工装备总体质量稳步提升。水电外送通道按期投运，雅安送出加强、蜀丹三回、尖山扩等重点工程，面对各种不利局面，多措并举、主动靠前，对全线 12 家铁塔供应商开展备料巡查和节点跟踪，提前 12 天完成铁塔现场供应。结合现场安装顺序组织开展驻厂催交并延伸至外购件，驻厂催交累计 92 人/天。建立生产及现场情况日报制，有序开展消缺验收工作，确保了工程顺利投运。助力“三区两州”工程建设，全面监控供应情况，发布农网改造升级物资供应周报 48 期，协调解决巴中、凉山等公司重大履约问题 42 项，为电力助推扶贫攻坚贡献了“物资力量”。应急响应机制不断完善，完成宜宾地震、阿坝山洪泥石流等自然灾害应急物资保障工作。

【管理支撑】国家电网有限公司现代智慧供应链第三次现场会支撑有力，抽调 11 名优秀青年干部和业务骨干，组建精兵强队，全方位参与现场会筹备工作，深度参与“数字物流”“专家管理”“精耕致远”板块策划及展示工作，深受国家电网有限公司物资部、国网四川省电力公司领导好评。计划统筹有效发挥，参与全省采购计划手册编制，开展物料主数据压减，标准物料从 6000 余条压减至 4215 条，电网设备材料采购规范性和统一性有效提高。合同结算管理全省推广，针对“两集中”实施以来重难点问题，加强同国网四川省电力公司物资部沟通汇报，广泛征集地市公司建议，制定并下发国网四川省电力公司关于加强合同结算管理措施的意见，提高了结算效率、规范了管控流程。招标采购统一规范，第一批试点完成国家电网有限公司 ECP2.0 模块上线应用。编制评标专家、项目经理工作手册，不断提高干部员工廉洁自律意识。建立危险废物回收商库，开展电子商务平台竞价处置，依法合规完成移交、转移、综合利用，打通国网四川省电力公司积压二十余年的危险废物蓄电池处置通道。大力开展预采购物资型号置换，利库压降成效明显，库存物资较年初减少 2648 万元，降幅 52%。

【三个建设】深入开展“不忘初心、牢记使命”主题教育活动，强化理论武装、坚定理想信念，掀起党委中心组、党支部学习热潮。党的建设全面融入公司治理，“旗帜领航·三年登高”计划完成，“阳光物资”党建品牌不断深化，党员服务队、工程现场党员突击队、招标现场临时党支部“战斗堡垒”作用有效发挥。扎实推进中央巡视反馈意见整改，开展“抓整改、除积弊、转作风、为人民”专项行动，举一反三开展自查自纠，巩固巡视整改成果。开展业务领域廉洁风险季度排查，严肃监督执纪问责。实施协同监督项目，开展招标采购专项监督整改，获国网四川省电力公司协同监督项目B类优秀奖。夯实党建基础管理，努力打造高素质专业干部队伍，把党建基础转化为创新优势、竞争优势、发展优势。积极推进“六能”落地，清退2名长期不在岗职工，完成14名员工岗位交流。加强干部梯队建设，新提拔中层领导人员7名，重用1名，平级交流3名，退二线3名，2名中层干部提拔为副处级，“80后”中层干部占比达到51.85%。推行岗位竞聘，拓展员工职业发展渠道。开展“大培训、大比武、大提升”活动，承办物资仓储、配送作业工种技能等级评价工作，举办员工素质能力、新进大学生规章制度等培训，公司人才当量密度提升至1.1084，首次突破1.1。发挥青年突击力量，开展“青春心向党·建功新时代”、新入职员工“七个一”主题团日活动，开展关爱留守学生之家志愿活动，“智慧物管家”项目获国网四川省电力公司青创赛金奖。

供电企业

栏目编辑：李　庆

国网成都供电公司

【企业概况】国网成都供电公司成立于1953年。公司下辖14个职能部门、17个业务机构、16个区县供电公司。监督指导12个省管产业单位，整体具有企业体量大、电网规模大、供电要求高等特征。企业体量大主要体现在：公司承担了成都市的供电任务，供电区域1.3万平方千米，供电客户724.33万户；公司2019年年底固定资产达392.05亿元；相关数据均位列国家电网公司34家大型供电企业前列。电网规模大主要体现在：成都电网共有35千伏及以上变电站431座，变电总容量4361万千伏安。35千伏及以上输电线路9711千米。10千伏及以上电缆18267千米，其中110千伏及以上电缆1258千米，电缆隧道280千米，隧道长度排名全国第二（仅次于北京）。供电要求高主要体现在：成都电网重要客户众多，各类党政军机关、医院、化工、机场、轨道交通等重要客户330户，世界500强企业落户成都285家，外国领事馆18个，居全国重点城市前列。

2019年，成都公司开展不停电作业4458次，增供电量2000万千瓦时

公司党委下设基层党组织326个（党委26个、党总支20个、党支部280个），其中直接管理基层党委、党总支41个。近年来，成都公司及所属38个集体、395名干部员工先后获得“中央企业先进基层党组织”及“全国五一劳动奖章”、国家电网公司特等劳模等荣誉、奖项849项。共产党员服务队荣获国家电网公司“金牌共产党员服务队”称号，队长刘源荣获第六届“全国道德模范”“全国模范退役军人”称号。2019年，公司荣获国网公司营销工作先进集体、国网信通工作先进集体等荣誉；公司党委、团委荣获国网公司“红旗党委”“五四红旗团委”称号；党员服务队“时代楷模”创建获省委首序推荐至中宣部。695个集体和个人先后荣获全国巾帼文明岗等国家级荣誉16项、国网楷模等国网公司及省部级荣誉43项、国网四川省电力公司先进集体等省公司级荣誉96项。王畅获评“全国三八红旗手”。

【人力资源】截至2019年年底，公司全口径劳动用工13215人、离退休人员4147人。党员4962名，其中在岗党员3840名，占全口径用工的29.2%；大专及以上学历党员3601名，占党员总数的72.6%。

【电网建设与发展】会同政府编制《成都市电力设施布局规划》和“11+2”区域电网发展详规。完成省内唯一重点城市“网格化”供电规划布局，并高分通过国网专家组验收。全力服务“东进”发展战略，将核心区域配电网建设标准提升至A类。落实属地协调责任，推动500千伏蜀景三回线路顺利投产，不断夯实主网基础。借助政府电网建设领导小组协调机制，220千伏黄水至核桃村、后子门地下站等14项遗留项目取得突破性进展，220千伏北府河站、110千伏营门口站等重要民生工程按期投运，220千伏武侯站等“1+4”增容改造顺利收官，电网供电能力提升130万千瓦，为地方经济社会发展提供了强有力的电力能源支撑。“三区两州”项目稳步推进。110千伏芷泉街站获省内首枚国网工程银质奖。

【经营管理】大力增供扩销，新推广电火锅889家，实现25台锅炉“煤改电”“气改电”，全年完成替代电量20.51亿千瓦时，增长28.2%。推动省内首例蓄冷空调项目参与“低谷弃水”市场交易。组建全国首家市级稽查工作组，开展智能稽查和反窃查违专项行动，查处“5·28”特大窃电案等窃电和异常问题3212笔，挽回经济损失5711万元。同期线损在线监测率实现86.7%，圆满完成两年提升目标，典型经验获省公司创新成果一等奖。接收客户有效电网资产6.7亿元，为省公司降低资产负债率做出积极贡献。全力配合第二轮输配电价成本监审，建立预算管理新体系。处置长期挂账项目854项，处置率82%，转资金额8.4亿元。整治长期挂账往来项目135项，涉及金额2.11亿元。综合计划当年支出入账率排名全省第五，提升13位。高效处置库存积压物资，利库1676.86万元，库存压降38.4%。开展“规章制度落实督导年”活动，新建、修订、废止制度42项，清理修订党内规范性文件169项，整改制度落实重点问题108个，获省公司“规章制度落实督导年突出贡献单位”称号。

【安全生产】坚决落实安全主体责任，细化落实安全述职、全员责任清单等制度。首创“安全快递”工作体系，实现重要信息1小时内送达一线、覆盖全员。三级督查网全覆盖督查1.2万余个作业现场，查处违章2137项，违章率下降4.1%。扎实开展安全生产大检查和安全生产集中整治专项行动，消除变电站设备、电缆通道、高层建筑消防等各类隐患1600余项。建成西南地区首个电缆隧道实验基地及防火试验中心，开展电缆通道积水和结构性隐患整治，消除19条高压电缆环流异常隐患。政企联合高效完成196处A类树竹隐患治理，隐患存量历年最低。完成隆兴、秋月变电站主变互换，试点继电保护原屏设备技术改造。实施配网三年整治提升行动，治理“跳闸王”配电线路321条，跳闸率下降23.6%。开展不停电作业4458次、增加43.6%，增供电量2000万千瓦时。第一时间向市委、市政府报送委内瑞拉大停电事故分析报告，成都电网运行相关建议得到政府主要领导和相关部门充分肯定。高质量配合开展成都市“双盲”应急演练。完成公安部“护网2019”网络安全攻防演练。编制公司“应急演练标准化模块”，应对迎峰度夏高温考验，快速响应大邑、崇州、邛崃、简阳等地区“8·20”强降雨自然灾害，获各级党委、政府高度评价和社会各界赞誉。

【农电工作】截至2019年年底，公司创建7个五星级供电所，数量居国网地市供电企业首位；蒲江朝阳供电所获2019年“中国最美供电所”称号。在全省先行制定公司农网维护费日常成本与专项成本管理实施细则、三新公司日常成本管理办法，填补省公司农维费制度真空。因地制宜选定郫都战旗村等8个区域开展乡村电气化提升试点，战旗村乡村电气化项目获评省公司“泛网示范区”。在省公司农电岗位知识和技能竞赛中，成都公司参赛队伍连续8次荣获团体第一名。2012年以来，公司累计选派7批、87名技术骨干到甘孜藏区海拔高、地理位置最偏远、条件最艰苦的石渠县公司和甘孜县公司帮扶管理。组织制作国网四川省电力公司《农网工程典型施工工艺图册及视频》，由中国电力出版社发行。

【科技与信息化工作】聚焦泛在电力物联网建设，高标准制定泛网建设工作方案，全面推进5个综合示范区和24项重点任务建设。强化客户侧需求响应，建成卓锦城区域精准抢修、停送电信息自动推送示范区。对接华为、腾讯等企业，探索能源互联网跨界融合，积极开展协同共建，“多站融合”试点研究取得良好成效，省内首个变电站5G共享基站投运。大力开展“双创”工作，全年取得国家级专利14项，连续两年获国网公司青创赛金奖，《以客户为中心的精益型县级供电企业现代卓越服务管理》获中电联管理创新一等奖。落实“一体四翼”产业发展战略，搭建“蜀电云”电力用户综合服务系统，累计开展智能运维业务457次，实现公司与客户“价值共增”。

【市场服务（优质服务）】扎实推进优化营商环境两年行动，积极促成市政府出台《优化电力接入营商环境实施细则》等5项政策，用电接入行政审批时间由22个工作日压缩至4个工作日，10千伏高、低压客户平均接电时间分别降至32天、1.95天，审批效率跻身国网前列，低压客户“一日办电”经验获国家能源局充分肯定。促成全部18个区（市）县出台《优化电力营商环境实施办法》，工作经验被入选国网动态交流专刊刊出发表。深度融入政府“网络理政”，全市21个政务中心开展“一窗办电”业务。完成两轮一般工商业降价，配合开展转供电加价清理，共计让利7.6亿元。“三全”建设再创佳绩，智能电表覆盖率提高至99.56%，全口径采集成功率达到99.5%。提前完成新津格力地块线路迁改任务，市委、市政府主要领导致信省公司表示感谢。实施服务投诉压降两年专项行动，投诉总量压降51%。整合低压营配业务，构建“网格化”服务体系，打造玉林北路等18个供电服务示范社区，低压故障恢复时间下降13.3%。积极配合政府乡镇区划改革，启动供电所优化提升工作。创建1个、累计创建7个国网五星级供电所，数量居国网首位。完成新中国成立70周年庆祝活动、中日韩领导人会议、世警会等重要保电任务313项。

【党的建设和精神文明建设】深入开展“不忘初心、牢记使命”主题教育活动，举办“当先锋•践初心”主题党日3327场，3.8万余人次参与“谁的安全”“服务精神”“岗位价值”大讨论。建立党支部“塑形”体系，开展4A级标准化良好行为党组织创建。深化新时代党员服务队内涵式发展，先进事迹报告团赴省委办公厅等宣讲15次，博士党服队为英特尔等重要客户提供“菜单式”定制化服务 11 次。扎实开展漠视侵害群众利益问题专项整治和“抓整改、除积弊、转作风、为人民”专项行动，整改抢修服务、业扩办电等 13 类、195 个问题。完成中央巡视组下沉、省公司巡察整改“回头看”配合工作，开展 10 家单位提级、交叉和自主巡察，实现自主巡察第一轮全覆盖。深化“三降一提升”专项治理，信访总量和“三类”信访分别下降 37.5%、61.5%。主动作为，妥善解决郫都自供区、何川信访事项等历史问题 41 件。落实“三位一体”领导人员考评机制，开展“大培训、大比武、大提升”活动，20 名干部员工获成都工匠、成都市“五一劳动奖章”。原创微电影连续斩获亚洲微电影节、首届能源微电影大赛、全国电力行业优秀作品展金奖。

成都公司创建 1 个、累计创建 7 个国网五星级供电所，数量居国家电网公司首位

【存在的主要问题】面对新形势新格局，公司治理体系和治理能力仍显不足，大而不优、大而不精，以及发展不平衡不充分的问题较为凸显。主要表现在：企业管理现代化水平还需进一步提升。受传统管理体系影响，员工思想观念、意识行为没有很好地突出市场导向和客户需求，“以客户为中心”的核心价值创造能力有待提升，“以效率为准绳”的资源调配、专业协同、响应能力和流程机制不够健全，造成客户需求响应不足、管理精力分散和重点资源浪费，企业制度体系和管理模式还有较大的优化提升空间。电网“两头薄弱”依旧突出。500 千伏电网建设滞后，负荷高峰期南部电网供需矛盾突出；配网基础薄、欠账多，与成都城市定位存在较大差距，供电可靠性在全国 52 个重点城市仅居第 44 位；电缆网风险居高不下，通道资源异常紧张，建设改造任务十分艰巨。优化营商环境任重道远。“获得电力”水平与国际国内先进城市差距明显；智能电表模块老化、业扩配套工程建设时效差、客户产权设备频繁停电等诸多问题，成为制约服务质效提升的“痛点”和“难点”。改革形势错综复杂。中共十九届四中全会对全面深化改革作出部署，国资委正加快制定国企改革方案，增量配电试点稳步实施，国网公司首次对34家大供企业年度预算转为子公司模式进行单独列示，多项改革任务并行推进，对公司的管理方式、经营模式和干部员工的思想观念、市场意识带来巨大挑战，需要以“谋定后动”的智慧、“越是艰难越向前”的胆魄和“寻常处见功力”的自觉应对考验、破解难题。

【所属县级供电企业】所属县级供电企业分别是国网成都市高新供电公司、国网成都市新都供电公司、国网成都市温江供电公司、国网成都市青白江供电公司、国网金堂县供电公司、国网都江堰市供电公司、国网成都市郫都供电公司、国网崇州市供电公司、国网彭州市供电公司、国网邛崃市供电公司、国网大邑县供电公司、国网新津县供电公司、国网蒲江县供电公司、国网成都市官仓供电公司、国网简阳市供电公司、国网简阳市简州供电公司、城东供电中心、城西供电中心。

【国网成都市高新供电公司】国网成都市高新供电公司于1996年12月25日挂牌成立。公司地处成都市城南核心经济区，营业区域约204.6平方千米。公司肩负服务高新区、武侯区经济发展重任，其中高新区130平方千米（高新南区43平方千米，高新西区87平方千米）。武侯区74.6平方千米。2019年，完成售电量110.64亿千瓦时，总营业户数848584户，其中高压用户总数4458户、低压用户总数844126户。

2011年8月20日，习近平视察高新公司党员服务队和营业厅工作，对党员服务队十年如一日善小而为的默默付出做出了高度的评价和肯定。高新公司在创先争优方面成果丰硕，荣获“全国五一劳动奖状”“全国文明单位”“国家电网公司文明单位”“四川省省级最佳文明单位”“四川省电力公司先进基层党组织”“先进县级供电企业”“十佳县级供电企业文明单位”等称号。党员服务队荣获“全国五一劳动奖状”“国家电网金牌共产党员服务队”“国家电网公司电网先锋党支部标兵”“四川省工人先锋号”“全国质量信得过班组”等称号；芳草营业厅荣获“全国能源化学工会女职工建功立业标兵奖”“国家电网公司百佳班组”“全国青年文明号”等称号；营业班荣获“国家电网先进班组”称号；机投供电所荣获“国网五星级乡镇供电所”“中国最美金牌供电所”等称号。在2019年成都市国际化营商环境建设中，营业班、配电运检一班等11个班组获评“成都市总工会国际化营商环境建设先锋班组”，13人荣获“成都市总工会国际化营商环境建设先锋岗”称号。同时，公司也涌现出一大批先进模范典型，刘源荣获“全国五一劳动奖章”“第六届全国道德模范”“全国模范退役军人”“国网公司特等劳模”“国网电网共产党员服务队优秀队长”“成都市道德模范”等称号；宋远洪荣获成都市“五一劳动奖章”“成都好工人”“成都工匠”等称号，并受央视2套《经济半小时》“寻找蓝领技术精英”专题报道。

2019年，成都公司积极投入抗洪抢险保电，扎实开展漠视侵害群众利益问题专项整治和“抓整改、除积弊、转作风、为人民”专项行动

公司共有6个职能部门、8个班组、5个城区营业所、6个全能供电所，代管三新电力服务有限公司高新分公司、四川宏业集团有限公司高新分公司。现有员工532人。其中，主业全民员工102人，集体全民13人，农电员工176人，集体企业241人（业务外包126、企业自聘115）。员工平均年龄40岁，本科及以上学历250人，其中硕士研究生29人，博士研究生1人，省公司优秀人才4人，成都公司优秀人才1人，电力雏鹰2人，拥有高级资格人才32人。

截至2019年年底，高新公司辖区内有220千伏变电站9座，变电容量396万千伏安；110千伏变电站31座，变电容量391.6万千伏安。其中，高新区220千伏变电站7座，容量312万千伏安，110千伏变电站22座，容量288.6万千伏安；武侯区220千伏变电站2座，容量84万千伏安，110千伏变电站10座，容量115.6万千伏安。

公司主要负责辖区内10千伏及以下配电线路及设备的运维检修、故障抢修和各类应急保电工作。涵盖10千伏公用线路374条、公用开关站63座。公用线路共有环网柜830台、分支箱73台、柱上开关471台、变压器2065台。线路总长2235.1千米，其中架空线路609.8千米、电缆1625.3千米，电缆化率72.72%。

2019年，累计完成售电量110.64亿千瓦时，同比增长9.45%；实现电能替代2.2亿千瓦时；售电均价565.22元/千千瓦时，同比下降9.14%；电费回收率100%，67.25亿元电费“颗粒归仓”；全口径电网建设投资7054.85亿元；综合线损率3.36%；实现安全生产、优质服务、党风廉政、稳定及舆情事件“零”目标。

高新公司坚持“现场为王”，实施精准“日管控”，2019年，开展三级督察461处，查处违章140项。以“安全快递”微信群、同质化管理为手段，强化安全管控穿透力和执行力。联动“三电办”、电力警务室，试点“管线通”系统，通过长效联动机制强化电力设施保护，分级管控施工打围点位。2019年，外破数量同比下降48%，追补电量损失13.6万元。参与政府双盲应急演练5次，高效完成“7·22”“9·13”大面积停电抢修及“6·17”长宁地震抢险。结合成都市委、市政府“平安社区工程百日攻坚行动”，借力“掌安”系统实现隐患治理闭环，电动自行车不规范充电、院落线路老化、私拉乱接等隐患整治成效显著，受到政府和媒体持续关注和高度肯定。

2019年，高新公司农电全年完成售电量4.74亿千瓦时，实现电费足额营收2.86亿元，查处违约用电、窃电14笔，追补电量6.14万千瓦时，追补电费1.29万元，受理各类业务1835份，未发生一笔超时限和线下流转的业务。

公司根据各供电所地理位置、片区服务客户类型、需求、供电所自身结构、特性等情况，量身打造不同的“全能型”方案，实现向差异化、市场细分化的客户服务模式转型。作为特色打造的排头兵中和供电所在2019年创建了国网四星级供电所，同时获得“成都市工人先锋号”称号。同时，公司积极搭建农电员工建功立业平台，扎实开展农电培训和技术练兵活动，农电员工获 “成都工匠”、成都市第二届百佳创客明星”、“成都百万职工技能大赛”三等奖、“高新工匠”、成都公司“敬业奉献杰出青春榜样”等多项荣誉。

公司高度重视科技创新工作，激发员工活力，大力创新创效。“小门神——基于泛在物联的防外破智能警示桩”获省公司青创赛银奖；开展温家河网格配网建设改造项目需求提升，优化配网网架，获国网公司年度优秀网格；利用农电自主研发 “台区线损管理模块”，供电所线损率从年初的78.59%提升到97.44%，提前半年完成年度目标。

公司持续加强信息安全工作，建立健全信息安全责任系统，严格开展2019年保密自查工作。工作全方位涵盖公司各部门、班组、代管公司，保密责任落实到具体岗位和责任人。同时，公司对公司保密工作领导责任落实、制度建设、宣传教育培训、涉密人员管理、信息保密管理、宣传报道信息公开等方面进行自查，对风险隐患及时进行整顿。2019年，未发生泄密事件。

公司始终以客户为中心，不断提升服务水平。2019年，公司创新打造服务“全优PLUS”，推进线上互动，实现智能业扩，入驻两区政务服务大厅，将用电业务纳入政务平台55个“主题式”审批服务项目，出台进一步优化电力接入营商环境实施办法，大幅提升用户接电速度，降低接电成本，高压平均接电时间压减到27天，低压压减到1.9天。深化“三级客户经理”制度，“点对点”配置政企客户经理，“一条线”配置大客户经理，按“社区网格”配置低压网格客户经理，精准响应客户用电需求。优化故障停电抢修流程，强化专业抢修协同联动，抢修复电时间同期缩短2小时，“95598”投诉同比减少46.63%。开展一般工商业降价两次，完成降价11%，涉及2.4万户，向客户让利3089万元。履行社会责任，完成中日韩领导人会议、“世警会”等136次重要保电任务。深化社企党建共建，与7个街道、社区党委（支部）完成结对共建，认领社区党建项目6项。

公司扎实开展“不忘初心、牢记使命”主题教育活动，党委中心组集中学习19次，党支部集中学习182次，形成城市基层党建、优化营商环境、降跳闸压投诉等“五个一”调研成果5个，1个案例获评成都公司主题教育整改落实优秀典型案例。主动探索实践新时代党建内涵式发展，深化社企党建共建，与7个街道、社区党委（支部）完成结对共建，认领社区党建项目6项。开展党风廉政教育539人次，实施专项稽查2项，发现问题5个，发出监察建议书1份，核查并整改3个涉及群众利益的问题。创建“清风莲韵”微信群，有效提升廉政建设工作要求的穿透性和执行力。

2019年，公司荣获“全国质量信得过班组”“国网楷模”等国家级、国网公司级荣誉6项，“四川省先进党组织”“十佳供电服务之星”等省部级、省公司级荣誉7项，市级、市公司级荣誉37项。接受国家能源局、全国总工会、国网公司等内外部调研、参观共142次。“电力侠”“电眼妹”入驻玉林“网红街”，创新打造“有温度的电线杆”，电力元素融入街区文化。参拍歌曲《心灯》、微电影《变脸》，加大宣传力度，公司特色亮点工作被人民网、新华社、《半月谈》、《国家电网报》等媒体报道，新闻上稿490篇，提升了社会影响力。

存在的主要问题:结构性用工矛盾突出。近年来，随着客户对供电服务优质、高效、稳定的需求与日俱增，公司人员需求矛盾逐步增加。一方面人员补充缓慢，尤其是骨干力量出现断层情况较严重；另一方面，人员培养压力大，一线技能人员专业能力提升缓慢、前沿专业覆盖较少。新形势下，人力资源需要寻求新的方式扩充或共享，队伍的年龄结构、工种比例需进一步优化，才能适应日益繁重的工作任务和高层次的管理要求。

【国网成都市新都供电公司】国网成都市新都供电公司成立于 1985 年 8 月，属于国网成都供电公司直供直管供电分公司。公司设 7 个职能部门、3 个业务实施机构、15 个班组、8 个供电所，担负着成都市新都区 7 个街道、2 个镇，共 497 平方千米、90.1 万常住人口的供电任务。

截至 2019 年 12 月 31 日，全公司在册员工 616 人，全民及地方全民 131 人，农电工 340 人，集体聘用 145 人。全民及地方全民 131 人中，硕士研究生 28 人，大学本科 85 人，大学专科 13 人，中专 4 人，高中及以下文凭 1 人。高级职称 5 人，中级职称 39 人，初级职称 40 人。高级技师 4 人，技师 44 人，高级工 21 人，中级工 19 人，初级工 1 人，人才当量密度达 1.041，全员培训率 100%。

新都电网担负着新都地区以及周边青白江、郫县和金牛部分地区的供电任务。截至 2019 年 12 月 31 日，新都电网共有变电站 20 座，变电容量共 273.6 万千伏安，管辖 35 千伏以及上输电线路 38 条，306.045 千米；10 千伏配网线路 284 条，2284.1 千米。2019 年，坚持区域“一盘棋”“一张图”电网规划，超前谋划适应新都区产业发展及民生用电需求的电网蓝图。结合新都区规划调整，完成成都市新都区电力规划调整、成都市航空产业园电力规划。完成国家中心城市电网规划（新都区部分）。结合围绕实际需求谋划坚强电网架构，科学统筹 2020 年新都区城市配网项目储备和 110 千伏站点的配套出线项目储备；全力服务城市建设规划需求，适时开展新都区电力专项规划和片区升级规划，围绕多个工业园区发展布局，科学统筹园区配网项目储备，积极推进业扩配套项目在园区实施。深入推进配网结构优化改善进程，对新都配网当前运行现状进行全面梳理和精准分析，针对超重载、低电压等突出问题，协同地方政府相关部门做好项目储备和通道规划，分区域、抓重点、有步骤地推进配网结构优化改善工作，推动电网均衡发展。推动相关项目前期工作，完成220千伏马家变电站10千伏出线间隔扩建储备，协调区政府及相关部门适时推动220千伏蜀龙变电站的项目前期工作。推动建立与地方政府和职能部门的电网建设常态化协调机制，全年共参加道路规划、设计审查40次，全面打通电力通道与城市发展的同步建设轨道。

2019年，新都公司全网最高负荷86.04万千瓦，累计完成售电量37.36亿千瓦时，同比增加9.39%；完成售电均价592.14元/千千瓦时，年度电费回收财务和营销口径实现“双结零”。完成综合线损率4.64%，同比下降0.41个百分点。实现供电可靠率99.8081%，综合电压合格率99.997%，农村电压合格率达99.8596%。新装智能电表32974只，公司累计智能电表总数达59.17万只，智能电表采集覆盖率99.85%。

力促营销指标全面提升，以“先易后难、重点突破、全面开花”为指引，推动各项经营核心指标整体提升，实现电能表全口径采集接入率100%、采集成功率99.64%；采集运维管理功能应用率97.48%，计量异常管理功能应用率100%；费控执行率、台区线损合格率等5项指标提升超过8%。重拳出击开展反窃电，以线损为导向，以大电量、零度户为突破，持续深入开展专项用电检查，2019年，共查处计量装置故障及违约窃电81起，其中查处计量装置故障15起，挽回电量损失78.98万千瓦时，挽回电费损失46.51万元；查处窃电和违约用电66起，追补电费及违约使用电费20.71万元。有序接收用户优质资产，结合城市化进程加快和政府、客户实际需求，统筹决策、持续推进用户优质资产接收工作，梳理固化用户资产接收流程，共接收10千伏线路6条，进一步明确电网资产产权关系，确保安全接收，防范经营风险。产业经营成果持续巩固，优化集体经济布局结构，优化工程管理、物资采购、市场营销等核心业务人员，以服务品质和专业态度为契点，持续提升市场占有率，全年实现产值1.04亿元，利润288万余元。持续开展陈旧欠款清欠，综合运用法律诉讼、律师函等手段，回收老旧欠款424万余元。

落细落实安全责任，修订实施公司安委会工作细则、安全例会管理办法，形成问题跟踪问效、闭环处理机制；坚持以全员安全风险警示教育、月度安全分析、“反违章”专题约谈等有效举措开展安全教育培训，“一把手讲安全课”培训课件被评为国网公司安全文化建设优秀成果。汇聚安全监督合力，构建安全监察部与农电督查队合署监督模式，编制《农电安全监督管理工作实施细则》，探索基于新型农配网管理体系的安全监督机制，切实加大农配网安全垂管力度和协同效率。实施“精准日管控”，编制《营销现场工作三级管控措施》，探索推进2大类、14种营销作业现场三级风险管理，通过安全监督记录仪监督查处违章23处，有效把控营销小型、零散作业现场安全风险。狠抓本质安全，全年督查现场947个，发现违章29项，处罚典型违章17项，开展“反违章安全约谈”6次，违章率同比下降14.7%。根源治理输电线路隐患，对电缆设施、线路“三跨”等安全隐患开展全覆盖闭环式排查，累计清理重要输电通道超高树竹5000余棵，消除A类隐患3处，多方协调完成退运35千伏洞丰线拆除工作，消除现存老旧线路安全隐患。铁腕整治输电线路外破，对79处外破隐患点位开展特殊巡视130余次，发放隐患整改通知书70份，有力保障输电线路安全运行。勇担保供电使命，全年累计发布电网风险预警57次，其中六级电网风险22次，确保可靠供电；完成新中国70周年大庆等8项重要保电任务；政企联合开展全专业无脚本综合应急演练，公司党服队获“区级应急救援队”授牌。截至2019年12月31日，实现连续安全生产5520天。

探索开展智能变电运维，积极运用智能机器人巡检技术开展变电站巡检工作，切实提升巡视效率和缺陷发现率；开展红外测温、铁芯夹件电流测试等多项带电检测工作，及时发现并处置220千伏团结站互感器电压异常、110千伏三河站主变套管发热等危急缺陷，实现变电带电检测全过程、全覆盖。提升配农网精益化管理，着力聚焦“故障跳闸率、设备超重载率、低电压率”三大指标，优化配网办管理效能，开展供电所配网基础管理专项检查，超重载台区数同比下降41.13%，配农网故障率同比下降19%，运检类投诉同比下降54.32%。持续筑牢配网网架，运用配网线路“一体化”检修成果，集中整治“跳闸王”线路10条；坚持“能带不停”原则开展带电作业，全年共完成带电作业370次，公司经济效益和客户用电获得感提升明显。公司带电作业员工参加“百万职工技大赛”等一系列专业技术比武，获“全国电力行业优秀技能选手”称号，实现四川省带电作业在全国性比赛获奖纪录“零”的突破。

持续优化营商环境，全面实现“三省+三零”办电，10千伏及以上大中型企业平均接电时间压缩至

60 天，低压小微企业平均接电时间压缩至 15 天。对园区重要客户提供“绿色通道·亲情电力”服务，业务办理时限缩短 80%。开展业扩配套项目流程优化，全年共有新投专变客户 182 户，保障了工业东区、航空轨道产业园等重要项目用电需求及时落地。全力开展投诉压降，通过细化完善《投诉压降工作绩效考核方案》，对每一笔投诉的管理责任和执行责任开展“穿透式”分析，强化考核、严肃追责，服务类投诉同比下降 70.37%，超额完成年初制定的压降 20%目标，压降率列成都公司第二。落地“三级客户经理制”，配置大客户经理 12 名、低压客户经理 10 名，实现客户经理全覆盖；对高、低压客户实施网格化管理，持续提升业务质效和服务品质，连续三个季度获评新都区“国际化营商环境建设”先进班组、先进个人。首推城区低压抢修外包，抢修到达现场平均时长下降 10.35%，故障平均修复时长下降 12.35%，抢修效率全面提档升级，“95598”回访客户满意度实现 100%，助力“获得电力”指标有效提升。

强化履责担当，党委会专题研究党风廉政工作 4 次，结合新形势制定 2019 年党风廉政和反腐败工作要点 10 项，任务分工 40 项；按照职责分工修订完善领导班子履责要点，明确通用条款 11 项，差异化条款 30 项；班子成员及部门负责人签订党风廉政建设年度目标责任书 32 份，切实担当管党治党政治责任。坚持问题导向，对照上级巡视巡察要求，聚焦问题突出领域开展自查自纠，发现问题 10 项并予以整改落实；自主开展供电所青苗赔偿、通道清理、外包劳务等专项费用监察，发现并整改问题 8 个；延伸开展三新分公司、宏业分公司成本监审，发现问题和隐患 18 个，均已立查立改。加强风险管控，组织节前作风建设明察暗访 4 次，开展任前廉政谈话 15 人次，廉政约谈 56 人次，运用执纪问责“四种形态”开展谈心谈话 32 人次；扎实开展党风廉政信访举报专项治理，受理办结各类信访件 532 件（其中党风廉政方面信访举报 0 起），未发生因处理不及时、不到位而引发的重复或越级上访事件。扎实开展主题教育，多种方式推动“不忘初心、牢记使命”主题教育活动，开展党委中心组集中学习研讨 7 次、“学报告，悟初心”主题党日活动 40 余场次、“电力扶贫”志愿服务 13 次。领导班子开展“五个一”调研，形成调研课题报告 6 份，对调研中发现的 19 个问题，已制定对应整改措施 29 项；针对专项整治、经济责任审计及对照党章党规查找出的 44 项突出问题，已分类整理建立问题台账纳入整改计划。党委班子切实履行主体责任，组织开展“抓整改、除积弊、转作风、为人民”专项行动和 2019 年度专题民主生活会，共检视问题 44 项，已列入问题清单并明确整改要求。深入实施“党建+”工程，结合公司实际，开展“党建+新都轨道航空产业园泛在电力物联网综合示范区建设”，通过支部领班项目、部门分解任务，构建党建引领、内嵌融入泛网建设新机制，力促泛网示范区建设开创局面、提质增效，形成推动泛网建设强大合力。打造特色党建品牌，结合党员创先阵地，积极探索党员服务队功能拓展，2019 年党服队开展送温暖、学习雷锋月、重大保电等品牌服务活动 60 余次，品牌价值逐步展现。营销支部与新都保利城三期党支部结对共建，将党旗飘扬在工作一线，按期完成该小区 2616 只智能电表更换任务，党建引领助推重点工作有力推进。

存在的主要问题：一是电网网架结构薄弱，亟待进一步完善。新都配网超重载线路比例高，负荷高峰时期超过 300 安的线路达 61 条，占比 37.89%，N-1 通过率仅为 30.4%；单辐射线路较为集中，部分负荷较重区域为站间联络，易引发优质服务投诉风险。

二是用户产权设备故障频发，安全风险突出。目前，用户产权设备多由用户自行运维，由于缺乏专业运维人员，大部分环网柜受潮严重，故障指示器、蓄电池等附属设备不能正常使用，电缆对接头施工质量不佳，由此造成用户产权设备故障频发，2019 年新都发生用户专线故障跳闸共 36 次。

三是缺员问题严重，老龄化现象凸显。新都公司人员结构老化，部分部门缺员问题严重，同时人员年龄结构老龄化现状堪忧，目前公司全员平均年龄 43.62 岁，其中尤以营销部分班组和供电所的老龄化问题最为突出，骨干人才断层矛盾凸显，安全生产风险和优质服务投诉风险有增大趋势。

四是党建与业务融合不够，亮点特色有待突破。党建工作与业务工作深度融合上缺乏创新举措和突出亮点，在如何改进党建工作方法，发挥党建引领作用，用灵活多样的形式推动党建与业务有机融合、激发基层党建活力等方面的探讨研究不够深入，党建工作亮点特色提炼打造不够到位。

【国网金堂县供电公司】国网金堂县供电公司系国网成都供电公司直属县公司，成立于1985年公司担负金堂县13个乡镇的供电任务，供电面积约732平方千米，供电客户27.90万户。

公司辖变电站16座，总容量157.93万千伏安。其中，220千伏公用变电站2座，总容量84万千伏安；110千伏公用变电站6座，总容量64.1万千伏安；35千伏公用变电站8座，总容量9.83万千伏安；110千伏线路13条/148千米；35千伏线路9条/85千米；10千伏及以下配网线路77条/1500余千米（公用52条/1380千米，专线25条/120千米）；低压线路约6340千米；公用配电变压器数量1292台，总容量216830千伏安（其中农村1126台，容量168555千伏安）。并网小水电2座，总装机容量17625千瓦（其中清江电厂2625千瓦、江源公司15000千瓦）。

博士党服队为在华为开展开关柜带电“义诊”行动

公司下设部门9个，主业班组14个。有供电所7个、集体企业2个，员工总数496人。

公司主动搭建规划沟通平台，滚动修编《金堂电网“十五五”规划》等专项规划，配合政府开展《金堂县城市总体规划》《金堂县国土空间规划》等编制工作，确保电网与城市同步协调发展。全力推进电网项目建设，竣工投运110千伏杨柳变电站10千伏母线扩建、10千伏红航一、二路新建工程，推动各类业扩配套落地实施。公司积极探索泛在电力物联网建设《关于配网拓扑智能识别的研究》取得阶段性进展。公司获得发明专利3项，参展第四届成都智博会，且多次入选成都公司泛在电力物联网建设月度工作动态。

公司积极处置省能投江源电力供区矛盾和电源接入问题。担当作为，创新实施以房产置换的方式偿还欠款，加快2010年以来集体企业工程欠款回收工作。强化政企联动，合理运用法律手段，积极主动维权，实现全年3起法律纠纷案件全胜诉。强化综合计划和预算执行过程管控，综合计划支出入账率达78.53%，位列各区县公司第二名。全年完成售电量14.4356亿千瓦时，同比增长15.88%，增长率在成都公司下属单位中排名第二。累计综合线损率4.64%，较年线损率指标下降0.75个百分点，同比下降0.55个百分点。未发生被上级考核的安全、服务、廉政、稳定及舆情事件。公司荣获成都市“蓉城先锋·党员示范行动”党员示范单位、成都公司安全先进单位、金堂县工业经济工作先进单位等。

严格落实各级安全责任，全面宣贯安全责任清单，全覆盖签订安全、交通、消防三类责任书。严守现场安全关，累计严审查勘报告和标准化作业书150余项，安全督查施工现场265处，违章查处率63.4%。抽调组建柔性督查小组12期，发现各类专业运维问题189项。积极推进领导干部查隐患和班组长查缺陷活动，重点消除电缆网隐患、三跨隐患、灾后临时供电设施隐患等200余项。扎实开展各类专项隐患整治活动19项，共查处各类问题638项。全方面营造安全氛围，常态化完成52期《现场曝光》周通报，组织电力设施保护等针对性培训10次。落实风险预警5次。全力降低社会触电风险，通过电视台、报社、现场活动等多种途径宣传安全用电50余次，整治涉电鱼塘39个，解决通信线路附挂电力设施隐患100余处。应急管理程度深层化，完成21项应急预案和现场处置方案的修编工作，组织开展应急防汛暨迎峰度夏演练、变电站电缆沟电气火灾等应急演练，成功应对“7·29”金堂特大暴风雨。截至2019年12月31日，金堂电网安全运行7000天。

强化不合格数据整改力度，整治异常台区107台、重载配变18台。加强末级低电压管控，新增配变20台，解决低电压1614户。加强客户产权线路设备管理，督促用户整治缺陷和隐患，降低用户设备故障引起主线停电概率。落实“三跨”整治，公司积极与成德南高速公司协调，完成杨柳、福兴所成巴高速9处“三跨”整治工作。积极参加成都公司2019年全能型供电所竞赛大赛，获所长专业组第一名，综合柜专业组第二名、第三名，台区经理专业组第二名，团体总成绩第二名的佳绩。真切关爱农电职工，积极落实特困帮扶、“金秋助学”等各项福利政策，农电队伍保持稳定。

加强信息网络相关规章制度宣贯力度，组织全员学习《中华人民共和国网络安全法》和《安全事故调查规程》。组织开展全员信息安全培训等全覆盖性地培训5次，组织针对信息专责等专业性培训3次，累计完成各类培训考试5次。持续加强信息安全工作，落实国家网络安全法，加强信息安全风险防控，与长期在岗员工、网络从业人员、第三方服务人员共签订网络安全承诺书508份，完成桌面终端新设备入网及终端变更68台次，桌面终端设备维护95台次。组织开展主机及介质信息安全防护工作，抽查各专业主机安全防护情况5次。全年未发生信息安全事件。

深化三级客户经理服务，与赵镇街道10个社区签订“连心桥”用电服务示范社区暨社企党建共建协议。“三全”建设取得新进展，实现全口径日均采集成功率99.63%，费控综合执行率83.61%，台区线损合格率94.93%。积极促成政府出台优化营商环境相关规范性文件，扎实推进优化营商环境两年行动计划，高、低压客户平均接电时间分别压减至32天、2天以内。完成两轮一般工商业电价调整，累计降幅11.7%；推动68家大工业企业进入电力市场化交易，交易电量达3.76亿千瓦时；共为用户节约成本7000余万元。编制并落地压降投诉工作实施方案及优质服务管理考核细则，投诉总量同比下降55.10%。全力推进预约服务、线上缴费等工作，基本实现“三零三省”服务，营造良好的“获得电力”氛围，陈雪芹等15人获“国际化营商环境建设先锋岗”称号，市场班等11个班组获“国际化营商环境建设先锋班组”称号。参加金堂县“纪委面对面 政商心连心”活动，公司“政风行风大测评”服务满意率达90.91%。

狠抓思想政治教育。深入开展“不忘初心、牢记使命”主题教育活动，组织中心组专题学习研讨9次，参加省公司专题培训2次。始终坚持学原文、读原著、悟原理，进一步增强“四个意识”，坚定“四个自信”，做到“两个维护”。制定主题教育党支部学习清单，全体党员通读规定书目，开展主题党日活动，做到理论学习有收获，思想政治受洗礼。开展“十讲十增强 转型再突破”形势任务主题宣讲活动7次，促进员工体悟“六种意识”和“四有四当”。组织各支部党员代表赴红色教育基地参观学习，激发广大党员开拓进取、奋勇争先的意志品质。深化党建融入中心。推进“连心桥”用电服务示范社区建设，提升社区供电服务水平。优化党员服务队、党员突击队结构，参与各项攻坚克难任务。投入线损治理，提升台区线损指标；参与“三跨隐患”线路整治，及时消除高速公路线路隐患；坚守“世警会”保电，全力确保重大赛事安全可靠供电。常态化开展创先争优。党建课题“构建‘四化一环’推进基层党支部标准化建设”获成都公司党建工作创新实践课题优秀奖，1个QC项目获得成都公司三等奖，王波获“成都工匠”称号，郭晓峰等3人获“金堂工匠”。

存在的主要问题：精益管理水平有待提高。公司内部对“以客户为中心、以价值为纲、以质效为根、以奋斗为本”的理念和意识还未真正建立，对市场需求和客户价值不够敏感。少数员工思想严重，满足于小富即安，沉迷于传统的工作方式和经验式的管理套路，管理模式较为粗放、流程不清晰。若干业务和指标的关键控制节点联动响应不及时、未统筹，造成管理精力分散和重点资源浪费。员工绩效管理流于形式，未能真正起到激励作用。

安全风险仍旧突出。员工主动安全意识不足，习惯性违章仍然频发，外委队伍安全管控意识能力较差。电网局部“卡脖子”问题仍然存在。成阿园区线路重载、杨柳站出线重载问题未有效解决。现场作业点多面广、安全管控难度加大。外力破坏形势严峻，农村安全用电风险始终存在。部分老旧三无小区用电设备安全隐患突出，整治困难，电网安全防控压力越来越大。

优化营商环境压力巨大。配网投资渠道不明晰，部分区域线路重载，产权不明晰，影响园区企业的“就近接入”。一般工商业转供电依旧存在，导致终端客户对国网降价让利的获得感不强。兜底抢修的运转不畅，让部分居民对公司优质服务抱有偏见。智能电表模块老化、业扩配套工程建设时效差、客户产权设备频繁停电等诸多问题，成为制约服务质效提升的“痛点”“难点”。

【国网成都市温江供电公司】公司成立于1987年，为国网直属县供电企业。公司供电面积277平方千米，负责温江全区9个镇街的供电任务，供电客户数34.8万户。

公司下设7个职能部门、2个业务支撑实施机构和2家集体企业，设有14个主业班组和5个供电所。在职员工486人。

温江电网有220千伏公用变电站2座，总容量84万千伏安；110千伏公用变电站8座，总容量78.6万千伏安；35千伏变电站2座，总容量4万千伏安。运行维护10千伏及以上输、配电线路（含专线）203条，全长1308.26千米。2019年，“1+5+26”电力规划格局被纳入地方总规及土地控制性规划。500千伏蜀州—丹景三线工程（温江段）于2019年6月30日正式投运。500千伏成都西输变电工程完成国网初步设计审查，目前在编制施工设计，计划于2020年6月开工建设。成都西220千伏配套出线工程通道路径方案正在调整。110千伏新城站已于2019年10月进场施工。110千伏永宁输变电工程第二电源通道清理完毕，待验收后投运。城农网项目有序推进。

2019年，完成售电量23.99亿千瓦时，同比增长8.59%；售电均价588.16元/千千瓦时，同比降低30.15元/千千瓦时；高压客户全口径费控执行率

96.92%，同比提升 17.33 个百分点；电费回收率 100%；台区线损合格率 92.03%，同比提升 6.52 个百分点；综合线损率 4.10%，同比下降 1.56 个百分点。扎实推进多维精益化评价工作，全面提升人、财、物管理水平。认真落实“规章制度落实督导年”工作要求，多途径加强法制宣传教育，深化公司合规管理体系建设，通过法律诉讼避免企业经济损失 16.79 万元。公司纪委紧盯重点节点，注重日常教育，强化专项监督，驰而不息纠正“四风”问题，积极配合省公司交叉巡察，着力规范企业经营管理，营造企业风清气正良好氛围。宏业温江分公司完成营业收入 1.2 亿元，利润总额 912.80 万元。

大力推进“三全”建设，全口径采集成功率 99.73%，同比提升 1.14 个百分点。充分发挥属地穿针引线协调作用，积极促成区政府出台优化营商环境文件，明确行政审批流程时限，着力打造优化营商环境样板工程，助力温江区获评中国营商环境建设示范区，并荣获成都区域营商环境优化办电环节第一名。药明康德等政府招商引资重大项目建设有序推进，涉及的 110 千伏隆田线迁改工程顺利进行。以客户为中心，努力促成政府出台电能替代以奖代补政策，走进园区，开展客户的专项走访，完成“煤改电”“气改电”客户共 8 户，增加售电量 423 万千瓦时。扎实推进并网电厂清理、“三供一业”供电分离移交和老旧小区改造工作。落实人员责任、强化部门联动，多措并举全方位管控各类投诉风险，2019 年，共发生各类投诉 71 笔，同比减少 121 笔，下降 63.02%。

持续深入学习习近平新时代中国特色社会主义思想和中共十九大精神。全面落实“旗帜领航•三年登高”创先争优年各项任务，大力实施“党建+”工程，多措并举夯基础、强引领，推动党建工作与中心工作紧密融合。“不忘初心，牢记使命”主题教育聚焦“为民服务解难题”具体目标以及政府百姓关心关注的突出问题，柳浪湾电力安全隐患整治工作成效获区委书记认可，并获评成都公司主题教育整改落实十佳案例。“党建+”高素质员工队伍建设成效明显，21 个集体、36 名个人获得国网、省、市公司及市区政府级竞赛、表彰 29 项，并涌现出首届“成都工匠”郭小川、“温江工匠”赵敏、付翔、成都市“五一劳动奖章”王万银等先进典型；调控中心获“国家电网有限公司配网调度管理最佳实践案例”。成都市“工人先锋号”营业班获成都公司“全能型”供电所竞赛一等奖，三新温江分公司等获先进典型。计量班、配电运检班积极争创省公司五星级班组，营业班、万春供电所争创成都公司企业文化示范点。金马供电所试点企业文化落地实践做法入围省公司企业文化登高典型案例评选。员工作品获国网公司“壮丽 70 年 • 奋斗新时代”短视频大赛金奖。

存在的主要问题:温江站拆迁后土地问题悬而未决。公司所辖 35 千伏温江变电站于 1971 年建成投运，土地系政府无偿划拨，土地证载面积 2676 平方米。2015 年 2 月，应区政府城中村改造项目要求进行了拆迁。经请示省公司，拟通过土地置换方式对该变电站土地实施拆迁补偿，计划将变电站土地与四川电力职业技术学院温江校区南门右侧土地（约 2767 平方米）进行置换。但区国土局指出土地置换立项困难，建议实施资金补偿。

后勤管理人员亟须补充。后勤各项工作及流程发生很大变化，要求也更高，尤其是后勤项目管理及财务报销不仅工作量大，也对管理人员技能水平提出更高要求，建议上级增设后勤专责 1 人。通道隐患消除困难。温江区输电线路通道因名贵花木量大、要价高、基建遗留、政府拆迁等诸多原因导致线路通道隐患消除困难，严重影响了电网项目的建设投产及在运线路的安全运行。尚余 220 千伏输电线路 A 类通道隐患 5 处，B 类通道隐患 46 处，110 千伏输电线路 A 类通道隐患 42 处未处理。

【国网成都市青白江供电公司】青白江公司紧密结合青白江区“陆海联运枢纽、国际化青白江”发展定位，坚持以安全稳定为基石、以精益管理为抓手、以创新创效为引擎的工作思路，以服务“一带一路”、建设国际化青白江为重点，沉淀出具有青白江特色的卓越管理文化，按“一楼一主题”营造企业文化，以“青匠工坊——武绍模职工创新工作室”为载体，积极开展探索性、试验性、创新性课题研究，“以客户为中心的精益型县级供电企业现代卓越服务管理”项目获评中电联电力创新一等奖；“新型隔离开关”等 6 项成果获评省公司工人技术创新奖。

2019 年，公司荣获四川省电力公司安全先进集体、成都公司先进集体、建设国际化青白江先进集体等荣誉。161 个集体和个人先后荣获国网公司级荣誉 4 项、省公司及市级荣誉 37 项、成都公司及区级荣誉 78 项，在年度考评中获得省、市公司级特殊贡献奖 12 项。区领导先后多次作出重要批示，高度肯定公司在服务地方经济发展和民生改善方面做出的突出贡献。

青白江下设 10 个职能部门、15 个班组、5 个乡镇供电所，代管 2 家产业单位。现有员工 373 人，其中全民员工 104 人，农电员工 170 人，产业单位员工 99 人。全口径员工平均年龄 42.83 岁，其中全民员工平均年龄 39.21 岁。全民员工本科及以上学历 89 人，其中研究生学历 37 人，占主业员工的 35.58%，现有高级职称 12 人、中级职称 45 人；高级技师 13 人，技师 117 人；国网公司专家人才 1 人，省公司专家人才 5 人，人才当量密度 1.156。2019 年，公司 2 人获评成都市百佳创客、1 人获评成都工匠、5 人获评蓉欧工匠。

重点项目推动地方经济发展，全力发挥属地协调作用，完成 500 千伏新都变 220 千伏配套工程路径变更协调事宜。全力配合重要线路迁改实施，220 千伏龙同一线迁改方案完成可研收口，110 千伏绣湾线、绣轴线、绣巨线迁改全面启动，助力重点项目落地。有序推进 220 千伏清泉站建设，按期完成可研编制及规划稳评手续办理，提前为欧洲产业城快速发展谋篇布局。城网改造解决小区用电难题，创新提出“客户红线外双电源”建设方案，彻底解决“中华名城”等小区居民频繁停电难题。积极开展老旧小区供配电设施改造，改造规模资金位居成都各区县前列。

经营电网成效显著，坚守电费回收底线，连续 4 年实现当月电费当月底前全部结零。大力开展反窃查违专项行动，挽回效益 167 万元，率先完成全年目标。积极降损增效，台区线损达标率 97.10%，同期线损达标率 95.29%，为公司减少经济损失 600 万元。售电市场不断拓展，“外延式”拓展方面，全年新装增容 162 户，新增容量 21.78 万千伏安，增加电量 2.01 亿千瓦时；“内涵式”拓展方面，推广电能替代，完成“煤改电” 18.7 蒸吨，推进“电火锅”、充电站建设，增加电量 4240 万千瓦时。产业效益稳步增长。

电网运行安全稳定，完善电网风险防控机制，强化电网运行分析，高效发布电网风险预警 16 次，确保 110 千伏青湾线、桂湾线等线路停电期间可靠供电。坚持能带不停原则，大力推广带电作业，累计开展带电作业 295 次，同比增长 11.3%。隐患治理扎实有效，样板复制推动变电精益提升，积极开展变电站专项检查和一体化检修工作，全面完成示范站高压室整治、机器人巡检基础建设，变电精益化水平得到大幅提升。铁腕重拳整治输电线路隐患，实现无人机飞巡 250 基，处置重大缺陷 2 处、“三跨”隐患 1 处。多措并举提升配网供电能力，扩大配网线路“一体化”检修成果应用，跳闸率压降 20.1%。现场风险管控有力，深入运用“三图一表”精准日管控平台，联合三级督察队现场检查，督察现场 569 处，查处违章 55 处，自查违章有效率 9.66%，未发生上级单位通报的违章行为。全面加强作业计划管控力度，严格执行月计划、周安排、日管控，各项作业有序实施，现场安全可控、能控、在控。

农网升级提高供电可靠水平，全力开展农网设备升级改造，优化线路供电半径，大幅提升城厢、清泉片区供电可靠性。扎实推进精准扶贫，供电所以党支部为阵地，组织员工出动 432 人次进村入户，对定点帮扶村、结对帮扶贫困户、五保户、留守儿童学校等开展安全用电检查，帮助困难群众消除室内用电缺陷 89 处，发放安全宣传单 23000 余份，新增安全警示标志 280 处，捐赠书籍 50 余册，有效增强了广大客户，特备是贫困客户的安全用电意识。供电所利用营业厅和员工朋友圈宣传惠农APP和当地扶贫农产品，主动服务了农村经济发展的发展。

2019 年，成都公司聚焦泛在电力物联网建设，全面推进 5 个综合示范区和 24 项重点任务建设。图为 5G 电力巡检机器人

组织机构试点有序推进，全面开展“三型两网”供电企业组织模式和机制创新综合试点工作。泛网综合示范循序渐进，全面推进泛在电力物联网示范区建设，立体谋划、创新思维，推动成都国际铁路港泛网建设综合示范区入选省公司“5 市 10 县 10 园区”泛网重点示范项目。欧洲产业城增量配电试点正有序推进。

营商环境不断优化，促成区政府出台优化电力营商环境支撑性文件，创新打造“五线谱”工作法，开展低压小微企业“一日业扩”，高、低压客户平均接电时间分别降至 38 天、2 天以内，实施 10 千伏及以下配套项目 741 个，为客户节约成本 607.52 万元。客户服务优质高效，落实“三级客户经理”试点，实现网格化服务纵深推进。开展投诉压降专项行动，全力解决老百姓关切问题，全年共发生27笔投诉，同比压降27%，万户投诉率1.2。合理优化电网运行方式，完成70周年国庆阅兵、中日韩领导会晤等各类重大保电任务36项。客户感知有效提升。积极开展智能营销应用，在全市范围内首批开展电力智慧柜员机应用，平均分流20人次/天。作为省公司唯一一家试点单位，“远程充值客户感知提升”试点取得显著成效，采集成功率、远程充值成功率均达到99.9%，线上缴费率达到60%，各项指标创历史新高，在全省范围形成良好示范效应。

公司扎实开展主题教育，按照“守初心、担使命，找差距、抓落实”的总要求和成都公司党委指导意见，深入开展“不忘初心、牢记使命”主题教育活动。公司班子成员对照党章党规找差距，深入一线开展调研，收集问题26个，梳理汇总形成“三边”清单和专项整治清单。狠抓主题教育整改落实，限时整改问题15个已完成，长期坚持整改问题11个均取得阶段性成效。党建引领保障有力，全力做好地方发展保障，引导职工为服务国际化青白江建言献策。深化共产党员服务队建设，设立蓉欧先锋支队、智慧先驱支队，推动服务“一带一路”党服队内涵式发展。携手红阳街道华严社区结对共建，解决群众难题15项，形成水岸华庭电杆迁建等典型案例2项。

存在的主要问题：电网风险依然存在。安全生产态势总体平稳，但稳中有忧、稳中有险。线路外破（含客户设备故越级跳闸）风险高，各类大型机械施工作业点多面广，野蛮施工现象屡禁不止。安全生产责任制未落实到位，未体现重奖重罚，警醒作用不明显。现场作业人员技术水平不够、素质不高，作业风险大。局部电网设备老旧且智能化程度不高、电力外破形势严峻，电网安全稳定运行风险高。服务基础有待升级。以客户为中心理念不深入，主动服务意识较为淡薄。电网先进技术、智能基础设备建设滞后，尚未充分应用“互联网+”手段，未实现智慧化、互助式、线上化服务，业务管理流程繁琐，客户获得电力感知有待进一步提升。服务重点区域、重要项目的精准性不够，解决老百姓关注痛点、难点问题的针对性不强。

【国网都江堰市供电公司】国网都江堰市供电公司由直属供电公司和地方电力公司合并改制而来。设供电所18个，其中都江堰12个、彭州6个。自有水电站5座，装机1.5万千瓦。都江堰电网担负都江堰市全境以及彭州市部分乡镇供电，供电面积约1700平方千米，供电人口80万人，供电客户46.5万户。全网220千伏变电站2座、110千伏变电站7座、35千伏变电站10座，主变容量153.84万千伏安。固定资产18.85亿元。

按“三集五大”体系建设工作要求，公司设置职能部门7个，业务支撑实施机构4个，设置班组23个。全口径1773人，其中在岗1153人，退养109人、退休511人，其中硕士研究生8人、本科685人，大专368人。公司落实人才提升计划，2019年，中、高级职称评审通过80人。完成2019年绩效考核体系设置方案，签订全体职工绩效合约书。牵头组织成都公司西部片区绩效管理系列工作，完成片区小组绩效检查等任务。全面清理主业、集体企业和农电用工情况，确保规范用工。举行形式多样的素质教育和业务培训，提升职工综合素质。

电网建设与发展：协调完成500千伏蜀丹三线都江堰段建设项目，正式启动110千伏都江堰新区输变电工程建设。取得220千伏驾青桥站出线优化和110千伏胥家站增容项目正式批复。改造投运110千伏连灌线，有效缓解了220千伏聚源站供电压力。积极落实省公司“配网三年整治提升行动”，实施线路一体化检修15条，完成配网设备改造60台，普查电缆网200千米，整治电缆通道20千米，改造老旧小区28个等工作，跳闸率同比下降46%。编制2019年都江堰市配电网规划。配合地方经济发展，全力推进滨江新区融创项目、成都市三绕都江堰段等重点项目电力配套建设，完成110千伏聚城线、驾金线及6条35千伏线路、19条10千伏线路迁改。

经营管理：历史遗留问题处置取得重大突破，新都江公司破产清算完成管理人托管，办理完成康桥水乡不动产证，完成公园路办公楼等房产置换，紫坪福园办公区建成投入使用，完成历史遗留2011年城网加固提高18个项目的工程、物资清理，其中11个项目已完成工程结算。加强反窃查违工作，查处违约客户55件，追补电费和违约使用电费150万元。处置报废物资359项，回收资金97.78万元。聚焦成都公司“为职工办十件好事”，改造电站职工食堂4个。建立预算管理新模式，预算执行率同比提升17.64%。

安全生产：实现安全生产5623天。坚决落实安全主体责任，细化全员责任清单。践行“现场为王”理念，下沉安全督查，巡查作业现场851个，查处违章66个。严格执行“月计划、周管控、日安排”要求，推动“四种人”专项绩效奖惩落地。扎实开展隐患排查综合治理，强力推进线路通道治理，砍伐超高树竹22600棵，消除110千伏及以上输电线路A类隐患43处，B类隐患85处，消除率100%。加强电力设施保护，约谈三绕项目施工方2次，协调处置聚铁线、灌天线等通道内违规建筑8处。密切联系各电站所在乡镇政府和村组开展防汛综合演练，完成全年防汛任务。完成成都公司“护网 2019”网络攻防演练。

农电工作：完成农网升级、中心村及老旧院落改造、低电压治理等工程项目，农网供电能力显著增强。深入开展农业生产、农业排灌等客户安全用电检查等专项工作。建设“全能型供电所”“星级供电所”，打造业务协调运行、人员一专多能、服务一次到位的星级供电所。完成了崇州市街子镇供区的划转移交工作。完成农村配网工程项目 3 个，大修、技改项目 7 个，城市配网项目 3 个，农村配网项目 14 个，农网 10 千伏业扩配套项目 1 个。安装农网线路防雷金具 1100 套，新增总支路漏保 627 台、漏保监测 227 台，大修低压总路配电箱 950 台。

科技与信息化工作：扎实推进三全建设，强化营配贯通异常数据治理，实现全口径采集成功率 99.61%，台区线损合格率 91.78%。加强营销工作管控，通过“线上筛查，线下核查”双展开模式，精准开展反窃查违工作，查处违约客户 55 件，追补电费和违约使用电费 150 万元。加大电能替代推广实施力度，有效抓住煤改电、电火锅等重点领域，切实做到政策宣传、客户走访、服务措施“三个全覆盖”加强信息安全工作，建立健全信息安全责任系统，加强信息安全风险防控，强化保密管理，保密工作责任书、涉密人员保证书、涉密人员离岗保密承诺书和员工保密承诺书，责任书签订率 100%。

市场服务（优质服务）：深入宣贯国网“95598”投诉受理新规，着力打造三级客户经理服务体系，成立供电服务抢修统一电话，落实微信公众号“微办电”服务，强化客户诉求处理质效，投诉压降取得显著成效，投诉总量同比减少 63%。优化营商环境，高、低压客户平均接电时间分别缩短至 32 天和 1.95 天，同比降低 79.87%和 37.7%。积极响应国务院“一般工商业平均电价再降 10%”的政策要求，完成客户调价 4.12 万户。以高度的责任心完成第八次中日韩领导人会晤、世警会、省委学习会等重特大保电任务 196 次。

党的建设和精神文明建设：深入开展“不忘初心、牢记使命”主题教育活动，积极推进“抓整改、除积弊、转作风、为人民”专项行动，推动“12333”战略新体系、“十讲十增强”工作总要求落实落地。实施新时代先锋川电“党建+”融合，持续深化党员“三亮三比”和党员“四无”主题实践活动，设立“党员责任区”27 个、“党员示范岗”26 个。坚持全面从严治党，以“清风川电”为主线，围绕“学报告·悟初心”主题实践活动开展党风廉政教育，累计受训 900 余人次。深入开展政策宣讲和思想疏导，有效化解了不稳定风险，确保了企业稳定和谐。

彰显央企风采，搭建党联系群众的连心桥，与幸福社区共建“供电服务示范社区”，开展服务进社区 48 次，看望慰问孤寡老人 89 人，到对口帮扶学校开展义务用电检查 14 次。驰援水磨镇进行电力支援，为抗灾救灾做出突出贡献。参战“三区两州”援建，完成阿坝州小金县老营村电力帮扶。在各级媒体上稿 386 篇。配合省公司党委提级巡察，坚决落实巡察组反馈意见，完成问题整改 50 个，完成率 92.6%。

存在的主要问题:安全生产形势严峻。一是风险管控力度仍需加强。二是施工现场安全监管难度较大，电力设施保护有待增强。三是电力通道清理困难，超高树竹砍伐协调难度很大。

优质服务压力较大。一是专业协同、响应能力和流程机制还不够健全。二是供电可靠性有待提升，配网抵御恶劣气候的能力须进一步增强。

【国网成都市郫都供电公司】国网四川省电力公司成都市郫都供电分公司，始建于 1982 年。历经代管、控股、全资变革和“子改分”后，现为四川省电力公司下属分公司。公司本部设 7 个职能部门、2 个业务支撑实施机构、15 个班组，另代管三新郫都分公司和宏业郫都分公司 2 家集体企业，其中三新郫都分公司下辖 9 个供电所。

公司担负着郫都行政区域 437.5 平方千米、108 万名常住人口的居民生活及工农业生产供电任务，用电客户 57.1 万户。

管辖 220 千伏变电站 1 座，110 千伏变电站 7 座，35 千伏变电站 5 座，变电总容量 131.42 万千伏安；区内 110 千伏输电线路 16 条、总长 120.91 千米，35 千伏输电线路 7 条、总长 109.752 千米，10 千伏线路（含客户资产的公用线路）174 条、共 1792.04 千米；架空绝缘化率 81.72%，电缆化率 27.69%；公用配变 2523 台。

全口径员工566人。加强人力资源建设，修订完善并严格落实绩效评分实施细则，强化绩效考核，促进多劳多得。积极开展青年员工职业规划管理、送培和内部自我培训，充分挖掘人力资源潜力。选送青年骨干到一线班组挂职锻炼，对外送培40期64人次，19人通过副高级、中级和助理级职称评审，27人积极争取在职学历提升。同时，积极建立专业人员培养机制，开展管理人员动态聘任评价、考核，激发员工专业专注、精益求精。全面完成人事档案数字化等工作。其中，《因人施策巧解不在岗人员管理难题》入选省公司三项制度改革典型案例集。

500 千伏蜀丹Ⅲ回建设协调工作率先完成，220

千伏沙西输变电工程重新启动、配套110千伏线路工程路径方案和社会风险维稳评估意见如期完成，110千伏郫筒站扩建及隔音墙建设有序实施，500千伏成都西配套红线快速推进。军民融合中心、智慧科技园和中信大道涉电项目有序实施，获郫都区委、区政府高度肯定。主动服务“中优、西控”战略，滚动修编《郫都电网“十四五”规划意见》，储备入库110千伏唐昌站、犀浦Ⅱ站等输变电项目8个。大力推进配网建设，改接110千伏林湾站负荷0.7万千伏安至雍店站，共完成环网柜（分支箱）配网自动化37台，新建和改造10千伏线路5.5千米、低压线路13.2千米，新增及增容配变14台，提升了配网供电能力。

加强停电检修平衡管理，完成停电检修申请书178份，安全操作1.79万次。完成调度自动化双电源改接和UPS电源40只蓄电池更换。电网负荷预测合格率、继电保护正确动作率均100%。全面推行“能带不停、一停多用”检修作业机制，开展带电作业249次，实施110千伏花秋、德源、同善桥等7座变电站分段停电检修和10千伏梓光路、筒南路、龙昌路等18回线路一体化检修，利用凌晨时间段开展缺陷处理、计划检修和负荷倒供，有效提升线路带负荷水平。开展5座变电站精益化自评，在110千伏德源站实现10千伏开关柜无线测温大修。完成110千伏输电线路台账精益化整治，移交运维110千伏清太线。加大配变不平衡治理，配变异常数据同比下降8%。城市供电可靠率99.928%、电压合格率100%，农村供电可靠率99.807%、电压合格率99.912%。

完成售电量26.72亿千瓦时，同比增长8.81%；综合线损5.93%，同比降低0.34个百分点；狠抓“三全”建设，强化采集项目建设和采集运维质效，轮换智能电表2.72万只、非智能表0.42万只，全口径采集接入率、采集成功率分别达100%、99.67%。加强计量管理，完成二级库房及项目拆旧电能表实物清理5.33万只，二、三级库房备件及项目实物清理，含电能表1.93万只、低压互感器1641只、采集终端3662只、HPLC模块1.95万个。新装高压131户首检率100%。加大费控推广力度，高压全口径费控执行率93.59%，低压客户线上缴费率达30.31%，购电成功率99.72%。以“双100”台区、“六类异常数据”治理为抓手，开展台区线损治理专项提升行动，台区线损合格率92.67%，较年初提升11.16个百分点。成立营销质量管控组，开展多专业综合研判和贯通SG186、采集系统数据筛查，处理问题数据613户。开展查违窃和居合大电量异常电价清理专项行动，查处窃电16笔、违约用电9户，追补电费和违约使用电费合计26.67万元。

完成4个长期挂账及异常项目竣工结算、国网公司工程里程碑项目17个，清退往来应付款132项。多维精益实现会计核算“科目+维度”，及时回收陈旧欠款。作为四川首家试点单位签发基于区块链技术的数字凭证。

开展农升级项目、党建活动经费等专项检查，主动发现并及时整改业务领域潜在风险及问题21项。积极破解历史遗留问题，职工家属区“三供一业”分离移交圆满收官，南大街247号营销办公楼和菊松村土地的权证办理工作有序推进；完成“10·15”事件后续处置工作，2名伤者的诉求通过法律途径合规解决；沉淀18年的3座小水电问题得以解决。

坚持安全文化引领，开展党员安全监督岗、标准化作业现场等活动17次；突出“现场为王”，落实作业计划、审核、班前会和到岗到位全过程把控措施，全覆盖督查作业现场332个，全年未发生党员违章，公司违章率同比下降8.55%。结合“领导干部查隐患”、春秋安、重要保电等，系统解决安全工作重点问题5项，处置输电线路A类隐患14处、B类及以下隐患156处，消除老旧小区消防安全隐患24处、变电站外部安全隐患16个、用户侧设备缺陷隐患136处，配网故障率同比降低53.63%。精细统筹做好迎峰度夏度汛，期间郫都电网最大负荷57.22万千瓦、遭遇2次200毫米以上雷暴雨天气，电网保持安全稳定运行；依托应急联动群，高效完成台区和10千伏以上线路故障、紧急消缺等应急处置1000余次。截至2019年12月31日，实现电网连续安全运行5900天。

2019年，完成友爱五星级供电所创建并验收通过，加快推进战旗村乡村振兴电力配套建设，持续加强农电安全生产、农网工程建设，尤其通过扎实开展春秋安检查、隐患排查治理和施工现场管控，确保配网安全稳定运行。完成2019年农网升级改造和中心村改造，总投资1869万元，架设高压线路58.6千米，改造低压线路46.8千米，新投配变16台，解决了16个低压台区电压质量偏低问题。修编完成郫都区农村配网2019—2020年项目储备工作，计划资金6978万元，储备项目88个。为战旗村乡村振兴战略实施，完成了战旗供电所营业厅建设，并通过四星级验收。同时，积极助推扶贫攻坚，及时掌握并解决客户需求，有效提升了“三农”服务水平。

积极打造战旗泛网综合示范区，在省内首家与地方政府签订乡村振兴战略合作协议，与多家单位启动“泛网联合试验示范区”建设，战旗无人营业厅、HPLC、电力230专网、充电站和交流充电桩等工作初具成效。不断深化科技与信息化系统建设及应用，确保了生产、营销、财务及办公业务融通，提升了人员、物资、资金的集约化、信息化水平。加强信息通信设备巡视、维护检修，确保了公司现代化办公系统运行畅通。公司电力通信光缆26条，总长198.5千米，光纤通信设备26套，微机设备420台，网络节点450余个。视频监控系统覆盖公司11个变电站、11个电力服务所和收费点。全面应用县调自动化系统，实现了电网精准、高效调度。深化配网抢修移动平台与计量周转系统应用，配网抢修和电能计量业务高效便捷。

完成3.28万户一般工商业两轮电价调降。市场化交易82户，减少用户电费支出约1800万元。新装增容10千伏业务178笔、低压业务1753笔，线上办电率超过99.2%。高、低压业务办理环节分别缩减至4个和2个，高压单电源用户、低压非居民和低压居民平均接电时间压缩到34.7天、4天和2天，压缩率分别为37.1%、20%和28.8%。全面推行“三级客户经理制”，主动提供电价及市场交易政策解读、电能替代、节能减耗建议等综合服务，全面、快速、精准响应客户用电需求。自主开展优化营商环境专项行动，实施由班子带队的优化营商环境“分片包干制”，着力解决客户关切的实际问题，搭建常态沟通平台，让客户真切感受到电力服务“在身边”。受理“95598”工单52554笔，同比减少2.4%，其中投诉154笔，同比降低39.37%。主动对接各类活动电力保障，完成国务院原总理温家宝视察战旗村、《成都面对面·监督问责第一线》网络理政直播、郫都区庆祝新中国成立70周年文艺晚会等保电任务137场次。

严格落实党建责任，持续强化标准化党组织建设和党风廉政建设。扎实开展“不忘初心、牢记使命”主题教育活动和“十讲十增强”形势任务宣贯等主题活动，组织党员参观成都市规划馆、温江花语廉心基地和邛崃红军长征纪念馆，班子成员带队深入一线班组、党建联系点和重要客户，梳理整治突出问题和群众反映的热点难点诉求15项。开展“用电宣传进企业、进学校、进社区”7次、扶贫助困服务26次、主动上门抢修服务140余次，受到群众和广大客户一致好评。严格执行“三重一大”决策制度，召开党委会27次、总经理办公会18次，研究议题合计110个。

大力弘扬正能量，坚持开展“大讲堂”等载体，突出抓好劳模、成都工匠、省市公司级优秀人才等人物选树培养，积极宣扬表彰身边先进的典型事迹。年内，2人获评“成都工匠”“郫都工匠”，1人获评“成都榜样·最美青年”，1人获评省公司优秀共产党员，1人荣获成都市五一劳动奖章。公司荣获成都公司一季度“季度红旗”称号，友爱、战旗供电所分别通过国网五星级和四星级供电所验收，四星级及以上供电所数量位列成都公司榜首。配电抢修班通过省公司五星级班组验收，变电检修班获郫都区“工人先锋号”。加强创先争优舆论引导，微信公众号推送文章29篇，在媒体综合发稿352篇。“护旗手”共产党员服务队成为公司优秀品牌传播的一面旗帜。

存在的主要问题：1.郫都电网基础薄弱不满足负荷需求。一是电源点建设滞后。区内仅220千伏太和站1座，沙西220千伏输变电工程通过不断协调和争取，于2020年最终落规，但由于配套通道建设严重滞后，导致变电站建设计划被迫再次延后，预计最早投运时间为2021年年底。110千伏林湾、雍店、郫筒站长期重载。按照郫都区发展规划，犀浦片区未来两年将新增报装容量20万千伏安，电源点问题凸出。二是35千伏安德、战旗、唐昌站由110千伏郫筒站35千伏筒友线串供，供电可靠性低、抗风险能力差，新希望等川菜产业园区企业对双电源诉求较高。10千伏龙饲路、花望线、龙清路、湾霸路等线路长期重载甚至超载。10千伏配网在建设档次和设备选型上相对中心城区较低，造成配网抵御自然灾害能力较低，在“风雨雷电”等自然灾害下故障跳闸频率较高。

2.优质服务压力加大。智能电表模块老化、客户产权设备频繁停电等诸多问题，成为制约服务质效提升的“痛点”和“难点”。一是客户产权设备引发配网10千伏主线路跳闸的比例仍然较高，特别是居民小区电气故障发生后，产权单位没有及时组织抢修或者抢修能力不足，造成居民较长时间停电后又转由公司被迫实行兜底抢修，给公司优质服务、生产经营带来额外压力。二是“95598”服务投诉方面，存在同一台区或同一小区多次派单情况，一个居民小区停电可能会派发多张投诉工单，给投诉压降带来困难。

3.结构性缺员问题依然存在。职工老龄化日趋严重，技能人员的存量与实际需要之间不匹配，尤其是农电人员平均年龄超49岁，登杆作业人员、大厅前台人员紧缺。

【国网崇州市供电公司】国网四川省电力公司崇州市供电分公司担负着崇州市6个街道和9个镇的供电任务，供电区域1090平方千米，供电客户33.03万户。全网共有变电站19座，总容量218.2万千伏安；输电线路35条，总长度342.6千米；配网线路

175 条，长度 2016.8 千米；配网变压器 4092 台，总容量 168.5 万千伏安；接入在运水电站 61 座，总装机容量 7.39 万千瓦，2019 年，发电量 3.22 亿千瓦时。日最大负荷 59.38 万千瓦，日最大电量 1056 万千瓦时。

公司下设 7 个职能部门，3 个业务支撑机构，13 个班组，15 个供电所。公司全口径劳动用工 734 人，其中研究生学历 5 人，本科学历 222 人，专科及以下学历 507 人；高级职称 27 人，中级职称 81 人，初级及以下职称 626 人。另有退休人员 163 人。

《崇州市 2018—2035 年电力设施专项规划》专家评审并开展规委会审查。重点突破羊马二 110 千伏输变电工程前期工作，完成可研收口和项目核准。储备 2020 年大修技改和城市配网项目 99 个。探索配网网格化规划体系，形成管理创新成果。顺利完成 500 千伏蜀景Ⅲ线崇州段配合建设工作。圆满解决 220 千伏蜀曹线基建遗留问题。经开区 220 千伏输变电工程建设有序推进，并成功取得变电站土地权证和工程建设规划许可证。高效完成成都公司“1+4”重点项目 220 千伏隆兴站和 110 千伏崇州站主变增容改造，新增变电容量 15.3 万千伏安。新建配网线路 7 条，接收 3 条 10 千伏专线，新装增容台区 63 个、增容 1.9 万千伏安，实施负荷改接 27 条次，配网更加坚强。

积极增供扩销，全年高压新装增容164户，新增容量16.4万千伏安。深入运用“147”工作法加强“三全”建设，换装老旧智能电表3.2万只，实现全口径采集成功率99.91%，台区线损合格率96.49%，费控执行率100.97%。采用分专业日监测及“工单制”推动同期线损建设，10千伏分线合格率提升至94.92%。公司线损率同比下降0.74个百分点，实现经济效益660万元。完成电费核算集约，电费核算更加规范。清理在建工程项目，完成25个异常项目资产转资。定期发布可利库物资信息，严格“先利库、后采购”，实物库存金额降低32%。认真落实“规章制度落实督导年”各项部署，《推进制度落实 优化营商环境》案例获成都公司“规章制度督导落实”典型案例一等奖。完成35个审计问题整改，整改率87.5%。完成23宗非生产性房屋更名。主动破解难题，为107户职工办理分户不动产证，解决沉积20年的历史问题。高度重视生产综合2号楼综合改造项目，成立工作组规范推进项目实施。

坚决落实安全主体责任，修订安全责任清单，新制定安全专项考核方案2个，细化职责和考核奖励标准，督促干部职工履职尽责。秉承“安全是天、一失万无”的理念，坚持通过“安全快递”、每日案例学习、制作典型违章300条口袋书等方式持续加强安全教育。强化“现场为王”，实行全口径精准日管控，督察现场829个，发现违章220项。班子成员带头排查隐患575处，整改526处。促成崇州市政府出台文件开展为期一年的电力安全隐患专项整治行动，将电力安全隐患治理纳入各乡镇政府督办事项，消除A类通道隐患68处、B+类隐患35处。开展客户产权小区及专变用户隐患排查298户，排查隐患496项、整改388项。开展3座变电站年检预试，实施5条110千伏线路综合检修，完成15条110千伏线路周期性接地电阻测试，整治三相不平衡、重过载等异常配变203台，设备健康水平持续提升。严格执行“能带不停”原则，完成带电作业285次，减少554条次10千伏线路停电。高效应对“7·28”暴雨、“9·13”大风等极端恶劣天气，主动担当完成“8·20”鸡冠山抗洪抢险及临时供电任务。完成国庆70周年、国网物资现场会等59项保电任务。公司获国网四川省电力公司“安全先进集体”称号。

对16个配变台区、55个低电压点位进行升级改造，解决3785户农村客户的低电压问题。全面加强乡镇供电所基础管理，各专业深入供电所开展指导培训，致力提升供电所综合服务效能，供电所标准化管理水平有效提升，观胜和王场供电所保持省公司百强供电所前十名。

加强创新支持和引导力度，积极开展科技创新和管理创新活动。举办创新创意发布竞赛，青年创新氛围浓厚。公司1个项目获成都公司管理创新成果二等奖、2个项目获成都公司管理创新成果三等奖。

促成崇州市政府修订《崇州市进一步优化电力接入营商环境的实施意见》，实现业扩和迁改时限管控及行政项目并联审批，高压客户平均接电时间压降至29天。入驻崇州市政务大厅，实现“一窗办电”。严格执行“一般工商业电价再降10%”政策，减少一般工商业客户电费支出1485万元。实现市场化交易电量12.7亿千瓦时，节约客户用电成本3800万元。平稳完成营销机构改革，建设“三级客户经理”队伍，充分运用网格化客户群、小区社区微信群、本地服务热线等方式实现供电服务本地化、精准化。持续深入开展“互联网+供电服务”，扩大微信、支付宝缴费覆盖面，实现办电申请、业务咨询、进度查询等业务线上办理。全年接收并回复咨询工单3.5万次，完成抢报修工单1.7万张，回访满意率100%。针对电能质量、服务态度等投诉热点领域精准发力，采用“日通报、周分析、月考核”方式强化投诉管控，实现投诉压降46%。精心组织，完成第三绕城高速、三郎陇海、李家岩水库等省重点项目电力迁改和配电建设任务。公司12个集体和12名职工分别荣获成都市总工会国际化营商环境建设先锋班组和先锋岗称号。

牢牢把握“十二字”总要求，紧扣“五句话”目标，扎实开展“不忘初心，牢记使命”主题教育，组织中心组学习21次、党支部学习236次，开展优化营商环境主题的调研，落实“8+X”专项整治和“边学边查边改”工作，制定措施60条、整改问题26个，取得显著成效。按期完成公司“两委”换届、党支部换届和14个供电所“一所一支部”建设工作，新发展党员2名，转正党员1名，党组织建设更加完善。对照巡视巡察发现问题自查自纠，排查问题14个、整改8个。发布党风廉政建设履责要点，组织“花语廉心”廉洁教育，严格廉洁谈话、廉洁提醒等制度，员工履职尽责、廉洁守法意识进一步提高。设立党风廉政监督员38名，成立专业监督督查队，自主开展农村电费电价专项督查、配网低电压整治专项督查工作。认真落实“大培训、大比武、大提升”活动要求，深入剖析队伍现状，加快人才培养，自办班27期、培训537人次，对外送培230人次，组织40人申报职称、6人参加技能等级评价，自主开展变电等4个专业技能竞赛，切实提高全员履职能力。举办青年员工“星光学堂”，充分利用工余时间开展多专业培训，努力培养复合型人才。建立职工诉求服务站和服务点，组织健身跑、棋类比赛等文体活动，持续推进和谐企业建设。

【国网彭州市供电公司】公司于2016年7月4日完成分公司工商注册登记并成立，2017年10月完成公司制改制。

公司供电面积约450平方千米，供电户数278049户。其中，大工业300户，非普工业4492户，居民生活239046户，非居照明1279户，商业15220户，农排及农业生产17712户。公司辖区内重要客户9户，其中一级重要客户5户（含高危客户3户）、二级重要客4户。

公司负责运维的变电站共17座、220千伏变电站3座、110千伏变电站9座，35千伏变电站5座。主变总容量205.8万千伏安。变电站综合自动化率、光纤通信覆盖率、无人值班比例、断路器无油化率均为100%。

公司运行维护的输电线路有37条，总长度450千米，其中110千伏共22条，长度为307千米，35千伏线路15条，共143千米。公司供区内有10千伏配电线路88条，总长1043.2千米。10千伏配变总台数3188台，容量125.86万千伏安。其中公变1871台，容量56.95万千伏安；专变1317台，容量68.91万千伏安。公司并网的小水电站30座，装机7.5万千瓦。

公司下设7个职能部室、2个业务实施机构、13个生产班组、1个辅助生产班组、6个供电所，现有员工222人。公司持续加强关键岗位和人员管理，提升党风廉政建设和队伍建设水平。

有效推进超重载变电站、配网线路治理。完成10千伏九南路、军升路、天电路增容改造，完成110千伏集贤与220千伏连封，35千伏庆兴与110千伏沙埂，35千伏军乐与110千伏经纬站之间的负荷转移工作。完成5条超重载10千伏线路、4座超重载变电站的治理工作。初步解决了彭州电网大而不优、大而不强的问题，改善了电网局部薄弱的状况。

扎实开展“跳闸王”线路治理，变电、配网专业故障压降明显，同比下降38.8%。积极推进不停电作业，完成配网带电作业212次，同比增加30%。大力推行一体化检修，通过“一停多用、集中整治”的方式，实现了一次计划停电，统筹解决综合问题，提升了运检质效。完成“十四五”彭州市电网规划大纲。高效完成500千伏蜀丹三线属地协调工作。

2019年1—12月，彭州公司完成售电量42.29亿千瓦时，增幅15.9%；综合线损 2.31%，降低0.99%；电费回收率100%。

保质保量地完成高考、中考，蔬博会等市级重要活动的保电工作。全年未发生受考核的电网、设备事故、人身伤亡事故和恶性误操作事故，无违法违纪事件发生，无影响安定团结和企业声誉的事件发生，无交通、消防等其他各类考核事故发生，实现了安全生产事故、营销和损害企业形象的重大服务时间、影响稳定和廉政建设重大事件“零”目标。

强化“精准日管控”，提高风险辨识和控制能力。重点开展生产班组承载能力评估和作业风险辨识，动态开展人身触电、倒杆断线、机械伤害等安全风险防控，强化现场安全工作事前控制，将安全监督从“事后处罚”向“事前预防”转变。严格落实领导干部和管理人员在作业现场的到岗到位管控，并利用信息交互平台，对每日现场作业重点工作进行实时监督，及时掌控防范安全风险点，查纠现场违章行为，保证各类施工作业安全有序开展。

加强外破隐患治理。与经信局、三电办、公安机关紧密合作，及时破获外力破坏案件。清除了220千伏丹桥南北线、220千伏源丹南北线等8条输电线路线下A类隐患6处、B类隐患30处。对46个涉电鱼塘进行了专项清理。对办公楼地面和消防隐患进行了综合整治。

修订公司应急预案体系，完善了公司应急管理工作网络，配置了充足的应急抢险救灾物资装备。在2019年汛期，提前谋划，全面落实防汛各项准备工作，对一线班组应的急预案和防汛物资库房的备品备件、应急抢险物资开展了专项检查。完成了省能监办、市政府和成都公司组织的应急演练工作。提高了彭州公司处置电网突发性、危急性大事故的信心和能力，巩固了彭州公司应急处理机制。

2019 年，彭州公司累计安全生产运行 9616 天，保障了石化基地等重要高危客户的安全供电。连续 3 年荣获成都公司安全生产先进单位称号。

完成农网工程检修计划工作、抢修现场及消缺工作共 98 次。结合变电站年检预试，开展一体化作业 4 次，合计消除各类缺陷 42 处，确保了线路安全可靠供电。全年清理竹树 10240 余棵，农电故障跳闸率减少至 63 条次，压降率 25.88%。完成 16248 农业排灌用户专项整治工作，规范了电价执行。完成农村供电所台区经理服务村连心岗 1115 个公示牌的制作与张贴，增补和更换供电服务卡 61684 张。

积极参加成都公司“全能型”供电所技能竞赛，取得综合柜员个人第一名、台区经理个人第二名以及团体第三名的好成绩。

推广运检新技术运用，完成无人机飞巡输电杆塔 532 基，通道 108 千米。带电处理输电线路异物 6 次。利用激光炮带电处异物 3 处。

供电服务品质和营商环境双提升。全面推行“三省+三零”服务。低压客户、高压客户办电环节大幅压缩，平均接电时间分别缩短至 1.5 天和 27 天，同比降低 46.42%、37.2%，客户办电效率持续提高。拓展供电服务渠道。推动政企信息共享，入驻彭州市政务中心，实现“一网通办”并积极推动与政府开展办电业务的并联审批；深化“互联网+营销服务”，积极推广线上缴费，低压客户线上缴费率达 32.71%，购电成功率 99.53%。提供全链条式定制服务，为企业用电保驾护航。

坚持以客户为中心，构建“三级客户经理”模式，为企业用电提供全链条式定制服务。开展投诉压降专项行动，同比下降 50.98%，成效明显。

完成 22 户煤改电客户投运，共替代燃煤锅炉 55.5 蒸吨，较 2018 年增加电量 2600 万千瓦时。

深入开展“不忘初心、牢记使命”主题教育活动。围绕公司改革发展、优质服务、公司品牌建设等多个专题，班子成员深入班组开展“五个一”调研，形成调研成果报告。“电医生”党服队为企业、社区、综合商业客户举办 5 期大讲堂，新时代内涵式发展的典型做法入选《国网公司党组“不忘初心、牢记使命”主题教育简报》。公司员工优秀事迹荣获成都公司二、三季度文明新风称号。

开展“电力宣讲进社区、进学校、进企业”等系列活动，问诊企业、学校、社区用电安全。创新开展“电医生”共产党员品牌服务，组织对重要用户、大型企业及集中小区的电力设备开展上门会诊工作，指导客户提升安全运维水平。针对小区“电工”这个特殊群体，为 38 家企业、涉及彭州市近 5 万户居民用户小区的电工开展了 5 期“电医生”大讲堂培训，建立了“社区电工”微信群，提升了用户电工安全管理水平。

2019 年，彭州公司荣获省公司先进集体、成都公司安全先进单位称号，营业班荣获全国巾帼文明岗称号，党建部荣获省公司安全先进班组称号，调控中心荣获成都市营商环境建设“巾帼文明岗”称号，营业班、濛阳所、九尺所荣获成都市营商环境建设先锋班组称号，23 个集体、26 名个人分别荣获上级其他各类奖项。

【国网邛崃市供电公司】国网四川省电力公司邛崃市供电分公司（以下简称“公司”）于1995年划归原成都电业局管理。2006年，实行股份制改革。2013年，完成地方国有资产无偿划转，由省公司全资控股。2017年，完成子改分工作，成为四川省电力公司下属分公司。

公司担负邛崃市14个镇乡（街道）的供电任务，供电面积1377平方千米，人口67万人。

公司运行管理变电站14座，主变容量963.2兆伏安，其中220千伏变电站1座，300兆伏安；110千伏变电站5座，572兆伏安；35千伏变电站8座，91.2兆伏安；过境220千伏输电线路7条，61.66千米；运行管理110千伏输电线路11条，114.87千米；35千伏输电线路17条，200.83千米；10千伏线路102条，1878千米；低压配电线路4195千米；在邛崃电网并网运行的水电站59座，装机容量7.138万千瓦。

公司设9个部门、2个集体企业。领导班子由5人组成；公司在册员工731人，其中全民在册员工398人、农电员工325人、四川宏业电力集团有限公司邛崃分公司自聘8人。全民员工平均年龄47.7岁，农电员工平均年龄47岁，人才当量密度0.9811。

电网规划：2019年，结合电网现状、技术导则要求和发展规划，完成《邛崃市电网专项规划(2019—2035)》和《邛崃市配电网专项规划(2019—2035)两项规划编制，完成“十四五”110千伏及以下配电网规划项目清册库修编，编制2019—2023年规划图册，重点根据邛崃市产业规划合理布置变电站点，将电网规划融入邛崃市城市总体规划和重点区域控制性详细规划。加快推进高埂220千伏输变电新建工程、110千伏赵塔站3号主变扩建工程等重点电网项目前期工作，完成35千伏火井输变电工程在成都市发改委立项核准，完成初步设计在省公司审查收口工作，列入2020年新开工计划。

电网建设：2019—2020年，计划建成投运成都邛崃西郊35千伏变电站升压110千伏输变电工程，投资5996万元，新增主网容量126兆伏安。计划建成投运10千伏配电网工程投资1611万元，新建（改造）10千伏线路7.67千米，低压线路31.59千米，新增配变7.6兆伏安。

2019年，全年累计完成售电量14.58亿千瓦时，较2018年同期13.54亿千瓦时增长1.04亿千瓦时，同比增长7.69%。完成14.52亿售电量指标，超出指标值0.06亿千瓦时。在运行智能电表总数291361个，智能电表采集覆盖率为99.99%，采集成功率为99.65%，剩余金额抄回成功率98.65%。掌上电力低压远程充值测试电表总数271694只，测试成功电表数270253只，测试成功率92.75%，测试进度93.25%。

2019年累计申请新装10096户，同比减少34.71%；累计申请容量17.9043万千伏安，同比减少32.43%；累计完成新装9889户，同比减少36.34%。大力拓展电能替代新领域、深挖电能替代潜力，累计完成13家煤改电现场工作和26家“电火锅”改造工作。

依法治安，保持安全生产稳定局面。组织开展“2019年春季复工督查”“领导干部查隐患”“春季安全生产大检查”和“安全性评价”等专项活动。完成626人的全员《安规》考试，合格率100%。公司三级安全督查网开展现场安全督查430场（次），发现存在违章作业现场23处，考核处罚违章责任人48人次，外委施工队4个。

开展防外破安全巡视，巡视变电站108座（次），输配电线路2000余千米，在建工地90余次，砍伐树木12400余棵，下发电力安全事故隐患通知书110份。开展调控大楼、生产区域、变电站、营业厅等安全、消防、反恐检查，实施公司调控大楼消防通道专项整治。开展“三电”宣传周、“安全月”等宣传活动，全年向群众发放宣传资料7000余份，接受群众咨询500余人次。

完成2019年农网升级改造7个子项目工程，解决涉及邛崃市桑园镇中田村、平乐镇马流村、牟礼镇龙凼村等6个村组的低电压问题；完成邛崃农网线路防雷综合整治项目、邛崃农网台区总漏保护箱维修项目、邛崃台区变压器维修，提高农网线路、设备安全运行水平；开展项目储备工作，上报农村低电压治理项目5个，涉及治理低电压台区64个，预计在2020年下达实施；上报10千伏线路绝缘化大修项目12个，涉及10千伏夹镇路、10千伏天旅路等多条山区林区线路的整治，预计在2020年下达实施。

结合全能供电所建设，积极开展供电优质服务，通过微信、QQ、微博等网络平台与客户建立网络服务机制，进一步完善网格化服务体系；积极推动业扩新政，简化业扩办理流程，落实便民服务工作。全年累计办理新装业务1990件，受理客户故障报修9328件、咨询工单12件、服务申请工单3240件、意见工单535件，无超时限业务发生；积极开展客户走访和新装故障报修回访，全年累计走访用户2300余户次，用户新装及报修回访4800余次。

2019年，完成D5000系统ADM模块小电流接地选线功能升级工作。进行了配网调控自动化线路图模的导入，实现了检修申请和设备新投、异动与图模匹配达100%。自动化主站设备OMS台账与省公司基础数据一致，匹配率达100%。完成了各个变电站年检预试自动化联调，新投、异动设备调试工作。防止电网自动化安全事故的发生，实现全年安全“零”事故目标，确保公司全年无监控事故。

高位宣传和把控信息安全，完成信息系统安全管理工作以及护网2019演习工作；完成国庆70周年庆典期间信息保障及安全工作；完成信息网络更新、故障处理和维护工作，公司内网各设备安全稳定运行，实现全年信息安全“零”事故目标。

深化三级客户经理制和台区经理制，主动对接地方政府，全过程服务成甘工业园区、政府招商引资重点工程建设。建立供电服务微信群，实时发布停送电信息、安全用电知识等，解决了客户服务“最后一公里”的问题。全年开展对高危及重要客户安全用电检查48户次、高压专变客户共14475户次、低压客户共计65958户次，检查情况完成率达到100%；完成工业负荷及非居民用电的迎峰度夏有序用电的督导、服务工作积极推广“掌上电力”App。截至2019年12月31日，共注册绑定用户9.83万户。

2019年，公司党委牢牢把握新时代党的建设总要求，深入学习贯彻习近平新时代中国特色社会主义思想和中共十九大精神，扎实开展“不忘初心 牢记使命”主题教育活动，推动党建和精神文明建设工作迈出新步伐、取得新成效。

党建质效全面提升。开展党支部建设“塑形”工作，全面完成15个支部规范命名和14个支部换届改选工作。积极试点优秀青年党员挂职供电所副书记工作，基层党建工作基础进一步夯实。重新组建公司党员服务队，在公司范围内遴选30名优秀人员组成党员服务队，确保党员服务队能真正成为一面旗帜。

队伍素质不断提升。扎实开展“大培训、大比武、大提升”活动，荣获2019年成都百万职工技能大赛（装表接电工）团体二等奖，两名选手分别荣获个人二等奖和个人三等奖。举办“建功新时代•追梦新天府”成都百万职工技能大赛邛崃市2019年变电运检技能比赛，有力推动“竞技操场赛”向“生产现场赛”的实践运用。全年取得高级职称5人，中级职称12人；技师4人、初级工3人；员工继续教育取得本科学历21人。

创先争优成效明显。工业区供电所、电力调度控制分中心等5个班组荣获“成都市总工会国际化营商环境建设先锋班组”称号，4人荣获“成都市总工会国际化营商环境建设先锋岗”称号，市场班、用电检查（大客户服务班）荣获国网成都供电公司先进班组。张涛荣获“成都工匠”荣誉称号，谢佩佩荣获“新时代 新青年 新作为”青工职业生涯规划大赛一等奖和“不忘初心、牢记使命”微党课竞赛二等奖。

全面完成县公司交叉巡察配合和整改工作。成立巡察配合领导小组，细化职责分工，巡察期间配合报送各类资料、记录712份，确保巡察工作顺利完成。针对巡察提出的19个立行立改问题和最终反馈8个方面的60个问题，制定整改措施174条，诫勉谈话1人，警示谈话5人，通报批评1人，批评教育3人，开展约谈30人次，绩效考核52人，考核金额21800元。通过巡察整改，公司管理水平明显提升，人员贯规意识显著增强，员工干事激情不断高涨，单位政治生态持续向好。

【国网大邑县供电公司】大邑电网是以国家电网覆盖全地区供电的统一电网，是集供、配电于一体的电力企业。公司担负着大邑县20个乡（镇）、19万余户居民的供电任务。公司前身为大邑县电力公司，1993年8月18日交成都电业局代管，2001年1月实行改制，2008年1月省公司控股，2010年更名为四川大邑供电有限责任公司，2012年12月更名为国网四川大邑县供电有限责任公司，2016年7月6日更名为国网四川省大邑县供电分公司。

公司现有变电站17座，主变压器35台，总容量123.93万千伏安；其中220千伏变电站1座，总容量36万千伏安；110千伏变电站7座，总容量71.95万千伏安；拥有110千伏线路19条，长度259千米；35千伏线路26条，长度178.6千米。

2019年度，安全生产事故、影响和损害企业形象的重大服务事件、稳定和廉政重大事件实现了“零”目标。

公司下辖7个部门、2个支撑机构，以及三新大邑分公司和集体企业成都宏业电力有限公司大邑分公司。

人员基本概况：截至2019年12月31日，国网大邑县供电公司用工总量636人，包括全民员工350人，其中在岗226人（管理人员39人）、退养124人。性别及平均年龄：男254人、女96人，平均年龄46.4岁。另外，还有农电员工254人，集体企业自聘员工32人。

超前服务地方经济发展，制定大邑电网“十四五”规划，拟定“2+9”（2个220千伏项目+9个110千伏及以下项目）电网规划项目，并纳入成都公司规划库和大邑县总体规划。

全力推进重点工程建设，220千伏苏场变电站3号主变扩建工程完成前期工作和项目立项，计划2019年开工，投运后将弥补大邑负荷缺口。

有序推进电网前期工作，晋原110千伏和悦来110千伏项目取得用地报征批复，高山35千伏项目完成可研编制。科学储备项目、精益管理项目实施，提前完成城农网项目和25个大修技改项目，进一步提高了电网设备运行可靠性。

高效推进500千伏蜀锦III回线路建设，消除施工中的“拦路虎”，使公司在工程沿线6家单位中实现“四个率先”（率先完成组塔、率先完成放线、率先完成拆迁、率先达到投运条件）。

2019年1—12月，大邑公司累计完成售电量24.89亿千瓦时，较2018年增长8.22%，完成年计划24.44亿千瓦时的101.85%。2019年1—12月，大邑公司应收电费总额14.78亿元，比2018年增长3.90%，电费回收率100%。

搭建“日管控”、风险预警、责任清单、“计件奖惩”4个安全生产管理平台，安全文化建设成效突出，获评成都市政府首批16个行业安全文化建设示范企业，并获得成都市“安康杯”先进集体称号。加强小型、零星和分散现场的精准日管控，实现了各专业现场工作的全覆盖管控。高质量完成五、六级电网风险预警管控8项，开展特巡100余次，特别是220千伏隆兴站更换主变期间，持续84天开展风险预警保电特巡，确保了电网高风险期间的稳定运行。深化运用“安全生产绩效考核”机制，加大对现场作业“三种人”和蹲守人员的奖惩力度，形成安全履职高压态势。深入推进“一砍树、二用户、三本体、四防破”配网综合治理思路，全年实现配网百千米跳闸率和跳闸压降率分列成都公司第一、二名，获得专项奖金88万元。严格执行“能带不停、一停多用”管理理念，开展带电作业305次，变电站一体化检修6次，减少对外停电38条次，供电可靠性持续提升。扎实开展安全生产大检查和安全生产集中整治专项行动，推行每周“四不两直”隐患专项排查30余次，消除输变配及高层建筑消防等各类隐患400余项，形成良好的隐患整治闭环机制。快速响应“8·20”强降雨自然灾害，成效显著，获得中央电视台等各界媒体广泛关注，四川省委常委、成都市委书记范锐平对公司抢险工作给予表扬并表示感谢，大邑县委、县政府向公司致信表示感谢和嘉奖，公司获评成都公司第三季度安全生产特殊贡献奖。

2019年，成都公司扎实推进优化营商环境两年行动，低压客户“一日办电”经验获国家能源局充分肯定

2019年，共处理各类线路设备缺陷704个，进一步提高了电网设备运行可靠性。完成10千伏悦复路、三坝路等5条“跳闸王“线路的综合整治，对所有10千伏线路树障进行清理，清理树竹8万余棵。2019年，受理低压业扩825笔，全部完成装表接电和资料归档，受理和处理各类报修业务8386笔，开展用电检查156次，查处窃电和违约用电45起，追补电费25.14万元。全面提升线损合格率，从年初的88.04%提升到97.53%，完成公司下达的线损目标。全年配合政府、学校组织开展保电活动39次。

参加成都公司2019年“全能性供电所技能竞赛”并获得团体三等奖，参加县总工会举办的“建功新时代、追梦新天府”综合技能竞赛，取得优异成绩，组织党员参加“扶贫日”志愿者活动和党员“四无”活动等。重视供电所管理水平提升，2019年青霞供电所通过四星级供电所评定。

通过使用D5000国家智能电网调度自动化控制系统、调度数据网、地县一体化等“七大技术支持系统”的安装和应用，实现了与成都电网的技术对接。为大邑电网的调度监控运行、远程倒闸操作、事故处理等提供了强大的技术支撑，大邑电网最高负荷50.7万千瓦，较2018年同比增长9.7%，最高日供电量945万千瓦时，较2018年同比增长12.23%，未出现拉闸限电情况。

坚持“能带不停”“一停多用”。2019年，大邑公司开展停电计划工作184项，同比下降16.4%，带电作业289项，同比增长57.7%。

2019年，大邑电网故障紧急抢修140起。电力调度控制分中心通过调度短信平台及时发布各类临时停电信息，同时通过即时通向市公司供电服务指挥中心报备。为公司异常及故障情况下的停电提供准确、及时的信息，确保公司优质服务工作占据主动地位。

强化政企协同，促请政府出台《大邑县优化电力、燃气接入实施办法(试行)》，全面落实“三省+三零”办电服务，明确政府行政审批事项和时限，高、低压客户办理业务环节分别减少为4个和3个，同比分别减少42.85%和40%，10千伏高、低压客户平均接电时间分别降至32天和3天，同比分别下降52.94%和14.29%，优化营商环境初见成效。积极落实发改委政策，一般工商业降价和市场化交易惠及终端客户，减少客户用电成本10272.28万元。积极开展投诉压降，大力推广“1+13”本地服务电话，营业和服务投诉同比压降50%，全年4个月实现“零”投诉。有序推进三级客户经理团队，对外公示客户经理信息，网格化服务有效落地。

积极服务地方招商引资，用“大邑速度”高质量完成了县域境内220千伏兴渡线等输配线路迁改41条次，保障了县政府招商引资1号工程——成都智能文旅装备产业园等项目的高效落地。有序推进大邑空铁、安仁AAAAA级旅游景区、高铁站前广场等16个电力线路迁改项目前期工作，大力推进西菱动力、珉田大数据等项目的业扩配套建设，为地方政府招商引资及基础设施建设奠定良好基础。深入践行“人民电业为人民”的企业宗旨，累计投入40.81万元开展“三无”小区兜底抢修，充分履行央企社会责任。圆满完成高中考、国庆大阅兵等保电工作21次，到地方政府和用电客户的一致肯定。公司工作获得县政府高度评价，向成都公司致感谢信，同时向全县各部门、乡镇下发了《通报表扬大邑供电公司的决定》，授予公司“电力工作先进集体”奖牌。

党的建设持续加强，扎实开展第二批“不忘初心、牢记使命”主题教育活动，全面落实新时代党的建设总要求和新时代党的组织路线，提升党建工作质效。扎实开展“十讲十增强”形势任务宣讲，宣讲作品《讲大局 强配合 让“末梢神经”发力》被成都公司选中，代表成都公司巡回宣讲。发挥党组织旗帜引领作用，抗击“8·20”特大洪水灾害中，涌现出一批先进典型，展现了电力人的责任和担当。进一步压紧压实党风廉政建设“两个责任”，营造风清气正工作环境。

企业文化建设成效突出，完成安仁供电所文化提升工程，力争建成四川省电力公司企业文化示范点。继续巩固团青工作优秀成果，通过王泗镇学校“川电留守学生之家”平台、“蒲公英”青年志愿服务工作持续提升。创新推出“五心服务”，营业班实现一年内“三级跳”，先后荣获大邑县、成都市、四川省巾帼文明岗等称号，也是省公司系统唯一获得省级荣誉称号的班组。

队伍建设取得实效，有序推进人员配置管理，年度内新提拔任用班组长以上人员3人。深入开展“大培训、大比武、大提升”活动，推进人才强企，采取绩效激励、低职高聘等多种考核措施，年度内申报各级职称17人、技能等级16人，学历提升21人，公司人才队伍素质得到了较大提升，获得省公司“大培训、大比武、大提升”专项活动突出贡献奖。

存在的主要问题：一是大邑电网发展面临瓶颈。电网网架薄弱，110千伏主要网架结构中的福田站、庄园站、解林站的电源均来自苏场站，一旦苏场站出现检修等情况，将对大邑电网的供电能力造成巨大影响，给优质服务带来重大隐患。

二是存在增量市场发展风险。根据大邑县规划，冶金实验厂拟搬迁至大邑东部工业园区，据了解该厂已与华能集团和两家社会企业签订四方协议，拟自建220千伏变电站，存在发展增量配电市场的可能性。大邑公司了解到相关情况后主动向政府和企业做了政策宣贯，同时及时向市公司领导和营销部、发展部做了专题汇报。搬迁事宜未到实质阶段，公司将密切关注动向，及时汇报动态。

三是退休和退养人员群体较大，存在不稳定风险。大邑公司退休职工389人，退养尚未达到退休年龄的人员还有124人。因退养人员退休后养老金偏低，2019年，以来暂缓发放退休人员统筹外补贴对该群体收入影响较大（停发的补贴占其养老收入的1/3至1/2），造成该群体一直在反映收入低问题，存在较大不稳定风险。

【国网新津县供电公司】国网四川省电力公司新津县供电分公司于2016年7月4日在国网四川省电力公司全资子公司——国网四川新津县供电有限责任公司的基础上，按照国家电网公司和国网四川省电力公司“子改分”改革要求成立，系国网四川省电力公司全资分公司。公司经营范围：电力生产、销售；电力输送；电力建设项目的论证、勘测设计、施工、设备安装、调试、招标、验收接电管理；电网的统一规划、建设、调度和运行管理；技术推广服务；装卸搬运；仓储业（不含危险化学品）；专业技术服务业；节能服务；销售：电工器材、电子产品、家用电器；物业管理；汽车租赁、蓄电池租赁。公司内设办公室（党委办公室）、人力资源部（党委组织部）、党委党建部、财务资产部、发展建设部、安全监察部、营销部、运维检修部、电力调度控制分中心8个职能部门、1个中心，基层班组站所共19个。另代管三新新津分公司和宏业新津分公司2家集体企业。

国网四川新津供电公司承担整个新津县行政区划的供电任务，新津电网供电面积330平方千米，供电人口约37万人，供电客户17.3万户。全网辖220千伏变电站2座（徐家渡、邓双），容量66万千伏安，110千伏变电站5座（新津、花桥、文武、何店、清凉），容量48万千伏安。110千伏输电线路15条，长度163.256千米，其中电缆长度0.32千米；10千伏线路75条，其中公线57条，专线18条，其中公线长度895.535千米，电缆长度13.568千米。历史最高负荷260.27兆瓦（2019年8月30日），110千伏系统容载比1.84。10千伏架空绝缘化率76.3%，电缆化率1.51%。公用配变822台，总容量17.76万千伏安。

国网四川新津供电公司现有在岗员工247人，具有大中专及以上学历244人，其中专业技术人员达到总人数76.92%，技能人员占总人数的68.02%。

完成2019年新津配网规划修编及2020—2025年配网项目储备，将新津电网规划纳入地方总规。协调推动新津500千伏输变电工程进场开工，变电站临时用电、施工用电、用水等前期工作有序推进。成都新津文武110千伏变电站扩建工程取得国网四川省电力公司可研批复及国网成都供电公司初设内审，获取县发改委项目稳评报告。

协调县经科信局出台关于电力安全生产专项整治活动正式文件，用户侧隐患治理成效明显。促成政府平台公司每月先行垫付路灯电费，化解电费回收风险。多次汇报县域安置小区配电设施故障频发问题，县委书记亲自签批纳入政府督办事项并出资2000万元落实整改。严厉查处窃电及违约用电43户，追补电量419351千瓦时，追补电费及违约使用费70.7963万元。落实电网风险预警机制，完成线路设备特巡500余人次。完善线路设备基础运维检查考核机制，开展检查20余次。用时20天安全高效完成220千伏邓双变电站35千伏开关柜绝缘严重降低的消缺处置，有效避免了重大设备事故的发生。开展百日攻坚及强弱电线路安全隐患排查整治专项行动，排查弱电线路隐患489处并上报至县经科信局。全年实施配网项目17个，配网线路架空绝缘化率上升至83.05%，主线跳闸次数下降至29次，同比降低43.14%。

严格落实安全生产责任制，制定全年安全生产工作重点。扎实开展春秋安大检查、安全生产大检查及专项整治行动，发现各类缺陷隐患1489项，完成整改923项，整改率61.98%，其余均已制定详细整改计划。全年督察现场383次，查处并纠正违章行为77项，查处违章责任人84人次。发布电网风险预警通知单20份，落实风险防控措施，确保电网安全运行。完成县应急处置、变电站电气火灾及洪涝灾害等多项演练，应急响应能力显著增强。联合县经科信局、县应急管理局、公安局等部门，查处12起外力破坏事件，责成相关单位和个人赔偿停电损失54937.5元。

进一步强化农电管理，落实“凡投诉必考核”工作要求，每月开展供电所窗口服务自查，对投诉中存在人为责任的情况给予顶格经济处罚，投诉发生量同比减少45.16%。全面实现“三省+三零”服务，客户办电效率大幅提升。

全面梳理检查输变配台账，以科技和信息化手段狠抓设备新投异动，积极参与智库测试，PMS2.0系统评价指标排名成都公司前列。紧盯异常配变清单，及时调节三相不平衡配变负荷，14条10千伏线路新增联络开关8台，有效提升了配网线路联络率。狠抓营销数据指标采集管控，全口径采集成功率99.73%，台区线损合格率95.88%，高压费控率96.08%，配网主线跳闸下降至29次，PMS2.0系统应用指标完成率100%，较2018年实现大幅提升。

深化网格化服务成效，与小区物管、业委会等建立良性互动，客户经理主动上门收集用电诉求，投诉发生量同比减少45.16%，高、低压业务平均接电时间分别控制到35天及2.8天，办电效率和客户满意度持续提升。快速响应格力重大项目，倾心提供现场办公、上门服务，打造20天正式通电的“新津速度”，受到县委、县政府高度评价。开展保电特巡170次，现场值守72次，圆满完成70周年国庆、天府农博园开工仪式、名校赛艇挑战赛、中国式摔跤大奖赛等重要保电任务。

坚持以习近平新时代中国特色社会主义思想为指引，扎实推进“不忘初心、牢记使命”主题教育活动，开展“当先锋·践初心”“抓整改、除积弊、转作风、为人民”等系列主题党日78次，开展形势任务教育和党员政治理论培训，党委领导班子成员讲党课23次，党支部书记讲党课13次，培训专兼职党务人员60余人次，实现党员教育全覆盖。圆满完成公司两委换届及7个党支部换届选举。开展廉政思想教育进基层活动4场，推送纪律规定解读4期，发出廉洁提醒9期。

2019年，国网四川省电力公司新津县供电分公司荣获省公司安全先进单位（交通、消防）、省公司“职工书屋”示范点，成都市厂务公开民主管理标准化等级评价A级单位，成都公司2019年度先进集体、纪检监察工作先进单位，新津县五四红旗团支部、工会目标工作管理一等奖、庆祝建国70周年“激情颂新津”文化活动优秀奖；配电抢修班荣获成都市工人先锋号 ，营业班、市场班荣获成都市国际化营商环境建设先锋班组称号，安全监察部、宏业新津分公司荣获成都公司2019年安全生产先进集体，用电检查班荣获成都公司先进班组称号，财务资产部荣获成都公司2019年通用制度竞赛团体一等奖。此外，公司共有56名个人分别获得成都市、省公司、成都公司及新津县的先进荣誉。

存在的主要问题：一是员工思想认识提升不足。部分员工仍然抱有守旧观念，习惯于“等靠要”，主动谋事、主动干事、主动成事的意识不足，部门间协同配合效果不佳。二是技能型人才欠缺。营销采集、生产运维等领域不同程度存在依赖外委单位的现象，专业、技术受制于人；青年员工经验不足，技术技能不过硬，公司面临技术技能人才青黄不接的窘境。三是配网薄弱问题仍然突出。县域内单辐射线路较多，满足“N-1”通过率条件的线路较少，在线路过载、检修时无法有效完成负荷转供；受变电站电源分布影响，部分配网线路超长，末端电压难以满足用电需求。四是电网外破风险增大。近来年新津大量基础设施建设、农村集中居住小区建设，工地施工、违章搭建等对电网造成较大威胁，电力设施保护任重道远。五是客户产权故障影响供电可靠性。客户产权设备常年未维护或运维不当，因客户侧开关不具备跳闸功能或开关定值整定错误导致越级跳闸频发，严重影响配网线路安全可靠运行。

【国网蒲江县供电公司】国网四川省电力公司蒲江县供电分公司成立于2016年8月，负责蒲江县电网发展规划、建设和供电服务保障。蒲江电网共有变电站8座，其中110千伏变电站2座，35千伏变电站6座，总变电容量23.13万千伏安。有并网小水电站23座，总装机容量12.75兆瓦。电网对行政区域实现了全覆盖，供区内现有各类客户13.61万户。

职工人数：全口径员工368人。其中，主业员工188人，农电员工140人，产业单位员工40人。退休员工80人。

公司领导：公司在职领导班子成员5名，分别为总经理、党委副书记1名，党委书记、副总经理1名，副总经理2名，纪委书记兼工会主席1名。

机构设置：职能部门7个，分别为办公室（党委办公室）、发展建设部、党委组织部（人力资源部）、财务资产部、安全监察部（保卫部）、党委党建部（党委宣传部、工会、纪委（纪检）办公室、团委）、电力调度控制分中心。

业务支撑实施机构2个，分别为运维检修部（物资供应分中心、检修（建设）工区）、营销部（客户服务中心）。

认真开展西部新城、寿安新城配电网规划以及2020年城农网项目储备工作。积极开展输变电项目前期工作，其中220千伏鹤山输变电项目取得了用地预审批复，35千伏西南输变电工程开展了现场选址工作。2019年电网建设有序推进，各项目均完成了现场施工工作。全年新建改造10千伏线路19.46千米、低压线路50.63千米，新增及增容配变8台，容量2000千伏安。配合开展地方政府项目迁改工作，完成寿安产业新城新园三路、光明乡桥梁市政工程10千伏线路迁改任务。

完成售电量5.16亿千瓦时，同比增长14.41%；累计综合线损7.05%，同比下降0.53%。深入开展“规章制度落实督导年”活动，加强规章制度学习宣贯，新建制度2项，清理修订党内规范性文件1项，自查问题13个，形成问题整改清单并跟踪落实整改，《“规章制度落实督导年”促电力营商环境持续优化》入选市公司典型经验。全面完成“两供一业”分离移交工作。开展专变用户周期性检查和违窃电检查，查处违窃电56笔，追补电量7.74万千瓦时，同比增长45.97%。落实监督责任，按照年度专项监督计划，开展了后勤管理、工会经费管理、易地交流干部住房情况专项监督，促进公司规范管理。积极主动推广运维、售电业务，签订运维业务合同1份，全年与10户用户签订售电业务合同，电量计9.26兆瓦。

克服迎峰度夏负荷屡创新高挑战，加强运维保障，及时处理3次雷暴雨恶劣天气引发的电网故障，保持电网安全稳定运行。扎实开展安全督察，监督检查施工现场169个，查处各类违章行为80起，违章率同比下降12.3%。组织开展“春、秋安大检查”等安全专项活动，共检查发现问题157项，严格按期整改，做好闭环管理。完成了变电设备4个专项隐患排查工作，消除了重大隐患；清理输配电通道障碍125处，消除35千伏金霖线23号杆汛情隐患；开展配网三年整治提升行动，完成14条配网线路“一线一案”的治理任务，输、配电线路故障跳闸率同比下降22.22%、57.38%。积极参加市公司和蒲江县应急演练，进一步提高防灾减灾应急处置能力。组织开展全国安全月活动，结合触电案件压降专项行动，在全社会普及安全用电和电力法规相关知识，营造了良好的舆论环境。结合季节特点，开展交通、消防培训和应急演练，提高全员安全意识与业务技能。认真落实“电力安全文化建设年”活动要求，开展“冲刺9000天，为梦想护航”专项活动，在公司内部营造了人人关心安全的良好的氛围。完成庆祝建国70周年系列活动、全国及全省四好农村路保电、北京洪堡论坛成都论坛国际会议等41项保电任务。截至2019年12月31日，蒲江电网安全运行9175天。

积极推进农网工程建设。2019年，新建改造10千伏线路19.46千米，新增改造配变7台/2000千伏安，改造低压线路50.63千米，改造下户线1030户/25.01千米。结合“成都市平安社区工程百日攻坚行动”，广泛开展安全用电宣传，自制末级漏保安全提示卡，逐户排查末级漏保安装及投运情况，末级漏保安装率、投运率大幅提高；对辖区内38所中小学及幼儿园进行安全用电检查，及时发送安全隐患提示书；完成122户冻库用电检查，发放安全用电宣传单122份。积极开展新农村电气化建设工作，利用低压业扩项目及农村配网项目对甘溪镇明月村进行改造，优化网架结构，整治因负荷增长造成的低电压，并对户表、电杆、变台进行了整治，使之更加安全、美观，为美丽乡村电气化建设打下了基础。

持续加强信息安全工作，落实《中华人民共和国网络安全法》，建立健全信息安全责任系统，加强信息安全风险防控。继续加大对各专业应用系统的培训，开展隐患排查治理，对薄弱环节和潜在威胁采取有力措施进行整改，杜绝违规外联、弱口令等问题。完成了全公司各信息系统、计算机及相关设备的日常维护工作；保障了公司信息网络安全稳定运行；完成了电视电话会议联调、值守工作。实现全年信息安全“零”目标。强化保密管理，保密工作责任书、涉密人员保证书、涉密人员离岗保密承诺书和员工保密承诺书，责任书签订率100%，把保密责任落实到具体岗位和责任人。

营商环境持续优化，主动对接服务政府，积极融入政府审批，协调蒲江县经科信局等9个部门联合出台《蒲江县进一步优化电力接入营商环境的实施意见（试行）》，进一步优化接电办理流程；全面落实业扩政策和电价政策，多措并举降低客户成本支出。全年高压新装增容116户，容量6.7905万千伏安，平均接电时间33天，较年初压降近8天；低压受理申请业务5523户，容量4.13万千伏安，平均接电时间1.8天，较年初压降近0.5天。扎实开展“三全”建设，台区线损日平均合格率97.03%，超额完成下达指标，位列市公司第一。深入挖掘投诉压降空间，全年投诉共13笔，同比减少14笔，投诉压降率56.67%，投诉万户比率0.92%，位列市公司第二。

履行党建工作主体责任，完成年度党委民主生活会、支部组织生活会、党员民主评议和支部书记党建述职等工作，完成公司党委换届、党支部设置调整和支部换届工作，规范公司8个党支部命名，选拔1名青年党员任职朝阳供电所党支部副书记，助力朝阳所创建国网最美供电所。扎实开展“不忘初心，牢记使命”主题教育活动，全年共开展党委中心组学习会（含扩大会、集体学习研讨）18次。各党支部定期开展主题教育和“当先锋•践初心”等主题党日活动，全年共开展主题党日活动114次、支部党课34次。严肃党员发展工作，完成发展党员2人，转正党员2人。优化党员服务队设置，形成“1+5”支队组织架构，进一步深化服务内涵。

接受省公司交叉巡察，对巡察组提出立行立改问题和巡察反馈问题，进行逐一分解落实任务整改到位。有针对性地开展岗位练兵活动，联合蒲江县工会举办蒲江县电工技能大赛，自主开展调度控制技能竞赛、营销服务业务竞赛、农电员工技能竞赛等比赛，6名优秀员工荣获县级竞赛荣誉。坚持开展各类工会慰问活动和职工文化活动，落实退休人员“两项待遇”，维护退休人员队伍和谐稳定。

存在的主要问题：一是电网建设与满足地方经济社会快速发展的需求还有差距。蒲江电网的110千伏网架结构薄弱，无220千伏电压支撑点，35千伏变电站呈“串接式”供电，部分输电线路存在卡脖子情况，不满足N-1要求；配网自动化程度低，供电可靠性不高，不能满足用电客户对电力依存度越来越高的要求。

二是安全生产形势依然严峻。员工安全意识仍然不强，个别管理人员到岗到位流于形式；电网遭受野蛮施工、外力破坏风险依然较高；重要客户供电的风险未彻底消除，涉电安全隐患处置难度大。

【国网成都市官仓供电公司】国网四川省电力公司成都市官仓供电分公司成立于2016年 7月，系四川省电力公司分公司，注册资本1256.5万元。供电区域涉及彭州市10个乡镇和什邡市2个乡镇、87个行政村、667个社区，面积约505平方千米，人口12.56万人、4.4227万名客户。有110千伏变电站1座、110千伏线路1条，与什邡110千伏民主变电站并网；35千伏变电站6座、35千伏线路11条131.944千米；10千伏线路36条421千米；低压线路总长683.901千米；配电台区678台。公司共有小水电站11座、21台发电机组，装机总容量4495千瓦。现仅有1座后坝电站在运行（1130千瓦），年发电量350万千瓦时左右。

现有主业员工220人（其中，借工到宏业官仓分公司28人，外借到其他公司14人，援藏4人），离退休人员141人（其中离休2人）。领导班子成员5名：总经理、党委副书记1名、党委副书记（主持工作）、副总经理1名，纪委书记、工会主席1名、副总经理2名；协理员1名。公司设有运维检修部、安全监察部（保卫）、营销部、水电运检中心、发展建设部、党委组织部（人力资源部）、财务资产部、党建工作部、办公室（党委办公室）9个部门。

公司党委下设10个支部，共有党员116人（其中离退休党员24人）。

产业单位为宏业官仓分公司，现有人员28人（全部是主业借用人员）；三新官仓分公司，现有员工101人（其中主业支援三新35人、供电服务员66人）。

2019年，完成输变电技改项目2个，大修项目4个，投资316.58万元，其中35千米太子站和岷齿综自技改工程和3条35千米线路综合大修的完工，消除了继电保护装置缺陷，提高了电网安全稳定运行水平。完成农网改造7个项目，投资993.11万元，其中两项农网工程入围国网公司“百佳工程”评选。

成都三绕（彭州段）涉及官仓公司35千米及以下电力迁改工程及彭州石化园区装卸站工程10千米电力线迁改项目施工正在按照时间节点有序推进。彭州止马岛涉及的电力迁改工程，迁改方案的设计修编正在审批之中。陆航二旅彭州机场涉及的电力迁改工程，设计已完成现场初勘并上报迁改方案，待军方协调办理规划红线签章。新材料产业园涉及电力线路改迁项目，正在和当地政府沟通，积极高效推进该园区电力实施的迁改工作任务。

2019年，全年售电量1.95亿千瓦时，同比增长14.92%，实现售电收入1.23亿元，同比增长13.61%。台区线损合格率95.26%，暂列市公司前列；重点客户费控协议签订100%，全口径采集接入率99.15%，公变台区采集接入率100%，智能电表覆盖率98.58%，全口径采集成功率98.92%。截至12月31日，完成业扩新装高压客户21笔（增容29100千伏安），低压业扩业务478笔。

2019年，公司积极探索安分会内容与形式，推行“一说二曝三评四动”，即新增违章人员在大会上说清楚，并在公司宣传栏处进行违章曝光，将现场执法仪记录情况纳入分析点评，开展会场有奖纠错互动和相关部门班组专题发言环节，丰富了内容和变换了形式，员工安全防线进一步筑牢。

在公司精心组织，员工真学习下，安规考试出成效，在成都公司《安规》抽考的23人中，平均达到98分；对分包队伍管理人员及公司工作负责人、蹲守人、安全员开展2次安全培训共94人次参加；邀请交警开展4次交通安全培训；开展1次消防知识培训，参加人数34人。通过多样化的安全培训及时传递安全责任，切实加强安全员安全意识。

深入开展春秋安大检查和“领导干部查隐患”活动，结合各类专项行动，“立体式”督查作业现场及抢修现场发现隐患421项，累计处理隐患344项，整改率82%。上报省公司隐患12条，上报四川隐患排查网12条，上报成都市应急管理局72条；实施配网三年整治提升行动，治理“跳闸王”配电线路3条，跳闸率同比下降50.5%，同时在彭州市能源领导小组的支持和相关职能部门的鼎力协调下，消除220千伏过境线路遗留A类隐患7处，B＋类隐患14处，B类隐患10处；配网跳闸压降59.26%，漏保安装率99%，投运率96%；完成新中国成立70周年特级保电及二、三级保电22次。

坚持“说清楚”制度，实施“日督查、周复查、月督办”，刚性落实管理人员到岗到位和现场安全督察要求，推行“安全生产月度明星”评选活动，截止目前，安全督查368个现场，发现各类违章共49项，违章率13%，同比下降16%。自查违章4条被市公司安监部周一例会采纳。全年违章处罚58人次，处罚10700元；奖励506人次，奖励45870元。

公司在2019年严格落实《中华人民共和国网络安全法》，全员签订网络安全承诺书和保密承诺书，组织信息安全、保密安全相关知识宣贯3次，未发生失泄密事件。

服务彭州经济发展，积极推进重点项目迁改等电力配套建设。成都三绕（彭州段）涉及官仓公司35千米及以下电力迁改工程及彭州石化园区装卸站工程10千米电力线迁改项目施工正在按照时间节点有序推进。彭州止马岛涉及的电力迁改工程，迁改方案的设计修编正在审批之中。陆航二旅彭州机场涉及的电力迁改工程，设计已完成现场初勘并上报迁改方案，待军方协调办理规划红线签章。新材料产业园涉及电力线路改迁项目，正在和当地政府沟通，积极高效推进该园区电力实施的迁改工作任务。

完成输变电技改项目2个，大修项目4个，投资316.58万元，其中35千米太子站和岷齿综自技改工程和3条35千米线路综合大修的完工，消除了继电保护装置缺陷，提高了电网安全稳定运行水平。完成农网改造7个项目，投资993.11万元，其中两项农网工程入围国网公司“百佳工程”评选。

坚持“服务至上、践诺为先、全员参与、重奖重罚”的服务理念，完善“三见面一走访”创新工作法，公司优质服务投诉压降成效显著位列成都公司前列，特别是“4·10”公司首次全网停电检修20小时，精准管控与协调解释到位，实现“零”投诉。

按照上级公司营商环境建设年“获得电力”要求，精准实施“三省+三零”办电服务，每一笔业务线上线下同步，无超时，回访率和满意率均达100%。深度融入政府“网络理政”入住彭州市政府政务中心开展“一窗办电”。1个班组荣获成都市营商环境先锋班组称号，3人获得成都市营商环境先锋岗称号，1个班组荣获彭州市营商环境先锋班组称号。细化分解成本指标并纳入部门绩效考核，支付融合准确率和执行率达99.9 %，可控成本完成100%。

坚持以习近平新时代中国特色社会主义思想为指导，扎实开展建党98周年“十个一”系列活动和“不忘初心 牢记使命”主题教育活动，开展中心组学习15次，专题研讨10次，举办主题党日活动68场。持续深化党委、支部标准化建设，建立“一所一支部”。全面推进“作风建设年”活动，扎实开展漠视侵害群众利益问题整治和“抓整改、除积弊、转作风、为人民”专项行动，营造风清气正的良好氛围，同时开展“党建+降损增效”整治行动，公司台区线损合格率从年初94.55%提升到了96%，切实降低电网电能损耗，提质增效。深入开展“大学习、大讨论、大调研”活动，公司荣获国网成都供电公司投诉压降劳动竞赛三等奖，两人分别获得投诉压降与三级客户经理劳动竞赛个人三等奖，财务资产部荣获市公司财务通用制度竞赛优秀团队组织奖。组织党员服务队深入大山对留守儿童、孤寡老人开展结对帮扶，广泛传播公司党员服务队品牌形象。以钉钉子精神打好作风建设持久战，共开展明察暗访15次，通报6期，处理违规违纪人员7人次。

【国网简阳市供电公司】国网简阳市供电公司辖区供电面积482.67平方千米，供电人口29.5万人，用户共10.3万户。2019年，完成售电量7.02亿千瓦时，同比增长8.34%，完成售电收入4.2亿元，同比增长3.1%，综合线损率3.58%。

2019年，面对复杂多变的内外部形势，公司上下在成都公司和简阳市委、市政府的坚强领导下，攻坚克难、担当作为，全面完成全年目标任务。连续安全生产6783天，没有发生被上级考核的安全、服务、廉政、稳定和舆情事件。

简阳公司现有职能部门4个：综合管理部（党

委办公室、党委组织部）、发展建设部、财务资产部、安全监察部（保卫部）；2个业务实施机构：客户服务中心、运维检修部（物资供应分中心、 检修（建设）工区）；现有班组13个，其中包括4个生产班组、3个营销班组、6个供电所。公司全口径统计员工312人，其中全民员工98人，三新简阳分公司农电员工156人，宏业简阳分公司集体聘用员工53人。

简阳公司电网是典型的受端网络，网内无大型发电厂。简阳公司管辖变电站共11座、开关站1座。其中220千伏变电站3座、110千伏变电站5座、35千伏变电站3座。主变总容量1261.5兆伏安。电网的潮流方式：220千伏棉丰站由500千伏资阳站通过220千伏资棉一、二线主供，220千伏龙棉东线作为备用电源；220千伏海鸣站由500千伏资阳站通过220千伏资海二线主供，220千伏桃海线作为备用电源；220千伏普安站由220千伏文安一、二线供电。棉丰、海鸣站均有两个电源点。输电线路共20条，总长232.84千米。其中，110千伏线路15条，194.45千米；35千伏线路5条，38.985千米；有配电线路39条，共609.266千米。配电变压器1692台，配电容量51.07万千伏安。其中，公变950台，容量24.32万千伏安；专变742台，容量26.75万千伏安。配电柱上开关234台。220、110千伏电网容载比分别为2.35和1.98。

积极推行电能替代工作，完成22家火锅“气改电”改造，累计完成电能替代2万千瓦时。完成新装增容用户数4874户，总容量16万千伏安。强化堵漏增收，查处窃电8笔、违约用电1笔，追补电费3.6万元。开展综合计划执行进度专项提升工作，完成支出入账1700余万元，支出入账率71.67%。同期线损治理成效不断提升，220千伏以及下综合线损率完成3.58%，同比下降0.16个百分点，低于年度指标值0.22个百分点。持续推进职工家属区移交工作，完成两供一业资产移交手续。

围绕贯穿全年的安全生产大检查工作，落实安全主体责任，开展“领导干部查隐患”“消防安全整治”等专项行动，全面排查变电站消防、涉电鱼塘、老旧居民小区电气火灾等隐患7类、740余个。坚持“现场为王”，狠抓现场安全管控。查处现场违章61项，处理相关责任人43人次。持续加强电网设备运维管理，消除输电线路A类树竹隐患13处，B类树竹隐患40处，完成变电站设备消缺工作38项。落实“配网三年整治提升行动”要求，排查“三个专项”配网隐患142处，综合治理“跳闸王”配网线路9条。10千伏配网线路跳闸81条次，同比下降17.3%。圆满完成“7·24”抗洪抢险、三岔丹景山滑坡等灾害应急处置工作，保证电网安全稳定运行。完成各类重大保电工作40余次，广获社会赞誉。

持续整治低电压、三相不平衡以及重过载台区问题。2019年，通过新增配变6台，对原有配变进行增容3台、对25个台区线路进行二线制改四线制、调整用户三相负荷分配情况、调分节开关等多种方式，共整治低电压台区共34个。累计新建10千伏线路380米、380伏线路4602米，二线制改四线制1467米，电压从最低的158伏提高到了220伏左右，解决了930余户用电难问题。对小斑竹2社、小斑竹3社、小斑竹10社、龙丰村4社、面房村5社等8个三相不平衡台区进行了整治。累计新建380伏线路685米，二线制改四线制396米，解决了147户用电问题。对协合2社、麻石桥10社、石盘场镇3号公变，通过新增100千伏安变压器两台，分接负荷解决了重过载问题。加强涉电鱼塘隐患整治。公司线路涉电鱼塘共582处。2019年，完成99处10千伏线路整治，0.4千伏线路涉电鱼塘已改造259处，40.28千米，剩余224处计划于2020年改造完成。2019年，公司接户线改造5108米，户表外移139户。费涉电鱼塘线路绝缘化整治共改造低压21.65千米，10千伏线路改造4.42千米。公司共有农网配变957台，安装总路漏保665台，投运643台，投运率96.69%。漏保在线监测210只，运行202台。

落实城市“三级客户经理制”和农村“台区客户经理制”，970个城乡台区客户经理覆盖率100%。开展投诉压降专项行动，开展营销优质服务督察10次，开展视频监控巡查15次。公司全年发生投诉31件，同比下降60.76%。落实“一般工商业再降10%”政策，涉及降价电量0.9亿千瓦时，为客户减少用电成本756万元。持续优化营商环境，简化办电流程，全面实施“三省”“三零”服务举措，加快配套电网建设，缩短用户工程平均接电时间，尽快满足客户用电需求，“获得电力”感知明显提升。积极拓展缴费渠道，缴费网点拓展至110个，10分钟缴费圈基本形成。倾力服务空港新城、简州新城、地铁18号线等项目，客户和当地政府满意度全面提升。

扎实开展“不忘初心、牢记使命”主题教育活动，推动政治建设入脑入心。加强党风廉政建设，严格落实“两个责任”和“一岗双责”要求，营造风清气正良好氛围。制定“人才培养计划”，开展全员提升活动，公司人才当量密度较2018年同期增长0.5%，高技能人才比例达到83%，同比增长91.5%。深化党员服务队融入社区，开展与社区党建结对共建，“党服队”精神进一步弘扬。完成省公司2019年交叉巡察配合工作，严格落实主体责任，狠抓整改落实，制定巡察反馈意见整改实施方案，针对六个方面63条问题逐一建立问题、责任、任务“三个清单”，持之以恒正风肃纪。发挥阵地作用，开展迎新春“登山”、“趣味运动会”等文化活动，进一步增强员工凝聚力。大力营造“比、学、赶、超”学习氛围，积极选拔专业人员参加上级单位技术比武。公司团体、个人在省公司第五届青年创新创意大赛、成都市百万职工技能大赛、成都公司财务通用制度竞赛和信息通信专业技能竞赛中，荣获多个奖项。10名员工获得成都公司级荣誉称号，付首棚被评为简阳市2019年度“工匠”称号。陈凤仙、薛强等4名员工被成都市总工会评为“国际化营商环境建设先锋岗”称号，营业班、配电运检班等4个班组被评为“国际化营商环境建设先锋班组”称号。公司被评为简阳市2019年度内保先进单位。

目前的机构和岗位设置已经无法适应现代化管理要求。东进简阳片区有3个县级政府（简阳、龙泉及高新管委会）分别负责规划建设工作，简阳、简州供电公司按属地服务要求均要对接简阳市政府、简州新城管委会、空港新城管委会，形成了政府和供电企业多头相互对接的联系格局，协调成本高。

【国网简阳市简州供电公司】公司成立于1965年，原属地方供电企业。1996年由内江公司代管，2002年由资阳公司代管，2006年改制为控股公司，2013年改制为全资子公司，2016年由成都公司代管并改制为分公司。承担着简阳市1756平方千米（约80%辖区面积）、49个乡镇（街道办）、736个村（社）、43.71万户客户（农村客户占比为78%）的供电任务。

有各类用工总量738人，其中全民383人、农电工323人、集体企业直签32人。设10个部门、13个班组、14个供电所。

全面启动电网规划。编制“十四五”规划项目清册。主导完成《简阳电力专项规划》编制工作。配合空港筹备组拟定泛在电力物联网综合示范区建设任务专项实施方案。开展2019年综合计划编制，储备项目23个，资金3792.47万元。充实配网工程管理力量。抽取骨干人员，成立配网业主项目部、配网施工项目部，建立工程周例会和周报制度，加强配网建设项目全过程管控。全面梳理、处置工程遗留问题，收尾2016—2018年农网遗留项目结算工作，完成1720.83万元新一轮农网改造，加快推进2019年7174.39万元的配网工程。全力缓解负荷瓶颈。加快牌坊沟出线到东城新区的进度，转移解放站负荷，缓解城区供电压力。完成草池站带载能力提升和海铁Ⅰ、Ⅱ线负荷改接，积极推动10千伏玉国Ⅰ、Ⅱ线建设，保障天府国际机场建设用电。加快建设10千伏清龙Ⅰ、Ⅱ线，彻底解决镇金片区低电压，支撑高新东区沿途市政建设临时用电需求。打造优质示范工程。历时两年完成三合镇塘坝村工程创建工作，项目获评省公司2019年度“百佳优质工程”，在38个参评项目中打分排名第一，被推荐参选国网公司优质工程。

三全建设取得重大进步。全口径采集成功率达到99.82%，费控综合执行率105.05%。5742台公变台区线损合格率96.95%，同比提升9.93%，10千伏分线同期合格率85.09%，同比提升39.59%。实施煤改电，推广电能替代项目6个，替代电量316.04万千瓦时。全能型供电所建设取得突破，三星供电所成功获评省公司四星级供电所。“两长四员”主体职责更加明晰，供电所绩效再分配力度加大。

加强安全基础管理。推动安全生产全员履责，完善全员安全责任清单和公司安全业绩考核方案，签订安全责任书753份。开展各项安全专项活动，排查问题237项，整改188项。重点整治防社会触电，安排资金专项整治，加大日常督查考核力度，完成跨鱼塘线路迁改、绝缘化改造58处，安装防触电围网1160处，设置警示标牌4852个，发放安全告知书3982份，隐患告知书452份，全年未发生一起有责任的社会触电人身伤亡事件。开展重、过载设备分析，整改瓶颈问题2个，重过载设备同比下降45.21%。扩大培训范围，分类开展针对性实操培训。培训技术员、安全员等118人次；培训施工单位负责人、工作负责人等316人次。开展强制性警示教育培训11人次。强化作业现场内部监管力度。修订《安全奖惩实施细则》，发挥安全督察网作用，巡查现场1173处、查处违章370项、考核处罚300人次、金额9.655万元，违章率同比下降31.39%。提升应急处置能力。组织大面积停电、防汛等应急演练5项，参演人数92人。成功应对负荷三创新高、“7·29”雷暴恶劣天气大面积停电、“8·6”丹景乡山体滑坡地质灾害抢险工作。组织特巡变电站13座、保电线路52条、出动人员1821人次、车辆612台次、值守保电点位88个，完成省重大项目开工仪式（分会场）、“中华龙舟赛”、“世警会”等重大保电任务88项。其中三级及以上等级保电32次，“中华龙舟赛”简阳站保电工作获中央广播电视台好评。

压实运维基础管理。健全配网运维体系，规范低压抢修流程，常态化开展配网运维月评价、周分析工作。完成35千伏及以上输电线路巡视总里程约1460千米。清理线路通道树木5800余棵。累计整治低电压台区365个、三项负荷不平衡台区289个、重过载台区324个。开展一体化检修59条次，消除各类缺陷1924处。确保总路漏保安装率99.8%，正确投运率 98.7%。坚持计划检修再平衡，计划停电同比减少 45.78%，重复停电同比减少 52.17%。带电作业成绩显著，全年作业 313 次，同比增加 102.5%，全年减少停电时户数 2.48 万户，多供电量 46.54 万千瓦时，在国网公司专项检查活动中得到专家组高度评价。攻坚 10 千伏线路跳闸压降。制定配网跳闸考核办法，开展“一故障、一报告”分析制度，落实直接责任人、班组负责人、部门管理人员三级考核。开展“跳闸王”线路整治 38 条次。配网 10 千伏线路故障跳闸同比减少 29.3%，其中由于运维不当引发跳闸同比下降 36.2%。

建成公司配网实训基地，常态化开展专业培训、组织竞赛、内部调考，提升人员履职能力。承办成都市简阳百万职工配网、装表接电、抄核收技能比武。丰富服务手段，推广“掌上电力”、“95598”网站、微信公众号，实现线上办电率 100%。入驻简阳市政务中心，实现“一网通办”，提升办电便利度。

营商环境持续优化。大幅压缩高、低压客户办电环节、时间，平均接电时间分别缩短至 32 天、1.95 天，同比降低 79.87%、37.70%。压减办电成本，对一般工商业 2 次降价，累计降幅达 11%，客户节约用电成本约 1855.41 万元。为低谷弃水客户办理市场化交易 23 家，预计节约购电成本 332.31 万元。启动“三级客户经理制”，明确组织架构、团队配置和职责分工，切实推动三级客户经理落地。计量班、平泉供电所获评“国际化营商环境建设先锋班组”。公司获评简阳市2019年度国际营商环境建设先进集体。重点项目全力跟进。定期对接经信、规划、招商等部门，打破常规、畅通渠道，确保重点项目涉电工作时间同步、任务同步。按期完成 35 千伏东溪站迁改、机场北物流组团片区项目、简阳市平泉镇荷桥村项目、简阳市中医院康复治疗中心建设项目等涉及 123 项电力迁改工作。确保蓝绸带、东来印象、空天产业园等 36 项政府重大项目建设用电及 165 项用户受电工程顺利投运。投诉压降成效明显。通过专项整治和重奖重罚，在电网现状没有根本改变的情况下，同比压降投诉 64.14%。

落实管党治党责任。以贯彻落实中共十九大精神为主线，扎实推进“不忘初心，牢记使命”主题教育。按照“三年登高”对标提升年各项工作部署，实现政治建设、机制建设、作风建设再登高。落实“两个责任”。积极配合成都公司内部审计、内部巡视巡查工作，加大执纪问责力度，自主开展集体企业青苗赔偿、集体企业经营管理专项检查。组织 200 余名关键岗位员工进行廉洁教育。坚持正确选人用人导向，强化干部选任监督考核。完成国家电网、省公司、地市媒体发稿 40 篇，全年未发生影响公司声誉的重大舆情事件。开展“守纪律、讲规矩、正作风”作风整顿专项活动，举办庆祝建国 70 周年红歌会，持续营造干事创业的良好氛围。公司两名党员获省公司优秀党员、省公司优秀青年志愿者荣誉称号，两名职工分别获“成都工匠”“成都好人”荣誉称号，公司获评成都市五一劳动奖状。

存在的主要问题：一是业务水平不足、作业任务繁重，安全管控风险巨大。

2019 年，政府重大项目不断落地，施工现场、拆迁工作繁多，上级运维指标要求不断提升和外部服务压力不断加码，客观上增大了电网运维难度和施工作业风险。在“东进”区域建设进程加快的背景下，公司电网建设、迁改、检修、抢修各类作业极为繁重。截至 2019 年 12 月，各类计划作业共 1163 次，10 千伏抢修 575 次，共出动各类人员 9500 余人次，作业管控能力受业务水平不足和倍增的工作量影响，安全风险居高不下。个别人员安全意识薄弱，集体企业安全管理仍待加强，分包队伍安全意识、安全技能不高，“红线”违章仍然存在。部分基层班组管理人员对待安全管理工作的理念与企业要求依然存在不小差距，缺乏较真、斗硬、谨慎、心细的工作态度，特别针对临近带电线路作业的风险辨识和方案把控还存在很大问题。

二是电网局部过负荷、线路老旧严重，运行风险较高。

简阳作为成都“东进”战略的主战场，城市建设进程加快、重大项目不断落地，客户群体急速转换，导致部分地区负荷急剧增加。110 千伏解放站主变重载运行；江南片区高端装备产业园预计新增负荷 25 兆伏，110 千伏江南站不能满足负荷增长需求；110 千伏草池站主变过载运行、35 千伏兴隆站主变重载运行，不能满足天府国际机场及配套设施建设，供电形势严峻。35 千伏江禾线（#63—#65 杆为LGJ—95）、草风线（#38—#53 为LGJ—70）、草兴线（LGJ—95）存在供电瓶颈，影响线路输电能力，2019 年迎峰度夏期间重载运行。在配网硬件基础上，由于建设资金长期投入不足，加上人员重视程度不高、观念陈旧，导致运行风险很高的部分配网线路迟迟未纳入改造。公司还有纯铝支线 90 条，长度 94.23 千米，涉及 11 个供电所。2019 年，共有 15 条 10 千伏线路重过载。

三是配网基础非常薄弱、运维手段传统，供电服务风险高。

简州公司配网由于历史原因，建设投入不足，10 千伏线路绝缘化率低、供电半径长、设备老旧，虽不断完善配网运维管理体系，加紧线路治理，大力推广一体化检修，配网运维业绩指标两年来也在逐步提升，但配网整体现状短期内改变困难。加之配网运维手段单一，日常巡视维护、故障查找主要依靠人工目测，效率低、耗时长。10千伏配网跳闸在成都公司排名倒数第一。2019年，因频繁停电引发投诉85笔，占比高达63.85%；低电压引发投诉32笔，占比23.35%。

四是遗留问题多、建管能力弱，电网长远发展受限。

简州公司原属资阳公司，工程项目建管、施工方式与成都公司存在较大差异，县公司项目管理粗放，工程项目管理人才培养、储备严重不足，项目储备、建管能力提升缓慢。划转成都公司代管后，面对成都公司项目的新标准和更高的企业经营指标要求，公司短期内适应困难。2015—2016年，公司承接数亿配网工程项目，由于时间紧、任务重、管理不到位，历史遗留问题众多，消耗精力，处置复杂，对后续项目的推进造成连锁影响。一方面电网基础薄弱，亟待争取资金改善；另一方面，项目建管承接能力严重不足，争取项目的积极性、主动性不高，这个问题严重制约公司电网长远健康发展。

【国网成都供电公司城东供电中心】成立于2018年1月12日，由原城北客户服务分中心更名而成。

城东供电中心供电区域为锦江区、成华区，供电面积171.72平方千米，共有各类用电客户93万余户，其中高危重要客户49户、专变客户2605户、低压非居民客户17333户、居民客户91万余户。2019年，售电量57.23亿千瓦时，售电均价0.671元/千瓦时，电费38.43亿元。

城东供电中心辖区内共有220千伏变电站7座，变电容量336万千伏安，110千伏变电站25座，变电容量289.5万千伏安。供区内共有10千伏线路565条，其中公网线路268条，客户产权297条；线路总长3306千米，其中电缆线路总长度2442千米，电缆化率73.86%。

主业人力资源。城东中心定员264人，实际共有231人（缺员34人），其中班子成员6人，全民109人，主业劳务员工122人。本科及以上学历占73%，高中及以下学历占0.2%，员工文化素质比较高。助理工程师及以上职称员工占67.66%，无职称员工占30%，中级工及以上技能等级员工占70%，无技能等级员工占30%。职工平均年龄是40.2岁，全民员工平均年龄41.04岁，劳务员工平均年龄39岁。农电人力资源。城东中心共有农电员工136人，员工平均年龄45岁，本科及以上学历占18.38%，高中及以下学历占6.6%，助理工程师及以上职称员工占31.6%，无职称员工占68.4%，高级工及以上技能等级员工占39.7%，无技能等级员工占6.6%。

2019年，城东中心深入分析现有网络结构，在迎峰度夏前完成10千伏槐东、海莲等15条重超载线路的手拉手联络及负荷改接。大力提升变电站等效利用率，利用配网改接、业扩接入，实现了芷泉街站“破冰”带载，迎晖站、赤虎桥站、天涯石站等效利用率均得到大幅提升；强化日常运维，开展一体化综合检修70次，修枝砍树6000余棵，消除各类隐患缺陷437处。将运行工作质效纳入安全考核范围。强化运维质效问责，共问责各类人员17人次，1—12月，中心百公里故障跳闸率同比下降19%；严防电缆群伤，完成望江楼变电站超容通道治理和电缆分流，严格管控9回以上电缆通道，安装电缆防爆盒458套。加大电缆状态检测力度，完成120回电缆状态检测，及时发现15回电缆局放、介损超标缺陷。利用红外测温、局放等技术手段，严密监测240座老旧开关站，完成了河滨印象等21座老旧开关站防潮综合整治。在粉坊堰片区积极探索客户产权设备隐患治理，利用停电机会主动为38家大型小区提供“套餐式”兜底运维服务，降低主网设备“越级跳”风险；对辖区内74处外破区域实施分级管控，对外开展了防外破专项培训11次，对肇事方安全约谈及追责9次，对内加强考核问责力度，将防外破与巡护质量评价、运维管理考核相挂钩。全年共发生外破18起，同比下降47%。

2019年，全年完成售电量59.86亿千瓦时，完成售电均价613.91元/千千瓦时；应收电费36.75亿元，回收率100%；累计线损率3.87%，低于下达计划指标0.23个百分点。安全生产事故、影响和损害企业形象的优质服务事件、影响稳定和党风廉政建设事件均实现了“零”目标。

制定并发布安全管理制度14项，制度化规范安全管理。聚焦一线班组强化安全奖惩，严格落实安全工作绩效考核，督促严格贯规；利用集中检查、交流互动等方式查班组基础管理，组织各类集中安全培训11次，建立“安全曝光台”及时通报安全奖惩，通过“安全微信群”及时传递安全快递，切实加强全员安全意识；按照A、B、C三类作业计划实施安全管控，实现A、B类作业全覆盖到岗到位管控，实现倒闸操作、故障抢修现场视频记录仪全覆盖。坚持安全反违章“说清楚、讲道理、强考核”，警示教育与作风建设紧密联系，从思想源头抓安全。1—12月，中心三级督查网督查现场1025处，发现各类违章208项，召开安全违章约谈会14次，处罚涉及78

人次，处罚金额总计12.31万元，现场违章率同比下降10%；强化对小型、分散、临时作业的计划管控，刚性执行老旧院落改造、营销项目、不停电作业等工作的精准计划上报，1—12月，中心全口径周工作计划发布1840项。强化安全标准化作业流程，规范信道改善、计量下移等5类营销作业；结合“领导干部查隐患”“春秋安大检查”活动，重点针对防火防爆、社会触电、重要用户等开展安全隐患排查，共排查各类安全隐患630条，建立隐患台账统一闭环管理，完成整改348处；创新实行劳务分包单位安全积分制，将分包单位安全管理能力纳入评价考核，严把查勘、危险点防控等关键环节，严格逗硬考核，将安全积分与队伍业务承接量挂钩。全年共处罚分包队伍8.6万元，停工整顿4家劳务单位。强化分包队伍安全培训，严控分包劳务人员入网关，全年共200余人次接受安规培训和考试。

加大供电所督查力度，结合薄弱环节及重点工作，开展每月每所不少于一次的督察活动。2019年，共开展营销现场检查385户，发现问题56处并全部整改完成，纠正人员不规范服务行为3起，开具督察工作单27份，并对督察结果纳入月度绩效考核。积极响应上级单位开展“雷鸣行动”，大力推进如线损提升、电费回收、电表换装、线路一体化检修消缺等重点工作，多管齐下促供电所指标提升，分公司指标排名从靠后位次跃升至前列。强化基础管理，全力创建“全能型”供电所，落实一专多能、营配协同的总体要求，扎实开展“四星”供电所创建工作，以“创星”“创标”活动推进供电所各项工作不断提升。

高度重视科技创新工作，以“劳模创新工作室”为载体，在各项创新项目孵化研发中搭平台、出成果：在卓锦城社区开展创新应用试点，运用HPLC模块推行主动抢修服务，实现了客户停电后“无需报修，自动定位，主动上门”；创新开发“小喔机器人”实现批量化、自动化处理电表换装流程，通过省公司验收并交付成都公司多家基层单位使用，大幅提高电表换装效率。全年，中心先后获得省公司同期线损案例展示一等奖、“四川工匠杯”职业技能大赛配电个人二等奖。充分利用好劳模及技术能手创新示范引领作用，激励广大职工立足岗位取得更多的创新成果；此外，加强信息安全风险防控，持续强化保密管理工作，保密工作责任书、涉密人员保证书、涉密人员离岗保密承诺书和员工保密承诺书，责任书签订率100%，把保密责任落实到了具体岗位和责任人。

体系化推行低压网格“一日业扩”办电服务，针对民营和外资等小微企业、联建社区以及龙潭工业园、成都金融城总部商务区等核心示范区的低压用户实现当日提交申请当日装表通电。派出专人全面进驻两区政务中心，参与政府并联审批环节，提前介入项目用电方案咨询，高压业扩项目审批实行“日班车”，摈弃以往集中审批的低效流转模式，实现“来一个就审一个”，最大化降低业务等待时间；全面深化网格化管理，建立500户以上居民小区台账，网格经理深入业主群覆盖率超80%，基本实现供区内各大中型小区均配备有专属网格经理。编撰出台《大面积故障停电网格服务应急处置预案》，确保大面积停电或突发事件发生时网格经理和各级管理人员到岗到位，多渠道及时通报抢修进度，源头遏制投诉。全面开展居民小区欠压脱扣装置整治，避免电网瞬时波动造成小区居民停电，全年完成160余个小区的整改，供电可靠性大幅提升；重新修订《服务业绩考评实施办法》，重点打击人为责任投诉，明确对性质恶劣的红线投诉责任人处以待岗顶格处罚。设置“优质服务预警墙”，对责任投诉通报曝光，达到“处理一个，警醒一片”的效果。同时将近两月发生停电的预警线路实行 “红、黄、蓝”三级预警，强化抢修服务管控，有效遏制频繁停电投诉。2019年，中心共受理投诉210件，低于同期管控目标109件，投诉量同比压降46.97%，特别是营业及服务类投诉压降65.14%；完成70周年国庆、中日韩峰会等保电61次，共出动人员400余人次、车辆200余台次，及时完善49户高危重要客户应急预案，提高了中心与客户间的双向协同应急响应能力。

扎实开展“不忘初心，牢记使命”主题教育活动筑牢思想政治堡垒。创新开展“五带头一争创”行动，成立7支党员及青年突击队，党员带头引领攻坚。创新开展“连心桥·思想导师”，强化对青年员工的培养引领，实行员工季度思想动态调研分析机制，收集一线诉求，经党委会研究解决方案并由分管领导答复闭环；纪委介入优质服务、安全违章等事件调查，举一反三把牢思想入口关。创建党风廉政“三种人”及业务办理“廉洁公开告知书”制度，紧盯“位低权实”“位低权重”岗位，全面防控党风廉政风险。全年共发放廉洁公开告知书940份，开展业扩回访400余次，无业务办理廉洁问题发生；打造中心本部文化展示厅、锦江营业所、成华营业所企业文化示范点，强化环境对员工的影响和文化的浸润作用；组织开展“城东诗词大会”“道德讲堂拜师礼/出师礼/退休礼”等特色文化实践活动，强化归属感，凝聚员工干事创业热情。

存在的主要问题：一是办公设备缺口较大。中心属于新组建单位，人员组成来自不同单位，加之新成立了成华、锦江城市营业所，办公电脑严重不足，影响工作效率。

二是生产工具较为匮乏。中心成立后，由配电工区划转人员组建了两个配电运检班，仅随人员划转少量的生产及试验设备。中心在红外测温、电缆状态检测、局放测试、电缆识别等方面缺乏生产设备，亟待补充。

【国网成都供电公司城西供电中心】成立于2018年1月16日，肩负金牛区、青羊区的供电服务任务。供电区域面积175.78平方千米，供电涉及29个街道办、174个社区。中心现有客户80.46万户，其中居民客户78.10万户、一般工商业客户2.34万户、大工业客户153户。2019年完成售电量57.86亿千瓦时，其中金牛区售电量29.66亿千瓦时、青羊区28.20亿千瓦时。

中心下设金牛供电服务中心和青羊供电服务中心，托管三新城西分公司和四川省宏业电力集团城西分公司。中心设置5个城区营业所（金牛供电服务分中心蜀汉所、北新所，青羊供电服务分中心长顺所、清江所、腾飞所），负责28个街道办事处所辖区域供电服务工作；另有5个农村供电所（文家、苏坡、金泉、洞子口、天回供电所），主要负责金牛区、青羊区三环外供电服务工作。

中心金牛、青羊供区内现有在运变电站29座，其中青羊区15座（含3座220千伏变电站和12座110千伏变电站），金牛区14座（含2座220千伏变电站和12座110千伏变电站）。220千伏变电站总容量198万千伏安，容载比为1.39(青羊区1.7、金牛区1.13)；110千伏变电站总容量为295.6万千伏安，容载比为1.97(青羊区1.91、金牛区1.92)。供区内10千伏线路共660条，其中公网线路（含局属开关站、处置权移交、客户资产移交）315条，包含环网单元982座(含环网柜和分支箱)，柱上开关766台，柱上变压器2175台，箱变1003台，高配13座；代维开关站线路123条。供区内共有开关站175座，其中主业开关站47座、处置权开关站22座，宏业城西分公司代维开关站106座。

中心主要负责供区内10千伏及以下配电网运维、检修、抢修等工作，负责供区内供电服务、市场开拓等工作，配合完成供区内电网规划建设和发展等工作，推行网格化服务模式，营配业务末端融合，致力于为政府、企业、用户提供全面、可靠、优质、贴心的供电服务。

2019年，中心先后荣获成都公司2019年度“先进集体”、“安全生产先进集体”、二季度“季度红旗”称号；9个班组（所）、94人次分别获得系统内外各项荣誉。

中心全口径用工人数511人（男379人、女132人），其中全民员工128人（其中主业中央全民97人，地方全民6人；产业中央全民24人，地方全民1人），主业业务外包员工143人，产业自聘员工92人，农电员工148人；全民员工平均年龄43.8岁，外聘员工平均年龄40.3岁，产业自聘员工平均年龄40.2岁，农电员工平均年龄44.2岁。中心现有本科及以上学历人员201人，占比39.34%；中级以上职称人员59人，占比11.55%；职业技能等级技师及以上人员99人，占比19.39%；有省公司优秀人才4人，成都公司优秀人才2人，电力雏鹰4人。

2019年，供区内输变电重大项目共5项，在金牛、青羊各级机关部门的大力支持下，中心充分发挥属地化协调职能，有效推动区内重大输变电项目建设的进程。

金牛区北府河220千伏输变电工程，项目总投资20053万元，2019年投资1128万元，其配套110千伏输电送出项目总投资5852万元。建成后，220千伏北府河站将成为金牛区重要电源点，极大缓解电源点支撑不足的压力。受通道建设进度滞后因素，变电站最快2020年才能建成投运。金牛区营门口110千伏输变电工程，项目总投资6861万元，2019年计划投资300万元，主要保障营门口立交至金牛立交之间区域的用电需求。2019年12月底，该站正式投运。金牛区天斑110千伏输变电工程，项目总投资8469万元，2019年投资100万元，主要保障金牛高新科技园区新增电力需求。该项目处于待验收阶段，预计变电站2020年上半年投运。青羊区220千伏后子门输变电站工程，已完成核准工作，并进场施工，预计2023年正式投运。

此外，中心积极推动供区内“十三五”电网规划建设，“十三五”规划期间，金牛片区规划220千伏变电站1座，110千伏变电站5座，建成后将新增变电容量111万千伏安，新增线路长度132.54千米；在青羊区规划220千伏变电站1座、110千伏变电站3座，新增变电容量109.8万千伏安，新建110千伏及以上线路长度84.3千米，着力解决两区电网变电容量吃紧、电网负荷分布不均及主网和配电网发展不协调等问题，进一步提升两区电网供电能力。

2019年，中心完成售电量57.86亿千瓦时，同比增长3.66%；售电均价为624.96元/千千瓦时；电费回收率100%；线损率3.85%。新增客户6.96万户。安全生产事故、影响和损害企业形象的优质服务事件、影响稳定和党风廉政建设事件均实现了“零”

目标。拓展网格功能多样化。网格经理逐步承担线损治理、低压采集运维等任务，着力提升网格服务品质，夯实营销服务基础。大力推广“三零三省”服务。对低压业务推行“一日业扩”服务，对小微企业开辟“三小时极速接电通道”。高压供电方案平均答复时限缩短5个工作日，审图、验收平均时限缩短2个工作日；高效协同助力成飞集团110千伏成集站提前投运。

2019年，中心安全生产持续保持稳定，安全基础管理水平得到有效提升。一是科学谋划全年安全工作。年初即深入分析评估2018年安全工作薄弱环节，着力作业现场在线管控与专项安全风险防控，同时针对电缆网安全、营配末端融合生产安全、防社会触电、高危及重要客户安全、大规模“三供一业”及老旧小区改造安全等7大安全风险开展专题分析，制订方案，指导全年安全工作。二是强化隐患排查整治。着力2018年的428处遗留隐患缺陷闭环治理，每月督办通报，治理隐患394处。大力开展电缆网隐患、高危及敏感客户隐患和交通、消防安全隐患排查治理工作，发现并处理隐患103处。专项开展老旧小区、高层建筑隐患排查治理，排查小区836个，查出隐患264处，处置173处。三是强化安全生产绩效考核。出台安全管理过程奖励及处罚实施细则，开展安全督察492次，发现各类违章53处，考核23600元。四是精心准备，保电护航。圆满完成全国两会、中高考、中日韩峰会、建国70周年等各类保电工作189次，其中特级保电4次、一级保电1次。五是强化应急管理工作。制定了应急管控制度，加强对各类应急事件的管控；积极参与属地政府组织的应急演练及自主组织应急演习5次，驰援“6•18”宜宾长宁地震应急抢险及灾后重建工作，安全高效处置泉水路地铁施工外破电力通道坍塌紧急缺陷。六是强化防外破管理工作。建立了电力通道运行维护管理办法，加强对电缆通道巡护人员的管理和考核力度；开展电缆通道巡视450余次，下达隐患整改通知书587份，现场开展宣传培训600余次。

三新城西分公司2019年完成售电量2.83亿千瓦时，完成售电收入17645.06万元，电费回收率100%。三新城西分公司大力推进“三全建设”，全面提升营销核心指标。对2019年营销核心指标进行分解并制定提升方案，全年共换表9294只，更换采集设备107套，调整台区负荷结构100台。智能电表覆盖率由年初的99.58%提升至100%，提升0.42个百分点；采集成功率由年初的97.05%提升至99.37%，提升2.32个百分点；采集台区合格率由年初的93.42%提升至97.73%，提升4.31个百分点；同期系统台区合格率由年初的74.67%提升至92.80%，提升18.13个百分点。其中，洞子口供电所蝉联成都公司10月、11月供电所业绩排名第一（11月13日，洞子口供电所采集成功率、台区线损率合格率、同期线损合格率均达100%）。充分发挥洞子口“五星级”供电所的引领示范作用，进一步优化班组设置，全面深化网格化服务模式，推进营业厅综合能力提升，全面支撑新型业务推广，开展“全能型”供电所全员培训三年行动，提升供电所员工服务水平，深入打造业务协同运行、人员一专多能、服务一次到位的“全能型”供电所，其中苏坡供电所通过省公司“四星级”供电所称号。

中心高度重视科技创新工作。一是创新手段提升运检水平。建设省公司范围内第一台新型智能配变终端，标志四川首个配电物联网台区正式投运；创新实施预制式箱变基础代替传统现场浇筑，实现快速消除隐患，大大减少停电时间与生产成本。二是积极开展不停电迁改作业。相继完成3条10千伏线路不停电迁改作业，其中在3月实施的10千伏庙杜路旁路迁改作业首次实现了不对外停电，避免了1680户客户停电，有效地防控了投诉风险，保障了成都市重点项目凤凰山体育场建设如期推进。三是推进营销智能化转型。深化SG186、采集系统数据融合，推进智能办电、智能交费、购电制覆盖等应用，创建与智能营销相匹配的营销业务及质量管控体系。深入推进低压网格化工作模式，提前研判故障，缩短抢修时间；开展服务大数据收集工作，掌握客户用电规律，提前做好供电服务，减少“95598”工单数量。利用“三全”建设阶段成果，试点探索高压网格划分及配套服务机制。中心员工积极参与劳动竞赛活动，2019年度荣获了省公司同期线损竞赛个人一等奖、省公司配电自动化竞赛个人三等奖，荣获成都供电公司第五届青年创新创意大赛优秀项目成果三等奖2项。

网格落地实现全覆盖。一是全面落实网格经理制。78名网格经理实现45个政企大客户、2157个高压大客户、179个社区、2002个小区近80万低压客户全覆盖，客户服务更加全面精细。2018年110千伏洞子口站电力通道重大隐患全站检修，停电时长14小时、涉及5.5万名用户，通过努力，实现了“零投诉”。二是拓展网格功能多样化。网格经理逐步承担线损治理、低压采集运维等任务，着力提升网格服务品质，夯实营销服务基础。营商环境持续优化。一是签订服务人员投诉压降目标任务书。二是服务国有企业，组织召开成飞集团、电子二十九所、中铁二局等数次现场协调会，全力推进“三供一业”改造。三是大力推广“三零三省”服务。对低压业务推行“一日业扩”服务，对小微企业开辟“三小时极速接电通道”。高压供电方案平均答复时限缩短5个工作日，审图、验收平均时限缩短2个工作日；高效协同助力成飞集团110千伏成集站提前投运。四是出台规范业扩报装业务办理全流程党风廉政风险防控等5项指导意见，细化业扩流程时限、监督评估方法，有效防控党风廉政风险。差异化、精细化服务重要客户。一是精准服务高危重要客户。完成69户高危重要客户应急抢修和发电车接入“一户一案”编制，同步开展供用电合同补签工作。二是完成省委宿舍楼、市委宿舍楼等重要敏感小区应急预案编制，涵盖用户负荷、发电车接入、转供方案、临时改接方案等，有力提升供电可靠性。三是精细服务优质客户。9月10日授牌成立腾飞营业所，中心党委与成飞集团动力公司党委签订党建共建协议。通过努力，中心2019年投诉总量由2018年的437笔下降至184笔，同比下降57.89%，获评成都公司投诉压降劳动竞赛单位一等奖。

党建护航企业发展。中心党委管大局、做到“三抓”，即抓谋划、抓班子、抓骨干。把方向，做到“三强”，即强支部、强党员、强教育。保落实，做到“三个引领”，即党建引领、典型引领、党队引领。谋效果，做到“三个到位”，即融合到位、监督到位、考核到位。聚力量，营造“三个氛围”，即营造舆论氛围、营造人文氛围、营造进取氛围，有力地为企业发展壮大保驾护航。充分盘活人力资源。针对结构性缺员突出现状，一是中心领导干部、管理人员率先垂范，在各项艰难险重任务中加班加点，深入一线、深入现场开展工作，团结带领广大员工开拓奋进。二是强化教育培训，根据各专业各岗位工作特点，有针对性地持续开展业扩报装、计量装表等十余项专项培训，大幅提高干部员工队伍技术技能水平。三是加强年轻骨干提拔任用，优化各专业人员配置，提高工作质效。提拔调整人员12批共76人次，一批年轻骨干人员得到快速培养锻炼，有力地推动了中心各项工作开展。绩效激励作用凸显。深化“三项制度”改革，不断优化绩效考核模式。针对重要岗位，重构员工绩效评价要素，拉开绩效薪酬差距，有效扩大绩效激励作用，从而激发员工的工作积极性和创造性。中心先后出台涉及安全生产、电费回收、三全指标等9项绩效考核制度，全年兑现绩效奖励139.72万元，考核27.16万元，绩效激励作用凸显，充分激发了员工主观能动性，各项重点工作得以高质高效推进。职工凝聚力不断增强。充分发挥工会、后勤保障作用。完善多渠道关爱慰问帮扶体系，为职工“送清凉”“送祝福”，实现了“走进班组，关爱员工”的全覆盖。积极走访协调两区政府、相关部门10余次，完成供区6个职工家属区383户“两供一业”分离移交工作。大力开展办公场所、食堂整治、职工文化阵地改造，营造良好的工作环境。

存在的主要问题：一是基础管理仍然薄弱。

虽然已有效开展智能表换装、采集设备升级改造、台户关系清理等工作，但中心基础管理与标杆单位相比仍有不小差距。如全口径采集成功率、费控执行率等指标排名靠后还需大力提升，“三全”建设还有大量工作要做；配电网故障频发、结构薄弱，单辐射、单联络线路合计169条，占比59.51%，配网N-1通过率为72.41%，网架亟待补强；电费回收潜在风险较大，上述系列问题都需要通过不断夯实基础、加大电网投资建设予以解决。

二是结构性缺员问题严重。

中心人员配置率虽达到94.71%，但结构性缺员问题严重。一方面中心管理技术类、核心岗位人员严重不足。中心管理技术类人员定员58人，实际在岗37人，缺员21人；99个技能类核心岗位全民员工31人，业务外包68人占比较大，不满足上岗要求，存在一定用工风险。另一方面，年龄结构老化的农电员工超员33人。虽然通过干部管理人员率先垂范，提拔重用年轻骨干，调整优化人员岗位等充分激发人力资源，但考虑员工承载能力及用工风险，结构性缺员问题亟待解决。

三是产业发展形势严峻。

一是在配电安装市场竞争中，民营企业可采取房产抵押、简化采购流程等方式取得配电业务，而集体企业在项目报价、流程进度、灵活性上均存在较大劣势，市场拓展存在较大困难。二是政府工程类项目在实际操作过程中的规范管理要求与建设进度需求存在较大矛盾，特别是亟待通电的加急项目手续难以办理；其次，在线路迁改中，由于优质服务、停电计划管控等因素，迁改不及时愈发引起地方政府、平台公司等需求单位不满。同时政府项目大部分属“边设计、边施工、边协调”三边工程”，往往工程竣工后才开始签订合同，造成项目结算困难或审减金额较大。三是欠缺激励机制。薪酬分配依旧受体制制约，未做到同工同酬，员工福利存在重大差异；同时在市场拓展、老旧账款催收等重点工作方面无规范合理的激励机制，影响员工积极性，人员流失时有发生，影响企业经营发展。

国网乐山供电公司

【企业概况】国网四川省电力公司乐山供电公司（以下简称“乐山公司”）始建于1969年，是国网四川省电力公司分支机构，主要担负市中区、峨眉、沙湾、夹江、五通、井研、沐川7个直供县和国网马边彝族自治县供电有限责任公司、乐山电力股份有限公司、四川金峨供电有限公司、乐山市金洋电力开发有限公司、四川峨边大渡河电力股份有限公司5个趸售公司的供电任务，以及龚嘴、圣达等水电站汇集送出任务。供区面积8110.5平方千米，约占全市总面积的63%，供电服务人口约262.8万人。截至2019年年底，拥有220千伏变电站19座，容量5224.5兆伏安；110千伏变电站38座，容量2897兆伏安，35千伏变电站48座，容量500.1兆伏安。220千伏线路68条，1834.76千米；110千伏线路94条，1161.76千米；35千伏线路99条，971.745千米。

2019年11月10日，国网乐山供电公司举办庆祝中华人民共和国成立70周年暨国网乐山供电公司建企50周年职工文化成果展。图为市领导、公司领导及获表彰的20名“感动乐山电网人物”（亲属代表）合影　　　　（文惊涛　摄）

2019年，在建企50周年之际，乐山公司上下按照三年发展规划，围绕“提速加力”发展主题，推动经营模式由粗放低效式向集约高效式转型，发展定位由传统电网企业向综合能源服务商转型。完成电网发展投入5.09亿元，新增固定资产4.54亿元，拥有固定资产原值99.18亿元；售电量144.63亿千瓦时，同比增长10.40%；综合线损率4.07%，同比下降0.55个百分点；电费回收率100%；保持了5635天的安全生产长周期。

【人力资源】截至2019年12月31日，全口径用工总量3858人。其中，全资单位职工1382人，控股单位职工531人，农电用工1075人，劳务派遣用工74人，产业单位用工796人。职工劳动生产率为875800元/人·年。人才当量密度指标1.0386。共有科级干部148人，平均年龄44.71岁。其中男性120人、女性28人；正科级61人，副科级87人。公司全民员工中，有博士研究生1人，硕士研究生196人，本科生910人，专科生616人。正高级职称1人，副高级职称245人，中级职称389人，初级职称603人。高级技师79人，技师496人，初级、中级、高级工共544人。

【电网建设与发展】编制《乐山市“十四五”电网规划研究报告》《乐山市2019年220千伏及以下电网滚动规划（含各区县配电网）》《乐山地区2019年电网发展诊断报告》《“一总部三基地”、“一城两新区”电网专项规划》等报告。取得成昆铁路扩能乐山金口河南牵引站220千伏供电工程等5个项目的可研批复，完成220千伏红云等5个项目的可研编制。协助国网四川省电力公司完成±800千伏白鹤滩至江苏项目的生态红线调整等工作。建成投运乐山嘉州至翰林山220千伏线路工程、成贵铁路乐山犍为牵引站220千伏供电工程、乐山犍为220千伏变电站扩建工程、乐山五通桥新云35千伏输变电工程、乐山马边民主35千伏输变电工程、乐山马边劳动至马边35千伏线路新建工程6个项目。完成乐山市市中区10千伏棉佛线新建工程等10千伏及以下配网项目230个。新开工乐山塘叶至汤家坝110千伏线路工程、乐山井研分全35千伏输变电工程、乐山马边35千伏荣丁变电站增容扩建工程3个项目。协调推进峨汉高速、夹江经开区、五通桥基地等迁改工作，受理承办成乐高速扩容等88条110千伏及以上线路迁改项目。

【经营管理】结合“放管服”改革，实施“管理四维优化”工程，梳理业务环节4026项，减少流程不清、权责不明问题27个，固化部门职责347条。实施优化营商环境两年行动计划，高、低压业扩平均接电时间分别降至33天、2天，接电成本分别降低31%、80%。线损持续治理效果良好，配网线路、台区线损达标率分别提升12.9、14.8个百分点。优化成昆铁路扩能牵引站接入系统方案，节约投资成本2亿元。开展智能稽核、反窃查违，挽回损失665万元。清理长期挂账项目220个，涉及资金2.22亿元，关闭项目3478个。实施电能替代项目32个，完成替代电量12.15亿千瓦时。推进水电消纳产业示范区建设，新增工业负荷35万千伏安，增加水电消纳15.5亿千瓦时，占6个示范区新增电量的60%以上。综合能源业务营收增长迅速，停车场充电桩、“三站合一”充电站项目与省电动汽车公司达成合作。开展“规章制度落实督导年”活动，废、改、立制度21项。集中整治形式主义官僚主义，排查“过度留痕”问题21个。配合完成国网四川省电力公司巡察，整改问题94个、问责62人。迎接国家电网有限公司审计1项，完成任期、工程及专项审计29项，为企业降本减损135万元。“两供一业”分离移交全面完成。完成产业单位清产核资和指标核查。推动产业单位薪酬市场化改革，劳动生产率大幅提高。协调推进峨电破产重整进入实质性阶段。

2019年6月19日，国网乐山供电公司员工在帮助宜宾长宁“6·17”地震受灾群众搭接临时电源和安装照明

（文惊涛　摄）

【安全生产】修编《安全专项奖励和处罚实施方案》《反违章工作实施方案》等制度6项。实施保障大电网安全专项行动，消除电网薄弱点23个，修编预案34项，落实风险管控措施570项次。应用“网路天眼—1000综合业务平台”管控各类作业8200余项，初步实现典型违章自动识别、动态监控。牵头完成省公司2项网络安全试点工作。开展设备隐患治理，整治“三跨”隐患64处，消除电缆火灾等隐患100余项。1项典型经验获得国家电网有限公司配网调度管理最佳实践奖。第一时间驰援宜宾长宁“6·17”地震应急救援，累计出动人员66人，提供发电机22台、应急车辆23台，是出动人数最多、持续时间最长的单位。完成乐山“8·5”区域性特大暴雨防汛保电任务。公司荣获国网四川省电力公司“安全先进单位”称号。

【农电工作】实施农网升级改造工程180个，完成投资1.007亿元，共惠及159个行政村。完成青衣供电所“三型一化”（智能型、市场型、体验型、线上线下一体化）改造，九峰供电所创建成为国家电网有限公司五星供电所，农村公变台区网格管理实现基本覆盖。全力助推脱贫攻坚，下达乐山马边县41个村常规解决“低电压”工程等4个电力扶贫项目。完成后池村苗圃种植等3个国网阳光扶贫捐赠项目，合计275万元。开展种、养殖和彝绣培训800余人次。“彝兴”特色品牌在全国产业扶贫推进会上交流。马边县后池村通过脱贫验收，7个帮扶村全部高质量脱贫。《点亮彝乡美好生活》案例入选全国“社会扶贫十大优秀案例”。扶贫工作首次获得中央领导批示，受到主席汪洋的肯定。扶贫微电影《阿体拉巴》获得国际档案界最高机构ICA（国际档案理事会）颁发的“人民奖”。

【科技与信息化工作】2019年，获得省公司2019年度管理创新成果三等奖1个。获得省公司2019年度工人技术创新奖二等奖1个、论文奖1篇。完成6个发明专利受理，获得发明专利授权1项。参加省公司第五届青年创新创意大赛，荣获金奖1个、银奖3个，铜奖1个。网创新能源公司加强科技产品研发迭代，新研发产品9项，技术升级15项，新拓省外市场4个，覆及12个网省公司。构建变电站立体巡检体系，完成智能机器人技术升级，开展无人机巡检试点，推进变电站巡检“机器代人”。建成省内首家地市级区域电网物资检测中心。编制乐山公司2019年信息系统运行方式，被国网四川省电力公司评为优秀运行方式编制单位。信息通信安全性评价工作通过国网四川省电力公司专家组检查并获高度肯定。完成220千伏范江一线等13条ADSS光缆线路“三跨”整治工作。完成由公安部组织牵头开展的“护网2019”网络安全攻防演练任务和国庆70周年网络安全保障工作。获得国家电网有限公司

2018 年信息通信主题征文“优秀论文二等奖”1 篇、信息通信运维“微创新”优秀成果 1 项。

【市场服务（优质服务）】出台《营销服务客户经理管理办法》等多项制度，形成客户诉求快速响应机制。启用全川首台电费自助发票打印机，客户可通过购电卡、身份证或系统登记电话等多种方式自助打印发票。推广支付宝、微信、营业厅面对面支付等线上缴费，完善用户远程办电服务。完成青衣供电所“三型一化”营业厅建设，推进营业厅转型升级，实现传统业务从线下向线上迁移。对症下药整治投诉“重灾区”，故障报修平均处理时长缩减 24%，配网线路跳闸重合闸不成功率减少 38%，开展带电作业 1252 次，投诉总量减少 59%。深入开展漠视侵害群众利益问题专项整治，积极配合清理转供电环节不合理加价行为。严格落实各项电价政策和降价降费措施，降低大工业和一般工商业客户用电成本 11.34 亿元。出动人员 8400 余人次，完成旅博会、国庆 70 周年庆典、国际半程马拉松赛等 140 多次重大保电任务。

2019 年 10 月 24 日，在澳大利亚阿德莱德“第二届档案与文件管理电影节”展播现场《阿体拉巴》参赛代表合影（左一为国网四川省电力公司办公室主任刘冰；左二为国网办公室副局级调研员，原国网公司信访办主任孙福成；左三为国网乐山供电公司财务部主任杨梅；左四为国网办公厅文档处职员王聪）

【党的建设和精神文明建设】扎实开展“不忘初心、牢记使命”主题教育活动，公司各级党组织集中学习 290 余次、干部读书班 1 次、专题研讨 90 余次、讲党课 27 次。各级领导班子成员累计调研 102 次，集中解决思想作风、改革发展、为民服务等方面的突出问题 81 个。创立发布“壹嘉壹”党建品牌，制定“双融双提升”措施 20 项，“十讲十增强”总要求有效落实。“六大工作体系”（组织领导体系、运行管理体系、制度保障体系、监督保证体系、责任落实体系、绩效考核体系）持续完善，“旗帜领航•三年登高”目标如期实现。开展党内规范性文件清理，废止、修订文件 14 件。举办庆祝中华人民共和国成立 70 周年暨国网乐山供电公司建企 50 周年职工文化成果展，评选表彰 20 名“感动乐山电网人物”。响应企业文化建设示范点“百千万”工程，推进嘉农供电所“沫水河边的点灯人”主题示范点建设。1 人获得国家电网有限公司“劳动模范”称号，1 人获得省公司“川电工匠”称号，2 人获得省公司“文明新风”称号。1 个班组获评省公司“工人先锋号”，2 个二级单位获评省公司“2019 年度先进集体”。1 个支部获评国家电网有限公司“电网先锋党支部”。公司获得“第十六届全国职工职业道德建设先进单位”、省公司“改革改制突出贡献单位”等称号。

2019年11月10日，国网乐山供电公司举办庆祝中华人民共和国成立70周年暨国网乐山供电公司建企50周年职工文化成果展。（文惊涛 摄）

【存在的主要问题】一是电网建设方面，九里、新华等5个220千伏变电站负荷重载。配网基础薄、欠账多，仍有10千伏高损、负损台区608个。供电质量投诉发生174笔，超过投诉总量的60%。二是人资管理方面，35岁及以下省公司优秀技能、技术人才仅7人，缺乏新生代领军人才。三是运营质效方面，专业优势不强，部分专业管理排名长期处于中后段；盈利能力不强，全员劳动生产率偏低；产业竞争力不强，产业单位“大而不强、不优”问题仍较突出。

（邱思语）

【国网峨眉山市供电公司】国网峨眉山市供电公司成立于 1969 年 12 月，主要担负峨眉山市市区、双福、九里、龙池等 18 个镇（乡）和峨边、金口河 3 个趸售公司的供电任务，供区面积 881.3 平方千米，占市域面积的 75%；供电人口 30 万余人，占全市总人口的 71%。截至 2019 年 12 月 31 日，共有固定资产 8.27 亿元。有变电站 14 座，其中 220 千伏站 3 座，110 千伏站 6 座，35 千伏站 5 座，10 千伏开关站 2 座，总变电容量 1308 兆伏安。拥有 35 千伏线路 13 条，总长 131.8 千米；10 千伏线路 71 条，总长 1541.7 千米；10 千伏配变 1443 台，容量 449.625 兆伏安。2019 年，完成固定资产投入 1818.4 万元，售电量 29.39 亿千瓦时，综合城市电压合格率 99.94%，综合线损 4.31%。实现连续安全生产 5725 天。完成 35 千伏寿鹤变电站增容工程，提升九里片区工业负荷供电可靠性。新增 6 条农网线路 111 个带电作业点位，为打造全域化带电作业示范区打下坚实基础。针对高跳线路实施“一线一案”综合治理，10千伏线路跳闸率同比下降38.4%。成立三级台区线损攻坚组，台区线损合格率提升至87%，查处46起违约用电事件，追补电量14.6万千瓦时，挽回经济损失37.4万余元。开展“不忘初心、牢记使命”主题教育活动，集中学习研讨12次，专题调研5项，完成问题整改28项。实施“党建+配网攻坚”“党建+台区线损攻坚”行动。获乐山公司安全生产先进单位、国家电网有限公司配网调度管理最佳实践等。（姚　月）

【国网乐山市五通桥供电公司】国网乐山市五通桥供电公司成立于1971年9月，担负五通桥区12个乡镇的直供任务，直供区面积474平方千米，供电人口31万人。辖区内共有35千伏变电站8座，变电总容量94兆伏安。35千伏输电线路15条，总长度为113千米；10千伏电力线路45条，总长度为839千米；低压线路7950千米。该公司下设7个科室、9个班组、4个供电所（桥滩、冠英、磨辉、西坝）。共有在职员工284人（其中国有员工91人，农电用工166人，劳务用工27人），退休员工166人，大学本科及以上学历85人，中级及以上职称20人，高级工及以上技能等级人才156人。2019年，完成电网投资2267.62万元；固定资产净值2.65亿元；售电量突破60亿元大关，创下60.47亿千瓦时的历史新高，同比增长28.71%；电费回收率达100%;综合线损率1.96%，同比降低0.34个百分点。实现连续安全生产5604天。获省公司先进集体、乐山公司安全生产先进单位、乐山公司先进基层党组织等称号。

该公司促成区政府出台电力设施保护政策，推动依法依规治理线路树竹隐患。有力应对“8·2”极端天气灾害。迅速派员5人支援宜宾抗震保电工作。配合政府开展工业新区及冠英新区电网专项规划。选定桥沟工业新区首座220千伏红云变电站站址，开工建设110千伏大兴变电站，正式投运35千伏新云变电站。协调推进500千伏嘉州至大林双回项目。助推永祥“5+2”一期项目、晶科2×5GW单晶硅拉棒切方项目顺利投运。实现所有客户和关口计量点采集全覆盖，开展智能电表换装。落实一般工商业降价政策，节约客户用电成本338.18万元。全年受理投诉工单40笔，较2018年同比下降64.1%。台区线损合格率超95%。完成锅炉、窑炉煤改电23蒸吨。

（陈　珂）

【国网乐山市沙湾供电公司】国网乐山市沙湾供电公司成立于1991年，主要担负着沙湾区工农业生产和人民生活的供电任务，供区范围覆盖沙湾区13个镇（乡），供区面积约618平方千米，供电用户8.1万户。公司下设有6部、2中心及6个农村供电所。辖区内现有220千伏变电站3座(2座为用户资产)，110千伏变电站4座，35千伏变电站5座，总变电容量614.4兆伏安。输电线路通道总长度达1244.640千米，其中220千伏输电线路150.458千米，110千伏输电线路121.550千米，35千伏输电线路113.392千米，10千伏城网主干线路91.110千米，10千伏农网线路768.130千米。2019年，该公司完成售电量10.93亿千瓦时，同比下降4.82%。综合线损率3.45%，0.43个百分点。综合电压合格率100%，同比下降0.0003个百分点。调控专业在同期线损系统建设方面排名市公司第一。完成23000余只2019版老旧电能表换装，全口径远程采集成功率达到99.9%，台区线损合格率达到95%，同比提升20%。电网投资综合计划下达18项，总投资879.78万元，截至12月，完成入账率76.03%，排名乐山公司第一。完成2019年城、农网规划编制以及2019—2020年配网项目编制，配合市公司完成“十四五”电网规划纲要编制工作。根据沙湾区经济发展规划情况，调整2个35千伏变电站规划，拟定1个110千伏变电站规划，并被纳入项目储备库。获2019年乐山市“三电”设施安全保护工作成绩突出单位称号。

（李福容）

2019年11月7日，国网乐山供电公司带电作业室王俊、杨显海在峨眉山市九里镇开展10千伏寿丰线17号杆带电搭接刀闸引线工作
（雷刚　摄）

【国网夹江县供电公司】国网四川省电力公司夹江县供电分公司（以下简称“国网夹江县供电公司”）成立于1998年，是国网四川省电力公司下属分公司，供区面积约241平方千米，供区人口约12万人。公司设有部门7个，员工182人。现有固定资产原值4.15亿元。截至2019年12月底，该公司拥有220千伏变电站1座，容量30万千伏安；110千伏变电站3座，容量22.3万千伏安；35千伏变电站4座，容量4.06万千伏安；10千伏开闭所1座；10千伏公用变压器670台，容量14.828万千伏安。110千伏线路10条，长度86.285千米；35千伏线路10条，长度86.377千米；10千伏线路35条，长度351.14千米。2019年，完成电网投资2418万元，新建、改造10千伏线路9.64千米；售电量11.60亿千瓦时，同比下降6.51%；综合线损率2.62%；城市供电可靠率99.9536%，农村供电可靠率99.7395%。实现连续安全生产3963天，全年未发生人身、电网、设备和信息安全考核事故，未发生影响公司声誉的供电服务事件，员工队伍稳定。完成10千伏城夹Ⅲ回等4条线路新建工程、木城核技术应用产业园等4个10千伏业扩配套工程。综合整治2018年跳闸次数超5次的10千伏线路，共砍伐树竹76000余株，城区线路故障跳闸由2018年的5条次下降为1条次。带电作业拆除已销用户10千伏废弃分支线路26条，规范供用电线路环境。严格执行预购电业务，执行购电制的用户224户，能正常实现远程欠费跳闸用户132户，前十大用户均能按时执行缴纳预付电费。共查处窃电8起，违约用电1起，追补电费6.2万元，违约使用电费20万余元；发现表计时段故障引起的谷段超容量电量2起，追补挽回电费损失185万余元，实现电费及时、足额回收。（吴夏洁）

【国网井研县供电公司】国网井研县供电公司成立于1991年，担负着井研全县及市中区、五通、荣县、犍为等县市部分区域42万人的供电任务。该公司现有220千伏变电站1座，变电容量18万千伏安；110千伏变电站3座，变电总容量24.3万千伏安；35千伏变电站7座，变电总容量8.02万千伏安；220千伏线路2条，共计62.6千米；110千伏线路7条，共计112.44千米；35千伏线路12条，共计130.07千米；10千伏线路37条，共计1626.74千米。现有员工344人，其中主业全民56人，省公司直签人员16人，嘉能佳井研分公司45人，三新井研分公司227人。2019年，公司完成售电量4.95亿千瓦时，同比增长12.02%。运用“网路天眼—1000”等科技手段加强作业现场管控。开展安全生产月活动等专项活动，排查治理问题隐患79项。完成110千伏石家桥变电站10千伏石城六回新建线路工程、35千伏集益变电站1号主变更换、35千伏分全变电站10千伏配套送出工程、农网13条线路重过载整治工程等项目，基本解决集益片区35千伏主变“卡脖子”和10千伏电网线路重过载情况。全年共发生投诉22笔，同比减少71.05%。配合省公司巡察工作，落实整改情况周报，巡察反馈问题全部“对账销号”。荣获乐山公司2019年安全生产先进单位称号。

（何莉、谌超）

【国网沐川县供电公司】国网四川省电力公司沐川县供电分公司（以下简称“国网沐川县供电公司”）是国网四川省电力公司下属分公司，是一个集发电、配电、供电于一体的综合性电力企业，供电面积约1500平方千米（行政面积1406平方千米），主要承担沐川城区和沐川县13个镇乡和宜宾、犍为等共4个村的供电任务，营业户数9.85万户，供电人口约26万人。截至2019年12月底，公司在册职工人数320人，离退休人员133人。县域内并网电站39座，总装机7.8116万千瓦,其中公司资产电站4座，总装机容量为0.715万千瓦。公司拥有变电站11座、10千伏开关站4座，变电总容量45.155万千伏安；110千伏输电线路4条，总长74.63千米；35千伏输电线路12条，总长146.59千米；10千伏配电线路66条，总长1368千米；10千伏公用配电线路62条，总长1358千米；10千伏配电台区2194台，总容量42.367万千伏安，其中公变1642台，容量25.2048万千伏安，专变552台，容量17.1622万千伏安。低压线路3886千米。

2019年，完成售电量3.299亿千瓦时，同比增长6.30%，应收实收电费1.99亿元（含税）；综合线损率7.07%，低于上级下达指标2.03个百分点；供电可靠率99.9669%，同比2018年提升了0.0295个百分点；综合电压合格率99.6705%，同比2018年降低了0.0003个百分点。完成农网投资2475.21万元，涉及19个配网项目，惠及19个村、51个组。完成城网投资245.4万元，实现沐川110千伏变10千伏联络线与建和35千伏10千伏出线“手拉手”供电。规划2021—2026年35千伏项目13个，农网项目74个，涉及13个镇乡、74个村。所属新凡供电所台区线损合格率3次进入全国线损管理“同期百强供电所”，作为省公司一个百强供电所，成为全省同期线损治理工作标杆。荣获乐山市2019年“三电”设施安全保护先进集体称号。（夏维、陈明香）

【国网四川马边县供电有限责任公司】国网四川马边彝族自治县供电有限责任公司前身为马边彝族自治县电厂，成立于1971年9月，2009年3月转制成为四川省电力公司控股公司，注册资本金1026.58

万元，股东共两个，其中国网四川省电力公司持股93.31%；马边雨华投资有限责任公司持股6.69%。主要承担马边20个乡（镇）、常住人口22万人的供电任务，供区面积2308平方千米。该公司业务集发、输、变、配电于一体，已形成以220千伏为骨干、110千伏为枢纽、35千伏以下各电压等级协调发展的电网格局。网内并网发电站38座总装机容量29.05万千瓦，其中公司自有水电站4座，装机0.683万千瓦。运维管理变电站13座，总变电容量538.7兆伏安，220千伏变电站1座，110千伏变电站4座，35千伏变电站8座，水电站4座。35千伏输电线路12条，总长146.3461千米，杆塔455基。10千伏供电线路39条，总长1008.4085千米，其中架空线路973.5243千米，电缆线路34.8842千米。配变1281台，配电容量215.975兆伏安。柱上开关126台，电缆分支箱100台，环网柜6台，杆塔5661基。

2019年，公司完成售电量10.65亿千瓦时，同比下降7.70%；售电收入3.09亿元，同比增长1.69%；流动资产余额4080.19万元；综合线损5.02%。2019年度连续安全运行，实现三个安全百日。完成“8·2”马边特大洪灾抢修保电工作。35千伏民主输变电工程、35千伏马劳线竣工投运。专变购电制用户由132个增加到168个。团支部荣获市公司“五四红旗团支部”称号，2人获得优秀团员和优秀青年志愿者称号，阿罗根主获评省公司十佳“爱心家长”。以马边扶贫为题材的《绣花功》MV作品在央视、省台展播。《以电为媒 点亮彝乡美好生活》入选第二届社会扶贫十大优秀案例。参与制作的扶贫微电影《阿体拉巴》获国际档案理事会颁发的“人民奖”。荣获马边彝族自治县2019年度脱贫奔康奉献奖。创建市级最佳文明单位。（王永萍、刘露）

国网德阳供电公司

【德阳概况】德阳于1983年建市，地处四川成都平原腹心地带，位于丝绸之路经济带和长江经济带的交汇处，距省会成都58千米。德阳历史悠久，是巴蜀文化发祥地之一，境内拥有“沉睡数千年、一醒惊天下”的三星堆古蜀文明遗址。现辖旌阳、广汉、什邡、绵竹、中江和罗江6个县（市）区和国家级德阳经济技术开发区、国家级德阳高新技术产业开发区，辖区面积5911平方千米，人口390万人，各县（市）之间基本实现了半小时经济圈。德阳是国家全面创新改革试验区、中国重大装备制造业基地，拥有东方汽轮机厂、第二重型机械厂、东方电机厂等国有大型机械工业企业，发电设备产量全球第一，石油钻机出口全国第一，是中国的“联合国清洁技术与再生能源装备制造业国际示范城市”。全市工业增加值排名全省第二，工业电量占德阳公司售电量的63%。2019年，全市实现地区生产总值2213.87亿元，同比增长12.9%，地区生产总值、人均GDP居全省第三位。德阳城乡一体化水平较高，区域综合竞争力、城镇人均可支配收入、高新技术产业工业增加值均居四川省第二位。2019年，德阳市被四川省委列为环成都经济圈区域中心城市，未来发展前景十分广阔。

【企业概况】公司成立于1984年6月，属国网四川省电力公司直属特大一型供电企业。企业固定资产72.69亿元，城市用电营业户数63.79万户，农村用电营业户数113.11万户。

组织机构设置情况：公司本部设有11个职能部室和7个业务机构，下辖广汉、什邡、绵竹、罗江、中江、蓥华、绵东、孝泉和纹江9个分公司。其中，什邡、绵竹和罗江为一县两公司。

人员构成情况：德阳公司用工总量4390人，其中直管全民1104人、全资控股公司全民671人、农电1691人、集体企业自聘842人、劳务派遣82人（主业82人）。

德阳电网基本情况：德阳电网是一个典型的受端网络，95%以上的电力由外部送入，境内的德宝直流±500千伏德阳换流站是四川电网“丰枯调节、水火互济”的重要枢纽。德阳电网共有变电站141座，变电容量共14373.5兆伏安，其中500千伏变电站2座，220千伏变电站14座、110千伏变电站74座、35千伏变电站51座。德阳公司拥有35～220千伏输电线路284条，总长2827.99千米，其中220千伏线路47条，110千伏线路139条，35千伏线路98条。

指标完成情况：2019年，德阳公司完成建管电网投资5.76亿元；完成全口径售电量120.29亿千瓦时；

累计售电均价 585.89 元/千瓦时；累计应收综合电费 70.2 亿元，电费回收率 100%；综合线损率 4.18%，同比下降 0.7 个百分点；流动资产周转率 1928.64 次；职工劳动生产率 121.62 万元/人•年；产业单位完成产值 9.68 亿元；业绩考核位居全川第二。

2019 年 6 月 19 日，四川省委书记彭清华（前左）看望德阳公司抗震救灾队员

近年来取得的主要荣誉：荣获“全国五一劳动奖状”“中央企业先进集体”、“全国文明单位”、“全国精神文明建设工作先进单位”、“全国安全文化建设示范企业”“全国模范职工之家”、国务院国资委“中央企业抗震救灾先进集体”、“全国‘安康杯’竞赛优胜企业”“国家电网有限公司‘红旗党委’”、“国家电网公司纠风和行风建设先进单位”、“国家电网公司抗震救灾先进集体”、“国家电网公司先进集体”、“全国厂务公开民主管理先进单位”、“国家电网公司工会工作先进单位”等称号。

【人力资源】截至 2019 年 12 月 31 日，公司用工总量 4390 人，其中直供全民 1104 人、全资控股公司全民 671 人、农电 1691 人、集体企业自聘 842 人、劳务派遣 82 人（主业 82 人）。国网德阳供电公司（含子改分）全年完成职工劳动生产率 121.62 万元/人•年，人才当量密度达到 1.0759。

2019 年，国网德阳供电公司紧紧围绕企业战略发展目标，深入落实“十讲十增强”要求，以“调结构、提素质、树标杆、增活力”为目标，坚持“以人为本”的工作理念，围绕人员“选、留、育、用”各个环节细致工作，搭平台、建机制、强管控、保实效；充分发挥业绩考核“导向”作用，有序推进“三项制度”改革、“大培训、大比武、大提升”活动和人力资源“放管服”改革，大力提升人力资源支撑、服务公司发展战略能力。

【电网建设与发展】德阳电网是四川电网的重要组成部分，与成都、绵阳、南充、阿坝 4 个电网相连，担负着德阳市旌阳区、广汉市、什邡市、绵竹市、中江县、罗江区及成都部分地区的供电。到 2017 年，德阳电网形成了 500 千伏电网通过谭家湾、什邡 500 千伏变电站出 12 回 500 千伏线路分别与成都、绵阳、南充、阿坝 4 个电网相连，并通过±500 千伏德宝直流与西北电网相连。

以 220 千伏电网以谭家湾、什邡 500 千伏变电站为核心，形成了 220 千伏多环网，南与成都大同、云绣变电站相连，北与绵阳桑枣、永兴、丰谷、高桥变电站相连，西与成都回龙变电站相连。

110 千伏电网以 220 千伏变电站为电源支撑，形成多个单线环网、单链、双链或双辐射状供电格局。构成了若干个相对独立的供电分区，各分区间建有适当的联络，基本保证了故障时有负荷转供，从而满足供电可靠性要求。

35 千伏电网以 110 千伏变电站为支撑，形成辐射状供电网络结构，站间适度建设联络线。部分地区形成双端电源供电的网络结构，以满足 N-1 的要求，提高供电可靠性。

10 千伏电网主要以辐射、单联络、多分段适度联络网架结构，负荷集中区通过互连互供提高供电可靠性。

2019 年，德阳公司为落实精准投资管控要求，提升电网发展效率效益，开展了 220 千伏及以下电网滚动规划、公司地区电网发展诊断分析报告（2019 年版）、公司“一市一策”专题报告、德阳电网图集等的编制工作。以上工作的完成为进一步发挥配电网规划引领作用，提高配网规划建设管理水平，为公司配电网发展提供更好的技术支撑，加快构建安全可靠、坚固耐用的现代化智能配电网打下坚实基础。

2019 年，国网德阳供电公司 10 千伏及以上电网基建项目在建变电规模为 10.5 万千伏安，变压器数量为 634 台；线路条数为 323 条，线路长度为 1536.19 千米。2019 年年底，投产 10 千伏及以上电网基建项目变电规模为 10.5 万千伏安，变压器数量为 634 台；线路条数为 315 条，线路长度为 1452.99 千米。

2019 年，公司全口径发展投入完成 47773.71 万元，完成率为 98.34%，其中固定资产投资完成 40504.66 万元，完成率为 97.64%。

2019 年，公司综合计划项目累计支出入账完成 56160.17 万元，完成率为 68.67%，排地市公司第三位；当年支出入账完成 34417.95 万元，完成率为 70.85%，排地市公司第四位。

截至 2019 年 12 月 31 日，德阳公司完成 35 千伏及以上电网基建项目建设规模为：变电容量 1 万千伏安，线路长度 88.2 千米，其中 220 千伏线路 72.6 千米，110 千伏线路 15.6 千米。

按照省公司电网建设进度计划的安排，2019 年，德阳公司完成大中型电网基建项目 1 个，为德阳云绣至丰谷西线 π 入南华 220 千伏线路工程(成贵铁路宜宾屏山牵引站 220 千伏供电工程已在 2018 年提前投产)，完成延期续建项目 2 个，为德阳旌阳垃圾发电厂 110 千伏送出工程、中江太平变电站 35 千伏输变电工程，完成长期挂账项目德阳秋月 220 千伏变电站配套 110 千伏线路工程。

12 月 14 日，国网德阳供电公司援建队伍在西昌“三区三州”电网援建工程建设现场搬运电线　（周斌　摄）

截至 2019 年 12 月 31 日，在建 35 千伏及以上电网基建项目建设规模为：建设线路长度 74.6 千米。在建大中型电网基建项目共 2 个，分别为成兰铁路德阳绵竹牵引站 220 千伏供电工程、成兰铁路德阳什邡牵引站 220 千伏供电工程，均为续建工程。

2019 年，德阳公司建设的大中型电网基建项目中，成兰铁路德阳绵竹牵引站 220 千伏供电工程、成兰铁路德阳什邡牵引站 220 千伏供电工程被列为重点工程项目，项目进展均满足进度计划节点。

2019 年，按照《国家电网公司输变电工程达标投产考核及优质工程评定管理办法》要求，输变电工程不再进行优质工程命名，德阳云绣至丰谷西线 π 入南华 220 千伏线路工程、成贵铁路宜宾屏山牵引站 220 千伏供电工程通过达标投产考核，被评为达标投产工程。

【经营管理】同业对标：在省公司系统 2019 对标分析报告中，公司达到或超过目标值的指标 31 个，占比为 79.49%；与目标值相差 0%～10%的指标 5 个，占比为 12.82%；与目标值相差 20%～50%的指标 2 个，占比为 5.13%；与目标值相差 50%以上的指标 1 个，占比为 2.56%。公司达到或超过目标值指标占比为 79.5%，在目标差距分布评价中位居第二。

计划管理方面：一是“事前”统筹协调，做细计划分解下达。征集专业管理部门意见，明确关键里程碑时间节点，细化分解计划指标和项目安排。二是“事中”强化管控，跟踪综合计划执行情况。按月落实支出入账率等指标异常分析机制，系统梳理各专业项目在执行中的受阻风险，协调解决相关问题，确保计划执行可控、在控。三是“事后”调研，促进计划执行回头看。配合省公司开展“项目违规投资管控协同监督”工作。自查梳理合同签订不规范、结算超期、决算滞后等问题 20 项，下发协同监督意见书 2 份，建立长效机制 5 项。四是以点带面，提升计划管理软实力。开发“综合计划专业知识题库”练习微信小程序，编制综合计划应知应会手册，形成实用、便捷、高效的学习工具。

财务管理方面：2019 年，公司财务工作紧密围绕“5210”目标，牢牢把握“三个坚持”（坚持全局观念，坚持依法治企，坚持价值引领），聚焦开展财务“三提升”工程（提升基础治理能力，提升精益管控水平，提升业财融合程度），在输配电价监管日趋严格的新常态下，充分发挥财务价值引领作用，为企业经营决策提供有力支撑。2019 年，财务管理关键业绩指标排名第三；可控成本实际发生 57030.19 万元，控制在省公司下达计划之内，同比增长 6184.79 万元，增幅 12.16%；流动资产余额 166.99 万元，较省公司下达值低 231 万元，同比压降 266.93 万元，降幅 61.52%。

法治管理方面：组织“十讲十增强”法治巡讲活动，以企业法律风险防范为主线，以加强制度落实和强化法治理念为路径，通过真实具体案例开展覆盖全面的法律、制度宣讲，提升全员法治素养。开展“规章制度落实督导年”活动，通过梳理制度问题台账、清理党内规范性文件、实施制度执行协同督导、创新制度宣贯等工作，建立起“有章可循、有章必依、执章必严、违章必究”的制度管理长效机制，有力推动全面从严治党和依法治企再上新台阶，公司被评为省公司“规章制度落实督导年”先进单位。落实国网公司放管服工作要求，制定公司《合同审批签署权限》和《授权委托权限》，通过规范性文件明确市公司和县公司各级管理人员在合同签署和审批及授权委托中的具体权限，进一步提升了授权管理和合同管理质效。开展合规管理体系建设，制定公司年度法律风险控制计划，推动法律风险防范主动融入业务工作，落实重大决策合法性审核工作，确保合法性审核工作执行到位，开展“关联交易、靠企吃企”问题治理，排查相关问题4项，全部完成整改。

物资及招投标管理方面：2019年，累计完成物资采购2924万元，非物资采购39249万元。创新履约收货形式，组织开展“项目物资到货验收协同监督”工作，建立完善项目物资验收开展过程中的纵横双向常态沟通机制，进一步梳理和明确职责分工；建立“14+2类”“清单式”到货物资清单式验收制度，统一了同类物资的验收标准，参与物资验收的人员按清单验收，避免了漏检项情况的发生；建立完善《国网德阳供电公司履约跟踪实时共享台账》，实现质量抽检和履约到货信息实时互供互享，有效解决了到货物资及时抽检问题。持续强化仓库标准化建设，仓库管理更加规范，2019年，累计投入127万元，对旌阳仓库户外堆场、排洪沟、办公场所及门卫及绵竹红明、什邡皂角仓库漏雨进行改造，极大改善仓库的防洪能力，场地堆放吞吐量及办公环境；积极开展虚拟库存和虚拟项目积压物资清理工作，严格执行物资退库管理，将利库关口前移至项目设计阶段，积压物资金额分别较清理前降低26%和47%；积极配合“阿坝8·20”特大洪灾抢险救援工作，及时准确配送所需抢险物资。深入挖掘消纳处置潜能，消纳可利用的有物无账物资317万元，处置废旧物资487万元，推进物资利用最大化。有序推进“三金一款”专项清理，累计完成7000余万元应付未付款项支付，及时响应国家优化营商环境政策号召。奋力攻坚中江配网“一乡一册”综合治理精准扶贫项目建设，及时高效完成4000余万元工程建设物资供应。

审计管理方面：2019年，按照“数字化推进，专业化覆盖，协作化监督”的审计“三化”管理提升方案。坚持以数字化审计为手段，坚持新技术应用与传统审计手段两手共抓，推动审计工作现代化水平的提升。依托公司各专业力量的支撑以及外部专业力量的支持，积极落实审计工作的全专业覆盖能力。强化与各监督职能部门的跨界合作，形成信息共享、成果共用、整改共推有效监督合力。持续推进迎审配合、协同监督、内审专项、项目审计、后续审计、数字化持续审计、外派协助省公司内审项目、审计培训、审计问题整改等工作，工作成效显著。制定《国网德阳供电公司违规经营投资责任追究工作实施方案》，促进制度体系建设与落地实施。完成甘涛总经理任中经济责任审计、省公司石玉东董事长离任经济责任审计延伸审计的迎审配合工作。以审计为契机，提升公司经营管理水平，全面践行依法治企的管理理念。自主开展5个基层单位负责人的离任经济责任审计，查出问题146项，提出审计意见与建议136项，意见采纳率100%；完成上年度审计项目的整改后续审计。全面有效对被审单位进行经济责任履行评价，提高公司抗风险能力。组织开展小型基建项目、生产性技改项目、两供一业项目、城市配网、农网5个批次的竣工决算审计254个项目，涉及金额21673.93万元。1000万以上基建项目6个大项，36个小项的竣工决算审计，涉及资金8.9亿元。完成农网、基建竣工决算审计决定执行4个批次，涉及项目245个项目，退回资金227.23万元。

集体企业管理方面：2019年，公司产业单位准确把握工作定位，深化“四个服务”，筑牢“一基两翼”，企业综合实力、发展活力、服务能力明显增强，各项工作取得显著成效，年度综合排名位列省公司省管产业单位第四位。全年共签订电建类合同767项，合同金额6.3亿元（不含三新）。2019年，公司产业单位组建综合能源服务中心，正式搭建新兴业务实施平台。全年累计代理直购电客户293家，代理年电量39.72亿千瓦时，代理规模位列全省第四位，在系统内地市售电公司中连续两年排名第一，以此为依托，深耕存量客户设备运维、检修、预试等供用电服务业务并取得良好成效。

【安全生产】2019年，公司全体干部员工认真贯彻国网公司和省公司决策部署，全面落实安全工作实施意见，按照“提能力、强管控、除隐患、固基础”安全工作思路，以“抓长远、固基础，本质安全建设年”活动为主线，持续推进本质安全建设，以安全责任清单为抓手，强化全员安全责任落实，创新安全监督方式方法，近治远防、标本兼治，全覆盖、全过程管控安全风险，杜绝无管控作业，夯实安全管理基础，为公司安全发展提供有力保障。2019年，公司没有发生人身、电网、交通、消防、信息等考核事故（事件）。截至 12 月 31 日，公司连续安全生产 5350 天。

2019 年，运检管理工作严格遵循省公司安全生产发展大局，以“巩固安全、优化服务、智能建设、提升素质”为工作主线，严守安全生产“生命线”，落实优质服务“责任线”，推动泛网建设“发展线”，确保各项工作稳步有序开展。一是运检本质安全持续巩固持续强化输电“六防”重点管控。完善线路防鸟害措施，彻底清除双福站外通道树竹隐患，稳步推进重点项目线路迁改，为地区经济发展提供重要保障。深入开展设备隐患治理。严格执行新《十八项反措》要求，完成全部 7 台断路器 CT20 弹操机构拒动隐患、220 千伏五里堆变电站构架避雷针专项隐患治理，确保设备安全稳定运行。扎实开展消防管理提升工作。与市消防救援局签署战略合作协议，完成 110 座变电站消防备案。持续深化现场安全管控。建立设备主人制，修订《生产现场标准化作业指导书》，对中江、凉山等地区农网工程，实施驻点式跟踪督察，确保无人身伤害事件发生。二是优质供电水平逐步完善。开展配网三年综合整治。编制行动方案，确定“六个提升”专项工程和三十项重点任务，协同发策、营销、调控等多专业共同推进。深化“高跳”线路治理。综合采用人工巡查、带电检测等方式对高跳线路全面分析，针对通道、设备等问题制定专属方案，因地制宜地开展 42 条“高跳”线路治理，配网跳闸率同比下降 41.97%。深化供服中心效能。开展配电自动化与供服系统深化应用，完善异常设备统计分析，发放主动、预警工单，逐步实现异常治理定期跟踪、停电信息精准发布和抢修信息实时告知，运检类投诉同比降低 59.76%。三是运检智能建设稳步推进。开展智能运检管控平台深化应用。结合“大平台、微应用”思路，试点变电站三维模型建设、机器人集控平台对接等项目，为平台高级应用奠定基础。建立输电线路立体巡检模式。开展无人机精细化飞巡、App 移动巡检、视频可视化巡查等综合应用，有效指导输电运维。推进变电运维智能水平。开展大塘等 10 座变电站远方巡检，完成万安等 2 座变电站巡检机器人应用，逐步转变工巡检模式，提高工作质效。完成元石站综合改造。应用“开关柜非介入式测温”等 5 项智能技术，改造期间充分利用移动变电站转带负荷，为变电站主辅设备一次性综合改造提供参考。扎实开展配网自动化建设。实施新一代配电自动化主站升级，完善信息安全防护，推进终端加密接入，打通与供服系统间接口，缩小故障巡查范围，主动推送支线故障抢修工单。四是运检业务素质有效提升。以赛促训提升人员业务素质。积极备战四川省第三届“工匠杯”职业技能大赛及首届四川电力企业职业技能竞赛，其中配电自动化和输电工程专业分获团体二等奖、2 名员工代表省公司参加国网公司配电自动化专业竞赛，为专业发展储备人才。大力培养金属监督人才。高效整合输变配专业人员，成立金属监督实验室，开展 2 期、50 余人次金属监督技能集中培训，组织金属监督实验室人员到省公司电科院跟班实习，提高金属监督业务水平。积极开展职工技术创新。完成“开关防跳及三相不一致测试仪”“高精度数字化手车触头接触状态测试仪”两个群创项目在川内的推广和应用；参与省公司“青年创新”大赛，“非介入式感知传感技术助力泛在电力物联网开关柜智能运检体系建设”获省公司银奖。

【农电工作】2019 年，农电工作紧紧围绕总体目标，深入贯彻中共十九大精神，全面落实上级公司工作部署，以安全稳定为前提，以固本强基为抓手，以服务客户为中心，全面推进管理质效提升，着力固基础、强管理、提能力、除隐患，重点实施“农电三大提升工程”，大力推动乡村电气化，促进乡村能源生产和消费升级，当好服务乡村振兴的电力先行官，全力以赴推动公司农电管理工作再上新台阶。

1.“全能型”供电所建设持续深化

2019 年，持续深化“全能型”建设，结合公司乡镇供电所管理实际情况，制定重点任务，强化专业管理，深化营配末端融合，完善资源配备。一是进一步建立健全安全保证与监督体系，结合营配业务融合，将安全生产责任落实到供电所每一个岗位、每一个流程，实现供电所安全责任的全覆盖。二是狠抓供电所党风行风建设，发挥支部的战斗堡垒和党员先锋模范作用。建立供电所服务监督机制，督促供电所认真落实“一口对外、首问负责、一次告知、限时办结”的要求，重点加强综合柜员窗口服务和台区经理现场服务规范化、标准化管理。三是聚焦“全能型”供电所建设实施方案，强化业务技能培训，实施农电员工三级培训。升级农电员工集中培训场所 8 个，完善供电所实训室“全能型”培训功能，有效实现供电所所内培训与县公司培训考评互补互促。

2. 持续推进星级乡镇供电所创建工作

2019 年，在公司领导指导和支持下，农电部统筹部署、狠抓落实，抓好星级供电所创建中的过程管控。严格审核年度创建计划，提前介入开展创建工作督导，月度管控重点指标，切实加强供电所基础管理和企业文化建设，各项创建工作有序推进。

东湖供电所获国家电网公司“五星级乡镇供电所”称号，向阳供电所、御营供电所、洛水供电所、孝泉供电所、双盛供电所获四川省电力公司“四星级乡镇供电所”称号。

3.乡镇供电所部分业务外包探索取得初步成效

积极开展乡镇供电所部份业务外包模式探索研究，缓解乡镇供电所结构性缺员矛盾，努力寻求农电员工老龄化和结构性缺员矛盾缓解方法。在充分吸取兄弟单位先进经验的基础上，形成乡镇供电所业务外委现状及外包策略等八个方面的可研报告上报省公司。

4.脱贫攻坚工作稳步推进

一是做好定点帮扶工作。按地方政府安排，德阳公司定点帮扶贫困村10个、贫困户73户。组织员工进村入户了解帮扶需求，制定详细的帮扶措施，全力实施精准帮扶。2019年，积极开展“以购代扶”特色扶贫活动，全年“消费扶贫”资金共33.24万元。二是做好产业扶贫。运用特殊党费5万元帮助凤沟村加固修复桥梁，助力该村打通脱贫致富大道。加强对口帮扶村集体经济发展载体三湾堰塘整治，联络医药客户帮助中江县凤沟村发展中草药种植，全力加快“产业+脱贫”帮扶工作落地。三是做好易地扶贫搬迁。主动对接政府，全力加快易地扶贫搬迁配套电网建设。有序开展并完成了5924户易地搬迁贫困户新建住房和5431户贫困户D级危房改造电力设施配套建设工作。四是积极开展扶贫日系列活动。结合公司实际，制定了《国网德阳供电公司2019年扶贫日系列活动实施方案》。公司动员全体员工积极踊跃参与扶贫工作，在活动中充分发挥党员、青年志愿者、扶贫先进模范带头作用，深入开展“六个一”特色扶贫活动。在积极开展“消费扶贫”活动的同时，做好中国社会扶贫网的推广工作。

5.藏区结对帮扶工作扎实有力

选派优秀员工，扎根藏区开展援藏工作。在与当地县公司充分协商后，根据其弱项工作，有针对性地开展了“传帮带”工作，帮助藏区县公司提高相关工作管理能力。一是年内协助完成了两个县公司的资产清理，力争年底“图数治理”全面达标；二是清理计量资产数据和差错数据，归并原SG186体外循环的数据入系统，极大地降低了线损；三是开展技能培训31次，有力帮助当地员工提升了生产管理技能；四是组织开展QC活动，助力降低10千伏线路跳闸率等。多措并举助推对口帮扶单位高质量发展，得到了阿坝州公司领导的高度认可与好评。

6.乡村电气化建设稳步实施

坚持以助推能源革命、技术革命为指引，全力加快乡村再电气化工作。主动对接乡镇政府，详细了解当地发展规划，全面梳理配网运行状态，实现全市119个乡镇“一乡一册”农村电网规划方案全覆盖。黄许、东湖、马祖3个供电所乡村再电气化建议被当地政府采纳，并编入当地政府发展方案；马祖京什小区、东湖高槐旅游小镇、黄许10个农家乐被纳入2019-2020两年全电建设示范点建设。

【科技与信息化工作】2019年，国网德阳供电公司承担科技项目1项，项目总费用9.6万元。完成2019年职工技术创新项目征集、筛选、行文下达、评审和发布工作，下达职工技术创新项目12项，总费用19.9万元。

科技项目“基于HHT的分布式输电线路故障定位技术研究”通过省公司验收；完成群创项目“避雷器泄漏电流抄录辅助装置的研制”自验收工作。取得专利申请受理通知书12件，其中发明专利6件、实用新型6件；取得专利证书13件，其中发明专利3件、实用新型10件。创新成果获省公司工人技术创新一等1名、三等奖2名。1项科技创新成果入选省公司2019年度科技成果转化清单。评选国网德阳供电公司2019年优秀职工技术创新成果9项。

国网德阳供电公司参与了新技术“动态在线法”大气腐蚀在线监测系统的试点应用，并在省公司的指导下，积极推进电网大气腐蚀地图建设工作，完成四川125个大气腐蚀试验站点建设及投样工作，建站数量居国网系统26家省公司第4名。2019年，绘制四川电网高精度大气腐蚀地图，工作成果及经验在国网系统广泛推广。

2019年，公司开展信息系统瘦身健体、信息设备台账清理及实物ID标签制作、IPv6防护成效评估及优化提升、机房动环监控系统优化升级、空调系统改造等专项工作，持续夯实信息基础；开展“信息安全315”和网络安全宣传周活动，强化网络信息安全意识和防护技能水平；构建信息安全三级管控网体系，完成信息安全预警和专项处置63项，整改高危漏洞229个、高危端口340个；完成电力监控系统网络安全应急预案修编工作，首次将网络与信息安全纳入应急演练内容，联合光大电厂开展德阳电网电力监控系统安全防护应急演练；完成护网专项行动、新中国成立70周年等重要活动的保障任务，全年未发生信息安全事件。

【市场服务（优质服务）】2019年，公司累计完成全口径售电量120.29亿千瓦时，同比增加8.30亿千瓦时，增幅7.41%；累计应收综合电费70.20亿元，同比增加2.13亿元，电费回收率100%；累计到户均价585.89元/千千瓦时，同比减少23.31元/千千瓦时。营销专业业绩考核位列省公司第一位。

2019年，公司售电量保持全省前三，创历史新高。为打好电力市场攻坚战，公司高度关注电力市场情况，认真分析市场形势，全力以赴增供扩销。加强政企联动，巩固领导挂点联系制度，了解大客户用电需求。主动对接各县（市、区）政府部门，积极配合确定直购电交易用户名单，保障符合条件的用户充分参与交易，协助用户测算，让用户将市场化交易政策用好用尽，多生产、多用电。充分利用低谷弃水电量政策刺激企业生产，通过宣传推广，2019年，共有337家企业利用该政策增加生产，利用丰水期谷段电量1.96亿千瓦时。

持续推广购电系统应用，完善购电监控机制，购电制管理逐渐进入常态化工作模式。针对老、难用户大力推广费控工作，从现场设备更换、接控，到采集系统调试多管齐下，不断从软硬件方面推进费控工作，高压专变用户费控执行率94.77%，位居全川第一。全力确保2019年上半年电费电价调整政策正确执行，全面完成11.15万户涉及一般工商调价客户4月、5月退补工作，合计退费金额620多万元，及时将最新电价政策落实到户。进一步规范营财一体化操作，提升电费自动对账一致率。全力确保直购电等市场化交易政策的准确执行。

2019年，计量同业对标指标连续6年全省排名A段，计量管理规范率99.08%，排名全川第一。营销“三全建设”成效突出，全面推进终端4G信道改造，终端4G信道覆盖率超过90%，整治长期采集失败表计3000余只，全口径采集接入率100%，全口径采集成功率突破99.9%，台区线损合格率突破96%。

加强电力需求侧管理。按照电网负荷缺额，编写《德阳电网2019年度有序用电预案》。积极向客户宣传供用电形势，温馨提示相关停电信息，做好大客户生产指导和服务工作，使其合理调整生产计划避峰、错峰生产。积极开展有序用电工作，清理公司所有专变用户负荷，制定科学合理的有序用电预案。

2019年，公司开展报装接电治理专项行动及持续优化营商环境提升供电服务水平两年行动，全面开展“三省+三零” 办电服务（省力、省时、省钱，零上门、零审批、零投资），进一步精简流程环节，加快办电速度，降低客户办电成本，提高供电可靠性。打造电力服务头等舱“4F”服务模式，深化“业扩三本台账”应用（招商项目台账、签约项目台账、在途业务台账），简化业务流程，下放业扩配套办理权限，提高低压接入容量标准。开展业务时限管控，优化业扩配套流程及业扩配套物资供应模式，推进业扩配套建设速度。深化用户受电工程监管平台的应用。全面完成供区内国有企业下属单位7万余户“三供一业”供电职能接收及改造。全年完成新装、增容用户54678户，总容量128.41万千伏安。其中，高压用户741户，容量63.87万千伏安；低压用户53937户，容量64.54万千伏安。

2019年，公司全力宣贯市场化交易政策，通过集中宣讲、上门走访、编制交易方案等多种形式，促进德阳市企业参与市场化交易。2019年，电力市场化交易执行范围和执行力度进一步扩大，交易品种增加，客户数量剧增，德阳参与电力市场化交易客户达到746户，通过市场化交易降价红利达4.68亿元。

服务质量稳步提高。投诉管控扎实有力。确立“零投诉”管控目标，坚持“凡投诉，说清楚、必考核”，投诉同比压降59%。服务压力逐级传递。开展被投诉人调考124人次。深化服务曝光台和“服务小喇叭”作用发挥，通报提醒26万次。营商环境不断优化。大力运用业扩“三本台账”工作法，精简办电资料和办电流程，平均办电时间有效压缩至34天。坚持“三零”+“三省”，创新打造“电力服务头等舱4F”模式，客户优质服务感知稳步提升。客户服务持续加强。完善三级客户经理网络，配置专属客户经理225人，实现规上工业客户全覆盖。协助746户客户参加市场化交易，同比增长235%，交易电量达60.4亿千瓦时，节约客户电费支出4.68亿元。用电成本有效压降。完成一般工商业电价“再降10%”调价工作，减少用户电费支出9649.88万元，惠及客户11.15万户。指导客户用好直购电、富余电量消纳等优惠政策，全年累计让利6.5亿元。

营销稽查成效显著。2019年，德阳供电公司以“量价费损”为稽查方向，以“大数据”分析为手段，发现问题，设置方案，全面整改，提高了公司营销基础档案的水平质量，挖掘了公司的经营隐患，提升了公司营销精益化管理水平。除完成了上级布置44个主题共5215条异常稽查任务外，全年自主开展了“用户电费档案”“基本电费”“电费退补”“定比定量”“用户用电情况”5个专项自查工作，清查档案19万条，发现并整改异常1268条，追补电量1028.66万千瓦时，追补电费725.07万元，为公司挽回大量经济损失。

【党的建设和精神文明建设】党建基础持续夯实。“不忘初心、牢记使命”主题教育活动高质量开展。第二批主题教育活动启动后，公司党委迅速成立主题教育领导小组及其办公室等工作机构，制定工作方案和“一表一书一课”，为主题教育顺利推进打下坚实基础。公司领导班子成员开展集中学习9次，深入基层调研并现场解决10项，对内对外征求意见建议653条，完成38个边学边查边改问题整改和9个方面专项整治，对照党章党规深入找差，扎实召开专题民主生活会和组织生活会，进一步增强了“守初心、担使命”的思想自觉和行动自觉。公司党员干部和广大党员在“党建+”工程、志愿服务、脱贫攻坚等任务中深入践行初心使命，以实际行动检验了主题教育成效。思想政治建设不断深化。深入学习习近平在庆祝新中国成立70周年大会上的重要讲话精神，深入学习张黎明、张富清、马进伟等人先进事迹，激发员工干事创业激情。开展“十讲十增强”形势任务宣讲15场，邀请专家开展形势任务教育，引导干部员工认清形势、真抓实干。综合运用网络问卷、访谈对话等方式按季度开展员工思想动态调研分析，针对新员工开展专项调研，了解员工所思所想，保持队伍思想稳定。积极推广“学习强国”等“互联网+”平台应用，思想政治学习途径不断拓展。党建基层基础持续夯实。组织召开公司2019年党建暨宣传工作会议，明确党建重点工作任务分工6个方面54项工作任务。制定各级党建工作责任清单，调整党委委员分工及党建联系点，提升履责效能。调整完善2个二级党组织设置，完成6个基层党委（总支）、85个党支部换届选举，每月下发支部组织生活方案，开展“守初心、担使命，找差距、抓落实”等5次实践类主题党日，选派3名青年党员挂职供电所副书记，集中排查治理软弱涣散基层党组织，基层组织力不断提升。制定年度党员教育培训计划，开展党建培训5期，按期选派支部书记参加省公司轮训。完善党员积分绩效考核机制，修订发展党员标准化工作卡，深化“责任区”“示范岗”“突击队”创建，引导党员“三亮三比”。深化实施党建量化计划管理，废止党建专业规范性文件5个，修订党建工作绩效考核评价办法，在党务人员中开展“双型”团队建设，着力推进基层减负。党建融入中心成效显著。深入开展强基固安、以电连心、攻坚突破三大“先锋引领”主题活动，有效贯通党建融入安全生产、优质服务、改革发展的三条主线。广泛推行党支部领办重点工作任务，设立“党建+重点项目”72个，成立“三区两州”农网改造升级工程临时党支部，战斗堡垒作用进一步发挥。承担省公司“党建+提质增效”试点，以成本压降、质量提升、效益提升为突破方向，将党建优势转化为创新优势、竞争优势和发展优势。深化共产党员服务队建设，承担省公司《共产党员服务队考核评价办法》课题研究，制定公司《共产党员服务队深化建设方案》，搭建“1+8+N”组织构架，推进“五个服务”落地。

廉政建设扎实有力。认真落实监督职责。深入开展形式主义、官僚主义形式主义集中整治。制订专项行动方案，组织开展“检查情况”专项排查，以国网公司《形式主义、官僚主义表现形式和定性量纪参考指引》为抓手，排查梳理、整改问题9项，通报曝光典型案例1起，对4名责任人严肃追责，工作经验在省公司工作简报交流。印发德阳公司形式主义、官僚主义阶段性整治成果通报，落实基层减负措施42条。立项实施集中整治领导人员及其亲属违规经商办企业8个协同监督项目，共发现问题风险70项，发出协同监督意见书8份，建立规章制度6项。开展“不忘初心 牢记使命”主题教育监督，对18个基层党组织及时提出监督意见2类、6条；组织开展非招标采购、业扩报装专项监督，对照廉洁风险表象，开展风险梳理及自查排查，共发现整改4个风险。加强选人用人监督，对提拔、交流的78名干部进行廉政审核，完善廉洁档案17份、落实新提拔干部任前廉政谈话17人。开展“赌博敛财”问题和酒驾醉驾专项排查，列出负面清单。紧盯重大节假日开展作风督察6次，发现问题4项，坚持挂网通报，督促整改。严肃执纪问责。全年共受理

2019年3月5日，国网德阳供电公司举行报告文学《鲁鹏现象》首发暨作品研讨会 （周斌　摄）

党风廉政问题线索6件，同比下降45%。提醒谈话1人、警示谈话1人、诫勉谈话1人，发出风险防控任务书8份。开展中共十八大以来纪律处分落实情况自查自纠，清理案件档案13份。集中通报纪律审查典型问题6个，行风典型案例1个。严格执行纪律审查工作规定，召开纪委书记专题会议14次,提升执纪工作规范性。加强队伍建设。集中宣传“十佳清风卫士”，营造清正廉洁、履职尽责氛围。开展纪检系统不作为、乱作为自查自纠，对照13个方面的表现形式查找出工作管理和队伍管理存在的问题和薄弱环节共3个，制定相应的5条整改措施加以整改。组队参加省公司纪检业务技能竞赛获团体二等奖，2名人员分获个人二、三等奖。组织集中学习《参考指引》、中纪委纪检监察干部13门培训课程，覆盖面100%。派员参加省公司培训共12人次。举办纪检监察业务培训2期，共16个基层单位、66人次参培。

精神文明建设亮点纷呈。文化建设稳步推进。通过集中培训、支部学习、网络自学等方式大力开展新时代企业文化传播。积极开展企业文化建设探索，完成省公司1个示范项目和3个储备项目课题研究，黄继光纪念馆红色资源导图入选国网公司《红色足迹寻根与传承》，变电二次班事迹在《国家电网报》刊登报道，获省公司“旗帜领航 文润川电——文化大家谈”征文活动二等奖。大力打造先进典型，举行《鲁鹏现象》报告文学发布会，“鲁鹏志愿者联盟”获评“2019年度四川省十佳志愿服务组织”，彭良田获评“四川省十大最美志愿者”“四川好人”。品牌建设持续提升。多层次主题宣传贯穿全年，压实压紧意识形态工作主体责任，严明党的宣传纪律，加强公司新媒体阵地的管理力度和从业人员素质提升，营造风清气正的网络意识形态。聚焦重点工作开展主题传播，电力脱贫攻坚、新中国成立70周年、优化电力营商环境、党的建设等宣传报道登上各级媒体，举办报告文学《鲁鹏现象》发布会，鲁鹏事迹在《人民日报》刊登，微电影《父子和弦》获行业内大奖并广泛传播。新媒体建设成效显著，针对服务热点、投诉重点，大力开展电力知识科普、电网安全、社会受益等宣传，策划温馨感人具有情感共鸣的文章。发布公众号文章66篇、“抖音”视频47个，得到了较好的社会反响。深入推进企业民主管理。认真履行职代会各项职能，组织召开九届三次职代会，审议通过总经理工作报告等多个报告的决议（意见），开展第九轮集体合同及3个专项集体合同平等协商工作，征集、办理职工代表提案2条、建议（意见）13条，严格履行民主程序，闭会期间召开职代会联席会议6次，审议通过9项议案，深入推进厂务公开，做好日常民主管理工作。畅通“上情下达、下情上传”渠道，年初召开总经理联络员座谈会，联络员畅所欲言，积极反映基层员工关心的热点、难点问题，提出企业发展中存在的问题和改进措施共35条。开展职工代表巡视检查、合理化建议集中征集活动，收集到职工建议意见36条、合理化建议58条，分别给予答复。群众性经济技术活动蓬勃开展。按照《国网四川省电力公司推进班组建设工作指导意见》要求，积极落实领导干部和机关部门联系班组工作机制，收集班组减负意见建议。开展标杆班组创建工作，对客户经理班、什邡公司市场班等5个班组进行硬件升级，打造公司班组建设品牌示范标杆。公司变电二次班被评为国网公司一流班组称号，变电二次班、输电带电作业班被评为省公司标杆班组称号。组织开展班组建设培训，邀请优秀班组长、优秀技能人才、优秀内训师为一线班组长授课。组织开展“班组微讲堂、职工大讲堂”活动，筛选公司一线班组优秀主讲人，征集培训微课件，引导班组由“培训强制化”向“培训实用化”的转变。着力打造劳模（职工）创新工作室工作品牌，完善谢婷婷、孙晓庆等两个劳模（职工）创新工作室硬件设施，对公司12个劳模（职工）创新工作室进行审核考评。积极开展全面质量管理活动，登记注册QC课题62个，组织3名员工参加中质协初级QC诊断师培训。筹备组建公司QC活动研究室，逐步完善组织架构，建立公司各类人才库，有效利用企业资源，围绕公司重点工作，开展技术攻关和课题研究。公司QC成果“提高用电客户远程购电成功率”荣获电力行业优秀QC成果一等奖、国网公司优秀QC成果二等奖。保障职工权益构建和谐企业。发挥工会群众工作优势，大力开展普法宣传，架好联系服务职工“连心桥”。持续开展“4·15”职工维权咨询服务日活动，发放宣传资料1269份，收到基层员工反映问题118个，现场答复82条。制定了《国网德阳供电公司“126连心桥”职工诉求服务工作实施方案》，建立了市公司级服务中心1个、车间级服务站19个。截至2019年，共收到职工诉求56件，已全部处理完毕。加强困难职工动态管理，用好各级帮扶政策，切实为职工解难事，全年共帮扶困难职工55名，发放困难补助19.6万元。做好重大节日走访慰问和“送温暖”活动，开展春节慰问活动，开展施工现场送温暖、送清凉及慰问困难员工、生病住院职工，共看望慰问2382人次，走访慰问班组219个，慰问费达45余万元，其中购买扶贫产品6万余元。持续加强职工人文关怀和心理疏导。组织完成全年疗养工作，共 507 名职工进行疗养。组织购买女职工大病互助保险 1287 份，对 2 名患病女职工进行了保险赔付。各类活动蓬勃开展，丰富员工业余生活。新年伊始，举办“迎新登高”活动；春节期间组织各基层单位因地制宜地开展迎春文化活动；组织开展“3·18” 职工大众广播操比赛，引导运动健康的生活理念；举办职工羽毛球、篮球比赛，“新起点，新征程”演讲比赛，不断丰富员工业余生活，营造积极向上工作氛围。积极参加上级组织的各类文体活动，在省公司羽毛球比赛中获得第四名的好成绩，公司职工文艺作品《This is “泛”》在省公司文化成果展示中荣获二等奖，书法及摄影作品获多个奖项，李思亮受中国舞蹈家协会街舞委员会四川联盟邀请，参与央视品牌节目的排练及录制。开展玫瑰书香读书活动，公司女职工委员会获全国“书香三八”女职工读书活动优秀组织奖。

【国网广汉市供电公司】国网广汉市供电公司是国网德阳供电公司的直属公司，其前身是成立于 1962 年的成都供电公司广汉供电所，1984 年转隶属于国网德阳供电公司，2019 年被四川省电力公司纳入大型县级供电企业管理。供电服务范围包括广汉市 13 个街道、乡镇及中江县古店地区，供电面积 584.8 平方千米，供电人口 61.5 万人，用电客户 30.47 万余户（营销部）。公司本部设 5 个职能部门：综合管理部(党委办公室、党委组织部)、发展建设部、财务资产部、安全监察部（保卫部）、电力调度控制分中心；2 个职能管理和实施主体双重职责部门：运维检修部（检修（建设）工区）、营销部（客户服务中心）；下设 6 个一线班组，管理 10 个乡镇供电所，现有职工 83 人（含集体职工 10 人），产业单位用工 71 人，三新广汉分公司用工 283 人。

国网广汉市供电公司辖区内有 220 千伏变电站 2 座，110 千伏变电站 11 座，35 千伏变电站 1 座，主变总装容量 1617.5 兆伏安。辖区内共有 10 千伏线路 153 条，总长度 1469.35 千米。辖区内公用配电变压器 2344 台，总容量 556.92 兆伏安，其中城网公用配电变压器 297 台，总容量 111.24 兆伏安，农网公用配电变压器 2047 台，总容量 445.68 兆伏安。配电开关 1411 台，其中柱上开关 482 台；城市配网配电开关站 2 座、环网箱 12 座、配电室 19 座、箱式变电站 30 座。

2019 年，国网广汉市供电公司售电量达到 28.31 亿千瓦时，同比增长 8.68%；电费回收率 100%；综合线损率 4.06%；截至 2019 年 12 月 31 日，公司实现连续安全生产 6035 天。公司城市综合供电电压合格率 99.9988%；农村综合供电电压合格率 99.9459%；城市供电可靠率 99.9347%；农村供电可靠率 99.7941%。

安全生产平稳有序，国网广汉市供电公司贯彻落实本质安全建设要求，创新成立公司安全巡查大队，成功应对夏秋季节多次极端天气，荣获省电力公司 2019 年度安全先进集体，两个部门获省电力公司 2019 年度安全先进班组，一个供电所获省电力公司 2019 年度安全先进供电所。

各级电网协调发展。推动 220 千伏南兴站完成现场选址，主体及 110 千伏输变电工程可研进展顺利。助力成兰铁路牵引站广汉段建设全面完工。全力支持脱贫攻坚，产业单位顺利完成“三区两州”凉山越西项目建管。提升电网抗风险能力，完成多条线路高跳整治，线路负荷全损失跳闸次数下降 56%。

服务水平切实提高。确保全年电费回收结零。全面落实“一般工商业电价再降 10%”要求，指导客户利用好直购电、富余电量消纳等优惠政策，降低客户支出 1.07 亿元。不断服务营商环境优化，为广汉 345 家规模以上企业及党政机关企事业单位配备专属客户经理。严格执行业扩配套新政，为客户减少电力建设支出 340.46 万元。全力压降投诉，公司投诉数量下降 60.87%。完成四川国际航展、新中国成立 70 周年庆祝活动、重要会议等保电任务 49 次。

全面改革不断深化。推动“三项制度”改革，开展人员聘期制管理，探索设置农电薪酬专项绩效，激发基层活力。持续推进星级供电所建设，创建 1 个四星级供电所。探索开展营业厅业务外委。全力完成“三供一业”供电资产移交。

依法治企持续加强。开展廉政谈话 36 人次，层层压实“两个责任”。全力配合完成省公司党委提级巡察。扎实开展形式主义、官僚主义集中整治工作，查纠整改问题 3 项。组织开展金堂监狱现场警示教育。全面启动“抓整改、除积弊、转作风、为人民”专项行动。完成辖区内 94 名“两代表一委员”的上门走访。开展“规章制度落实督导年”系列活动。

“三个建设”成果丰硕。高质量开展“不忘初心、牢记使命”主题教育活动。与西南分部开展支部结对共建。完成公司党支部换届选举工作。公司党委获省公司先进基层党组织。完成省级精神文明单位复核工作。公司 1 名员工获省公司优秀班组长称号，1 名员工获评德阳公司劳动模范。公司团支部获评省公司优秀“川电先锋”青年突击队，德阳公司“五四红旗团支部”。扎实开展“大培训、大比武、大提升”主题活动，架好服务员工“126”连心桥，妥善处理职工诉求。

国网广汉市供电公司一直秉承国家电网公司“努力超越、追求卓越”的企业精神，积极宣贯落实各项电力法规，确保依法治企，实现企业长治久安。近年来，先后荣获国家电网公司一流县级供电企业、国家电网公司农电安全标杆单位、国家电网公司户户通电工程建设先进单位、国家电网公司新农村电气化建设先进集体以及四川省五一劳动奖章、四川省级文明单位、四川省工人先锋号、四川省敬老文明号、四川省级卫生先进单位、四川省电力公司先进集体等称号。

【国网什邡市供电公司】国网四川省电力公司什邡市供电分公司（以下简称“国网什邡市供电公司”）成立于 1985 年 2 月，是德阳供电公司直属二级供电机构。担负着什邡市方亭、皂角 2 个街道及马井、马祖、双盛、禾丰、元石、皂角、回澜、彭州三界 8 个乡镇、102 个行政村的供电任务。

公司设有6部（综合管理部、财务资产部、安全监察部、发展建设部、运维检修部、营销部）、一中心（电力调度控制分中心）、6个班组（配电运检班、市场班、营业班、抄表班、计量班、调控运行班）。两个属地化管理的集体企业三新分公司（6个电力服务所）和电建分公司（6个施工队）。现上岗人员69人（其中全民61人、劳务8人），主业支援集体16人；本科及以上学历50人、大专14人、中专及以下13；高级职称9人、中级职称22人、初级职称36人；技师31人。

2019年，公司完成售电量84563.14万千瓦时，售电均价559.52元/千千瓦时；电费回收率100%，解交率100%。城市综合供电可靠性99.9577%，农村综合供电可靠性99.8773%；城市综合电压合格率100%，农村综合电压合格率99.995%；综合线损3149.5925万千瓦时，公司累计综合线损率为3.59%；完成电网投资803万余元；公司全年无干部违法违纪、员工违法犯罪以及影响单位稳定和损害企业声誉的事件发生。辖区内共有35千伏及以上变电站11座。其中，500千伏变电站1座，220千伏变电站2座，110千伏变电站7座，35千伏变电站1座，变电总容量为3235.1兆伏安。截至2019年12月31日，公司实现连续安全生产5386天。

2019年，什邡公司围绕“抓基础，管长远，本质安全建设年”的安全工作思路，严格按照“月计划、周安排、日管控”要求认真落实安全生产责任。公司制定发布2019年安全生产工作思路、目标及重点举措，全员签订安全生产目标责任书，编制安全责任清单，明确各级人员安全职责，修订完善安全生产内控机制，切实加强临时性作业安全管控和分包队伍安全管控。公司坚持落实铁腕治安措施，建立安全警示教育室，实现准军事化管理，定期对违章班组、个人展开安全警示教育、反省、学习，严格进行全过程监控，切实达到警示、教育目的。组织开展“一把手”讲安全、春秋季安全约谈，《安规》培训及考试，强化各级安全责任意识。公司持续强化反违章工作管控，结合隐患排查治理，深入开展春安、秋安、生产月及各项安全大检查活动，加强到岗到位监督，深化应用安全管控平台，实现现场工作进安全管控系统1422项，有效杜绝无管控作业。全年公司领导和管理人员到现场到岗到位监督检查846人次，发现问题40个，罚款金额2650元，严格执行“四不放过”原则，确保安全管控强化有力。

2019年，公司各部门主动协作配合，围绕中心工作统筹计划检修。为认真落实市公司“123”停电计划管控要求，减少对外“重复停电”，公司不断强化内部管理，同时加强外部协调，促进了停电计划管控要求的进一步落实。一是结合年度中心工作，重点做好110千伏元石变电站综合自动化改造配套配网工程等三大工程的统筹安排，将工作责任分解落实到位，主动加强工作协调配合。二是结合重点工作任务，协调集各方之力，制定了切实可行的方案，并且严格执行了各类方案的各项措施；三是积极采取包括“带电作业”在内的各项技术措施，严格按照“能带不停”的原则审查作业方案，大力减少对外停电；四是加强了电网运行风险情况的预警通告，在项目实施前、实施中做好信息精准发布，确保了项目实施期间的舆情稳定；五是积极推广应用小电流接地故障选线及负荷批量控制新功能，在35千伏、10千伏系统发生单相接地故障时利用新小电流接地故障选线新功能能快速锁定接地线路（目前准确率在90%以上）并隔离故障点，让系统快速恢复正常运行。在集中检修时使用负荷批量控制功能，按事先设定的操作顺序遥控将所停电的设备转为热备用状态，大大缩减人力和时间成本，降低误操作安全风险。

2019年，什邡公司按照省市公司营销工作“一体两翼”重要部署，围绕“固基础、强服务、拓市场、抓创新、提质效”的工作思路，坚持目标导向、价值导向和问题导向，努力实现内部管理和外部服务再上新台阶。一是持续优化营商环境。通过采用“业扩三本台账”工作法、建立“双经理”制度、创立业务当日联系机制和办电环节预警机制，促进办电效率提升，减少营销服务投诉风险，提升客户满意度。结合市公司2019年双降目标，什邡公司狠抓服务投诉的压降工作，年初修编了《什邡供电公司社区客户经理管理办法》，客户经理区域管理有效落地。截至2019年，开展走访大客户22次、社区200

余次，未发生营销类投诉。二是停送电信息精准发布试点有序推进。为进一步推动停电信息发布的落地实施，公司多次开展线变挂接关系台账的更新维护，先后完成城农网52条线路挂接关系台账维护，并通过批量换表同步开展用户联系方式收集，农网则利用网格化经理以片区为单位的方式进行。公司农网联系方式已收集完成90%，城网联系方式收集至60%，实现两条线路精准停电信息发布。三是积极推进泛在电力物联网逐步建设。公司与政府、经济开发区管委会积极探索泛在物联网建设，提出电力物联网“合作、承载、展示”3个平台建设目标。积极与政府沟通，力争实现行政许可业务与办电业务“一证办理”，在政务中心设置办电业务终端；与房地产权交易中心协调，力争实现房产过户的同时办理电表过户等办电业务。公司与京什工业园区合作探索园区智慧能源管理，搭建智慧能源综合服务平台，满足客户多元化用能需求，已达成初步合作意向。公司“电能替代、智慧用电”全智能体验营业厅建成并投入使用，实现交费和业务办理全部线上化，并在营业厅开辟专门区域，展示泛在电力物联网建设蓝图和成效，初步实现智能化服务及泛在电力物联网“展示”平台建设。

2019年，公司压紧压实“两个责任”，制定全年党风廉政建设和反腐败工作要点，细化58项工作任务，明确分管领导、责任部门及完成时限。完成关键岗位人员廉政约谈40人次，筑牢思想防线。开展“每月典型案例学习”5次，开展“廉洁德电”微课堂进4次，组织廉规考试及旁听职务犯罪庭审现场，以此增强干部员工防腐拒变能力。定期开展作风督查并进行通报考核，发布节前廉洁提醒7次。加强与地方党委、政府的沟通，走访“两代表一委员”52人次，收集意见建议13条。对照《集中整治形式主义、官僚主义问题清单》，认真梳理排查2次，发现具体问题3条，制定整改措施9条。高度重视省公司交叉巡察工作，针对省公司巡察组对巡察发现的55条问题，什邡公司制定整改措施77项，每项落实到人以及完成时限。

2019年，公司管理成果《缩短10千伏配电线路故障定位时间》荣获国网德阳供电公司QC成果三等奖。公司运维检修部安全工作扎实开展，荣获“国网德阳供电公司安全生产先进集体”；公司员工谢小龙参加国网四川省电力公司第七届供电“服务之星”劳动竞赛获得省公司第一名，并荣获国家电网有限公司“服务之星”及国网四川省电力公司“十佳供电服务之星”称号，公司员工吴波荣获国网德阳供电公司2019年劳动模范称号。

【国网绵竹市供电公司】国网绵竹市供电公司是德阳供电公司管辖的二级供电企业。现有主业员工74人（含劳务8人），设综合管理部（党委办公室、党委组织部）、财务资产部、发展建设部、安全监察质量部（保卫部）、运维检修部（检修（建设）工区）、营销部（客户服务中心）、电力调度控制分中心共6个部门1个中心，属地化管理绵竹电建分公司、三新绵竹分公司2个集体企业，管理8个供电所。供电范围包括绵竹市2个街道及9个乡镇。企业固定资产5.56亿元。

2019年，全口径累计完成售电量20.11亿千瓦时。全年应收电费10.68亿元，电费回收率100%。综合线损率2.75%，同比下降15.12%。城网供电可靠率99.94%，农网供电可靠率99.84%；城网电压合格率100%，农网电压合格率99.99%；截至12月31日，已安全运行6875天。

绵竹电网以2座220千伏变电站为电源和电压支撑，通过7座110千伏变电站及4座35千伏变电站，向绵竹市2个街道及9个乡镇，共计6.24万户城市用电客户和15.84万户农村用电客户供电。公司供区内共有220千伏输电线路11条，110千伏线路34条，35千伏线路6条，10千伏线路80条。10千伏配电变压器2480台，其中10千伏城网配电变压器386台，10千伏农网配电变压器2094台。辖区内10千伏线路总长1332千米，其中城网157千米，农网1175千米。10千伏城网线路绝缘化率100%，19条线路全部实现手拉手供电，手拉手供电比例达100%；农网61条线路中51条线路实现手拉手供电，手拉手供电比例为83.6%。

2019年，国网绵竹市供电公司始终将安全生产放在首位，编制完成安全责任清单，完善安全内控机制；强化安全生产全过程管控，制定“侧重一线、全员覆盖”的安全专项奖励分配方案；与绵竹市工信局、应急管理局、镇村政府共同解决树线矛盾、高危重要客户供电隐患，完成2项市公司挂牌督办的输电线路重点隐患治理，安全生产基础持续夯实。扎实推进泛在电力物联网建设，完成线路、台区综合整治，配网供电质量显著提升。承担凉山州西昌电力“三区两州”配电网工程援建工作，彰显央企责任担当。大力推广购电制，率先组建城区网格化客户经理团队，加快营销“三全”建设，服务政府招商引资和城市建设，供电服务水平再上台阶。规范物资管理，加强财务稽核和风险管控，制定6个专项工作绩效奖惩实施方案，经营管理水平持续提升。编制完成星级供电所创建3年规划，带动农电管理全方位升级。启动办公环境整治，落实三新公司危楼拆除资金，安全、平稳、全面完成职工家属区物业改造。深化党风廉政建设“两个责任”落实，顺利完成上级巡视巡察反馈问题整改。以集中学习研讨、班子成员讲专题党课、支部书记轮训等方式高质量开展“不忘初心、牢记使命”主题教育活动。完成党委、纪委以及公司所属14个党支部换届选举，为中心工作提供组织保证和人才支撑。积极开展扶贫工作，对口帮扶72户贫困户，并派员担任东北镇天齐村驻村第一书记。

2019年，国网绵竹市供电公司获评省公司2019年度先进集体、2019年度安全生产先进集体。国网绵竹市供电公司安全监察部(保卫部)、绵竹公司2019三区两州农网工程（西昌电力）施工项目部获评省公司2019年度安全先进班组，汉旺供电所党支部获评省公司2019年度先进基层党组织，清道供电所获评省公司2019年度安全先进供电所。

【国网德阳市罗江供电公司】国网四川省电力公司德阳市罗江供电分公司成立于1993年，担负着罗江城区及10个乡镇以及绵阳安县永河镇的供电任务，供电面积480平方千米，供电人口26万余人。罗江公司现有7个职能部室、4个生产班组、7个供电所，属地化管理三新罗江分公司和明源罗江分公司2个集体企业,罗江公司、集体企业劳动用工总量237人（其中罗江公司在岗员工58人、三新罗江分公司员工158人、明源罗江分公司员工21人）。

罗江公司现有各类用电客户105519户，其中专变用户为423户，大宗用电客户为116户，供区所属四川省金路树脂有限公司为德阳公司第一大客户。2019年，罗江公司完成售电量10.38亿千瓦时，同比增加8.33%；售电均价511.65元/千千瓦时，线损率为2.94%，电费回收率100%。并实现连续22年电费回收率、解交率100%。截至2019年12月31日，公司安全生产9652天。

公司电网基本情况：罗江公司供区内共有变电站12座，其中500千伏2座、220千伏1座、110千伏4座、35千伏4座、10千伏开关站1座，220千伏及以下变电总容量69万千伏安。现有35千伏及以上输电线路163.5千米，10千伏配网线路43条、线路总长829.69千米，低压线路总长2691千米，配电变压器1261台，总容量22.93万千伏安。

2019年，罗江公司扎实开展“党建+”工程，深入推进“先锋引领，攻坚突破”等3大主题活动，高标准完成“不忘初心、牢记使命”主题教育活动，党建引领作用得以有效发挥。有序推进电网规划建设，完成2020—2022年城农网项目储备滚动修编，共计储备项目资金3949.43万元，项目63个，其中新建/改造10千伏线路38.89千米，新增/增容配变15台/2100千伏安、40台/5600千伏安，新建/改造低压线路68.11千米，用于解决供电能力不足、台区重过载低电压问题、加强网架结构等。践行“三用”理念，做好投诉压降管控，公司高度重视投诉压降工作，将投诉压降与党建相结合，形成“党建+投诉压降”工作任务，建立攻坚团队不定期开展典型投诉案例警示学习，加大“零投诉”班组打造力度，结合现场工作实际情况，编制了《投诉压降管控工作手册》口袋书，分层、分级组织员工进行系统学习，将投诉压降压力传递至每名员工。

国网德阳市罗江供电公司成立以来，在历届班子的带领下，各项工作取长足进步，得到了上级认可，先后获得了国资委“中央企业学习型红旗班组”；共青团中央“青年文明号”；四川省“文明单位”；四川省“农网建设与改造先进集体”；国家电网公司“安全生产先进集体”、文明单位；四川省电力公司首届县级供电企业“十佳”文明单位、省公司先进集体、省公司2017年营销转型试点工作标杆单位；德阳市“工人先锋号”；德阳市“抗震救灾先进集体”；国网德阳市供电公司2019年度“先进集体”等称号。

【国网中江县供电公司】国网四川省电力公司中江县供电分公司（以下简称“国网中江县供电公司”）前身是德阳电业局中江供电公司。2005年，四川省电力公司80%控股。2014年，开展股权上划工作成为省公司全资子公司。2016 年，“子改分”成为省公司县级分公司。公司设7个职能部门：综合管理部、发展建设部、安全监察部（保卫部）、运维检修部（检修（建设）工区）、营销部（客户服务中心）、财务资产部、电力调度控制分中心；两个属地化管理的集体企业三新中江分公司和中江电建分公司；11个班组及22个供电所，现有主业员工169人，属地化管理三新中江分公司员工438名。

2019年，公司完成售电量11.03亿千瓦时，同比增长14.53%，达历史新高；售电均价完成608.22元/千千瓦时；累计应收电费6.71亿元，电费回收率100%；综合线损率6.81%，同比降低0.86%，实现历史性突破；截至2019年12月31日，公司已连续安全生产4890天。辖区内有35千伏及以上变电站18座，其中220千伏变电站1座，110千伏变电站6座，35千伏变电站11座。35千伏及以上输电线路413.832千米，其中110千伏线路248.401千米，35千伏线路165.431千米，10千伏线路3567.746千米。

国网中江县供电公司全体干部员工牢记“人民电业为人民”宗旨，团结拼搏、励精图治，迎头追赶，先后荣获“全国模范职工之家”、“国网公司电网先锋党支部”、“四川省文明单位”、“四川省电力公司三集五大先进集体”、“四川省电力公司 2017 年度工会先进分工会”、省电力公司 2016 年度安全先进集体等称号。

安全生产管理不断夯实。狠抓体系、能力、执行力三大建设，认真落实市公司“抓基础、管长远、本质安全建设年”活动要求，强化人员履职尽责，强化制度宣贯执行，强化安全风险管控，强化反违章严管重罚，强化问题清单及隐患排查治理，强化分包安全管理，持续巩固电力设施保护成效，确保了安全生产态势平稳。电网规划建设有序推进。配合完成了德阳云绣至丰谷西线π入南华 220 千伏线路工程、太平 35 千伏输变电工程。完成了 2019—2022 年 436 个配电网项目滚动修编，完成了 2020 年 1499 个需求库项目编制，完成 44 个乡镇“一乡一册”报告编制、项目库梳理及图纸绘制，进一步加强了项目前期及属地协调，受理和跟踪管理政府重点项目线路迁改 23 项。运维管理水平稳步提升。完成了所辖输电线路的标准化建设、PMS 输电线路状态检修、2020 年 PMS 大修技改储备。强化了线路间隔运检工作质效，开展了变电站运行环境专项整治，率先在 110 千伏袁家变电站试点应用了主动干预式消弧保安装置。细化并界定了配网运行维护管理范围，组织实施了配网线路集中整治。营销服务管理创新开展。创新推出农网“五榜两栏”管理模式，加强同期线损管理系统建设责任落实，年度综合线损率完成 6.81% 的历史最佳指标。研发了“可插拔式表箱”，全面提升采集水平。开展“这位电工我很熟”主题活动，多措并举压降投诉。开展电能替代走访，宣贯最新市场政策，积极开展市场拓展。企业员工面貌不断变化。扎实开展“规章制度落实督导年”活动，全面深化依法治企。优化劳动用工、收入分配、队伍建设机制，以三项制度改革促进企业发展。明确“五定”原则，有效推进星级班组创建。运用“三本台账+专业管理”工作机制，深化“三本台账”管理。多种举措开展“大培训、大比武、大提升”活动，助推员工素质提升。推动 3 个职工家属区“两供一业”改造，进一步完善后勤服务。脱贫攻坚彰显行业担当。完成了 3.73 万户安全用电入户检查，9397 户贫困户易地搬迁、土坯房改造通电。公司 141 名干部员工对 810 户贫困户开展了定点帮扶，通过了脱贫攻坚省检考评。党的不断持续深化。以习近平新时代中国特色社会主义思想为指引，紧扣“十讲十增强”主线要求，大力夯实党建基础。扎实开展了“不忘初心、牢记使命”主题教育活动，运用“党建+提质增效”工作手段，强化支部工作的组织实施和分类指导。围绕年度重点，聚焦电力精准扶贫、一线动人瞬间，着力打造有深度、有温度、有共鸣的正面传播。

【国网德阳市蓥华供电公司】国网四川省电力公司德阳市蓥华供电分公司 2017 年 4 月正式成立，前身为民营控股的什邡明珠电力有限责任公司。2009 年 1 月，改制为四川省电力公司控股的国有控股公司，并由德阳供电公司管理，领导班子设有 5 人。2015 年 9 月，公司完成全国资改革。公司供电区域面积 622 平方千米，约为全市行政区域的 72%，主要分布在山区和沿山区，共有用电客户 79105 户，其中专变用户 394 户，装接容量 327.8 兆伏安，供电量约占全市用电量的 50%。下辖 15 个变电站，其中 110 千伏变电站 3 个，35 千伏变电站 12 个（变电总容量 518 兆伏安），现有 110 千伏线路 7 条，共 73 千米，35 千伏线路 23 条，共 147 千米，10 千伏线路 54 条，共 701 千米。

公司下设 6 个职能部门、6 个支撑机构、7 个供电所。总人数 380 人。其中，主业在岗 198 人、离岗退养 7 人，集体企业在岗人员 24 人，农电工 151 人（由什邡市章洛分公司聘用）。主业人员平均年龄 43.14 岁；取得高级职称 10 人、高级技师 7 人、技师 85 人、中级职称 73 人、初级职称 109 人，有中专及以上学历人员 219 人，大学本科及以上学历 135 人，公司退休人员 161 人。

2019 年，公司上下认真贯彻德阳公司、什邡市委、市政府决策部署，沉着应对宏观经济放缓等困难和挑战，各项工作取得新的成绩。全年公司累计完成售电量 9.52 亿千瓦时，同比增加 1.55 亿千瓦时，增幅 19.39%。累计完成售电均价 595.13 元/千千瓦时。公司累计应收综合电费 5.67 亿元，实收 5.67 亿元，电费回收率 100%，电费解交率 100%。线损率 2.97%，同比下降 0.28 个百分点。

【国网德阳市孝泉供电公司】国网德阳市孝泉供电公司原为乡镇企业，2001 年德阳明源集团控股，2009 年省公司控股（注册资本 500 万元，由两大股东组成：省公司持股 83.49%、绵竹孝德水电公司持股 16.51%）。2012 年 3 月，绵竹孝德水电公司将持有股份转让给四川省电力公司，孝泉供电公司成为省公司的全资子公司。2016 年，孝泉公司完成“子改分”，按照市公司分公司模式运行。公司现辖供电营业区域 110 平方千米，担负着德阳市旌阳区孝泉镇、绵竹市孝德镇供电任务，用电户数 3.2 万户，供电人口约 10 万人。公司机构设置为综合管理部、安全监察部、财务资产部、运维检修部（下设配电运检班）、电力调度控制分中心、营销部、孝泉供电所、孝德供电所。现有主业员工 65 人（含劳务），三新员工 26 人，退休职工 18 人。

公司的主供电源点是 110 千伏孝泉变电站。备用电源点是国网德阳市绵东供电公司的 110 千伏麻柳站 35 千伏柳东线。公司现有 35 千伏变电站共 3 座，总容量 38600 千伏安。现有 35 千伏线路 25.34 千米,10 千伏配电线路 244 千米，0.38/0.22 千伏配电线路 610 千米,配变总容量 95260 千伏安/508 台。供区内有小水力发电站 13 座在公司并网，总装机 2758 千瓦。

2019 年，售电量完成 1.094 亿千瓦时，同比增幅 7.61%；可控成本完成 821.37 万元，完成市公司下达数 826.71 万元的 99.35%；售电均价（含税含基金）：598.17 元/千千瓦时，同比下降 2.97%；供电综合线损率 4.99%，比目标值下降 0.01 个百分点，同比下降 0.13 个百分点；电费回收和解交率 100%。

2019 年，孝泉公司坚持以习近平新时代中国特色社会主义思想、中共十九大精神和十九届四中全会精神为指导，坚持党的领导、持续加强党的建设，强化公司政治思想建设，开展“不忘初心，牢记使命”主题教育活动 14 次，开好领导班子民主生活会；深化党委、党支部标准化建设，扎实开展自查自纠，召开党风廉政风险分析暨协同监督会、党风廉政建设和反腐败工作会，完成巡察整改销号，完善工作流程及督查机制 11 个，建立长效机制 5 项，全面提升公司从严治党水平。夯实“本质安全建设年”各项工作,强化现场管控，全年处罚违章 4 项，不安全事件 3 次，共处罚金 7720 元；开展安全生产重大风险清单排查，组织隐患排查治理；常抓不懈安全理念培育，结合“大培训、大比武、大提升”活动，开展 12 期、700 余人次交通、消防培训，开展“行政一把手谈安全”及班组长安全生产约谈，进行车辆体检 4 次，更换增补过期、失压灭火器 40 具，确保了公司安全平稳态势。深入开展“一乡一册”，共储备未来 5～10 年项目 359 个，预计总投资 8076.21 万元；常态化开展电网综合治理，结合春安、迎峰度夏、秋安、迎峰度冬开展专项整治活动，对 15 个台区进行低电压治理，处理重过载台区 7 个，调整台区负荷三相不平衡 9 个，电网供电可靠性有效提升；主动承接“三区两州”喜德农网工程援建工作，克服现场施工阻工严重情况，合理安排施工力量，严控“现场为王”安全关，完成主体工程目前全部施工任务。认真落实市公司“双降”工作要求，全力压降投诉风险。实行“三省三零”服务，在市公司范围内率先完成转供电加价和“户头”费清理，配合完成两次一般工商业政策性调价；开展老旧表计更换和高低压用户线上缴费推广，大力整治台区线损，强化营销稽查监控，促进优质服务水平提高。全面建成四星级供电所，农电管理水平有所提升。维护职工权益，畅通诉求渠道，通过“415”职工维权活动、“126 连心桥”处理或答复员工诉求 42 条，切实解决员工困难问题；开展节日值班、高温一线、职工生病住院、困难职工慰问等活动 19 次，慰问职工 261 人次，开支慰问金 15.3 万元；完成 2019 年在职职工和退休人员体检工作，完成职工疗养 15 人次；充分发挥团青生力军作用，组织申报 3 个 QC 创新项目团队，开展留守儿童、志愿服务 5 次，展现青工团队青春活力。

2019 年，孝泉公司获评国网德阳供电公司“安全先进单位”“信访管理工作先进集体”，公司营销部获评“工人先锋号”、安全监察部获评“安全先进集体”，配电运检班、孝德供电所获评“安全先进班组”，公司青年员工在德阳公司青年大数据竞赛中荣获团体一等奖个人二等奖，十余名员工获评省市公司各类先进个人。

【国网德阳市纹江供电公司】国网四川省电力公司德阳市纹江供电分公司前身为罗江县水电厂，始建于 1958 年。1999 年，改制为罗江县星光电力公司。2003 年 1 月，与德阳明源电力（集团）有限公司资产重组，成立德阳罗江明源电力有限责任公司。2009 年 1 月，正式被四川省电力公司控股，更名为四川罗江供电有限责任公司。2013 年 9 月，按照省公司要求更名为国网四川罗江县供电有限责任公司。2017 年 4 月 17 日，根据四川省电力公司川电人资〔2017〕26 号文，成立国网四川省电力公司德阳市纹江供电分公司。

公司供区面积 57 平方千米，辖 3 个乡镇、9 个行政村，供电人口 4 万余人。公司主要经营范围为供电营业区域内的电力购售。所属电网的管理和电力设计、建设；承装、承修、承试电力设施。（以上经营范围国家限制或禁止经营的除外，需经有关部门批准的，必须取得相关批准后，按照批准的事项开展生产经营活动）。现公司与国网罗江供电分公司共同在罗江区域进行电力购售相关服务，罗江区现为一区两公司供电模式，公司供电区域占比为 12.72%。

公司现设综合管理部、运维检修部、营销部 3 个职能部门和配电运检班、营业班两个业务支撑机构。公司定员 56 人，现实际上岗总人数为 45 人，平均年龄 42 岁，均为长期职工，无农电及其他用工。其中：领导班子成员设有 5 人（罗江县供电分公司领导班子成员兼任 5 人）。公司在岗人员（不含兼任领导）取得高级职称 1 人、中级职称 13 人、初级职称 29 人，技师 14 人、高级工 14 人。立足罗江县域两家供电单位、一套领导班子的实际情况，2010年，公司营销部用电检查、业扩业务与罗江供电分公司合署。2013年，按城市配网抢修“五个一”要求，公司配电运检班与罗江供电分公司合署成立共产党员服务队。2016年，综合管理部安监专责一人无法覆盖公司所有安全工作，综合管理部安监专责与罗江供电分公司安全监察质量部合署，有效实现人力资源互补、解决人员缺乏短板问题。2017年，按照省公司、市公司指导管理要求，采取切实有效措施，稳步推进企业改革改制。7月，按期完成工商注册、营业执照、税务、社保登记的变更、法律尽职调查、税务清算、工商注销等13个关键节点的任务，成立国网四川省电力公司德阳市绞江供电分公司，顺利完成公司改制工作。2018年，完成公司办公区搬迁。召开专题会议研究搬迁工作，制定工作方案，细化工作措施，明确实施步骤、人员安排和工作责任。积极与上级业务部门、设备供应商和信通公司协调，公司全体员工各守其责、密切配合协作参与设备线路割接、拆转安装、系统调试等工作，搬迁工作平稳过渡、无缝对接，办公楼整体搬迁工作中各项业务工作正常、稳定、有序进行。

公司拥有10千伏开关站1座，10千伏配电线路106.47千米，0.4/0.22千伏线路87.6千米。10千伏配电变压器248台/126430千伏安。实现供电可靠率99.94%，电压合格率99.989%。现有营业户数1.83万余户，2019年完成售电量9420.06万千瓦时，线损率为4.05%，售电均价575.96元/千千瓦时，实现电费回收率100%。截至2019年12月31日，累计安全生产6175天。

2019年，结合“大培训、大比武、大提升”“一把手谈安全”活动，以罗江公司主业班组带动纹江班组，启动“班组微讲堂、职工大讲堂”活动。发挥内训师“传、帮、带”作用，打造“金牌培训师”队伍，打造结构合理的“三能型”（能讲、能学、能赛）培训师队伍。落实“三项制度”改革工作任务分工清单，组织签订聘任协议。通过全体员工的共同努力，完成各项工作任务。先后荣获市公司及以上竞赛、调考先进集体等称号，10人被评为德阳供电公司及县公司级2019年度各类先进个人。

【国网德阳市绵东供电公司】国网四川省电力公司德阳市绵东供电分公司位于四川省绵竹市紫岩街道联合村。该公司由四川绵竹电力股份有限公司改制而成，企业类型为全民所有制分支机构（非法人）。原四川绵竹电力股份有限公司于1994年6月发起设立。2008年12月，由国网四川省电力公司代管。经国务院国资委批复，2013年7月1日起，该公司100%的产权无偿划转至省电力公司，注册资本1514.87万元，系省电力公司全资子公司。公司于2014年8月14日正式改制更名为国网四川绵竹市供电有限责任公司。2016年7月7日，公司变更为国网四川省电力公司德阳市绵东供电分公司。

公司现主营业务为电力生产销售和电力输送，主要供电区域为绵竹市清平镇和汉旺镇、紫岩街道部分行政区域，营业供电面积约360平方千米，企业固定资产2.52亿元。截至2019年年底，公司网内有2×2500千瓦水力发电站1座；110千伏变电站4座，总变电容量18.15万千伏安（含客户站2座），公用变电容量12.15万千伏安、客户变电站容量6万千伏安；35千伏变电站8座（含客户站2座），总变电站容量7.48万千伏安，公用变电站容量5.82万千伏安、客户变电站容量1.66万千伏安；110千伏线路52.11千米，35千伏线路60.60千米，10千伏线路总长度151.47千米。

公司现有职工162人，其中主业147人（在岗132人、内退15人），全民支援集体15人。此外，还有13名农电工。具有中级技术职称及以上资格41人（高级4人）、技师级及以上技能资格43人（高级技师3人），大学本科及以上学历99人，技术技能岗位双师20人，兼职培训师1人（省公司级1人），任期内优秀专家人才4人（省公司级3人、地市公司级1人）。

公司下设综合管理部、财务资产部、安全监察部、发展建设部、电力调度控制分中心、营销部、运维检修部、水电运检中心8个部门和综合服务班、调控运行班、水电站运行班、变电运检班、配电运检班、营业班、计量班、清平供电所8个班组。

2019年，该公司实现安全生产5843天。水电运检中心发电量1055.53万千瓦时，公司完成销售电量2.12亿千瓦时，累计实现营业总收入9615.26万元。

2019年，在省、市公司和地方党委、政府的坚强领导下，该公司深入学习贯彻习近平新时代中国特色社会主义思想，认真落实中共十九大会议精神及各项工作部署，强化安全基础管理，夯实安全生产基础。真抓实干、勇于担当，构建“坚强电网”，主动对接绵竹“天池冰雪小镇”项目电力需求，并将为该项目供电的35千伏白云山变电站列入规划。积极配合绵竹政府开展星旺大桥涉及的电力线路迁改，完成了110千伏九香北麻柳支线迁改和35千伏柳鱼线迁改工程。强化内部管理，着力提升农电管理水平，清平供电所荣获“国家电网有限公司四星级乡镇供电所”称号。大力提升优质服务，优化营商环境，推行居民小区网格化客户经理制度，全年实现“零投诉”。深入推进“三个建设”，6月，获得德阳公司“先进基层党委”称号。扎实开展“不忘初心、牢记使命”主题教育称号。开展党员服务队、鲁鹏志愿服务绵东分队活动。加强班组建设，积极开展QC及技术创新活动。公司QC课题——提高用电客户远程购电成功率荣获电力行业优秀质量成果展示一等奖、国网公司2019年质量管理成果二等奖。绝缘支柱自动清灰工具获2019年省公司质量管理成果二等奖、德阳公司一等奖。新型攀爬工具获得德阳公司技术创新成果二等奖。2019年，公司积极开展省最佳文明单位创建工作，公司青年员工赵育智获德阳“新青年”称号。

【德阳明源电力（集团）有限公司】德阳明源电力（集团）有限公司（以下简称“明源集团”）成立于2000年8月，注册资本7000万元人民币。下辖德润电建分公司、德为电力分公司、广汉电建分公司、绵竹电建分公司等12家分公司及1家子公司，为省公司省管产业单位在德阳地市层面唯一产业平台公司。

明源集团现有员工1116人，平均年龄42岁。其中，主业支援集体职工274人，集体职工38人，直签外聘人员804人。2019年，全年开展培训5205人次。人才当量密度0.832，较2018年同期提升0.004。

2019年，明源集团扎实开展产业单位安全年、“抓基础、管长远，本质安全建设年”等各类安全专项活动，深化人身隐患排查治理，强化全过程安全风险管控，安全生产保持平稳态势。全年未发生人身、电网、设备、信息等安全事件。

传统业务稳步推进。集团共签订电建业务施工合同767项，合同金额6.3亿元，其中主业项目2.63亿元，政府项目2.33亿元，用户项目1.34亿元，平均市场占有率为46%；成绵高速以南柳梢堰线路迁改、健康谷线路迁改、绵竹牵引站外部供电等重点输变电项目顺利完工，凉山农网、中江农网等扶贫攻坚项目按期推进。

新兴业务成效显著。集团累计代理直购电客户293户，代理年电量39.72亿千瓦时，代理规模位列全省第四位，在系统内地市售电公司中连续两年排名第一。通过售电业务建立的良好客户关系，集团全年新增40余个预试、运维项目（包括南塔化工、信义玻璃、大英蓥峰、上美广场等重要用户），推荐促成十余个新建、技改等电建工程（包括德盛钢铁、四川玻纤、宏南棉纺等较大工程）。

全面履行从严治党主体责任和监督责任。党风廉政方面，配合开展省、市公司领导离任及任中审计，开展集团内部经责审计，及时落实问题整改；开展“三重一大管理”“工程项目清理”“物资仓库管理及其廉政问题的管控”等协同监督，规范关键薄弱环节；开展干部经商办企情况清理，梳理形式主义、官僚主义问题清单，常态开展党风廉政教育，强化干部队伍廉政意识；严肃执纪审查，对3件信访案件相关人员进行通报批评、诫勉警示；结合2019年第一轮巡察及巡视“回头看”典型问题，大力开展自查自纠，提前部署迎接省公司巡察各项工作准备。依法治企方面，贯彻省公司“规章制度落实督导年”活动要求，强化制度落地执行；修订经营活动授权书，加强合同管理，防范合同履约风险；发布劳务派遣、分包合同签署等法律风险防范意见书，做好事前防范；实施应收账款主动维权，加强案件纠纷管理，利用法律手段全面维护集团权益。

人财物集约化管理进一步强化。人力资源方面，适应企业新时期改革发展需要，调整完善集团本部机构编制及岗位设置；成立综合能源服务中心，搭建新兴业务实施平台；落实“三项制度”改革，出台绩效管理及结果应用办法，突出“多劳多得”业绩导向；实施优秀人才和领军人才管理，创新人才激励机制。财务管理方面，完成民营企业款项清欠及清产核资工作，动态监控凉山工程收支情况，落实农民工工资支付管控举措，切实降低企业经营风险；开展集约单位业务规范性培训，着力提升业务效率和工作质量，业务办理周期明显缩短；建立应收款项压降信息报告机制，上下联动加强账款回收；完成竣工工程项目清理，规范工程财务管理；完成德盛、德信遗留账务处置。物资管理方面，全年共完成采购计划703份，发生采购金额2.25亿元，其中物资类1.31亿元，非物资类0.94亿元。对集团13家分公司物资采购、仓储管理及NC平台上线情况进行检查，督促问题闭环整改；修订完成非招标采购管理办法；顺利通过省公司物资仓储管理专项交叉检查；超额完成7100万元电商化采购年度交易指标，办理完成符合条件的款项商业汇票支付。

【德阳市三新供电服务有限公司】德阳市三新供电服务有限公司于2012年8月20日正式挂牌成立。公司下辖7个分公司。截至2019年12月31日，共有员工1691人，实现连续安全生产2649天。2019年，面对复杂的改革形势和艰巨的发展任务，公司上下认真贯彻落实省、市公司各项决策部署，立足服务农村广阔天地，凝心聚力、迎难而上，各方面工作取得明显进步，全面完成了农村供电所业务委托工作，全年没有发生人身伤害事故、设备事故、重大火灾事故、负同等及以上责任重大交通事故、负同等及以上责任的农村触电伤亡事故；售电均价、线损率、电费回收率、电压合格率、供电可靠率全部完成上级规定指标。

2019 年，公司强化安全生产管理，扎实开展春秋安、百安、安全大检查、十大风险源分析、“防风险、保安全、迎大庆”等专项活动，全公司共分析排查各类问题隐患 92 项、落实整改 77 项。公司围绕“双压降”工作中心，切实抓好降跳闸的常态化管理，利用红外测温、超声波检测、老旧设备淘汰更新、登杆检修等多种方式积极开展高跳线路治理，有效提高供电能力和装备水平，完成国庆 70 周年各项活动保电工作。深化农村台区经理网格化服务，积极推进主动快速抢修和一次解决，不发生二次重复致电事件。在全体员工中树立“服务至上，践诺为先”和“用心、用情、用力”三用服务理念，严格落实“凡投诉必说清楚、凡投诉必考核”措施，保持投诉过程管控高压震慑，努力有效压降客户投诉。

公司党委以“不忘初心、牢记使命”主题教育活动为切入点，不断加强思想政治建设。开展党建知识培训 6 次，参加人数 120 人次。各支部通过“三会一课”“学习强国”App 等形式开展党员学习，深刻理解中国共产党的初心和使命，不断提高党员思想理论水平和政治素养。

2019 年，三新党委组织中心组学习 22 次，各党支部共开展党员大会 149 次、党课 43 次。三新公司学习强国积分在德阳公司所辖单位的同级排名中位居前列。按照党支部议事规则，支委会规范开展 143 次，确保了党支部议事决策民主化、科学化，充分发挥党支部的集体领导作用。

2019 年，东湖供电所创建为国家电网公司五星级供电所；东湖供电所支部书记刘期华获评省公司优秀党务工作者；公司在德阳公司举办的“新起点新征程”职工演讲比赛中荣获一等奖，并代表德阳公司参加省公司演讲比赛；东湖供电所“家庭损耗用电诊断装置的研制”QC 成果荣获德阳供电公司 2019 年度 QC 成果发布三等奖。

国网雅安供电公司
国网雅安电力（集团）公司

【企业概况】国网四川雅安电力（集团）股份有限公司前身为1942年成立的西康康裕公司雅安水力发电厂。2008 年年底，开始由国网四川省电力公司控股管理，是独立自主、自负盈亏的省公司控股子公司，系省公司特一型企业。公司集发、供电于一体，承担着雅安市六县两区的供电任务，供电面积 1.53 万平方千米，供电人口 157 万人。公司本部设有 14 个职能部室和 8 个业务机构，下辖 8 家县级供电公司，其中富源公司（位于石棉县）为控股子公司，其余 7 家县公司为分公司，拥有雅电发电公司、雨都饭店 2 家专业公司和科元公司 1 家集体企业，以及雅安监理站、城电设计雅安分公司 2 家单位。

国网四川省电力公司雅安供电公司成立于 2005 年 12 月 23 日，是隶属于省公司的分公司，主要负责省公司在雅资产的建设、运行、维护和管理，对雅电集团进行电量趸售和结算。2009 年 3 月起，雅安公司干部员工以整体对口援建的方式，到雅电集团任职、工作，参与雅电集团的经营管理。雅安公司所属电网设备的运行、维护工作委托雅电集团实施。公司下设 8 个职能部门、2 个业务支撑和实施机构，无直管二级单位。

雅安市水电消纳产业示范区购售电签约仪式 （张毅　摄）

截至 2019 年年底，雅安电网拥有 500 千伏变电站 2 座，总变电容量 375 万千伏安，500 千伏线路

18条、总长度2265千米。公司管辖35千伏及以上变电站102座，总主变容量673.63万千伏安，输电线路297条，总长度3407千米；10千伏配电变压器1.16万台，总容量206.59万千伏安，线路392条、总长度6301千米。网内水电站655座电站（含34座统调电站）、总装机容量188.07万千瓦，其中公司自有电站29座，总装机容量13.914万千瓦。

2019年，完成固定资产投资3.98亿元，其中电网投资3.97亿元；全口径售电量104.93亿千瓦时，首次突破“百亿”大关，其中网内售电量95.63亿千瓦时，同比增长11.33%；自发电量6.25亿千瓦时，同比增长12.78%；综合线损率4.98%，同比下降0.46个百分点；营业收入33.77亿元，同比增长8.37%；资产负债率66.13%，同比下降0.52个百分点；上缴税金2.41亿元；利润总额1137万元；流动资产周转率216.75次；全口径劳动生产率41.44万元/人•年；业绩考核排名全省第12，取得历史最好成绩。

【人力资源】全面完成雨城、宝兴城区营配业务融合、供服指挥中心实体化运转、水电集控中心建设和11个机构职能调整。灵活运用各种配置方式，实现升岗145人次、降岗28人次、减少社会化用工43人。参与国网公司、省公司等10部精品课件编制。3名员工被雅安市总工会授予“五一劳动奖章”，2名青年员工荣获省公司“技能新星”竞赛三等奖，1名员工荣获省公司“智能计量，采集星梦”三等奖。妥善处置原劳服司37人社保和发电公司1人社保问题。优化劳务人员薪酬分配机制，有效防范名山公司94名劳务人员群体性稳定事件。市县两级开展各类竞聘和组织调配72次，累计实现341人岗位调整。强化员工多岗位锻炼，选拔16名青年骨干通过“上派下挂”双向任职，选派3名员工到基层和藏区对口帮扶。截至2019年年底，公司（雅安公司和雅电集团）用工总量3603人，其中长期职工3204人、劳务派遣人员409人，员工平均年龄44.9岁。

【电网建设与发展】雅安500千伏送出加强工程创造国网公司同类工程“最短工期、零投诉、零伤亡”纪录，康蜀串补和甘蜀改接开工建设，雅安水电外送能力提升260万千瓦，属地协调典型经验获省公司管理创新成果三等奖和董事长特别奖。与属地政府、园区签订战略合作协议，建立电网规划月度沟通机制，制定“一市一策”精准投资策略，电网规划全面融入政府规划，构建共商共建共享共赢的电力规划“生态圈”。220千伏小河输变电工程等12个项目取得初设批复。110千伏大兴、严桥等9项工程顺利开工，中雅科技线路工程等4个项目陆续投运，110千伏万里扩建工程等4个项目通过省公司达标投产验收。81个农配网项目按期完工。直流充电站、城市快充站项目建设稳步实施。

【经营管理】高效开展用电秩序整治，全市5个区县政企联动，电费回收逐渐规范，整治工作在全省形成示范效应，得到省公司和市委、市政府充分肯定。全年5次刷新日最大供电负荷和最大供电量纪录。完成电能替代电量1.6亿千瓦时，增长1.6倍。经济调度创造效益3950万元，网内小水电全额消纳。剔除一般工商业降价、“8•22”因灾支出等因素，公司增利1400余万元。清理长期在建项目56个，转资1.47亿元。营销稽查挽回经济损失492.81万元，反窃查违追补电费及违约金79.9万元。台区线损合格率升至93.2%，芦山客服中心同期线损指标进入全国百强。流动资产余额压降16.37%，库存物资减少12.8%，废旧物资处置回收资金110.41万元。审查核减不合理、不可行投资3.1亿元，核减比例超17%。发电公司资产负债率首次降至70%以下。争取保险理赔金额1800余万元。产业公司年内实现营业收入3.61亿元，域外工程签约金额6800万元，二级资质顺利获批。

公司应对“8•22”特大暴雨灾害，公司上下投入人员1933人次、车辆551台次，历经9个日夜高效完成抗洪抢险任务，荣获市“抢险救灾先进集体”称号。完成安全责任清单再梳理，组织113名科级干部安全述职。深化“作业现场安全风险管控平台”运用，抢修抢险及小型零散作业纳入精准日管控，实现安全监督全覆盖，市、县两级督查作业面及违章查处量增长53%。化解二级电网风险2处，实施孤网倒换电9次。220千伏电网设备实现智能巡检“机器代人”。稳妥处置外破事件33起，报备用户用电安全隐患425项。消除天芦宝片区单点接入核心通信网运行风险。完成国网公司11例安全培训视频教材汇编。市、县两级开展各类应急演练64次，完成新中国成立70周年等重大保电任务167次。

【农电工作】公司累计投入5.3亿元资金完成供区内所有贫困村电网改造助推实现脱贫，全市贫困户生活用电达标率100%，全面完成省委、省政府电力帮扶任务。2019年11月，公司荣获雅安市脱贫攻坚先进集体称号，是唯一获该殊荣的国有企业。公司编制《电力助推脱贫攻坚工作手册》，科学规划“十三五”贫困村配网改造项目储备。十九届四中全会召开前，古路村电力扶典型事例的视频在国家领导人海外社交媒体facebook账号Xi's Moments等平台发布，同时，在《人民日报》中文和英文客户端发布，从国际视角展现了电力扶贫给中国少数民族贫困地区带来的巨大变化和一线电力员工的艰辛工作，引发世界各地网友广泛关注和点赞。

【科技与信息化工作】加快推进营销智能化建设，全口径采集成功率99.34%、台区线损合格率93.2%、高压费控执行率68.63%、“营财一体化”对账率96.71%、高、低压线上缴费率40%。“源网荷储体系”建设项目正式被列入国网公司2020年综合计划。举办首届大数据分析应用竞赛，组建首支大数据团队。申报专利4项，营销项目智能化管理荣获省创新成果二等奖，3项工人技术创新成果获省公司三等奖，青年创新创效项目获省公司优秀小革新奖。

【市场服务】量身打造川西大数据产业园高可靠供电方案，业扩工程创造“四个之最”，保障全省大数据产业集聚区在雅率先建成。稳步推进成雅快速通道等5项电力线路迁改。主动引导102家企业参与市场化交易，完成交易电量14亿千瓦时，降低企业用电成本1.35亿元，清退临时接电费3595万元，公司荣获“工业强市突出贡献先进集体”称号。推进优化营商环境两年行动计划，高、低压业务办理时间分别减少33.73天和0.12天，网上办电率超过90%。抢修接单和到达现场及时率分别提升32.1%和19.3%，非计划停电、重复停电、故障跳闸线路均下降20%以上，重过载、低电压、三相不平衡台区分别减少30%、8%、13%，“五大类”投诉下降58.87%。全面完成88个老旧小区改造，换装老旧智能电表17万只。供电所小基项目顺利开工，四星级乡镇供电所新增3个。供区内贫困村涉电指标全部合格，联系帮扶村实现整体脱贫，古路村电力扶贫事迹在海外社交平台、《人民日报》等媒体广泛传播，公司荣获市“脱贫攻坚先进集体”称号。

【党的建设和精神文明建设】公司共有党员1005人，其中离退休党员106人；二级党组织16个，其中二级党委11个，二级党总支3个，直管党支部2个；党支部64个。扎实开展“不忘初心、牢记使命”第二批主题教育活动，各级班子集中学习研讨106次，开展专题调研153次，问题整改完成率96.4%。组织“十讲十增强•转型再突破”形势任务宣讲30次。完成4家县公司交叉巡察迎检和2家单位自主巡察，222人受责任追究或绩效考核。查办问题线索20件，76人受政纪处分和组织处理。构建“126连心桥”职工诉求服务体系。《守灯人》荣获首届“中国能源微电影大赛”金奖。公司团委荣获四川省和省公司“五四红旗团委”称号，本部“职工书屋”获中华全国总工会授牌。芦山公司清仁供电所荣获“中国金牌供电所”“国网公司电网先锋党支部”称号，雅安供电营业厅被评为“四川省工人先锋号”。

【存在的主要问题】安全“内忧外患”的问题仍待解决，500千伏网架尚未形成环网，220千伏电网南北无物理联系，110千伏单线、单变和串接供电情况突出，配网“多联络、弱联系”格局未彻底消除；“N-1”及绝缘化率均较低，老旧设备、非主流设备占比高、工况差；网内并网电站和用户站数据接入占比较低，高危重要用户保安后备电源不足，涉网安全问题突出；行为违章、装置违章占比仍然较高，各类作业现场风险防控还有待加强。盈利能力较弱的问题亟须转变，雅安属全省低价区，购售电价差常年不足0.1元/千瓦时，自身造血能力不足；产业单位应收账款、原蜀能公司应收账款、“瀑电移民”无序用电、配网办结余物资等经营包袱较重，制约公司健康经营。优质服务短板的问题仍需补强，由于电网结构薄弱和客户用电需求多元化，供电质量类、停送电类投诉仍然较多；在持续推进“放管服”和“最多跑一次”改革中，政府和用户对电力营商环境改善期望越来越高，由于电力工程前期行政审批手续流程烦琐、耗时较长，一定程度影响用户获得电力感知。管理质效低下的问题还需提升，部分单位业绩考核在低位徘徊，生产经营组织体系、制度流程、运行机制与高质量发展要求存在较大差距；部分干部员工安于现状、不思进取、消极无为，对绩效奖惩、创先争优的触动不够；个别领域违反纪律、廉洁的风险仍然存在，未能真正实现抓早抓小；党建引领带动作用未充分发挥，融入中心的效果还有待体现。

雅安公司开展依法规范用电秩序专项行动

【国网雅安市雨城供电公司】公司成立于2010年1

月，是四川雅安电力（集团）股份有限公司下属分公司。公司下设6个职能部门、2个业务支撑机构、20个专业班组，另设集体企业1个。用工总量344人，平均年龄43.4岁，人才当量密度1.01。供电区域主要负责雨城区城区及8个镇、5个街道办事处共20万户电力客户供电服务工作（其中大宗工业用户97户），供区面积1067平方千米，供电人口36.6万人。

建成投运雅安500千伏送出加强工程，打通甘孜—雅安区域水电外送主动脉

截至2019年年底，国网雅安市雨城供电公司运维管理220千伏变电站2座、110千伏变电站6座、35千伏变电站3座，总变电容量117.78万千伏安。运维管理220千伏线路113.50千米、110千伏线路245.63千米、35千伏线路97.88千米、10千伏及以下配电线路、1136.37千米，供电台区1668个，总容量58.61万千伏安。

2019年，国网雅安市雨城供电公司完成售电量8.32亿千瓦时，同比增长11.67%，售电量突破8亿大关；全年新增高压用户124户，新增用电容量11万千伏安，用电容量同比增长5%；综合线损率7.65%，同比下降2.61个百分点；电费回收率100%。

2019年，国网雅安市雨城供电公司在全市率先实施城区营配业务融合，整合82名员工重新上岗。交流调整干部33人，完成120名管理、技术和重要技能岗位员工岗位聘任协议签订。有序推进110千伏严桥等4项输变电工程建设，完成大兴新城、雨名快速通道等69处高低压线路迁改，全力支撑市委“一核两翼”发展新格局。扎实开展67条输配电线路综合整治，全年输、配电线路跳闸率同比下降46.37%、44.44%；整治重过载、低电压、三相不平衡台区133台；优化6条配电线路和2个重点片区改接；全面完成127处输配电线路“三跨”和10千伏“路改线”整治。通过反窃电专项行动，追回电费4.76万元，收回违约电费19.46万元。综合线损率同比下降2.61个百分点。率先完成严桥镇、晏场镇等5个乡镇自供区农网改造工程，改造总投资1026万元。换装智能电表2.9万余只，智能电表覆盖率达100%。重点推进雅安市“十大民生工程”，完成20个老旧（弃管）小区供配电设施改造。高压平均办电时间缩短为60天，低压办电时间缩短为48小时。完成新中国成立70周年等重大保电62起。认真开展“不忘初心、牢记使命”主题教育活动，组织金熊猫电力服务队进小区，助力雅安市“双创”工作再上台阶。建立“126连心桥”，畅通员工诉求渠道。雅安供电营业厅荣获四川省“工人先锋号”称号，共产党服务队获评国网四川省电力公司“工人先锋号”。

【四川富源电力股份有限公司】公司前身是1982年建成投运的石棉县电厂。2006年12月，与四川省电力公司进行了股权重组，成为省公司在雅安市第一家控股的县级供电公司。2012年3月，与雅电集团进行资产重组，成为雅电集团的控股公司。公司下设9个职能部门和20个专业化班组。截至2019年年底，公司用工总量287人，其中长期职工244人（内养5人）、劳务用工43人，人才当量密度1.0197。

截至2019年年底，富源公司运维管理220千伏变电站3座、110千伏变电站11座、35千伏变电站8座；管辖35千伏及以上输电线路61条，总长810千米，10千伏配电变压器644台，总容量12.406万千伏安；10千伏配电线路39条，总长度576.82千米。全网调度管理168座并网小水电站，总装机容量52.604万千瓦。

2019年，富源公司电网投资9017万元，售电量27.96亿千瓦时，营业收入7.5亿元，上缴税金4313.83万元，流动资产周转率4.32次，全口径劳动生产率39.65万元/人·年，电费回收率100%。

2019年，富源公司深入开展“大培训、大比武、大提升”活动，全年开展活动竞赛活动4次，人才当量密度同比增长3.14%。员工获雅安市电力行业技能大赛团体一等奖，个人一等奖1名、二等奖1名、三等奖3名的优异成绩。完成35千伏集能输电工程、15个农网升级改造、15个大修、技改以及36个综合计划项目；电网输、变、配设备消缺率达73%，农村综合供电电压合格率达99.4%。35千伏王岗坪等2项输变电工程有序推进。成功应对龙头石电站等2处专线供电风险，完成8处供配电资产接收，启动110千伏沙棉线和剩余两个乡镇供配电资产接收工作。全年网内 26 家用电企业参与电力市场化交易，交易电量 4.38 亿千瓦时。全力做好 500 千伏雅蜀双回、雅山双回轮停检修期间四级、五级风险管控。输配电线路跳闸率同比降低 66.66%、16%。组织抗震、防汛、消防等各类演练 10 余次，完成庆祝建国 70 周年活动等重大保电任务 16 次。争取到省公司非电扶贫资金 118 万元，3 个贫困村的产业扶贫且初见成效。EXS 表格计算保护定值项目获省公司工人技术创新三等奖。落实省市场化交易文件精神和政府各类优惠政策，为客户节省用电成本 3868.44 万元。四环锌锗公司 12 蒸吨电锅炉项目顺利投运、万里锌业公司 20 蒸吨锅炉煤改电项目启动。刚性执行检修计划，开展带电作业 139 次。扎实开展“不忘初心、牢记使命”主题教育、“守初心、担使命、找差距、抓落实”和“十讲十增强”专项活动。组织金熊猫志愿者开展活动 12 次，被评为石棉县脱贫攻坚先进单位称号。

【国网荥经县供电公司】成立于 1984 年，其前身为荥经县电力公司。2010 年，纳入国网雅安电力（集团）公司。2017 年，“子改分”后成为国网雅安电力（集团）公司下属分公司。总资产 2.5 亿元，下设 7 个部门、3 个业务支撑机构、1 个产业单位、27 个班组。用工总量 583 人，平均年龄 45.8 岁，人才当量密度 0.9782。供电区域覆盖全县 21 个乡镇中的 17 个乡镇、93 个村，共 6.67 万户用户（其中大宗工业用户 79 户），供区面积 1544.61 平方千米，供电人口约 15 万人。

截至 2019 年年底，国网荥经县供电公司运维管理 220 千伏变电站 1 座，110 千伏变电站 5 座，35 千伏变电站 11 座，总变电容量 83.82 万千伏安；35 千伏及以上 61 条，总长 512.24 千米；10 千伏配电线路 58 条、总长 561.99 千米，供电台区 626 个、总容量 127.58 兆伏安。全网调度管理 140 座并网小水电站，总装机容量 22.62 万千瓦。

2019 年，国网荥经县供电公司完成固定资产投资 2476.43 万元；售电量 10.72 亿千瓦时，同比增长 2.59%，自发电量 1.78 亿千瓦时，同比增长 17.86%；综合线损率 4.97%；营业收入 4.17 亿元，同比增长 0.78%；上缴税金 5033.61 万元，同比增长 10.10%；电费回收率 100%。

2019 年，国网荥经县供电公司以“大培训、大比武、大提升”为载体，形成《智能化台区调研报告》。完成“十三五”电网规划滚动修编工作。稳步推进严道 110 千伏输变电工程项目前期工作。储备大修技改项目 30 个、农网 6 个。产业单位金额 1935 万元，同比增长 22%。开展电网大面积停电等应急演练 23 场。有效应对 12 项电网运行风险。完成年检预试 28 项、事故抢修 29 项，排查整改各类隐患 298 条。输电线路跳闸率同比降低 26.06%。查处各类违章 482 个，违章罚款 2.22 万元，正向激励 1.88 万元。完成 6 个农网项目储备编制。农网改造项目总投资 557.31 万元，长度 25.14 千米。持续高效推广“网上国网”应用，深化“互联网+营销服务”，推行“网格化”“社区化”管理和“电管家”、客户经理服务模式。科学安排检修作业，实施零点作业 11 次、带电作业 67 次。各类投诉同比下降 50%。高效完成新中国成立 70 周年等重大保电任务 15 次。建立“十讲十增强”“五个一”落地机制，强化班子的团结率带作用。荣获省公司 2019 年度“先进集体”称号，2 人当选“季度美丽员工”；党建部获得“雅安市巾帼文明岗”称号；1 人荣获雅安市电力行业技能大赛二等奖和省公司“智能计量，采集星梦”竞赛三等奖，1 人荣获网省公司“技能新星”竞赛三等奖。

【国网天全县供电公司】公司成立于 1996 年，其前身为天全县电力有限责任公司。2010 年并入雅电集团，系国网雅电集团全资子公司。2017 年 12 月，实施“子改分”，变更为国网四川雅安电力（集团）股份有限公司天全县供电分公司。总资产 1.17 亿元。公司下设 9 个部门、20 个班组，用工总量 280 人，平均年龄 44.5 岁，人才当量密度 0.9646。供电区域覆盖全县 15 个乡镇、136 个村、共 5.8 万户用户，供电人口 15 万余人。

截至2019年年底，国网天全县供电公司运维管理220千伏变电站1座、110千伏变电站3座、35千伏变电站3座，总变电容量647.3万千伏安；110千伏线路79.18千米、35千伏线路110.54千米、10千伏线路608.60千米，线路共54条。全网调度管理64座并网小水电站，总装机容量178.6兆瓦。

2019 年，国网天全县供电公司完成电网投资 6558.35 万元，售电量 10.7467 亿千瓦时；综合线损率 3.20%，同比降低 0.88 个百分点。营业收入 115.21 万元；电费回收率 100%，集体企业实现利润 260 万元。

2019 年，国网天全县供电公司深化“三项制度”改革，完成 116 人重要岗位聘期制协议签订，首推变电运维“2+N”值班模式，全面开展“大培训、大比武、大提升”活动，员工分获雅安市电力行业技能大赛一等奖 1 名、二等奖 1 名、三等奖 2 名。积极配合雅安 500 千伏送出加强工程属地协调，率先完成工程拆迁房屋倒房。提前完成川藏物流园区电力设施迁改工程。有序推进小河 220 千伏输变电工程，促成东辰科技 110 千伏供电线路等 3 项工程开工建设。仁义等 3 个供电所小型基建工程取得突破性进展。农网改造高低压线路 200 千米，新增变压器 65 台，增容 13 兆伏安。全力拓展电力营销市场，新增容量 7.8 万千伏安，增加用电负荷约 6.24 万千瓦。有效解决“以电代燃”电价差额历史遗留问题，增收近 200 万元。政企联动推进用电秩序整治，完成移民装表 690 只，启动 4 户工商业用户收费。打击窃电及违约用电行为，查处窃电用户 39 户，追补电量 4.9 万千瓦时，追补电费及违约用电费 8.7 万元。排查各类隐患缺陷 139 项，完成治理 105 项，全年输配电线路跳闸同比降低 9.38%。完成 500 千伏雅山、雅蜀双回停电期间电网风险管控。积极应对“8·22”特大暴雨和“9·13”恶劣天气灾害，及时恢复受损线路供电。全年查处违章 77 项，共处罚金 1.7 万元。定点帮扶始阳兴中村、小河曙光村 57 户贫困户，加强与村“两委”沟通协调，助力全县脱贫攻坚。实施 21 个老旧小区配电设施改造民生工程，惠及全县 4003 户居民。组建供电服务指挥中心，新建停电信息发布渠道。线上缴费率同比增长 425%。扎实开展“不忘初心、牢记使命”主题教育活动和“十讲十增强”学习讨论，开展主题党日活动 87 次、主题党课 37 次。积极探索“党建+安全”等主题活动。联合县税务局、始阳兴中村委、小河曙光村委开展“税企共建”“村企共建”活动，拓展丰富党建工作内容和形式。公司创建市级文明单位。

【国网汉源县供电公司】成立于 1964 年，其前身为汉源县电力公司。2003 年，并入国网雅安电力（集团）公司。2017 年，“子改分”后成为国网雅安电力（集团）公司下属分公司，总资产 2.57 亿元。公司下设 7 个部门、3 个业务支撑机构、1 个集体企业、27 个班组。供电区域覆盖全县 21 个乡镇，共 9.4397 户（其中大宗工业用户 164 户），供区面积 2388 平方千米，供电人口约 32 万人。

截至2019年年底，国网汉源县供电公司运维管理220千伏变电站1座、110千伏变电站4座、35千伏变电站8座，总变电容量758.2兆伏安。运维管理35千伏及以上线路34条，513.42千米。管辖10千伏配电变压器2472台，总容量688191千伏安。10千伏配电线路81条，总长度1474.3311千米。全网调度管理76座并网小水电站，总装机容量8.43万千瓦，其中自有资产水电站8座，总装机容量2.2万千瓦。

2019 年，国网汉源县供电公司完成固定资产投资 0.2199 亿元；完成售电量 13.57 亿千瓦时，同比增长 20.84%，自发电量 8099 万千瓦时，同比增长 40.98%；综合线损率 8.56%，同比下降 2.28 个百分点；上缴税金 3215.51 万元，同比增长 12.35%；电费回收率 100%。

2019 年，汉源公司人才当量密度 0.979，较 2018 年提高 0.014，在册正式职工平均年龄 45.7 岁。

2019 年，国网汉源县供电公司大力开展各类培训 197 期，人才当量密度提高 0.014。加强干部队伍梯队建设，选拔任用干部 3 人、班组长 2 人。加强人员跨专业交流，全年共 8 人从超编专业向缺员专业流动。完成汉源县配电网供电专项规划和 2019 年汉源乡村电网规划滚动修编。有序推进 110 千伏乌斯河、35 千伏晒经输变电工程和 7 个乡镇供电所建设前期工作。完成 110 千伏万工变电站主变增容扩建。开展各类应急演练 52 次，应对 110 千伏汉万一线 5 号塔山体垮塌、两河电站堰道整治等自然灾害。努力增供促销，完成电能替代电量值 8177 万千瓦时，全年售电量同比增长 20.84%，积极开展线损治理，全口径采集成功率、台区线损合格率较年初分别提升 7.36、23.5 个百分点，综合线损同比下降 2.28 个百分点。加快集体企业转型升级和业务拓展，外部市场占有率超过 90%。完成用电秩序整治第一阶段工作，全年止损电量 1400 万千瓦时左右。网上办电业务累计完成 873 笔，居民线上缴费率 50.73%，全年投诉同比降低 44.3%。开展“不忘初心、牢记使命”主题教育活动集中学习研讨 7 次、专题调研 5 次，问题整改完成率 100%。新设立 2 个党支部，高质量发展党员 2 名。完成 8 个班组四星班组和 4 个三星班组创建验收。完成 5 个企业文化示范点建设。汉源金熊猫供电志愿服务队荣获“四川好人”称号，

2019 年，国网雅电集团在定点联系的名山秦场村帮贫困户栽种脆红李

电力助推古路村脱贫事迹在《人民日报》英文版客户端广为传播，受到国网总部和省公司高度肯定。围绕中心工作、挖掘工作亮点，《挂图作战，啃下用电秩序整治“硬骨头”》入选省公司“十讲十增强”实践案例。

2019 年 8 月 22 日，雅安遭遇特大暴雨，党员先锋队挺进灾区排障抢修

【国网雅安市名山供电公司】公司成立于1958年，前身为名山电厂。2001年，成为国网雅安电力（集团）公司控股公司。2011年，成为国网雅安电力（集团）公司全资子公司。2017年“子改分”后，成为国网雅安电力（集团）公司下属分公司。公司下设6个部门、2个支撑机构、18个班组，用工总量263人，平均年龄44.72岁。供电区域覆盖全区20个乡镇、192个村，共11.4万户用户（其中大宗工业用户102户），供区面积614平方千米，供电人口28万人。

截至 2019 年年底，国网雅安市名山供电公司运维管理 110 千伏变电站 6 座、35 千伏变电站 5 座，总变电容量 67.8 万千伏安。运维管理 110 千伏线路 69.2882 千米，35 千伏线路 117.9022 千米，10 千伏线路 1042.4041 千米，供电台区 1567 个（不含专变）。全网调度管理 13 座并网小水电站，总装机容量 1.4645 万千瓦。

2019 年，国网雅安市名山供电公司完成固定资产投资 1872.77 万元，其中电网投资 1872.77 万元。售电量累计完成 130552.76 万千瓦时，同比增长 10.39%，综合线损累计完成 3.66%，同比下降 0.92 个百分点。营业收入 3.92 亿元，同比增加 12.81%；上缴税金 702 万元，同比增长 3.23%；电费回收率 100%。

2019 年，国网雅安市名山供电公司“大培训、大比武、大提升”成果丰硕，名山公司荣获集团公司“安全知识竞赛”团体二等奖，公司员工梁浩荣获省公司第二届新员工“技能新星”竞赛个人三等奖。3 人通过技能等级评价，40 名村电工通过技能等级认证，5 人通过中、高级职称评定。定期对接区政府、成雅工业园区，同步做好电网规划调整、业扩项目推进工作，完成名山区乡村电网规划报告。全力推进 77 个、共计 2636.76 万元的大修技改项目；完成 2020 年 16 个大修技改项目储备，投资金额 860 万元。全年 110 千伏线路零跳闸，35 千伏、10 千伏线路分别压降 71%、39%。排查触电风险安全隐患 675 处，下发整改通知书 296 份，实现对外零触电伤亡目标；快速推进配电自动化建设，完成 58 条 10 千伏线路自动化改造。完成 61 条线路、6 座 110 千伏变电站“路改线”。完成全区一般工商业并价，电费回收率 100%，高压客户购电执行率同比提升 32.87 个百分点。落实水电消纳政策，开展一般工商业调价，切实降低企业用电成本。有序推进用电检查与反窃电工作，查处窃电 32 起，补电费及违约电费 9.248 万元。开展“立即办”“网上办”“最多跑一次”“园区用户不出园”的业务办理。积极落实供电服务“最后一千米”，方便客户线上缴纳电费。按期完成 30 个老旧小区改造，并结合双创工作开展了 84 个小区院落的电力线路整治。完成新中国成立 70 周年等 25 次重要保电。积极推广电能替代，新增电能替代电量约 400 万千瓦时。开展双创和“金熊猫”志愿服务工作，帮扶慰问困难家庭 34 个，关心关爱留守学生 3 次。精准实施电力扶贫见成效，通过 2019 年度扶贫验收。荣获集团公司“金色雅电.青春向党”青年辩论赛和“大数据分析应用”竞赛二等奖。公司员工张新被评为“孝老爱亲”中国好人，王平获雅电集团“季度明星”称号。

【国网宝兴县供电公司】公司成立于1998年，其前身为宝兴县电力公司。2004年，并入国网雅安电力（集团）公司。2017年，“子改分”后成为国网雅安电力（集团）公司下属分公司，总资产0.99亿元。公司下设10个职能部门、19个班组，用工总量228人，平均年龄46.5岁。供电区域覆盖全县9个乡镇中的9个乡镇、55个村共3.32万户用户，其中大宗工业用户103户，供区面积3114平方千米，供电人口5.85万人。

截至2019年年底，国网宝兴县供电公司运维管理220千伏变电站1座、110千伏变电站6座、35千伏变电站4座，总变电容量68.54万千伏安。运维管理220千伏线路40千米，110千伏线路210千米，35千伏线路140千米，10千伏线路581.85千米，供电台区920个。全网调度管理33座并网小水电站，总装机容量11.6445万千瓦。

2019年，国网宝兴县供电公司完成固定资产投资399.72万元，完成售电量4.12亿千瓦时；完成自发电量0.95亿千瓦时，同比增加0.2亿千瓦时；上缴税金1629万元；电费回收率100%。

2019年，国网宝兴县供电公司大力推进“三项制度”改革，实现岗位流动35人，43人的职称得到提升。强化干部队伍管理，积极开展干部交流，实现部门及班组负责人交流调整7人，提拔任用6人，降职6人，营造出比、学、赶、超的良好氛围。积极应对“8·22”特大暴雨，仅用时7天宝兴电网全面恢复供电，为用户生产生活提供保障。严格落实安全主体责任，累计查处各类违章共248项，处罚金额19900元。全年未发生人身伤亡及重大设备事故，实现连续安全运行3613天。高压费控购电执行率由年初的63.14%提升至85.93%。常态化开展供电服务明察暗访及专项治理，全年优质服务投诉同比压降53%。切实防范各类偷漏电行为，全年共处理违约用电用户28户，收回追缴电费225298.10元，违约用电165876.07元。扎实开展“不忘初心、牢记使命”主题教育活动，引导干部员工传承红色基因，建功立业。积极开展“126连心桥”职工诉求服务工作，通员工诉求渠道，构建和谐的劳动关系。关爱退休职工，做好“双拥”工作，组织离退休职工召开“我看新中国成立70周年新成就”座谈会、退伍军人“庆八一活动”座谈会。在雅安市2019年电力行业技能大赛中荣获团体第二名、在集团公司QC小组竞赛中获得二等奖。

【国网芦山县供电公司】公司前身为成立于1967年的芦山县国营电厂。2001年，并入国网雅安电力（集团）公司。2017年，“子改分”后成为国网雅安电力（集团）公司下属分公司。截至2019年12月，公司资产总额5551.13万元。

公司下设7个部门、3个业务实施机构、1个产业单位、22个班组，用工总量184人，平均年龄44.8岁，人才当量密度0.952。供电区域覆盖全县8个乡镇、47个村，共5.3万户用户（其中大宗工业用户194户），供区面积1166平方千米，供电人口13万人。

截至2019年年底，芦山公司运维管理110千伏变电站3座、35千伏变电站6座，总变电容量28.89万千伏安。运维管理110千伏线路7条，总长151.88千米，35千伏线路16条，总长158.2千米，10千伏线路41条、总长464.34千米，供电台区738个、总容量181630千伏安。全网调度管理并网小水电站38座，总装机容量64.52万千瓦。

2019年，国网芦山县供电公司完成售电量66978.93万千瓦时，售电收入28493.41万元，同比减少2.01%；发电量2554万千瓦时，同比增加14.02%；综合线损率3.17%，同比下降0.41%；电费回收率100%；模拟可支配收入4165.33万元，同比增加23.17%；上缴税金1267.71万元；资产总额5551.13万元，同比减少1.08%。

2019年，国网芦山县供电公司完成安监部等4个部门机构调整及人员配置，完成2期，共25个岗位员工竞聘工作，签订岗位聘任协议98份。主动跟踪地方规划和重大项目进展，适时修编调整电网规划。强化属地协调，雅安500千伏送出加强工程按期投运，500千伏康蜀改接和串补站工作有序推进。19个综合计划下达资金1029.97万元。全口径采集成功率突破99.9%，台区线损合格率6次突破99.00%；损失电量同比下降9.70%，高压费控执行率升至99.96%，配网班同期线损指标进入全国百强。阻止四川长源智网能源有限公司等2起违规转供电，完成11户转供电电站的排查整改，查处窃电用户43户。产业单位营业各项经营指标位列全市第一。税务管理持续强化，率先启动“税企共建”工作。应对“8·22”特大暴雨灾害，安全警示教育学习“每周一学”达700余人次，全年查处违章144起并下发处罚通知书21份。10千伏及以上线路故障停运次数较2018年同比下降32.76%。参与各类应急演练5次，完成20项应急预案的滚动修编，高质量完成新中国成立70周年等重大保电任务10余次。完成省公司安全巡查问题整改。农网改造新建及改造10千伏线路10.61千米，10千伏公变18台，容量3.4兆伏安，低压线路44.56千米。工单处理及时率大幅提升，网上受理率、业扩服务时限达标率100%，优质服务同比压降67.74%。完成两轮1923户工商业用户调价及96.2万元政策退费；积极服务于政府绿色载能产业，全年兑现退费748.4万元；水电消纳交易电量增加267.71万千瓦时。扎实开展政治思想建设和“不忘初心、牢记使命”主题教育活动。通过党委中心组学习等平台开展集中学习7000余人次。清仁供电所获评中电联“最美金牌供电所”、国家电网公司“电网先锋党支部”。3个班组企业文化示范点建设任务高质量完成。获评县内唯一一家意识形态领域示范点创建企业单位。骆家君“8·22”抗洪保电故事成功入选国网公司故事会，《守灯人》荣获首届“中国能源微电影大赛”金奖。

国网眉山供电公司

【企业概况】国网四川省电力公司眉山供电公司(以下简称“国网眉山供电公司”）于2001年12月26日随眉山建市而成立。是国网四川省电力公司下属特大型一类供电企业，经营区域覆盖全市两区四县，供电范围6049平方千米，服务人口352万余人，供电客户数125万人。拥有35千伏及以上变电站79座(不含500千伏)，变电容量612.27万千伏安；35千伏及以上线路186条，总长2209.11千米。眉山电网形成了以两座500千伏变电站为支撑，以220千伏输电线路为骨干网，110千伏环网双电源备自投装置全覆盖的坚强网架格局。

2019年，国网眉山供电公司坚决贯彻省公司和市委、市政府决策部署，以“十讲十增强”为指引，注重制度规范和创新驱动，持续深化员工队伍建设，各项工作取得新突破、实现新提升。全年累计完成售电量114.12亿千瓦时，同比增长8.60%；固定资产投资3.14亿元，其中电网基建投资2.38亿元；主营业务收入（还原甘眉工业园影响）45.53亿元，同比增长8.72%；目标利润1.29亿元，同比增长224.17%；职工劳动生产率52.13万元/人•年，同比增长8.50%；综合线损率2.99%，较上年度计划低0.81个百分点。截至12月31日，公司连续安全生产3964天。

2019年10月30日上午，公司总经理赵蕌、副总经理曹刚一行深入220千伏镇江变电站集中检修现场，了解检修工作进展及现场安全保障措施落实情况，督导安全管理　（黄峥　摄）

【人力资源】截至2019年12月31日，国网眉山供电公司有长期职工1674人。其中，博士生3人，硕士研究生183人，大学本科学历的有1216人，大专学历的有215人，中专学历的有33人；具有高级职称的有234人，具有中级职称的有392人，具有初级职称的有648人。

【电网建设与发展】2019年，国网眉山供电公司提前布局电网规划，筹备220千伏项目8个，总投资8亿元。主动向上汇报，东坡至通威线路、牯牛山输变电等3项工程被列入省公司2020年投资预安排。统筹推进“里程碑”计划，新开工、投运35千伏及以上项目6个。完成500千伏大林至籍田、雅安加强送出工程属地协调任务，获国网四川电力董事长特别奖。深化农网升级改造，洪雅李山村、双江村台区改造工程入选全省“五十佳”。泛网建设平稳起步。编制三年建设规划，因地制宜拟定“333”战略目标。对外拓展合作空间，与中国电科院、北京智芯、许继集团等13家科研院所、机构达成战略合作意向。对内注重资源集约，聚焦“智慧东坡岛”、彭山“智慧工业园区”、丹棱“美丽乡村”等示范区，科学推进试点工作，建设双边乃至多边发展生态圈。智能锁柜系统获评省公司“泛网建设”最佳实践案例，10千伏金湖一线建成全国首套5G差动保护。

【经营管理】2019年，国网眉山供电公司充分运用“全网平衡”思维，保障方大炭素用电接入，获市政府和客户的高度肯定。认真治理台区线损，截至年底达，标数据提升至96.11%，位居全省第四。大力推动绿色发展，完成替代电量0.90亿千瓦时，同比增长37.40%。抓实清仓利库，消减历史遗留库存538.64万。产业单位提质健体。直面经营管理难题，出台《产业单位经营管控实施细则》等6项制度。全面落实单项成本核算、财务集约管控、项目实名制等要求，定人定责压降应收款项。巩固本地市场开拓，政府类工程项目增加 1.32 亿元，同比增长 137.58%。依法治企全面深化。践行“规章制度落实督导年”要求，以巡视巡察、审计监督、典型通报等反馈问题为基础，开展营销管理、产业单位管理、农电管理、非招标采购管理 4 个方面专项整治，建立风险化解机制，拟定管理意见和实施细则 15 项。签订“岗位聘期制”协议 1023 份，依规解聘长期不在岗人员 6 人，规范劳动用工 46 人。

【安全生产】 2019 年，国网眉山供电公司健全安全责任体系，编制全员安全责任清单，安全基础进一步夯实。突出重奖重罚，修编《安全专项奖励和处罚实施细则》。坚持现场为王，保持反违章高压态势，处理违章人数 779 人次。强化政企联动，承办市内首届网络安全攻防比赛，与市消防支队签订战略合作协议，合力整治消防隐患 244 项。电网运行坚强可靠。着力构建重过载设备“红、橙、黄”分级预警机制，制定电网补强计划 43 项，整治 110 千伏兰店站重载等问题 33 项。强化风险辨识，有效管控六级及以上电网风险 149 项。突出配网创先管理，计划停电、临时停电、重复停电项次分别降低 36%、11.8%和 10.6%。仁寿县调管理成果入选国网公司典型经验。精益运检不断巩固。推进无人机自主飞巡等技术应用，持续构建智能运检体系。严格线路跳闸“123”管控，输电、配电线路跳闸分别同比下降 45.71%、37.34%。抓实配网三年攻坚，低电压、三相不平衡配变分别同比减少 305 台、330 台。建成配网不停电作业“一个中心、五支队伍”，首次完成第四类复杂操作，全年带电作业 963 次。

【优质服务】2019 年，国网眉山供电公司主动作为、专业专注，供电服务切实加强。服务品质有效提升。狠抓投诉压降治理。加快营销“三全”建设，智能电表覆盖率保持 99.99%，自动采集成功率达 99.73%。大力拓展线上缴费，高压线上缴费率 38.97%，高于省公司平均水平 11.71 个百分点；低压线上缴费率 47.94%，位居全省第五。营商环境不断优化。开展“春江暖电”专项行动，构建全市 150 个重点项目跟踪机制。探索客户经理现场业务办理模式，提高业扩办理感知度。持续压减办电时长，高、低压业务平均接电时间分别降至 37 天、3 天。创新思路推动通威、万华等问题统筹解决，市政府主要领导亲赴省公司送锦旗致谢。强化供服中心运营，派发主动抢修工单 1196 件，为用户节约 320 个小时。公司营商环境测评排名全省第七，较 2018 年提升 8 名。

【改革创新】2019 年，国网眉山供电公司严格执行一般工商业“再降价 10%”政策，累计为 12 万名客户让利 7370 万元。全年市场化交易客户数增至 320 户，同比增长 171.19%，完成交易电量 62.29 亿千瓦时，同比增长 13.88%，累计实现优惠电费 7.96 亿元。深化增量配电试点建设，洪州电力有限公司完成组建并实质化运作。“两供一业”分离移交全面完成。推行“三项制度”改革，构建指标评价体系，突出关键业绩与绩效考核的强关联性，按期兑现考核。落实“放管服”要求，优化非招标采购、废旧物资管理等流程，筑牢合规性基础。抓牢多维精益管理，完成维度信息补录、数据测算等 34 项子任务，保证链路贯通。创新创效成果丰硕。探索互联网运营平台建设，运用边缘计算开展多站融合试点研究。深化“机器代人”应用，220 千伏平春站视频辅助监控系统保持全省领先水平。加快成果转化步伐，“自适应电缆弯曲机”上架国网电商平台。公司荣获全国电力行业质量创新成果一等奖、省公司科技进步一等奖、工人技术创新一等奖各 1 项，获省公司青创赛 1 金、4 银、1 铜的优异成绩。

2019 年 4 月 11 日，国网眉山供电公司与市消防支队签订战略合作协议（黄峥 摄）

【党的建设和精神文明建设】2019 年，国网眉山供电公司高质量开展“不忘初心、牢记使命”主题教育，召开中心组（扩大）学习 18 期，党支部书记培训班 2 期，调研走访班组 123 个，检视问题 63 条。编制《公司发展党员工作实用手册》等党建业务标准模板 3 项，建成省公司基层党组织标准化建设示范点 2 个，入选省公司党建基础管理典型经验 3 项。全面实施“党建+”工程试点，9 个党支部与政府机关结对共建。切实履行央企社会责任，实施“包片进社”，走访定点扶贫村 20 余次，协调处理电压质量、易地搬迁通电等问题。廉政建设持续深化。全面落实中央“基层减负年”要求，出台“十大承诺”、细化5个方面、17条责任清单。实施“抓整改、除积弊、转作风、为人民”专项行动，整治漠视侵害群众利益问题，行风作风逐步改善。高度重视省公司党委巡察，梳理问题表现51个，整改48个，整改率达94.12%。深化“126连心桥”体系建设，受理诉求11件，办结率100%。从严执纪问责，全年给予各类党纪、政纪处分，以及组织处理83人次。队伍素质有效提升。切实做好“大培训、大比武、大提升”，荐优选能配强师资力量，有序开展中干读书班、班组大讲堂等活动，提升全员素质。抓实“兰芽计划”第二阶段培养，推进班组长“士官计划”、内训师“卓荦计划”，开发十大“精品课程”，深挖人才潜力。公司新增“电力雏鹰”4人，“金牌内训师”选拔6人进入全省前40名，实现职称、技能等级和后续学历提升344人，创建国网公司一流班组1个、先进班组4个。企业氛围更加浓厚。创新开展“4·15”维权咨询服务，闭环办理意见建议98件。落实退休职工“两项待遇”。打造“品质眉电”品牌，公司羽毛球队成功蝉联全省联赛冠军。为献礼中华人民共和国70周年大庆，精品快闪《我和我的祖国》在新华社、电网头条等主流媒体点播量超过100万次。加大先进人物宣传力度，增强体验感、尊重感，营造全员争先氛围。

【所获荣誉】2019年，公司信通通信运检班获评国网公司工人先锋号；本部团委获评国网公司“五四红旗团支部”；公司共产党员服务队获评国网公司“电网先锋党支部”；员工刘刚荣获“中国好人”“国网公司优秀共产党员”称号；丁奕飞、刘刚荣获“四川好人”称号，沈杰、刘刚荣获“眉山市劳模”称号；游鹏获“全国电力行业技术能手”称号；《基于“六位一体”的供电企业创新管理体系构建与应用》荣获全国电力行业质量创新成果一等奖；《工程智慧账本——基于区块链技术的工程签证线上审批系统》荣获国网公司第五届青年创新创意大赛铜奖；公司荣获四川省第三届电力行业职业技能大赛团体三等奖；国网四川电力（眉山）共产党员服务队党支部获评国网公司电网先锋党支部；公司本部团支部获评国网公司“五四红旗团支部”；微电影《强娃的弹弓》荣获中电传媒杯一等奖，音乐视频《我爱你，中国!》荣获三等奖；公司获评国网四川省电力公司安全先进单位；公司获评国网四川省电力公司“大培训、大比武、大提升”突出贡献单位；公司获评国网四川省电力公司“三项制度改革”先进单位；公司获评国网四川省电力公司职工文化建设先进单位；获评“国网四川省电力公司董事长特别奖”；运维检修部等8个集体获评“国网四川省电力公司安全先进集体”；国网眉山市彭山供电公司变电运维班、检修公司变电运维班获评“眉山市工人先锋号”；国网青神县供电公司获评“国网四川省电力公司先进集体”；多能输变电分公司党委获评“国网四川省电力公司先进基层党组织”等。

【所属供电企业】国网眉山供电公司所属供电企业有国网四川省电力公司仁寿县供电分公司、国网四川省电力公司眉山市彭山供电分公司、国网四川省电力公司洪雅县供电分公司、国网四川省电力公司丹棱县供电分公司、国网四川省电力公司青神县供电分公司。

【国网仁寿县供电公司】国网仁寿县供电公司主要担负着仁寿县境内32个镇、28个乡、588个行政村、167万人的供电任务，负责依法经营、管理、规划供区电网，公司供电面积2603平方千米。公司下设9个部门，下辖12个班组及18个农村供电所。2019年年末，公司职工人数193人，其中全民支援集体51人，人均年龄42.2岁，较2018年人均年龄41.8上升0.4岁。公司人才当量密度1.0534，较2018年人才当量密度1.048上升0.0054，员工技术技能水平持续提升。公司现有固定资产总额22亿元；拥有35千伏及以上变电站27座/164.34万千伏安（其中220千伏变电站2座、110千伏变电站9座、35千伏变电站16座）；35千伏及以上输电线路40条/533.6千米（不包括220千伏线路）；10千伏配变6722

2019年9月30日，眉山公司举办新中国成立70周年庆祝活动
（黄峥　摄）

台，农村低压线路 23387 千米；用电客户 52.79 万户（其中仁寿城区客户 6.69 万余户，农村客户 46.1 万余户）；实现安全生产周期 6569 天。2019 年全年完成售电量 200515.43 万千瓦时，同比增长 14.29%；实现销售收入 10.91 亿元，同比增长 9.94%；完成售电均价 544.08 元/千千瓦时，同比下降 3.81%；综合线损 6.18%。安全生产稳步推进，截至 2019 年 12 月 31 日，仁寿电网实现连续安全运行周期 6574 天。

【国网眉山市彭山供电公司】国网眉山市彭山供电公司是国网四川省电力公司下属分公司，担负着彭山区凤鸣镇、彭溪镇等 13 个乡镇的供用电管理任务，供电面积 465 平方千米。供区内用电客户 15 万余户，供电人口 33 万余人，乡、村、农户通电率 100%。公司下设 8 个部门 1 个分中心，管辖 13 个班组、6 个农村供电所，现有员工 435 人，其中主业人员 181 人，农电人员 244 人，集体企业聘用人员 10 人。公司管辖变电站及开闭所 17 座，其中 220 千伏变电站 2 座；110 千伏变电站 6 座；35 千伏变电站 4 座，10 千伏开闭所 5 座，变电总容量 1174.9 兆伏安。供区内电源结构合理，较好地满足了彭山区工农业经济发展和城乡人民的用电需求。2019 年，完成电网建设投资 3900 万元；实现售电量 8.02 亿千瓦时，同比增长 8.09%；综合线损率 4.22%，同比减少 0.59%。电费回收率 100%。全年实现连续安全生产 6574 天。

【国网洪雅县供电公司】国网四川省电力公司洪雅县供电分公司位于四川省眉山市洪雅县县城，是一个集发、供、输、配、用电于一体的企业，主要担负12个乡（镇）供电任务，供电范围960.22平方千米，占全县面积的48.09%，服务人口30.59万人，供电客户数12万余户。公司设7个职能部门：办公室（党委办公室）、党建工作部、党委组织部（人力资源部）、财务资产部、安全质量监察部、发展建设部、电力调度控制分中心，3个业务支撑机构：运维检修部、营销部（客户服务中心）、水电运检中心。截至2019年年底，公司用工总量694人，其中地方全民3人，地方全民其他453人，农电工141人，自聘人员97人。公司拥有35千伏及以上变电站7座，变电容量66.8万千伏安；35千伏线路及支线17条，总长130.62千米；10千伏主干线路42条，加支线线路总长1263.11千米；发电站4座，装机容量2.66万千瓦。洪雅电网形成了以1座220千伏变电站、3座110千伏变电站为支撑，以110千伏输电线路为骨干网架，35千伏、10千伏电源供电的格局。2019年，累计完成售电量6.3亿千瓦时，同比增长11.16%；发电量1.32亿千瓦时，同比增长19.02%；综合线损率5.27%，同比降低2.02个百分点；实现售电收入32933.49万元，同比增加1917.03万元，同比增加3.38%；实现当年电费回收率100%。实现安全生产连续运行5001天。

【国网丹棱县供电公司】国网四川省电力公司丹棱县供电分公司于 2016 年 7 月 5 日成立，是四川省电力公司所属分公司，经营区域覆盖全县 5 个镇、2 个乡，供电范围 448.9 平方千米，服务人口 16.34 万人。截至 2019 年 12 月 31 日，公司拥有 110 千伏变电站 3 座(丹棱站、何场站、木林站)；35 千伏变电站 2 座（杨场站、中隆站）；110 千伏输电线路 16.309 千米，35 千伏输电线路 66.403 千米，10 千伏及以下配电线路 2584.759 千米。丹棱电网形成以 3 座 110 千伏变电站为支撑，以 35 千伏及以上输电线路为骨干网的双电源供电格局。专变 393 台，公变 998 台，用户数为 6.9 万户，其中居民用户 6 万户，大工业用户 94 户。2019 年，公司售电量为 5.14 亿千瓦时，综合线损率 2.89%。实现连续安全生产天数 6574 天。

眉山公司员工刘刚获“中国好人”荣誉称号　（黄峥　摄）

【国网青神县供电公司】国网四川省电力公司青神县供电分公司坐落在眉山市南部青神县城东振兴路，担负着青神境内 10 个乡（镇）、153 个村、979 个经济社及周边地区乐山市区、眉山、井研、夹江、仁寿等县部分村社的供电任务。2019 年，有 110 千伏变电站 2 座（兰店站、青竹站），总容量 161.5 兆伏安；35 千伏变电站 3 座（罗坝站、穆家埂站、黑龙站），总容量 29 兆伏安。公用配电变压器 984 台，总容量 18.9115 万千伏安。辖区内有 110 千伏线路 4 条，线路长度 31.47 千米；35 千伏线路 7 条，线路长度 35.935 千米；10 千伏配电线路 35 条，线路长度 941.4127 千米。有员工 275 人，其中主业员工 118 人，农电工 143 人，集体企业用工 14 人。设 6 部 1 中心和 2 个业务支撑机构和 2 个集体企业。2019 年，全年完成供电量 5.07 亿千瓦时（其中直供电 0.14 亿千瓦时），同比上升 10.37%；完成售电量 4.71 亿千瓦时，同比增长 6.98%；综合线损率 4.67%，较考核指标下降 0.23 个百分点；公司多个专业和指标取得眉山公司前列，未发生生产性人身、电网、设备、火灾、交通事故，实现安全生产 6574 天。

（李征、李晋）

国网攀枝花供电公司

【企业概况】国网攀枝花供电公司成立于 1965 年，与攀枝花市同生共长，是国网四川省电力公司下属的特一型供电企业，担负着攀枝花市 5 个区（县）及周边部分地区近万平方千米的供电任务，供电客户 50.77 万户。

公司下设职能部门 14 个、县级供电企业 4 个（国网攀枝花市仁和供电公司、国网攀枝花市西区供电公司、国网米易县供电公司、国网盐边县供电公司），共有农村供电所 21 个、业务支撑和实施机构 8 个、产业单位 1 个。

2019 年 7 月 25 日，国网四川省电力公司董事长、党委书记谭洪恩（前中）一行调研指导公司工作　　（杨林　摄）

攀枝花电网形成以 500 千伏双环网为支撑，220 千伏双环网为骨干，各级电网协调发展的输配电网络，电网下载负荷能力超过 4000 兆瓦。拥有变电站、开关站 142 座，变电总容量 1651 万千伏安，其中 220 千伏变电站 15 座；110 千伏变电站 44 座；35 千伏变电站 69 座；10 千伏开关站 11 座。拥有 35 千伏及以上线路 2717.57 千米，10 千伏配网线路 5323.92 千米。

2019 年，全年完成售电量 115.4 亿千瓦时（为年初计划值的 103.04%，同比增长 11.51%）；全年应收电费结零；主营业务收入净额 47.55 亿元（同比增长 13.19%）；全口径综合线损率 2.2%（全四川第二）；公司发展总投入 4.38 亿元（同比增长 15.57%），其中固定资产投资 3.6 亿元（同比增长 19.6%）；固定资产原值达 74.74 亿元（同比增长 14.32%）；职工劳动生产率 125.89 万元/人·年；对标排名省公司第四位；业绩考核位列省公司第六位；连续 4 年获评省公司先进单位。

【人力资源】2019 年，国网攀枝花供电公司用工总人数 2089 人（其中主业岗位长期职工 1348 人，业务委托制农电用工 378 人，离岗退养 2 人，长病 1 人，全民支援集体职工 360 人）。公司认真贯彻落实新时期好干部标准和国企领导人员 20 字要求，深入践行“十讲十增强”，打造清正廉洁高素质专业化干部员工队伍。深入推进“三项制度”改革，全面实施岗位聘期制，完善绩效分配和激励机制。扎实开展“大培训、大比武、大提升”活动，不断增强发展新动力。累计培养国网公司级优秀专家 9 人，省公司级优秀人才 196 人，26 名“双千人才”，中级、高级职称人数创历史最高水平。更设组织机构 4 个，调整 11 个职能部门、8 个业务支撑机构和 4 个区县公司职责设定，优化配置内部员工 132 人，人力资源存量有效盘活。

【电网建设与发展】对接市委、市政府经济社会发展战略调整，“钒钛新城”和“攀西科技城”建设电网规划全部纳入政府控规。2019年，完成固定资产投资3.6亿元，其中电网投资2.46亿元。成昆铁路扩能攀枝花南牵引站220千伏供电工程实现双电源供电，确保了成昆扩能攀枝花至昆明段按期顺利通车。以高度的政治站位全力援建“三区两州”工程，援建的盐源盐井、树河35千伏基建项目及德昌、安宁等90个10千伏农网及主体工程全面竣工，为凉山贫困地区“脱贫摘帽”做出积极贡献。深入开展配网三年整治提升行动，配网跳闸事件同比减少37.25%，不停电作业次数同比翻番。加快推动重大市政工程供电任务，协调推进米易“太阳湖”110千伏电力线路搬迁、安宁站至龙蟒氯化钛渣变电站新建110千伏线路、金杯半山—米易太阳谷康养度假区多回电力线路迁改工程，新建电力线路199.9千米，变电容量7万千伏安。

2019年9月27日，四川省电力公司总经理、党委副书记胡海舰一行调研指导公司工作　　（杨林　摄）

【经营管理】强化资金管控，汇票收取同比压降94.74%，节约融资成本3000余万元。非生产性费用压降2300余万元，同比下降36.5%。完成替代电量21.51亿千瓦时，增收超过2亿元。优化精准投资管理，动态调整7900余万元完善配网结构，配网运行可靠性和经济性有效提升。线损治理成效卓著，配电线路和台区线损合格率分别提升10.15和5.85个百分点。市场化交易电量达91.98亿千瓦时，占公司售电量的79.71%。反窃查违追补电费及违约使用电费520万元，同比增加509万元。电商化采购交易额达3366万元，积压库存物资金额减少58%，超额完成省公司任务。完成审计项目163项，促进增收节支2087.35万元。发布县公司对标体系，加大关键指标管控，县公司管理水平持续提升。深入开展“规章制度落实督导年”活动，废、改、立制度37项，高质量完成党内规范性文件清理。

【安全生产】修订安全奖惩等规章制度，安全管理水平明显提升。严格防范人身伤害风险，公司连续6年获评省公司安全先进单位。深入推进“大排查、大整治、大数据”专项行动，治理设备隐患427项。精准落实“日管控”措施，全年管控各类作业3.5万余项次，作业现场实现全流程管控。修编完善各类预案128项，落实风险管控措施112项次，全面完成盐边电网补强等25个重点项目，确保电网安全稳定运行。创新智能运检模式，在全川率先开展“机器代人”智能巡检试点，相关经验在国网专业会上交流。迎战“护网2019”安全演练，网络安防能力得到检验提升。妥善做好应急保电工作，完成中华人民共和国成立70周年等重要保电任务。

【农电工作】2019年，农网建设改造总投资9097.34万元，共35个项目，新建10千伏线路78.89千米，低压线路440.04千米，新增10千伏配变115台，配变容量20.55兆伏安。按照市脱贫办挂牌督战米易县脱贫攻坚工作要求，对1304户搬迁到米易县的凉山自发搬迁户进行电力改造，已完成1044户，剩余的222户在2020年4月前全部改造完毕。积极推动益民乡低压改造工程，完成二滩电站建设移民集中安置点配电网络升级改造，解决7个村、21个社、2752户用户的用电问题。积极推进定点扶贫、消费扶贫，公司获评攀枝花市扶贫工作先进单位。

【科技与信息化工作】全面加强科技与信息化建设。2019年，申报专利7项。完成核心论文1篇，省级及以上刊物发表论文15篇。职工技术创新成果《RW10-35型高压限流熔断器端帽的研制》获全国能源化学地质系统优秀成果一等奖，职工技术创新成果《新型防小动物隔墙的研制》获全国能源化学地质系统优秀成果二等奖，职工技术创新成果《批处理封堵高危端口》获全国能源化学地质系统优秀成果三等奖。开展职工技术创新，形成职工技术创新成果17项，3项获国家专利。大力推进综合自动化改造，35千伏及以上变电站无人值班率100%，信息网络可用率100%，调度类重要业务保障率100%。

【市场服务（优质服务）】 实施优化电力营商环境两年行动，高、低压业务平均接电时间分别降至34天、1.9天。落实各项电价政策和降价降费措施，降低客户用电成本12.19亿元。在四川率先推出“水电气”过户一窗通办等服务举措，促成攀枝花市涉电审批部门从10个精减至2个。完善投诉管控激励机制，投诉率下降60.09%。深化营销智能转型，全口径自动采集成功率达到99.92%。完成507台存量高压客户费控装置安装，高压购电制执行率达到51.1%，低压客户线上缴费率全川领先。“三供一业”改造高效推进，新增智能电表用户8.8万户，完成8万户居民供电设施改造移交。投运4座高速公路充电站，实现G5高速攀枝花段快充站“全覆盖”。

2019年11月28日，国网攀枝花供电公司党委书记、副总经理文光辉（左二））为成昆复线米易牵引站输电工程党员突击队授旗 （季鑫 摄）

【党的建设和精神文明建设】扎实开展“不忘初心、牢记使命”主题教育活动，集中解决思想作风、改革发展、为民服务等突出问题101项，党委核心领导、党支部战斗堡垒和党员先锋模范作用有力强化。深化“党建+”主题实践，成立“三区两州”等急难险重项目临时党支部3个、重点攻关项目党员突击队13支，党建、业务深度融合，党建价值全面彰显。“三线阳光”企业党建联盟作为党建重点项目接受市委、市政府领导班子检阅并得到高度评价，跻身全市基层“四大特色党建”之列，被列为《攀枝花市加强国有企业党建六条措施》之一。接受省公司党委巡察，高质量排查整改问题69项。严肃执纪问责，全年处理处分57人次。畅通“126连心桥”职工诉求渠道，响应职工各类诉求80件。在省公司各类劳动竞赛中，获团体奖5项、个人奖8项，3名职工获攀枝花市第八届“劳动模范”称号、1名职工获“敬业奉献四川好人”称号，5个班组获评国网公司先进班组。攀枝花电力建设元素植入中央电视台《大三线》电视剧，微电影《望望》荣获中宣部第三届社会主义核心价值观微电影一等奖。公司党委获评国网公司“红旗党委”，检修试验电气试验班获评国网公司“工人先锋号”。电网建设、脱贫攻坚、党建引领等工作获各级领导批示肯定13次。

【存在的主要问题】攀枝花公司优秀人才流失严重，人才招揽困难。随着国网公司“放管服”管理方式转变，在现有省公司人员入口管理逐步收紧政策环境下，攀枝花因地处四川西南边陲，交通受限，省会城市及周边“虹吸效应”显著，攀枝花公司优秀骨干人员及招聘的高校毕业生流失严重。近3年，攀枝花公司新增毕业生56人，调出至省公司或其他地市单位17人，解除劳动合同14人，近3年净减比率高达55%。

【国网攀枝花市仁和供电公司】国网攀枝花市仁和供电公司成立于2003年。担负着仁和区1727平方千米、22.35万人的供电任务，用电户10.9万户。截至2019年年底，国网攀枝花市仁和供电公司累计完成售电量38.58亿千瓦时，同比增长10.84%；累计完成售电收入18.42亿元，同比增长14.71%。电费回收率完成100%。综合线损率1.61%，同比上升0.21个百分点。日台区线损合格率最高达98.06%；10千伏线路跳闸次数79次，同比降低55%。全年电网建设项目投资2093.37万元，投产公用变12台，投产线路55.59千米，助力社会经济发展和民生改善。高质量完成火车南站站前广场用电建设，受到政府的高度肯定。

【国网攀枝花市西区供电公司】国网攀枝花市西区供电公司成立于2008年，担负着攀枝花市西区及周边部分地区1376平方千米，总人口约29万人的供电任务。公司辖区共有220千伏变电站2座、110千伏变电站8座、35千伏变电站6座，变电站总容量1750.3兆伏安。管辖10千伏（6千伏）配网公网线路61条（其中城网34条、农网27条），总长度835.895千米。截至2019年12月31日，国网攀枝花市西区供电公司累计完成售电量7.1943亿千瓦时；实现销售收入4.1213亿元，综合售电均价572.87元/千瓦时；综合线损率3.52%；电费回收率100%，连续安全生产4217天。更换非2013版老旧及故障智能电表15293只，完成“三供一业”成都铁路局西区辖区客户、华电公司西区辖区客户、攀钢集团清香坪片区客户约18000户现场施工验收、SG186系统、采集系统、PMS与GIS建档工作。

【国网米易县供电公司】国网四川省电力公司米易县

供电分公司（以下简称“米易公司”）是集发、输、配、供于一体的国家电力企业，担负着米易县所辖区域的供电任务。公司全年完成售电量18.32亿千瓦时，同比增长16.63%，完成年计划的101.78%；全年应收电费结零；综合线损率2.05%，全面完成市公司下达目标任务；累计完成业扩报装新装（增容）业务1722户，新装总容量26.78万千伏安。投诉压降指标同比下降61%，完成指标值为122%。优质服务满意率100%，客户服务满意率100%。安全生产事故、影响和损害企业形象的重大服务事件、稳定和廉政重大事件实现“零”目标。组织开展防地质灾害、防山火、防大面积停电等应急演练19次，参演人数350人次。推进标准化党委、党支部建设，夯实基层党组织结构，设立18个基层支部，打造12个标准化党员活动室。2019年，公司按照县委、县政府的要求，凉山移民搬迁贫困户2019年脱贫429户、2020年脱贫589户，共1018户。完成湾丘乡4个村、170户贫困户的精准扶贫工作。其中，帮扶的热水村92户顺利通过国家验收。

【国网盐边县供电公司】国网四川省电力公司盐边县供电分公司（以下简称“盐边公司”）供电面积3269平方千米，营业户数80836户。2019年，售电量7.87亿千瓦时，同比增长22.72%；售电收入4.3亿元，同比增长16.41%；电费回收率100%；综合线损率5.0%；实现连续安全生产2916天，各项经营指标呈现稳中有进、持续向好的势态。建成投运110千伏安九线，彻底解决了5个110千伏变电站双电源问题，提高了电网的可靠性。投入7793.43万元实施28项农村配网项目。持续优化营商环境，落实降价政策，客户节约用电成本约4600万元。全面接管红格供区，持续打造红格特色小镇坚强可靠电网，红格镇政府及用户满意度显著提升。强力援建“三区两州”，从各部门抽调出9名业务骨干深入凉山腹地，高效开展援建工作，并提前10天完成援建主体工程。选派优秀干部接力大窝凼村驻村第一书记工作，选派青年员工担任温泉乡那片村驻村队员，全力助推脱贫攻坚。

（邱超、郭小兵、王冬燃）

国网阿坝供电公司
国网阿坝州电力有限责任公司

【企业概况】国网四川省电力公司阿坝供电公司（以下简称“分公司”）是国网四川省电力公司直属的特一型供电企业。国网四川阿坝州电力有限责任公司（以下简称“州公司”）是省公司控股的市州级供电企业，与分公司按两块牌子、一套人员运作，州公司下辖全资县级子公司12个，供电面积7.1万平方千米，承担全州70余万人的生产生活供电任务。

截至2019年年底，公司拥有220千伏变电站12座，变电容量324万千伏安；110千伏变电站29座，变电容量122.11万千伏安；35千伏变电站65座，变电容量41.855万千伏安。220千伏线路28条，线路长度980.06千米；110千伏线路34条，线路长度1154.56千米；35千伏线路84条，线路长度1715.41千米。

2019年，完成并表口径售电量92.34亿千瓦时，同比下降0.94%，营业总收入27.69亿元，同比增加0.84%，线损率4.07%，同比下降0.25%。截至12月31日，实现连续安全生产5027天。

【人力资源】截至2019年年底，分公司全民在册员工92人。州公司系统共有各类用工1780人。其中，本部全民在册人员330人，分公司支援到州公司工作92人，兄弟单位援藏人员47人，劳务派遣人员34人。2019年，组织开展针对公司科级以下管理人员、技术技能人员、班组站长，各县级公司的部门负责人的履职能力培训两期次，培训60人次；组织开展2019年新进高校毕业生入职培训两期次，培训61人次，并将本部20名新员工下放各县级公司进行轮岗实习。大力推进各级优秀人才选拔推荐，任期内省公司级专家人才共10人、电力雏鹰11人。继续开展“双导师”制度藏区职业教育班试点工程，为县公司电力人才补充新鲜血液。

【电网建设与发展】省公司与州政府签订“十四五”战略合作协议，全面推进“电力高速公路”建设。完成金川220千伏输变电工程可研，2个成兰铁路牵引站、小金四姑娘山110千伏输变电工程及红原变电站110千伏配套工程取得核准。马尔康500千伏、红原220千伏、成兰铁路220千伏输变电工程加快推进。

23个“三区两州”项目全部建成投运，荣获省公司“三区两州”电网建设安全特殊贡献奖。全面接管九寨沟景区内电网设备运维，按期完成灾后电网重建项目，保障景区顺利开园。

2019年1月10日，阿坝公司召开第一次党代会
（兰静雯　摄）

【经营管理】严控计划外投资，严禁低效无效投资，经研评审成本项目904项，审定金额4.55亿元。开展“规章制度落实督导年”活动，新增、修订、废止规章制度37项。大力推进工程长期挂账清理，完成清理长期挂账项目1084个，转资4.4亿元。完成库存物资清理盘点，建立健全“一本账”。推行非物资框架和定点招采模式，刚性实施批次招采。智能稽查发现一例大用户窃电案件，被国网公司营销部列为典型案例。深耕电能替代市场，完成替代电量1.33亿千瓦时，增长235.95%。积极争取保险理赔，减少损失575.77万元，获评四川省“小额快赔推广应用工作先进单位”。强化台区线损管理，合格率达到71.92%，提升7.88个百分点。产业单位35千伏电网项目开工、投运率创新高，农网工程结算取得历史性突破，资质升级通过省能监办现场核查，业绩考核居省公司第六位。

【安全生产】扎实开展安全责任清单宣贯培训，各级各类人员知责明责、履职尽职。修订安全专项奖励和处罚实施意见，专项奖励312万元。完善安全督查机制，查处违章2474项，视频通报8期。严格落实风险预警管控，发布电网运行风险预警14次。着力老旧输配电设施改造升级110千伏线路跳闸次数下降34.07%。扎实开展配网整治提升三年行动，10千伏线路跳闸次数下降28.9%。强化消防安全管理，与州消防支队签订战略合作协议。高效处置汶川“8·20”强降雨特大山洪泥石流等自然灾害，以最短的时间恢复6万余户受灾用户供电，获国家能源局通报表扬。完成中华人民共和国成立70周年、全国“两会”、中高考等重要保电任务，得到各级政府和社会各界的高度认可。

【农电工作】完成3.75亿元农网改造投资，137个贫困村电网得到改造，不断提高全州农村、牧区电网供电质量，让农网升级改造成果实实在在惠及州内藏族、羌族等广大少数民族日常生活。深化“全能型”乡镇供电所建设，全力推进台区经理制，共设置台区经理127名。组织开展两期“全能型”乡镇供电所建设及星级供电所创建培训，共65人参加，进一步促进供电所综合业务技能水平提升。

【科技与信息化工作】荣获国网公司科技进步奖三等奖1项、青创赛铜奖1项，省政府科技进步三等奖1项，专利3项、软著1项。开展光纤自动切换装置安装，对公司本部—茂县变、茂县变—色尔古变等重要光路加装光纤自动切换装置，提高通信网业务稳定性。

【市场服务（优质服务）】深入开展漠视侵害群众利益问题专项整治，积极配合清理转供电环节不合理加价行为，供电服务质量不断提升。持续优化营商环境，大力拓展“三省+三零”办电服务，10千伏平均接电时间降至37天，客户“获得电力”感知进一步提升。全面落实第二次一般工业电价降10%，释放改革红利。州政府工业企业帮扶资金滚动借款35次、资金8319万元。深化营销智能转型，智能电表覆盖率、线上缴费率分别达到99.9%、27.96%。开展脱贫攻坚“两不愁、三保障”生活用电情况排查，实现供区内易地搬迁集中安置点和贫困户新建用房及时通电。

【党的建设和精神文明建设】开展“不忘初心、牢记使命”主题教育活动，组织调研9次，形成调研报告9份，检视问题47条，制定整改措施111条，在州委主题教育总结大会上代表发言。召开公司第一次党员代表大会，选举产生新一届党委和纪委。全面推进新时代先锋川电“党建+”工程，党建与生产经营管理深度融合。专项整治形式主义、官僚主义，整治问题23个。扎实开展“抓整改、除积弊、转作风、为人民”专项行动，作风行风明显改善。完成1家二级机构自主巡察和4家县公司交叉巡察，两个协同监督项目在省公司获奖。构建“126连心桥”职工诉求服务体系，响应职工诉求233条。深入推进“大培训、大比武、大提升”活动，举办中层干部和本部管理人员履职能力培训班，选派5名青年员工到先进单位挂职锻炼。39人取得中级职称，10人取得副高级职称，3人入选省公司电力雏鹰。强化信息报送，“公司积极服务汶川地震灾区经济社会发展”“积极推动黄河流域生态保护”专报素材获国网公司专报采用。获州团委“纪念五四运动100周年主题活动”优秀组织奖，获省公司“我与祖国共奋进”篮球赛冠军。

【存在的主要问题】一是安全可靠供电压力大。电网网架结构薄弱，设备老旧、故障率高、运维不到位，局部“卡脖子”、频繁停电、停电时间长等问题依然突出。州内地质灾害隐患位居全省第一。近年地震、洪水、泥石流、雨雪冰冻等灾害多发，严重威胁电网安全，应急抢险任务较重。二是县公司发展水平低。因各县公司进入国网体系时间短，在安全生产、经营管理、优质服务、体制机制、员工理念等方面仍然存在许多突出问题和薄弱环节。加上改制前体制各异、管理基础差、历史包袱重、遗留问题多、亏损面广、人力资源支撑不足，严重制约了县公司可持续发展和自身解决历史遗留问题的能力，靠州公司“输血式”帮扶较多，实现真正意义上全面扭亏和良性发展的任务仍十分艰巨。三是员工队伍支撑能力不足。县公司员工年龄分布呈哑铃状，临近退休和新进员工较多，中坚力量断层，青黄不接；州公司员工普遍年轻，管理水平和工作经验缺乏，指导和管控能力不足。

【国网马尔康县供电公司】国网四川阿坝州电力有限责任公司马尔康市供电分公司成立于2011年7月。在册员工167人，担负着全市14个乡（镇）、105个村、1.5万余户、5.6万余人的生产生活供电任务。网内有松岗、热足电站两座发电站，总装机2.39万千瓦。110千伏变电站5座，主变6台，变电容量18.8万千伏安；110千伏线路6条，线路长度196.29千米；35千伏变电站5座，主变6台，变电容量45.2万千伏安；35千伏线路8条，线路长度223千米；10千伏线路33条，线路长度413千米；完成自发电量1.45亿千瓦时，完成售电量3.16亿千瓦时。截至2019年12月31日，公司实现连续安全生产3086天。

【国网理县供电公司】国网理县供电公司成立于2011年8月，在册员工124人，担负着全县13个乡（镇）、81个行政村、13968户、4.5万余人的生产生活供电任务。网内并网电站有板子沟、三道桥、维关、漆树坪、农家乐、甲司口、6座上网小水电站，总装机24.29万千瓦。代为运维110千伏变电站4座，主变3台，变电容量15.6万伏安。拥有35千伏变电站9座（3座简易变电站），共有主变12台，变电容量5.745万千伏安，35千伏线路12条，线路长度186.16千米；10千伏线路27条，线路长度545.93千米。10千伏公专变配电变压器470台，配变总容量77.168兆伏安。2019年，完成购电量2.24亿千瓦时，售电量1.94亿千瓦时。截至2019年12月31日，公司实现连续安全生产3040天。

【国网汶川县供电公司】国网汶川县供电公司成立于2011年7月，在册员工144人，担负着全县6个乡（镇）、74个村、1.9722万户，8.9万余人的生产生活供电任务。拥有110千伏线路2条，共14.1千米；35千伏变电站7座，主变共11台，主变总容量82.7兆伏安；10千伏开关站1座。输配电线路共52条，共计长度486.2621千米，其中35千伏线路14条，长度为144.3337千米，10千伏线路38条，长度341.9284千米。2019年，完成售电量4.9亿千瓦时。截至2019年12月31日，公司实现连续安全生产6940天。

2019年8月22日，电力员工现场进行汶川“8·20”抢险救灾（兰静雯　摄）

【国网壤塘县供电公司】国网壤塘县供电公司成立于2011年7月，在册员工30人，担负着全县9个乡（镇）、47个村、10000余户、4万余人的生产生活供电任务。拥有章光发电站1座，总装机1140千瓦；110千伏变电站2座，主变2台，变电容量6.3万千伏安，110千伏线路1条，线路长度78.9千米；35千伏变电站6座，主变6台，变电容量2.205万千伏安，35

千伏线路7条，线路长度131.8千米；10千伏线路18条，线路长度476.58千米。2019年，完成自发电量441.9万千瓦时，完成售电量4081.39万千瓦时。截至2019年12月31日，公司实现连续安全生产3140天。

【国网松潘县供电公司】国网松潘县供电公司于2011年7月成立，在册员工144人，担负着松潘县20个乡（镇）、142个村、2万余户、8.5万余人的生产生活供电任务。另外，小河片区委托平武县供电公司供电，毛尔盖片区由国网黑水县供电公司供电。拥有云屯、鸳鸯桥、虹桥关、金苍坪发电站，总装机6700千瓦；拥有35千伏变电站10座，主变压器14台，变电容量7.595万千伏安，拥有35千伏及以上输电线路14条，线路长度238千米，10千伏线路37条，线路长度622千米。2019年，公司完成售电量13681.4万千瓦时，完成发电量552.3551万千瓦时。截至2019年12月31日，公司实现连续安全生产3066天。

2019年10月15日，公司领导在松潘开展“不忘初心 牢记使命”主题教育活动 （兰静雯 摄）

【国网金川县供电公司】国网金川县供电公司成立于2011年8月，在册员工108人，担负着全县境内23个乡（镇）、109个行政村及马尔康木尔宗乡，共7.7万人的生产生活用电任务，金川电网最大负荷约3.4万千瓦。拥有万林、独松二级、阿科里、卡撒4座发电站，装机容量4600千瓦；110千伏变电站2座（110千伏勒乌变电站、110千伏观音桥变电站），35千伏变电站3座（35千伏城关变电站、35千伏撒瓦脚变电站、35千伏安宁变电站），各变电站均实行无人值守；共有35千伏变压器5台，变电容量22兆伏安110千伏变压器2台，变电容量80兆伏安；35千伏输电线路6条，共132.5千米；10千伏配电线路23条，共966.8千米；10千伏公用配变变压器593台。2019年完成自发电量2435.58万千瓦时，完成售电量15633.25万千瓦时千瓦时，营业收入4600万元。截至2019年，12月31日，公司实现连续安全生产3111天。

【国网黑水县供电公司】国网黑水县供电公司成立于2011年7月，在册员工99人，担负着全县17个乡（镇）、124个村、20895户、6万余人的生产生活供电任务。拥有德石窝、仁头沟、谷汝、麻窝4座发电站，总装机5085千瓦；110千伏变电站2座，主变2台，变电容量6万千伏安，110千伏线路2条，线路长度16.8千米；35千伏变电站5座，主变7台，变电容量1.825万千伏安，35千伏线路10条，线路长度146.161千米；10千伏线路24条，线路长度554.83千米。2019年，完成自发电量2326万千瓦时，完成售电量6874万千瓦时。截至2019年12月31日，公司实现连续安全生产1717天。

【国网小金县供电公司】国网小金县供电公司成立于2011年8月。至2019年12月31日，在册员工164人，担负着全县11个乡、7个镇、134个行政村、8万余人的生产生活供电任务。拥有110千伏变电站3座，变电容量15.6万千伏安，110千伏线路7条，线路长度89.845千米；35千伏变电站9座，变电容量5.115万千伏安；35千伏线路16条，线路长度215.06千米；配变872台，变电容量13.08万千伏安；10千伏线路32条，线路长度920.9千米。管理水电站1座，总装机4800千瓦；完成自发电量0.24亿千瓦时，售电量完成4.2亿千瓦时。2016年，该公司有效推进“三集五大”体系全面建设，建立新型组织岗位体系，完成新体系的组织机构建设和人员上岗工作。截至2019年12月31日，公司实现连续安全生产3082天。

【国网阿坝县供电公司】国网阿坝县供电公司成立于2011年7月，在册员工81人（包括5名领导），担负着阿坝县行政区域内2个镇、17个乡、2个牧场、87个行政村、2.62万户、6.79万人的生产生活供电任务。拥有110千伏变电站2座，主变压器3台，变电容量9.45万千伏安；35千伏变电站6座，主变压器6台、变电容量1.775万千伏安。拥有110千伏线路2条、线路长度73千米；35千伏线路7条、线路长度282千米；10千伏线路22条、线路长度722.54千米；10千伏变电台区544台、变电容量6.5301万千伏安；0.4千伏线路总长714.72千米。2019年，完成售电量7902.7023万千瓦时。截至2019年12月31日，公司实现连续安全生产2992天。

【国网红原县供电公司】国网红原县供电公司成立于2011年7月，在册员工67人，担负着全县11个乡（镇）、36个村，2万余户、4.6万余人的生产生活供电任务。110千伏变电站3座，主变4台，变电容量7.33万千伏安、35千伏变电站6座，主变6台，变电容量1.86万千伏安，35千伏线路186.29千米；10千伏线620.29千米。2019年，完成售电量5008.32万千瓦时。截至2019年12月31日，公司实现连续安全生产3106天。

【国网若尔盖县供电公司】国网若尔盖县供电公司成立于2015年7月，公司在册员工86人，供电区域面积10437平方千米，承担着全县2个镇、15个乡、2个牧场、7.8万余人的生产生活供电任务。拥有发电站两座（巴西电站、热尔电站），总装机4800千瓦；110千伏变电站3座，主变4台，变电容量11.1万千伏安，110千伏线路3条，线路长度247.5千米；35千伏变电站4座，主变4台，变电容量1.145万千伏安，35千伏线路8条，线路长度282.299千米；10千伏线路21条，线路长度827.73千米。2019年，完成自发电量1374.64万千瓦时，完成售电量9315.80万千瓦时。截至2019年12月31日，公司实现连续安全生产1618天。

【国网茂州供电公司】国网茂州供电公司成立于2018年10月，公司在册员工56人，承担着茂县、九寨沟县的生产生活供电任务。无发电站；110千伏变电站2座，主变2台，变电容量4.5万千伏安，110千伏线路4条，线路长度188.246千米；10千伏线路1条，线路长度8.7千米。2019年，完成售电量15584.6747万千瓦时。截至2019年12月31日，公司实现连续安全生产6518天。

（周　勇）

国网绵阳供电公司

【企业概况】国网绵阳供电公司成立于 1975 年。公司设本部职能部门 11 个，业务支撑和实施机构 8 个，下辖县级供电公司 6 个，受托管理产业单位 1 家。共有用电客户 184.13 万户。绵阳配电网规模位居全省公司第二，以 500 千伏平武站为水电汇集点，以 500 千伏富乐站、诗城站为枢纽，构筑了围绕主要负荷中心的 220 千伏双环网骨干网架。公司所辖 35 千伏及以上变电站达 122 座（其中 220 千伏变电站 15 座），变电容量 904 万千伏安，线路 296 条，长度 4385.93 千米。全网最高负荷 218.2 万千瓦，最大日电量 3963 万千瓦时。近年来，先后获全国五一劳动奖状、全国文明单位，国网公司先进集体、文明单位、安全生产工作先进集体，省公司先进单位、先进基层党组织、红旗党委、双十佳文明单位等荣誉。

2019 年 3 月 27 日，国网绵阳供电公司采用人力加无人机巡检方式对重要跨越线路进行隐患排查工作　（田海　摄）

【人力资源】截至 2019 年年底，公司共有员工 4131 人。其中，长期职工 1953 人，劳务派遣用工 34 人，农电用工 1426 人，集体职工 277 人，集体企业直签合同用工 441 人。员工平均年龄 44.2 岁。已完成职工劳动生产率 84.65 万元/人•年。长期职工中，研究生及以上学历 173 人，大学本科学历 1238 人，大学专科学历 393 人，中专及以下学历 149 人；有高级技师 121 人，技师 514 人，高级工 328 人，中级工及以下 990 人。

【电网建设与发展】促成省公司与市委、市政府主要领导会谈，与市住建局、涪城区等 5 家单位签订战略合作协议，政企互利共赢格局持续优化。积极开展规划研究，常态化诊断分析电网运行情况，准确测算 2020—2025 年电网负荷和投资边界，完成 37 个 35 千伏及以上电网项目规划入库、

60个规划变电站站址校核，配网网格化需求报告入选国网公司范本推广名单，奠定“十四五”精准规划基础。完成220千伏永兴至孟家西线π接磨家梁等3个项目核准，推动500千伏绵阳南、天明电厂送出工程顺利开工，建成投产青义等110千伏及以上输变电工程4项，新增35千伏及以上变电容量40.6万千伏安、线路长度25.8千米，完成城农网新建及改造投资1.98亿元，各级电网架构更加坚强。开展“百日攻坚”行动，实现营配调数据全面贯通。配电自动化覆盖率达91.2%，居省公司系统前列。

【经营管理】加快多维精益管理体系建设，投资更加精准、成本实现全过程闭环管控。推动长期挂账工程清理，建立超期决算项目滚动治理长效机制，有效资产持续夯实。全川首家开展现金流“按日排程”试点，实现资金精益管控。推动降本节支措施落地，非生产性支出压降18.52%，其中三公经费同比降低23%。持续开展经济调度，深挖电网降损潜力，减少电量损失580万千瓦时。狠抓台区线损治理，日合格率最高达96.83%、同比提升11.24个百分点。开展智能稽核和反窃查违行动，挽回经济损失457.85万元。大力实施电能替代，完成替代电量2.92亿千瓦时，实施锅炉煤改电22蒸吨。优化供应商入围机制，搭建合格供应商库，提升管理规范性和采购效率。持续压降库存物资，同比减少68.81%。触电形成案件同比下降50%。组织“会前学规章制度”15期，全面梳理巡视巡察审计问题清单，落实强基固本专项行动155项针对性举措，荣获省公司“规章制度落实督导年”先进单位。

【安全生产】扎实开展“三个专项治理”、安全生产大检查、十大专项整治等行动，深入推进85项安全生产重点任务落地，安全生产基础持续筑牢。动态修订安全责任清单，开展各级人员、外协队伍等安全履责评价，试点开展县公司安全专项巡查，优化安全激励约束机制，安全责任体系不断健全。修订发布《典型违章470条》，严格周通报、安全约谈等机制，保持反违章高压态势。狠抓设备运维和反措落实，主电网继续保持安全稳定运行。实施永兴、桑枣等6座变电站设备集中检修，妥善处置220千伏劲松站电子式电压互感器等9处危急缺陷，累计整改安全隐患1400余项。实施配网管理登高和“一线一人”经理制，输、配电线路跳闸同比分别下降20.3%、47.2%。首次举办全市电力工作会暨大面积停电事件应急演练，形成政府主导、社会各方共同参与的大范围停电事件处置联动机制。紧急驰援汶川抢险救灾，完成中华人民共和国成立70周年、科博会等重大保电任务236次。公司获评省公司安全生产先进单位、安全生产特殊贡献奖等荣誉。

【农电工作】深化全能型供电所建设，新创建国网公司五星级乡镇供电所1个、四星级2个。服务脱贫攻坚和乡村振兴，加快电网改造升级，定点帮扶10个村、228户、594人全部脱贫，北川公司荣获绵阳市第三届“脱贫达人”贡献奖。

2019年8月7日，国网绵阳供电公司施工人员在220千伏桑枣变电站给主变压器安装散热器　（田海　摄）

【科技与信息化工作】加快泛在电力物联网建设，签订政企校五方框架合作协议，推动组建全产业链企业联盟，“一区一园一所”示范型项目入选省公司“泛在电力物联网三年规划”。“新零售”模式供电营业厅、“多站融合”数据中心站率先在绵落地，“源网荷储协同服务”项目试点工作获国网公司肯定。全省率先构建立体化巡检体系，首创三维激光巡检数据一体化处理，试点无人机可见光倾斜摄影。省公司青创赛获1金、4银、3铜的优异成绩，1个项目获国网公司铜奖。授权专利9件，劳动竞赛技术比武和创新质量管理获省公司级以上集体表彰11项、个人表彰15项。公司获评四川省质量管理小组活动优秀企业。

【市场服务（优质服务）】优化重点项目协调服务机制，高效保障京东方、惠科等12项重大项目用电，在京东方量产及交付仪式上接受锦旗并作发言。落实优化营商环境两年行动计划，高、低压业扩平均接电时长压降至33天、1.8天，“电管家”服务模式全域全覆盖。入驻9个市、县政务中心，推行房电水气联动过户服务。开展“抓整改、除积弊，转作风、为人民”专项行动，亮剑漠视侵害群众利益行为，投诉同比下降60.7%。组建科技城带电作业中心，带电作业2014次、减少6.43万停电时户。打通地方财政资金补贴政策通道，老旧小区供配电设施改造加快实施。深入推进营销“三全”建设，智能电表覆盖率、全口径自动采集成功率分别达99.99%、99.92%。全面开通电e宝、工农中建高压客户网银缴费，低压客户线上缴费251万笔、4.7亿元，网上办电体验持续提升。

【党的建设和精神文明建设】创新“党建+安全生产”“543”三级联动模式，承办省公司“党建+”现场会，评选“五标三型”示范党支部14个，党建价值创造力有效提升。科技城共产党员服务队荣获“感动绵阳十大人物”。分专题开展“十讲十增强”宣讲，制定口袋书，推动“十讲十增强”入脑入心。创新营销、产业单位2个专业监察性审查，“一岗双责”压紧压实。开展“三廉”主题教育活动，组织9期502人次实地参观，廉洁警示教育实现“四个全覆盖”。坚持“十讲十增强”标准选人育人，全省率先开展优秀骨干调研，调整干部101人次，干部队伍结构持续优化。开展“大培训、大比武、大提升”活动，举办“绵电大讲堂”6期，开展培训项目260余项，356人次实现职称职鉴学历提升。开展“70年70事”主题宣传，《为爱守护》荣获亚洲微电影节最佳奖项。公司荣获中国企业“社会责任行业影响力”奖。

2019年3月4日，国网绵阳供电公司开展学雷锋志愿者服务活动 （田海 摄）

【存在的主要问题】传统管理惯性下，经营理念较为粗放，资源协同优势没有充分发挥，管理、服务、人才队伍水平还需进一步提升。

【国网江油市供电公司】公司成立于1962年10月，担负江油市23个乡镇、1个办事处和1个省级高新技术产业园区，以及相邻的青川、剑阁、平武、北川等部分地区的供电任务，供电面积约3100平方千米，拥有电力客户40.35万余户。

截至2019年年底，公司共有员工603人，其中长期职工126人(含内退1人)，农电用工401人，集体职工53人，集体企业直签合同用工23人。员工平均年龄45.2岁。长期职工中，研究生及以上学历10人，大学本科学历83人，大学专科学历27人，中专及以下学历6人；高级技师10人，技师47人，高级工27人，中级工及以下42人。

落实2019年配电网滚动规划，完成城区新建110千伏城中变电站控规用地布局，雁门至硫铁矿T接龙池35千伏线路工程项目可研，以及老旧小区改造、农网配变容量提升项目规划。完成电网建设项目27个，新增更换配电线路56.81千米。延伸会让、会界线，新建会园一、二线，及时解决含增工业园供电问题。投运10千伏溪新线、官镇线，有效解决线路重载问题。高效推动九绵高速、中绵复线等电力迁改。

落实“规章制度落实督导年”工作部署，开展规章制度学习29期。内设监控班、客户服务班。扎实开展基础数据治理，分线线损、台区线损分别提高到90.53%、96.87%，线路线损达标率稳居市公司前两位。全年累计查处违约用电、窃电及计量差错83起，挽回经济损失190.22万元。加大产业单位往来账款清理力度，回收陈欠款2901.75万元。妥善解除启明星氯碱化公司项目贷款房产担保，有效解决历史遗留难题。

狠抓外包队伍管理，将其纳入安管系统，实现安全管控全覆盖。深入推进“党建+安全生产”工程，统筹策划季度安全主题党日活动。精准作业计划“日管控”，扎实开展输配电线路“三跨”等各类隐患整治279处，防外破整治50处，清理涉电鱼塘隐患140处，增补安全警示57处，反违章和触电案件压降专项治理成效明显。全力应对“7·29”等雷暴雨自然灾害和连续高温天气，确保第一时间恢复正常供电。深入开展“防风险、保平安、迎大庆”专项行动，完成中华人民共和国成立70周年等重要保电任务65次。

完成新安、厚坝“三型一化”营业厅建设。原博信农电工伤员工成功移交当地社保。聚焦“全面脱贫、区域发展”工作要求，积极开展精准帮扶大走访活动，组织走访贫困村564个，走访贫困户16494户次，解决贫困村（户）生产生活用电问题

198 个。认真落实“低保五保户”减免电费政策，为五保、低保户共减免电费 105.52 万元，不断提升困难群体幸福感、获得感。开展“两不愁三保障”回头看大排查，确保脱贫不返贫、稳得住，切实巩固脱贫成效。公司获评江油市“2018 年度脱贫攻坚先进单位”。

推进配网“管理登高”20 个月行动计划，编写线路“经理人”清单，推行“一线一人”制度，开展高跳线路监察性巡视，主线跳闸次数同比下降 33.60%。创新开展裸线绝缘化喷涂试验，采用钢板雕刻字模喷涂方式，全年减少运维成本约 20 万元。加速推进配网自动化建设，完成 112 条线路配网自动化改造，1110 台故障指示器安装。在 10 千伏电缆中间接头隐患处理中，采用电缆熔接技术，完成远程操作开关样品试制，智能运检持续深化。

国网绵阳供电公司在春节前夕开展科技城党员服务队电力科普送乡村系列活动　（田海　摄）

落实国家发改委电价政策，降低一般工商业电价，减少客户用电成本 560 万余元。深化营销“三全”建设，全口径采集成功率最高达到 99.90%。深化“互联网+营销服务”，线上缴费金额达到 5930.23 万元，费控执行率 71.30%。持续开展服务投诉压降专项治理，城区投诉同比下降 73%。落实“三加三减”“三省+三零”办电服务，高、低压业扩平均接电时长分别压降至 35.68 天和 1.86 天。持续开展阳光透明办电，进驻江油市行政服务中心窗口，不断提升客户“获得电力”感知。全市客户满意度测评名列前茅。

扎实开展“不忘初心、牢记使命”主题教育活动，围绕 9 个专题进行 13 次中心组集中学习研讨，深入开展“五共建·促提升”活动，扎实推进“抓整改、除积弊、转作风、为人民”专项行动，“迎峰度夏、先锋引领”“践行初心使命大家谈”等主题党日活动彰显党建价值创造。以多种形式庆祝中华人民共和国成立 70 周年，爱国主义精神得到广泛传播。扎实推进“大培训、大比武、大提升”活动，举办“青年大讲堂”，开展两期员工综合素养提升、青工专项等系列培训。推进“126 连心桥”建设，有效畅通职工诉求渠道。完成供电所“五小”示范点、标准点建设。窦进书 37 年默默守护大山光明宣传片获人民网“闪光人物视频日志”、国家电网唯一国资委央企形象宣传片等荣誉。

【国网绵阳市游仙供电公司】公司始建于 1994 年 12 月 26 日，是全国总工会职工书屋示范点建设单位，四川省省级最佳文明单位、四川省电力公司县级一流供电企业、首批“县级供电公司企业文化建设示范点”、企业文化建设先进集体。公司下设 7 个部室、6 个生产班组、7 个乡镇供电所，代管 2 个集体企业。公司担负着游仙区、绵阳经开区、仙海水利风景区以及三台县 6 个村、梓潼县 3 个村的供电任务，供电面积 1163 平方千米，用电人口约 52 万人，辖区内拥有中国工程物理研究院（九院）、624 航空城、川北监狱以及富乐山国际酒店等高危及重要客户 20 户。

公司负责辖区内 2 个 220 千伏、5 个 110 千伏变电站内 35 千伏及以下设备和 7 个 35 千伏变电站、9 条 35 千伏线路（长度 114 千米）、82 条 10 千伏配网线路（长度 1900.43 千米）的运行维护和检修工作。

2019 年，公司紧密围绕年初各项决策部署，统筹推进全年重点工作，较好地完成了全年目标任务。全年完成售电量 19.46 亿千瓦时，同比增加 1.38 亿千瓦时，增幅 7.62%。营业收入 11.63 亿元。电费回收率 100%。110 千伏及以下综合线损率 4.88%，同比下降 0.5 个百分点。公司全年未发生人身、电网、设备、信息、消防事件，未发生负同等责任及以上的一般交通事故。截至 12 月 31 日，公司实现连续安全生产 9136 天。公司获游仙区 2019 年度文明城市建设和精神家园建设工作一等奖、财税金融工作先进单位一等奖等多项荣誉。

截至 2019 年年底，公司共有员工 412 人，其中长期职工 78 人，农电用工 272 人，集体职工 21 人，集体企业直签合同用工 41 人。员工平均年龄 45.2 岁。长期职工中，研究生及以上学历 12 人，大学本科学历 55 人，大学专科学历 9 人，中专及以下学历 2 人；高级技师 6 人，技师 21 人，高级工 4 人，中级工及以下 13 人。

统筹推进电力项目规划，积极对接政府“十三五”规划和产业布局，优化完善《绵阳游仙供电公司电网“十三五”规划》。建立内外部协调机制和重大问题定期沟通机制，主动与各级党委政府沟通协调，属地化协调实现政企联动。2019—2025年规划项目总投资72544万元。其中35千伏及以上项目规划4项，计划总投资15620万元，10千伏及以下项目规划231项，计划总投资56924万元。2019年，公司各项工程建设稳步推进，完成项目61个，资金3052.8万元。2019年，加强专业协同，完善考核标准，加快数据治理，各项指标显著提升，110千伏及以下综合线损达到4.88%，10千伏线路线损率达到6.36%，台区线损合格率达到96.28%。

落实电费回收跟踪工作，严防亏损、关停企业客户欠费风险，高质量完成电费回收年度目标。开展反窃电专项整治，补收违约使用电费10.25万元，同比增长136%。持续优化营商环境，以强化管理推动服务提升。加强问题分析，优化制度标准和业务流程，规范服务行为，为客户提供更加便捷、高效和有针对性的服务。截至2019年12月31日，公司高压业扩项目新增报装140户/8.51万千伏安，高压业扩平均在途时间同比降低16.25天。

2019年，坚持把安全工作放在各项工作的首位，强化落实安全生产责任制，坚守安全红线和底线，业务基础和本质安全管控水平进一步提升。深化“三跨”和频繁跳闸线路整治，设备健康水平进一步提升。持续加强电网设备运维管理，10千伏配网线路跳闸率同比下降1.83%。全年，公司累计开展督察(巡查）2648次，发现问题现场142处，查处违章现场54处，处罚违章人员81人次，处罚金额共18470元。完成迎峰度夏、防洪防汛工作，完成“科博会”、中华人民共和国70周年大庆等各类重大活动保供电任务110次，完成抢修任务3189次，确保了客户用电的持续可靠和电网运行的安全稳定。

公司稳步推进国网“五星供电所”创建工作，魏城供电所五星供电所创建工作完成，并通过省公司组织的国网公司五星级供电所验收命名。

深化“互联网+”优质服务举措应用，积极推广“掌上电力”App、电e宝等线上渠道服务方式，确保电子化服务方式覆盖户数4.93万户，线上缴费用户占比为54.02%。扎实开展群众性技术创新活动和QC活动。创新研发的中国（绵阳）科技城智能电管家成功参加市公司创新之路活动，被省公司推荐参加“中国智能量测联盟峰会”，获好评。创新研发专变客户光伏发电备用电源装置，已投入运行20套，解决了部分专变用户、农排用户在办理暂停、减容、停用后导致表计无电采集失败的情况，成功助推公司专变采集指标上新台阶。

坚持投诉“说清楚”制度，客户投诉同比降低50%。助力45户企业参与直购电、低谷弃水、富余电量消纳交易，完成直购电量交易71308.93万千瓦时，低谷弃水结算电量227.96万千瓦时，富余电量消纳3103.46万千瓦时，为39家企业节约用能成本4000.12万元。积极开展精准扶贫，全面落实“两保户”电费优惠政策，退费到户8.99万户次，优惠电费73.61万元。

扎实开展“不忘初心，牢记使命”主题教育活动，落实从严治党责任，持续深化反腐倡廉教育。提升党建工作质效，着力夯实党建基础。常态开展党建季度检查和业绩评价，深化“三亮三比三无”，常态开展党员“三违”分析，推进党建与中心工作深度融合。持续加大党建细胞建设，石马党支部获市公司“服务型”示范党支部。扎实推进“创先争优”，魏城供电所党支部获评国网公司“电网先锋党支部”，生产党支部获评市公司“电网先锋党支部”，4名党员获市公司“优秀共产党员”，1名支部书记获市公司“优秀党务工作者”。实施党建、生产经营责任体系互融共进，全面推进“党建+”工程，组织支部开展“迎峰度夏先锋引领”等主题党日活动13次。1名青年员工被评为第四届“十大杰出青年”，2名团员青年分别获得“优秀共青团员”“优秀‘川电先锋’青年突击队队员”荣誉称号。

国网天府新区供电公司

【企业概况】2014 年 10 月，天府新区获批为国家级新区，为进一步对接国家级新区建设，做好优质服务工作，国家电网公司同意设立国网天府新区供电公司。国网四川省电力公司天府新区供电公司（以下简称“天府新区公司”）成立于 2014 年 12 月 29 日，按地市供电企业管理。该公司下辖双流、龙泉驿 2 家县级供电公司，供电范围主要包括成都市龙泉驿区、双流区及天府新区成都直管区的 37 个街道和乡镇，供电面积 1588 平方千米，服务人口 196.98 万人。

截至 2019 年年底，天府新区供区范围内共有 35 千伏及以上公用变电站 51 座，变电容量 1503.59 万千伏安。其中 500 千伏变电站 3 座（由省检修公司运维），220 千伏变电站 8 座，110 千伏变电站 32 座，35 千伏变电站 8 座。35 千伏及以上用户变电站 22 座，变电容量 124.76 万千伏安。其中 220 千伏变电站 1 座（注：中电熊猫站用户自行运维），110 千伏变电站 12 座，35 千伏变电站 9 座。35 千伏及以上架空输电线路 86 条，总长 834.19 千米。其中 220 千伏架空输电线路 20 条，总长 305.35 千米。110 千伏架空输电线路 51 条，总长 403.08 千米；35 千伏架空输电线路 15 条，总长 125.76 千米。35 千伏及以上电缆线路 68 条(含混合线路)，总长 234 千米。其中 220 千伏电缆线路 10 条，总长 10.8 千米；110 千伏电缆线路 44 条，总长 172 千米；35 千伏电缆线路 14 条，总长 53 千米。10 千伏线路 673 条，线路总长 5977.84 千米，其中架空线路 2884.45 千米，电缆线路 3093.39 千米。10 千伏线路 673 条，线路总长 5977.84 千米，其中架空线路 2884.45 千米，电缆线路 3093.39 千米。

2019 年，公司累计完成售电量 116.16 亿千瓦时，同比增长 14.72%，规模和增长率居全省第四位和第三位。

【人力资源】天府新区供电公司不断完善干部制度体系，新增、修订干部管理制度 4 项。“大培训、大比武、大提升”成果丰硕，人才当量密度继续稳居全省供电公司第一名，新增国网公司技术能手 1 人、省公司技术能手 3 人、“电力雏鹰”2 人。截至 2019 年年末，天府新区公司拥有员工 1916 人（全民员工 718 人，集体企业自聘员工 367 人，农电员工 825 人，集体职工 3 人，集体派遣员工 3 人）。研究生及以上学历 289 人，大学本科学历 625 人，大学专科学历 467 人；高级职称 141 人，中级职称 225 人，初级职称 262 人；高级技师 38 人，技师 364 人，高级工 290 人，中级工及以下 487 人。该公司有各级各类优秀人才 59 人，其中全国电力行业技术能手 1 人，国家电网有限公司技术能手 1 人，四川省青年岗位能手 1 人，四川省电力公司优秀专家人才 17 人，入选四川省电力公司“双千人才”24 人，入选四川省电力公司“电力雏鹰”15 人。

2019 年 7 月 29 日，国网天府新区供电公司在世界警察和消防员运动会保电攻坚誓师大会现场授旗

【电网建设与发展】天府新区供电公司制定天府新区一流配电网建设方案，完成兴隆湖示范区等 10 个重点网格一流规划，配网网格化规划受到省公司肯定。220 千伏江安河、黄甲等 10 个项目前期取得重大突破，土地、通道等重要开工要素保障提前落实。紧急启动并完成 110 千伏林家堰前期工作，为“大运会”保供电奠定坚实基础。电网重点项目建设高效协同，强力推进 220 千伏车城等 14 项输变电重点工程建设，投产 6 项（其中 4 项为超长工期项目）。

加快解决配农网薄弱环节，实施配农网建设、改造76个。积极推动35千伏变电站退运工作，完成6条35千伏线路改接，退运35千伏变电站3座，有效优化了电网结构。积极沟通汇报，稳妥解决生产营销楼投资瓶颈问题。

【经营管理】天府新区供电公司完善专项成本联合储备审查机制，审查专项成本储备项目164项、审减金额685万元，促进提高精准投资能力。10千伏配电线路低损占比提升显著，配电线路线损率低于3%占比全年提升43.54个百分点。推动降本节支措施落地，三公经费及会议费、非生产性支出较省公司管控值分别压降69.37%、21%。运用营销现代化手段开展智能稽核和反窃查违工作，挽回损失598.28万元。坚定不移推广购电制，高压费控购电执行率达70.5%。深挖电能替代潜力，完成替代电量2.45亿千瓦时。持续压降积压库存物资，累计利库0.28亿元，积压物资利库和出库率达到100%。深入开展“规章制度落实督导年”活动，获评省公司“规章制度落实督导年”先进单位。

2019年7月1日，公司召开庆祝建党98周年暨迎峰度夏动员大会　（陈然　摄）

【安全生产】天府新区供电公司高效完成7座220千伏变电站、18条输电线路和调控业务的接收工作。落实电网补强措施51项，超常规开展天威站负荷改接工作，平稳应对夏季用电负荷三创新高。完成2600处10千伏电缆网电气火灾隐患整治，1110千米通道清理与信息采集建档，通道覆盖率70%，城市电缆网精益化管理水平有所提升。加强输电线路外破管控，全年外破跳闸较2018年同期压降72%。完善安全监督体系，柔性组建公司安全督查队，制止纠正各类问题和违章256项，违章率同比下降45%。深化应急体系建设，开展专项演练12次，主动参与四川省大面积停电联合应急演练，应急处置能力有所提升。完成中华人民共和国成立70周年、“世警会”以及中日韩领导人峰会等重大政治保电任务，积极支援“8·20”汶川特大暴雨抢险、援建巴中革命老区脱贫攻坚，高效应对“7·22”“9·13”极端暴雨天气影响，第一时间恢复70条配网线路、8万多用户供电，得到地方党委、政府和社会各界的高度评价。

【科技与信息化】2019年，天府新区供电公司共完成群创项目1项，并获得了四川省电力公司工人技术创新奖一等奖。完成专利申请6项（其中发明专利3项、实用新型专利3项），2019年科技项目开展1项以及2018年科技项目1项，其中1项已完成验收工作，并于2020年12月前完成整体科技项目任务。推进“两湖一区”电网创新发展试点，推动实施“电享+”及移动终端应用建设等9个项目，省内首个5G融合智享营业厅建成投运，研发现场办电移动作业终端，实现了低压业务办理一站式上门服务，推动居民小区有序智能错峰充电试点，创造性解决了业主充电与小区配电设施超重载的矛盾。加强政企合作，加入成都市政府信息资源共享平台，用电力数据映射“散乱污”企业关停情况。组建智能运检管控中心，完成110千伏动力变电站一次设备智能化整治试点，提升一次设备运行状态及运行环境感知能力。

【市场服务】天府新区供电公司扎实推进优化营商环境两年行动计划，开展“三压”专项整治活动，高、低压业务平均接电时间进一步降至37天、2.3天。实施“一停多用，逢停必检”、专项服务“11项措施”等，计划停电同比压降29.68%、故障跳闸同比压降24.3%，整体投诉同比下降23.35%，直管区供电中心实现连续47天无投诉等历史突破。公司营商环境“获得电力”提升和服务小微企业用电工作受到国家能源局、国家发改委等领导肯定。扎实推进营销智能转型，智能电能表覆盖率、全口径自动采集成功率、远程充值成功率分别达到99.98%、99.89%、99.74%。提升网上办电客户体验，高、低压客户线上缴费率分别达到16.01%和45.19%。

【党的建设和精神文明建设】天府新区供电公司扎实开展“不忘初心、牢记使命”主题教育活动，科学制定“1+4”工作方案，各级班子开展专题学习研讨228次，公司班子成员带队深入一线班组36次，发现问题64项，现场解决问题19项，主题教育工作受到国网公司、省公司指导组肯定。深入开展“十

讲十增强 天府再出发”工作，推动作风转变、观念转变，5篇典型经验文章在省公司要闻发布，3篇入选省公司党建典型案例。推进“党建+业务”融合，驻所书记管理模式在省公司推广应用。配合中巡组下沉巡视，迎接省公司巡察“回头看”、双流公司提级巡察，制定整改措施189条。扎实开展“抓整改、除积弊、转作风、为人民”专项行动，编制重点业务风险防控清单，构建重点业务流程及对应的风险监督防范机制。紧扣重点任务策划中华人民共和国成立70周年、优化营商环境等主题传播15项。搭建“126连心桥”职工诉求服务体系，响应职工诉求33件。推动职工创新创效，荣获省部级奖项3个，并在“青创赛”获3金、1银、4铜的优异成绩。公司被评为国网公司、省公司先进集体，公司党委被评为国网公司“红旗党委”，4个基层党组织分别荣获省公司“先进基层党组织”“标准化党委示范点”“党建专业标杆”称号。双流彭镇供电所荣获第五届“中国金牌最美供电所”称号。2名员工荣获国网公司、省公司劳动模范称号，5名党员分别被评为国网公司、省公司优秀共产党员、优秀党务工作者。

2019年7月31日，公司举行应急演练　　（陈然　摄）

【存在的主要问题】2019年，天府新区供电公司还存在如下问题：安全基础方面，220千伏业务运检经验、相关人员、设备、工器具等尚需补足补强，电缆占比高，且电缆网安全风险突出，外力破坏多，防外破形势严峻。电网基础方面，公司供区以前属于非城区的“二圈层”，农网特征明显，规划建设标准低，难以适应新区快速发展，局部“卡脖子”现象突出。管理基础方面，天府公司职能部门与业务机构合署，且缺少经研所、综服中心等业务支撑机构，难以适应电网高速发展和精细化管理要求的不断提高，体制机制有待进一步优化。人才基础方面，公司本部管理人员资历较浅，业务经历单一，服务基层、指导基层的能力较弱；新进大学生经验不足，不能完全适应公司的发展要求，人才断层现象突出。

【国网成都市双流供电公司】国网成都市双流供电公司前身为双流供电分局，成立于1984年。2016年6月2日，更名为国网成都市双流供电公司，是国网四川省电力公司下属分公司。2014年12月29日，双流供电公司由国网成都供电公司划入国网天府新区供电公司。2015年6月，升格为大型县级供电企业。双流区境内现有500千伏变电站1座，变电容量2400兆伏安；220千伏变电站4座，其中公用变电站3座，变电容量1380兆伏安，专用变电站1座，变电容量360兆伏安；110千伏变电站20座，其中公用变电站11座，变电容量1232.5兆伏安，专用变电站9座，变电容量571.6兆伏安；35千伏变电站3座，其中公用变电站2座，变电容量36.3兆伏安，专用变电站1座，变电容量20兆伏安。现有10千伏配电线路316条。截至2019年年底，双流公司共有客户48.50万户，较2018年同期增长9.7%。完成售电量58.89亿千瓦时，同比增长22.57%。完成售电均价538.82元/千千瓦时。日最大供电量和日最大负荷屡创新高：日最大供电量2108.86万千瓦时，较2018年增长10.4%；日最大负荷高106.3万千瓦，较2018年增长7.6%，累计综合线损率2.54%，同比降低1.65个百分点。2019年，全年电费回收率100%。公司共有4个职能部门、1个业务支撑实施机构、7个班组和9个供电所，在册员工511人。近年来，公司荣获原国家电监会“居民用电质量提升先进单位”、四川省“最佳文明单位”，国网公司“一流县供电企业”“电网先锋党支部”“文明单位”，省公司2017—2019年度“安全生产先进集体”、2019年度双流区“地方税收50强”和“纳税大户”等系统内外多项荣誉称号。

【国网成都市龙泉驿供电公司】国网成都市龙泉驿供电公司前身为龙泉驿供电局，成立于1988年。2013年7月1日，更名为国网成都市龙泉驿供电公司，是国网四川省电力公司下属分公司。2014年12月29日，由国网成都供电公司划入国网天府新区供电公司。2015年6月，升格为大型县级供电企业。担负了龙泉驿区10个镇、街道办以及成都（国家）经济技术开发区的供电服务工作，供区面积556平方千米，管辖10千伏公用配网线路138条，长度1387.9

千米，配电变压器共 2196 台，柱上开关 493 台，现有供电客户 44 万户，供电人口 133 万人，营业网点 10 个。公司本部设置 5 个职能部门，7 个班组，9 个供电所；现有在岗员工 479 人。2019 年，完成售电量 39.29 亿千瓦时，同比增长 5.77%；售电均价 609.14 元/千千瓦时；110 千伏及以下片区线损率 2.48%，同比降低 0.89 个百分点；电费回收率 100%；龙泉电网最大负荷达 86.4 万千瓦，最大日电量达 1599.08 万千瓦时。近年来，龙泉公司先后荣获四川省国资委党委“先进基层党组织”、国家电网公司“三集五大体系建设先进集体”、国家电网公司“县供电企业同业对标综合管理标杆单位”、四川省“省级文明单位”、国网四川省电力公司“一流县供电企业”“先进集体”“先进基层党组织”“安全先进集体”“首批企业文化建设示范点”等多项荣誉。

（刘清宇）

国网达州供电公司

【企业概况】国网达州供电公司始建于 1966 年 8 月，是国网四川省电力公司下属 II 型地市级供电企业。承担了通川区、达川区、宣汉县、开江县、大竹县、渠县和万源市的供电任务，供电面积 0.88 万平方千米，占全市面积的 53%；供电人口 306 万人，占全市人口的 44%。

设置职能部门 15 个，其中本部职能部门 13 个，物资部与物资供应中心合署，集体企业管理办公室与四川惠特电力投资建设有限公司合署，具有职能管理和实施主体双重职责。下设 10 个业务支撑与实施机构，管理 1 家集体企业（四川惠特电力投资建设有限公司）。下辖国网达县供电公司 1 个大型县级供电公司，万源、宣汉、大竹、渠县、新桥、蒲城 6 家县级供电公司。2019 年 3 月，国网达州供电公司党委书记、副总经理严平调离，杨军任国网达州供电公司党委副书记（主持党委工作）、副总经理，2019 年 9 月，杨军任国网达州供电公司党委书记、副总经理。2019 年 9 月，国网达州供电公司副总经理、总工程师熊勇调离，赵廷刚任国网达州供电公司副总经理。

2019 年 5 月 23 日，国网达州供电公司在万源市开展防汛防地质灾害防大面积停电应急演练　　（何健　摄）

截至 2019 年年底，国网达州供电公司运维管辖 90 座变电站，主变 161 台，容量 687.82 万千伏安。其中 220 千伏变电站 12 座，主变 24 台，容量 369 万千伏安；110 千伏变电站 34 座，主变 66 台，容量 267.8 万千伏安；35 千伏变电站 44 座，主变 71 台，容量 51.02 万千伏安。35 千伏及以上线路 203 条，共 3612.67 千米，其中 220 千伏线路 35 条，长度 1008.80 千米，110 千伏线路 92 条，长度 1664.07 千米，35 千伏线路 76 条，939.80 千米。达州电网已形成北部 220 千伏单环网及中、南部 220 千伏双环网，同时经 500 千伏达州、玛瑙站及四回 220 千伏线路（黄渠双回、张复双回）与四川主网构成 500 千伏与 220 千伏电磁环网。

【人力资源】2019 年，国网达州供电公司职工劳动生产率 34.27 万元/人·年。拥有省公司级优秀管理人才 5 名、优秀技能人才 6 名，省公司技术能手 6 名、“电力雏鹰”5 名。地市公司级优秀技术人才 25 名、优秀技能人才 21 名。

2019 年，完成达州市通川片区业务集约调整，推进市区供电中心、客户服务中心、输电运检中心及变电运检中心实体化建设。整合安监、运检、营销、运营监控、党建管理相关职责，成立互联网办公室。落实“3+N”瘦身健体要求，指导惠特公司完成8家分公司机构岗位优化设置；成立集体企业管理办公室。

修订《中层领导人员管理办法》及配套制度3项，调整干部共8批次，调整87人次，交流、晋升、提拔“80后”青年骨干19名，“80后”干部比例由14.41%提高至19.64%。优选青年骨干到省公司挂职锻炼4人次，高质量开展公司第四批“上挂下派”，挂职锻炼范围涉及8个专业10人次。注重在“走出去”中提升干部素质，干部援藏2人、“三区两州”援建8人、政府挂职2人。对有潜力的年轻骨干上挂市公司5人、下派基层单位4人，交流1人。

深入开展“大培训、大比武、大提升”活动，全年承接省公司级培训12期、4846人天次；自办培训54期、2590人天次；送培特种作业培训6期、664人天次；支撑集体企业完成培训15期、2224人天次；完成各类员工系统内外送培820余人次。荣获省公司竞赛团体奖6项、个人奖6项。

2019年8月8日，国网达州供电公司配电运检员工在四川文理学院内开展10千伏线路零点配抢　　（侯晓东　摄）

扎实推进“三项制度”改革，促进“六能”落地。签订岗位协议915份，24名员工通过竞聘转岗。创新“1+3+1”入职培训模式，24名新进员工顺利补充到一线岗位。强化劳动履约考核，续签劳动合同38人、新签31人、解除9人、中止1人，40名员工重新上岗。编制《县级供电公司负责人年薪制管理办法》，实现负责人薪酬差异化考核。坚持岗变薪变，311名员工随岗位变更调整薪酬待遇。从津贴、表彰奖励入手，提升高端、关键核心骨干人才待遇。调整工资单元结构占比，调薪612人。2019年9月，执行新的年功工资标准。

强化团队业绩导向，编制执行公司援建项目绩效考核意见。针对性完善员工绩效管理，制定公司一线员工多元量化考核试点方案，分别在15家基层单位选取班组试点推行。以普惠为核心实施福利策略，将集体、农电员工住房公积金缴费比例分别调增为7%、10%。

【电网建设与发展】国网达州供电公司主动对接达州市城市新区和“6+3”重点产业发展，完成航达搬迁、宣汉垃圾电厂等用户、电源的接入服务工作。实施2019年贫困村电网改造项目，助力达州市宣汉县、万源市整体脱贫摘帽。

2019年，发展投入5.61亿元，同比下降3.6%，电网投资4.88亿元（含援建项目），同比下降4.49%，农村配网完成1.8亿元，同比下降33.75%。35千伏及以上新开工变电容量18.26万千伏安，线路122.83千米；35千伏及以上投产变电容量17.3万千伏安，线路207.39千米。

持续推进2019年综合计划实施与过程管控，综合计划累计财务支出入账率65.19%，全省22家供电公司排名第七位。开展项目储备规范性、关联性审查，形成跨项目储备集群65个，储备项目424个，累计投资额7.58亿元。

强化精准投资，治理8座变电站重过载，建成110千伏蕉坪二线，解决万源市电网四级风险，新开放地方电网110千伏并网关口4个，下网输送能力提高120%。全力支撑脱贫攻坚民生工程，农网供电可靠率提升至99.8405%，户均年平均停电时间减少30%。户均配变容量从年初的1.63千伏安提升至1.71千伏安。

坚决落实脱贫攻坚的政治责任，高效完成成贵铁路宜宾兴文牵引站220千伏供电工程和“三区两州”电网建设项目援建工作。成贵铁路宜宾兴文牵引站220千伏供电工程（54.8千米）投运。高效推进“三区两州”电网建设，援建（含承建）的13个基建项目、95个配网项目按期竣工投产。

【经营管理】2019年，国网达州供电公司完成售电量77.99亿千瓦时，同比增长0.7%；电费回收率100%；线损率3.42%，降低0.23个百分点。营业收入34亿元，同比增长0.19%；实现报表利润总额27.61亿元，同比增长10.17%；年末流动资产余额168.54万元，同比压降37.2%；可控费用预算执行进度99.98%，基建项目决算转资及时率100%。企业负责人业绩考核排名省公司第19位，同业对标综合排名省公司第18位。

加强同期线损系统理论线损模块建设，开展源端系统数据治理，公司配电线路、台区理论线损合格率在省公司排名靠前。深化同期线损系统应用，通过日线损监测与分析及时定位、消缺故障，配电网同期线损达标率稳步提升。公司提炼的《基于分时电量分析，快速定位低压窃电用户》方法作为典型方案被国网公司“同期那点事”微信公众号收录推广。积极参加省公司 2019 年同期线损业务应用竞赛，公司荣获团体三等奖，公司选送案例分获案例展示第二、第四名，并获邀参加国网公司同期线损竞赛。理论线损计算与分析工作连续 4 年获省公司第一名。

强化市场监控，提高市场分析预测维度。完善“1+7”园区服务网点建设，配置专属客户经理，快速响应客户用电需求。深耕电能替代市场，挖潜力增效益。全年完成替代电量 3.4 亿千瓦时，推广电火锅 24 家，推广实施燃煤锅炉煤改电 8 蒸吨。累计签订接收协议的 10 千伏及以上供配电设施对应原值 2.6 亿元，其中 2019 年内接收 3593.14 万元。全年查处窃电、违约客户 123 户，补收电费及违约金共 144 万元。强化刚性执行，保持电费回收“高压”常态管理机制，电费回收率 100%，应收电费余额结零。

2019 年 9 月 26 日，国家电网网达州从电公司机关楼前举行反恐演习　　（何健　摄）

基本建成多维精益管理体系框架，实现电网成本监管 4 个核心维度链路全流程线上自动贯通、信息自动获取。严格资金预算按日排程要求，不断健全完善资金分级授权制度，保障资金安全规范。制定《国网达州供电公司经济业务审核手册》，进一步规范会计核算和报销行为。全面推广国网商旅应用，差旅管理更规范高效。强化往来款项管理，全面清理核对与集体企业往来，加强民营企业欠款支付，有效压降长期应付款项，清理并支付三年以上应付款 610 万元、转增收入 198 万元。开展年度财务大检查，并聘请会计师事务所参与，共发现问题 194 项，问题整改率 100%，收回各类款项 43.6 万元，补充完善费用报销、项目结算资料 200 余项。

全力做好第二轮成本监审配合工作，提出公司关联交易、成本预算、电网投资、资产产权、税费管理 5 个方面的优化管理措施。主动适应监审要求，全面实施成本项目储备管理，优化成本预算结构，坚持成本进度月通报季考核，持续提升预算执行均衡性。加强工程资产运营，全力推动长期挂账项目清理，抓住“投资”和“转资”两个关键环节，从源头做实有效资产，2019 年，完成竣工决算项目 214 个，竣工决算完成率 100%。深入走访调研达州 5 家地方电网和 3 个小水电自供区，形成翔实调研报告 8 份，为公司经营发展提供决策支撑。强化保险理赔管理，结案 241 起，结案率 100%，赔付金额 901 万元，保费赔付率 126.12%，连续两年获省公司小额快赔先进单位。

【安全生产】 截至 2019 年 12 月 31 日，国网达州供电公司实现连续安全生产 5450 天。2019 年 8 月 26 日，全网负荷、电量双创历史新高，日最大负荷 171 万千瓦，同比增长 2.58%，日最大供电量 3322 万千瓦时，同比增长 1.36%。

全面推行安全责任清单，建立健全安全奖惩办法、“三种人”业绩考核实施意见，细化安全生产重点任务 94 项，投入劳动保护、隐患治理等安全费用 6862 万元，安全责任有效落实。创新实施“今日说违章”，打造安全培训微应用，丰富安全教育形式。在省内率先开展县级供电公司多维度动态安全评估，实施靶向安控。组织开展春、秋安全大检查等专项行动，发现并整改问题 670 项。深化设备隐患治理和风险防控，整治综合管沟电缆通道火灾隐患 216 处，管控 3 级及以上风险作业 208 项、6 级及以上电网风险 74 项。加快智能运检应用，实现复兴等 5 座 220 千伏变电站机器人巡视，移动作业终端班组覆盖率 100%。实施配网不停电作业 114 次，同比增长 75%，实现市县镇三级覆盖。开展防汛防地质灾害等应急演练 15 次，及时处置 220 千伏田复东、西线等 3 处外破险情。完成公安部网络安全攻防演练，以及中华人民共和国成立 70 周年大庆等保电任务 72 次，有效确保电力安全可靠供应。

【农电工作】 完成农网投资 1.5493 亿元，新建及改造10千伏线路244.84千米，低压线路586.62千米，10千伏配变371台，全面完成年度农网建设任务。农网供电可靠率提升至99.774%，综合电压合格率提升至99.950%，户均配变容量从0.7千伏安/户提升到1.63千伏安/户。落实“全能型”乡镇供电所完善提升两年行动计划，2019年，东柳供电所创建为国网公司五星级供电所，官渡供电所、大树供电所创建为省公司四星级供电所；截至2019年年底，累计建成国网公司五星级供电所1家、四星级供电所9家、三星级供电所34家，三星级及以上供电所创建率64.7%。加强员工劳动保护，为全公司831名农电员工购买意外伤害团险。

【科技与信息化】国网达州供电公司共有信息站点194个。数据通信网已形成以达州公司本部、部分220千伏变电站及110千伏变电站、县级供电公司为核心节点，220千伏变电站、110千伏变电站及35千伏变电站为汇聚层节点，其他35千伏变电站、供电所等为接入节点的三层式数据网结构，所辖供电所、县级公司、35千伏及以上变电站，数据通信网覆盖率均为100%。

2019年10月17日，国网达州供电公司党员服务队在巴中市通江县空山镇开展电力扶贫援建工作，图为为易地扶贫搬迁点安装分线箱（王鸿基　摄）

加强数据通信网安全隐患整治及网络优化管理，开展18个变电站网络各层级设备更换及升级。完成I6000资产信息及实物ID等相关数据清理，设备对应率100%。参与国网公司数据中心站试点建设，建成3个数据中心站，并获得省公司好评。

积极参加公安部组织的“2019年全国信息安全员知识与技能竞赛”，取得初赛全省团体排名第1名的佳绩，获达州市公安局表扬信点名表扬。2人在国网总部试点的“云和中台”建设工作中表现突出，获省公司表扬信点名表扬，3人获评四川省公司信息通信先进工作者。

【市场服务】配合政府编制2019年有序用电预案。全年完成85户企业市场化交易结算，直接交易电量28.82亿千瓦时，优惠电费2.15亿元。2019年，公司全口径运行智能电表126.9万只，实现智能电表全覆盖；采集接入126.9万只，接入率100%，实现全采集；全口径采集成功率99.8%。两人分别获省公司“智能计量·采集星梦”技能竞赛第三名、第六名。电费及自备电厂收费月均水平指标值100%，全省同业对标排名A段。

全面开展“三省+三零”办电服务，高压客户办电环节压减至4个以内，低压客户办电环节压减至3个以内；全面实现“网上国网”“95598”网站等方式线上受理业务，高压平均接电时间压降至35天，低压平均接电时间压降至1.8天。

开展“网上国网”App宣传推广，有效提升客户网上购电数量。实施重复致电整治，自查管控24件业务工单、23件意见工单，重复投诉较2018年同期减少92.86%。结合漠视侵害群众利益问题整治，开展“95598”及“12398”投诉举报共性问题自查整改，2019年，营销类投诉大幅减少，其中营业投诉同比减少58%，服务投诉同比减少71.43%。组织第七届“服务之星”劳动竞赛，有效提升窗口及现场服务人员技能水平，坚持营业场所晨训及视频监控，实时纠偏不规范服务行为25处，较2018年同期减少45.65%。

【党的建设和精神文明建设】公司梳理82项重点工作责任清单，制定全年党建工作要点，明确6个方面、16项重点工作任务。建立党建工作月度例会制度，每月定期研究党建、意识形态、工会、团青、品牌宣传等工作。落实基层党组织定期向公司党委报告党建工作制度，严格对29名基层党组织书记抓党建述职评议。狠抓队伍素质提升，全年举办基层支部书记培训班5期。加强基层党组织建设，61个基层党组织按期换届，创建1个省公司、7个市公司标准化示范点，斌郎供电所获评“中国金牌最美供电所”，东柳供电所创建“五星级供电所”。以崖洞里的变电站为基础，初步完成“630”党员初心教育基地打造，获达州市委宣传部、省文明办及中央党校教授高度评价，在国网党建成果展上被评为“党内先进政治文化与优秀企业文化结合的典范”。4名员工获省公司优秀共产党员，2名员工获省公司优秀党务工作者，3个基层党组织获评省公司电网先锋党支部。

广泛宣贯《国家电网公司企业文化建设工作指

引（2019版）》，开展“书记谈文化”征文活动，2个班组纳入省公司企业文化建设示范点创建计划，斌郎供电所获评省公司企业文化示范点。将弘扬先进政治文化企业文化相结合，《电网“三线建设”与新时代企业文化的融合与传播》获省公司企业文化建设优秀成果奖。结合“不忘初心、牢记使命”主题教育活动，全年党委理论学习组学习研讨16次。组织参加形势任务教育、先进典型宣讲会4次，开展学习研讨8次，学习时长6天，研讨发言15人次，廉洁警示教育1次，革命传统教育1次，领导干部读书班2天。开展主题调研8次，形成调研报告8篇，发现问题39个，制定整改措施53条。高质量召开“不忘初心、牢记使命”主题教育专题民主生活会，获省公司指导组高度肯定。

深化“铸模工程”，共产党员服务队队长何涌获评“四川好人”。着力“以德育企”实践，开展学雷锋志愿服务活动，选树推荐省公司“最美奋斗者”5人，“托举哥”张亮高空阳台勇救男孩先进事迹获评省公司文明新风奖，张亮被评为达州市见义勇为“道德模范”。组织召开公司一届二次职代会，收集整理职代会建议13条，意见7条。广泛开展“‘4·15’维权咨询服务日”活动，解答职工诉求咨询25条。开展“班组大讲堂”活动，《崖洞的初心》荣获省公司“班组大讲堂”展示竞赛荣获二等奖。坚持送温暖送慰问，慰问援藏人员、特困职工、劳模先进等102人次。深化“126连心桥”建设，解决职工诉求50余条。合理安排职工疗休养，2019年，安排职工疗养637人次。举办公司第九届“安康杯”职工比赛，举办“时代女性•风采飞扬”“三八”妇女节纪念活动。

召开“青春心向党、建功新时代”主题宣传教育活动推进会，细化实施方案，统筹推进3个方面、9项重点工作。开展“不忘初心、牢记使命”主题团日活动，组织19名团员青年到“630”参观学习。开展2018年度团支部负责人述职评议工作，指导2个团支部开展换届选举。10名团干参加省公司团干部轮训，4名青年骨干参加省公司党建（团青）兼职内训师培训。成立13支安全巡查队，发挥青年作用助力安全生产。举办“我与祖国共奋进”庆祝新中国成立70周年演讲比赛。举办首届“奋进杯”青年泛网创新项目发布会，发布泛网项目16个。2个青创项目分获省公司第五届青创赛银奖、铜奖，电力通@运行设备随身宝获批参加国网公司泛在电力物联网论坛。开展“红杜鹃”公益联盟“帮忙团”进社区活动12次，帮扶困难大学生1名，“红杜鹃”巴山文艺帐篷轻骑队专题片在“学习强国”App发布。“红杜鹃”关爱留守儿童项目获省公司十佳“爱心项目”，1支部、4个人获得省公司表彰。

【国网达县供电公司】国网达县供电公司成立于1994年3月28日。2015年6月25日，经国家电网公司批复升格管理，成为国网达州供电公司下辖大型县级供电企业。公司设六部1中心、18个班（站）所，承担着达川区30个乡镇、302个村，达川区部分城区和达州市经开区的供电任务。供电面积1033.9平方千米，供电用户17.28万户。2019年，公司全口径职工343人。其中，高级职称11人，中级职称22人，高级技师4人，技师127人，专科及以上文化程度238人。

公司拥有变电站11座，变电总容量121.89万千伏安。输配电线路80条，长度1806.351千米。380伏线路总长度3729.87千米。公司城网有配电变压器315台，农网有配电变压器1839台，配变、专变总容量715336千伏安。2019年，完成售电量13.78亿千瓦时，同比减少1.11%。售电均价455.1元/千千瓦时。累计线损率2.73%。综合电费回收率100%。

开展精益“日管控”，发布施工安全风险预警通知书31份，查纠现场违章766次，安全训诫9个施工队、18名责任人。实施“总漏保、末级漏保”“煤矿及高危客户”等8个专项隐患排查治理行动，建立隐患排查数据库。配合完成达成铁路达州供电段大面积停电事故应急演练。电网建设投资5878万元新建、改造线路148.92千米，解决渡市、申家等6个乡镇低电压和南岳、渡市线路重载过问题。完成配合S202省道升级电力线路迁改、生猪屠宰场施工用电等政府重点项目22个。

营销管理持续提升。打造川东北首个智能营业大厅。受理“95598”投诉41笔，压降42.25%。接受能监办“获得电力”专项检查，业扩办理质效显著提升。常态开展高危及重要客户用电季度检查，及时向政府报备，配合政府对煤矿的整合行动，着力彻底解决煤矿双电源配置等遗留问题。

围绕深入学习贯彻习近平新时代中国特色社会主义思想这条主线，扎实开展主题教育集中学习研讨。落实“创先争优年”工作要求，充分发挥党建优势，做实支部，优化基层党组织设置，完成6个新成立支部设置。成立“126连心桥”服务站、服务点各1个，完善职工诉求服务体系。开展“青春光明行”“六个一特色扶贫”等红杜鹃活动6次，承办国网达州供电公司“抓整改、除积弊、转作风、为人民”主题党日活动，走进临江老年公寓开展志愿服务。承办国网达州供电公司庆祝新中国成立70周年演讲比赛，1人获三等奖。发挥团青活力，号召青年岗位建功，1 人获评国网公司优秀学员，1 人获省公司优秀班组长。

多举措帮扶，巩固扶贫成效。一是扶贫先扶智，及时宣传扶贫政策、组织开办农民夜校 20 余次，让贫困户了解政策、学习掌握科学的种植、养殖技术，增强脱贫信心。二是因地制宜发展产业，结合新安村土质特点，发展乌梅 400 亩、苎麻 350 亩、青花椒 600 亩，主动联系乌梅、苎麻经销商到户收购，发展的产业 2019 年为村民创收 7 万余元。三是联系帮扶单位“以购代捐”收购农产品，帮扶单位多次到村以略高于市场价的价格收购鸡、鹅等农产品，累计为村民增收 2 万余元。四是密切关心村民生活需求，积极联系天然气公司到村查勘天然气管道线路，动员村民挖管道，在春节前为新安村牵通了天然气。

2019 年，国网达县供电公司综合管理部获评省公司安全先进班组；斌郎供电所获得第五届中国金牌最美供电所；大树供电所获得省公司四星级乡镇供电所。经开供电服务中心党支部获得省公司 2018 年度先进基层党组织（电网先锋党支部）。国网达县供电公司获得 2018 年度达川区脱贫攻坚组织奖。

【国网大竹县供电公司】国网大竹县供电公司始建于 1966 年 9 月，主要担负大竹及达县部分地区的供电任务，供区面积 85 平方千米，公司客户 23360 户。公司下设六部一中心、5 个班组、3 个供电所，三新、惠特分公司各 1 个。全民在岗职工 61 人，退休职工 70 人，集体在岗职工 16 人，农电工 36 人，外聘人员 7 人，共 190 人。

公司负责大竹7座变电站35千伏及以下电气设备日常检修维护工作。35千伏及以上线路共18条343.674千米，10千伏农配网线路17条235.6千米，公用台区201台40460千伏安，低压线路484.381千米。2019年，公司完成售电量9.94亿千瓦时，销售收入4.65亿元。优质服务、党风廉政、队伍稳定保持“零”责任目标。

截至 2019 年年底，公司实现连续安全生产 7508 天。作为配网停电预算式管控示范区建设，及时编审实施方案，细化措施，形成典型经验报告。全力推进 35 千伏双龙输变电工程建设，变电站土建施工已全面复工；35 千伏茶河变电站电气安装工作已结束，工程进入待验收阶段。公司在九鼎建筑有限公司施工电源用电工程时，首次开展带电作业，并完成全年带电作业计划指标的 111%。积极配合四川水投集团 110 千伏线路新建工程。全力配合市政迁改，及时完成翠屏路、北城干道、土地滩水库等电力线路迁改工作。及时帮助川环公司恢复生产用电，避免上百万损失。

持续加强营销“三全”建设，营配贯通100%，台区线损合格率保持国网达州供电公司前两名。成立工业园区供电服务工作领导小组，为工业园区客户上门提供“直通车”“一站式”服务。积极协助大竹县内高科技成长型企业申报2019年直购电，全年直购电、富余电量2.954亿千瓦时，直购电交易金额16631万元。着力为园区客户降本增效，减少企业电力成本支出12万元。执行丰水期居民生活电能替代电价政策，累计优惠金额51万余元。全年投诉同比减少50%，投诉次数及压降比例排名国网达州供电公司第一。

加快农网升级改造。第一批农网升级改造项目总投资 895.94 万元，新建改造 10 千伏线路 20.522 千米，新增配变 10 台 1200 千伏安，新建改造低压线路 36.73 千米。

2019年，东柳供电所荣获国网公司“五星级乡镇供电所”称号；公司获国网达州供电公司“安全先进集体”称号，变电检修班、调控运行班荣获国网达州供电公司“先进集体”称号；配电运检班荣获国网达州供电公司“先进班组”称号；荣获国网达州供电公司首届“奋进杯”青年泛网创新项目发布会二等奖；荣获国网达州供电公司2019年度安全知识劳动竞赛团体二等奖。

【国网宣汉县供电公司】国网宣汉县供电公司始建于 1982 年 1 月，承担着宣汉城区、北部及邻近开江县部分地区的供电任务，有电力客户 13.57 万户。设 5 个管理部门、2 个业务支撑机构、5 个生产经营班组，管理两家集体企业（四川惠特电力投资建设有限公司宣汉分公司、达州市三新供电服务有限公司宣汉分公司），管理 7 个农村供电所（东南、大成、双河、土主、毛坝、庆云、隘口）。在岗员工 204 人（全民员工 62 人、集体员工 142 人）。

公司运行维护 13 座变电站，主变压器 26 台，容量 133.01 万千伏安。35 千伏以上输电线路 32 条，总长度 579.238 千米。10 千伏线路 39 条，总长度 741.58 千米。公用配电变压器 862 台，容量 24.539 万千伏安；专用配电变压器 214 台，容量 6.7445 万千伏安。

2019 年，公司售电量 9.2553 亿千瓦时，售电收入 4.9 亿元；售电均价 501.2 元/千千瓦时；电费回收率 100%；综合线损率 4.04%，低于下达指标 0.46%。截至 2019 年 12 月 31 日，实现连续安全生产 8252 天。

公司获评省公司党委思想政治教育先进单位、国网达州供电公司 2019 年度先进集体。安监部、毛坝供电所获评省公司 2019 年度安全生产先进班组。公司员工、全国劳模李进峰参加“最美国网人”先进事迹川东片区宣讲，在市军分区作“优秀退伍军人”专场报告。“党建+泛网建设 不断提升服务水平”典型经验被省公司《壹周参考》采纳。公司1人获省公司资本营运知识竞赛个人三等奖。

抓好隐患排查治理、精准日管控、现场反违章3个维度。全年排查隐患77项，全部整改完毕。对261个作业现场进行安全监督巡查，发现违章150条，开展安全训诫5次，安全约谈23人次。修编完善各类应急预案22份，开展消防应急实战演练和电网大面积停电事故应急演练，进一步提升应急处置能力。开展“安规”全员培训，普考合格率100%。2019年，公司无安全事故发生。

深化本质安全建设。扎实开展新版“十八项反措”宣贯、培训、落地，认真开展供电网络设备的运行维护和投诉压降。2019年，10千伏线路跳闸同比降低20%，运检类投诉压降33%。实施各类电网建设项目35个，资金4500余万元，双河、隘口变电站供电“卡脖子”问题有效解决。开展户保安装投运专项整治，户保安装率由40%提升到90%。强化电力设施保护和防外破工作，发放隐患整改通知书15份，提前防范、有效处置220千伏柳芭线N23号塔、110千伏柳梁线N27号塔2起安全隐患；紧急处置110千伏柳花宣、柳宣蒲N4号塔外破隐患。上报完成2020年城、农网等各类储备项目27个，涉及资金7500余万元。

2019年10月25日，在“630”党员教育基地，该站第一任站长徐重发参加“不忘初心，牢记使命”宣誓
（何健　摄）

推进营销“三全”建设。截至2019年年底，智能电表采集率99.84%，智能电表接入率100%，智能电表覆盖率100%。全力推进高压客户线上缴费。公变台区线损合格率由2018年的85%提升至95%。更换11000余只故障智能电表，换装城区8000余只宽带智能电表。普光园区新增客户3户，供电容量6100千伏安。

加强党的建设和精神文明建设。公司设立党支部15个，党员81人，新发展党员2人，入党积极分子4人。扎实开展“不忘初心、牢记使命”主题教育，组织开展“传承“630”精神 不忘电力初心”“金秋助农党旗红”“抓整改、除积弊、转作风、为人民”等主题党日活动，组织“我为国庆添光彩”爱国主题教育、“访客户 话发展 共奋进”安全供用电服务。重点抓好“党建+安全生产、党建+优质服务、党建+泛网建设、党建+提质增效”等工作，形成泛网课题成果5个，1项课题获评国网达州供电公司首届“奋进杯”青年泛网创新项目成果三等奖。有效落实党风廉政责任，全面整改完成2018年交叉巡察32条问题。“党建+泛网”创新课题、“治理低电压”、“不到48小时新安装投运35千伏主变”等十余篇报道在《国家电网报》、电网头条等媒体发表。

抓好“630”党员初心教育基地建设。共接待省市文明办、省公司、国网达州供电公司40余次、2000余人次。配合完成《印象“630”》宣传片拍摄、发布。承办省公司川东北片区“汲取地域文化优秀基因　厚植企业文化发展土壤”研讨会，以及新闻界、文学界人士“走进电网、感悟初心”的大型采风活动。

大力实施脱贫攻坚。37人持续与宣汉县庆云乡锣坪村73户贫困户开展结对帮扶，公司精准扶贫工作获县委、县政府肯定及帮扶村群众好评，扶贫工作首创“坝坝宴”被宣汉县委县政府推广。

【国网万源市供电公司】国网万源市供电公司始建于1966年10月。供电面积1802平方千米，承担着万源市22个乡镇、154个行政村、25万人的供电任务。设有6个部室、1个分中心、2个集体企业，5个生产班组、7个供电所，在岗职工217人。辖有变电站12座，主变21台，总容量62万千伏安。2019年，完成售电量6.083亿千瓦时，电费回收率100%。

截至2019年12月31日，实现连续安全生产10417天。严格执行“说清楚”“安全约谈”制度，开展安全训诫4次，安全约谈24人次。扎实开展安全生产大检查和各项专项整治行动，共梳理问题102项。开展反违章及触电人身伤亡隐患排查治理，巡查发现违章行为200人次，排查触电人身伤亡隐患并逐户送达隐患告知书10万户。开展地质灾害隐患排查，发现重大地质灾害1处。开展宣传活动共8场并发放资料4000余份。应对万源市太平镇向前广场斜坡变形电力应急处置，得到万源市委、市政府高度肯定。

全面推行不停电倒换电源，不停电倒电源覆盖率达94.74%。大力推行带电作业，客户停电时间同比降低33.33%。开展线路综合治理，10千伏线路跳闸次数32条次，同比下降23.6%；其中故障次数9条次，同比下降30.9%。开展无人机飞巡杆塔328基、通道68.7千米，发现并整治重大缺陷1处，智能运检成效初显。

2019年，完成固定资产投资2824.72万元，其中电网投资2815.82万元。加强骨干网建设，投产宣汉北至盖家坪110千伏线路新建工程，有效提高万源主网结构稳定性。主动对接城市新区建设，规划罗家湾110千伏变电站1座。持续开展贫困村和偏远山区电网改造，2019年，共改造项目29个，投入资金5323万元，为万源全面脱贫摘帽提供了坚强的电力保障。积极配合重大工程和民生实事项目建设，完成万源儿童福利院和中心敬老院、各乡镇污水处理厂、垃圾中转站配电安装等政府性民生工程项目。

全面优化营商环境，高低压客户平均办电时间有效压减。大力开拓电力市场，全年新装增容2132户。全年共开展用电检查41次，发现并整改隐患11处。深入开展反窃电、反违约用电专项治理，查处私自增容违约用电9笔，收取违约使用电费9万元。严格执行电价调整政策，累计降低一般工商业用电成本351.44万元 、全面参与电力市场交易减少用电成本704.14万元。完成电信、移动、烟草、石油公司等职工家属区“三供一业”供电分离移交工作。开展供电服务反违章，累计查处供电服务违章40起，处罚罚金1.12万元。抓好星级供电所创建，2019年，官渡供电所顺利通过四星级供电所验收。积极开展线上缴费业务，提升供电服务品质。积极履行社会责任，开展党员暨“红杜鹃”志愿服务20余次，关心关爱留守学生6次。

组织党员参观“630”党员初心教育基地、万源战史陈列馆等，观看电影《决胜时刻》，汲取红军精神和“三线建设”精神，激发党员的责任感和使命感。接受南充公司巡察组交叉巡察，发现问题8类67个，处理相关责任人员16人，扣减管理人员薪金5500元。开展法纪警示教育，树立红线高压意识。持续培养青年人才，做好人才队伍梯队建设。加快推进创新创效，申报QC项目3个。

推进电力助推扶贫攻坚，2019年，改造10千伏线路18.61千米、低压线路56.127千米、配变2100千伏安/20台，投资金额1492.5万元，彻底改善了贫困地区电网薄弱和低电压问题，得到了万源市委、市政府的高度认可。持续深入开展对口帮扶村入户走访和问题排查，采取以购代捐和职工自愿资助等方式，帮扶村民实现增收15%，群众的认可度得到大幅提高。

国网万源市供电公司营业班获评国家电网公司“2018年度先进班组”；国网万源市供电公司获评国网四川省电力公司“2018年度先进集体”“2018年度先进基层党组织”“2018年度先进分工会”；获评国网达州供电公司“2018年先进基层党组织”“2018年纪检监察先进单位”；获评“万源市2018年度安全生产工作先进单位”“万源市2018年度纳税先进企业”荣誉称号。1人获评国家电网公司“优秀共产党员”称号。两个家庭荣获国网达州供电公司“2018年度文明家庭”称号。

【国网渠县供电公司】国网渠县供电公司成立于2013年12月25日。截至2019年12月31日，公司有全民在岗职工37人，集体（劳务）在岗职工7人；农电员工48人，外聘人员10人，共102人。公司在渠县境内已建成运行变电站9座。其中，220千伏变电站2座，110千伏变电站4座，35千伏变电站3座，主变容量100.58万千伏安。220千伏线路5条154.146千米，110千伏线路12条233.315千米，35千伏线路9条56.76千米，10千伏线路26条339.9423千米。主要承担着3座电铁牵引站、大型水泥、工业园区等工业用电以及渠县东城新区、临巴、天星、卷硐片区的居民及非居民供电任务。

公司所辖有临巴、天星、卷硐3个供电所。供电涉及临巴镇、天星镇、三汇镇、卷硐乡等18个乡镇、64个村、521个社，供电客户40808户，其中10千伏及以上专变客户159户，低压居民及非居民客户40649户。专变客户运行受电设备容量18.69万千伏安，低压客户装接容量29.11万千瓦。2019年，公司全年完成售电量8.37亿千瓦时，累计线损率1.99%。

2019年，完成安措投入25.92万元，电力设施保护技措费7.428万元，行车记录仪0.5314万元，安全工器具补充13.75万元，应急照明灯具1.07万元。组织公司各级人员开展集中安全培训和学习共8次，组织相关人员安全考试共3次，安全培训率和考试合格率均为100%。4月底，与国网大竹县供电公司组织开展防汛、防地质灾害联合应急演练。5月底，公司组织开展综合办公楼火灾逃生应急培训和演练。6月，公司安监部、项目办组织施工队伍开展了施工驻地地灾逃生培训和演练。

全年完成新装增容22户，同比下降15.38%，新装增容容量26179千伏安，同比下降45.79%。累计销户4户，同比下降55.6%。减容容量825千伏安，同比下降 75.28%；低压业扩报装及变更：累计新装增容 634 户，同比增长 31.27%；新装增容容量 5584 千伏安，同比下降 51.46%。累计销户 326 户，同比增长 20.55%。

完成“十四五”配电网规划现状资料收集及统计、城农网项目的规划滚动修编和储备工作，完成了 2019 年渠县乡村电网规划报告和工业园区规划报告。完成了 2020 年城农网项目可研编制，2019 年，已批复、城网项目 1 个，总投资 243.7 万元，农网项目 2 个，总投资 193.21 万元，再加上 2018 年已批复，但未下综合计划的 2 个农网项目，共 412.9 万元， 2020 年预计要实施的项目总投资 849.81 万元。2019 年，共完成农网项目 3 个，总投资 626.08 万元，10 千伏业扩项目 2 个，总投资 76 万元。完成“三部两代”标准化项目部创建工作，规范配网项目设计、预算、资金、分包、结算等过程管理工作，提高施工工艺质量，强化现场安全作业。

全年共召开党委会 17 次，党建工作领导小组会议 11 次、中心组学习会 13 次，积极贯彻上级党组织决策部署，持续推进公司党建工作高质量发展；严格落实“一岗双责”，签订了党风廉政建设责任书，部署了 2019 年党建及党风廉政建设重点工作；扎实开展“不忘初心、牢记使命”主题教育活动，渠县公司理论中心组共集中研讨了 3 次，开展领导班子对照党章找差距活动 1 次，认真调研，查摆问题，形成问题清单，并严格闭环管理；结合主题教育，各支部认真开展“三会一课”；完成了党费收缴、党组织关系转接、党建信息系统维护等日常工作，发展党员 1 名，转正 1 名；对照巡察及审计发现问题，扎实开展了“回头看”工作，并建立了问题销号台账，逐项列出整改佐证资料，确保整改工作落实到位。

【国网达州市新桥供电公司】国网达州市新桥供电公司始建于 1994 年 3 月，历经数次变革，于 2016 年 8 月实施子改分后成为四川省电力公司的分公司，企业更名为国网四川省电力公司达州市新桥供电分公司。公司下设 8 个部室、2 个中心、7 个班组、11 个供电所、4 个直属水电站、1 个集体企业，有在岗职工 375 人。

公司担负着达川区南城南北干道以东城区、达川区商贸物流园区、达州经济开发区60余家大宗工业客户以及达川区麻柳、石梯、通川区江陵等28个乡镇、328个行政村、60余万人的供电服务。供电面积1075平方千米，客户20.11万户。2019年，公司售电量4.54亿千瓦时，线损率4.79%，电费回收率100%。截至2019年12月31日，实现连续安全生产3437天。

公司所辖110千伏变电站4座，主变8台，变电容量34万千伏安；35千伏变电站10座，主变18台，变电容量13.95万千伏安。辖区内110千伏线路5条，总长131.43千米；35千伏线路9条，总长142.68千米；10千伏线路78条，总长1366.64千米；公司直管小水电站5座，装机容量6630千瓦，年均发电量约2500万千瓦时。

2019年，累计完成输变配项目20个，完成计划投资3735.52万元；完成1.6万只2009版智能电表换装，1639台集中器、4G 通道以及329台专变终端等的升级改造；完成公司10千伏线路46台分段开关的安装；完成检修工区内装及调度大厅、电源、通信等附属配套项目建设和资产转固；大力推行配网能带不停等带电作业16次；发展光伏能源2处，安装充电桩4台；完成川煤6处家属区“三供一业”配电改造工程；完成达州市第二应急备用水源的用电方案以及达川区重大基础项目电力迁改工程项目。

提高台区线损治理，台区线损合格率由年初的92.32%提高到96%，居国网达州供电公司第三位；配电线路同期线损保持在97%，居国网达州供电公司第三位；综合线损达到4.79%，比下达计划时下降0.02%；多维精准管理体系基本覆盖全业务范围；切实执行一般工商业电价再降10%的惠民政策，全年让利于客户912万元；供电服务投诉同比压降61%，较年度指标压降52%。

扎实开展“不忘初心、牢记使命”主题教育活动，结合主题教育开展志愿服务19次；落实“两个责任”，签订2019年度廉洁目标责任书21份、关键岗位人员廉洁从业承诺书65份；公司共产党员服务队获得省工会“工人先锋号”荣誉称号；1人获 “2019年电能计量及用电信息采集运维专业”省公司第三名；开展“126”连心桥，接待职工来访并真心帮助解决困难和问题2次；针对“两不愁、三保障”开展大排查、大走访、大调研活动31人次，全年消费扶贫6万余元，实现石鼓村2019年61户贫困户全部脱贫的目标。

【国网达州市蒲城供电公司】国网达州市蒲城供电公司位于宣汉县东乡镇王家坝滨河路 80 号。其前身是 1981 年 5 月由宣汉县政府成立的宣汉县小水电联营公司。2012 年，成为省公司的全资子公司。2016 年，通过吸收合并成为省公司的分公司，更名为国网四川省达州市蒲城供电分公司（以下简称“国网蒲城供电公司”）。公司主要承担宣汉县 46 个乡镇、408 个村的供电任务，供电客户 35.6094 万户，供电面积 3630 平方千米，覆盖全县 83%的面积。

有 8 个职能部门、3 个业务支撑机构、16 个供电所、4 座小水电站。110 千伏变电站 2 座，另和国网宣汉县供电公司共用110千伏变电站4座；35千伏变电站12座；10千伏线路75条，长2557千米。10千伏配变2718台，0.4千伏及以下低压线路15326千米。2019年，售电量9.8758亿千瓦时，同比增长8.54%；综合线损率5.04%，同比增加0.05个百分点；电费回收解缴每月均达到100%。

全年发布《安全生产通报》10期，查处各类违章行为265起。完成“6·22”“6·28”“7·18”“11·17”等恶劣天气下抢修救灾工作，全年发放各类安全宣传资料7000余份，累计排查台区2562个、用户34万户，隐患告知书32万多份，累计排查高低压线路跨越鱼塘504处，对121处采取了绝缘化等防范措施，下发鱼塘隐患治理整改通知书及拟定整改计划383处，全年投入安措资金40余万元。完成四川省第十届乡村文化旅游节巴山大峡谷文化扶贫景区开幕保电任务，得到县委、县政府的高度肯定。

2019年，新投10千伏线路7条，大修10千伏线路2条，开展低电压治理、供电瓶颈项目53个，配变零星维护112处，安装10千伏调压器11台，安装90台单相调压器，完成30户建档立卡贫困户低电压治理，完成高架村等5个脱贫村低电压治理，低电压现状得到明显改善。完成2019年农网调增投资计划、2020年配网预下达投资计划，2020年综合计划配电网投资计划，实施35千伏茶河变电站输变电工程，为“脱贫摘帽”提供坚强电力保障。

2019年，公司获评省公司安全综合先进集体；运维检修部、党委党建部、峰城供电所获评省公司安全生产先进班组；1人获评省公司安全生产先进班组长。

（邓灵波）

国网凉山供电公司

【公司概况】国网凉山供电公司始建于1974年，是四川省电力公司直属的特一型供电企业。下设14个职能部门、4个业务支撑和实施机构，管理12个县级供电企业（8个分公司、4个控股公司）、1家产业单位。承担凉山11个县及西昌市2个工业园区和周边农业生产及居住区（供区面积1835平方千米，占西昌市面积的70%，其中18个乡镇为公司完整供区，9个乡镇为与西昌电力交叉供区，其余10个乡镇为西昌电力供区）、冕宁县15个乡镇（供区面积1500平方千米，占冕宁县面积的33.94%，其中14个乡镇为公司完整供区，1个乡镇为与地方电力交叉供区，其余23个乡镇为民营企业四川安宁电力、西昌电力供区），供区面积4.59万平方千米，占全州面积的76%；供电人口400余万人，占全州人口的81%。固定资产原值达121.12亿元，有35～220千伏变电站161座、变电容量7669.15兆伏安、线路长度6010.91千米，10千伏配变容量1404.26兆伏安、线路长度13680.12千米。完成售电量95.74亿千瓦时，同比增长17.66%，电费实现100%回收。线损率完成5.22%，同比降低1.07个百分点。安全、稳定、廉洁保持“零”目标。

2019年2月15日，省公司“三区两州”电网建设誓师大会在西昌召开　（蒋志明　摄）

【人力资源】截至2019年年底，该公司有直供直管全民职工630人，具有研究生学历43人，占6.82%；具有本科学历495人，占78.57%；具有专科学历61人，占9.68%；中等职业教育21人，占3.33%；高中学历6人，占0.95%；初中及以下4人，占0.63%。直供直管单位具有高级职称130人，中级职称146人，初级职称224人；具有高级技师40人，技师122人，高级工40人，中级工112人，初级工3人。生产技能岗位双师型人才18人。有国网四川省电力公司专家人才8人。公司人才当量密度0.9827（其中直供直管单位人才当量密度完成1.097），同比提高0.92%。

【电网建设与发展】该公司以电网“1234”网架结构特点，布局凉山北汇集、南消纳、西外送、东保障、中可靠“五大功能定位”，获得州委、州政府主要领导肯定，实现以规划引领推动电网与地方经济融合发展良好局面。坚持“问题+目标+需求”三个导向，高质量完成27.25亿元的“十四五”电网规划编制。落实属地责任，推动雅中—江西、白鹤滩—江苏（浙江）特高压工程前期协调，积极协调普格县、金阳县非国网供区，有效保障雅中—江西送出工程四川段全线开工建设。白鹤滩—江苏、浙江送出工程取得路径协议179份，换流站工程完成全部213户房屋拆迁。完成四川省2019年四季度重大工程开工仪式筹备工作，获省政府好评。

【经营管理】该公司突出精益管控，综合计划当年支出入账率59.84%，同比提升17.82个百分点。清理关闭历史遗留项目995个。加强储备项目规范性、关联性监督，完成项目储备571项。完善全面预算管理机制，压减非生产性支出，精准预算管控“按日排程”全面上线。灵活运用电价政策，完成直购电、留存电、富余水电、水电联动等电量47.76亿千瓦时，促进工业电量增长10.75%。新装增容业务5.11万户，新增容量76.57万千伏安。拓展电能替代项目16个，替代电量1.12亿千瓦时。完成5项长期应投未投遗留项目投产和5座低效变电站整治。开展用电稽查和反窃查违行动，挽回经济损失535万元。强化物资管控，强有力地保障了“三区两州”大规模电网建设物资供应及时有序。技经管理排省公司基建技经专业第一名。生产经营月报获国网公司优秀报告。全年诉讼案件结案共11起，胜诉率54.54%，挽回经济损失2501万元。非诉讼主动维权事项1起，挽回经济损失309万元。荣获四川省“七五”普法中期先进集体，全川仅3家企业荣获该奖，该公司是唯一获奖的地市级企业。

【安全生产】该公司坚持压责任保落实，标本兼治确保安全生产保持平稳。修编发布安全责任清单，修订《反违章工作实施细则》《安全工作奖惩实施细则》，完善安全专项奖励、违章曝光等机制，科级干部安全述职覆盖7个专业，安全责任有效压紧压实。开展“三零确三保”攻坚70天专项行动，全年实现“三区两州”电网建设180余个施工现场“零事故”。落实锦苏直流属地化运维和西南电网异步联网各项措施。按照“四不放过”原则，考核相关责任人556人次，考核金额178万元。开展“春秋安”“三区两州”“防风险、保安全、迎大庆”等专项行动，共查处违章3102起，治理安全隐患1488项。加强电网运行管控和“三道防线”建设，管控六级及以上电网风险148项，完成14座盲调变电站整治。强化设备运维、技术监督和反措落实，完成5座220、110千伏变电站集中检修，220千伏、110千伏、35千伏线路跳闸率同比下降29.07%、28.87%、37.15%。高效应对木里、冕宁森林火灾，甘洛山洪泥石流及布拖矿山坍塌事故，获省公司安全生产第二次和第三次特殊贡献奖。开展各类应急演练60余次，圆满完成全国“两会”、中华人民共和国成立70周年、“一带一路”高峰论坛等重大保电任务37次，累计完成142次卫星发射保电任务。2019年获评省公司“安全先进单位”、四川省“三电”设施安全保护工作成绩突出单位。截至2019年12月31日，连续安全生产3928天。

2019年2月19日，公司对口帮扶的喜德县阿吼村合作社第一次分红　　（蒋志明　摄）

【农电工作】公司全力贯彻落实国网公司、省公司决策部署，全力抓好“三区两州”电网建设。凉山地区“三区两州”电网建设累计投入26.25亿元，攻坚完成主体工程建设，户均配变容量、电压合格率、供电可靠率达到国家标准，有效推动13个县（市）、38万余人从“用上电”向“用好电”转变。全年共投产35千伏及以上输电线路268.96千米，变电容量40万千伏安；投产10千伏及以下线路11152千米，配变容量26万千伏安。全面持续加强供区内农村电网建设。有效确保13798户彝家新寨、866户自主搬迁、41878人易地搬迁用电达标。开辟光伏接网“绿色通道”，34个村级光伏扶贫电站并网发电。“两不愁三保障”排查出的未通电问题全部完成整改。开展冕宁县、盐源县“七乡十六村”独立光伏供区电网改造，着力改善1600余户、7200余人的用电质量。推进县公司改革改制，完成会理、会东、布拖、雷波 4 家县公司“子改分”。

【科技与信息化工作】公司狠抓信息安全责任落实，统筹推进信息网建设和相关工作开展。开展网络安全责任书和网络安全承诺书签订工作，与各级人员签订 3758 份责任书和承诺书，签订率实现 100%，落实员工安全生产责任；治理 ADSS 光缆“三跨”11 处，优化 12 家县公司视频会议网络架构，开展 220 千伏郎变等 4 个站通信电源改造，持续夯实网络基础；开展 12 次应急通信卫星演练，完成“护网 2019”信息网络安全攻防演练，完成信息通信专业应急预案修编，提升应急处置能力；全年开展“迎峰度夏”“秋安检查”“信息通信专项检查”等 5 次，定期开展设备巡视和现场消缺工作，全年巡检设备 616 次，消缺 53 次，确保设备正常运行；完成信息桌面终端故障处置 9209 次，完成 MAS 工单申请 2631 条，处理信息风险预警和漏洞 51 项，全年公司未发生内、外网安全事件；开展常态监测，全年累计发现异动业务 837 笔，完成整改异动 823 条，整改率达 98.33%，追补电费（含违约补偿）72.8303 万元；防泛洪 ARP 攻击典型经验在全川推广。

【市场服务】公司坚持转作风为人民，聚焦专业专注，持续改善推进优质服务稳步提升。集中开展漠视侵害群众利益问题和“抓整改、除积弊、转作风、为人民”专项行动，全年投诉总量同比下降 33.68%，公司在凉山州 32 个州直公共服务行业类单位行风群众满意度测评中排名第一。推进营销智能转型，智能电表覆盖率、自动采集成功率、台区线损合格率分别达到 99.97%、99.5%、85.46%，高、低压线上交费率分别达到 40.83%、41.32%，马道、景星供电所建成“三型一化”营业厅。深入实施优化营商环境两年行动计划，拓展“三省+三零”办电服务，高、低压客户平均接电时间分别降至 38.17 天、1.59 天。多次主动为州上四大班子报送电力专报 4 期，得到主要领导认可。召开优化营商环境座谈会 13 次，快速响应政府与客户意见建议，政府与客户电力得到感明显提高。推进配网三年整治提升行动计划，10 千伏线路非计划停运率、故障跳闸率、抢修及故障平均处理时间同比下降 39.49%、26.23%、38.88%；配网自动化覆盖率较年初提升 38%；治理低电压用户 6.3 万户，低电压台区减少 829 台。

【党的建设和精神文明建设】公司坚持抓党建强引领，践行初心使命，相融共进取得“三个建设”丰硕成果。开展“不忘初心、牢记使命”主题教育活动，组织两级党委中心组学习 222 次、“三会一课”1329 次、主题党日活动 1188 次，开展调查研究 155 次，收集意见建议 135 条，查摆问题 82 项，主题教育成效得到省公司第七指导组高度肯定。细化 37 项“1355”党建提升措施，推进 9 项“党建+”重点工程项目落地，“1355”党建提升工作体系入选大型文献史册——《党的建设与思想政治工作优秀成果汇编》。成立“初心永恒”党建理论研究室，推动 3 项党建理论成果转化。

实施“旗帜领航·组织登高”工程，选派 35 名优秀青年骨干深入艰苦地区参与扶贫锻炼，7 名科级干部、4 名新提拔副科级干部被选派到木里、布拖等地锻炼。开展科级干部平级交流 48 人次，提拔任职 13 人，聘任协理员 13 人，员工晋升职员 3 人。在“大培训、大比武、大提升”活动中，1 名员工在造价专业调考中获省公司第一名、国家电网有限公司第六名的好成绩，3 名员工在省公司同期线损业务竞赛、公文写作竞赛中分获一、二、三等奖。

建成 32 个企业文化示范点和 15 个工匠技能工作室，殷显树荣获“全国模范退役军人”称号。脱贫攻坚系列报道在高端媒体刊发 100 余次，3 次荣登中央电视台，荣获“推动中国”影响力品牌展示扶贫贡献优胜奖。建成四星级及以上班组、供电所 21 个，首次创建省公司级“工人先锋号”1 个。建成 15 个“五小”供电所。

2019 年 7 月 26 日，省公司董事长谭洪恩（左三）调研喜德县阿吼村与博立木呷家促膝长谈 （袁雨湉 摄）

累计帮助 18 个贫困村脱贫摘帽，阿吼村贫困群众人均收入达 8979 元，是 2015 年的 6 倍。“334”阿吼精准帮扶成效再获 13 名省部级及以上领导肯定。王小兵获评国网公司“特等劳动模范”、四川省“五一劳动奖章”及脱贫攻坚“先进个人”，阿吼村获评四川省“文化扶贫示范村”，“大小凉山扶贫案例”入选“第三届中国能源产业发展年会”十大精准扶贫案例，喜德公司获评“国家民族团结进步先进集体”，微电影《阿果》获第七届亚洲微电影最佳作品奖。

【存在的主要问题】一是电网基础薄弱。35千伏及以上电网单线单变问题较为突出，公司还有77座变电站未实现无人值班。配网智能化、自动化水平不高制约供电可靠性进一步提升。二是电网建设管理人员短缺。受属地协调、电网建设任务繁重及人员短缺（公司整体缺员率29%）影响，现有建设管理人员严重不足，项目安全、质量、进度、稳定、廉洁管控压力大。下一步将重新整合现有管理人员按照项目开展情况实施动态调整，发挥业务骨干、二线干部经验优势抽调人员组建特高压属地协调小组，深化“基建管理”App、基建管控系统等现代科技手段运用强化基建管理。三是经营管理不强。民生工程投入大、成本刚性增长、历史遗留问题较多等制约效益持续增长。人财物管理等还不够规范，存在一定的管理风险，规范治理还需进一步加强。

2019年9月26日，省公司总经理胡海舰（右二）调研公司（姚兴旺　摄）

【国网凉山州安宁供电公司】国网四川省电力公司凉山州安宁供电分公司始建于2003年10月9日。下设马道供电所等6个供电所，承担供电面积3335平方千米，负责18个乡（镇）、201个行政村的电力供应与维护管理，供电人口33.2万余人，有各类用电客户9.44万户。拥有在职员工206人，10千伏线路45条，全长1467千米。2019年，售电量完成54.39亿千瓦时，同比增长15.3%；线损率4.61%，同比下降2.87个百分点；电费回收100%；截至2019年12月31日，连续安全生产2561天。

【国网喜德县供电公司】国网四川省电力公司喜德县供电分公司始建于1964年3月。下设光明、红莫、两河口3个供电所，承担全县2206平方千米、24个乡（镇）、170个行政村的电力供应与维护管理。截至2019年年底，固定资产原值9166.73万元，用工总数203人。拥有发电站2座，总装机容量0.814万千瓦；35千伏变电站8座、变电总容量68.45兆伏安，线路132.846千米；10千伏线路907.00千米、配电总容量109.98兆伏安。2019年，售电量完成1.987亿千瓦时，同比增长19.34%；线损率3.54%，同比下降1.94个百分点；电费回收100%；截至2019年12月31日，连续安全生产3915天。

【国网越西县供电公司】国网四川越西县供电有限责任公司始建于1958年。下设中所等6个供电所，承担全县2246.57平方千米、38个乡（镇）、288个行政村的电力供应与维护管理，供电人口36万余人，有各类用电客户9.37万户。截至2019年年底，固定资产原值1.4亿元。拥有在职员工251人。拥有110千伏变电站2座，变电容量150兆伏安，线路35.6千米；35千伏变电站7座，变电容量58.75兆伏安，线路177.1千米；10千伏线路797.45千米。2019年，售电量完成4.81亿千瓦时，同比下降0.29%；线损率完成2.95%，同比降低1.86个百分点；电费回收100%；截至2019年12月31日，连续安全生产4387天。先后荣获国网四川省电力公司安全生产先进集体、公司财务资产部荣获国网四川省电力公司安全班组、乃托供电所荣获国网四川省电力公司优秀供电所等荣誉称号。

【国网德昌县供电公司】国网四川省电力公司德昌县供电分公司始建于1964年。2017年6月，改制为国网四川省电力公司分公司。有员工312人，供区内有7个供电所，供电范围涉及全县12个乡镇、137个行政村、5个社区，有供电客户8.4万余户。截至2019年年底，固定资产原值2.04亿元，售电量完成7.6亿千瓦时。拥有乐跃二级电站和狮子山电站两个径流式自备发电站，年发电量2248.21万千瓦时。拥有110千伏变电站1座、35千伏变电站9座，110千伏输电线路92.5千米、35千伏输电线路152.8千米、10千伏配电线路755.25千米、0.4千伏及以下低压配电线路5625.4千米。先后获四川省地方电力系统优秀企业、四川省模范职工之家、四川省电力工会2019年度先进分工会、凉山州文明单位标兵等荣誉称号。截至2019年12月31日，连续安全生产4533天。

【国网会理县供电公司】国网四川会理县供电有限责任公司始建于2007年4月26日。2019年3月，改制为国网四川省电力公司会理县供电分公司。下设红旗、鹿厂等6个供电所，承担全县4527平方千米、50个乡（镇）、311个行政村的电力供应与维护管理，供电人口46.5万余人，有各类用电客户13

万户。截至 2019 年年底，固定资产原值 3.62 亿元，拥有在职员工 493 人。人均运维资产 73.34 万元（不包括凉山公司资产）；110 千伏变电站（含代维）6 座，变电容量 441.5 兆伏安，110 千伏线路 17 条，线路长度 442.16 千米，35 千伏变电站 19 座，变电容量 201.5 兆伏安，35 千伏线路 45 条，线路长度 549.75 千米，10 千伏配变 2131 台，10 千伏线路 90 条，线路长度 2490.35 千米。2019 年，完成售电量 9.92 亿千瓦时，同比增加 1.59%；电费实现 100%回收；综合线损率 4.56%，同比降低 5.51 个百分点。

【国网雷波县供电公司】国网四川省电力公司雷波县供电分公司始建于 1962 年。2019 年，完成“子改分”为国网四川省电力公司下辖县级分公司。下设锦城供电所等 8 个供电所。承担全县 2838 平方千米、48 个乡（镇）、276 个行政村的电力供应与维护管理，供电人口 28.3 万余人。截至 2019 年年底，固定资产原值 1.496 亿元，拥有在职员工 238 人。拥有 110 千伏变电站 3 座，线路 202.38 千米，变电容量 196 兆伏安；35 千伏变电站 10 座，变电容量 93.35 兆伏安，线路 244.1 千米；10 千伏配变 1637 台，容量 238.27 兆伏安，线路长度 1202.94 千米。2019 年，售电量完成 12.98 亿千瓦时，同比增长 31.32%；线损率 1.93%，同比下降 0.16 个百分点；电费回收率 100%；截至 2019 年 12 月 31 日，连续安全生产 2807 天。

【国网宁南县供电公司】国网四川宁南县供电有限责任公司始建于 2012 年 8 月 8 日，下设景星、松新、华弹、竹寿、白鹤滩 5 个供电所，承担全县 16667 平方千米、13 个镇、125 个行政村的电力供应与维护管理，供电人口 19 万余人，有各类用电客户 6.5 万户。截至 2019 年年底，固定资产原值 2.13 亿元。拥有在职员工 247 人。拥有 110 千伏变电站 2 座，线路 182.3 千米，变电容量 120 兆伏安；35 千伏变电站 5 座，线路 201.72 千米，变电容量 78.6 伏安，10 千伏线路 1152.61 千米。2019 年，售电量完成 5.34 亿千瓦时，同比增长 15.63%；线损率 2.31%，同比下降 2.32 个百分点；电费回收率 100%；截至 2019 年 12 月 31 日，连续安全生产 2701 天。

【国网甘洛县供电公司】国网四川甘洛县供电有限责任公司始建于 2014 年 2 月，下新市坝、田坝、吉米、普昌、阿兹觉、玉田、海棠、斯觉 8 个供电所，承担全县 28 个乡（镇）、2155.94 平方千米、227 个行政村的电力供应与维护管理，供电人口 23 万余人，有各类用电客户 6.8 万户。截至 2019 年年底，固定资产原值 2.23 亿元。拥有员工 193 人。拥有 110 千伏变电站 2 座，线路 80.422 千米，变电容量 263 兆伏安；35 千伏变电站 6 座，线路 94.33 千米，变电容量 58.45 兆伏安；10 千伏线路 1120.59 千米。2019 年，售电量完成 6.74 亿千瓦时，同比下降 0.31%；线损率 7.42%，同比下降 3.31 个百分点；电费回收率 100%；截至 2019 年 12 月 31 日，连续安全生产 3623 天。

【国网会东县供电公司】国网四川会东县供电有限责任公司始建于 2013 年 10 月。2018 年 12 月，改制为国网四川省电力公司全资子公司。2019 年 8 月 20 日，改制为四川省电力公司会东县供电分公司。下设参鱼供电所等 10 个供电所，承担全县 3227 平方千米、13 个镇、7 个乡、308 个村、8 个社区的电力供应与维护管理，供电人口 43 万余人，有各类用电客户 11.44 万户。截至 2019 年年底，固定资产原值 3.38 亿元，拥有在职员工 320 人。拥有 110 千伏变电站 2 座，变电容量 12.15 兆伏安，线路长度 36.79 千米，35 千伏变电站 10 座，变电容量 198.15 兆伏安，线路长度 285.91 千米，10 千伏配变容量 100.25 兆伏安，线路长度 1923.64 千米。2019 年，售电量完成 4.1 亿千瓦时，同比增长 16.8%；综合线损率 9.57%，同比降低 0.31 个百分点；电费回收率 100%；截至 2019 年 12 月 31 日，连续安全生产 2247 天。

2019 年 12 月 17 日，公司与州纪委监委开展纪企共建活动　　（袁雨湉　摄）

【国网木里县供电公司】国网四川省电力公司木里县供电分公司始建于 1958 年，下设乔瓦等 4 个供电所，承担全县 9042 平方千米、23 个乡（镇）、88 个行政村的电力供应与维护管理，供电人口 13.4 万余人，有各类用电客户 3.3 万户。截至 2019 年年底，固定资产原值 11 亿元，拥有在职员工 167 人。拥有 110 千伏变电站（含代维）2 座，变电容量 44 兆伏安（代维 31.5 兆伏安），线路长度 102.02 千米（代维 22.352 千米），35 千伏变电站 12 座（代维 7 座），变电容量44.95兆伏安（代维31.5兆伏安），线路长度237.939千米（代维186.5千米），10千伏配变容量86.335兆伏安（代维32.968兆伏安），线路长度1383.43千米（代维624.686千米）。2019年，售电量10370.52万千瓦时，同比增长20.82 %；综合线损率完成5.86%,同比降低4.4个百分点；电费回收率100%；截至2019年12月31日，连续安全生产1827天。

【国网布拖县供电公司】国网四川布拖县供电有限责任公司于2014年12月改制成立，下设特木里、交际河、拖觉、西溪河、衣某5个供电所，承担全县1685平方千米，30个乡（镇）、190个行政村的电力供应与维护管理，供电人口20万余人，有各类用电客户5.8万户。截至2019年年底，固定资产原值5.56亿元，拥有在职员工150人。拥有110千伏变电站1座，线路79.5千米、变电容量40兆伏安；35千伏变电站7座，变电容量43.75兆伏安，线路205千米；10千伏配变容量49.56兆伏安，线路长度1230千米。2019年，售电量完成1.52亿千瓦时；综合线损率9.59%；电费回收率100%；截至2019年12月31日，连续安全生产1895天。

【国网盐源县供电公司】国网四川盐源县供电有限责任公司于2017年5月挂牌成立，下设干海供电所、梅雨供电所等8个供电所，承担全县8412平方千米、30个乡（镇）、252个村（社区）的电力供应与维护管理，供电人口37万余人，有各类用电客户11万余户。截至2019年年底，固定资产原值4.66亿元，拥有在职员工302人。现有110千伏变电站4座（3座有人值守），变电容量178兆伏安，线路长度206.019千米，35千伏变电站9座（4座有人值守），变电容量57.8兆伏安，线路长度376.18千米，10千伏配变容量13.59兆伏安，线路长度1916.56千米。网内有并网小水电38座，总装机容量12.65万千瓦，其中公司产权电站6座，总装机容量1.01万千瓦。2019年，售电量4.249亿千瓦时，同比降低10.04%；电费实现率100%回收；综合线损率9.5%，同比下降1.95个百分点。截至2019年12月31日，连续安全生产965天。

（李本曾、覃瑞）

国网泸州供电公司

【企业概况】国网四川省电力公司泸州供电公司（以下简称“国网泸州供电公司”）成立于1981年10月，是隶属于国网四川省电力公司的特二型供电企业，担负着泸州市3个县、2个区、合江县四川天华股份有限公司及季节性趸售贵州省赤水市的供电任务，供电面积9821平方千米，供电人口422万人。

公司共设12个职能部门、7个业务支撑和实施机构、1个直供直管县级供电公司（国网四川省电力公司泸县供电分公司），管理4个子改分县供电公司（国网四川省电力公司泸州市纳溪供电分公司、国网四川省电力公司叙永县供电分公司、国网四川省电力公司古蔺县供电分公司、国网四川省电力公司泸州市泸川供电分公司）。

2019年，国网泸州供电公司认真贯彻落实省公司和市委市政府决策部署，夯基础、强管理、提质效，各项工作取得新成绩，公司发展呈现良好局面。固定资产投资5.85亿元；售电量76.83亿千瓦时，同比增长9.14%；电费回收率100%。综合线损率6.89%，同比下降0.74个百分点；资产总额达到44.26亿元。35千伏及以上变电站94座，主变156台，总变电容量600.58万千伏安。其中，220千伏变电站8座，主变压器16台，总变电容量264万千伏安；110千伏变电站32座，主变压器60台，总变电容量265.9万千伏安；35千伏变电站54座，主变压器80台，总变电容量70.68万千伏安。35千伏及以上线路170条，共2800.84千米，其中220千伏输电线路23条，共610.11千米；110千伏输电线路73条，共1168.31千米；35千伏输电线路74条，共1022.42千米。截至2019年12月31日，连续安全生产4920天。

【人力资源】公司用工总量3763人。其中，直管直供长期职工809人，子改分县供电公司长期职工1744人，直管直供农电人员374人，子改分县供电公司农电人员582人，产业单位用工254人。另有离退休人员1728人。在册长期职工中，研究生学历120人、大学本科1530人、大学专科及以下903人；

具有高级职称 200 人、中级职称 417 人、初级职称 799 人；具有高级技师 71 人、技师 523 人、高级工 660 人。

【电网建设与发展】 完成 14 个项目可研编制、审查。全力做好白鹤滩—江浙两条±800 千伏特高压线路跨越泸州境内协调工作。开工 6 项工程，投产纳震第二回 220 千伏线路工程，古叙电网再添大动脉。实施配网三年整治提升行动，低电压台区减少 16.1%，频繁停电线路减少 54 条。落实电网补强措施 65 条，解决城西片区等 7 个区域供电能力不足问题。编制泛网建设综合示范项目三年规划，建成柏杨坪综合能源示范项目。主动服务泸州城市建设，电力迁改 80 条次、117 千米，高质高效完成川南城际铁路泸州段迁改，获市委书记、市长通报表扬。

2019 年 4 月 17 日，川南片区防震减灾演练在国网泸州供电公司举行　　（张跃　摄）

【经营管理】聚焦综合性指标提升，狠抓综合计划、资金预算精益管控，持续理顺和优化机制流程。成功争取到鑫阳钢铁扩能项目点对点供电权，维护了企业利益。协助市政府招引恒力集团并落户公司供区，积极促成郎酒新产能区项目由南网转为国网供电，有效拓展供电市场。累计新装（增容）8.31 万户、容量 122 万千伏安，推进老窖罗汉基地 20 蒸吨和黄舣白酒产业园区 30 蒸吨煤改电项目落地，替代电量突破 1.8 亿千瓦时。落实税收新政，应缴税费减少 5028 万元。同期线损总体排名提升至 13 名，减少线损电量 6506 万千瓦时，节约购电成本 1924 万元。开展反窃电专项行动，查获窃电 676 起，挽回经济损失 396.29 万元。落实省公司 2019 年川黔丰水期电能交易协议，促进四川丰水期清洁水电消纳 1.71 亿千瓦时。全方位加强成本管控，工程审减 2784 万元，非招标采购节约资金 5892 万元，处置废旧物资 411 万元。产业单位利润 804 万元，实现扭亏为盈，应收账款同比减少 33.33%，资产负债率下降 3.5%。

【安全生产】始终坚持把安全摆在首位，年度 14 项重点任务、118 条措施全部按期完成。严格落实安全责任制，不断完善安全三级监督网，动态调整安全责任清单，建立“不安全事件、重大以上违章事件”责任落实倒查机制。专项安全巡查 10 个基层单位，建立安全评价典型经验库。落实精准日管控，有效保障 1.67 万个现场作业安全。查纠违章 2187 起、处罚 680 人，安全约谈 6 个基层单位，保持安全生产高压态势。扎实开展安全生产大检查等 6 个专项行动，排查治理隐患 133 项，高层建筑消防安全综合治理获泸州市通报表扬。完成网络安全攻防演练等 7 次重大网络安全保障。组织川南片区防震减灾等各类应急演练 36 次，快速响应宜宾长宁地震、古蔺石屏一矿事故电力应急保障，得到社会各界广泛赞誉。

【农电工作】农网投资 2.57 亿元，惠及 73 个行政村、11.2 万人，4 个项目获评省公司五十佳。完成 24 个未改造村农网改造。主动对接省公司，争取 2019 年调整、2020 年预安排等 3 个批次 50 个项目，共 9500 万元。确保供区内已脱贫的贫困户生活用电达标率 100%。积极配合做好公司系统定点帮扶工作，选派 3 人参加定点帮扶工作。配合开展脱贫攻坚迎检工作，通过了脱贫工作“省检”，2019 年度扶贫目标完成。

【科技与信息化工作】完成13座变电站纵向加密认证装置SM2算法升级、220千伏变电站省网加密机升级，有效提升密通率指标。完成17座110千伏变电站监控系统安全监测装置部署和调试工作，建立厂站与调度机构协同的内网安全监视告警机制，实现110千伏及以上变电站网络监测覆盖率100%。全面完成县调42座35千伏变电站AVC闭环运行，实现泸州电网地县集中监控变电站AVC覆盖率100%，有效提升电网无功管理水平，保障电压质量稳定。

【市场服务（优质服务）】实施优化营商环境两年行动计划，高压客户平均接电时间较年初下降26.7天，客户办电满意率提升至99.94%。加快营销“三全”建设，采集成功率达到99.5%，高压费控执行率较年初提升18.65%。严格落实一般工商业两次调价政策，为客户节约成本8502万元。完成中华人民共和国成立70周年等26次重要保电任务。不断提升客户用电感知，投诉总量同比压降68.16%，线上办电率超过95%，网上购电缴费突破5.32亿元。试点57条10千伏线路停送电信息精准推送到户，覆盖20.8万名客户。

累计开展带电作业160次，减少设备停电时间1120小时。跨域借电保民生，保障了古叙众多工业用户及16万余户居民在纳震第二回220千伏线路接入期间正常用电。

【党的建设和精神文明建设】高质量推进“不忘初心、牢记使命”主题教育活动。实施党建“三年攻坚•十项行动”，全力打造“泸峰365”党建品牌。依托红色文化资源，在古蔺挂牌“红色讲习所”。开展“十讲十增强”“三年三步走”内涵要义宣讲48场次，强化形势任务教育。落实党风廉政建设54项重点任务，深化形式主义、官僚主义整治专项行动，自查整改6个方面问题。举办“泸峰365”运动会、颂歌献祖国千人主题歌会等丰富多彩的活动，为中华人民共和国成立70周年献礼。搭建“126连心桥”平台，职工诉求办结率100%。公司干部员工立足岗位创先争优，39个集体、92名员工获省公司及以上表彰，公司获得“中国梦•劳动美”第八届全国职工全健排舞大赛一等奖、省公司2019年安全先进单位等称号，车盛寅获评全国离退休干部先进个人。

【存在的主要问题】电网安全稳定运行风险突出。公司220千伏电压等级容载比为省公司最低，35千伏电压等级变电站单线、单变、串供较多，城市配网电缆运维难度大，农网历史欠账较多。作业安全风险较大。“两票”合格率低，“三种人”履责不到位的现象尤其突出，分包管理力量不足，现场管控不到位。经营管理仍显粗放，经营指标靠后。成本管控不够深入，综合线损较高，同期线损建设仍未取得满意效果。人员结构性矛盾突出。公司用工体量较大，结构复杂，部分单位超员与结构性缺员并存。

2019年10月28日，国网泸州供电公司排舞获“中国梦劳动美”第八届职工全健排舞大赛一等奖（陈卫东 摄）

【国网泸县供电公司】成立于1996年8月，是国网泸州供电公司集约化管理的直属县级供电公司。担负着泸县喻寺、玄滩、石桥、云龙、海潮、方洞、毗卢7个乡镇的供电任务，供电面积515平方千米，供电人口38.1万余人。所辖35千伏及以上变电站6座，总容量16.65万千伏安。10千伏配电线路27条，总长745.76千米；公用配变1113台，总容量17.6万千伏安。公司全口径用工166人，平均年龄48岁，研究生学历3人（占比 1.80%）、大学本科40人（占比24.09%）、专科及以下123人（占比74.09%），高级技术职称及高级技能8人，中级技术职称及中级技能54人。2019年，公司共有33大修技改项目，总投资1558.71万元，均已完成竣工结算。完成农网改造升级工程项目4个（建设资金389万元），2019年第一批次农网改升工程共19个项目计划（资金782.93万元），项目储备管理加强。46个农网项目（5735.24万元），10个大修、技改项目（1013.55万元）已纳入2020年项目储备。助力脱贫攻坚任务，实施电力产业扶贫。完成脱贫攻坚危房改造农户通电321户，在云龙镇杨高村投入资金50.35万余元进行改造升级，针对泸县喻寺镇齐心村8户建档立卡贫困户的结对帮扶工作，投入帮扶资金2万余元助推结对帮扶贫困户产业脱贫，得到当地党委、政府、村社和贫困户的肯定和好评。2019年，售电量1.96亿千瓦时，电费回收率100%，智能表覆盖率达到100%，综合线损7.84%，同比下降2.23个百分点，比计划值低2.16个百分点。台区线损合格率最高达96.47%，分线线损合格率最高达100%。“95598”投诉工单9笔，同比减少51笔，同比下降85%，“12398”投诉1件，2018年同期7件，同比下降85.71%。10千伏站内开关跳闸31条次，同比下降62.7%。未发生影响企业形象的党风廉政建设和优质服务事件。全力拓展集体企业网内网外建安市场，变等业务为要业务、抢业务，完成产值2300万元，利润90万元。强化本质安全工作。编制各级安全责任清单，按照安监牵头+专业负责+基层落地模式深入推进本质安全。细化分解14条重点安全工作任务，逐级签订“安全目标责任书”，全员宣誓层层签订以保证人身安全为目的的“十不干”“三不伤害承诺书”。

开展全员安规普考工作，完成了80名“三种人”培训及考试合格。针对春耕春灌等专项活动，充分发挥电视台、村社小广播、镇村社当家人微信群、安全讲坛等方式不定时连续滚动播放宣传安全用电常识，发放宣传资料等2万余份，避免发生有责任的人身触电及涉电事件。坚持“现场为王”理念，2000余条次的施工作业纳入“月计划、周安排、日管控”，发现违章89起，违章处罚8000

余元，实现安全生产6098天。督促指导星级供电所创建，全面提升供电所综合管理水平。按照国网公司星级乡镇供电所建设规范，继续推进基层供电所班组建设，玄滩供电所获评四星级供电所。继续深入推进全能型供电所建设，台区经理制常态化。完善各项工作流程，培训台区经理熟练掌握PMS系统现场定位采集、台区线损分析、采集终端维护等技能，从而提高供电所营配专业协作效率，提升客户满意度。对5个供电所逐个开展优质服务现场培训考试186人次，讲解服务规范，教授沟通技巧，提升员工优质服务意识和工作水平。全面开展“三省+三零”办电服务，以客户需求倒排办电环节时限，平均接电时间缩短20天。跟踪玄滩二人医PPP项目等招商引资推进情况，提前谋划供电方案。主动帮助泸县五中抢修专变，借此机会顺利完成费控建设推广任务，实现双赢。营销考核指标建立三级管控网络，每天专人管控并销号跟踪落实。完成营销工程2.18万只智能表换装任务。抓牢思想建设不放松。党委理论中心组组织学习15次，下属各党支部每月均按时完成“三会一课”及主题党日活动。切实履行管党治党责任。制定分公司党委和领导班子成员党建工作责任清单、“三重一大”决策实施细则及主要事项，依照规定讨论和决定公司重大事项。积极做好交叉巡察整改工作。9月，接受了省公司交叉巡察。巡察期间，对问题不回避、对矛盾不遮掩，对巡察组查找的问题、提出的意见，分公司即知即改、立行立改、真改实改。党风廉政建设常抓不懈。开展廉洁教育专题学习19次，廉政约谈26人次，建立供电（副）所长廉洁情况“活页夹”。扎实推动企业文化建设。投入37万元完成本部荣誉室的建设，以及喻寺、海潮、云龙3个供电所企业文化建设升级改造，激发了员工干事创业的动力，提升了公司的外部形象。

【国网泸州市纳溪供电公司】改制成立于2016年7月，前身是纳溪丰源电力有限公司。1999年由泸州电业局代管。2000年，与泸州电业局实现联营。2001年，改制为四川省纳溪供电有限责任公司；2014年，改制为四川省电力公司全资子公司。2016年，改制为四川省电力公司的分公司。公司供电区域1336平方千米，供电客户18.71万户。公司拥有35千伏及以上变电站14座，总容量85.34万千伏安；35千伏及以上输电线路21条/283千米，10千伏线路73条/1774千米。属地化运维±800千伏复奉线、锦苏线198基杆塔98.9千米线路，500千伏泸复一、二线、泸复三线、叙泸一、二线49基杆塔18.3千米。共有配电变压器2585台，容量41.865万千伏安；低压线路12480千米。水能发电厂1座，容量3750千瓦，年发电量约1062万千瓦时。公司区域内110千伏用户变电站3座，35千伏用户变电站2座。2019年，纳溪电网日最大负荷再创历史新高，达到17.88万千瓦，同比上升14.54%。公司设置7个职能部门、2个业务支撑和实施机构、11个供电所、2个营销专业班组、5个运检专业班组、1个产业单位分公司。截至2019年12月，全口径用工581人，其中全民员工429人、农电用工152人，平均年龄45.1岁。人才当量密度0.9609。有大专及以上学历468人。公司编制安全责任清单和2019年安全工作实施方案，出台精准日管控实施办法，管控作业现场3400个，查纠违章164起。开展春、秋季安全生产大检查和“防洪防汛”等专项行动，排查整治隐患46条。全力备战迎峰度夏，确保了日负荷和日电量均创新高情况下的电力可靠供应。修编应急预案25项，补充应急装备，完善公司应急库房。组织应急演练6次、管控信息安全事件5起，开展政企联动4次、警企联动2次。完成2019年“两会”、高（中）考、中华人民共和国成立70周年等重大活动保电任务13项。制定110千伏网络优化方案，储备35千伏渠坝、新乐站，城网配套、业扩配套、迁改工程有序实施。完成20个农村配网改造项目可研编制并取得批复。完成安富北辰区域配网加强，持续推进8687只智能电表换装。农改投资1397.66万元实施上马小水电供区农改，全域完成小水电供区移交。率先完成2019年两率一户工程建设项目4个，提升台区“两率一户”指标12个。开展农村10千伏配网线路网络补强项目13个，解决打古、江北等9个片区供电能力不足问题。改造老旧弃管小区3个、低电压治理台区158个，供电服务能力提升显著。优化调整党建、发建等机构职责。推行项目设计总承包，完善产业单位组织结构设置，努力提升业务承载能力。深化全员绩效管理，探索实施三级绩效考核。规范员工外出请假管理，全覆盖应用“国网商旅”。

清理2019年预算编制、租赁事项，严格预算刚性管控，推行成本项目化管理，全面把控项目建设、物资采购、农维费等关键领域。全力推进同期线损系统治理，台区线损合格率、分线线损合格率较年初分别提升9.00%、17.95%，最高达96.54%、93.45%。开展反窃电专项行动，查处违约窃电75户，追补电量12.10万千瓦时，挽回经济损失24.76万元。配合公安机关，将2017—2019年窃电与违约用电用户纳入征信系统。优化营商环境，落实“三省+三零”办电服务，全年高压新装81笔，容量67080千伏安。加快营销“三全”建设，全口径自动采集成功率达99.50%以上，低压远程购电成功率99.74%，营配低压贯通率99.60%，高压费控执行率60.57%，排名泸州公司第一。公司严格执行一般工商业降价2次，全年为客户节约用电成本860万元。开展泸天化、七化建、西研院等国有企业家属区三供一业改造，新增城市用户1万户。积极推进新能源和电能替代，煤改电项目1个，小型光伏发电2处。推进“规章制度落实督导年”活动，制定年度法律风险控制计划，梳理、修订、废止规章制度9项。积极配合省公司党委交叉巡察，落实整改问题线索7个，利益诉求2个，立行立改问题12个。深刻查找2019年廉政建设“危险点”22个（负面清单），拟定预防控制措施81条，常态化开展廉政约谈39人次。大力宣贯新颁布的法律法规、“七五”普法系列读本，深入开展“4·15”职工维权日、“12·4”国家宪法日等法制宣传活动，加快推进“三全五依”法治企业建设。深入推进“不忘初心、牢记使命”主题教育活动，开展专题学习研讨17次，征求意见建议41项。落实市公司党委“三年攻坚·十项行动”方案，围绕“泸峰365”，扎实开展党建强基固本。按期对4个基层党支部进行换届选举、增补支委和年度党员发展工作，巩固完善15个标准化党支部建设。开展“党建+安全”“党建+电网建设”专题研讨，成立泸天化用电改造施工项目临时党支部。在市公司和区委、区政府支持、指导下，稳妥处置退休人员稳定事宜。出台《职员职级管理实施细则》，构建基于员工能力等级的职务、职级、专家人才三大通道。制定公司优秀骨干调研方案，积极向市公司推送优秀年轻骨干3名。加强青工培养，组织新进大学生8人上挂市公司跟班学习。适度启用三新员工到技术技能岗位，提升三新员工归属感。大力传播国网品牌，开展“三型两网”“十讲十增强”“三年三步走”形势任务宣讲15场次。以庆祝新中国成立70周年为载体，制作《1+6》《我爱你中国》等新媒体作品。选拔员工参加全国全健排舞大赛并获一等奖，获泸州市无人机巡检作业技能竞赛获得团体第二名。完成省级文明单位迎复检资料整理归档和迎检工作，持续优化“四室一堂”。搭建“126 连心桥”，深入基层班组和作业现场30余次，慰问职工600余人次。针对退休职工举办文化展示活动，制作退休人员服务手册等，构建和谐企业氛围。

【国网叙永县供电公司】公司改制成立于2016年7月，前身为1995年成立的叙永县永盛电力有限责任公司。2005年12月，四川省电力公司与叙永县政府签订电力体制改革协议，共同出资组建四川叙永供电有限责任公司。2013 年1月，叙永县国有资产经营有限公司的地方国有股权无偿划转给国网四川省电力公司，公司更名为国网四川叙永县供电有限责任公司，成为省公司的全资县级子公司。2016年7月，改制成为省公司的县级分公司。公司现拥有35千伏及以上变电站17座，主变28台，总容量80.05万千伏安；110千伏线路12条，长度260.42千米；35千伏线路13条，长度134.939千米；10千伏线路81条，长度2564.0534千米；公用配电变压器共3406台，总容量55.1015万千伏安。2019年，累计完成售电量7.31亿千瓦时，同比增长14.67%，完成全年目标102.95%；售电均价（含税、基金）628.29元千千瓦时；营业收入（含税、基金）4.59亿元，同比增长9.68%；电费回收率100%；累计智能电表换装24.1585万只，覆盖率99.419%；完成线损率10.62%，同比下降1.87个百分点；2019年，负荷、电量均创历史新高，全网未发生大面积停电和拉闸限电事件。截至2019年12月31日，连续安全运行5131天。构建安全生产责任全覆盖体系，实施全员安全生产责任清单制管理。细化安全生产责任管理范围、内容和要求，结合各类安全条例开展知责明规宣贯培训考试和安全履职考核。推行安全生产过程奖励，全年共发放奖励金额10.15万元。严肃事故惩处和责任追究，对违章违纪人员执行“说清楚”“安全约谈”制度，落实组织处理、经济处罚等问责举措。加强隐患治理、风险和应急管控。保持高压态势严控作业现场安全。优化电网配置和提升客户供电可靠性。坚持规划引领并配套开展小基项目建设。完成叙永电网“十三五”规划的滚动修编，向林、赤水变电站纳入项目储备库，天池、分水变电站取得建设手续已开工建设。按电网规模合理布局小基项目，完成龙凤、水潦、水尾供电所建设，并投入使用。加快电网建设与改造步伐提升电压质量。35千伏天池、分水变电

2019 年 6 月 13 日，国网泸州供电公司带电作业班在蓝田轻工业园区进行带电作业　　（马宁果　摄）

站建设用地已经完成场地平整工作，输电线路建设得到县委、县政府的大力支持。2019年，电网建设总投资共11345.07万元。实施配网三年整治提升行动，全年共治理配变异常256台。实现15条10千伏线路手拉手供电，增强供电可靠性。清理线路通道树障40万余棵，对老旧配网线路利用成本项目进行治理，治理5条10千伏高跳线路。全面完成35千伏马水线改造项目有效解决北面天池等乡镇供电问题。2019年，公司投诉总量同比压降85.05%，完成市公司下达的投诉下降29.57%的卓越目标。精耕细作从经营管理挖潜增效。优化营商环境向优质服务要效益。推进“三零”“三省”服务措施落地，让客户早用电用好电，提升客户满意度。完成一般工商业电价下调10%目标，全年减收工商业电费约1680万元。推行直购电市场交易。2019年，叙永县20家工业企业交易电量17280.03万千瓦时，减少企业电费支出831.03万元。推行客户经理上门服务，积极增供扩销促进售电量增长，全年完成新装业务3586户，完成容量70873千伏安。加大内部控制力度实现效益提升。持续强化“反窃电、降线损”工作，共查处违约用电12起、窃电案件151起，合计挽回经济损失185.21万元；编制《同期线损治理考核方案》，完成公司综合线损率10.62%，同比下降2个百分点；同期线损专项治理台区损耗合格率83.28%，10千伏线路损耗合格率92.19%。加强对外沟通协作解决608户小水电未换装智能表遗留问题和完成580户非智能表换装工作。强化经营管理努力提质增效。细化分解下达可控成本预算10129万元；实施多维精益管理变革，开展会计信息的管理化改造；全面推广国网商旅应用，开启“免垫付、免发票、免报销”新时代；及时申请保险理赔，全年收取保险赔付款合计229.5万元；落实税收优惠政策，完成变电站土地使用税、农维费等税收优惠备案工作，开展增值税税率调整宣贯，帮助前端业务部门梳理经济合同，规避税收风险。强化物资管控，加强废旧物资回收管理和上报处置，为公司回收残值240万元。以旗帜领航作用全面加强党的建设。把初心使命化为履职尽责的不竭动力贯穿党建工作全过程。制订领导班子成员2019年党建工作责任清单和党建工作联系点实施方案。健全党的组织机构，完成12个党支部换届选举工作，打造5个党支部活动室。应用好“党建+”理念，开展党建+安全、党建+营销、党建+脱贫攻坚等形式多样的活动，把党建工作融入业务发展全过程。统筹谋划精心编制“不忘初心、牢记使命”主题教育方案。严格落实“两个责任”切实把好“清正廉洁”关。完成巡视发现问题整改，并对相关责任人进行了处理。对各级巡视巡察通报的典型案例和问题进行梳理，督促各专业部门制定整改与预控措施。制定《2019年党风廉政建设和反腐败工作要点及任务分工》，公司党委认真履行党风廉政建设主体责任，利用党委会分析和研究公司党风廉政建设和反腐败工作。开展反对形式主义、官僚主义专项治理活动和扶贫领域工作自查自纠。领导班子按廉洁约谈计划对87名关键岗位人员进行常规约谈。节假日多渠道多形式向党员干部发出廉洁提醒，做到常提醒、常督促，有效防范廉政风险。坚持以人为本和人才强企业战略。加强党员和人才队伍建设增强企业发展后劲。持续开展“三亮三比”、党员身边“三无”活动。严格落实合格党员积分制，将党员积分制与民主评议党员、党内评先评优挂钩，设立“党员示范岗”31个。强化干部管理与监督、激励与约束，修订中层管理人员管理和考核办法。拓展优秀员工成长空间，建立职员职级管理运行机制。开展好教育培训，提升全员业务技能，自办培训班41个。开展规章制度落实督导年活动，强化员工队伍规则意识。组织“变电站倒闸操作”技能比武活动和“安规+党建”知识竞赛，以赛促训，有效提升全员业务技能水平。2019年，在泸州市供电公司组织的“泸峰365”职工演讲比赛、《安规》知识竞赛和职工技术创新成果展示均荣获二等奖。无人机巡检作业在参加泸州市职工技能大赛中获得团体第三名的好成绩。营造关爱互助、扶贫济困的良好氛围。坚持党建引领，助力脱贫攻坚，完成全县贫困户的生活用电达标和结对帮扶村的脱贫任务。抓好共产党员服务队建设，在安全生产、优质服务等重点领域，充分发挥先锋模范作用。组建“阳光边城”电力爱心志愿服务队，关爱留守学生、定点帮扶贫困学校、进校园宣讲安全用电常识，荣获省公司十佳爱心组织；1名青年员工荣获省公司“川电先锋”青年突击队队员称号。充分发挥工会桥梁纽带作用，扎实开展“4·15”维权咨询服务日活动和“126连心桥”职工服务工作，畅通职工诉求平台，解疑释惑。组织“冬送温暖、夏送清凉、平时送关爱”慰问、新春趣味运动会等丰富多彩的文体活动，企业凝聚力和向心力有效提升。坚持透明、公开的经营理念，凝聚发展正能量，荣获泸州市2019年“泸州市企务公开民主管理示范单位”称号。

【国网古蔺县供电公司】公司改制成立于2016年9月，前身是2001年4月18日由四川省电力公司与古蔺县人民政府合资组建的控股公司。2014年1月完成上划县改制工作，成为四川省电力公司下属的全资子公司。2016年9月完成“子改分”工作，现属于国网四川省电力公司县级分公司。公司设置职能部门7个、业务实施机构3个、12个供电所、6个发电厂、1个集体企业。公司担负着全县26个乡镇的供电任务，供电面积3184平方千米，供电人口约87万人，供电总营业户数226721户。公司所辖35千伏及以上变电站17座，总容量43.315万千伏安；35千伏及以上线路33条，总长513.6千米；公司各变电站农网10千伏出线69条，主干线路共1568.43千米；配变2665台，总容量36.4295万千伏安。2019年，公司固定资产投资1.28亿元；售电量6.90亿千瓦时，同比增长12.44%；综合线损率12.09%，同比下降3.17个百分点；售电均价（含税）621.82元/千千瓦时；电费回收率100%；电网日最大负荷19万千瓦，日最大供电量281.1万千瓦时。截至2019年12月31日，古蔺电网连续安全生产7570天。安全生产保持平稳态势。严格执行安全责任清单，分级、分层签订安全生产责任书。深刻吸取系统内外部事故教训，精心组织春秋季安全大检查等专项活动6个，排查治理隐患190项。严格执行精准“日管控”，巡视现场作业450人次，查处各类违章行为170起，约谈施工单位5家，安全罚金1.34万元。加强作业计划刚性管控，计划执行率98.8%。强化外包队伍管理，实施“黑名单”惩罚机制。认真落实“防风险保平安迎大庆”要求，开展各类保供电反事故演习3次。加强电网调度管理和风险管控，强化设备运行维护，应对石屏一矿顶板垮塌事故和“9·7”暴雨灾害。完成春节、中高考、迎峰度夏等26个重点时段和重大活动的保供电工作。电网建设有序推进。紧跟地方经济发展，有针对性开展电网规划，积极开展35千伏坪渡、双沙、观文、邹家嘴变电站增容扩建前期准备。完成剩余73个非贫困村储备项目的编制和排序、入库。完成水口、二郎、石宝供电所生产营业用房的可研、设计编制。狠抓重点项目建设，完成35千伏谢家沟变电站、110千伏黄草坪变电站35千伏配套工程项目施工建设。

持续推进农网改造升级，完成2个批次58个项目农网工程建设，投入资金1.31亿元，惠及客户1.78万户。完成6个大修技改项目建设，投入资金522.11万元。低电压治理台区341台，4.2万户农村居民电能质量得到提升。完成生产综合楼建设用地的平场土石方开挖。经营管理不断加强。严格预算刚性管控，全面推行成本项目化管理，推动预算指标科学分解并均衡执行。清理长期挂账在建工程10项，完成转资项目10个。落实“一户一策”要求，有效防范电费风险。全面推进反窃查违行动，追罚资金89.10万元。狠抓高损、重损台区治理，台区线损、10千伏线路分线线损合格率较年初分别提升20%、18%，达到86%、90%。综合线损同比下降3.17%，减少电能损耗2500万千瓦时。推进实施电能替代，完成替代电量35万千瓦时。加强农网工程、重大投资项目等重点领域审计，强化问题整改，深化审计成果应用。关停白岩滩、长征2座“高投低产”电站，有效优化成本利用。加强资产精益管理，公开拍卖处置废旧物资106万元。

接收用户资产3367.09万元。成立乐山城电古蔺设计站。服务质效稳步提升。贯彻优化营商环境部署，大力推进业扩提速增效，降低用户接电成本。深化整改漠视侵害群众利益问题，着力提升用户电力获得感。严格执行“三省”“三零”服务，高、低压客户办电环节分别缩减到4个、2个，平均接电时间压减至26天、3天。大力开展线上服务，低压客户简单业务实现“一次都不跑”。完成一般工商业降价目标，减少企业用能成本1400万元。清退临时接电费500万元。积极服务郎酒庄园及新产能区建设，全方位协调涉电事项。考核处理服务投诉责任人员41人，扣罚薪金2.8万元。试点停送电信息精准推送，受理“95598”投诉268笔，同比下降23%。积极开展仙寺村定点帮扶，精准对接贫困户50户，帮扶改造低压线路73户，安装室内照明设施17户，发展养猪、种植行业70户，仙寺村按期脱贫。依法治企不断强化。贯彻落实“七五”普法规划，深入开展“4·15”职工维权日、“12·4”国家宪法日等法制宣传活动。全面落实“点对点”资金支付管理模式，国网商旅平台全面推广应用，有效降低财务管控风险。加大违纪违规事件的查办，查处违规、违纪案件2起，处置人员6人。建立巡视巡察自查自纠问题清单118条，完成整改78条。落实“规章制度督导年”活动工作部署，结合党内规范性文件清理，制定工作推进计划，梳理并整改完毕问题24项。持续开展触电人身伤害案件压降，新发触电伤害案件实现零的突破。党的建设全面加强 。深入学习贯彻习近平新时代中国特色社会主义思想和中共十九大精神，组织各类集体学习23次。扎实开展“不忘初心、牢记使命”主题教育活动，做到学思用贯通、知信行合一。全面落实市公司“三年攻坚•十项行动”党建工作思路，以党的政治建设为统领，压紧压实管党治党主体责任。围绕“泸峰365”党建品牌，切实推进省公司党性教育示范基地（太平）、市公司“红色讲习所”落地落实。扎实开展基层党组织标准化建设，全面提升党员在脱贫攻坚、台区线损治理及反窃电行动等各类攻坚行动中的先锋模范作用。建立中层后备人员库，健全德才兼备员工成长机制。落实职代会、厂务公开等民主管理制度，组织职工代表巡视督察3次。开展困难帮扶、慰问等关爱职工活动，走访慰问职工568人次。依法合规处置离退休职工诉求，促进公司和谐稳定。结合中华人民共和国70周年关键节点，高质量筹拍《光阴七十载，蔺电铸辉煌》微视频宣传片，在古蔺地方主流媒体进行传播，全面展示古蔺电网的发展历程。选树先进典型，32个人、6个集体获市级以上表彰，肖笛荣获“泸峰之星”称号，离休职工车盛寅获“全国离退休干部先进个人”及“国网有为时代老人”称号。

【国网泸州市泸川供电公司】改制成立于2017年6月，前身是四川和益电力股份有限公司，四川省电力公司于2008年代管。2012年12月，改制为泸县供电有限责任公司。2016年12月，改制为四川省电力公司全资子公司。2017年4月7日，改制为四川省电力公司的分公司，国网四川省电力公司泸州市泸川供电分公司于6月1日正式运行，原国网四川泸县供电有限责任公司于6月2日注销。公司主要承担泸县17个镇、222个村（社区）及龙马潭区、江阳区及富顺县部分村社共92.35万人、1276.8平方千米供电任务，公司下设1个城区供电服务分中心和11个乡镇供电所。公司共有220千伏变电站1座，主变2台，主变总容量36万千伏安；110千伏变电站3座，主变6台，主变总容量30万千伏安，110千伏线路5条，总长78.5千米；35千伏变电站12座，35千伏开关站1座，35千伏主变总容量19.55万千伏安，35千伏线路25条，总长234.11千米；10千伏开关站1座，线路88条，总长1803.39千米，10千伏公用配变3292台，容量52.8603万千伏安；380伏及以下低压线路总长12312.64千米。公司在册职工548人，平均年龄47.9岁。有大专及以上学历426人，中专技校高中学历76人，初中及以下46人。具有高级技术职称14人，中级技术职称63人，初级技术职称191人；高级技师2人，技师112人，高级工172人，中级工65人。人才当量密度0.9343，高技能人才比例达84.28%。2019年，累计完成供电量96817.3630万千瓦时，售电量91004.6308万千瓦时；电费回收率100%；不含税售电均价0.5061元/千瓦时；110千伏及以下综合线损6.0%。未发生安全生产、影响和损害企业形象的重大事件；未发生影响稳定和党风廉政建设重大事件。公司紧抓安全目标任务，全面落实安全生产责任制；严格到岗到位安全履责，各级领导及管理人员巡查督查作业现场千余人次，查处违章行为341起，经济处罚3万余元；加强安全用电宣传，切实压降人身触电伤害事件；强化电力设施保护工作，切实预防电力设施外破；扎实开展安全检查，强化隐患排查治理；发现问题226项，已完成整治106项，其余120项根据问题的轻重缓急逐一制定了整治措施；强化应急管理，提升应急处置能力，全年受理“95598”和客户来电4888次，公司安全生产形势稳定。持续推进配电网建设与改造，千方百计推进老旧（弃管）小区供配电设施改造，完成22个小区的现场施工，正在实施26个项目，18个项目正在开展小区现场协调工作；妥善做好农网规划及项目储备工作，着力推进小基项目建设，扎实开展同期线损管理，公司基础建设稳步推进。积极开展变电专业、输电专业、配电专业各项工作，公司运维质效效果显著。成立业绩指标管控组，统筹业绩指标管理，公司各项业绩指标显著提升。公司综合采集成功率99.79%，高于考核标准值0.29个百分点；采集系统线损达标台区2917台，达标率96.49%。建立健全电费回收长效管理机制，实现电费回收全过程管控，确保电费100%回收；严厉查处违约用电行为，全年共查处窃电客户87户，追补电费107152.72元，违约使用电费317265.51元；公司全年共受理“95598”投诉43笔，较2018年同期减少161笔，同比减少78.92%，公司管理质效全面提升。强化财务管控，积极开展专项自查自纠，加强差旅费管理；强化物资管控，确保运维成本预算计划执行；加强集体企业管理，全年实现主营业务收入7254.50万元，公司经营业绩稳中向好。持续推进公司“三个建设”，认真开展“不忘初心、牢记使命”主题教育活动，严格落实“三会一课”，多形式开展“主题党日”活动，常态化抓党员教育管理；开展组织生活会、民主评议党员活动，推动党支部强化政治引领，树牢“四个意识”，坚定“四个自信”，做到“两个维护”，勇于担当作为；组织开展“传承革命精神、凝聚心力促发展”“与你同行电亮梦想”道德讲堂活动，传承革命精神，弘扬爱国尽责有担当的个人美德。组织志愿者到创文包保小区开展创文工作。投入11万余元开展专项扶贫，组织党员深入泸县太伏镇王湾村开展“大走访”活动，走访慰问79户贫困户；创新工会工作形式，构建和谐团结氛围；积极推广“旗帜领航、文化登高”典型经验。充分利用当地“融媒体”资源，把广播、电视、电台、报纸和“互联网+”进行全面整合，形成“资源通融、内容兼容、宣传互融、利益共融”的良好格局，主动抓抢机遇，主动实施引领，精准分类运作，形成“对内聚人心、对外靓形象”的“双轮驱动”文化实践；联合泸县宣传部、融媒体中心、摄影家协会、作家协会面向全社会开展“壮丽70年·奋斗新时代”电亮龙城艺术创作大赛，共收到文学、摄影、视频作品300余件。

（范嘉俊）

国网宜宾供电公司

【企业概况】国网宜宾供电公司前身为宜宾供电局，成立于1978年，是国网四川省电力公司下属的特二型供电企业，承担着宜宾市三区七县中的三区一县（翠屏区、叙州区部分区域、南溪区、江安县）的供电任务，直供面积4680平方千米，总营业户数86万余户。公司下设14个职能部室、5个业务支撑和实施机构、5家直属县级供电企业、2家集体企业，代管长宁县电力公司、珙县芙蓉电力公司。固定资产原值66.38亿元，35千伏及以上变电站69座，总容量613.935万千伏安；35千伏及以上输电线路151回，线路长度2836.72千米。

2019年，国网宜宾供电公司坚决贯彻各级决策部署，抢抓建设“三型两网、世界一流”和全省经济副中心机遇，创新突破、担当作为，各方面工作取得较好成效。完成固定资产投资4.97亿元，其中电网投资4.75亿元；售电量77.67亿千瓦时，同比增长12.25%；累计线损率3.34%，同比下降1.07个百分点；市场占有率76.18%，同比增加1.23个百分点。荣获国网公司红旗党委、四川省五一劳动奖状、省公司“规章制度落实督导年”活动先进单位等荣誉。

【人力资源】宜宾公司直供直管及全资单位、集体企业全口径用工总量2538人。其中全民职工1189人（其中江安241人、南屏85人），供电服务公司员工759人（其中江安91人、南屏87人），主业劳务派遣用工22人。主办集体企业集体职工157人，集体聘用员工411人（含182名转签至集体企业原主业劳务大专生）。长期职工平均年龄42.9岁，研究生及以上学历79人，大学本科学历674人，大学专科学历311人，中专及以下学历125人；高级职称212人，中级职称242人，初级职称494人；高级技师114人，技师318人，高级工132人，中级工及以下625人。

【电网建设与发展】国网宜宾供电公司电网发展协调推进。做好特高压重大工程属地协调工作，完成百余项支持性文件协议办理。加强沟通汇报，鹫州等110千伏电源布点纳入地方规划，三江口110千伏变电站站址顺利确定。投产兴文220千伏输变电工程等5个项目，共新增变电容量67万千伏安，线路折单178.83千米。完成成贵铁路“4+2”供电、机场迁改等工程，有力保障高铁通车、新机场通航需求。总投资约12亿元的21项区域性迁改项目圆满收官，全川首座220千伏变电站整体搬迁工程启动投运。开展6次泛网项目评审，形成项目储备47个，启动实施24个。省内首套110千伏电网快速解环装置投运，调控云配网特色应用在全国泛网调度工作会上展示成果，“发—输—变—配—用”一张图在全四川首次实现。完成11座变电站高清视频、4条线路通道可视化建设，实现1个运维班远方联合巡检，智能运检建设初具规模。

【经营管理】国网宜宾供电公司经营管理提质增效。推进多维精益管理变革，完成成本类会计科目切换，实现业财数据多维度展示。开展营销稽查管控，反窃电及违约用电追收电费196万元。高压客户费控购电执行率同比上升34.25%。深入开展“规章制度落实督导年”活动，制度废改立31项，入选典型经验成果4项。开展重大决策合法性审核，审查决策事项17项，出具法律意见书3份。健全职责体系和操作指南，完成组织类、岗位类职责清单编制。加强关键岗位交流，调整人员190余人次。制定绩效工资分配补充方案，完善绩效工资核定规则，逐步实现与岗级、薪级脱钩。

2019年1月1日，宜宾港“港口岸电”智能充电系统正式上线投入使用，标志着宜宾港停靠的船舶实现“以电代油”绿色替代　（王渤涛　摄）

【安全生产】国网宜宾供电公司安全生产持续巩固。常态开展跨区电网及三大直流特巡守护，配合开展“1+1”特巡，发现并处理缺陷隐患148项。积极承担国网公司课题研究，建立安全管理综合评价体系，量化评价安全履责情况。聚焦安全生产主要矛盾，统筹执行19项措施，全面完成48项任务。扎实开展安全大检查等12个专项活动，排查整治问题2272项。健全风险预警管控KPI指数，有效防范风险211项。投运高石站3号主变，化解断面重过载风险。提前完成电网补强措施35项，有效应对迎峰度夏考验。针对南网电源非同步并列等风险，采取物理隔离和在线监控等措施。坚持“先降后控、一停多用、能带不停”原则，减少发布六级及以上电网风险15次。全面构建“五维一体”安全文化体系，获评国家能源局安全文化建设优秀创新成果。

【市场服务（优质服务）】国网宜宾供电公司为民服务不断深化。深入开展漠视侵害群众利益问题专项整治，配合清理转供电环节不合理加价行为。抓好低电压台区治理，配网异常台区数量同比下降25.7%。开展不停电作业271次，同比增加22.62%，有效减少停电时间。投诉压降成效明显，投诉总量同比减少61.34%。满完成重要保电任务193次，实现春节、国庆重要保电期间配网零投诉。网上购电金额2.18亿元，同比增长132%。落实精准扶贫工作要求，帮扶江安县青龙村等4个贫困村整体脱贫。总投资2800余万元，全面完成10个贫困村电网建设项目。高、低压平均接电时间分别压降至36天、1.8天，客户平均退费时间缩减至7个工作日，“获得电力指数”排省公司第五位。

【党的建设和精神文明建设】国网宜宾供电公司党的建设全面加强。高质量推进“不忘初心、牢记使命”主题教育活动，发现问题126个，制定整改措施319条，相关做法在人民日报微信公众号等媒体刊载90余条次。举办庆祝新中国成立70周年十大主题活动，组织“十讲十增强、转型再突破”形势任务宣讲报告会。“党建+关爱青工”“党建+安全”取得良好成效。大力开展“五心五进”电力志愿服务，帮助解决用电问题130余个。建立三级“126连心桥”运转服务平台，解决问题64个。倾心办好“后勤十件好事”，切实满足员工生活需求。完成交叉巡察和自主巡察各项工作，巡察利剑作用充分发挥。创新开展“业务干部讲廉课”，进一步增强纪律意识。明察暗访7次，走访客户30余户，通报曝光问题103个。全面抓好离退休、宣传等工作，职工队伍和谐稳定，荣获四川省厂务公开民主管理示范单位称号、中国电力行业“新媒体传播卓越企业”奖。

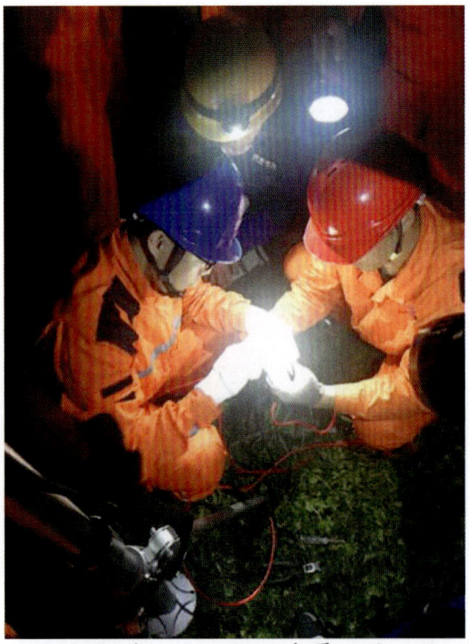

2019年6月18日凌晨3点，四川电力（宜宾）共产党员服务队在长宁6.0级地震震中双河中学操场避难场所点亮第一盏应急照明灯

（杨耘欧　摄）

【改革改制】国网宜宾供电公司改革改制稳妥推进。促成省公司、长宁县政府签署框架协议，长宁县电力公司改制取得阶段性进展。积极协调有关单位，重启芙蓉电力无偿划转。推进“三项制度”改革规定任务，典型案例入选国网公司级刊物。积极推广电能替代，完成替代电量14.94亿千瓦时。参与电力市场化交易用户107户，交易电量30.95亿千瓦时。落实国家各项降价清费政策，降低用电成本约5.77亿元。深入推进“放管服”改革，承接实施省公司121项事项清单，实现新权责界面运行。整合互联网办和信通公司机构职能，实施经研所和四维设计公司分离运行。“两供一业”分离移交全面完成。

【应急保障】国网宜宾供电公司应急保障迅速有力。滚动修编应急预案25个，开展应急培训1897人次，应急演练79次，动态清理物资装备1746项。全程保障“12·14”珙县煤矿透水事故抢险救援供电，完成四川省大面积停电应急演练。长宁“6·17”地震发生后，迅速点亮震中第一盏灯，3小时确保重要负荷应急供电，20小时恢复医院、学校、安置点等电力供应，累计投入8911人次、抢险车辆2017台次，3天全面恢复灾区供电。电力抢险工作受到省委书记彭清华、国网公司总经理辛保安、省公司董事长谭洪恩等领导的慰问和肯定，在央视等各级媒体刊、播发稿件超过330条，品牌形象充分彰显。

【国网宜宾市江南供电公司】国网四川省电力公司宜宾市江南供电分公司成立于2001年8月，是国网宜宾供电公司下属县级供电企业，位于宜宾市叙州区外江路，担负着宜宾市两区五县（翠屏区、叙州区、长宁县、兴文县、江安县、珙县、高县）部分地区供电任务。公司有员工281人，党员88人，建12个党支部，设置4个部室、6个班组、7个供电所和两个集体企业分公司（远能集团江南分公司和三新公司江南分公司）。公司现有开关站10座，环网柜237台，柱上开关302台；10千伏配网线路65条，总长度1100.21千米，配电变压器1627台（其中箱变376台），总容量607.07兆伏安。2019年，公司拥有营业户数168978户，完成售电量8.93亿千瓦时，电费回收率100%，10千伏及以下综合线损率6.45%。公司实现连续安全生产6504天，未发生影响和损害企业形象的优质服务事件，实现党风廉政建设“零”目标。先后荣获四川省“文明单位”、国网公司“县级一流供电企业”等70多项荣誉称号。共产党员服务队获评全国“工人先锋号”、国网公司“先进班组”，李庄供电所获评宜宾市“工人先锋号”，创建国网公司“五星级乡镇供电所”、首批省公司“党支部标准化建设示范点”。

2019年4月27日，为期两年半、投资近5亿元的四川省最大单项电力迁改项目的白沙220千伏变电站迁改工程完成负荷转接，退出宜宾电网

（张博　摄）

【国网宜宾市江北供电公司】国网宜宾市江北供电公司位于宜宾市岷江北岸安阜街道广厦西路1号，担负着宜宾市江北片区厂矿企业、翠屏区10个乡镇、办事处及宜宾县1个乡镇，承担着宜宾市翠屏区临港新区（国家级开发区）、五粮液工业园区、翠屏新区、象鼻工业区主要重点区域的供电服务工作。辖区拥有220/380配电线路6026.14千米，配电总容量44.11万千伏安，用电客户19.5万余户。2018年，公司全年售电量累计完成10.12亿万千瓦时，电费回收完成率100%，电压合格率99.999%，综合线损率4.42%，供电可靠率99.94%。截至12月31日，实现连续安全生产5635天。

【国网宜宾市南溪供电公司】南溪公司前身为南溪供电站，成立于1962年。随着电力企业发展，于1993年成立南溪供电局。2013年7月，更名为国网宜宾市南溪供电公司。公司位于宜宾市南溪区长江大道西段，担负着南溪区、江安县、长宁县及翠屏区部分区域的供电任务，直供南溪区11个乡镇街道（130个行政村）和翠屏区沙坪街道、双城街道部分区域，供电面积约692平方千米，现有10千伏公用配电线路994.35千米，10千伏公用配电变压器1799台，公用配变总容量45.03万千伏安，客户14万余户。公司下设5部室、7班组、1个农电检修中心和8个供电所，受托属地化管理远能南溪分公司和三新南溪分公司，有各类员工263人。公司党委下设党支部11个，党员93人。2019年，完成售电量5.37亿千瓦时，同比增长12.14%。公司获评市公司2019年度先进集体，分工会被推荐为四川省电力公司2019年度先进分工会，9个二级团队、7名个人获省、市公司2019年度先进称号（其中市公司劳动模范、安全标兵各1名）；南溪获评区2018—2019年度消防工作先进单位。截至2019年12月31日，公司实现连续安全生产4088天。

【国网宜宾市南屏供电公司】公司位于宜宾市南溪区长江大道47号，前身为南溪县电力公司。南溪区人民政府于2008年12月与四川省电力公司签订代管协议，从2010年10月起由国网宜宾供电公司实施人、财、物全面代管。2012年全资上划，更名为国网四川宜宾市南溪供电有限责任公司。2016年7月完成分公司工商注册，启用国网四川省电力公司宜宾市南屏供电分公司名称，在2016年年底前全面调整为分公司模式。公司各类用工合计175人，其中全民职工89人，集体农电员工86人。供区主要涉及南溪区、翠屏区共18个乡镇、179个行政村，用户7.04万户。供电面积约500平方千米，供区分布：南溪区57%、翠屏区42%、其他县1%。35千伏变电站6座，主变容量4.58万千伏安，35千伏输电线路50.87千米，10千伏配电线路717千米，10千伏配变1499台，配电容量9.46万千伏安。2019年售电量0.96亿千瓦时。截至2019年12月31日，连续安全生产2350天。

【国网江安县供电公司】2008年1月，改制为省公司控股公司。2013年1月，改制为省公司全资子公司。2016年7月，“子改分”改制为省公司的分公司。运维管辖110千伏变电站2座，35千伏变电站9座，总容量20.47万千伏安，110千伏线路1条；35千伏线路11条152.2千米；10千伏线路56条1295千米，10千伏配电变压器2648台。属地运维500千伏泸复一、二、三线、800千伏复奉线和锦苏线、宜宾和复龙换流站接地极7条线路，共203基铁塔的通道安全。供电区域包括14个乡镇、2个工业园区，用户18.805万户，其中专变705户；城网供电可靠性99.95%、农网供电可靠率99.84%，城网综合电压合格率100%、农网综合电压合格率99.35%。公司设有8个职能部门、6个供电所；属地管理2个集体企业；班组（不含供电所）共15个。党支部13个，正式党员139名。截至2019年12月，在册员工360人，平均年龄46.52岁。2019年，售电量4.65亿千瓦时，综合线损率6.2%，全口径采集成功率99.91%，台损合格率96.9%，专变采集成功率99.95%，非统调电厂采集成功率100%。公司荣获宜宾供电公司2019年度安全生产先进单位、“6·17”长宁地震抗震救灾特殊贡献单位等荣誉。

3月27日，全川首座模块化建设的220千伏智能变电站——宜宾兴文220千伏变电站投运（王青青 摄）

【长宁县电力公司】长宁县电力公司是长宁县人民政府的全资地方国有企业，成立于1972年，其前身是长宁县输电办公室。1984年，根据县委、县政府要求，成立长宁县供电公司，开始企业公司化经营管理，实行厂长（经理）责任制。1994年，长宁县人民政府将3个电厂（甑子湾、三里半、烟子沱）划归县供电公司统一经营管理，成立现在的长宁县电力公司。2018年5月24日，长宁县人民政府委托国网宜宾供电公司管理长宁县电力公司。拥有110千伏变电站4座，主变容量263兆伏安，110千伏线路8条，112.92千米；35千伏变电站11座，主变容量122.6兆伏安，35千伏线路16条，164.3千米；10千伏配变2319台，容量452105千伏安，10千伏线路83条，1340千米；0.4千伏及以下线路共5257千米，水电厂3座总装机5030千瓦。公司内设12个职能部门、11个供电所，下辖1家益友电能检定站，另有1家集体企业长宁县电力物资供销公司，公司现有全日制员工457人，农电服务人员111人，用电客户16.5万户。2019年，公司购电量5.25亿千瓦时，售电量5.08亿千瓦时，综合线损率5.56%，全年利润85万元，上缴税金480万元。

【宜宾芙蓉电力有限公司】成立于2010年11月，公司住所在珙县巡场镇兴达街108号。宜宾芙蓉电力有限公司人员结构合理，建立健全了精干高效的干部员工队伍。共有在册职工50人。其中，大学本科学历3人，专科学历15人，中专、高中、技校学历32人。职工中高级职称2人，中级职称4人，初级职称3人，平均年龄40.88岁。公司设四部室，几年来，公司以建立现代企业制度为目标，深化改革、强化管理、规范运作，责权明确，大力实施人才发展战略，形成了健全的组织机构和运转灵活的公司运行机制。几年来，该公司加强供电网络改造，不断更新供电设备，完善配电网络，使供电质量得到明显提高，供电区范围得到进一步稳定和扩展。供电区主要分布在珙县（巡场镇）、高县（部分境内）及长宁县少数区域。公司先后投资几千万元用于电网建设，使供电区电网安全稳定，经济效益明显得到改善。电网覆盖面积270余平方千米，供电区通电率达100%，供电可靠率98%以上，拥有电力用户1.9万余户。

（董洺杰）

国网南充供电公司

【企业概况】国网南充供电公司成立于1979年7月1日，最初承担着南充及广安、巴中地区供电任务，经1996年南充—巴中、1998年南充—广安两次分家后，现负责南充整个行政区域的供电任务，供区面积1.25万平方千米。公司本部有15个职能部室、7个业务支撑和实施机构8家县供电公司（南部、阆中、仪陇、蓬安、营山、西充、高坪、嘉陵公司）、1个四川电网备调中心、1家省管产业单位。公司有固定资产原值117.33亿元，35千伏及以上变电站共134座，其中220千伏变电站9座，110千伏变电站36座，35千伏变电站89座，总容量732.735万千伏安。35千伏及以上输电线路共275条，总长度3812.87千米。

2019年，公司上下坚决贯彻落实省公司和市委、市政府决策部署，紧紧围绕“三抓三强”工作思路，锁定前五目标，砥砺奋进，一往无前，各项工作不断取得进步。完成综合计划投资7.89亿元，其中电网建设投资6.68亿元；售电量72.01亿千瓦时，同比增长6.45%；营业收入36.7亿元，同比增长2.96%；综合线损率7%，同比下降0.88个百分点；日最大负荷211.1万千瓦，同比增长11.11%；日最大电量3812万千瓦时，同比增长10.17%；党建考评全省第三，业绩考核全省第四。2019年，公司获评省公司先进集体、安全生产先进单位、信息通信先进单位、女工工作先进集体、技术监督工作先进单位；公司党委获评国网公司红旗党委；公司工会获评省公司工会工作先进单位。

2019年3月，南充公司“千人千村”供电监督工作推进会

【人力资源】截至2019年年末，南充公司全口径用工总量5601人，同比减少2.08%，其中长期职工3756人，同比减少1.91%；人才当量密度0.9811，同比增长0.81%。深化干部管理制度建设，修订出台《领导人员选拔任用工作规程（试行）》及《基层单位部门负责人及班组长选拔任用工作指南》，规范公司选人用人标准和流程。全面推进岗位绩效工资改革深化应用，完成1708名员工薪酬动态调整。制定公司《容错纠错机制激励干部员工干事创业担当作为的实施意见》，鼓励领导干部探索创新、敢于担当、大胆履职。组织公司170余名科级干部（含协理、职员）开展规章制度统考，进一步强化员工队伍规则意识。加强因私出国（境）管理，完善因私证件和出国审批两本台账。深入推进“三项制度”改革，制定公司《优化水电用工配置工作方案》，压减机构班组7个，盘活61名水电用工。落实放管服，出台《加强机构编制、岗位设置及人员配置管理工作方案》，解决管理技术冗员39人。创新团队绩效管理公示栏，入选国网公司绩效管理工具集。深入推进“大培训、大比武、大提升”活动，开设前沿大讲坛拓展培训平台，参训参赛2.45万人次，职称评定通过率跃升至74%，新增中级职称及以上235人，创历年新高。新增省公司优秀人才11人、兼职内训师26人。2人获得省公司“电力雏鹰”称号，1人入选省公司十大金牌内训师。

【电网建设与发展】开展“十四五”电网规划，完成选址选线。优化电网建设外部环境，与6家区、县政府签订战略合作协议。深化项目设计前置化管控，推行电网项目站址及电力通道全过程保护机制。全力推进项目前期工作，取得35千伏及以上项目可研批复8个、核准批复6个，储备城市配网与农网项目1406个。全年续建35千伏及以上输变电工程9项，新开工5项，竣工投产9项。推进配网三年提升行动，低电压台区同比减少18%，触电事件同比压降50%。建成投运16个城市配网项目，城区配网互联结构持续完善。完成12台35千伏及以上主变置换，电网存量资源得到优化配置。

【经营管理】全力增供促销，完成净增容量116.9万千伏安、增速列全省第五。大力推进电能替代，完成替代电量1.8亿千瓦时。实施电费风险分级管控，高压费控购电执行率87.33%、列全省第三，电费回收长期保持100%。强化营销业务内稽外查，挽回经济损失654.17万元。深化线损率和线损电量差异化管控，台区线损合格率达96.78%、居全川第一。推行项目化成本预算管控模式，检修运维成本占比达到71.67%。电力设施迁改资产置换入账处置典型经验全川推广，春江路配网迁改资产新增收益1618万元。强化产业单位账款回收，全年回收外部工程账款5.37亿元。加大产业单位市场开拓力度，外部市场签约量7.95亿元，占比69%。推进供电所写实，实施供电所业绩评价。集中清理非生产性房地资产，盘活存量房产2052.38平方米。完成物资平衡利库5006万元，处置废旧物资（原值）2027万元、回收资金412万元。完成各类审计项目14项，促进增收节支342.46万元。

【安全生产】修订完善安全责任清单，全覆盖开展科级干部述职评议，按月兑现安全奖励，压实安全责任。开展“防风险、保安全、迎大庆”及安全生产大检查等专项行动，整改各类问题355项。深化电网风险分级管控，发布管控六级及以上电网风险44项、三级及以上施工及作业风险50项。全面推行设备“主人”制，完成输变配电设备隐患整治883处、通道清理1250处，线路跳闸次数同比下降23.34%。部署视频反违章装置350套，实现高风险作业关键点实时管控。高质量完成风控平台试点任务，首创安全工器具智能管控、现场AI反违章等功能获国网高度肯定，并作为唯一一家地市单位入选国网公司违章智能识别工作组。加强客户侧安全隐患排查，排查用电安全隐患836条，提出整改意见880条，并在政府部门完成备案。开展应急演练58次、参演1100余人次，有效提升应急保障能力。成功应对电网负荷3次创新高，完成国庆70周年等重要保供电任务。

【农电工作】自主开展以供电所为单元的农网深度规划，固化“三表一报告”农网深度规划标准模板，形成全市106个供电所（含供服班）农网深度规划成果，锁定投资落地方向。建成农网项目751个，完成农网改造投资3.42亿元，新建与改造10千伏线路362.3千米，低压线路1686.69千米，完成751个村的农网改造任务。大力推进星级供电所建设，5家供电所获国网四星级供电所命名。持续巩固电力扶贫成果，保证公司供区内1292个贫困村、57.8万名贫困人口无一村一户因电力影响脱贫。深化定点扶贫工作，市、县公司派驻24名驻村干部，对建立结对帮扶的11个贫困村进行精准帮扶，圆满完成年度扶贫工作，11个贫困村全部脱贫。积极开展藏区帮扶，新选派5人援助甘孜、凉山地区。

【科技与信息化工作】强化科技管理创新，创新创效成效显著。2019年，南充公司获省公司科技进步奖1项、工人技术奖3项、优秀论文1篇；授权发明专利1项，实用新型专利15项，获得受理发明专利13项，实用新型专利4项；24篇论文被收录；全年共推广新技术3项；2项管理创新项目获得省公司管理创新成果奖；1项QC成果获得省公司优秀创新成果奖。推进多维精益管理体系变革，基本建成企业收支多维度数据信息互联和自动采集平台。推进关键领域技术创新，负荷批量控制实操综合演练获得国网高度肯定，主创的工程智慧账本获国网青创赛铜奖。搭建“机器代人”运检新模式，实现常规220千伏变电站机器人巡检全覆盖和220千伏输电线路可视化全覆盖。积极推行变电站门禁系统和视频监控的应用，实现变电站安保智能化。

【市场服务】严格落实一般工商业电价再降10%的工作要求，年度让利企业1.82亿元。配合完成国务院大督查工作，协同开展电力惠民措施落实专项清理。推行优化营商环境“1+10”工作模式，深化“三本台账”应用，高、低压用电业务办结时限分别降至39天、1.53天，获得电力指数达99.47%、居全省第一。构建办电全流程监控和服务全业务回访机制，客户服务满意率保持100%、居全省第一。推行网格化服务模式，实施投诉压降“四类重点”靶向管控，建立城镇小区电力信息互通平台，投诉总量同比下降59.33%，万户投诉量1.4件、列全省第二；“零距离服务圈”典型做法登载“学习强国”App平台，公司在省公司职代会就优质服务作专题交流发言。深化营销“三全”建设，全口径采集成功率达99.95%；高、低压线上缴费率分别提升至35.21%、48.25%。深化“互联网+营销”服务，高质量完成省公司微办电试点任务并在全川推广。强力推进漠视侵害群众利益专项整治，全面实施“千人千村”供电监督，推动解决低电压等问题3538项，典型经验被市纪委充分肯定，获评人民日报社“民生示范工程”称号。

南充公司“七一”表彰会

【党的建设和精神文明建设】深入学习中共十九大和十九届二中、三中、四中全会精神，扎实开展“不忘初心、牢记使命”主题教育活动，支部专题党课获国网第六巡回指导组高度评价。实施“十讲十增强·对标提升行动”，370项提升举措落地落实。深化标准化党组织建设，公司党委获评国网公司红旗党委、省公司组织建设专业标杆，1人获评国网公司优秀共产党员，1人获评国网公司优秀党务工作者。推行“党建+”管理模式，“支部抢单”首登“学习强国”App。拓展理论学习新平台，联合川大马院创建“333”校企党建合作模式。高质量开展省公司巡察反馈问题整改，销号问题21项。建立全域廉洁风险防控机制，梳理全业务、全岗位廉洁风险1955条，并提出防控措施；出台严禁违规参与涉电业务规定14条。创新实施科级干部考核，建立科级干部收入与团队业绩挂钩机制。创建国网四星级供电所5个、四川省工人先锋号1个。深化企业文化建设，《共产党精神图谱》在四川省推广。打造“张思德服务联盟”特色品牌，张思德电力为民服务队再登央视。

【存在的主要问题】一是投入与产出不协调。一方面，南充电网欠账偏多，供电能力和装备水平落后，根据测算，要满足导则规定的合理水平与新的户均容量标准，各级电网投入资金超过60亿元。另一方面，南充是人口大市、农业大市，用户多、分布广，负荷结构以居民为主，全网电量与营收明显偏低。投入越多与亏损越大的现实矛盾十分突出。二是产业单位发展举步维艰。立足南充经济社会发展大局，产业单位积极承担大量的政府迁改工程，为南充的建设发展担当担责，但政府资金保障不到位，应收账款回收任务艰巨，现金流高度承压。外部客户市场竞争激烈，市场占有率偏低。同时主业关联依存度越来越低，业务量持续萎缩，产值压减。随着深化改革的纵深推进，产业单位经营发展环境将面临更加严峻挑战。三是现有电源容量裕度小。南充地区当前可供最大负荷200万千瓦，2019年，最大负荷达211.10万千瓦，要满足2021年最高负荷需求，尚有缺口30万～45万千瓦。

【国网南部县供电公司】国网四川省电力公司南部县供电分公司始建于1947年，前身系国网四川南部县电力有限责任公司。2016年7月，公司被国网四川省电力公司吸收合并，更名为国网四川省电力公司南部县供电分公司。公司设7个职能部室、2个业务支撑和实施机构、16个供电所、2家省管产业单位；担负着南部县38个乡（镇）和4个街道办事处、1033个行政村和83个居委会，全县总人口133万人，用电客户47万的供电任务，供区面积2229平方千米。

2019年完成网供电量9.99亿千瓦时，同比下降0.65%；售电量9.27亿千瓦时，同比增长0.19%；综合线损率7.25%，同比下降0.78个百分点。2019年，公司荣获省公司“先进分工会”、充市“劳动竞赛示范单位”等荣誉称号。

【国网阆中市供电公司】国网四川省电力公司阆中市供电分公司前身系1948年成立官私合营的阆中县光明灯泡厂。2016年7月，公司被国网四川省电力公司吸收合并，更名为国网四川省电力公司阆中市供电分公司。主业设7个职能部室、3个业务支撑机构，下辖20个生产（服务）班组、12个乡镇供电所、3个供电服务班、1个水电运检班。供区面积1836平方千米（占阆中市面积的97.76%），供电辖区39.16万户。

2019年，公司实现网供电量9.57亿千瓦时，同比增长10.92%；综合线损率5.51%，下降0.96个百分点；电费回收率100%；线路跳闸率同比下降27%，服务投诉同比下降54.84%，业绩考核持续保持南充县公司第一。公司继续保持国家电网公司文明单位、四川省文明单位，先后荣获省公司电网先锋党支部、安全先进集体，省国资委系统创先争优先进基层党组织、市公司先进集体、阆中市纳税先进集体等荣誉。

【国网仪陇县供电公司】国网四川省电力公司仪陇县供电分公司始建于1951年。2016年7月，公司注册成为四川省电力公司分公司。公司下设9个部室、10个直属班组、18个农村供电所、2家省管产业单位。供电区域包括仪陇县37个乡镇、874个行政村(社区)，供电面积1791平方千米，用电客户37.6万户。

2019年，公司共完成售电量6.34亿千瓦时，同比下降0.33%。综合线损率7.24%，同比降低0.66个百分点。电费回收率100%。全年日最高负荷181.7兆瓦，同比增长1.5%。公司获评南充市劳动竞赛示范单位，市公司先进集体、纪检监察工作先进单位，仪陇县五四红旗团委。

【国网蓬安县供电公司】国网四川省电力公司蓬安县供电分公司成立于2004年，系四川马回电力股份有限公司和南充恒通电力有限责任公司共同投资组建的有限责任公司。2016年7月，电力体制改革后成为四川省电力公司分公司。公司设7个职能部门、2个业务支撑机构，下设21个生产班组、2家省管产业单位。公司供区涵盖蓬安县全境全部用户，供电客户25万户，供区总人口约73万人。

2019年，公司共完成售电量4.51亿千瓦时，同比增长3.4%。最大日供电量265.95万千瓦时，同比增长14.68%；日最大负荷15.29万千瓦，同比增长19.65%。完成综合线损率6.83%，同比下降0.07个百分点。公司荣获市公司2019年度安全生产先进单位。

【国网营山县供电公司】国网四川省电力公司营山县供电分公司原系一家发供一体的电力企业，其前身为营山县电厂，成立于1952年10月。2012年8月，成为国网四川省电力公司全资子公司。2016年9月，公司被国网四川省电力公司吸收合并，更名为国网四川省电力公司营山县供电分公司。公司共有7个职能部门、2个业务支撑和实施机构、13个班组、12个供电所。有全口径用工645人，退休职工226人。供电面积1635平方千米，供电户数达36.4万户。

2019年，累计完成供电量5.3亿千瓦时，同比增长 3.24%；完成发电量 0.38 亿千瓦时，同比增长 51.91%；完成售电量 4.9 亿千瓦时，同比增长 4.12%；累计综合线损率 7.57%，同比减少 0.78 个百分点；日最大负荷 15.12 万千瓦，同比增长 4.36%；日最大供电量 273.22 万千瓦时，同比增长 1.83%。公司党委获评省公司先进基层党组织、市公司安全生产先进单位和南充市劳动竞赛示范单位。

【国网西充县供电公司】国网四川省电力公司西充县供电分公司始建于 1958 年。2016 年 7 月，电力体制改革后成为四川省电力公司分公司。公司下设 9 个部门、2 个省管产业单位。用工总数 379 人，其中长期员工 221 人，平均年龄 43 岁，农电员工 158 人，平均年龄 50 岁。供区面积 1108 平方千米，辖 23 个乡（镇、街道），供电人口 68 万人，用户数 24.3 万户。

2019 年，公司全年完成售电量 4.03 亿千瓦时，同比增长 5.21%；综合线损率 5.49 %，同比降低 2.03 个百分点；电费回收率 100%；日最大负荷 12.15 万千瓦，同比增长 9.46%；日最大电量 218.45 万千瓦时，同比增长 1.51%。荣获省公司“安全生产先进集体”、南充市 2019 年“劳动竞赛示范单位”和西充县“脱贫攻坚先进帮扶单位”等荣誉称号，定点帮扶的常林乡亭子垭村创建为 2019 年四川省“文化扶贫示范村”。

【国网南充市高坪供电公司】国网南充市高坪供电公司是国网四川省电力公司的分公司。公司前身是 1987 年 5 月成立的南充县电厂，属地方国有企业。1999 年 5 月，交由南充电业局代管。2008 年 3 月，完成控股改制。2014 年 1 月，完成全资上划。2016 年 7 月公司重组改制，成为国网四川省电力公司分公司。2018 年 7 月完成供区整合，实现“一区（县）一公司”。公司本部设置 7 个职能部室、2 个业务支撑机构、2 家省管产业单位。公司有职工 548 人，其中全民员工 288 人，农村专职电工 260 人。公司担负着南充市高坪区 8 个街道办事处、11 个乡（镇）、60 万人口的供电任务，供电面积 806 平方千米。

2019 年，累计完成售电量 9.81 亿千瓦时，同比增长 42.59%；综合线损率完成 3.95%，同比下降 2 个百分点；电网最高负荷 25.89 万千瓦，同比下降 1.45%，最大日供电量 466.02 万千瓦时，同比下降 1.45%；综合售电均价为 595.86 元/千千瓦时（含税含基金）；电费回收及解交率均实现 100%。公司发展建设部荣获省公司先进班组、松林供电所荣获省公司先进供电所、公司营销部荣获市公司先进集体等荣誉称号。

【国网南充市嘉陵供电公司】国网四川省电力公司南充市嘉陵供电分公司是由原南充县西阳寺水力发电站发展起来的一个小型地方电力企业。2016 年 7 月，公司被国网四川省电力公司吸收合并，更名为国网四川省电力公司南充市嘉陵供电分公司；同年 11 月，原国网四川南充市龙蟠供电有限责任公司注销。2018 年 7 月，完成供区整合改革划转。公司现承担着嘉陵区和南充经开区的供电服务职责，共有 19 个乡镇、581 个村、5 个街道办、82 个居委会，面积 1278 平方千米，供电用户 29.26 万户，供电人口 70 万人。

2019 年，全年完成售电量 96918.74 万千瓦时，同比增长 166.16%，完成综合线损率 4.74%，电费回收率为 100%。2019 年，公司获评南充市劳动竞赛先进单位、南充市职工书屋示范点；1 名员工获评省公司优秀共产党员。

（李安均）

国网广元供电公司

【企业概况】国网广元供电公司成立于1984年，是国家电网公司下属特大型Ⅱ类供电企业，担负广元市7个县区、125.94万户电力客户供电任务，供电面积1.63万平方千米，供电人口315万人，负责依法运营、管理、规划、建设广元电网。被授予“全国文明单位”称号，先后荣获“全国五一劳动奖状”、“全国模范职工之家”、国务院国资委党委“抗震救灾先进基层党组织”、四川省“优秀诚信企业”、国网公司“抗震救灾先进集体”、“文明单位”、“五四红旗团委”等荣誉。公司设11个职能部门、7个业务支撑和实施机构，辖青川、朝天、旺苍、剑阁、昭化、苍溪6家全资县供电公司。截至2019年12月末，公司全口径职工总数3123人，其中全民737人、全民其他847人、主业劳务派遣76、主业农电755人、控股农电369人、集体67人、集体直签272人。

截至2019年12月，全公司固定资产原值91.92亿元，公司全网共有变电站87座/617.47万千伏安（其中500千伏1座、220千伏7座、110千伏27座、35千伏

52座），35千伏及以上输电线路192 /4000.79千米，10千伏及以下配电线路1.30万千米，10千伏配电变压器1.44万台/189.83万千伏安。

2019年，完成固定资产投资3.81亿元；完成售电量53.97亿千瓦时；主营业务收入26.67亿元；售电均价555.77元/千千瓦时（含税）；综合线损率6.09%。

【人力资源】严格按照“十讲十增强”选人用人导向，持续优化干部队伍结构。落实“三项制度”改革，扎实推进17项重点工作任务，切实解决人力资源突出矛盾和问题。深入推进“大培训、大比武、大提升”活动，开展各类培训48项、竞赛6项，荣获省公司竞赛调考个人荣誉7项、团体荣誉8项。327名员实现技能等级升级，人才当量密度达1.0178。4人荣获省公司优秀专家人才称号，3名青年员工入选省公司2019级“电力雏鹰”称号。

2019年9月25日，在日本东京召开的第44届国际质量管理小组大会(ICQCC)上，国网广元供电公司勇攀高峰QC小组参赛的“智能电缆输送装置的研制”荣获大赛金奖

【电网建设与发展】滚动修编配电网规划，编制2020—2022年大中型电网基建投资建议计划。完成青川220千伏输变电工程项目可研，取得苍溪江南110千伏等3项输变电工程核准。稳步实施重点工程建设，开工建设利州万源110千伏输变电等3项工程，投运昭化元坝35千伏变电站扩建等2项工程。高效建成林丰铝电220千伏供电线路，推进全市68项重点涉电项目建设，为地方经济建设提供有力保障。

【经营管理】政企合力推动广元启明星铝业破产重整，依法依规解决旧欠电费遗留问题。查处窃电及违约用电369笔，追补电费242.57万元。深挖电能替代潜力，完成替代电量3.87亿千瓦时，同比增长70.48%。狠抓线损管理，台区线损合格率达96.09%，在四川省排名第五，苍溪东青供电所成为公司首个国网同期线损“百强供电所”。全面开展物资清理，积压库存物资金额下降1865万元，同比减少62.25%，处置废旧物资400万元。深入推进“规章制度落实督导年”活动，新建、修订制度22项，废止制度12项，合规管理水平进一步提升。

【安全生产】健全安全工作奖惩机制，兑现过程奖励204万元。狠抓现场安全管控，“四不两直”查处违章2129项。开展安全生产大检查、“百日安全”等行动，治理安全隐患244项。强化电网风险管控，发布七级及以上风险预警106次。着力提升应急处置能力，开展市、县两级大面积停电、消防等应急演练53次。加强配网重复跳闸线路整治，3次及以上重复跳闸线路同比减少35.5%。应对雨雪冰冻、防洪度汛以及冬季负荷屡创新高严峻考验，完成全国产业扶贫推进会、中华人民共和国成立70周年活动等重大保电任务。智能巡检持续深化，无人机精细化巡检线路通道641千米、杆塔2750基，3座变电站全面实现例行巡视“机器代人”。公司连续3年荣获省公司安全生产先进单位称号。

【农电工作】深入推进农村地区电网基础建设，实施农网改造项目80个、台区增容258个，为脱贫摘帽和乡村振兴打下坚实电力基础。落实精准扶贫工作部署，积极开展消费扶贫，将“帅扎营”产品销售至四川省6个地市，实现销售收入165.29万元。扎实开展结对帮扶，公司帮扶的朝天新山村通过省级第三方评估验收，苍溪鞍山村、五一村通过省级评估交叉检查。

【科技与信息化工作】建立泛在电力物联网建设工作推进机制，积极争取项目试点，申报综合示范区1个、储备电网信息化项目1个。开展基于泛在电力物联网的智能运检建设，推广现场作业视频会“商及移动作业”App，运检工作质效进一步提升。深化信息系统数据微应用，实现供服平台自动派单、换表数据自动录入等4项功能，切实减轻基层工作负担。积极推进创新创效，启动实施35个创新项目，获得省公司级及以上管理创新、QC成果等奖项11项。“勇攀高峰”QC小组获第44届国际质量管理金奖，公司成为省公司首个获该殊荣的单位。加强信息系统及网络安全建设，荣获广元市“护网2019”网络安全反恐演练优秀防守单位。

【市场服务（优质服务）】持续改善电力营商环境，全面实施“三省+三零”服务模式，大力精简办电资料及流程，高、低压业务接电时间分别降至33天、1.8天，均同比减少25%。积极拓展办电渠道，公司营业窗口全面进驻市、县两级8个政务大厅，通过支付宝、微信等线上缴费157.99万笔，线上缴费率达44.22%。实施“电力精算师”一企一策延伸服务，帮助345家企业降低用电成本481万元。有序开展配网不停电作业714次，同比增长54.9%，累计减少停电时间758小时。加强政企对接沟通，定期汇报重点工作，得到市领导肯定批示11次。全面推进全能型和五星级供电所建设，制定全能型供电所完善提升2019—2020年行动计划，完善星级供电所动态绩效管理。

2019 年，国网广元供电公司加强农网建设，助力脱贫攻坚

【党的建设和精神文明建设】牢牢把握“不忘初心、牢记使命”主题教育活动根本任务，聚焦“十二字”总要求，开展集中学习研讨120余次、专题调研71次，制定整改措施286条，进一步增强党员干部理想信念。强化基层党建工作，获评国网公司“电网先锋党支部”1个、省公司“先进基层党组织”3个。扎实开展漠视侵害群众利益问题专项整治和“抓整改、除积弊、转作风、为人民”专项行动，接受省公司扶贫领域专项巡察以及县公司交叉巡察，共发现问题201项，落实整改措施534条。落实“旗帜领航·文化登高”行动计划，开展季度文明新风和首届道德模范评选。公司抗冰保电、“三区两州”电力援建、员工拯救落水儿童和坠崖司机等事迹，在央视等媒体传播，获得社会各界高度赞扬。

【存在的主要问题】电网风险不容忽视。林丰铝电、中孚铝业全面投产以后，用电负荷将增加71万千瓦，导致不满足N-2要求，存在二、三级电网事故风险。安全管理不到位。一些单位部分作业现场安全管理粗放，人员安全意识淡薄，一般性违章行为屡禁不止。服务意识没跟上。供电质量、停送电管理、抢修服务等工作还存在不足之处，一些基层服务人员工作能力、服务意识、服务态度不到位，导致公司投诉量依然较高。争先意识不足。部分干部职工未完全树立以业绩为导向的理念，在指标管理上缺乏“争”的行动、“先”的冲劲，工作亮点和突出贡献不多。党建工作仍需加强。少数基层党组织“三会一课”、换届选举、党员发展流程仍然不规范。党建工作积累沉淀不够，亮点特色不多，与新时代党建工作要求仍有差距。

【国网广元市昭化供电公司】公司成立于1981年4月，为广元县水电局下属广元县电力公司，事业单位编制。1989年，划归元坝区管理。2003年7月，四川省电力公司代管，成立广元电业局元坝供电公司。2012年8月，成为省公司全资子公司。2013年9月，公司更名为国网四川广元市昭化供电有限责任公司。2016年公司子改分，成立国网四川省电力公司广元市昭化供电分公司。

公司承担昭化区29个乡镇（212个村）的供用电管理任务，供电面积1400余平方千米，供电人口23.17万人，供电客户数86238户。供区有500千伏变电站1座/1500兆伏安，110千伏变电站2座/120兆伏安，110千伏输电线路5条/134.8千米，35千伏变电站7座/70.7兆伏安，35千伏输电线路14条/207.764千米，10千伏配电线路39条/1552千米，配电台区（公变）1499个/123.6兆伏安，低压线路9023.192千米。

2019年，主要经营指标：供电量2.09亿千瓦时，同比减少0.30%；售电量1.93亿千瓦时，同比增长0.08%；电费回收1.19亿元，回收率100%；售电均价618.63元/千千瓦时；综合线损率7.69%，同比下降0.35个百分点。

公司全口径用工213人，其中主业用工200人（中央全民3人、地方全民88人、农电工109人）全民支援集体13人，下设5个职能部室、2个业务支撑实施机构及10个班组（2017年，供区划转新增元坝、昭化2个供电所）。委托管理广元利泰电力建设有限公司昭化分公司和广元市三新供电服务有限公司昭化区分公司。

加快35千伏王家变电站租赁改造，完成35千伏元坝变电站增容改造，进一步提高城区供电可靠性。加快推进农网改造升级，有效提升46个村、社供电质量和可靠性。陈江乡紫金村改造工程获市公司配电网优质工程。高质量完成电力扶贫攻坚任务，确保全区脱贫验收电力保障到位。主动跟进全区涉电重点项目58次，加快城区电缆入地迁改工程，高效实施中国西部（广元）绿色家居产业城、“两路一隧”项目电力设施迁改42起。

加大反窃电查违力度，查处偷窃电43笔，台区线损合格率较年初提升11.61%。加大跳闸综合治理力度，利用超声波带电检测消除缺陷，35千伏线路跳闸同比下降71.43%，10千伏线路跳闸同比下降28.67%。全面推广国网商旅，差旅费同比下降37.35%，办公费同比下降22.49%。财产保险赔付率100%，公司获评省公司小额快赔推广应用工作先进单位。接受雅电（集团）党委交叉巡察，配合完成省公司扶贫领域专项巡察，以问题整改促进规范管理。

创作电力安全短视频，获“抖动安全”短视频大赛一等奖。开展安全生产大检查活动，做到“全覆盖、勤排查、快治理”。落实作业计划日管控例会制，抓好现场作业安全管理，有效防控生产作业、电网施工等各类安全风险。成立动态安全督查大队，进一步提升反违章质效。加快“三跨”隐患专项整治，完成35千伏广潼线跨越兰渝铁路段拆除。、完成中华人民共和国成立70周年等重大保电任务78次。截至12月31日，实现连续安全生产5059天，公司获评市公司2019年度安全业绩优秀单位，3个部门（班组）、6名员工获省市公司安全先进奖励。

推进“三项制度”改革，平稳实施全能型供电所建设，完成三新昭化分公司岗位组（竞）聘、薪点工资制度改革。扎实推进电力“精准扶贫”，开展“六个一”特色扶贫活动，定点帮扶朝阳乡南马村、五马村73户贫困户全部脱贫退出，公司获评市公司脱贫攻坚先进集体，7名员工获市公司脱贫攻坚个人类表彰。

推行“互联网+”营销服务，营业窗口进驻区政务大厅，所有供电营业厅实现手机“扫码支付”全覆盖，公司线上缴费率、缴费笔数及金额同比大幅提升。安装投运充电桩9台、1290千瓦，高效完成广运集团元坝分公司充电桩配套建设，推广绿色电火锅联盟商家，为客户节约成本8.7万元。

进一步精简流程，加快办电速度，实施“三省+三零”办电服务，高效完成四海三联养鸡场等40个高压业扩配套项目建设，切实减轻企业及政府投资负担。落实降价政策，一般工商业电价两次调减、累计降价幅度11.75%，为全区工商业用户节约用电成本275万元。引导工业企业参与直购电交易，客户数同比增长66.67%，完成直购电量4239.84万千瓦时，优惠电费158.23万元。开展“电力精算师”服务，主动走访升达等大工业用户122次，提出合理化用电建议20条。

2018年以来，国网广元供电公司持续优化营商环境，成立“电力精算师”服务团队，每天通过大数据平台查看分析企业用电情况，让客户用电“省时、省力、省钱”，实现“服务用心、企业省心、政府放心”

开展“不忘初心、牢记使命”主题教育活动，完成公司“两委”换届选举，优化本部党支部设置，2名预备党员按期转正。加大年轻干部培养使用力度，公开竞聘提拔年轻干部3名、交流关键岗位人员16人。加大教育培训力度，24人职称、技能得到提升，3名员工获省市公司知识、技能竞赛个人类表彰，公司获市公司竞赛团体类表彰2个。打造企业文化建设示范点2个，构建“126连心桥”职工诉求服务体系。1名员工获评市公司道德模范、劳动模范，6名员工获市公司文明家庭，“7·29”见义勇为团队获市公司“道德模范”“昭化榜样”等荣誉表彰。公司创建市级文明单位。

存在的主要问题。电网基础薄弱，4座35千伏变电站单线、单变，农网改造面小，全区还有121个村改造不彻底，部分员工安全意识淡薄，队伍素质参差不齐，农电员工老龄化严重，安全生产面临风险压力大。结构性缺员问题突出，内部“活力不足”“能力不强”“效率不高”等问题仍然存在。

【国网青川县供电公司】国网青川县供电公司成立于1993年6月，是国网广元供电公司直属供电公司。

公司先后获中华全国总工会授予的“模范职工小家”、省公司授予的“电网先锋党支部”“安全生产先进单位”“先进分工会”和广元供电公司“先进基层党组织”“先进集体”和“安全生产业绩优秀单位”等多项称号。

供区覆盖27个乡镇，供电面积2100平方千米，供电人口18.19万人，客户64232户。青川县境内共有110千伏变电站4座，变电容量320兆伏安，35千伏变电站3座，变电容量22.6兆伏安；管辖35千伏线路6条，共100.91千米，10千伏线路32条，共983.6035千米，10千伏配变872台，配变容量144.41兆伏安。

有在册全民职工37人，集体职工13人，供电所专职电工137人，共计187人。公司本部设置综合管理部（办公室）、安全监察质量部（保卫部）、营销部（客户服务中心）、运维检修部（检修（建设）工区）4个部门，下设输配电运检班、变电运维班、营业班3个班组，以及乔庄、黄坪、木鱼等6个供电所、1个服务站。

精准对接各大工业园区和城乡发展，滚动修编青川县配网规划和农网规划。积极争取项目，建成10千伏凉鑫线，推进孔溪工业园10千伏线路改造，全力支持工业园区企业投产。稳步推进35千伏茶坝变电站输电工程项目前期工作，积极配合建设部开展35千伏三锅石变电站扩建工程实施。大力实施农网升级改造工程，全面完成2018—2019年共2个批次、0.1534亿元资金量的农网升级改造项目。

累计完成4.07亿千瓦时，完成销售收入2.07亿元，110千伏及以下线损率5.13%，城网电压合格率99.997%，农网电压合格率99.86%。紧盯地方经济发展重点区域，主动服务广平高速、竹园庄子上工业园区、青川人畜饮水工程（人民渠）等重点业扩项目，完成10千伏业扩配套项目2个，低压业扩配套项目2个，全年新增容量2.1万千伏安，同比增长17.6%。强化电费依法回收，狠抓客户费控管理，分步安装和启用费控装置41套。全面开展反窃电工作，累计查处窃电及违约用电30笔，追补电费7.05万元。深入开展零度客户清理，清理高压零度客户8户、低压216户，整治计量装置故障5处。

以“安全问题清单梳理”专项行动为载体，结合春、秋安及电网“迎峰度夏”“防洪度汛”“迎峰度冬”“防风险、保安全、迎大庆”“冬安暗察暗访”等专项行动，开展辖区范围内输变配电设施以及生产场所、办公地点防汛设施检查工作，全年共开展安全巡查250余次，发现各类缺陷60余起，制止各类违章行为200余人次。开展各类应急演练8次，参演人数200余人次。组织开展安全教育培训考试200余人。加大电力设施保护、安全用电宣传，全年开展宣传10余次，发放宣传资料5000余份。

狠抓供电所作风建设，在各所安装指纹考勤机，严格考勤制度和外出派工单制度，为强化供电所管理

2019年7月29日，国网广元供电公司严建明、张其林等7人在开展电力抢险途中发现一名溺水儿童，7人及时进行救助，成功将溺水儿童从死亡线上拉回

奠定良好的基础。狠抓供电所所务公开，健全和完善监督管理制度。狠抓班组建设，推进“全能型”供电所建设，有效化解安全及党风廉政建设风险，强化员工规则意识、责任意识，激发员工的工作热情。

公司坚持创新是破解制约企业发展的“金钥匙”，积极鼓励广大职工立足岗位、开创思维、勇于创新。公司创新团队累计完成QC课题、群创项目和青创赛等创新创效项目9项，获得专利12项。2019年，公司群创项目“智能电缆输送装置”先后获得第44届日本东京国际QC发布竞赛金奖、国网四川省电力公司工人技术创新奖一等奖，该成果已被国网科技部推广到国家电网有限公司山东枣庄供电公司应用。公司项目“提高配电台区三相负荷不平衡合格率”先后获得国网四川省电力公司第五届青创赛金奖、中国水电质协优秀QC成果二等奖、国网四川省电力公司优秀QC成果二等奖、电力行业大数据优秀应用创新成果一等奖。公司课题“0.4千伏配电网设备状态检测和分析关键技术及应用”获得国网四

川省电力公司工人技术创新奖二等奖。2019年，公司创新团队获得“四川优秀质量管理小组”称号。

主动对接竹园工业园区，进一步巩固售电市场。持续深化大客户走访机制，指导4家大客户申报直购电和富余电量政策，为企业节约电费900余万元。创新台区经理精准供电服务模式，共通过微信群等平台精准发布停电信息1293条、开展安全用电宣传46次，切实保障全国“两会”、中考高考、国际半程马拉松等重要节日和重大活动期间电力正常供应，出动人员225人次、车辆88台次、应急发电机（车）19台次。全年对10千伏线路和设备抢修处理31条次，低压线路和设备故障抢修处理796条次，出动抢修人员1840人次，抢修车辆897台次，得到县委、县政府高度肯定。大力推行“网上国网”App、微信和支付宝购电，推送线上购电入口到青川县政府官方微信公众号，远程购电金额突破1亿元，为2018年的17倍，为2017年的30余倍。全力服务贫困户易地搬迁和低电压治理，共投入资金30余万元。

推进“不忘初心、牢记使命”主题教育活动，充分利用理论中心组学习、“三会一课”、专题辅导等形式和平台开展主题学习教育，共开展学习16次。规范“三本六盒一证”，成功打造完成木鱼供电所企业文化建设示范点创建工作。持续开展“夏季送清凉，冬季送温暖，平常送关爱”活动，全年共开展慰问活动十余次，慰问一线员工和困难职工30余人次。 全力做好精准扶贫工作。制订年度扶贫工作计划，扶好贫，扶真贫。公司扶贫工作组多次深入帮扶对象家中帮助了解情况，累计为帮扶对象红光乡陶龙村捐赠户外健身器材多套和乒乓球桌2张，支援2台变压器，容量250千伏安，捐赠电力物资7万余元，赠送文化读本200余本，发放慰问现金3.5万元等。

存在的主要问题。公司电网结构不完善，存在大范围停电及市场流失风险。输电网方面，以县城、木鱼为中心的北部电网和以竹园为中心的南部电网，两者之间没有联络，未形成一张完整的电网，再加上北部电网通过110千伏三木南北线与广元主网相连，在沙洲至木鱼段同塔架设，一旦发生地质灾害，极易引发大范围停电的风险。地方政府出资建设的灾后重建项目，资产属于政府资产，但公司承担其资产运营、安全和维护所产生的费用，给公司经营发展带来较大影响。

【国网广元市朝天供电公司】国网广元市朝天供电公司是国网广元供电公司直属供电公司之一，2000年1月成立。主要担负着朝天区工农业生产及西安宝鸡供电段朝天电铁牵引站、陕西省燕子砭乡、黄坝驿乡4个村、利州区大石镇高坡村的电力供应任务，供电除龙洞背水电站直供的朝天镇青云村和宣河乡龙门村外，覆盖整个朝天行政区域，供电客户6万余户。

辖区内有水电站8座，35千伏羊木、陈家、井湾、曾家、麻柳变电站5座，均为1×6.3兆伏安,共31.5兆伏安；运行维护有35千伏输电线路6条，总长91.479千米，10千伏公用线路共有24条，总长1580.54千米，客户专线3条，低压线路7654.50千米；共有公用配变台区1311台，容量111.1兆伏安，有专变531台，容量96.7兆伏安，总装接容量207.8兆伏安。

2019年，公司安全生产形势总体平稳，未发生电网、设备事故，未发生误操作、责任交通、消防等安全事故，实现连续安全生产6119天。完成售电量1.243亿千瓦时（不含海螺2.173亿千瓦时、西铁0.189亿千瓦时），同比增长9.32%；电费回收率100%；台区线损合格率96%，较年初提升6.52%；累计综合线损率10.4%，同比下降1.67%。

公司设有综合管理部、乡镇供电所管理部、安全监察质量部3个管理部室和运维检修部、营销部2个业务机构，委托代管广元利泰电力建设有限公司朝天分公司（集体企业）、广元市三新供电服务有限公司朝天分公司，下设有输配电运检班、变电运维班、营业班3个班组；有大滩、羊木、沙河、陈家、中子、曾家6个供电所。现有全民员工39人，集体员工1人，直签劳务员工2人，农电员工158人，劳务人员28人。

护航地方项目。完成曾家山荣乐康养度假区、大唐广元芳地坪二期风电场、工业园区建设投资有限公司、石材城二期标准化厂房等项目电力设施建设，有序推进曾家山原乡生态康养度假区、七盘关至曾家山旅游扶贫公路、曾家镇山地蔬菜展销中心及配套工程等项目的涉电工作。配合政府规划。完成广元海螺新材料有限责任公司等大型工业、小型商业共28户的高压业扩配套电网建设项目，以及中子工业园区电网延伸工程，共计投资323.5万元。满足群众需求。投资1226万元，完成5个农网升级改造项目，改造低压网络56千米。大力实施低压业扩项目，满足供区1100余户低压居民、非居民新增供电需求。完成“两率一户”容量提升工程14个，新增配变16台，容量0.23万千伏安。决胜脱贫摘帽。投资109.6万元完成低电压整治125处，实施平溪乡金龙村、麻柳乡黄小村等5个非贫困村农网升级改造项目，总投资904.82万元；对大滩镇立新村、花石乡哨楼村投资210万元进行消缺维护，进一步提升农网供电质量。

坚持责任落实到个人，完善职责分工及绩效考核细则，确保考评公平公正，奖罚分明。推动全面落实派工单、派车单制度，规范劳动纪律管理。以国网凉山供电公司交叉巡察为导向，定期复查改善薄弱环节，建立并长效推行新建制度。紧盯采石场、煤矿等风险客户经营状况，大力推行购电制，对37户客户进行费控改造，实现费控装置全覆盖。主动跟踪市场信息，派专人协同客户办理业务，提升竞争力。集体企业承建网外工程项目共31个，合同金额1840万元，超任务540万元，市场占有率约70%。多线作战的同时规范项目管理，解决遗留问题，堵塞漏洞，严格把控工程各个环节。

滚动修编安全责任清单，压紧压实安全责任；制定年度目标奖励、季度过程安全奖励申报评选实施细则，激发员工安全工作动力。完善规章制度，修编应急预案6份、年度应急演练计划1项，全面提升应急处置能力。7月底，暴雨导致辖区18个乡镇受灾，4万余户用户停电，抢修组织有力，及时恢复供电。公司首次获“四川省电力公司安全生产先进集体”称号。

每月班子成员参加所务会，加强监督管理，推动廉洁监督员制度落实，督促所务公开。强化安全生产闭环等基础管理，在两票合格率、“月计划、周安排、日管控”等方面大力整治，基础管理工作显著提升。加大用电检察力度，查处违约用电26笔、追补电量5.47万千瓦时，追补电费5.11万元，收取违约使用电费13.09万元。实施通道清理外委，完成9条110千伏线路属地化通道进行清理，清理配网线路8条358千米，更换家族性缺陷设备线夹1200只、老旧避雷器402台，全年10千伏线路跳闸次数同期下降41次，压降20.8%。

整合公司现有服务渠道，统一“网上国网”线上服务平台，提供线上办电、购电交费、电子账单、电子发票等全业务线上服务。利用服务进社区、民工返乡、主题党日活动等契机，推广微信、支付宝缴费。各营业厅减少一个收费座席，增设一个引导席，引导客户线上缴费。

定期走访区四大班子及相关部门，沟通汇报涉电项目、脱贫攻坚等重点工作。开展“电力精算师”服务，对21户工业用户制订降费方案；落实电价优惠政策全年为客户节约电费384.55万元；规范出资界面，压降客户用电成本；推广电子渠道、精简手续流程，使办电更为方便。成效获能监办好评。建立客户微信群129个，加强停电事项报备及各类政策宣贯。完成春晚、全民健身运动会、中考、高考等重要保电任务41次。朝天城区实行20分钟抢修圈运转，出动抢修人员102人次、抢修车辆32台次，完成抢修任务17次。优质服务获得社会高度赞誉。

全面实施党建对标管理，巩固7个党支部的标准化阵地建设。年初制定全年工作计划，制定党风廉政建设履责要点及任务分工，细化两个责任清单。专题研究党风廉政3次，传达学习中央和省市相关会议精神，梳理风险点并落实改进措施。全年开展约谈20次，坚持挺纪在前，抓早抓小。积极开展员工大讲堂、职工微课堂等分享教育活动，提升队伍素质。更新企业文化宣传栏，营造浓厚氛围。开展金秋助学活动，为困难职工子女上学提供帮助。

存在的主要问题。农配网线路基础差，特别是曾家片区，供区移交较晚，线路建设标准低，改造面不足。乡镇供电所人员老化严重，队伍素质有待提升。台区采集终端品牌多，质量与兼容性参差不齐，山区存在信号盲区，致使采集率低、台区线损指标提升慢。

【国网苍溪县供电公司】国网苍溪县供电公司位于四川省广元市苍溪县肖家坝大道169号，公司有全民员工403人，专职电工76人，下设职能部室6个、业务支撑机构3个，辖9个供电所、3座小水电站。受托管理广元利泰电力建设有限公司苍溪分公司、广元市三新供电服务有限公司苍溪县分公司。公司担负全县39个乡镇、近80万人的供电任务，供电营业面积2330平方千米，供电营业窗口11个，供电服务点2个，供电用户29.38万户。

2019年，完成售电量7.01亿千瓦时，同比增加7.25%；电费回收4.17亿元，回收率100%；综合线损率7.38%，同比下降0.53个百分点；集体企业实现产值7173万元，实现利润260万元。连续8年荣获省级“重信用•守合同”单位称号；东青供电所进入泛在电力物联网建设同期线损监测治理“百强供电所”。公司连续17年通过省级“文明单位”验收，连续18年通过省级“卫生单位”验收。连续4年7个项目获得省公司“农网工程五十佳”单位荣誉。公司“梨乡电力志愿服务队”获省公司“国网川电留守儿童之家十佳爱心组织”称号。

截至2019年12月31日，公司从业人员共479人。其中，长期员工403人，同比减少9人（减少人数为退休9人、死亡2人、调出2人、新增3人）；专职电工76人，同比减少1人（死亡）。人才当量密度0.9079，较2018年同期0.8973相比，增长1.18%。2019年，发生全口径教育培训费用73.92万元，占应提取教育经费的58.81%。

科学编制2019年度苍溪电网滚动规划项目、2019年配网提升工程可研评审及批复、2020年投资管理计划、2020年农网项目储备，完成2019年度滚动规划项目编制工作完成94个农网项目可研批复；取得广元苍溪江南110千伏输变电新建工程项目已建设用地规划许可证，完成项目建设前期准备工作。投运35千伏单鼓变电站扩建工程、35千伏月山输变电新建工程；35千伏月山（岫云）变电站征地手续办理通过省政府审批；全面完成省公司下达3个批次103个农网单项项目、74个项目，348个低电压、重过载、新增布点配变台区农网配网项目建设。

强化财务预算管理，严控成本费用，防范经营风险；完善电费风险防范与管理的组织体系建设；推进营销、运维专业化管理，指标提升明显，7月，东青供电所进入“国网百强供电所”。10月，同期线损省公司排名第一，分别被市公司评为“流动红旗单位”“流动红旗供电所”等称号。夯实人力资源管理基础，厘清管理规范和职责界面，深化业绩考核，实施动态调整薪级。规范集体企业管理，制定《集体企业管理办法》，在平台公司的统筹安排下，组队参与阿坝、凉山工程建设，拓展利泰苍溪分公司市场经营发展空间。

夯实安全基础，层层签订“2019年安全目标责任书”，修订各专业2019年安全生产预案；开展以“防风险、除隐患、遏事故”为主题的2019年“安全生产月”和“安全生产万里行”、春（秋）安全检查等专项活动。强化安全教育培训，6月，参加市公司安监部组织的《安规》调考，以平均成绩96.50分荣获全市各县公司单位排名第一。强化安全监督，大力开展“反违章”工作，发出《安全巡查通报》37期，下发违章处罚通知书23期。强化电力设施运维与保护，利用“村村响”广播网络载体，加大电力设施保护宣传力度，同时及时跟踪、巡查，发现问题与当地政府、县主管部门协同整治。截至2019年12月31日，连续安全生产4047天。

严格按照专业化管理要求，推进农电工作专业化管理，深化“互联网+营销”，网上办电率达99.20%，线上缴费率达43.47%；推行线损治理“一周一台”工作制，共治理270台，合格264台，治理率98%。开展量价费损专项稽查和反窃电工作，全年累计查处窃电131起，追补电量12.97万千瓦时；有序推进营销项目，费控装置安装率77.51%，远程费控建档率100%；开展“一所一特色、班组促提升活动”，建成三星级供电所5个、四星级供电所1个。

落实国家降电价政策，累计惠及企业152万元；组织“电力精算师”指导67户大工业客户降费工作；完成13个营业厅（2个服务点）视频监控接入。持续深化优化营商环境专项活动，大力开展“漠视群众利益整治”专项活动，接受省能监办专项督查2次，获得好评。不断提高优质服务水平，全面开展微信、“掌上川电缴费”App、农行、信用联社、村镇超市等电费代收点，方便用户缴纳电费。主动承担社会责任，服务地方经济发展，特别是在“全国产业扶贫保电”工作中，历时42天、投入保电车辆588台次、保电人员2940人次，完成全国产业扶贫保电工作，受到各级党委、政府的一致好评。

加强通信信息网络安全管理，开展了苍溪电网全网通信信息设备隐患大排查，有效预防了通信信息网络事件发生。试点推动“智能运检”和电力物联网深化应用，宣贯推进“移动作业”App、可视化装置、立体巡检、在线监测装置等新技术应用。升级“网上国网”App 功能，推送业务办理实时进程，及时发布电量、电价、电费余额等客户关注信息，为客户预警电量电费异常。利用“村村通”广播、微信、电视等平台，提前告知停送电信息，着力提升客户满意度。

大力推进行业扶贫，全面完成214个贫困村的低电压和不合格电能质量整改，户均容量提升至1.63千伏安，为全县高质量脱贫摘帽提供坚强电力保障。全力开展精准扶贫帮扶工作，分村制定年度帮扶工作计划；开展“三同三进”活动实施“阳光扶贫”项目，完成了老树村20千瓦、华朴清洁能源示范30千瓦光伏发电项目建设。积极配合市公司参与帮扶村2个，通过了苍溪县2019年脱贫摘帽省级验收。

强化政治监督，层层落实责任清单，把好选人用人监督关，对重要岗位人员调整提出监督意见，落实任前廉政谈话制度，有效防控“带病提拔”“用人失察”。加强廉政教育，把学习贯彻党章和《准则》《条例》作为一项重要政治任务来抓，引导广大党员干部筑牢理想信念“高线”，坚守纪律规矩“底线”。强化日常监督，严格执行“逢节必查、逢查必报、快查快办”，开展廉洁教育课2场次、发送廉洁提醒短信1500余条；开展季度“检企共建”活动3场次，近距离感受清廉正能量，打好廉洁从业预防针，增强干部员工廉洁从业意识，提高拒腐防变的能力，着力营造“风清气正、人和企兴”的企业氛围。

企业经营存在的问题。人力资源管理方面：截至2019年年末，公司40岁以上员工占比88.08%；40岁以下员工占比12.92%；公司员工平均年龄46.50岁，员工老龄化现象严重，工学矛盾突出。电网建设方面：项目储备不足，主网电网结构薄弱，城区仅有110千伏陵江站单一供电电源点，难以满足县城（尤其江南片区）用电需求。农村电网随着经济发展和用电需求，前期改造不彻底村还有200余个，不同程度出现户均容量不足、低电压、变压器重过载等问题。集体企业管理方面：一是施工安全风险大，管控难；二是工程管理较为粗放，重施工轻资料，造成审计不及时或审减额大；三是市场开拓难度大，现金流较为困难。

【国网旺苍县供电公司】2016年9月底，按照省公司统一部署，旺苍公司全面完成“子改分”工作，注销了原国网四川旺苍县供电有限责任公司(以下简称“子公司”)，原子公司债权债务、人员及生产经营业务由国网四川省电力公司旺苍县供电分公司（以下简称“旺苍公司”）负责承接。

旺苍公司下设管理部门6个，分别是综合管理部（党委办公室）、发展建设部、党委组织部（人力资源部）、财务资产部、安全监察部（保卫部）、电力调度控制分中心，业务支撑机构2个（分别是运维检修部、客户服务中心），班组8个（分别是调控运行班、输电检修班、变电运维班、变电检修班、配电运维班、营业班、抄表班、综合服务班）、乡镇供电所12个。受四川利泰能源集团有限公司委托，管理四川利泰能源集团有限公司旺苍分公司（以下简称“利泰旺苍分公司”）；受广元市三新供电服务有限公司委托，管理广元市三新供电服务有限公司旺苍分公司、广元市三新供电服务有限公司洪江分公司。

旺苍公司辖区内共有变电站31座（含开闭所），其中公用变电站19座，用户变电站12座。公用变电站中220千伏变电站1座，容量27万千伏安；110千伏变电站3座，容量24万千伏安；35千伏变电站13座，容量11.6万千伏安；10千伏开闭所2座。用户变电站中110千伏变电站5座，35千伏变电站7座。110千伏输电线路8条，线路长度118.11千米；35千伏输电线路17条，线路长度238.05千米；10千伏线路54条，线路长度1987.4千米；低压供电线路长度10334千米。

截至2019年12月31日，在职全口径用工总量为520人，其中：旺苍公司317人（其中全民4人、全民其他130人、农电用工169人、劳务派遣14人），利泰旺苍分公司203人（其中集体直签用工146人、业务外包用工57人），退休职工152人。

深入分析电网存在的风险和薄弱环节，加强设备运行基础资料分析，全力推进大修项目7个，技改项目4个，有效缓解老旧设备“掐脖子”的问题。开展线路通道及森林火灾隐患排查工作，共治理通道隐患300余处，清理砍伐超高树木1900余棵。推进“三供一业”项目建设，完成旺苍“三供一业”供电分离移交改造工程共15个单项，其中新建10千伏线路36.89千米，新增配电变压器64台，新建及改造低压线路69.92千米。

出台《国网旺苍县供电公司电费管理及回收奖惩细则》，保持电费回收高压态势，实现电费“月清月结”，2019年1—12月，电费回收率达100%。强化同期系统建设，多措并举严厉打击偷漏电等各类违约用电行为，查处窃电及违约用电48笔，追补电量3.8万千瓦时，台区线损合格率95.32%。配合县发改委开展第二轮输配电成本监审，完成广元市第二稽查局对2016—2018年集体企业税务稽查工作。深入推进多维精益管理体系变革，严格落实青苗赔偿、零工费支付等费用的点对点管理。修订《国网旺苍供电分公司差旅费实施细则》，进一步规范差旅费标准。

强化全员安全责任落实，编制下发2019年安全责任清单，组织全员签订各类安全目标责任书2500余份。扎实开展春安、秋安等安全大检查活动，查出问题305项，已整291项，整改率95%。开展公司2019年大面积停电事件应急演练，提高应急处置能力。大力开展配网带电作业工作，截至12月，已开展一、二类带电作业165次，开展三、四类带电作业74次。开展“三种人”培训和全员安规教育培训、新版《安全生产典型违章300条》等教育培训考试共11批次。开展“一把手”讲安全课、“6·25”安全知识竞赛，切实加强全员安全教育，提升全员安全意识。公司安全生产形势总体平稳，截至2019年12月31日，实现安全生产长周期达6215天。

稳步推进农网项目实施。2019年，旺苍县农网改造项目共2个批次，总投资1565.82万元，组织实施异地扶贫搬迁电力配套项目10个，总投资204.28万元。全面启动北部山区智能电表改造，涉及用户2.2万户，预计换装表2.17万只。扎实推进北部山区基地建设，完成北部山区新成立3个供电所基地建设项目建议书编制，开展项目可研编制和用电勘界。

加强网络信息安全管理，在全公司范围内宣传《中华人民共和国网络安全法》，开展公司网络与信息安全自查、电脑操作系统升级，严防信息安全事件。2019年，成立创新创效小组9个，研究QC课题8个，积极参与“季度PK赛、年终总决选”等竞赛活动。“红太阳”小组QC成果“零工费用报销风险防控系统”处于运行测试阶段，目前已为公司节约成本约5万元，具有很强的可操作性和实用性。

落实“一般工商业电价再降10%”要求，下调电价0.0859元/千瓦时，惠及一般工商业用户7900余户，预计让利280余万元。积极引导天森煤化公司、宏达矿业公司、广成煤业公司等13户工业企业参与直购电交易，优惠电费174.67万元。加大对工业园区、经开区以及重点招商引资项目、重点工程的电网建设支持力度。重点跟进领航科技复产、西南水泥扩能等重点项目，推行“专职客户经理制”。全面落实业扩新政，持续简化业扩办理流程，提高业务办理率。完成了“两会”、“两考”、九三学社到旺调研、国庆等重大保电任务60余次，出动保电车辆112车次，保电人员300余人次。主动上门服务，宣传“气改电”“煤改电”，完成4家火锅店、1家提灌站的电能替代工作。提前布局新能源汽车充电桩，全年共完成74个90千瓦直流充电桩安装调试。

公司党委始终坚持“围绕中心抓党建、抓好党建促发展”的工作理念，按“旗帜领航·三年登高”要求，切实把党建工作优势转化为企业的发展动力。认真开展“不忘初心、牢记使命”主题教育活动，集中学习研讨、调查研究、检视问题。开展为民服务志愿活动，深化“三亮三比”践诺行动，大力实施“党建+”工程，发挥先锋模范作用。切实做好交叉巡察整改，制定下发旺苍公司党委《巡察反馈意见整改落实工作方案》，列出了问题清单、任务清单、责任清单，做到了反馈意见零遗漏、全覆盖。按照县委、政府统一安排，公司帮扶4个村社，一对一帮扶200户，选派3名“第一书记”驻村帮扶。对全县1.6万户贫困户生活用电进行入户排查，切实解决贫困户低电压问题。

存在的主要问题。旺苍县城区负荷中心为110千伏松林坡变电站单电源供电，涉及客户数4万余户，城区重要负荷互转互供能力严重不足（110千伏松林坡变电站主变容量80兆伏安,10千伏间隔17个，现无备用间隔，供电可靠性不高，电源单一）。旺苍县北部、东部片区35千伏电网结构单一，涉及客户数3.3万余户，7座35千伏变电站存在“挂灯笼”的情况，供电可靠性低。原浩源公司供电的北部山区仍有105个台区、37条10千伏线路电网改造不彻底、网络差。

【国网剑阁县供电公司】国网四川省电力公司剑阁县供电分公司系2016年8月由原国网剑阁县供电分公司吸收合并原国网四川剑阁县供电有限责任公司（全资子公司）组建而成。公司下辖59个乡（镇）、543个行政村，供电面积3204平方千米，供电人口约70万人，用电客户23万余户。辖区内拥有110千伏变电站4座/303兆伏安，35千伏变电站11座/96.3兆伏安；110千伏线路215.53千米，35千伏线路273.62千米，10千伏线路2860.38千米，0.22～0.4千伏线路17722.16千米；配电变压器422.06兆伏安/3805台。主要经营电力销售、辖区电网管理、电力设计、建设、安装、维修，兼营电能表计、采集系统的安装校验、调试等业务。原始注册资本7746万元。公司设立七部一中心、2个业务支撑和实施机构，托管2个二级机构。现有在岗职工494人，辖下寺、园区等13个供电所。

公司全年用工总量494人。其中，全民其他217人，农电工277人；初级工36人，中级工183人，高级工115人，技师107人，高级技师5人；初级职称122人，中级职称33人，副高级职称4人；大专（含专科）以上学历319人，综合人才当量密度0.83475。2019年，公司不断完善职能机构调整和人员配置，实施“全能型”供电所改革，234人参与岗位组聘，16个关键岗位人员进行了交流。组织召开2016—2018新进大学生岗位晋升会议，拓宽大学生成长成才通道。不断加大人才开发与教育培训力度，积极组织职工参与各种业务技能培训，共有168名职工先后通过各种技能培训和考试。

“滚动修编”《剑阁县“十三五”2018—2020年配电网规划》，实施23个贫困村电网改造项目，总投资4908万元。完成38个新增客户高压业扩项目可研评审。实施大修项目3个、技改项目1个，总投资306.14万元。全力推进农网改造项目施工，新建及改造10千伏线路43.603千米，380伏及以下线路455.276千米，新增配变151台/14.37兆伏安，完成投资2699.4万元。

公司全年完成售电量4.12亿千瓦时，同比增加3095.11万千瓦时，增幅8.12%，完成全年目标的104.36%；累计完成综合线损10.22%，同比下降0.38个百分点，低于市公司下达的年度目标计划值0.28个百分点；电费回收率100%。全年完成重大活动、重要会议、重要节假日等保电任务52次。开展省公司交叉巡察，发现问题44个，整改44个，进一步规范经营管理。

2019年，公司未发生安全事故，未发生对公司和社会造成重大影响的事件，实现安全生产周期6395天。签订安全生产目标责任书46份，召开安全生产例会12次、安委会6次，巡查作业现场94个，召开安全约谈会6场次，安全诫勉约谈12人次。共组织494次《安规》培训与考试，合格率达100%。开展安全用电知识及电力设施保护宣传活动45场次，装设安全警示标识标牌400多张。开展“春安”“秋安”大检查等活动，整治涉电鱼塘安全隐患340处，清理高低压线路通道528.4千米，整治“三线”搭挂和弱电线路与电力线路同杆架设安全隐患347处，处理外力破坏事件19起。2019年，荣获“广元供电公司安全业绩先进集体”称号。

公司切实开展供电所所容所貌整治，完善各供电所基础设施建设，下寺供电所创建五星级乡镇供电所班组，武连供电所创建企业文化示范点建设，江口供电所新建办公楼投入使用；全力推进“全能型”供电所改革建设，推行“台区经理制”。公司荣获2019年市公司“台区经理”竞赛二等奖、“供电所业务信息系统竞赛”二等奖。

公司组建无人机输配电线路智能巡检队、安全质量监督巡查队和无人机放线队，将无人机新技术运用到综合检修、线路巡视、农网施工、安全监督等日常各项工作中，减轻员工劳动强度，提升工作效率；公司开展配网带电作业，坚持“能带不停”的原则，不断拓展带电作业项目，减少停电次数和范围，最大限度保障供区内用电客户用电需求。拓展线上服务渠道，推广“掌上电力”App、微信缴费，实现低压客户“一次都不跑”和高压客户“最多跑一次”。

公司认真执行业扩新政，优化报装流程。全年新增用电客户2770户，新增用电容量3.56万千伏安。加快推进精准脱贫村组和易地搬迁居民安置点电力建设，切实保障贫困户的生产生活和产业发展用电。主动对接县委、县政府招商引资，全力做好园区大客户用电服务；开展“电力精算师”，为大客户用电问诊把脉，积极降低用电成本，为企业减负增效。开展“用心服务”百日行动，走访“两代表一委员”及大宗客户，提出合理化建议18条。落实一般工商业降价，清理规范转供电收费，清退临时接电费。不断优化营商环境，公司荣获“剑阁县服务工业发展先进集体”称号。

公司党委组织全体党员认真学习中共十九大精神和习近平新时代中国特色社会主义思想理论；召开专题民主生活会，开展党员民主评议；深入推进党支部党员“创先争优”活动，开展党员“三亮三比”，完成17个基层党支部标准化建设工作；深入开展“大学习、大讨论、大调研”活动。开展关心关爱职工活动，健全并完善困难职工档案，筹集福利资金5.7万元，帮扶困难职工及退休职工26人；为生病职工筹集爱心捐款2.9万元；组织79名员工参加疗休养。深入一线班组开展夏送“清凉”冬送“温暖”和节假日慰问活动，慰问班组23个，慰问员工1040余人次；组织开展“庆祝新中国成立70周年歌唱祖国”活动；公司《走进新时代》荣获广元供电公司“职工文化成果展示”二等奖。

精准脱贫工作。公司坚决落实县委、县政府脱贫攻坚工作部署，扎实推进贫困村组电网建设，争取资金7741.34万元，完成33个贫困村、25个土地增减挂钩项目区安置点电力配套建设，确保全县贫困村电网改造全覆盖。公司深化“六个一”帮扶机制，结对帮扶圈龙乡4个村、351户、1159人，干部职工全年入户帮扶630余人次，全面助力贫困村脱贫摘帽。精心实施金铃村定点帮扶，成立种植养殖和农机专业合作社，发展80余亩“蔬菜果园”种值、万只剑门土鸡养殖等产业，助力村集体经济增收致富。注重扶贫同“扶志、扶智”相结合，建立村委会图书室、远程网络教育电教室，开展“冬送温暖”，为贫困家庭捐款等活动，切实履行央企社会责任。

存在的主要问题。由于体制原因，剑阁县电网基础薄弱，个别台区低电压现象时有发生；供电网络质量差，安全供用电保障压力大；部分中心集镇未能实施改造，春节用电得不到有效保障，严重制约了当地经济的发展，引发优质服务投诉风险。

（蒲涛、李小明）

国网内江供电公司

【企业概况】国网内江供电公司成立于1978年9月，公司承担着内江市境内大部分地区以及重庆市永川、四川泸州等部分区域的供电任务，供电面积4388.72平方千米，营业户数143.01万户。截至2019年年底，公司固定资产总额69.54亿元。

公司设置有14个职能部门、8个业务支撑机构，下辖5个直供直管县级供电企业。截至2019年12月，公司共有员工2702人。公司党委现有基层党组织101个。其中，基层党委8个，党总支1个，党支部92个。有党员1111人，在职党员862人。

截至2019年12月，内江电网共有35千伏及以上变电站79座，主变压器134台，总容量506.25万千伏安。其中，220千伏变电站8座，110千伏变电站26座，35千伏变电站45座；35千伏及以上输电线路179条，长度2263.05千米。境内有省检修公司管辖的500千伏内江变电站1座。

公司连续3届保持“全国文明单位”称号，荣获“全国五一劳动奖状”“全国精神文明建设工作先进单位”“全国模范职工之家”等数十项荣誉，涌现出“全国工人先锋号”、“全国五四红旗团委”、“中央企业文明号”、国网公司“电网先锋党支部”、国网公司和四川省“五四红旗团委”“四川省工人先锋号”等先进集体，以及“四川省第七届劳动模范”“国家电网公司劳动模范”“四川省五一巾帼标兵”“四川省十大最美志愿者”“全国优秀共青团员”以及“内江市第七届劳动模范”“内江市五一劳动奖章”“内江市三八红旗手”“内江市甜城工匠”“内江市首席技师”获得者等先进个人。内江市委书记马波多次批示并高度肯定公司在服务地方经济发展、推进民生改善等方面做出的积极贡献。在2019年度内江市“千企万人评作风”活动中，公司荣获“公共服务‘满意单位’”称号。

2019年5月22日，国网内江供电公司全力开展电力迁改百日攻坚，助推地方社会经济发展　　（罗国强　摄）

【人力资源】2019年，国网内江供电公司荣获省公司“三项制度”突出贡献单位。在国网公司深入开展“三项制度”改革的基础上，借助省公司在所属各单位推行实施管理、技术及重要技能岗位聘期制管理的契机，立足公司人才现状，认真分析制约公司发展的积弊，积极探索人才配置新途径，于2019年7月率先开展实施管理、技术和重要技能岗位的公开竞聘工作。该项工作得到省公司人资部的高度肯定及大力支持。工作启动实施以来，共1300余人次参与发布的868个岗位竞聘，819人竞聘到心仪岗位，其中144人实现了岗位晋升。通过全员竞聘，转变了员工观念，实现员工“能进能出”、岗位“能上能下”，有效改善员工工作精神面貌，为公司高质量可持续发展注入新动力。由于公司“三项制度”改革立足公司实际、效果显著、在公司系统具有较强推广价值，公司提炼的典型经验入选省公司典型案例集，公司荣获省公司三项制度改革突出贡献单位，并获省公司专项奖励。

针对“三集五大”撤销市区供电局后城区供电业务运行不畅的问题，公司开展了城区供电组织机构优化调整，在7月完成城区供电中心的组建，承接由客户中心划转的属地营销业务，东兴公司划转的城区配网运检业务。新成立三新公司市区分公司，负责承接三新公司划转属地农电运维业务和农村供电业务部管理。整合全局营销业务支撑（对内）由客户服务中心管理，原由客户中心负责的市中区、东兴区营销业务划转属地管理。城区供电组织机构优化调整完成后，进一步理顺内部业务管理关系，安全职责也得以强化落实。客户服务中心、三新公司工作重心由属地业务转移到集约业务和平台支撑上，对公司营销部、运检部的业务支撑更加有力，城区配网管理和农网运检、农网工程管理成效明显提升。

立足公司现有人力资源现状，充分挖掘人才潜力。制定了员工培养锻炼实施方案，为员工多岗锻炼、重要岗位挂职锻炼、异地交流锻炼提供了政策依据，公司本部已为基层单位培养锻炼3人，轮岗交流2人；用好用活职员职级政策，对8名基层单位年轻较大但技术及管理经验丰富的班组长或部门负责人，通过聘为七级职员的方式让出班组长或部门负责人岗位，为青年员工走上重要技能岗位或管理岗位创造了条件，同时又发挥了老员工经验及传帮带优势；完善了员工岗位调整操作方案，鼓励优秀青年员工通过竞聘的方式到基层或异地部门负责人岗位任职，公司本部有3名青年员工到基层单位任部门主任或副主任职，2名基层单位青年员工到异地同级单位部门主任岗位任职。通过创新用工方式，一批青年员工才能得到了展示并快速成长，激发了青年员工拼搏进取的热情，营造了青年员工队伍成长成才的良好氛围。

规范劳动合同管理。完成19名新进员工劳动合同、试用协议的签订以及42名员工劳动合同续签工作。依规与调出本单位的员工签订终止劳动合同相关手续。开展劳动用工专项治理工作。出台员工培养锻炼实施方案，在县公司重要岗位招聘中打破原来在本单位内部选拔聘任的惯例，威远、东兴、资中等县公司部分重要岗位已实现跨县公司的人员聘任，编制本部和基层单位人员轮岗培养方案，实现2019年度第二年批次高校毕业生的招聘、录用协议签订及入职培训等工作。推进业务外包工作，对符合专业业务外包条件业务进行梳理与分解下达，缓解了基层单位用工荒问题。

【电网建设与发展】2019年，内江供电公司大力推进电网发展建设，落实省电力公司与内江市“十三五”规划战略合作协议议定事项，完成内江电网“十三五”滚动规划修编及内江电网“十四五”规划研究等，积极与各区县政府规划部门对接，获得了电网规划建设的大力支持，配电网规划项目通过省能源局第二个成本监审周期审核。扎实开展项目前期工作，完成东兴杨双110千伏输变电工程等4个工程的可研工作，完成内江永安至金鹅220千伏线路工程等4个工程的核准工作。

2019年，重点项目有序推进，新投内江至寿溪桥220千伏线路工程等12个输变电工程，全年新增变电容量22万千伏安，投产35千伏及以上线路174.523千米。主动对接省、市重点项目建设需求，顺利完成川南城际铁路、内江市城市过境高速公路等项目影响本体工程施工部分线路的迁改。

【经营管理】2019年,国网内江供电公司完成售电量63.46亿千瓦时，同比增长6.47%。累计完成电费收入35.43亿元，到户均价558.3元/千千瓦时，完成电费100%回收。未发生影响公司利益的重大服务和安全事件。全年营销专业业绩考核综合排名省公司第12。公司稳步推进老旧故障表计换装，全年完成智能电表轮换40.3万只，轮换数量居全省之最，未发生因表计换装引发的人身和设备安全事故。完成164户即将参与市场化现货交易客户的终端、表计换装及采集故障处缺。通过加强采集指标管控、提高现场采集运维故障处缺质效及老旧故障设备换装，采集成功率各项指标得到了有效提升，专变全采集指标提升10.8个百分点，发输电侧采集指标提升4.31个百分点，全口径自动采集成功率提升至99.8%以上。严格落实国家、省上出台的降低一般工商业电价10%政策，为10.84万名客户减少用电成本8859万元，两年内降低一般工商业电价超过20%。做好市场化交易注册服务工作，全年新增市场化用户120家。全面落实直购电、富余电量等政策，惠及企业114家，减少企业用电成本2.07亿元。做好丰水期低谷弃水政策宣传，新增低谷弃水交易用户48家，降低用电成本809万元。积极推进工业领域锅炉窑炉改电窑炉，促成锦兴玻璃公司实施60吨“气窑炉”改“电窑炉”二期工程，2019年电能替代交易电量5205万千瓦时，降低成本1906万元。2019年，通过实施各项降费措施，共为内江市电力客户降低用电成本4.12亿元，切实让广大电力客户减轻了电费负担。结合巡视巡查问题整改举一反三开展“大客户差错电费风险防控协同监督”，成果入选省公司“协同监督A类良好项目”,《建章立制督落实，电费管控防风险》获得省公司“规章制度落实督导年”优秀典型经验表彰，获得省公司特殊贡献二等奖。

【安全生产】公司坚持安全发展理念，认真贯彻落实各级安全生产工作要求，紧紧围绕公司年度工作目标，进一步压紧各级安全责任，保持了公司安全生产局面的总体稳定。截至2019年12月31日，公司实现连续安全生产5516天。完成庆祝中华人民共和国成立70周年等重大保供电任务，高效应对威远、资中两次地震，第一时间抢修受损设备、恢复电力供应，得到地方各级党委、政府和社会各界的高度肯定。

2019年9月8日，国网内江供电公司紧急抢修因威远5.4级地震受损的变电站设备（罗国强　摄）

强化本质安全建设，认真开展电网规划、电网诊断和安全裕度分析，将内江永安至金鹅220千伏线路工程等紧迫项目纳入2020年综合计划，全力实施遗留项目攻坚，完成石燕桥增容、椑木西等12项基建项目，开展“奋战一百天，打赢电力迁改攻坚战”专项行动，完成35千伏及以上线路迁改38条次，电网结构得到进一步巩固和完善，供电能力不断提高。夯实安全管理基础，全面开展科级干部安全述职评议，组织对基层单位开展春秋安检查、交通消防等专项安全督查18次，开展各类安全教育培训3460人次。

强化电网运行分析，制定电网运行控制策略，试点建设省地县一体化风险预警管理模块，加强电网风险管控，全年共管控电网风险 169 项，完成电网补强措施 20 项，最大网供负荷、最高日网供电量两次创历史新高。强化作业分析管控，全年共发布和管控各类作业计划 7613 项。

深刻吸取各类安全事故教训，扎实开展“排雷”专项行动和“三跨”隐患、触电人身伤害、变电站消防等治理，全年累计消除各类安全隐患 3500 余项，积极协同市三电办、经信等部门加强电力设施保护工作，联合整治外破隐患 16 起，与外部施工单位签订电力设施保护“三书”21 份。完成配网三年整治提升行动阶段性工作和“护网 2019”网络攻防行动，开展无人机、机器人等新技术应用，提升应对重大安全风险的能力。强化铁腕治安，全年巡查 2879 个作业现场，查处各类违章 1828 起。

【农电工作】公司积极推进消费扶贫工作，制作 41 幅消费扶贫易拉宝及 4000 多册宣传手册，在各营业窗口推广“惠农帮”App和贫困村线上产品。及时跟进处理省脱贫攻坚数据平台中反映的 43 户未通电户的接电问题以及东兴公司辖区内 24 户不能满足基本电器用电需求户的临时处置和项目跟进工作。公司党员服务队参加“不忘初心、牢记使命”助推巴中革命老区脱贫攻坚主题活动，为通江县沙溪镇 110 户贫困户安装户表、排查安全用电隐患。持续深化共产党员服务队和“三为”志愿者服务队建设，深入贫困村开展安全用电志愿活动，推动公司基础扶贫、产业扶贫、智力扶贫、爱心扶贫落到实处。继续推进援藏帮扶工作，第八批 9 名援藏人员进藏开展工作，党建、宣传、营销、财务等部门相继进藏开展短期专业帮扶，助力实现藏区电网、文化建设双提升，共完成援藏帮扶计划 25 项。在北京举办的全国基层供电所建设经验交流研讨会上，金鹅供电所获“第五届中国最美供电所”殊荣。大力推进乡镇供电所优化提升工程工作，集中优质资源，提质增效，加强乡镇供电所优质服务及业务承接能力。

【科技与信息化工作】公司以专变大用户画像为重点开展专题监测分析，深入了解大型客户生产用能状况、发展前景、运营风险、对供电企业售电收入贡献等用电特征，建立大型客户用电特征画像分析模型。2019 年，完成专题监测报告 14 期。

积极推动泛网建设，积极开展信息系统基层减负，牵头组织“小喔”机器人应用推广；开展报表自动化生成工具研发，辅助各部门各单位提升管理效率，节约人力资源。自主编制了“市场化用户财务报表自动化取数工具”“预付费协议用户短信催缴清单自动化生成工具”。拓展新业态新商业模式，开展电力杆塔租赁研究。

自主开发“信用状态批量查询工具”。一是开展基于大数据的专变用电户电费风险监测。二是持续开展供应商信用监测。三是在省公司企协工作会上作了两次典型经验交流，《四川电力信用管理工作扎实推进》一文在国网公司企协主页上登载。

自主开发“客户电费余额实时监测工具”，辅助各县级公司提高电费余额监测效率，提升费控指标。开发了“预付费协议用户短信催缴清单自动化生成工具”，批量生成短信，每日自动向各县级公司推送，将催费信息主动发送到欠费用户负责人手机。《与客户来个绿色约定，巧变“催费”为用电接力》一文登载在省公司“泛在电力物联网建设”网页“金点子”专栏。

2019 年 9 月 27 日，国网内江供电公司举行升旗仪式庆祝中华人民共和国成立 70 周年　（罗国强　摄）

积极开展信息系统春季、秋季安全检查工作，全面覆盖公司网络与信息系统安全管理、机房安全、终端安全、边界安全、网络设备安全、制度落实、运行管理等各个方面，其中春检、秋检发现的问题已及时全部完成整改，保障公司信息系统安全稳定运行。

公司常态开展信息安全漏洞排查治理工作，完成 HW2019、SCHW2019、2019 年迎峰度夏、国庆 70 周年保电等重大专项保障工作，开展信息系统“瘦身健体美颜”专项治理工作。确保了网络和信息安全，完善安全责任体系，强化了信息系统管理。

【市场服务（优质服务）】公司在三县两区都派遣工作人员入驻当地政务服务大厅，采用光纤专线方式接入公司内网，让客户能够享受水、电、气、通信等“一站式”服务，获得社会各界的一致好评。成功将客户办电资料纳入政府政务信息共享平台目录，政务平台线上“一证办电”即将实现。将高、低压客户申请资料分别精简为4种和3种，10千伏已办结业务平均时间36天，10千伏在办业务平均时间24天，严格执行新的出资界面规定，全年客户办电满意率100%，提升了客户“获得电力”感知，通过了政府部门的督查以及四川省能源监管办“获得电力”优化营商环境专项检查。制定供电服务投诉压降专项治理实施方案，着力从“投诉突出业务”和“投诉集中单位”两个维度进行治理，实施供电所及农村营业厅“零投诉专项奖励”政策，并加强服务过程管控及服务问题曝光力度，常态化开展明察暗访。2019年，投诉总笔数237件，同比减少411件,同比下降63.42%。其中营销类投诉60件，同比减少203件，同比下降77.18%，投诉压降工作获省公司营销类特殊贡献一等奖。完成中华人民共和国成立70周年系列庆祝活动、内江海峡两岸艺术交流等重大活动电力保障工作，获得内江市委市、政府发文通报表扬。积极参与地震保电工作，协调泸州公司自备发电车迅速开往灾区现场，配合其他专业高效完成“9·8”威远地震抢险救灾工作，获得中央电视台《新闻直播间》《朝闻天下》《新闻30分》等多个媒体对迅速恢复供电报道。公司在2019年内江市“千企万人行风群众满意度测评”活动中获得第二名。

【党的建设和精神文明建设】公司党委修订了党委及班子成员党建工作责任清单和党建联系点制度，细化基层党建“两个责任”清单，优化“大党建”考评体系。推进基层党组织促进生产经营工作“三机制”，助推电力迁改百日攻坚、川威节能电费回收等落地见效。全面开展基层党组织排查，整治基层软弱涣散党组织，提醒、指导9个基层党组织完成选举，夯实基层组织基础。选派优秀青年党员挂职供电所支部，按季培训基层党务工作者159人，创新建立“周学月考”机制，推广党建规章制度“两单一图”，提升基层党建工作质效。修订基层党组织书记抓党建述职评议规则，全面清理党内规范性文件，深化党建制度建设。

扎实开展“不忘初心、牢记使命”主题教育活动，突出四项重点措施，聚焦“十二字”总要求，紧扣“五句话”目标，把威远震后抢险、巴中脱贫攻坚帮扶等作为守初心担使命的第一战场。采取“3+1+1”学习法不等不靠抓实学习教育，6月起，召开中心组集体学习（扩大）会9次、读书班6场，累计集体学习9天，坚持学原文原著、跟进传达学习中共十九届四中精神、习近平重要讲话、指示精神，拓展学习新中国史、党史相关原著8本、教育视频2个，组织收听辅导报告、先进事迹报告3次，轮训支部书记92人。

不断深化精神文明建设，重点培育和践行社会主义核心价值观。结合庆祝中华人民共和国成立70周年，开展“我和我的祖国”群众性主题教育活动，厚植公司干部员工的爱国主义情怀和激发敬业奉献、进位争先的进取精神。其中，经典诵读活动登上《国家电网报》、中国电力新闻网及国家电网有限公司“不忘初心、牢记使命”主题教育专栏；集体升国旗仪式登上中国电力新闻网、今日头条、四川在线等新媒体专栏。

电力社会责任项目“母爱十平方”亮相全球企业可持续竞争力高峰论坛，公司因此获“可持续公益项目卓越企业”称号。隆昌市金鹅供电所获评“中国最美供电所”。东兴营业厅获2017—2018年度“全国青年文明号”。《蜀山夜雨话川电》获省公司“文润川电”征文大赛一等奖，《创新电力“三为”志愿服务，打通服务“三农”最后百米》获得四川省企业管理优秀论(著)文一等奖。“双导师”机制、“三为”志愿者服务队、“红色+传统文化”入选省公司党建、企业文化典型案例；《“周学月考”+“两单一图”提高制度落实能力》入选省公司“规章制度落实督导年”“思想政治”专业唯一优秀典型经验。

【国网威远县供电公司】国网威远县供电公司成立于1978年，原属国网自贡供电公司管辖。2002年1月，划归国网内江供电公司管辖。2017年7月，升格为省电力公司的大型县级供电企业。公司主要担负着威远大部分地区和自贡、眉山以及内江市中区部分地区(严陵镇等14个镇，高石镇等3个镇的大部分，新店镇6个村，内江市中区朝阳镇的1个村，自贡大安区的1个村，自贡荣县东兴镇全部和墨林乡的1个村，眉山仁寿县汪洋镇的1个村)的供电任务。供电面积1221.72平方千米，供电人口71万人，营业户数27.7万户，其中城市用户8.8万户、农村用户18.9万户。威远公司现有35千伏及以上变电站19座，主变压器 34台，变电总容量120.95万千伏安；共有35千伏及以上输电线路42条，长度549.6244千米。2019年，完成售电量25.16亿千瓦时，同比上升9.23%，电费回收率100%。

【国网资中县供电公司】国网威远县供电公司成立于1974年4月，是国家电网四川省电力公司内江供电公司下属县级供电企业，前身为资中县供电局。2013年7月，正式更名为国网资中县供电公司。资中公司担负着资中县城区及21个乡镇的工农业生产和人民生活用电的供电任务，供电面积930平方千米，直供电人口85万人，营业户数27.97万户，趸售客户1户（资中龙源电力公司），其中城市用户9.99万户、农村用户17.98万户。2019年，累计完成售电量11.42亿千瓦时，同比上升3.66%；售电收入57149.42万元，同比上升2.26%；电费回收率100%。10千伏及以下线损累计完成6.25%，同比下降1.29%；220千伏及以下线损完成4.89%，同比下降0.17%。实现连续安全生产天数5223天。

【国网隆昌市供电公司】国网隆昌市供电公司成立于1978年11月。2017年8月22日，因隆昌撤县设市更名为国网隆昌市供电公司，担负着隆昌全市工农业生产及人民群众的生活用电、成渝电气化铁路供电和向成渝两地及泸州输电的任务。管辖35千伏至220千伏变电站15座，其中220千伏站1座，110千伏站5座，35千伏站9座，变电总容量809.8兆伏安。管辖35千伏至220千伏输电线路33条，总长273.09千米。10千伏配电线路93条，全长2052.595千米；公司资产配电变压器3057台，总容量664.525兆伏安。

【国网内江市东兴供电公司】国网内江市东兴供电公司成立于1991年12月。2013年5月，更名为国网四川省电力公司内江市东兴供电分公司。公司承担着内江市两个主城区（东兴区、高新区）和东兴区农村地区（包括14个镇、5个街道）的电力供应任务，供电面积1180平方千米，供电户数约36万户。供区内共管辖35千伏及以上变电站17座、10千伏开关站2座、10千伏配电线路138条、配电变压器3249台。2019年，公司完成售电量9.42亿千瓦时，同比增长6.26%，电费回收率100%。截至12月31日，实现连续安全生产4303天。

【国网内江市区供电中心】国网内江市区供电中心成立于2019年7月15日，是国网内江供电公司下属供电企业。主要负责内江市市中区、内江经济技术开发区、内江高新技术产业园区白马园区的营销、配网和农电业务管理，供电面积386.1平方千米，供电人口53.6万人，营业户数24.15万户。管辖10千伏配电线路100条，全长1069.52千米（其中农网32条/793.04千米、城网68条/276.48千米）；配变2044台/585.43兆伏安（其中，农网1480台/283.91兆伏安、城市配网变压器564台/301.52兆伏安）。2019年，全年完成售电量8.53亿千瓦时，电费回收率100%。

（刘进、罗国强）

国网广安供电公司

【企业概况】国网广安供电公司（原名广安电业局）成立于1998年4月，是国网四川省电力公司的分公司，主要供电区域为广安市及重庆合川部分地区，供电面积3887平方千米，总用户数93.07万户。企业固定资产45.56亿元（原值），是国有特二型企业。公司设有15个职能部门和7个业务机构，下辖华蓥、邻水、武胜3个县级分公司，城区、前锋2个供电中心，受权管理1个控股县公司。拥有35千伏及以上变电站53座（其中220千伏变电站7座、110千伏变电站20座、35千伏变电站26座），变电容量3849兆伏安。2019年，完成售电量50亿千瓦时，同比增长9.38%。公司先后获全国文明单位、全国模范职工之家、全国职工职业道德建设先进单位、四川省五一劳动奖状、四川省最佳文明单位等荣誉。

【人力资源】截至2019年年底，公司全口径用工总量1898人，其中全资控股单位用工总量1798人，集体企业自聘用工100人，全口径业务委托用工（物业后勤、驾驶业务）219人。在全资控股单位中，直供直管主业长期职工共486人，其中主业岗位420人，支援集体66人；业务外委员工即原主业岗位劳务120人，农电工302人；武胜公司450人，邻水公司445人（其中农电工114人）。从专业技术等级看，其中获得高级职称167人，中级职称319人，初级职称及以下1312人；从职业技能等级看，其中高级技师55人，技师527人，高级工及以下1216人；从学历水平看，其中硕士研究生及以上64人，大学本科1069人，大学专科300人，中专及以下365人。人才培养方面：截至2019年年底，公司培养全国电力行业技术能手1人，国网公司级优秀技能专家人才3名；国网公司级优秀后备技能专家人才3

名；省公司级优秀专家人才 47 名，其中管理类 11 人，技术类 6 人，技能类 30 人；省公司级岗位技术能手 3 人；地市公司级专家人才 12 人，其中管理类 9 人，技术类 2 人，技能类 1 人。“双千人才”23 名，“电力雏鹰”9 人，精益绿带 114 人，黑带 25 人。人才密度上升至 1.0551。创建了“蒙媛技能大师工作室”国家级的技能大师工作室。

【电网建设与发展】推动广安市与省公司签订的共同建设广安智能电网战略合作框架协议、输变电产业战略合作框架协议等内容落地。广安市 2018—2022 年电网规划获得市政府常务会通过；完成民用运输机场、西渝高铁等市重点项目电力配套规划。220 千伏贺家堰变电站、35 千伏陈家、罄滩变电站扩建工程顺利投运，新增变电容量 37.42 万千伏安；中桥 110 千伏输变电工程、帕沃可 35 千伏供电工程、朝阳大道扩建工程电力迁改有序推进。推进配网三年整治提升行动，实施生产技改、大修项目 81 个和城市配网项目 8 个，完成农网升级改造项目 63 个，低电压同比下降 35.7%。积极探索泛在电力物联网建设，完成 6 个专项成本项目储备，敲定蜀电“小喔机器人”在公司营销计量场景业务应用部署。

【经营管理】开展“四分”线损治理，台区线损合格率、配线合格率分别达 89.02%、91.29%。打击窃电及违约用电，挽回经济损失 346.27 万元。强化财务精益管控，非生产性支出压减 313.56 万元。加强物资利库，完成积压物资出库 991.46 万元，库存积压物资同比下降 32.26%。积极拓展市场，促成李子垭燃煤电厂关停、实施“水火置换”、推广 17 户火锅“气改电”，完成替代电量 5208 万千瓦时，实现综合能源产值 588 万元。做强产业单位，和源公司取得建筑工程、市政公用工程施工总承包三级资质。强化合规管理，新建、修订、废止制度 30 项。全面深化“三项制度”改革，签订重要岗位聘期制协议 593 份，完成 10 项规定重点工作、2 项“抢单任务”、5 项改革问题清单，2 篇案例入选省公司典型案例汇编。落实“放管服”改革，推动华蓥公司、邻水公司恢复利润中心，规范未纳入两级集中采购管理。

【安全生产】夯实安全基础，修订完善全员安全责任清单，制定并实施 152 项安全生产重点任务，开展安全教育、培训及考试 3178 人次。扎实开展春（秋）安检查、安全大检查等专项活动，发现问题隐患 1818 条，整改 1726 条，全年配网跳闸同比下降 31.6%。强化应急管理，修编专项应急预案 23 个，各级联动扎实开展防汛救灾应急等 45 个专项演练，确保了迎峰度夏和庆祝中华人民共和国成立 70 周年重大保电期间广安电网平稳运行。修订安全业绩考核奖惩办法，兑现安全奖励 383.9 万元，落实安全考核处罚 25.5 万元；修订反违章考核实施细则，加大违章查处力度，各基层单位自查违章数同比增加 26.5%。未发生人身、设备、电网、消防交通、网络信息安全事件和泄密事件，公司获评省公司安全生产先进单位。

国网四川省电力公司与广安市人民政府签署输变电产业战略合作签约协议　　（王体培　摄）

【农电工作】积极推进“全能型”乡镇供电所和星级供电所建设，编制印发年度星级乡镇供电所创建工作方案，完成三星级供电所内部考评，新增国网公司四星级供电所 3 个。深入开展“三维对标夺旗争星”工作，修订并出台了“三维对标夺旗争星”方案，发布三维对标通报 14 期，梳理问题清单 101 项，各供电所限期整改，农电管理水平有效提升。实施电力精准扶贫，完成农村电网改造投资 1 亿元，新建或改造 10 千伏线路 26.38 千米、低压线路 219.29 千米，新增配变 67 台，容量 6.12 兆伏安，助推 194 个贫困村脱贫奔小康，公司获评广安市脱贫攻坚先进集体。

【科技与信息化工作】提升智能化运检水平，3 座 220 千伏变电站实现巡检机器人替代人工巡视，利用无人机对 85 条 110 千伏及以上线路，2298 基杆塔开展精细化巡检，发现缺陷 6523 处。强化QC活动过程管理，采取现场调研、专家指导等方式，推进 30 个QC小组开展活动，公司获 2019 年电力行业优秀质量管理小组成果三等奖 2 个，2019 年省公司优秀QC小组活动成果二等奖 1 个、三等奖 1 个。强化信息专业人才队伍建设，参与省公司 2019 年泛网建设方案、2019—2021 信息网络三年规划编制，2 人获国家重要信息系统安全等级保护CIIP-A证书，2人代表省公司参加国网竞赛，1人员获国网公司网络安全区域督察攻防演练团体三等奖，2人获“眉山护网2019”攻防比赛三等奖，3人入选省公司红蓝队，1人参与省公司“三台”建设。

国网广安供电公司2019防洪防汛应急演练（何军　摄）

【市场服务（优质服务）】持续优化营商环境，强抓“三省+三零”便捷服务，10千伏用户、低压用户平均接电时间分别缩短至36天和1.7天，客户“获得电力”感知进一步提升。开展漠视侵害群众利益问题专项整治，配合国务院第六次大督查，按期完成第二轮本地费控智能表现场调价以及临时接电费清理退费等重点工作。扎实开展投诉压降专项行动，全年投诉同比减少70.67%。深化营销智能转型，智能电表覆盖率、全口径采集成功率分别达到99.97%、99.85%，低压线上缴费率达到38.58%。供电服务指挥中心全面运营。创新服务用能企业，帮助5家重点企业完善“双电源”建设、改善客户侧用电管理短板。引导符合条件的123户客户参与直购电、富余电等电力市场化交易，执行丰水期居民生活电能替代电价，落实一般工商业电价再降10%政策，电价让利1.18亿元。

【党的建设和精神文明建设】扎实开展“不忘初心、牢记使命”主题教育活动，各级开展集中学习研讨72次，解决问题48项。开展“十讲十增强，转型再突破”形势任务宣讲85场次。常态开展自主巡察、明察暗访，做实“抓整改、除积弊、转作风、为人民”专项行动，作风行风明显改善。严格执行“7项组织生活”制度，细化党员教育培训计划8个重点内容。修订完善领导班子和领导人员管理实施细则5项。深入开展“大培训、大比武、大提升”活动，参培3000余人次。通过“126连心桥”职工诉求服务体系解决职工诉求114项。在深化共产党员服务队、“川电留守学生之家”建设和攻坚急难险重任务中擦亮国网品牌。举办庆祝中华人民共和国成立70周年主题歌会，拍摄微电影《冲吧！老伙计》获全国电力行业优秀影视作品一等奖，蒙媛大师工作室助力青工成才成效明显。公司获评全国安康杯安全文化宣传示范单位，30个集体和个人获市级及以上表彰。

【存在的主要问题】一是安全基础较为薄弱。作业现场违章屡禁不止，设备故障跳闸较多；安全压力未能逐级传递到位，安全生产上热、中温、下凉的情况局部存在，安全风险依然较高。二是农配网保障能力不足。控股公司、子改分县公司配网建设欠账多，低电压、“卡脖子”现象突出；同时在建农网工程、大修技改项目、老旧小区改造、城市配网工程推进迟缓。三是队伍作风需要进一步强化。主要表现在部分工作效率不高，作风不务实，解决实际问题能力不足；少数干部员工纪律松散，工作标准不高，面对急难险重任务缺乏主动担当作为的精神。

【国网华蓥市供电公司】国网四川省电力公司华蓥市供电分公司成立于1991年6月14日。原名四川省电力公司广安华蓥供电局，2013年7月1日起更名为国网四川省电力公司华蓥市供电分公司以下简称“国网华蓥市供电公司”，供电范围包括华蓥市、岳池县及重庆合川区的部分地区。供电面积510平方千米，直供17个乡镇（街道办事处）、206个村、1178个社区、12.8万余户用电户，用电人口38.4万人。村社通电率100%。

公司是四川省电力公司直属供电企业，现有员工202人，其中主业员工37人、劳务员工11人、农电员工132人、通用工种12人，和源分公司10人。年售电量9.1亿千瓦时。下设综合管理部、发展建设部、安全质量监察部（保卫部）3个职能部门，设运维检修部、营销部（客户服务中心）2个业务支撑机构以及三新华蓥分公司、和源华蓥分公司、3个班组、6个供电所。供电区域内有变电站10座，其中220千伏变电站1座、110千伏变电站5座、35千伏变电站4座，主变20台，总容量802.8兆伏安。35千伏及以上输电线路225千米，10千伏配电线路853.5千米，公用配电变压器1678台，专变294台。

【国网邻水县供电公司】国网邻水县供电公司是国网四川省电力公司广安供电公司下属供电企业，位于广安邻水县，地处川东北地区，属深丘地带。供电范围为邻水县城部分区域和高滩、坛同、子中、华云、甘坝5个乡镇，供电面积800平方千米，覆盖105个村、345个社区、5.84万户（其中专变154户），供电人口20.82万人，村通电率100%，户通电率100%。

公司下设4个部门（综合管理部、安全监察质量部、运维检修部、营销部）及2个分公司（三新邻水分公司、和源邻水一分公司），3个班组（配电运检班、营业班、用电检查班），3个供电所（高滩、坛同、鼎屏供电所）。有职工137人，其中全民职工33人，中专及以上文化程度102人，中级职称和技师69人，各类专业技术人员70人。公司现有10千伏公用线路16条，总长353.68千米；配电变压器725台，总容量177.07兆伏安(其中公变580台，容量127.80兆伏安；专变变压器145台，总容量49.27兆伏安)；0.4千伏及以下线路894.27千米（其中0.4千伏线路357.60千米，0.22千伏线路536.67千米）。

【国网邻水县供电有限责任公司】国网四川邻水县供电有限责任公司前身为邻水县地方电力公司，成立于1984年12月。2002年，改制为四川邻水启明星电力有限公司。2006年，再次改制为四川邻水供电有限责任公司，由国网四川省电力公司控股经营（其中国网四川省电力公司持股90.24%、泸州鑫福矿业集团持股9.76%）。2013年6月，更名为国网四川邻水县供电有限责任公司。公司供电营业面积1691平方千米，辖24个乡镇、486个行政村及居委会，供电人口94万人，用电户数30.31万户。村、社通电率100%。

公司内设7个职能部门、2个业务支撑机构，下设20个班组，有主业及农电员工总人数440人。公司电网以35千伏输电网络与110千伏邻水变电站、牛背山变电站、丰禾变电站、幺滩变电站、王家变电站并网运行。公司运维变电站13座。其中，110千伏变电站3座，35千伏变电站10座。110千伏线路4条，线路长度94.65千米；35千伏线路18条，线路长度184.65千米；10千伏主干公用线路73条，线路长度1605千米；0.4千伏及以下线路13654.5千米，配变台区3445个（公变2805台，专变640台）。2019年，售电量5.97亿千瓦时。

【国网武胜县供电公司】国网武胜县供电公司是国网四川省电力公司的分公司，其前身是武胜县电力公司，属武胜县地方国有企业。1995年10月，由南充电业局代管。1998年，广安电业局成立后由广安电业局代管。2001年1月，公司改制更名为四川武胜启明星电力有限公司。2005年10月，公司成为省公司的控股公司，更名为四川武胜供电有限责任公司。2012年11月，公司成为省公司的全资子公司。2013年8月，公司更名为国网四川武胜县供电有限责任公司。2016年9月，公司由省公司的全资子公司改为分公司，更名为国网四川省电力公司武胜县供电分公司。

国网四川省电力公司党委第三巡察组巡察广安公司党委工作启动会 （唐捷　摄）

公司供电范围为武胜县行政区域以及岳池县、合川市、蓬溪县等部分行政区域，供电面积960平方千米，辖23个乡镇、515个村，用电户数30.9万户。村通电率100%，户通电率100%。

公司内设7个职能管理部门及2个业务支撑实施机构，下辖各类班组21个。全口径用工总量450人（主业岗位407人、支援集体43人），业务外包用工91人。公司员工有大学本科363人，大学专科30人，中专及以下57人；高级职称17人，中级职称78人，初级职称及以下355人；高级技师9人，技师108人，高级工及以下333人；现有省公司优秀技能人才1人，“电力雏鹰”1人。人才密度上升至1.0067。

公司有35千伏变电站9座，主变16台，总变电容量合计122.5兆伏安；110千伏变电站4座，主变8台，总变电容量合计281.5兆伏安。现有110千伏线路13条，线路长度182.328千米。35千伏线路13条，线路长度135.856千米。10千伏线路共88条，长度1803.3674千米（其中架空导线长度1720.6767千米，架空绝缘化率5.94%，电缆导线长度67.6907千米，电缆化率3.78%）。配电变压器共计3100台，容量共53.46万千伏安。固定资产原值达到6.34亿元。2019年，最高负荷18.2万千瓦。2019年，完成售电量5.5998亿千瓦时，同比增长1.86%。

公司荣获武胜县委、县政府纳税贡献奖、安全生产先进单位、项目年活动先进集体等荣誉称号；荣获广安市委、市政府诚信守法示范企业、关心下一代先进集体、消费维权先进集体等荣誉称号；公司党委被省公司评为电网先锋党委；公司连续16年被评为省级“重合同守信用”企业，并于2007年创建成为省级文明单位。2019年，公司获国网四川省电力公司先进集体、国网四川省电力公司先进分工会称号。（舒莘珂）

国网遂宁供电公司

【企业概况】国网遂宁供电公司成立于2005年8月，是国网四川省电力公司的分公司。公司本部设有11个职能部门和7个业务支撑及实施机构；直接管理三个县（市）级供电公司；全口径用工总量3605人。公司供电面积3450平方千米，占全市总面积的65%；供电人口206万人，占全市总人口的57%。遂宁电网（包括明星电力供区110千伏及以上电网）现有变电站70座，变电容量609.94万千伏安。其中，500千伏变电站1座，220千伏变电站6座，110千伏变电站28座，35千伏变电站35座。输电线路共133回，总长1713.10千米。有发电装机26.46万千瓦，年发电量约13亿千瓦时。

2019年7月18日，遂宁市首座220千伏智能变电站——海棠（小于）变电站建成投运

2019年，售电量42.59亿千瓦时，同比增长6.53%；实现售电收入18.07亿元，电费回收率100%；完成固定资产投资2.365亿元，综合线损率2.96%，同比下降0.49个百分点，资产总额24亿元。

【人力资源】现、有领导班子成员6人、三级职员1人；领导班子由总经理、党委副书记何永祥，党委书记、副总经理陈必文，副总经理向建兵，副总经理王世彬，副总经理姚晓峰，纪委书记、工会主席马建龙组成。

截至2019年年底，公司全口径用工3605人，其中本部定员443人，定员范围内用工283人，缺员率36.12%；县公司定员1787人，定员范围内用工2364人；人才当量密度1.033，同比提升2.97%。公司积极促进人力资源价值创造，通过实施藏区、市公司支撑机构及县公司间劳务协作等方式，努力将人力资源转化为人才资源。深化“三项制度”改革，出台管理、技术及重要技能岗位聘期制管理实施方案等配套制度2项，协作流动员工180人次。

【电网建设与发展】坚持电网“统一规划、统一调度”的科学发展思路，促进遂宁电网快速发展、安全运行。2019年，开展“十三五”配网规划滚动修编，完成遂宁市“十四五”国土空间电力专项规划，编制2021—2025年220千伏及以下项目清册。完成220千伏灵泉及其配套、35千伏隆盛和永乐项目核准，初步选定220千伏安居变电站站址。完成110千伏杨桃线等5条线路迁改方案编制及批复。220千伏小于输变电工程、110千伏遂西输变电工程、35千伏莱桥线路建成投产。建成投运35千伏及以上项目3个，新增变电容量46万千伏安、新增35千伏及以上线路87千米。

【经营管理】加强各领域规范管理，公司整体管理水平及干部职工精神面貌得到省公司及市委、市政府的充分肯定。全口径自动采集成功率99.96%，台区线损合格率97.27%，台区线损可在线监测率

99.21%，台区线损达标率98.09%，以上4项指标长期保持省公司第一。推进客户用电“全费控”，低压费控覆盖率100%，高压客户费控购电制执行率74.7%。推动降本节支措施落地，三公经费、会议费压降4%，非生产性支出压降25.99%。深化同期线损系统建设，同期线损监测率提升至97.63%。2019年，三县公司累计进入国网同期线损建设“百强县公司”8次、“百强供电所”12次，分别占省公司进入“百强县公司”“百强供电所”总次数的53.33%、42.86%。推广电火锅40家，完成工业锅炉窑炉“煤改电”“气改电”项目5个，改造规模12.38蒸吨，替代电量1.92亿千瓦时。查处窃电及违约用电34起，追补电费及违约使用电费4.4万元。开展拖欠民营企业到期应退未退质保金清理，完成退款854万元。深入实施库存压降，压降实体库存金额141万元（其中物资平衡利库43万元），压降率46.56%；实现废旧物资处置收入126万元。2019年，1个管理创新项目、21个技术创新项目和19个 QC 项目确定实施；1个项目获省公司青创赛金奖。

【安全生产】坚决贯彻习近平关于安全生产的重要指示批示精神，认真落实国网公司、省公司安全工作实施意见，分解细化103项重点工作，完成2300余份安全责任清单编制和发布。推进管理人员、班组长安全述职；开展安全大检查和专项整治，巡查各类作业现场3900处，查处违章1240起。组织大面积停电、地质灾害等事故应急演练26场次。安全实施小于至杨胡220千伏线路跨越遂西高速等7项四级施工风险作业，输变电工程安全质量量化考核位列省公司第二，连续两年保持前三名。

2019年，完成110千伏及以上设备停电检修121次，生产技改大修项目55个，预警管控六级及以上风险39次。完成8条110千伏及以上输电线路“三跨”隐患治理。推行智能运检，实现主网无人机飞巡杆塔1403基、171千米，配网无人机飞巡杆塔382基、118千米。开展配网不停电作业424次，机器人巡检覆盖13座变电站。完成4593千米的配网通道整治，10千伏线路通道整治率92.6%，10千伏线路故障停运次数同比降低35.6%。完成62座35千伏及以上变电站消防验收备案工作，专项排查治理6座220千伏变电站变压器充氮灭火装置。开展营配调数据再清理，营配贯通率位列省公司第一。开展高危重要客户隐患排查，发现安全隐患81项，并以正式文件向市经信局备案。成功应对2019年夏季用电负荷3创新高。完成中华人民共和国成立70周年庆祝活动等重要保供电任务。

【农电工作】加快农网改造升级。2019年，173个农网项目全部竣工投产，93条农网线路完成整治，不断增强电网“毛细血管”互联互供能力。推进配网三年整治提升行动，低电压配变、高跳线路、户均停电时长分别同比减少36.9%、71.4%、13.3%。完成射洪洋溪供电所及10千伏龙七线停上电信息发布及抢修定位管理试点，停上电监测及时准确率达98%以上。制定2019年扶贫工作方案，对蓬溪县石村垭村、长兴村实施定向产业扶贫，扎实开展精准扶贫、扶贫日等系列活动。2019年，创建“四星级”供电所2个，“赵先村农网改造工程”等3项工程入围省公司“农网五十佳”。

【科技与信息化工作】开展通信网规划滚动修编及信息通信应急预案有效性与可操作性核查。完成信息通信电源隐患排查，开展变电站内信息通信设备电源隐患治理；完成通信干线仁和中继站运行维护，保障站点安全稳定。开展应急卫星通信演练，强化应急通信能力。开展服务器防火墙主备切换试验，完成站端网络设备隐患排查与故障处置。完成“HW2019”网络攻防演习。

2019年7月30日，公司15名职工正式赴国网甘孜供电公司开启新的职业生涯

【优质服务】扎实推进优化营商环境两年行动计划，精简业扩报装流程，高、低压业务平均接电时间分别降至31.8天、1.6天。持续深化营销智能转型，4G信道覆盖率达99.04%，排省公司第一；全口径自动采集成功率99.96%，台区线损合格率97.27%，台区线损可在线监测率99.21%，台区线损达标率98.09%，以上4项指标长期保持省公司第一。推进客户用电“全费控”，低压费控覆盖率100%，高压客户费控购

电制执行率74.7%。推进业务线上办理，网上购电远程下发累计62.27万笔，成功率99.4%。分两批次进行一般工商业降价，按时将一般工商业电价再降10%的要求执行到位。在三3个县（市）政务服务中心设立用电业务办理窗口。严格执行出资界面延伸政策，累计为客户节约投资749万元。深入开展漠视侵害群众利益和投诉压降专项整治，整改落实服务共性问题5件，投诉总量同比减少51%。积极配合清理转供电环节不合理加价行为。公司营销工作在省公司2019年年中会上作经验交流发言。

2019年9月29日，"歌唱祖国 共庆华诞"庆祝新中国成立70周年职工红歌会

【党的建设和精神文明建设】扎实开展"不忘初心、牢记使命"主题教育活动，公司各级党委班子集中学习研讨23次，开展调研24人次，落实整改措施101条。落实"旗帜领航 三年登高"计划创先争优年各项工作，修订三级责任清单，常态开展"三亮三比"主题活动。4个基层党委、40个基层党支部完成换届选举。加速推进党支部项目领办，组织"十讲十增强、转型再突破"集中宣讲。扎实开展"抓整改、除积弊、转作风、为人民"专项行动。全力配合省公司巡察，完成立行立改问题整改26项，完成11个问题线索核查，经济处罚113人，组织处理员工22人。开展"大培训、大比武、大提升"活动，举办各类培训班298期。开展企业文化"六个一"主题活动。党支部项目领办、优化营商环境、主题教育等亮点工作先后17次登上《人民日报》、人民网、新华网、《国家电网报》等媒体。率先建成全川地市公司"126连心桥"职工诉求服务平台。1名员工获"庆祝中华人民共和国成立70周年纪念章"，1名员工获评四川省十大最美志愿者，1名员工获评省公司"川电工匠"。

【国网四川射洪市供电有限责任公司】国网四川射洪市供电有限责任公司前身为四川明珠集团有限责任公司，组建于1996年12月。2005年2月，四川明珠集团有限责任公司通过产权制度改革，实现由四川省电力公司控股。2017年12月，按照国家电网公司关于压缩产权级次的总体要求，国网四川明珠集团有限责任公司改制重组为国网四川省电力公司全资子公司。2018年5月，国网四川明珠集团有限责任公司更名为国网四川射洪县供电有限责任公司。2020年1月，更名为国网四川射洪市供电有限责任公司。公司注册资本10016万元，现有总资产4.75亿元。

公司年发电量4.56亿千瓦时，年售电量15.27亿千瓦时。拥有水力发电机组12台，装机容量89.8兆瓦。供区有35千伏及以上变电站24座，其中：220千伏2座，变电容量66万千伏安；110千伏7座，变电容量66.9万千伏安；35千伏15座，变电容量20.77万千伏安。35千伏及以上输电线路64条，长592.216千米。供区内电力用户42.622万户，供区通电率100%，平均供电可靠率99.757%。

截至2019年年底，公司全民职工2417人，其中在岗职工1813人，内退604人。在岗职工平均年龄为45.16岁。男职工1092人，占在岗人数的60.23%；女职工721人，占在岗职工的39.77%。学历结构：硕士研究生1人，本科1369人，专科313人，中技及中专73人，普通高中41人，初中16人。技能等级结构：高级技师71人，技师618人，高级工324人，中级工245人，初级工4人。专业技术职称：副高级职称及以上82人，中称268人，初称853人。

完成2020—2022年配网滚动规划、2019年电网发展诊断分析报告和经开区核心区、锂电园区等规划修编，与地方空间规划完成对接；完成"十四五"电网规划研究项目提报。遂宁首座220千伏智能变电站——海棠变电站投运，大幅提升射洪电网供电能力；完成110千伏海桃一、二线和海胡线建设，协调推进海棠至蟠龙双回110千伏线路建设，完成锂电园区35千伏张洋，110千伏林张、张美线拆除和110千伏林张、张美线迁改工程组塔施工；启动新锂想、川荣业扩配套项目前期工作。完成2019年96个农网升级改造工程和3个城网工程项目建设；完成2020年农、城网项目储备工作。螺电增效扩容改造工程竣工投产，通过市级验收，实现了政府管控的里程碑计划。公司全年完成电力建设投资1.21亿元。

强化高损台区监管，加强台区线损治理现场稽查力度，实行台区线损动态考核、差异管控，台区同期线损合格率最高达98.58%，长期排名省公司第一名；2019年4月，名列国网公司第四名，5个供电所入围“百强供电所”；5月，3个供电所入围“百强供电所”；12月，1个供电所在评选规则调整后入围“百强供电所”。全口径自动采集成功率长期保持在99.99%，一直位居省、市公司前茅。加强电费回收风险控制，强力费控装置启用，有效规避电费回收风险，确保电费回收率100%。开发智慧能源综合服务管控平台，上线营配贯通、同期线损、工单管控、绩效考核共4个功能模块，打通运行、检修、营销等各业务系统间信息壁垒。2019年2月，公司在国家电网有限公司泛在电力物联网同期线损监测治理评比中名列第八名（共1171家县公司参评）。开展停上电信息采集及发布试点工作，实现1分钟内在系统中精准展示各层级停上电信息、3分钟内向各级管理人员推送停上电短信的目标。

始终以“党建+安全”为引领，强化各岗位安全责任清单和全员安全目标过程考核，继续推行中层干部年中安全履责、年底安全述职评议制度，逐级压紧压实安全责任。采取“课堂+实操+现场”的培训方式，开展“一把手”讲安全课、隐患排查治理等专项培训19期次。坚持“现场为王”，高压管控现场风险，严肃安全问责和考核。加强电网科学调度和风险分析，以压降线路跳闸率和线下触电、外破风险为重点，积极推行无人机组、电气X光探伤检测仪等新设备新技术进行线路巡视和检修维护，强化电网设备隐患排查治理和日常运维质量，治理一般安全隐患77起。持续加强应急能力建设，修编完成公司总体应急预案1个和专项预案30个，采取“桌面+实战”的形式，组织开展多专业应急演练20余场次，完成中华人民共和国成立70周年庆祝活动、射洪市成立大会等30余项重要保电任务。推行“党建+电力设施防外破”项目领办，建立防外破常态管控机制，全年共处理电力设施保护区内违章施工23起，违章修建4起。公司实现连续安全生产5424天，全年安全生产形势总体保持稳定，继2019年再次被省公司评为“安全先进集体”。

公司派驻全市80个贫困村的80名“电力村官”走村串户，助力脱贫攻坚。截至2019年年底，累计开展用电安全宣传1916次，排查整治隐患1131处，搭起精准扶贫的“连心桥”，5名“电力村官”荣获射洪市脱贫攻坚先进个人称号。落实台区客户经理制，印制发放各台区客户经理名片、连心卡；以村社为单位，规范建立电力服务微信群635个，确保了第一时间响应客户需求。推进电力精准扶贫工作，并网县级光伏扶贫项目5户、容量105千瓦；完成全市240户易地搬迁户电力接入；深化贫困村对口帮扶，鲤鱼村、大田村脱贫攻坚工作通过省级交叉考核验收，并退出贫困村序列，公司荣获射洪市脱贫攻坚先进集体称号。

一是完成水电集控通道组网，配合梯级电厂水电集中监控系统建设，完成集中监控数据传输网络通道组建、优化工作，满足了水电集控系统数据可靠传输的需要。二是完成主干备用通道建设，针对现有公司主干光缆运行薄弱环节，完成公司至城关备用50芯主干光缆建设工作，确保了公司主干光缆冗余传输安全需要。三是完成张洋线迁改，根据政府锂电园区建设需要，完成张家口至洋溪光纤线路，优化、改道工作，服务了地方经济建设，确保了光纤通道安全。四是完成射洪地区ECI光传输设备带宽升级，配合市信通分公司ECI光传输设备带宽升级工作，完成射洪公司所辖ECI SDH光传输设备带宽优化升级工作，确保了ECI SDH光传输网络的安全、稳定、可靠运行。

强化投诉压降力度，加强分类管控，积极做好投诉申诉工作，促进投诉压降目标完成，天仙、洋溪供电所实现了“95598”“零投诉”。精简业扩流程，强化业扩时限管控，平均接电时间缩减了三分之一，改善了电力营商环境，不断提升客户“获得电力”感知，全面开通微信、支付宝二维码当面付业务，线上缴费指标从年初的12%提高到55.40%，提升了公司电费智能化水平。推行“微办电”等线上办电服务，手机App累计绑定用电客户272813户，绑定率70.79%。主动走访服务大客户，满足客户用电需求；完成了800余名“两代表一委员”的走访服务工作，每月积极向县委、县政府和“两代表一委员”报送《电力简报》。主动对接“12345”政府服务热线，派出工作人员入驻县政务服务中心办理用电业务。真诚服务地方经济发展，落实电价下浮政策让利于民，完成两次下调一般工商业电价，为全县40余万户用电客户减少年电费支出约1000万元。

聚焦“十二字”总要求，高质量完成第二批“不忘初心、牢记使命”主题教育活动；优化党组织设置，完成公司党委、纪委和24个党总支、支部换届选举；推进党建“创先争优年”重点工作，91个领办项目在30个党支部全面实施，“电力村官”“支部联建”“精准扶贫”以及两支共产党员服务队“连心桥”建设等党建品牌成效显著；以高度的政治站位，积极做好遂宁公司内部巡察和省公司巡察迎检工作，举一反三开展自查自纠，完成巡察反馈意见问题整改；深化廉政教育，采取观看警示教育片、专题讲座、廉洁书画展、微宣微讲进班组、拍摄廉洁微电影等方式，强化全员廉洁意识；加大监督管控力度，通过成立综合、安全、党建、水电站管理4个督察组、重聘29名党风廉政建设监督员、建立中干廉洁“活页夹”等方式，常态开展各项工作，党风廉政建设持续深入。建成“126连心桥”职工诉求服务站（点）17个，全年为职工解决实际问题41件；职工体育活动中心建设有序推进；举办职工文化成果展演，首次采用网络直播方式进行，点击量高达15万次，情景剧《情满孤岛》被评选为省公司“职工最喜欢的节目”。洋溪供电所党支部荣获省公司“先进基层党组织”称号，沱牌镇供电所荣获省公司“工人先锋号”，公司“梦想书吧”被省总工会命名为“职工书屋”；张开国志愿者服务队获遂宁市“十佳志愿服务组织”和省公司“十佳爱心组织”；张开国被评为“四川省十大最美志愿者”，并荣获“庆祝中华人民共和国成立70周年”纪念章。

【国网蓬溪县供电公司】国网四川省电力公司蓬溪县供电分公司是国网四川省电力公司的分公司，主要负责全县20个乡镇的电网规划、输变电设施建设、运行、维护、管理及电力供应等，供电面积1251平方千米，覆盖全县495个行政村，供电客户24.85万户。

公司拥有220千伏变电站1座，变电容量15万千伏安；110千伏变电站4座，变电容量31.15万千伏安；35千伏变电站9座，变电容量8.88万千伏安；水力发电装机9台，容量0.872万千伏安；公司年售电量4.0亿千瓦时。自2005年改制以来，公司一直保持连续安全生产的良好安全态势，保持了党风廉政、队伍稳定、优质服务“零”事故目标。

公司秉承“人民电业为人民”的服务宗旨，认真践行党的群众路线，切实履行社会责任，不断夯实基础管理，持续推进创新转型，深入开展优质服务，取得了“五个文明”建设的协调发展。公司荣获“国网公司文明单位”“省级最佳文明单位”“省级模范职工之家”“省级安全文化建设示范企业”，省公司“先进集体”等称号“双十佳文明单位”，遂宁公司“安全先进集体”。所属单位先后荣获“国家级青年文明号”“全国工人先锋号”“国家级巾帼文明岗”“国网公司工人先锋号”“国网公司先进班组”“省公司安全先进班组”等称号。

截至2019年12月底，公司拥有在册职工390人（含退养2人）、农电工76人；具有高级职称19人、中级职称66人、初级职称258人；高级技师27人、技师152人，高级工37人、中级工100人、初级工20人。

科学谋划电网规划，结合蓬溪县域“三县一城”总体发展规划，开展110千伏城西输变电工程可行性研究报告、“2020—2022年”储备项目滚动规划、2020年至2035年配电网滚动规划编制工作，持续提升县域电力供应保障能力。统筹推进电网建设，投入100余万元从红江发电厂新建10千伏专线至天福农业产业园区鑫中宇农业有限公司，解决国家级天福农业产业园用电问题，完成农网升级改造、35千伏赤凤线跨越高速等大修技改项目，统筹推进110千伏杨赤、杨桃线线路迁改、35千伏天福变电站增容扩建。

积极走访各级政府，汇报说明历史贡献、电费电价政策，稳步推进一般工商业电价再降10%，主动对接政府和园区工区，召开电力市场化交易咨询会2次，讲解电力市场化交易、富余电量基数确认等热点问题，全年减少社会用电成本920万元；持续强化用户侧安全用电检查，对463家用户发放用电检查结果通知书135份，发放安全隐患整改通知书96份；狠抓台区线损治理，落实台区线损台区经理负责制，建立高、负线损档案，实施营配调基础数据“再清理”，台区线损合格率持续稳定在95%以上，公司连续2期入围国家电网有限公司同期线损百强县；加强反违章用电查处，全年查处窃电5户，追补电费共21.03万元。

以“安全管理提升”为契机，制定2019年安全生产工作实施意见，全过程、全方位强化安全管理；开展“一把手”讲安全，完善安全两保体系，层层签订安全目标责任书；动态修订全员安全责任清单213份，全面实现“一组织一清单、一岗位一清单”；邀请省公司安全巡查大队负责人现场授课，开展7期全员安全教育培训，提升全员安全素质，巩固“红线”意识和“底线”思维；坚持风险管控“现场为王”，严格生产作业现场“十不干”和“精准日管控”要求，加大安全巡查大队巡视监管力度，实现施工作业全过程、全方位、全覆盖安全管控和到岗到位管理；常态化开展隐患排查治理工作，投入4.6万元完成29条隐患治理；强化应急管理，成功应对“9·14”特大洪峰过境；修订31个应急预案，积极组织“蓬溪县2019年大面积停电事件应急演练”等15项专项演练，提高电网抵御自然灾害和抗风险能力；加强交通、消防、内保和信息安全管理，圆满完成13座变电站消防取证工作，保持了安全发展良好态势。

以配电网基础建设为抓手，实施配网整治三年行动计划，投入760万余元完成538处跨鱼塘绝缘化治理，切实提升配网运维管理水平；开展农村高、低压线路及配电台区专项整治，完成49条农村10千伏线路、257个行政村、741个配电台区通道整治，切实提升农村配网管理水平；加强配变重过载、低电压、三相不平衡治理，完成84台重过载、低电压异常台区治理，增加配变容量7670千伏安；利用先进科技手段，完成9回线路、583基杆塔、110.79千米线路无人机飞巡，提升运维质量水平；结合季节性安全检查及春秋检工作，开展反措排查、线路对地距离等专项排查，发放安全隐患整改通知及安全告知书27份、签订安全协议19份；开展春检和配网隐患治理，消除缺陷307处、更换避雷器796只，全年10千伏线路故障停运30条次，同比下降27条次，有效了降低线路故障停运率。

2019年，公司强化科技创新和精益管理，全面推进精益转型，着力抓好顶层设计、文化引领、理念导入、方案策划和措施落实，创建遂宁市劳模创新工作室1个，常态开展职工技术创新，2个项目分获遂宁公司2019年职工技术创新成果三等奖、优秀奖。

加强信息安全管理，开展信息安全专项检查，从硬件上强化网络安全管理；严禁移动设备接入公司内网计算机；整治各网络节点电气火灾隐患；加强业务知识培训积极参加上级公司组织的学习培训提高运维人员业务仪能；对不满足安全防护的应用系统进行下线处理，提升信息系统安全可靠运行。

主动跟进和服务全县重点工程和招商引资项目，及时提供电力需求服务；开展营销业务、服务技能培训，规范服务行为；完成中石油、成都铁路两家国有企业“三供一业”资产移交和配电设施改造，接收56个居民小区资产，接收金额1857.67万元；优化电力营商环境，简化客户办电资料、压减业务流程，积极推行“三省”“三零”办电业务，新增用户9187户，新增容量79498千伏安；召开2019年优质服务专题工作会，签订投诉压降目标责任书，投诉量较2018年同比下降50%；推广“掌上电力”App、电e宝、支付宝缴费渠道，多渠道发布停电信息，按月编报《电力信息月报》，让县委、县政府及广大客户了解供电信息及相关工作。

以政治建设为统领，扎实开展“不忘初心、牢记使命”主题教育活动；制定党建工作“三级”责任清单，规范完善党建工作流程，压紧压实党建工作责任；调整优化党支部设置，成立党支部2个，完成公司党委、6个党支部换届选举，及时调整和增补支部委员，确保基层党组织班子健全；开展电网先锋党支部创建，深化“三亮三比”主题活动，1个党支部获遂宁公司“先进基层党组织”和季度流动红旗，创建遂宁公司党员责任区1个、党员示范岗3个、党员突击队1个；深化党建创新，扎实推进“党建+”项目领办；开展电力攻坚扶贫，制定精准扶贫行动实施方案，争取扶贫专项资金20万元专项开展产业扶贫项目，完成易地扶贫搬迁455户、192户无电户用电接入，完成蓬溪县脱贫攻坚迎“省检”；建立1个“126连心桥”职工诉求服务站、13个职工诉求服务点，架起与职工沟通交流的桥梁；加强员工队伍建设，选拔两名年轻干部、公开竞聘团支部书记1名，公开招聘基层班组长3名，进一步畅通员工成长、成才渠道；加强企业文化建设，公司围绕安全生产、优化营商环境、脱贫攻坚等亮点工作先后103次登上人民网、新华网等媒体；推进班组建设再提升，公司获评省公司先进集体，蓬南供电所等3个班组获评省公司2019年先进班组，大石供电所创建为“四星级乡镇供电所”。

【国网大英县供电公司】国网四川省电力公司大英县供电分公司是国网四川省电力公司的分公司。公司下设8个职能部门、2个业务支撑机构、5个农村供电所。主要负责大英全县电网规划、输变电设施建设、运行、维护、管理及电力供应等，供电面积703平方千米，供电客户16万户，供电人口57万人。2019年，完成售电量4.51亿千瓦时。

截至2019年年底，公司员工总量253人，其中在岗员工252人，内退员工1人。职工平均年龄42.94岁，本科及以上237人，占公司总人数的93.6%；高级职称28人，占职工总数的11.06%；中级职称62人，占职工总人数的24.5%；初级职称146人，占职工总人数的57.7%；高级技师7人，占职工总人数的2.7%；技师77人，占职工总人数的30.43%；高级工13人，占职工总人数的5.1%；中级工11人；占职工总人数的4.3%。

根据大英电网现状和负荷趋势，滚动修订电网发展规划。全力做强做优电网，投资449.4万元建成10千伏青体线、青狮线等3条城网线路，县城电网结构进一步完善。加快建设盛马化工35千伏线路工程。如期建成大英监狱10千伏专线等3项重点项目。捷贝通等一批重点企业如期投运。

全年业扩报装累计新增5845户，新增容量6.45万千伏安。大力推进降本节支，非生产性支出降低15.7%。新增11户光伏用户全部并网发电。狠抓线损管理和问题分析，同期线损指标两次进入国家电网有限公司“百强县公司”。持续开展内部异常数据稽核和反窃查违，共挽回经济损失39.65万元。电商化采购交易额突破500万元，切实提升了工作效率。盘活存量资产，加强平衡利库，库存同比下降69.5%。深入开展“规章制度落实督导年”活动，经验文章入选省公司典型经验。

深入实施保障电网安全专项行动，切实制定电网补强及运行措施，应用无人机巡视等技术手段，消除缺陷470项，确保了电网安全运行。开展“安全日”“安全警示教育”“一把手讲安全课”等安全专题活动。系统修编事故应急预案，电网风险预控能力有效提升。强化消防管理，全年整治防山火输电线路16条。按照“同质化”管理要求，圆满完成集体企业安全年活动。扎实开展客户侧入户安全专项行动，620户专变客户合同续签完成率100%。完成“护网2019”网络攻防演习。圆满完成中华人民共和国成立70周年庆祝活动、中考、高考等19次重大保电任务，得到社会各界广泛赞誉。

深入开展配网三年整治提升行动，完成37处对地距离不足、46条配网线路通道高标准整治工作。整治重过载台区13个、低电压台区42个、用户末端低电压台区21个，长期异常台区问题得到大幅改善。

完善智能台区监控系统，安装台区漏保监控399台套。低电压配变、频繁停电线路分别减少62.8%和60%。深化营销智能转型，智能电能表全口径自动采集成功率达到99.98%，网上购电远程下发成功率提升到99.83%，线上缴费率37%。持续强化营配数据同源管理，公司用户资源一致率99.93%。业扩交互应用率93.87%，名列三县公司第一。

深入实施优化营商环境两年行动计划，高、低压客户办电环节分别缩减为4个和3个，平均接电时间大幅压减为31.71天和1.68天，比全省平均接电时间分别低2.29天和0.12天，客户“获得电力”感知明显提升。拓展网上国网、支付宝等线上渠道，开通“同城异地”受理用电申请等服务，基本实现居民和企业简单业务“一次都不跑”、高压新装等业务“最多跑一次”的目标。一般工商业降价减费明显，减少客户电费支出504万元。全面推进投诉压降专项整治，投诉总量同比减少68.57%，客户满意率达99.33%。

高质量开展“不忘初心、牢记使命”主题教育活动，开展集中学习研讨6次、专题调研6次，制定整改措施9条，党员干部“四个意识”不断增强。加强基层党组织建设，完成公司党委和4个基层党支部换届工作。持续提升党建价值创造能力，全年择优立项的17个党支部领办项目全部结题，公司党委招募骨干党员领办的输配网运维管理等3个项目成效明显。举办庆祝建党98周年、中华人民共和国成立70周年系列活动，组织参加“十讲十增强”形势任务宣讲，进一步凝聚干事创业合力。实施人才强企战略，建立周学月考机制，广泛开展“大培训、大比武、大提升”活动，完成52个班次的内部培训任务，外送及内部培训1600余人次，2名员工取得省公司内训师资格。持续优化中层管理人员结构，提拔中层正职2名，提拔中层副职1名，交流调整6人。深化“126连心桥”体系建设，响应职工诉求6件，畅通了职工诉求渠道。保密、信访、综合治理等工作有序开展，企业和谐稳定。天保龙嘴子村52户定点帮扶户如期实现全部脱贫并获县委、政府通报表扬。公司党委被省公司党委评为先进基层党组织，变电检修班成功创建全国青年文明号、计量班荣获国家电网有限公司先进班组、城郊供电所荣获省公司四星级班组等荣誉。公司荣获2019年度遂宁公司先进集体称号。

（刘叙江）

国网资阳供电公司

【企业概况】国网资阳供电公司成立于2001年12月26日。现有资产总额34.33亿元，用电营业户数114.9万户。现设14个职能部门、7个业务支撑和实施机构，直管县级供电企业3家（雁江、乐至、安岳供电分公司）及1个集体企业管理平台（资阳电力有限公司）。

资阳电网是连接川南、川北、成都电网的重要枢纽，属典型的受端电网。有500千伏变电站1座、220千伏变电站4座、110千伏变电站16座、35千伏变电站27座，有220千伏线路21条、500千米，110千伏线路34条、419千米；35千伏线路39条、524千米。

2019年，公司完成固定资产投资4.23亿元；售电量25.72亿千瓦时，同比增长6.83%；实现营业收入13.24亿元，同比增长3.83%；资产总额34.9亿元；综合线损率7.37%，同比下降0.41个百分点。未发生被上级考核的安全、服务、廉政、稳定及舆情事件。公司综合业绩考核位列省公司B段。

【人力资源】公司共有5类身份员工，共2588人（直属全民357人、全资全民1181人、农电工545人、集体企业直签职工 391 人、集体企业劳务派遣用工 114 人）。坚持正确的选人用人导向，规范开展干部调整 3 批次，加大年轻干部选拔培养力度，选优配强基层班子，解决“三超两乱”问题，持续优化干部队伍结构。广泛开展“大培训、大比武、大提升”活动，建立“三支队伍”培养机制，选派 19 名青年员工挂职班组长，2 名员工入选省公司“电力雏鹰”，1 名员工入选省公司“金牌内训师”，公司荣获省公司 2019 年调度技能竞赛二等奖。

【电网建设与发展】中心城区电力专项规划通过政府审查。全力服务“成资同城化”发展战略，高标准完成临空经济区电力专项规划，规划站址及通道纳入政府规划。储备配网项目 364 个，涉及投资 2.88 亿元。落实属地协调责任，高效推动 500 千伏雅安加强送出工程，得到省公司好评。加快建设重点项目，220 千伏文化输变电工程、110 千伏文化配套线路工程稳步推进，110 千伏石板扩建工程、35 千伏观音、教钟、东胜输变电工程按期投运，为地方经济社会发展提供了强有力的电力支撑。

【经营管理】严格核价成本管控，办公费等 20 类非生产性支出同比压降 22.65%。强化线损“四分”管理，高损台区数同比下降 48.7%，实现经济效益 270 万元。开展智能稽核和反窃查违专项行动，查处窃电和违约用电 216 起、异常问题 633 个，挽回损失 273.50 万元。深挖电能替代潜力，完成替代电量 0.51 亿千瓦时，同比增长 22.81%。高效处置库存积压物资，利库 2399 万元，库存压降 19.53%；处置废旧物资 917.8 万元，完成目标 197%。产业单位收回账款 4118 万元，超额完成省公司下达指标。开展长期在建工程清理，实现工程遗留挂账全清零。开展各类审计，配合省公司完成原总经理离任审计，有效防范经营风险。历史遗留问题的处置取得突破性进展，妥善解决简阳、简州分公司集体企业划转等问题，累计解决问题 7 个。扎实开展“规章制度落实督导年”活动，新建、修订制度 12 项，整改制度落实重点问题 259 个。创新实施“24 堂制度课”，开展“学法用法”知识竞赛，在省公司法治文化演讲竞赛中荣获个人三等奖，公司法治建设工作得到省公司和市政法委书记的高度肯定，被纳入省公司“法治文化示范阵地”建设单位。

国网资阳供电公司高新（临空）供电中心成立暨授牌仪式

【安全生产】坚决落实安全主体责任，细化落实安全述职、全员责任清单等制度。试点建设省地一体化电网风险预警平台，制定电网补强及运行措施 369 项，管控七级及以上电网风险 80 项，电网风险管控成效明显。集中消除重点隐患，彻底整治 110 千伏孙铁Ⅰ、Ⅱ线导地线严重锈蚀隐患，严控万达 10 千伏直埋电缆隐患，有效化解重大安全风险。健全安全反违章考评机制，累计查处违章行为 1610 起，约谈 6 次，罚款 18.4 万元。开展应急疏散及设备抢修等演练，有效提升应急处理能力。建成白塔站开关柜状态检修示范站。天星变电站获评省公司继电保护精益化管理红旗变电站。探索子主站监控信息自动联调，获得省公司好评。承办省公司运检专业年中工作会。高标准完成国庆、第二届世界川菜大会、世界柠檬大会等重大活动保电任务，得到地方党政主要领导和社会各界的好评。

【农电工作】持续开展配网三年整治提升行动，低电压台区、频繁停电线路、户均停电时长分别同比减少 31%、21.46%、4.5%，不停电作业次数增长 15%。顺利完成 2019 年农网改造升级任务，实现“两率一户”目标。积极配合政府乡镇区划改革，启动供电所优化提升工作。迎接供电所成功创建国网五星级。助力脱贫攻坚战，精准扶贫 460 户，实现生活用电达标率 100%，通过国家扶贫检查验收。

【科技与信息化工作】实施多维精益变革，试点国家电网公司“每一项工作”项目，着力优化资金投入。完成 10 千伏配线公用设备拓扑关系治理，实现台区经理、23 条线路用户停送电信息精准推送。开展信息系统“瘦身健体”，下线“僵尸系统”2 套，整合移动作业终端 145 台。运检业务“机器代人”项目成效显著，4 条 220 千伏线路实行无人机巡视，220 千伏变电站机器人巡检实现全覆盖，得到了国网四川省电力公司胡海舰总经理高度肯定。扎实推进管理创新和科技工作，获电力行业质量创新成果二等奖1项、省公司管理创新成果三等奖2项、省公司青创赛三等奖1项，取得专利授权2项。

【市场服务】坚决落实各项电价政策，率先完成2019年两批次一般工商业降价，降低客户用电成本3771.23万元；积极指导工业企业直购电，82家客户参与市场化交易，实现年度交易电量3.82亿千瓦时。持续推进优化营商环境两年行动，大力拓展“三省+三零”办电服务，10千伏高、低压平均接电时长分别压减78%和40%。深入开展漠视侵害群众利益问题专项整治，积极配合清理转供电环节不合理加价行为。全面推进投诉压降专项整治，投诉总量同比下降68%。实现漏保在线、配电异常主动派单处理，95598故障报修工单下降26.95%。深化营销智能转型，持续提升客户体验，智能电表覆盖率、高压购电制执行率、全口径自动采集成功率分别达到100%、81.25%、99.83%，高、低压客户线上缴费率分别达30.04%、40.14%。组建高新（临空）供电中心，积极探索现代园区服务体系。积极配合政府乡镇区划改革，启动供电所优化提升工作。迎接供电所创建国网五星级。助力脱贫攻坚战，精准扶贫460户，实现生活用电达标率100%，通过国家扶贫检查验收。

2019年1月9日，国网资阳供电公司“红细胞”工作站员工与贫困村民亲切交谈

【党的建设和精神文明建设】高质量推进“不忘初心、牢记使命”主题教育，组织“十讲十增强”形势任务宣讲，党员干部理想信念更加坚定。高质量完成省公司巡察配合工作，落实自主巡察任务，整改问题49项，做好巡察后半篇文章。规范档案应用，在省公司文档工作考评中获示范级。有效运转“126职工连心桥”，解决职工诉求42件，为职工办实事10件。试点“市县一体化”全面社会责任管理，圆满承办“省公司志愿服务推进会”，“红细胞”经验在公司系统得到推广，入选全国电力行业优秀党建成果、《团中央志愿服务使用教程》得到书记廖仁松的高度肯定。

【存在的主要问题】一是临空经济区电网建设方面。资阳临空经济区作为天府国际机场临空经济区重要组成部分，资阳市委、市政府为实现成资同城化发展，资阳临空经济区220千伏及以下电网规划将对标天府国际机场临空经济区成都片区，全线采用电缆入地敷设方式建设。公司在临空经济区投资建设方面与政府规划标准存在较大差异。二是农村电网建设方面。由于历史欠账多、基础薄弱，资阳配电网仍有3200余千米纯铝线和4.74万基不合格电杆在运，211个村近20年未进行改造，89条10千伏主干线不满足N-1、51条10千伏主干线不满足导则供电半径要求，全市低电压台区共1040个，安全隐患和“卡脖子”问题依然严重。

【国网资阳市雁江供电公司】国网资阳市雁江供电公司2016年7月经“子改分”后，成为国网四川省电力公司的分公司。公司从1948年小火电厂发展至今，历经近70年。2001年11月，原属地方电力企业资阳市雁江区电力集团公司由四川省电力公司代管。2006年12月，由四川省电力公司控股（四川省电力公司控股51%，雁江区人民政府委托出资人参股49%）。2013年1月，公司地方国有股权全部无偿划转国网四川省电力公司，公司改制为四川省电力公司的全资子公司，更名为国网四川资阳市雁江供电有限责任公司。2016年，由四川省电力公司全资子公司改制为分公司。

公司5个职能部门、3个业务支撑机构、28个班组（14个乡镇供电所、5个生产类班组、5个营销类班组、3个水电运检班组、1个综合服务班）。党组织建制为1个党委，党委委员6名，有20个支部，326名党员。公司有在册全民员工668人，集体企业直签60人，三新公司农电员工20人，退休职工250人。

2019年，全年售电量7.54亿千瓦时，同比增长10.27个百分点；主营业务收入净额3.84亿元；所属两个水电站持续高效输送清洁能源，全年发电量1.58亿千瓦时；综合线损率7.8%，同比下降0.6个百分点，较资阳公司下达指标9%低1.2个百分点；台区线损合格率94.07%，较年初提升3.64个百分点；电费回收率100%。公司保持“省级最佳文明单位”光荣称号，获省公司“先进基层党组织”、“党委标准化示范点”、“党支部标准化建设示范点”、创建资阳市首家国网级“五星级乡镇供电所”等荣誉称号。

安全生产形势持续稳固提升。建立“日管控群”，共发布安全风险预警通知48期、周评53期、周安全分析和安全温馨提示53期。狠抓隐患和缺陷排查治理，共排查隐患77处，整改71处，整改率92.2%。对所有施工作业现场全覆盖开展安全巡查，2019年，共巡查现场1086场次，查处违章227个。公司领导带队开展公司城区所有设备设施及小区和专用户全面排查，发现小区火灾安全隐患18处，整治4个小区穿刺线夹。2019年8月，迎峰度夏期间发生的铁路部门铁路塌方事件中，公司应急队伍反映迅速，设备物资部署有序，应急工作切实有效开展，为铁路部门快速抢通提供了有力支撑，极大程度降低了灾害带来的影响。

瞄准“十四五”，推进电网发展建设。配合资阳公司完成“十四五”110千伏及以下配电网规划报告大纲填报表；完成2020—2025年配网滚动规划项目清册；完成雁江公司乡村电网发展规划报告及城南工业园区配电网规划报告编制。完成中和110千伏明月变电站建设必要性的编制和前期相关协调工作。积极推动政府重点工程代建代管工作，完成了民生佳苑二期配变安装工程、签订了中国牙谷要素保障电力通道建设项目工程代建代管协议。完成500千伏雅安送出加强工程（雁江段）属地协调工作，该工程于2019年7月16日提前竣工正式投运。

多措并举，供服水平再上台阶。全面落实“一口对外、一站服务”，低压具备装表条件客户平均2个工作日完成接电，高压业扩业务平均接电时间36.86天，较年初缩短39.57%。业扩接电专项治理和全回访满意率100%。实施南骏汽车供电能效提升项目，帮助企业节约用电成本300万元。实施2019年两轮调价，降低一般工商业客户电费支出1054万元。通过直购电政策、低谷弃水优惠政策，帮助大工业、普通工业客户减少电费支出236.81万元。制定2019年优质服务工作实施方案，建立供电服务双月现场分析例会制度，发布优质服务预警25期，优质服务小贴士8期，优质服务提醒53条。积极向上级公司提出重要事项报备，报备14项重要事项，在资阳公司排名第一。建立169个台区经理微信群，发出100万余条供电服务短信。2019年，公司投诉压降率86.19%，居全市第一，实现历史最高水平。

强化管控，经营质效逐步提升。供电所管理工作围绕“星级供电所创建”和“全能型供电所建设”两项重点工作，制定《国网资阳市雁江供电公司星级供电所建设方案》。2019年，迎接供电所创建为国网五星级乡镇供电所，实现了资阳公司五星供电所“零”的突破。集中力量开展采集指标提升整治工作，全口径采集成功率由年初的99.3%提升至99.8%，专变采集成功率由年初的90%提升至99.61%。

履行社会责任，服务百姓民生。积极配合地方政府，开展对口帮扶村社走访排查工作51人324次，核查271户贫困户基本信息，多种形式开展扶贫帮扶；组织“国家扶贫日”主题捐献，共603人捐款1.57万元；完成雁江区54888户贫困户建卡档案及CD级危房计划资料的收集，安排督促各供电所走村入户对贫困户用电安全隐患及CD级危户易地搬迁通电整改工作。充分发挥“电力警务工作站”作用，把“电力警务工作站”作为“电力立体化治防控体系”的重要一环。2019年，共处置破坏电力设施案件8起，处置窃电案件14起，处理用电纠纷28起，有力地震慑了涉电犯罪行为，获得广泛肯定。

资阳公司完成新中国成立70周年庆祝活动及保供电工作

全面深化“三个建设”。完成公司党委换届选举，重新落实新一届党委委员职责分工，党委委员定点联系20个基层党支部。扎实开展“不忘初心、牢记使命”主题教育活动，开展中心组集中学习18次，研讨85人次，高质量完成民主生活会。建成公司本部企业文化走廊，基本形成公司本部“一室一基地一长廊”和“迎接供电所文化示范点”文化建设新格局。完成所属14个供电所“安全心智模式在班组落地”全覆盖培训，申报2018年度省公司企业文化建设重点项目、储备项目各1个。打造“红细胞”工作站，落实“红细胞”工作痕迹化、规范化、常态化管理。主动助力城市“双创”工作，与挂联社区深入社区开展卫生清洁、宣传活动等20余次，共100余人次参与。

【国网乐至县供电公司】国网乐至县供电公司是乐

至县境内唯一的供电经营企业，肩负着乐至县工农业生产和生活用电使命始。建于1950年，1998年由内江电业局代管。2001年，由资阳公司代管。2010年，由省公司控股，更名为四川乐至供电有限责任公司。2014年，更名为国网四川乐至县供电有限责任公司，纳入省公司全资管理。2016年9月完成“子改分”，更名为国网四川省电力公司乐至县供电公司。公司设有办公室（党委办公室）、发展建设部、财务资产部、安全监察部（保卫部）、党委组织部（人力资源部）、党委党建部（党委宣传部、工会、纪委（纪检）办公室、团委）、电力调度控制分中心共7个职能管理部门和运维检修部、营销部2个业务支撑机构，下设8个供电所及10个班组；集体企业分别为资源乐至分公司和三新乐至分公司。截至2019年年底，公司全口径人员共442人，其中原直属全民2人，占比0.45%；原地方全民202人，占比45.70%；农电工238人，占比53.85%。资源乐至分公司全口径员工64人，其中直签员工29人，占比45.31%；劳务派遣用工35人，占比54.69%。

2019年，完成售电量4.59亿千瓦时，同比增长7.18%，实现一般工商业售电量2.53亿千瓦时，同比增长10.57%，年最高负荷11.76万千瓦，同比上升11.05%；220千伏及以下综合线损率为7.17%，同比下降0.64个百分点；实现电费回收率100%；综合计划共下达78个项目,总投入7434.03万元，全年投资完成4677.41万元，完成率62.92%；全年可控成本（含农维费）累计完成4672万元，同比增长13.43%，完成下达预算指标的100%；年末公司资产总额2.84亿元，“两金”余额完成1.95万元，控制在下达的2万元指标内。2019年，全面完成了各项年度目标任务，公司荣获省公司安全生产先进集体和省公司综合先进集体荣誉称号，取得 “双先进”的佳绩。

乐至电网是一个典型的受端网络（无电源点），所辖有220千伏变电站1座，主变2台，总容量30万千伏安，容载比2.93；110千伏变电站4座，主变7台，总容量24.6万千伏安，容载比2.31；35千伏变电站6座，主变10台，总容量6.95万千伏安，10千伏开关站一座。所辖220千伏线路6回，长度82千米，杆塔195基；110千伏 线路9条，长度136千米，杆塔439基；35千伏 线路10条，长度129千米，杆塔471基。所辖10千伏公用线路74条，长度1953千米，公用柱上变压器2170台容量206.8兆伏安，公用箱变336台，容量204.5兆伏安；低压线路共计0.96万千米。电网覆盖率达100%，村、社、户通电率100%。

2019年，乐至公司共受理投诉工单52件，同比下降53.57%，万户投诉率1.72，完成了资阳公司年初下达的投诉压降必保目标（80件），同时也完成了投诉压降力争目标（57件）。其中营业投诉1件，占比1.9%，同比减少11件；服务投诉6件，占比11.53%，同减少3件；供电质量投诉39件，占比75%，同比减少38件；停送电类投诉5件，占比9.61%，同比持平；电网建设投诉1件，占比1.9%，同比减少8件。宝林供电所成为资阳唯一“零投诉”的供电所。

【国网安岳县供电公司】安岳公司于1952年成立，名称为安岳县人民电力厂。1969年，更名为安岳县供电所。1984年，更名为安岳县电力公司。1994年，交内江电业局代管。更名为内江电业局安岳供电局、内江电业局安岳供电公司。2001年，更名为四川省电力公司资阳公司安岳供电局、四川省安岳县供电公司。2006年12月，改制为省公司控股的有限责任公司。2013年12月31日，公司地方资产全部上划，成为省公司全资子公司。2016年7月完成“子改分”工作，更名为国网四川电力公司安岳县供电分公司，成为省公司的分公司。

公司现有7个职能部门、2个业务支撑机构、12个主业班组、12个农村供电所(含李家供电业务部)。全民职工305人，三新员工275人（含李家供电业务部46人），总计580人。集体企业实际用工181人。其中，全支集83人，直签员工88人，劳务派遣10人。

公司辖区内共有220千伏变电站1座/270兆伏安，线路6条/159千米；110千伏变电站5座/371兆伏安，线路8条/135千米；35千伏变电站14座/170.7兆伏安，线路20条/247千米；10千伏线路101条/4164千米；10千伏公专变8549台/1478兆伏安；低压线路22971千米。有4回500千伏线路/250千米过境安岳。

2019年，完成固定资产投资1.31亿元；购电量8.94亿千瓦时，同比增长4.42%；售电量8.1亿千瓦时，同比增长4.83%；资产总额6.59亿元；综合线损率9.39%，同比下降0.35个百分点。未发生被上级考核的安全、服务、廉政、稳定及舆情事件。公司荣获四川省电力工会2018年度先进分工会、资阳公司职工运动会团体第一名。镇子供电所获国网先锋党支部、四川省职工民主管理示范班组荣誉称号。

安全生产平稳有序。开展以“防风险、除隐患、遏事故”为主题的“一把手”讲安全课活动，压实各级人员安全责任。创新开展“今日说‘罚’、每日一‘规’、每月一‘练’”安全教育培训。主动对接县委、县政府，联合开展小区和客户侧安全隐患排查，专项巡查小区121个，走访排查46.4余万户。促成县安委会出台电力线路通道专项治理政策，完成输配线通道整治1.5万千米。10千伏线路跳闸267条次，同比下降49.43%，接地发生136条次，同比下降15.34%。深入推进隐患治理，完成涉电鱼塘整治384处，完成线路对地距离不足安全隐患治理91处，率先完成消防隐患整改22处，完成废旧变压油危化品处理2.8吨。大力推进安全用电示范村工程建设，投资883万元，解决4个行政村，共1512户安全用电隐患。推广“农网施工现场十必查”，累计出动巡查人员1000余人次，反违章罚款10.02万元，实现全年1178个施工现场安全巡查全覆盖。完成国庆70周年、世柠会等系列重大保电任务，未发生一起停电事件。春节期间，安全、迅速处置500千伏资思一、二线山火威胁，为川渝三通道安全可靠运行提供坚强保障。

电网建设高效推进。属地协调有力，文化220千伏输变电工程顺利推进，实现零阻工。搭建重庆公司与县级政府沟通的桥梁，为110千伏广潼线技改项目跨省域高效合作奠定了基础。110千伏广龙线电缆入地和中石油净化厂配套工程如期完成。110千伏石板变电站增容扩建、35千伏观音、姚市、东胜输变电项目按期投运。落实第三批老旧弃管小区改造项目配套资金，完成全部拨付手续。完成2019年度农网建设任务，共230个项目，总投资1.06亿元。完成“十四五”及中远期电网规划，计划新、扩建110千伏变电站5个、35千伏变电站1个，在资阳范围内率先取得电缆入地政府补差方案批复。延续我的电网我做主活动，充分调动供电所参与，完成项目储备8亿元。提报配网增补项目6个，资金1286万元。提报2020年项目建议，资金5658万元。

经营管理持续提升。全面开展风险管理及内控工作，完成“两金清理”和资金安全检查。严控非生产性支出，同比压降10%，三公经费及会议费同比压降5%。应用国网商旅加强差旅费管理，差旅费支出50.09万元，同比降低59.37%。建立民营企业款项台账，支付民营企业质保金等款项94.17万元。按时支付2016—2018年农网改造工程款、民工费，全年未发生一起民工讨要工资事件。完成制度废、改、立12个，落实问题整改15项，有力推动规章制度督导年活动。在三项制度改革试点工作中，完成全口径203人岗位聘任协议签订。扎实开展“大培训、大比武、大提升”活动，自办培训班共34期，培训人数1220人次。首次由公司提出与1名员工依法合规解除劳动合同关系，被省公司评选为三项制度改革典型案例。落实“放、管、服”文件精神，完成6个批次未纳入两级集中采购的项目议价采购工作。全年物资共计利库1676.76万元，利库量2019年初资阳公司库存的56.36%。35千伏及以上分压线损率全部达标，10千伏分线综合达标率93.88%，全面消除负损线路。台区线损综合达标率93.67%。

营销服务不断加强。多措并举降投诉，完成压降64.45%，超额完成年度目标。完成“以电代油”钻井项目9个，“电火锅”电能替代4家，实现电能替代电量1489.2万千瓦时，减少二氧化碳排放1.15万吨。完成各类稽查1864起，累计发现问题用户249户、追补电量71.49万千瓦时、追补电费51.1万元，退补客户电费7.70万元。率先完成HPLC模块的推广使用，全口径采集成率突破99.8%。查处窃电135笔，占资阳公司全年反窃电笔数的77%，追补电量17.8万千瓦时，追补电费及违约电费39.5万元。持续优化营商环境，实现平均接电时限36天，同比减少32天。完成商业降价退费工作，让利客户1205万元。优惠低保五保5.81万户，减免电费42万元，妥善解决39户贫困户易地搬迁用电问题。

设备运维精益可靠。新建17条10千伏线路全部竣工投运，有效解决区域低电压问题。加强大数据分析，利用成本新增配变布点183处，更换配变64台，治理三相不平衡台区73个，有效提升7342户供电质量。电网设备危急缺陷响应率100%，严重缺陷响应率100%，一般缺陷响应率90%。按照“能带不停、一停多用、综合利用”的原则，全年执行计划停电266项，同比降低35.59%。完成带电作业135次，同比减少停电次数33次。执行紧急消缺164次，同比下降2.44%。基础数据治理高效推进，出台《基础数据专项治理行动方案》和《关于深化基础数据专项治理工作的补充通知》，完成全部10千伏及以上线路基础数据整改和30万户低压用户基础数据收集（其中完成系统数据更改24万户），收集率和整改率均居县级公司前列，极大提升停电信息发布准确性。

改革发展不断深化。率先完成公司36宗房产、14宗土地更名任务，相关土地费用均由安岳县政府出资解决，为公司节约上百万元。收回1994年遗留的房屋维修基金余额34.88万元。有效化解退役军人信访事件。多管齐下，使国庆前夕部分三新员工就工资保险不稳定事件良变有序依规推动。公司舆情防控持续保持向下良好态势，同比下降60%。激活集体企业发展动能，承接用户工程3560万元，市场占有率提升至75.1%。完成欠款回收1020万元，资产抵押1200余万元，资产保全1400余万元,有效降低企业经营风险。创新制作“巡视巡察问题整改情况每周进度看板”，对各级巡视巡察发现的4个问题立行立改，完成2019年巡视巡察整改“回头看”督查。依法依规提高就餐标准、住房公积金缴纳比例，保障健康体检、疗休养权益，激发三新员工活力。汇编农电体制改革发展历史政策资料，维护农电队伍稳定和公司正常工作秩序。

党建内嵌持续有力。扎实开展“不忘初心、牢记使命”主题教育，撰写心得体会16篇，班子成员形成调研成果5篇，相互指出意见建议79条。切实履行“两不愁三保障”央企社会责任，全面完成扶贫大数据平台全县66件涉电问题整改。建立“大井村”以购代扶长效机制，实现消费扶贫7.9万元。扎实开展扶贫日等系列活动，全体干部员工捐款共计2.1万元。圆满完成中央2019年脱贫攻坚省际交叉检查，未发生一起因电力原因影响考评问题，获县主要领导高度评价。保持了全国“模范职工小家”、“四川省最佳文明单位”称号。公司职工思想政治引领“三步法”受到中华全国总工会副主席阎京华的充分肯定。完成管理创新项目2项，卓越管理案例2项，技术创新5项，变电检修QC小组成果获资阳公司三等奖，取得2项实用新型专利技术。公司职工提案获得“四川省优秀职工代表提案”一等奖。红细胞公益宣传片《暖》三部曲入选国网故事会，获得2019中国电力文化产业发展论坛电力奥斯卡公益广告类三等奖。开展庆祝中华人民共和国成立70周年系列活动，获得内外部一致好评。

国网自贡供电公司

【企业概况】国网自贡供电公司成立于1978年8月，由5家处级单位整合而成。历经多次组织机构改革和供区范围调整后，企业历史包袱较重，人多、地少、产量低等特征明显。自贡公司属省公司特II型企业，固定资产30.4亿元。现承担着自贡市、隆昌市、威远县以及宜宾县部分区域的供电任务，供区4498平方千米，供电客户129.98万户。设本部职能部室13个、业务支撑及实施机构9个，其中4个市区供电中心分别负责自贡市4个行政区供电业务，另由3家县公司分别负责荣县、富顺的供电业务。

自贡市组织开展2019年大面积停电事件综合应急演练

【人力资源】截至2019年年底，自贡公司全口径用工3074人，含国有长期职工1670人，农电工1162人，产业单位职工183人，产业单位聘用职工59人。有离退休职工1809人。自贡公司长期超员，国有长期职工定员1645人、实际用工1670人，超员25人、超员率为1.5%，其中富顺公司超员70人、超员率为15.7%。老龄化严重，50岁及以上占35%，平均年龄45.2岁。

【电网建设与发展】自贡电网属典型的受端网络，现以500千伏洪沟变电站为主电源点，与220千伏园湾、向义、舒平、天成变电站构成220千伏双环网，西与铜街子水电厂、北与内江电网联网运行。自贡电网有220千伏变电站7座、110千伏变电站22座、35千伏变电站30座、35千伏并网小水电2座，变电容量合计443.92万千伏安，220千伏容载比1.87、110千伏容载比1.83、35千伏容载比1.34；35千伏及以上输电线路137条，长1633千米，10千伏配电线路391条，长7365千米；城网、农网拉手率分别为95.56%、43.5%，城网绝缘化率97.83%，农网户均配变容量2.08千伏安。全网最大日负荷113.66万千瓦，日最大供电量2098.74万千瓦时。竣工投产220千伏古佛站、

110 千伏向华线等输变电工程 7 个，建成富顺县首座 220 千伏变电站，消除了 220 千伏王渡变电站全停四级电网风险，有效降低了贡井区、富顺县大面积停电风险。

【经营管理】2019 年，自贡公司完成售电量 38.67 亿千瓦时，同比增长 5.84%；固定资产投资 3.65 亿元，其中电网投资 3.02 亿元；电费回收率 100%；综合线损率 6.0%，同比下降 2.11 个百分点，较下达目标值低 0.59 个百分点；营业收入 19.65 亿元，同比增长 12.87%。产业单位产值 7.77 亿元。业绩考核居省公司第九。扎实开展“八大课题”研究，全面分析公司经营管理情况，科学谋划未来，凝聚发展共识。树立“一盘棋”思维，建立“大家庭”观念，2018 年创新实施“富顺工作周”行动，2019 年全面实施富顺公司管理提升三年计划，“子改分”县公司经营管理水平稳步提升。实施项目与资金一体化管控，清理处置长期挂账项目 207 个，转固 1.536 亿元。加强财税管理，严格落实税收新政，2019 年实缴税费同比降低 1677 万元。提升财产保险管理水平，赔付金额同比增长 24%。扎实推进“两金”压控，实现应收账款及存货双结零。狠抓线损治理，1 个供电所当选国网线损管理百强供电所、线损在线监测率位居全国网第七，治理高损台区 986 个，线损异常线路 22 条，综合线损率 6.0%，同比下降 2.11 个百分点，节约购电支出 2498 万元。提高设备利用率，对调 110 千伏草田、意志变电站主变，有效利用退运变压器 3 台、互感器 26 组，着力解决供电“卡脖子”问题。深耕电能替代，与省综合能源服务公司、省电动汽车公司签订战略合作协议，拓展电能替代项目 36 个，新增替代电量 8520 万千瓦时，超额完成省公司下达的年度目标任务。扎实推进合规管理，废、改、立规章制度 37 项，整改业务外包、线路迁改、业扩报装、物资采购、产业单位等关键领域问题 203 项，获评省公司“规章制度落实督导年”先进单位。配合市人大完成电力执法检查，市人大督促政府加速解决规范转供电秩序、客户产权设施预试预检等五个方面的 92 项问题，维护了公司合法权益。

【安全生产】持续深化本质安全建设，实现连续安全生产 15 年。不断夯实安全管理基础。开展“安全基础建设年”活动，落实重点举措 186 项，进一步筑牢安全生产“六道防线”。加大奖惩力度，奖惩金额大幅提升。深刻汲取“5·14”“6·11”“7·3”事故教训，安全约谈全域 22 家分包商，压紧压实各方责任。电气火灾防控能力不断增强，与市消防支队签署战略合作协议，完成所有 220 千伏变电站消防备案。狠抓作业现场管控。健全完善安全监督和保证体系，选拔青年骨干到安全巡查大队挂职锻炼，出台施工作业现场安全巡查实施细则，常态开展“四不两直”督导检查，作业现场安全巡查覆盖率 91.1%，共查处违章 901 起，发布监察性巡视和违章视频 11 期，持续保持反违章高压态势。电网保持安全稳定运行。强化电网综合治理，整治隐患 260 项，管控六级及以上电网风险 34 项，成功应对度夏期间用电负荷、日电量双双屡创新高的考验。落实水电站防垮坝、水淹厂房等反事故措施，完成黄泥滩、黄葛灏两个水电站大坝安评。建立二次系统精益化管理常态机制，连续两年获 220 千伏变电站继保精益化评比“红旗站”称号。高质量完成建国 70 周年、四川国际文化旅游节暨灯光节、“自贡灯会”等重大活动保电任务。应急能力不断提升，促成自贡市首次开展全社会大面积停电演练，配合处置宜宾换流站故障，高效应对荣县“2·24”“2·25”、宜宾长宁“6·17”地震等自然灾害。公司连续多年被评为省公司“安全先进单位”。

2019 年 7 月 26 日，自贡金龙水泥有限公司董事长胡斌一行 3 人将锦旗送到国网自贡供电公司，以此表达对“电参谋”多次支招渡难关、一年节约 300 万元电费的诚挚谢意

【农电工作】完成农电“薪酬套改”工作。在保持队伍稳定的前提下，重点结合岗级、薪级和绩效的测算结果进行比对、择优，组织讨论 12 次，修订方案 21 版。方案全票通过三新公司民主程序，已全面推进实施。成立乡镇供电所建设领导小组，明确相关部门职责，组织开展创星级供电所创建工作，完成四星级供电所创建 3 个、三星级供电所 6 个、二星级供电所创建 2 个。全面收官自贡市贫困村农网改造任务，完成供区内 123 个贫困村农网改造（自

贡市 107、内江 8 个、宜宾 8 个），确保无贫困户因供电问题影响脱贫。

【市场服务（优质服务）】认真践行“人民电业为人民”的企业宗旨，聚焦客户需求，架起供电服务“连心桥”。强化营销基础管理。全力推进营销“三全”建设，全口径自动采集成功率、远程充值成功率和高压费控购电执行率分别达到 99.88%、99.76%、97.96%。发扬“三千”精神，电费回收率持续保持 100%。持续优化营商环境。深入开展投诉压降专项整治行动，建立“日督办、周通报、月评价”机制，构建供电服务曝光平台，2019 年，投诉总量同比减少 54.75%。落实“一窗受理”要求，电力服务窗口入驻市、县两级政务中心。推行“三省+三零”办电服务，10 千伏高压客户平均接电时间压降至 37 天，为客户节省投资 4650 万元。扎实开展“电参谋”行动。截至 2019 年年底，公司共上门服务重点企业 554 次，出具“电参谋”大数据分析诊断报告 390 份，指导 162 户企业优化用电措施，企业的“电力获得”感不断增强，成效获得社会各界高度赞誉，自贡市“两代表一委员”在多种场合高度赞扬“电参谋”行动，公司在全市营商环境大会上成为市政府主要领导唯一表扬单位，“电参谋”行动获评第七届中国民生发展论坛“2019 民生示范工程”，初具品牌效应。2014 年以来，公司在全市公共服务行业社会评价中实现“六连冠”。

【党的建设和精神文明建设】扎实开展“不忘初心、牢记使命”主题教育活动。深刻把握“十二字”总要求，紧扣“五句话”目标，共组织开展中心组学习 7 次、读书班 3 期，检视收集问题 57 个，制定整改措施 82 条。党建工作不断加强。党建考评“四步工作法”压紧压实党建工作责任，入选省公司党的建设“旗帜领航·三年登高”典型案例。优化 22 个基层党支部设置，试点选派 4 名优秀青年党员到供电所担任驻所副书记。加强党员教育管理，以“1+2+N”模式突出党员教育的政治性、时代性、有效性和长效性。扎实推进创先争优年各项工作，建成省公司党委标准化建设示范点 1 个，调控中心党支部获国网公司“电网先锋党支部”，1 名党员获评国网公司“优秀共产党员”称号。实施新时代先锋川电“党建+”工程，开展“党建+安全发展”和党支部领办重点工作任务，促进党建与业务深度融合。加强党风廉政建设，推进巡视巡察反馈问题整改，完成 5 家单位的巡察工作，1 家县公司接受交叉巡察。企业保持和谐稳定。团结和凝聚各方力量，承办省公司统战工作座谈会，建成省公司系统首个地市党外代表人士建言献策工作室，被评为省公司党委统战工作标杆。建成四川省践行社会主义核心价值观示范点，社会主义核心价值观和党内先进政治文化“双引领工程”入选省委宣传部典型经验。组建三新公司工会。建成自贡电力职工文体活动中心。《人民日报》《四川日报》等多家媒体肯定公司在“灯会保电”“电参谋”等为民服务方面所做出的贡献。

国网自贡供电公司举办“五月诗会——祖国，我想对你说”职工朗诵比赛

【存在的主要问题】富顺电网受地方电力体制影响，长期投入不足，主网网架基本以 35 千伏变电站为主，所有变电站均未进行综合自动化改造，电网调度还处于盲调阶段，城区配网负荷转供能力低。富顺公司各级电网发展不平衡，配网薄弱点较多。

【国网荣县供电公司】国网荣县供电公司担负着荣县、宜宾县、威远县等部分地区 840 平方千米的供电任务，供电人口约 52 万人。供区内有 220 千伏变电站 1 座、110 千伏变电站 2 座、35 千伏变电站 4 座，总容量 54.63 万千伏安；35 千伏线路 12 条、10 千伏线路 46 条，线路总长 1365.65 千米。截至 2019 年年底，累计完成售电量 6.2 亿千瓦时，大工业、一般工商业等用电分别增长 8.28%、26.52%。累计完成售电收入 3.55 亿元。110 千伏及以下综合线损率 5.4%。供区内有大客户数 71 户，一般工商业客户 20334 户，居民客户 168886 户（含农村居民客户 102403 户），农业生产客户 743 户。

【国网自贡市荣州供电公司】国网自贡市荣州供电公司担负着荣县西北路片区和宜宾县柳嘉镇、合什镇共 12 个镇的供电任务，供电客户 97149 户，供电人口约 32 万人。依托 2 座 110 千伏变电站和 3 座 35 千伏变电站构成主干网络辐射供电，有 10 千伏公用配电线路

25条，长度953千米，公用配变1207台，容量156兆伏安，公用箱变24台，容量9.65兆伏安。2019年，完成售电量1.54亿千瓦时，同比增长21.24%，完成售电收入9052万元，同比增长20.32%，电费回收率100%。综合线损率7.31%，同比降低0.76个百分点。

【国网富顺县供电公司】国网富顺县供电公司在沱江河拥有径流式水电站两座，总装机容量36.7兆瓦，年发电量2亿千瓦时左右。依托2座220千伏变电站、4座110千伏变电站、14座35千伏变电站和两个水电升压站构成主干电网；拥有主网主变38台，容量361兆伏安；35千伏线路19条，总长223千米；10千伏配网线路96条，总长2140千米；配电变压器3773台，容量747兆伏安。供电区域主要位于富顺县境内（17个乡镇、3个街道办事处），辐射周边市县的部分区域，共24个乡镇（街道办事处），供电面积1350平方千米，供电户数38万余户，供电人口约120万人。2019年，公司完成自发自供电量2.28亿千瓦时，同比增长4.68%；完成销售电量6.68亿千瓦时，同比增长8.08%；电费营业额4.24亿元，同比增长3.50%；售电均价0.635元/千瓦时，同比下降2.82分/千瓦时；电费回收率100%；110千伏及以下累计综合线损率7.89%，同比下降2.55%。

（罗冰峰）

国网巴中供电公司

【企业概况】国网巴中供电公司是国网四川省电力公司的直属分公司，是全国文明单位、全国五一劳动奖状获奖单位，巴中市最大的公用事业企业。公司于1995年8月4日成立筹备处，1998年8月26日正式挂牌成立。公司供电服务区域覆盖全市5个区县及经开区，供电面积1.23万平方千米。

公司现设15个职能部门、7个业务支撑和实施机构、5个县级供电分公司。全市共有变电站101座，其中500千伏变电站1座，220千伏变电站5座，110千伏变电站20座，35千伏变电站75座；共有35千伏及以上线路162条，2741.04千米，其中220千伏线路14条，582.87千米，110千伏线路49条939.04千米，35千伏线路99条，1219.13千米。巴中市主网供电能力124万千瓦。巴中市现有发电装机16.798万千瓦，年发电量约6.04亿千瓦时。巴中电网通过8回220千伏线路与500千伏巴中站相连，通过2回220千伏线路、1回110千伏线路与达州电网相连，通过1回110千伏线路与南充电网相连。

【人力资源】公司全口径劳动用工3818人，其中全民职工3441人（本部389人、县区公司3052人），主业劳务派遣用工27人（均为本部驾驶员），集体员工97人，农电用工253人。退休职工1648人。全民支援集体企业用工968人。

【电网建设及发展】立足巴中及电网实际，启动“十四五”电网规划，2018—2035年电力专项规划取得市政府批复同意，实现电网规划与城市规划有效衔接。落实“网格化”规划，完成AB类区域网格划分。精准施策，全省首批试点建设配电化变电站——通江长坪35千伏变电站。促请市政府成立广元昭化至巴中500千伏线路工程建设协调领导小组。全年统筹推进输变电工程25项，其中巴中开工9项、竣工8项，藏区援建开工7项、竣工5项。扎实推进配网三年整治提升行动，完成大修技改项目78项、城网项目21项、户均容量提升项目93项，治理“高跳”线路94条，配电线路跳闸数同比减少20.12%。综合线损率8.61%，同比降低1.24个百分点。

【经营管理】优化调整20个内设机构职责，完善62个领导机构，管理体制机制进一步理顺。科学统筹成本预算，保障电网运营需要，非生产支出压降29.24%。出台综合计划、线损管理考核办法，全力提升效率效能。全面规范表彰项目，减少表彰17项、减少53.12%。扎实推进“规章制度落实督导年”活动，公司1条典型经验被纳入省公司典型经验集。该经验是川电系统唯一入选的集体企业管理类经验。推进多维精益管理变革，实现业财数据互联互通。“两金”压降成效显著，应收账款、存货分别降低35.33%、15.78%。物资库存压降590万元、压降率71.9%。清理长期挂账项目38个、金额2753万元，资金使用效率不断提升。追收窃电及违约用电电费129.57万元，差错电费224.37万元。完成替代电量

3473万千瓦时，超年度计划的73.65 %。

【安全生产】施行“清单制”安全管理，举办“一把手”讲安全课8场，开展安全培训18期、800余人次。深刻吸取国际国内安全事故教训，专题学习30余场，落实电网补强及运行措施90项。坚持“现场为王”理念，安全巡查3416次，纠正违章1013起，预警管控六级及以上电网风险42项。强化线路综合治理，完成21条35千伏及以上线路防雷整治，消除“三跨”隐患39处。开展防误操作专项整治，排查变电站87座，治理缺陷68处。持续消除设备潜在安全风险，整治地灾隐患56处、森林火灾隐患17处。深化高危重要客户安全管理，排查风险192项。修编应急预案16项，开展全市大面积停电事件等应急演练24次，应急处置能力有效提升。高效应对多起恶劣自然灾害，处置受灾10千伏线路137条次、配变6859台次。警企协作化解涉电纠纷50余起，处置外破隐患52处、外破事件14起，警务处置“巴中模式”得到省公司高度肯定。

【脱贫攻坚】将电力扶贫纳入全市统一部署，投资3172.33万元实施电力专项扶贫，惠及贫困村17个、贫困人口1199人。连续3年开展“国网四川电力共产党员服务队助推巴中革命老区脱贫攻坚”系列活动，助力平昌、通江两县脱贫摘帽，受到《人民日报》等20余家媒体关注报道。选派9名第一书记、14名驻村人员、581名帮扶责任人，高质量开展25个村、911户定点帮扶，1名驻村第一书记获评省公司“劳动模范”。争取国网扶贫资金192万元，帮助6个定点帮扶村产业发展。组织干部员工为帮扶贫困户捐赠16万余元扶贫物资。农网升级改造连续4年入选全市“10件民生实事”，全年221个项目全面完工，惠及266个村社，其中省定贫困村16个。治理低电压台区332个，农村户均容量达1.56千伏安。改造新接收小水电供区村社33个，改造10千伏线路14.09千米，重过载配变台区26处。

【科技与信息化工作】建成智能巡检机器人系统4套，覆盖110千伏及以上变电站15座。配置输电线路可视化系统47套，无人机巡检杆塔1143基，初步形成“通道可视化+无人机+人工辅助”的立体巡检模式。“小喔机器人”、电力北斗精准服务体系等试点工作稳步推进。深化创新创效，取得发明专利2项、实用新型专利5项，完成职工创新14项、QC课题31项。

【市场服务（优质服务）】扎实推进优化营商环境两年行动，主动向“四大班子” 汇报10余次，走访“两代表一委员”60余人次，开展专项宣讲6次，公开电费电价、服务流程等关键信息，做到办电公开透明。政企联合完善营商环境“好差评”考核机制，“巴中市民之家”供电服务窗口两次获评巴中市“优秀窗口”。认真落实一般工商业电价降价要求，两年累计降幅20.56%，减少企业用电成本1.5亿元。帮助62家企业参与电力市场交易，减少电费支出2183万元。协助35家企业减少基本电费和力调电费支出730万元，减少11.09万户“两保户” 电费支出720万元。高、低压办电环节分别缩减至4个和2个，平均接电时间分别缩减至36天和1.4天。新增“掌上电力”App用户8.33万户。深化精准供电服务，为460家企业提供“三省+三零”服务 ，政企联合走访企业130余家，建立“一企一策”50家。强化停电计划管控，用户平均停电时间同比减少8.6%。投诉压降率达到60.30%。

【党的建设和精神文明建设】认真开展“不忘初心、牢记使命”主题教育活动，策划举行“十大活动”。完成98个党组织换届选举，吸收正式党员20名、预备党员21名。新成立党组织9个，实现党组织对行政机构全覆盖。创新实施“党建引领•红星巴电”工程，试点打造专业“红星”。开展庆祝建党98周年、纪念五四运动100周年系列活动。修编人力资源、干部管理等规章制度20余项，岗位聘期制实现全覆盖。加强梯队建设，交流调整中层领导人员25人，实施“青年英才”十年全路径培养。深入开展“大培训、大比武、大提升”活动，举办校企联合培训5期、自主培训77期、“巴山夜校”96期。开展“十讲十增强”形势任务宣讲7场次。全面构建“126连心桥”职工诉求服务体系 ，成立服务机构78个。开展庆祝新中国成立70周年系列活动。公司获省、市“厂务公开民主管理先进单位”，“红星”志愿服务队获评首届“巴中青年五四奖章集体”、1个班组获评“全国工人先锋号”、1部原创微电影获“电力奥斯卡”一等奖。

【存在的问题】一是基础管理薄弱。安全管理方面，底线思维和红线意识还未真正树立，安全管控存在一定层层衰减现象。服务管理方面，主动服务意识和精准服务手段还有所欠缺，特别是一线窗口和现场还存在态度生硬、沟通技巧欠缺等问题。经营管理方面，还存在工作要求、规章制度执行不力，搞变通、打折扣、绕道行的情况。二是电网发展不均衡。从当前全市电力供应情况来看，巴中电网发展不均衡的问题日益凸显，配网相对薄弱，精益化、智能化水平低，抵御自然灾害能力差，局部地区供电“低电压”、频繁停电、户均容量低等问题突出，虽然公司想方设法予以解决，但受制于当前的投资管控，错过了最佳投资时期，短期内还难以全面改善。三是可持续发展能力不足。公司当前“增收不增利”矛盾突出。售电量方面，巴中用电结构无明显改变，用电负荷难以有效提升，售电量增速放缓。

线损方面，受配网薄弱、设备水平差等因素影响，线损进一步压降空间小、难度大。电价电费方面，今年中央继续要求降低企业用电成本，电价下行压力增大。四是人力资源基础薄弱。虽然公司近年先后开展了“素质提升年”“大培训、大比武、大提升”等活动，但人力资源基础薄弱、调配能力不足的问题没有根本改善，用工总量大、劳动生产效率低、高端人才不足等问题依然突出，特别是县公司“老龄化”严重，且高校毕业生引入困难，存量盘活难度大。

【国网巴中市巴州供电公司】国网巴中市巴州供电公司前身为成立于1952年的巴中县电厂。1981年8月，成立巴中县电力公司。1998年12月，由国网巴中供电公司代管。2006年3月，公司实施增资扩股改制，成为国网四川省电力公司的控股子公司。2014年1月，公司地方国有股权整体上划，成为国网四川省电力公司的全资子公司。2016年9月，公司通过吸收合并方式改制为国网四川省电力公司的分公司。

2014年3月，市公司抽调公司人员组建了恩阳供电服务中心，形制上等同于县级供电企业，在市公司层面与巴州公司相对独立运作，但在省公司层面各项考核指标仍未与公司分开，仍为一个单位。2017年6月，恩阳公司正式成立运作，但恩阳区的电网调控和35千伏及以上电网运行维护工作仍由该公司负责。

国网巴中市巴州供电公司现有500千伏变电站1座，变电容量50万千伏安；220千伏变电站2座，变电容量72万千伏安；110千伏变电站6座，变电容量52.3万千伏安；35千伏变电站12座，变电容量16.04万千伏安；10千伏配变3333台，110千伏线路21条277.46 千米(含专线2条)，35千伏线路19条159.953千米，10千伏线路131条（含客户10条专线）3128.65千米，低压线路2.13 万千米。小水电站2座，装机容量10190千瓦。

国网巴中市巴州供电公司本部设9个职能部门，下设业务支撑和实施机构4个、供电所10个。有产业单位2个。公司现有在册员工720人，其中上岗699人，另有离退休人员483人。员工平均年龄46.2岁，人才当量密度0.9。

配合巴州区政府完成巴州区乡村振兴战略规划，储备2020年配网项目70个。新建220千伏盘兴站配套6条110千伏线路，建成投运35千伏杨龛线。巴州工业园双回10千伏线路和易科碳素35千伏线路新建工程完工。迁改高低压线路63起。完成2019年城农网、大修技改项目35个，加紧实施容量提升项目22个。转增固定资产5016万元。治理低电压台区140个，农村户均容量达1.63千伏安。扎实开展“两不愁三保障”回头看大排查，2019年预脱贫的9个贫困村、4415人生活用电全面达标。落实扶贫捐赠资金12.4万元。撰写《共产党员服务队决战红色老区脱贫攻坚，架起与老区人民的“连心桥”》，该文章入选省公司典型经验。

受理高低压业扩4622笔，报装容量26.41万千伏安。推广餐饮店“电炊具”电能替代8户，完成替代电量929万千瓦时。电力市场化交易用户增长38户，增长率达到245%，查处违窃用电166笔，同比增长83%，追补差错电量342万千瓦时，共挽回损失287.47万元。接收资产1732.78万元。停电催收34次，回收“烂尾楼”陈欠电费254.32万元，电费对账一致率由年初的75%提升至92%。争取财政性资金34.77万元。

滚动修编全员安全责任清单2次，组织举办“一把手”讲安全课，开展中层管理人员安全述职15人。接受省公司安全专项检查，整改问题76项。统筹开展安全督查281次。全年安全巡查653次，查处违章行为109起，罚款7.15万元，停工整顿施工队7个。管控7级及以上电网风险预警4次、3级及以上作业风险164项。开展继电保护专项排查和二次系统“排雷”，整改缺陷239项。完成8座变电站精益化评价反措整改和137处跨鱼塘线路隐患治理。

扎实推进优化营商环境两年行动计划，高、低压客户办电环节分别缩减为4个和2个，平均接电时间分别压减至31天、1.84天。一般工商业降幅达11.7%，兑现优惠电费6011万元。更换老旧电表2.7万只，安装调试高低压费控129台，综合采集成功率达99.95%。智能电表覆盖率、采集接入率、远程充值成功率分别达到99.98%、99.99%和 99.78%。推广“互联网+”营销服务，“掌上电力”App 等线上缴费比例达到35%，线上缴费金额193.4万元，供电营业厅实现手机“扫码支付”全覆盖。打造异地办电“一站式”服务平台，“巴中市民之家”供电服务窗口2次获评“优秀窗口”。实施带电作业124次，减少停电5300余户。深化“一企一策”供电服务，走访座谈企业74次。强化高危重要客户用电检查，排查安全隐患121条并向区经信局备案。完成各类保电任务146次。投诉总量同比下降60.3%，各单位实现季度零投诉28次。

举行庆祝建党98周年、纪念五四运动100周年系列活动。开展“黄、赌、毒、酒驾、网贷”专项整治，对“打麻将”“酒驾”员工给予严肃组织惩处。第一、第二种形态处理28人。打造“3+3+3”教育培训方式，外送人数增加85%、内培增加150%，人才当量密度提升到0.9173。慰问困难党员、员工150人次。

清江所、配电运检支部分获评省、市公司先锋党支部，公司获评市公司先进基层党委和一季度流动红旗，多名员工分获巴中好人、市文明市民、市十佳烈军属等荣誉。

【国网巴中市恩阳供电公司】国网巴中市恩阳供电公司的前身为恩阳供电服务中心，隶属国网巴中供电公司的内设二级机构，2013年12月13日组建成立。2014年3月10日“正式运转”。2017年5月31日，经国家电网公司、国网四川省电力公司批准，正式成立国网四川省电力公司巴中市恩阳供电分公司。机构定位及职责是按照国网四川省电力公司分公司性质的县级供电公司进行管理，主要承担恩阳区电网建设、电网运营、安全生产和优质服务等工作。

国网巴中市恩阳供电公司现有110千伏变电站1座，变电容量9万千伏安；35千伏变电站7座，变电容量8.89万千伏安；10千伏配变2358台，变电容量32.80万千伏安。110千伏线路2条，61.19千米；35千伏线路8条，113.65千米；10千伏线路49条，1823.73千米；10千伏以下线路9730千米。小水电站2座，装机容量1200千瓦。

国网巴中市恩阳供电公司机关本部内设5个职能部门、3个业务支撑机构，下设7个乡镇供电所，另设四川南充电力设计有限公司巴中分公司恩阳设计室及巴中监理站恩阳监理项目部，同时有产业单位2个。定编408人，现在岗员工345人。

2019年，完成供电量2.99亿千瓦时，同比增长4.52%；完成售电量2.72亿千瓦时，同比增长4.93%；完成110千伏综合线损8.79%，同比下降0.36个百分点；完成10千伏综合线损6.91%，同比降低0.26个百分点；售电收入1.62亿元；电费回收率100%；实现含税售电均价596.46元/千千瓦时，同比下降25.37元/千千瓦时；全年上缴税费3664万元。

2019年，完成2018—2025年配电网滚动规划修编工作。报送恩阳区2018—2025年新增35千伏及以上配电网项目需求4个，计划新建110千伏司城变电站一座，增容扩建35千伏柳林变电站，新建35千伏镇庙、和平、变电站。形成了《巴中市城市电网可靠性提升工程建设规划（2018—2025年）》及图集、《恩阳区农村配电网规划报告》等成果。协助好彩头、方圆环保两家企业进入大用户直接交易电量市场，按政策清退54户客户633万元临时接电费。经营质效稳步提升，拓展电能替代渠道，投运煤锅炉、电火锅等改造项目24户，新增替代电量302万千瓦时。查处窃电42笔、违约用电1笔，追补电量1.88万千瓦时，追补电费1.51万元，收取违约使用电费3.48万元。加大产业单位应收账款催收，全年收回账款1604万元。做好交叉巡察“后半篇文章”，常态开展“回头看”，严格落实问题整改。

牢固树立“现场管控为王”核心理念，深化安全风险管控系统应用，纳入作业计划管控2200余场次，有效杜绝无计划作业。建立定向监督群，采用上传微视频、共享实时位置等方式敦促管理人员到岗履责，实现高风险作业安全监督全覆盖。开展施工现场管控成效评比，实施评比并表彰安全作业现场15个。推行专业部门反违章目标履责管理，促进保证体系安全管理职责落实，形成安全监管合力。大力宣贯新版《安全生产典型违章300条》，深入开展“禁红”专项行动。

认真落实一般工商业电价再降价的政策要求，完成工商业用户连续两次降价，年平均减少用户电费支出372.52万元。配合市场监管局、发改委、经信局对排查出的8家转供电主体降价清理，实现商业转供电客户终端电价由1.5元降到1.0元以内。10月，与恩阳区发改局联合举办了优化营商环境和电价政策宣贯培训会议。协助5家用电成本较大的企业完善了市场交易价格策略，减少企业电费支出100万元。协助四川好彩头公司有效地解决了基本电费计收问题，减少该企业基本电费支出近20万元。

开展全员培训27场次，受培人员达873人次。44人取得专业技术资格，技能等级评价合格31人，人才当量密度提升至0.99。完成岗位聘期制方案制定及员工基础数据清理。企业文化建设，成功创建区级文明单位，《红色“灯”文化点亮供电所金牌之路》入选省公司企业文化登高案例，自主创作的微电影作品《瓢》入围“国网故事会”。大力宣讲65名先进典型和榜样人物优秀事迹，评选“月度明星”12人、“流动红旗”单位4个，正能量强劲传播。开展了“庆三八”、退伍军人、离退休人员座谈等活动，有序实施员工疗养和健康体检，扎实开展走访慰问活动，慰问困难员工、退休职工和困难党员140人次。

【国网平昌县供电公司】国网平昌县供电公司始建于1953年。2006年3月，正式由四川省电力公司控股，更名为四川平昌供电有限责任公司。2013年7月，更名为国网四川平昌县供电有限责任公司。2014年1月，成为四川省电力公司全资子公司。2016年8月底，完成“子改分”业务切换，正式成为国网四川省电力公司分公司。公司设7个职能部门、3个业务支撑和13个供电所，受托管理和兴平昌分公司和三新平昌分公司两个集体企业。

国网平昌县供电公司有220千伏变电站1座，变电容量36万千伏安；110千伏变电站6座（含客户2座专变），变电容量29.65万千伏安；35千伏变电站17

座，变电容量20.08万千伏安；10千伏配变3618台，110千伏线路16条，328.92千米，35千伏线路26条，364.9千米，10千伏线路114条（含客户4条专线），3128.65千米，低压线路2.29万千米。

结合平昌发展实情，滚动修编“十三五”电网规划，提前开展“十四五”电网规划。完成2020年度农网工程投资增补项目计划编制上报，申报资金3341.32万元，省公司已下达批复投资1401.52万元。完成电网建设投资6928.64万元，35千伏城南站升压110千伏变电站项目已完成现场验收，35千伏南东西线T接至白衣新建线路工程竣工投运。完成4批次50个农网建设任务，1个项目获评“市公司农网十佳工程”“省公司农网五十佳工程”，完成146个贫困村电力脱贫改造。完成城市配网项目3个，技改大修项目9项。加快推进小型基建工程，7个项目获得省公司初设批复，其中3个项目完成施工招标。

截至2019年年底，完成售电量6.528亿千瓦时，同比增长11.09%；综合线损率7.82%，同比降低0.73个百分点；电费回收率100%。完成营业收入32844.53万元，同比增长15.9%。投诉压降61.54%。11月，分析月报质量排全省第一，并被推荐至国网公司参评。深化“三全”建设，台区线损合格率由年初87.23%提升至95.86%，长期保持市公司系统第一，2月同期线损管理进入全国百强行列。常态化反窃查违，政企协作开展反窃电、打击违约用电执法3次，查处窃电及违约用电61起，追补电量5.13万千瓦时，电费15.7万元。加快推进用户资产接收，签约项目3个、资产净值1087万元。加大电能替代力度，完成替代电量305万千瓦时，同比增长13.4%。持续强化两金压降，库存物资较年初减少4.16%。完成民营企业账款和农民工工资清欠工作，集体企业收回应收账款111万元。充分利用小额快赔，保险理赔赔付率、结案率100%，公司被省公司评为“小额快赔推广应用工作先进单位”。

修编全员安全责任清单，层层签订安全目标责任书。制定年度、月度教育培训计划，“一把手”讲安全课2场，开展安全培训35期、1200余人次。利用“平安在线”对三级风险及以上的36个施工点位进行实时监控，现场安全巡查1300余次，查处违章75起，处罚金额3万元，待岗学习2人。建立隐患台账，投入资金430.87万元，治理线路跨鱼塘、对地距离不足、“三跨”等隐患541处，清理中低压线路通道4250千米。全年对23条35千伏线路110条10千伏线路进行巡视，警企协作处置9起电力设施外破事件。修订迎峰度夏、防洪度汛等15项应急预案，开展应急演练5次，参演人员300余人次。完成“国庆”“两会”等121项保电任务，高效处置强风、暴雨等8起自然灾害。截至2019年12月3日，电网连续安全运行6547天。

全面开展供电服务巩固提升活动，投诉压降61.54%，邱家供电所实现全年“零”投诉。主动向县委、县政府主要领导汇报12次，走访“两代表一委员”73人次，走访客户19.8万户，聘请22名行风监督员和550名基层供电服务监督员，得到社会各界更多理解和支持。组织2016年以来重复投诉和服务规范类投诉责任人进行集中学习，邀请中电传媒高级讲师对180名一线员工开展服务技能培训，到省客服中心、广汉公司等4个单位交流学习，员工服务意识、服务技能显著提升，营销部获巴中市“工人先锋号”称号。精简用电办理流程，高、低压业务报装分别缩减至4个和2个环节，高、低压业务报装时限分别缩减至5个和20个工作日，实现常用业务“一次都不跑”，非常用业务“最多跑一次”。大力推行“互联网+营销服务”，线上缴费率突破37.29%。认真落实“一般工商业电价再降10%”要求，减少企业用电成本1360万元。

组织72名中层管理及关键岗位人员到巴中市法纪教育基地参观学习。举办培训班27期，培训3500人次，外送培训130期次，培训合格率达98%。参加市公司劳动竞赛7次，营销、调控专业均获得团体第一名。4名员工取得高级职称、28名员工取得中级职称，通过率居全市第一。加强梯队建设，交流、转职中层管理人员11人，提拔任用4人。构建“126 连心桥”职工诉求服务体系，解决基层诉求5项。开展庆祝新中华人民共和国成立70周年系列活动，组织公司80%员工拍摄了《阳光路上》短视频，获得社会的广泛关注。

【国网南江县供电公司】国网南江县供电公司成立于1982年。1998年12月，被巴中电业局代管。2003年7月，进一步理顺代管体制，进入实质性代管。2006年3月，为四川省电力公司控股公司。2013年，改制为国网四川省电力公司全资公司。2014年5月，“三集五大”体系建成运营。2016年12月25日正式成为国网四川省电力公司分公司。

国网南江县供电公司现有220千伏变电站1座，变电容量30万千伏安；110千伏变电站3座，变电容量20.15万千伏安；35千伏变电站17座，变电容量16.71万千伏安；10千伏配变3599台，110千伏线路6条221.87千米，35千伏线路20条283.5千米，10千伏线路97条3030.7千米，低压线路0.57万千米。小水电站36座，装机容量3.405万千瓦。

积极对接南江县总体规划，启动《“十四五”配电网规划》编制。按里程碑计划，高质量开展2020年城、农网项目前期建设。充分发挥属地协调作用，协助市公司成功完成昭化至巴中500千伏线路工程在南江县境内前期手续办理。加快小型基建进程，10个新建供电所均进入土地报征流程。

修订完善相关制度，梳理规范营销业扩、物资采购、非招标管理、车辆费用、绩效等级考评等流程。全面规范表彰项目，减少不必要表彰2项。推进多维精益变革，加强公司收入和成本管控。

筑牢安全基础，发布各级人员安全责任清单，修订安委会工作规则，建立安全述职制度。扎实开展专项安全培训和“保命”教育16个班次，培训人员560人，提升关键岗位安全技能水平。统筹推进“三跨”整治、触电案件压降、安全生产集中整治等专项行动，深入排查整治各类安全隐患，完成5座35千伏变电站、2条110千伏线路、4条35千伏线路、21条10千伏线路综合检修。组织开展冰冻和洪涝灾害应急演练，应对各类恶劣天气对电网造成的影响，完成迎峰度夏（度冬）、国庆保电等35场•次重大保电任务。持续做好交通、消防、保密、等工作。

加快补齐电力短板，凝聚全司力量助推全县脱贫摘帽，开展电力建设扶贫“大排查”回头看，治理低电压台区112个，整治台区容量达2.1千伏安。改造原小水电供区村社33个，改造10千伏线路14.09千米、重过载配变台区26处。深入开展定点帮扶，每月召开专题会议研究部署脱贫攻坚工作，按月组织帮扶责任人到户“一对一”帮扶。助力贫困村花椒、冬桃、稻田养鱼等支柱产业发展，提高贫困户的内生动力。开展“扶贫日”系列活动，多渠道助推脱贫。通过5年来的对口帮扶，公司帮扶的4个村222户贫困户已全部脱贫，顺利通过各级验收。

深入开展线损整治工作，台区线损、10千伏分线线损合格率同比提升3.5%、36%。推进“两金”压降，实现财务原材料账面余额3.53万元，农网项目库存物资余额49.60万元，压降率73%、86.7%。深入开展用电检查，加大错误电费追补，共追补电费112.95万元。推广高压费控执行和购电制，南威、海螺两家水泥公司成功实行购电制，累计缴存购电费820万元。推进“全能型”“星级”乡镇供电所建设，变电检修班创建五星级班组，乐坝供电所在创四星级供电所的基础上，申报国网创五星级供电所成绩突出。职工创新创效成效显著，1个 QC 课题和1个技术创新项目分获市公司第一名。

落实“放管服”改革，完成年度2次一般工商业电价调整，让利一般工商业用户432.95万元。指导用户参与市场化交易，减少用电成本895.79万元。大力兑现丰水期电能替代政策，涉及户数10.47万户，优惠金额207.34万元。全面落实业扩新政，高、低压办电流程分别缩减至4个、3个，平均接电时间分别缩减至35天、1.5天。深入开展漠视侵害群众利益专项整治行动，切实解决客户用电需求。完成了新接供区4.8万只智能卡表的换装工作，实现了供区智能电表全覆盖。完善“互联网+”营销服务体系，建立1200余个台区客户群、50个美丽乡村供电服务连心站。大力服务全县重点项目建设，现场协调解决企业用电需求。

扎实开展“不忘初心、牢记使命”主题教育活动，专题学习研讨16次。建强建优党组织，设立17个党员责任区、30个党员示范岗，完成“两委”和20个党支部换届工作。组织红星志愿服务队在帮扶村、敬老院、两考考点等地开展志愿服务，发挥共产党员先锋模范作用。深入开展庆祝建党98周年、纪念五四运动100周年系列活动。企业文化建设蓬勃开展，大力传播国网品牌，开展“十讲十增强”形势任务宣讲10场次。以庆祝中华人民共和国成立70周年为载体，有针对性地开展“主题党日”活动策划。在各级内、外媒体登载稿件800余篇，宣传公司电网建设、脱贫攻坚、抗灾抢险及重大活动保电工作。组织参加市公司“我与祖国共奋进”经典红歌传唱活动，喜获最佳表演奖。组队参加市公司第十一届职工运动会，获5个奖项。开展庆“三八”系列活动，展现女职工巾帼风采。

【国网通江县供电公司】国网通江县供电公司2003年由国网巴中供电公司实质性代管。2006年3月，公司改制成为四川省电力公司的控股县级供电公司。2014年，完成全资子公司改制。2016年8月，改制为国网四川省电力公司分公司。公司共设7个职能部门、4个业务支撑和实施机构，受托管理和兴通江分公司和三新通江分公司2个集体企业。

国网通江县供电公司有220千伏变电站1座，变电容量15万千伏安；110千伏变电站4座，变电容量30.15万千伏安；35千伏变电站15座，变电容量17.135万千伏安；10千伏配变3829台，110千伏线路9条210.217千米，35千伏线路21条364.9千米，10千伏线路87条（含客户4条专线）3345.9513千米，低压线路1.78万千米。小水电站1座，装机容量9800千瓦。

启动“十四五”电网规划，储备项目225个，资金7.5亿元，规划新（扩）建变电站6座、新（改）线路53条。项目建设加快推进。完成电网发展投资1.1亿元。35千伏金堂输变电工程动工开建。35千伏双泉输变电工程完成前期工作，全市首座、唯一一座35千伏长坪配电化变电站项目可研通过省公司评审。推进“配网三年整治提升行动”，完成城网项目1个、农网项目39个、低电压治理项目160个、大修技改项目4个、营销项目5个。

大力开拓电力市场，售电量突破5亿千瓦时大关，增速全市第一。常态化开展线损分析，落实有效降损措施，综合线损率首次降至个位数，台区线损合格率提升明显。积极推广电能替代，完成“煤改电”项目2个，新增负荷1580千瓦。持续开展“两金”压降，加强物资利库管理和废旧物资处置，全年平衡利库资金320余万元，处置废旧物资40万余元。完成工程结算转资项目26个，资金1856.07 万元。强化预算和成本管控刚性执行，可控成本订单项目全覆盖。强力推动用户资产移交工作，持续降低资产负债率。清理拖欠民营企业款项，累计支付账款451万元。扎实开展“规章制度落实督导年”活动，新建、废止制度6项。

强化安全责任落实，持续修编完善全员安全责任清单。开展中层管理人员安全述职评议32人次。严格现场安全管控。加强电网运行风险预警，管控七级以上电网风险13项。落实电网重大反事故措施，强化隐患排查治理，开展10千伏高跳线路综合整治，投入资金952万元处理各类安全隐患537处，完成15条配网线路综合巡检及整治。应急处置能力持续提升，不断修编应急各类预案，完成水电站及农网项目防洪度汛应急演练，高效应对“6·20”“ 7·17”等极端气候，最短时间恢复电力供应，得到社会各界一致好评。公司荣获市公司2019年“安全业绩突出单位”称号。

开展“供电服务巩固提升”专项活动，强化全员服务理念，压实供电服务责任，完善全员服务机制，最长连续5周无投诉，投诉总量首次控制在100笔以内，压降率65.51%，居全市第一。主动服务全县重点项目建设， 为15户大客户制定“一企一策”。全面推广网上国网、微办电线上服务，简单业务实现“一次都不跑”。落实两轮一般工商业调价政策，减少17869户工商业客户电费支出180万元。兑现“两保户”即征即返电费补贴250.57万元。完成重要活动保电60余次。深入实施优化营商环境两年行动计划，主动向县委、县政府汇报沟通，政企关系持续向好。常态走访“两代表一委员”和重要用户，客户“获得电力”感知持续提升。供电服务窗口成功入驻县政务中心。

扎实开展“不忘初心，牢记使命”主题教育活动，坚持边学边查边改，整改问题22个。完成公司党委和23个党支部换届选举工作。加强党建量化计划管理，落实支部书记抓党建现场述职，实行党建季度绩效考评。完成省公司交叉巡察反馈的7个方面、14项、58个问题整改。建成民胜供电所等单位文化长廊3个、洪口供电所等企业文化示范点8个。强化新闻宣传和主题传播，中央电视台直播员工特写镜头1次，《人民日报》《中国电力报》《四川日报》等媒体报道公司工作成效19篇。

（付子豪）

国网甘孜供电公司
国网甘孜州电力有限责任公司

【企业概况】国网甘孜供电公司成立于 2006 年 1 月，是隶属于国网四川省电力公司的以输电和售电为主的分公司，现有长期职工 311 人。国网四川甘孜州电力有限责任公司（以下简称“州公司”）成立于 2012 年 3 月 20 日，是由国网四川省电力公司控股 80%、地方政府参股 20%组建的市州级供电企业，下辖县级分公司 17 家，有各类员工 1988 人，其中藏族员工占 55.40%。按照一套人马、两块牌子、管理高度融合的原则开展日常工作，担负着甘孜州除德格县及少数独立供区以外的 17 个县（市）供电的任务，供电面积 14.2 万平方千米，供电户数 22 万余户。

在国网四川省电力公司党委和州委、州政府的坚强领导下，公司按照“1234”发展思路，强基固本、提质增效，各项工作有序推进。完成固定资产投资 7.5 亿元。售电量 21.82 亿千瓦时，同比增长 38.42%。

公司坚定不移地服务党和国家工作大局，民生用电质量和水电消纳能力大幅提升，企业用电成本持续下降，老百姓美好生活用电需求不断满足，助力甘孜州经济社会飞速发展。公司夯基础、提能力，始终将提升自身综合实力放在首位，安全局面保持稳定，电网基础不断巩固，队伍能力明显提升，遗留问题处置取得重大进展，公司发展步伐更加轻快。公司

2019年7月11日，国家电网公司副总经理张智刚到国网四川甘孜州电力有限责任公司调研

强经营、勇争先，牢牢把握改革创新时代脉搏，引领州内电力事业蓬勃发展，售电量增长取得历史性突破，多个领域获得佳绩，企业运营质效不断提升，公司发展后劲更加有力。公司4个集体、10名员工获得国家电网公司及国网四川省电力公司表彰。

【人力资源】公司设10个本部职能部门、6个业务支撑和实施机构，10个职能部门分别是办公室（党委办公室）、发展策划部、党委组织部（人力资源部）、财务资产部、建设部、安全监察部（保卫部）、监察审计部（纪委办公室）、党委党建部（党委宣传部、工会、团委）、互联网办公室、电力调度控制中心（供电服务指挥中心）。6个业务支撑和实施机构分别是经济技术研究所、运维检修部（检修分公司）、营销部（农电工作部、客户服务中心）、物资部（物资供应中心）、信息通信分公司、综合服务中心。运维检修部与检修分公司合署、营销部（农电工作部）与客户服务中心合署、物资部与物资供应中心合署，具有职能管理和实施主体双重职责。

2019年，公司建立健全干部管理制度，夯实干部队伍的基础管理，把牢干部体系的基础防线，加强干部队伍建设，加大干部交流力度，增加干部多岗位锻炼经验。深入开展劳务协作和对口帮扶，劳务协作规模扩大到109人，逐步缓解公司结构性缺员问题。强化干部员工队伍素质，选派5名青年骨干赴冀北公司实践锻炼，组织完成2019年技能初、中、高级工、技师鉴定考试工作，72名员工经考试、鉴定合格，取得相应等级资格。全年专业技术资格提升109人（其中高级14人、中级24人、初级71人）。

【电网建设与发展】公司重点抓好项目规划管理工作，完成2019年配电网滚动规划等工作。重点完成三区两州项目安排，着力解决脱贫攻坚查漏补缺、确保小水电供区电网项目准确落地、保障村级光伏扶贫电站并网等项目的建成。投运康定新城2号主变扩建以及得荣柯拉等输变电工程，解决了局部地区主变重过载和网架结构加强等问题。开工建设川藏铁路施工（新都桥）220千伏临时供电工程及其配套工程，为川藏铁路施工用电和新都桥产业园区供电提供了坚实的用电保障。快速稳步推进三区两州前期工作，完成磨西110千伏及磨西配套、中咱110千伏及中咱配套、下坝35千伏等13项项目核准，启动丹巴220千伏及配套工程在内的多个前期专题要件办理工作，积极对接政府，出具边建边批文件，助推公司三区两州基建项目顺利实施，完成年度计划。建成投运35千伏柯拉、瓦卡等10项“三区两州”重点工程，建成变电站8座，新增变电容量134.1兆伏安，建成35千伏及以上线路268千米，按期开工建设川藏铁路施工（新都桥）220千伏临时供电工程及其35千伏配套工程。

【经营管理】2019年，公司并表口径完成线损率18.86%，首次降至20%以内。州公司口径线损率完成14.42%。提前一年完成“十三五”规划的州公司线损率达15%的目标，15家县公司线损率同比下降，丹巴公司降幅最大达7.14个百分点。保持电费回收高压态势，落实“一户一策”，全年电费回收率保持100%。加强营销业务质量管控，规范抄表管理，调整抄表方式，取消城区手工抄表，实行专变用户、智能电表用户远采集抄，自动发行电量电费，对采集失败表计进行现场核实、手工补录。全力加快推进营销“三全”建设，开展数据清理专项工作，智能表覆盖率达到99.68%，全口径采集接入率达到99.52%，全口径采集成功率达到97.67%。全面推进优化营商环境工作，开展优化营商环境报装接电专项治理，严格执行精简申请资料、简化流程环节、压减办电时间等工作要求，低压申请资料减至3种，高压申请资料减至4种；低压业务缩减至3个环节；10千伏及以上业务流程缩减至4个环节；低压居民客户平均接电时间7天内，低压非居民客户平均接电时间30天内；10千伏客户平均接电时间60天内；35千伏及以上客户接电时间与客户通过协议约定。持续发展综合能源业务，深入挖掘电能替代潜力项目，完成火锅店“气改电”项目改造23户、推动电动汽车公交站建设4座、完成电能替代电量242.76万千瓦时。加强往来款项的管理，针对应付款项开展专项清理活动，分公司处置应付账款实现营业外收入6.27万元。

【安全生产】全面落实国网四川省电力公司2019年安全生产各项工作部署，通过夯实安全基础、规范管理流程、加强风险管控、加大监督考核等方式，努力提升公司本质安全水平，完成年度安全生产目标。

安全基础持续夯实。完成公司全员安全责任清单编制工作，形成明确、清晰、全面的安全责任清单体系。修订公司《安全工作奖惩实施细则》，健全了安全激励约束机制，为做到安全工作重奖重罚和奖惩分明提供了“行动指南”。扎实开展春（秋）安检查、“防风险、保安全、迎大庆”、岁末年初安全生产集中整治等一系列安全专项行动，排查整治各类安全隐患486条。全面完成17个县公司行政正职、生产副总以及4个县公司营销副总和安全总监的安全述职工作，不断提升基层单位领导干部安全掌控能力。深化电力警务协调办公室作用，成功处置得荣35千伏古瓦线、新龙35千伏龙马二线等外破事件。安全风险得到有效管控。加强生产作业计划管理，实现精准“日管控”从专业部门向基层单位延伸，推动管控措施落地。狠抓高风险作业预警管控和到岗到位执行力度，成功管控四级基建作业风险3次，三级运检作业风险46次。强化班组长、“三种人”、特种作业等关键岗位人员能力提升，送培取证公司内部特种作业人员88人。加强外包队伍安全管理，持续推行外来施工人员进站许可制度，把好安全入口关。建立安监部和业务部门以及县公司属地督查相结合的立体式反违章体系，保持反违章高压态势，全年公司系统查处违章1128条，教育训诫89人次，未发生上级单位查处通报的红线禁令和安全约谈。应急保障持续加强。联合州消防支队、州医院和州电视台开展防震减灾综合应急演练，组织基层单位开展各类专项演练168次，送培44人参加国网四川省电力公司8期应急培训，提高了全员防灾减灾意识和应急保障能力。牵头开展藏区高原电网应急管理差异化研究，着力打造电力应急名片。强化区域联动，高效处置各类灾情险情52次，其中丹巴、九龙灾情处置入选四川省政府防灾减灾典型经验。

2019年6月5日，新都桥输变电工程开工仪式

【农电工作】2019年，公司按期完成2018年调整批次、2019年第一批、第二批、第四批共4个批次配（农）网项目建设工作，完成计划投资3.694亿元，涉及甘孜州12个县。新建10千伏线路596.6千米，新增配变485台，容量53.91兆伏安，新建低压线路596.7千米，改造户数14982户。为进一步规范县公司供电所管理，完善供电所基础设施建设，逐步向“全能型”乡镇供电所看齐，对2018年完工的8个供电所小型基建和县公司5个城区供电营业厅开展标准化建设与改造工作。积极组织开展四星级供电所创建工作，完成7个二星级、1个一星级供电所的验收评定工作。

【科技与信息化工作】2019年，公司科技项目有所突破，群众性创新热情高涨，发表电力相关论文4篇，研发实体工具3套，取得技术专利3项。

公司全年承担群众性创新项目3项，通过机房运维辅助工具研制，切实解决了作业过程中的移动工具不方便、安全风险高等问题，提高自动化设备运维效率，保障电力调度控制系统安全稳定运行；通过网络布线辅助工具研制，提高了网线施工作业的效率，保障各类网络设备的可靠稳定运行，减少因网线制作引起的故障，同时有效解决多条网线在穿线过程混乱的麻烦，提高机柜内网线的整洁程度；通过新型智能2M跳线运行测试检测装置的研究，辨别传输设备的2M线收发和跳线的好坏，提高了业务接口施工作业的效率，保障各类传输设备的可靠稳定运行，减少了因2M跳线的收发问题引起的故障，同时有效整理了本端设备或者对端设备收发顺序，简便直观地发现收发和跳线故障点。群创项目的落地开展和实施推广，有效解决了生产一线中遇到的各类技术问题瓶颈，起到了激励员工务实兼创新的热情。

【市场服务（优质服务）】积极拓展第三方代收业务，与农行甘孜州分行、邮储甘孜州分行以及甘孜州农村信用社开展第三方代收电费合作；在全州17个县公司设置了37台24小时自助缴费机，全面开通甘孜州微信、支付宝、网上国网等线上缴费业务，拓宽用户缴费渠道。全面推广微信、支付宝、网上国网等线上缴费方式，方便用户及时查询用电信息，掌握停电公告。完成重大活动、会议、维稳等保电任务300余次。密切做好停电信息审核、发布工作，累计审核、发布停电信息857条。

开展专项治理漠视侵害群众利益问题，持续优化电力营商环境，督促业务部门优化业扩流程。加强业扩报装业务质量管控，重点整治“线下流转”、“三指定”、额外收费、业务办理不规范等6项内容，及时解决客户用电难问题，不断提升客户“获得电力”感知。强化供电服务明察暗访，组织对4个县公司营业窗口、业扩报装、故障抢修等情况开展监督检查，督促基层不断提升行风建设与优质服务水平。

【党的建设和精神文明建设】扎实开展“不忘初心、牢记使命”主题教育活动，分层分类做到了主题教育对象全覆盖，累计集中学习5.5天，查找问题341个，完成整改238个，形成调研报告9份；组建公司宣讲团，公司党委委员带头到基层开展“十讲十增强”形势任务宣讲10余次。完善公司党委党建工作责任清单、党建工作联系点等制度，实现23个基层党组织书记半年抓党建述职评议全覆盖。开展党组织标准化建设自查整改，在“三区两州”脱贫工作重点工程成立临时党支部。制定统战工作要点，推进“三区两州”建设，积极创建全国民族团结进步单位。实施“情暖职工十件实事”，搭建“126连心桥”州县两级诉求服务体系。成立公司青年工作领导小组，举办“青年讲堂”，服务团员青年成长成才。深化企业文化建设，以泸定桥作为红色党建教育基地，持续开展党的红色教育，重点打造企业文化建设项目《以“红色使命”践行“十讲十增强”落地实践》，编制《“十讲十增强”红色实践故事图谱》。1个基层单位获评州级文明单位；1个班组获评“省公司工人先锋号”、7个班组获评“省公司五星级班组”；6名员工被评为甘孜州劳模，1名员工被评为国家电网公司劳模。

结合“新中国成立70周年”、脱贫攻坚、“三区两州”工程建设等重点工作，精心策划各类宣传报道，联合行业内外媒体进行采写，扩大影响力和宣传力度。《农网改造架起连心桥》登上《人民日报》，并被国家级和省市级多家媒体转发刊载；《“高远”的电网建设》《国网甘孜供电公司6名员工喜获甘孜州劳动模范称号》等新闻在人民网刊发；公司全年在《国家电网报》、《甘孜日报》、“电网头条”等各类媒体累计刊发稿件100余篇。加强新媒体的运用和管理，把微信公众号“电力格桑花”作为公司对外文化和价值的平台，以更加生动活泼的方式宣传公司品牌形象。

全面开展“电网先锋 党旗增辉”“暖冬行•爱传递”主题志愿服务活动、“青春光明行”活动、“电暖人心，扶贫济困”等志愿活动，以关爱困难群体志愿服务和脱贫帮扶志愿服务为主要载体，开展专项活动30余场次，参与志愿者达250余人，惠及群众1500余人。公司“圣洁尚巴”志愿服务队成员精心编排情的景剧《架起藏汉连心桥》，登上国网四川省电力公司“责任川电，温暖巴蜀——学雷锋志愿服务现场交流推进活动”的故事分享舞台。

2019年3月6日，国网四川甘孜州电力有限公司调控党支部与西南分部调控第一党支部在泸定红军飞夺泸定桥纪念馆开展“不忘初心 重走长征路”主题党日活动

【存在的主要问题】在初步完成“建体系”“建电网”两个重要过程后，电网和公司运营格局基本形成，但“地大”“物薄”特征明显，“人”“财”“物”和队伍能力不足问题突出，严重制约发展质量提升。

“物”的不足突出表现在：“两网”建设滞后。一是电网网架薄弱，配网设备老旧、落后，“卡脖子”风险正逐步增高，孤网运行能力不足。二是电网感知能力弱。“盲调”问题突出，采集和通信基础薄弱，基础台账、数据混乱。三是部分网络、设备布局不合理，设备利用效率低。

“财”的不足突出表现在：盈利和生产经营再投入能力不足。一是售电量基数小；“大数据”售电均价低且增长不稳定；营销业务管控和线损治理还需加强。二是成本使用紧张，生产经营投入和实际需求间有较大缺口。预算分解执行水平和将有限资金发挥出最大效用要求间有较大差距。

“人”的不足突出表现在：人力资源效率不高。一是技术含量低和布局不科学的业务占用大量人力。二是用工体制复杂、人员流动不畅、“大锅饭、铁饭碗、终身制”带来的人浮于事、效率低下问题还没完全解决。三是人才流失率较高，部分业务外包用工呈现骨干化、职工化。

“队伍能力”的不足突出表现在：业务规范程

度较低。一是部分员工自我提升意愿不强，停留在老经验、老把式上，距离“十讲十增强”的要求差距较大，履职能力不足。二是部分基层单位存在“等靠要”的思想；部分本部专业管理人员存在“甩包袱”的工作安排方式，对基层缺乏指导。公司两级欠缺合力，规范管理难以落地。

【国网康定市供电公司】2007年10月，康定电力公司同泸定电力公司联营重组成立甘孜藏族自治州电力有限责任公司。2013年4月，成立国网四川康定县供电有限责任公司，成为由国网四川电力控股管理的县级供电企业。2017年，“子改分”工作完成后更名为国网四川甘孜州电力有限责任公司康定市供电分公司，担负着21个乡（镇）、234个村、4.24万户、13.35万人的生产生活供电任务。康定电网现有220千伏变电站1座，变电容量30万千伏安；110千伏变电站6座，变电容量29.65万千伏安；35千伏变电站8座，变电容量8.055万千伏安；220千伏线路12条，全长280.726千米，110千伏线路6条，全长136.998千米；35千伏线路15条，全长229.115千米；10千伏输配电线路52条，全长1145.01千米；配电变压器台区924个，低压线路2175.519千米。2019年，完成售电量5.62亿千瓦时，同比增长17.88%。

【国网泸定县供电公司】国网四川泸定县供电有限责任公司成立于2013年4月，是国网四川电力控股的县级供电企业。2017年，“子改分”工作完成后更名为国网四川甘孜州电力有限责任公司泸定县供电分公司，担负着泸定县5个乡（镇）、62个行政村、2.92万多户、5万多人的生产生活供电任务。泸定电网于2006年并入省网，有小水电站1座，装机容量为1800千瓦；220千伏变电站1座，变电容量36万千伏安；110千伏变电站3座，变电容量27.6万千伏安；35千伏变电站6座，变电容量10.315万千伏安；220千伏线路2条，全长62.616千米；110千伏线路7条，全长117.384千米；10千伏线路26条，全长340.607千米；配变台区406台，容量18.6049万千伏安；低压线路412.566千米。2019年，完成售电量2.03亿千瓦时，同比增长10.82%。

【国网九龙县供电公司】国网四川九龙县供电有限责任公司成立于2007年12月，是国网四川电力控股的县级供电企业。2017年，“子改分”工作完成后更名为国网四川甘孜州电力有限责任公司九龙县供电公司，担负着全县2个镇、15个乡、65个村、265个村民小组、1.61万户，6.3万人的供电任务。九龙电网现有水电站13座，装机容量8.05万千瓦（其中自有小水电站2座，装机容量1400千瓦）；110千伏变电站1座，变电容量4万千伏安；35千伏变电站10座，变电容量5.35万千伏安；35千伏线路5条，全长105.298千米；10千伏线路32条，全长524.855千米；配电台区626台，总容量7.692万千伏安。2019年，完成售电量6734.7万千瓦时，同比下降1.77%。

【国网丹巴县供电公司】国网四川丹巴县供电有限责任公司成立于2011年7月8日，是国网四川电力控股的县级供电企业。2017年，“子改分”工作完成后更名为国网四川甘孜州电力有限责任公司丹巴县供电分公司，担负着丹巴县辖2个镇、13个乡、181个村、1.02万户、7.05万多人的生产生活供电任务。丹巴电网现有水电站13座，装机容量8.05万千瓦（其中自有小水电站1座，装机容量2030千瓦）；35千伏变电站4座，变电容量2.105万千伏安；35千伏线路5条，全长105.298千米；10千伏线路15条，全长173.016千米；配电台区631台，总容量7.742万千伏安。2019年，完成售电量7513.77万千瓦时，同比减少12.56%。

国网四川甘孜州电力有限责任公司员工在雪后开展10千伏线路巡视，重点针对防山火和迎峰度冬
（徐国胜　摄）

【国网甘孜县供电公司】国网四川甘孜县供电有限责任公司成立于2012年3月，是国网四川电力控股的县级供电企业。2017年，“子改分”工作完成后更名为国网四川甘孜州电力有限责任公司甘孜县供电分公司，担负着全县辖5个片区、22个乡（镇）、220个行政村、2.0676万户的生产生活供电任务。甘孜电网现有水电站7座，装机容量9570千瓦（其中5座停运，装机容量1370千瓦）；220千伏变电站1座，变电容量36万千伏安；110千伏变电站2座，变电容量8万千伏安；35千伏变电站7座，变

电容量5.775万千伏安；220千伏线路1条，全长19.28千米，35千伏线路9条，全长191.67千米；10千伏输配电线路23条，全长391.991千米；配电变压器台区322个，变电容量7.82万千伏安；低压线路682.3千米。2019年，完成售电量7431.94万千瓦时，同比增长3.66%。

【国网巴塘县供电公司】国网四川巴塘县供电有限责任公司成立于2012年7月，是国网四川电力控股的县级供电企业。2017年，“子改分”工作完成后更名为国网四川甘孜州电力有限责任公司巴塘县供电分公司，担负着全县辖19乡镇、123个村、0.85万户、5.31万人的生产生活供电任务。巴塘电网2014年12月并入省网，有7座小水电站，装机容量10250千瓦（其中1座停运，装机容量500千瓦）；110千伏变电站1座，变电容量4万千伏安；35千伏变电站9座，变电容量3.69万千伏安；35千伏线路8条，全长289.295千米；10千伏线路31条，全长808.433千米；配电台区321台，容量4.821万千伏安；低压线路1294.06千米。2019年，完成售电量6985.39万千瓦时，同比减少46.26%。

【国网石渠县供电公司】国网四川石渠县供电有限责任公司成立于2012年10月，是国网四川电力控股的县级供电企业。2017年，“子改分”工作完成后更名为国网四川甘孜州电力有限责任公司石渠县供电分公司，担负着石渠县23个乡（镇、场）、166个行政村、4个居委会、2.55万户、10.02万人的生产生活供电任务。石渠电网于2012年10月并入省网，有水电站1座，装机容量6400千瓦；110千伏变电站2座，变电容量8万千伏安；35千伏变电站10座，变电容量3072万千伏安；35千伏线路11条，全长390.421千米；10千伏线路34条，全长2101.355千米；配电台区776台，容量8.7405万千伏安；低压线路4191.4千米。2019年，完成售电量6372.99万千瓦时，同比增长27.67%。

【国网炉霍县供电公司】国网四川炉霍县供电有限责任公司成立于1989年5月。2011年，转由国家电网公司代管。2012年5月，改制后更名为四川炉霍供电有限责任公司；同年，更名为国网四川炉霍县供电有限责任公司，是国网四川电力控股的县级供电企业。2017年，“子改分”工作完成后更名为国网四川甘孜州电力有限责任公司炉霍县供电分公司，担负着炉霍县16个乡镇、171个行政村、1.57万户、4.9万多人的生产生活供电任务。炉霍电网于2014年12月并入省网，有自有小水电站3座（1座停运），装机容量3960千瓦；110千伏变电站1座，变电容量4万千伏安；35千伏变电站8座，变电容量2.41万千伏安；220千伏线路1条，全长93.88千米，35千伏线路13条，全长233.808千米；10千伏线路23条，全长428.9532千米；配电台区315台，配电容量5.18万千伏安；低压线路913.2千米。2019年，完成售电量5416.46万千瓦时，同比增长15.93%。

【国网得荣县供电公司】国网四川得荣县供电有限责任公司成立于2014年3月，是国网四川电力控股的县级供电企业。2017年，“子改分”工作完成后更名为国网四川甘孜州电力有限责任公司得荣县供电分公司，担负着得荣县辖3个镇、9个乡、127个村、0.56万户、2.8万多人的生产生活供电任务。得荣电网于2015年1月并入省网，有水电站3座(其中1座已停运,640千瓦)，装机容量3000千瓦；220千伏变电站1座，变电容量9万千伏安；110千伏变电站1座，变电容量4万千伏安；35千伏变电站7座，变电容量2.93万千伏安；220千伏线路2条，全长27.516千米，35千伏线路10条，全长146.504千米；10千伏线路16条，全长597.5277千米；配电变压器273台，容量4.25万千伏安。2019年，完成售电量4605.45万千瓦时，同比增长10.19%。

【国网理塘县供电公司】国网四川理塘县供电有限责任公司成立于2014年2月，是国网四川电力控股的县级供电企业。2017年，“子改分”工作完成后更名为国网四川甘孜州电力有限责任公司理塘县供电分公司，担负着理塘县辖2个镇、22个乡、231个村、1.5万户、7.2万多人的生产生活供电任务。理塘电网于2014年12月并入省网，现有小水电站12座（其中4座电站已停运，装机770千瓦），装机容量10935千瓦；110千伏变电站1座，变电容量4万千伏安；35千伏变电站9座，总容量3.985万千伏安；35千伏线路10条，全长303.731千米；10千伏线路27条，全长568.95千米；配电变压器台区432个，变电容量6.093万千伏安；低压线路1489.79千米。2019年，完成售电量7106.77万千瓦时，同比增长24%。

【国网雅江县供电公司】国网四川雅江县供电有限责任公司成立于2013年4月，是国网四川电力控股的县级供电企业。2017年，“子改分”工作完成后更名为国网四川甘孜州电力有限责任公司理塘县供电分公司，担负着雅江县4个镇、13个乡、113个行政村、1个居委会、128个村民小组、1.2万户、5.94万多人的生产生活供电任务。雅江电网于2012年1月并入省网，现有自有小水电站6座（其中3座已停运，装机965千瓦），装机容量4765千瓦；220千伏变电站1座，变电容量30万千伏安；110千伏变电站1座，变电容量4万千伏安；35千伏变电站15座，变电容量5.513万千伏安；220千伏线路2条，全长45.15

千米；35 千伏线路 19 条，全长 306.943 千米；10 千伏线路 30 条，全长 297.0532 千米。2019 年，完成售电量 7830.76 万千瓦时，同比增长 14.34%。

【国网乡城县供电公司】国网四川乡城县供电有限责任公司成立于 2013 年 4 月，是国网四川电力控股的县级供电企业，2017 年，“子改分”工作完成后更名为国网四川甘孜州电力有限责任公司乡城县供电分公司，担负着乡城县辖 3 个镇、9 个乡、89 个行政村、3. 个居民委员会、137 个村民小组、0.71 万户。3.53 万人的生产生活供电任务。乡城电网 2014 年 10 月并入省网，有水电站 1 座，装机容量 4000 千瓦；110 千伏变电站 1 座，变电容量 4 万千伏安；35 千伏变电站 5 座，变电容量 2.51 万千伏安；220 千伏线路 2 条，全长 107.289 千米；35 千伏线路 6 条，全长 190.738 千米；10 千伏输配电线路 17 条，全长 419.163 千米；配电变压器台区 234 个，变电容量 4.35 万千伏安；低压线路 769.1 千米。2019 年，完成售电量 1.05 亿千瓦时，同比增长 23.07%。

【国网稻城县供电公司】国网四川稻城县供电有限责任公司成立于 2011 年 7 月，是国网四川电力控股的县级供电企业。2017 年，“子改分”工作完成后更名为国网四川甘孜州电力有限责任公司稻城县供电分公司，担负着稻城县 14 个乡（镇）、124 个行政村、1.0788 万户、3.41 万多人的生产生活供电任务。稻城电网于 2014 年 11 月并入省网，现有水电站 1 座，装机容量 2500 千瓦；110 千伏变电站 2 座，变电容量 12 万千伏安；35 千伏变电站 6 座，变电容量 3.76 万千伏安；35 千伏线路 3 条，全长 94.773 千米；10 千伏线路 21 条，全长 359.8439 千米；配电变压器台区 317 个，变电容量 5.074 万千伏安；低压线路 1216 千米。2019 年，完成售电量 7446.08 万千瓦时，同比增长 12.46%。

【国网新龙县供电公司】国网四川新龙县供电有限责任公司成立于 2013 年 3 月，是国网四川电力控股的县级供电企业。2017 年，“子改分”工作完成后更名为国网四川甘孜州电力有限责任公司新龙县供电分公司，担负着新龙县 19 个乡镇、123 个村、0.85 万户、5.31 万人的生产生活供电任务。新龙电网于 2014 年 11 月并入省网，现有水电站 3 座（其中 1 座停运，装机容量 1260 千瓦），装机容量 5020 千瓦；110 千伏变电站 1 座，变电容量 4 万千伏安；35 千伏变电站 6 座，变电容量 2.835 万千伏安；35 千伏线路 10 条，全长 298.957 千米；10 千伏线路 26 条，全长 621.197 千米；配电变压器台区 497 个，变电容量 5.03 万千伏安；低压线路 473.67 千米。2019 年，完成售电量 3156.63 万千瓦时，同比增长 23.78%。

【国网色达县供电公司】国网四川色达县供电有限责任公司成立于 2012 年 6 月，是国网四川电力控股的县级供电企业。2017 年，“子改分”工作完成后更名为国网四川甘孜州电力有限责任公司色达县供电分公司，担负着色达县辖 2 个镇、16 个乡、135 个村、1.6 万户、5.96 万人的生产生活供电任务。色达电网于 2014 年 12 月并入省网，有小水电站 3 座，装机容量 1.18 万千瓦；110 千伏变电站 2 座，变电容量 8 万千伏安；35 千伏变电站 9 座，变电容量 4.94 万千伏安；35 千伏线路 10 条，全长 404.6 千米；10 千伏线路 37 条，全长 824.277 千米；配电变压器台区 438 个，变电容量 5.3643 万千伏安；低压线路 1298.61 千米。2019 年，完成售电量 7948.9 万千瓦时，同比增长 8.34%。

【国网白玉县供电公司】国网四川白玉县供电有限责任公司成立于 2012 年 12 月，是国网四川电力控股的县级供电企业。2017 年，“子改分”工作完成后更名为国网四川甘孜州电力有限责任公司白玉县供电分公司，担负着白玉县 17 个乡（镇）、156 个村、0.97 万户、5.9 万多人的生产生活供电任务。白玉电网于 2014 年 11 月与主网并网运行，现有小水电站 2 座，装机容量 2720 千瓦；110 千伏变电站 2 座，变电容量 8 万千伏安；35 千伏变电站 8 座，变电容量 3.995 万千伏安；35 千伏线路 12 条，全长 340.76 千米；10 千伏线路 24 条，全长 689.286 千米；配电变压器台区 416 个，变电容量 5.36 万千伏安；低压线路 1309.6 千米。2019 年，完成售电量 7248.98 万千瓦时，同比减少 5.13%。

【国网道孚县供电公司】国网四川道孚县供电有限责任公司成立于 2013 年 5 月，是国网四川电力控股的县级供电企业。2017 年，“子改分”工作完成后更名为国网四川甘孜州电力有限责任公司道孚县供电分公司，担负着道孚县 22 个乡（镇）、2 个居民委员会、158 个行政村、1.54 万余户、5.58 万多人的生产生活供电任务。道孚电网于 2015 年 8 月并入省网，有小水电站 5 座（其中 1 座电站已停运，装机容量 125 千瓦），装机容量 5385 千瓦；110 千伏变电站 1 座，变电容量 8 万千伏安；35 千伏变电站 8 座，变电容量 3.51 万千伏安；220 千伏线路 1 条，全长 110.75 千米；35 千伏线路 9 条，全长 211.074 千米；10 千伏线路 25 条，全长 553.13 千米；配电变压器台区 664 个，变电容量 4.825 万千伏安。2019 年，完成售电量 4952.9 万千瓦时，同比增长 6.6%。

（曾春夏）

国网四川岷江供电有限责任公司

【企业概况】国网四川岷江供电有限责任公司（以下简称“岷江供电”）前身为成立于1993年的阿坝州属国有企业——四川岷江电力股份有限公司（以下简称“岷江水电”），工商注册地汶川县下索桥，是阿坝州主要供电主体之一。岷江水电公司于1998年挂牌上市（股票代码：600131），成为阿坝州截至目前唯一一家，也是四川西部少数民族地区首家主板上市公司。国网四川省电力公司于2002年成为实际控制人，并于2006年成为第一大股东。2019年1月，为贯彻落实国网公司党组加快建设“三型两网·世界一流”企业决策部署，全面助力国网公司推动通信产业混合所有制改革，国网公司决定对岷江水电公司进行重大资产重组。按照资产重组方案，国网四川省电力公司于2019年11月全资出资成立的第23家地市级供电公司——国网四川岷江供电有限责任公司全面承接原上市公司所属电网装备资产、发供电业务、全体干部员工。

2019年8月，阿坝州州长杨克宁（左二）到下庄电厂大坝抢险现场视察

截至2019年，岷江供电公司拥有直属电厂5座，分别为建成于1958年的下庄电厂，建成于1988年的草坡电厂，建成于1997年的沙牌电厂，建成于1999年的铜钟电厂及建成于2016年的九加一电厂，发电装机共17.44万千瓦；权益电厂2座，权益装机4.11万千瓦。公司电网覆盖阿坝州汶川县、茂县和都江堰市部分地区，输配电线路324千米，拥有110千伏变电站和35千伏变电站各8座，变电容量为89.24万千伏安，供电面积3000平方千米，供区人口3.6万人，用电客户7130户。其中，大工业66户，用电量占比80%；一般工商业及其他633户；趸售客户7户（其中农村电管站3户），城乡居民6424户。公司近3年平均售电量33亿千瓦时。

公司本部共设置14个职能部门，物资供应部与招投标中心合署，设分公司3家（岷南供电分公司、岷北供电分公司、发电分公司），直属中心3个（电力调度中心、电力设备检修中心、信通中心）。2019年年末，公司在册员工714人，藏、羌、回、蒙古族等少数民族员工202人，占总人数的28%；公司党委下设党（总）支部18个，共有共产党员181人。

新公司挂牌成立以来，按照国网四川省电力公司的决策部署和规范运营总体方案的有关要求，公司党委紧紧围绕国网公司“建设具有中国特色国际领先的能源互联网企业”的战略目标和省公司“12333”的工作部署，确立了“对党忠诚、为地方服务、为员工谋发展”的企业责任担当，明确了“内涵发展为基础、外延突破为导向，电网升级为支撑”的“三位一体”发展思路，提出了“调度集成化、运维一体化、检修专业化、营销市场化、服务网格化、多维精益化”的“六化”实施路径。将“三年过渡期”自我加压为“三年提升期”，并以目标导向将三年提升期细化分解为“基础建设年”“管理提升年”“全面对标年”，通过三步走在本质安全、电网发展、经营管理、优质服务、党建引领等方面补缺提升，确保在新的起点对标优秀地市公司实现追赶式发展。

【资产重组】在国网四川省电力公司的亲自指挥下，公司充分发挥平台作用，克服了历史遗留问题多、各方协调难度大、监管机构问询频繁、资本市场新闻媒体聚焦等各类挑战，积极开展实物资产清理清查，及时准确提供中介机构所需资料，顺利推进审计、评估、法律尽调等工作。严格按照监管要求，实施信息披露，核查内幕交易，圆满完成第一、二次董事会和股东大会的召开，细致引导确保员工安置方案得到全票通过，重组方案获得了国资委审批、市场监管局审查、中国证监会通过。全面编制资产交割、业务划转方案并不断优化，完成了岷江供电公司工商注册、资产交割、人员划转、挂牌成立等后续落地收官工作，完成了资产重组各项任务目标，实现了新公司生产经营的有序衔接和全体干部员工的平稳转接，得到了国网公司、省公司、信产集团、阿坝州各级政府的高度评价。

【人力资源】2019 年，全口径劳动生产率 41.39 万元/人·年，人力资源计划完成率 100%，福利保障评价指标 100%。完善制度，打造高素质干部队伍。修订《领导人员管理办法》及配套制度 6 项，营造“重实干重实绩”用人氛围。坚持“人企共进”工作总基调，深入开展“大培训、大比武、大提升”活动。开展 3 期 GIS 专题培训，公司试点开展水电站运维标准化培训实现运维一体化，开展 4 期管理类岗位人员集中履职培训，选送 81 人次中层干部到省公司及兄弟单位跟班学习，开展内部培训 4521 人次，外送培训 1008 人次，硕士、本科、专科等学历提升 107 人次，职称评审、技能等级提升 84 人，公司人才当量密度提升至 0.9144。

截至 2019 年年底，公司共有离退休人员 347 人，设立退管办 2 个。

【安全生产】2019 年，公司输变电系统平均故障停运时间为 13.92 小时/次；公司系统供电可靠率 RS3 为 99.152%；退役变电器退役平均寿命为 23 年/台。

加大违章惩戒力度，公司巡查大队按照公司安全月度例会工作要求和部署，结合公司阶段重点生产工作，持续深入地对公司所属各单位安全管理及其生产作业现场进行了安全巡查，全年查处违章 42 例，形成安全管理高压态势。2019 年 5 月 20 日，电网最高负荷 52.01 万千瓦，最高日电量 1083.05 万千瓦时，同比 2018 年最高负荷增长 1.7%。针对迎峰度冬的严峻形势，在“电网补强、停电计划管理、稳定计算与负荷预测管理”上狠下功夫，确保了电网平稳度冬。

组织各单位开展“一把手讲安全课活动”12 次，发挥领导干部带头学规程、执行规程的表率作用，提高全员安全责任意识。为进一步提高公司全员安全意识，通过采取全专业、全覆盖方式组织 566 人次进行《安全工作规程》考试及竞赛调考。组织 557 人次进行“三种人”年度审核考试。组织包括公司领导在内的 288 人次参加了国家能源局四川监管办电网、发电、电建专业安全管理人员培训及考核。组织公司 279 人次参加特种作业人员考核培训。组织公司各级安全管理人员参加 76 人次参加安全管理人员考核培训 。科学、有序组织抢险，在公司党委、“8·20”应急指挥中心和前线指挥部的坚强领导下，公司各部门、各单位积极响应，夜以继日、全力以赴的开展应急抢险工作，在最短时间恢复电力供应，较好地履行了社会责任和义务，完成了“8·20”防汛Ⅱ级应急响应，将突发灾难性事件的危害降到了最低，得到了阿坝州、汶川县政府及相关单位的高度肯定。

有效实施防地质灾害隐患治理，排查发现地质隐患 27 处。强化安全风险预警工作，认真进行风险评估，提出防范措施，进行风险预警，努力实现安全风险可控在控。全年共发布风险预警通知书 129 份。

【电网建设与发展】强化企业责任担当，与属地政府建立应急联动机制，在汶川县遭遇“8·20”泥石流灾害突发应急事件时，主动承担起了供区内直供用户与非直供用户应急电力抢修工作，为应急处置提供可靠的电力保障，得到了汶川县委、县政府的高度评价。

“8·20”期间，岷江水电公司板子沟电站临时电源施工抢险现场

2019 年，固定资产投资完成 0.78 亿元，不断加强执行力建设，实时督促综合计划和预算执行，将执行缓慢、滞后的项目纳入月通报、季考核，共考核 60 项，完成率同比提升 17.22 个百分点，执行力建设初见成效。

2019 年，公司完成各项电网建设任务。续建及新开工 35 千伏及以上线路 38.5 千米，110 千伏老百花输变电工程、110 千伏银百水支线等电网建设项目稳步推进。投产 35 千伏及以上线路 38.5 千米，威州至龙溪 35 千伏线路工程、110 千伏汶新一、二线等项目竣工投产。在推进电网建设的同时加强公司输电线路隐患缺陷治理，完成110千伏草坡—杨柳坪输电线路、35千伏百花—银杏输电线路技改工程，共59.6千米，完成35千伏七盘沟变电站主变增容（1万千伏安）；持续推进城农网升级改造，完成10千伏威七线惠威大桥段至汶川医院段改造、10千伏威州桑坪和新国旅片区配网大修、汶川县龙溪乡跨坡村夕格组10千伏电力线路大修工程及汶川县威州镇10千伏台区高低压大修，共完成威州城区电缆入地改建4千米。

面对“8·20”特大泥石流自然灾害，按照公司统一部署，积极发动全体员工，千方百计调动各方专业资源，通过“临时改接，借道运行”等多种方式打通因灾受损的电力通道；利用公司唯一未受灾害影响铜钟电站进行黑启动，迅速开展110千伏区域电网孤网组网运行工作，恢复公司北部电网运行，为汶川、茂县抗洪救灾提供电力保障。制定受灾严重的下庄电站抢险工作方案和应急恢复方案，科学高效推进因灾受损输电线路、水工建筑、机电设备的灾后应急恢复工作，在预定时间内恢复草坡电站和沙牌电站发电。

克服恶劣自然条件、复杂的施工环境和“8·20”特大泥石流自然灾害，提前高效完成“三区两州”威州至龙溪35千伏线路工程电网建设任务；加强对外沟通协调，实现110千伏汶新一、二线线路新建工程如期投产，加强公司网架结构的同时，提高了供电可靠性。积极探索工程总承包思路，开展110千伏老百花输变电工程采购、施工总承包招标，实现采购、施工等各阶段工作的深度融合，提高工程建设水平，提升工程建设质量和效益。

【经营管理】2019年1—12月，售电量完成33.89亿千瓦时；电费回收率100%，完成年度双结零目标；低压客户线上缴费率54.48%；采集成功率96.69%，因部分供区处于通信盲区，部分采集终端已恢复；线损率2.19%，同比下降0.04%；2019年，完成保供电任务24次，走访客户211次，电话回访322次，专访的客户满意率99.3%。2019年，结合重要客户、并网电厂防汛减灾安全服务等专项工作，排查出的客户侧安全隐患38处（含上年结存隐患），已督促完成整改37处，整改率97.3%，未整改隐患已报送属地政府职能部门。客户设备故障和运行等原因造成跳闸46次，同比下降54%。

持续加强物资集约化管理，全年组织完成招标及非招标采购项目200项，累计采购金额约为2.14亿元，其中电商化采购878万元，电商化采购占比持续提升。持续加强供应商库管理评价，形成30个供应商库，综合考评形成共293家合格供应商，供应商库全面覆公司所有生产经营业务。加强内部审计管理，本完成工程结算审计项目85项，共7836余万元，审减金额共562万余元，审减率7.18%，有效压降投资成本，审计监督成效显著。

按照“十讲十增强”要求，自觉运用法治思维和法治方式深化改革、推动发展，启动并推进落实“规章制度督导年”活动，刚性执行公司规章制度，完成15份制度“一本台账”的梳理，收集宣贯国网及省公司制度共328个。加强企业改革改制等领域法律研究，整改问题，化解风险，抓好案件压降工作，全年未发生人身触电、工程建设、客户服务、合同纠纷等法律诉讼，内外部法律环境持续得到改善。

【科技与信息化】截至2019年12月31日，公司共有信息通信站点30个，在运光缆40条，光缆总长度497.8千米。数据通信网已完成规划设计拟实施，数据通信网覆盖国网岷江供电公司35千伏及以上变电站、电厂和电厂生活区。新建数据通信网节点31个，其中核心节点4个、汇聚层7个、接入节点20个。新建数据通信网网管1套，并布置数据通信网安全防护体系。新建完成后覆盖率均为100%。

2019年7月5日，岷江水电公司开展“守初心、担使命、找差距、抓落实”主题党日活动

截至2019年12月31日，公司总部办公区有三张局域网，观凤楼办公区有两张局域网，汶川调度大楼办公区有两张局域网，公司三大办公区内外网隔离，极大地避免了来自互联网的攻击，公司信息安全大大提升。随着公司综合数据网的建设完成，公司各办公区、各发电厂、各变电站乃至并网水电厂，都能通过安全、可靠、稳定地有线传输方式互

联互通，公司的局域网将向城域网方向发展。建成投运的信息系统有电力调度自动化系统、OA 系统、财务系统、仓储系统、电能量采集系统、营销管理系统、档案管理系统、售电服务一体化系统、电网谐波采集系统。

【市场服务】持续深化营销“三全”、夯实基础管理。通过加快营销“三全”建设，实现传统营销向智能营销转变，推行“互联网+”营销服务，提供网站、微信等线上办电渠道，减少客户往返营业厅次数，低压客户推进“互联网+营销服务”。2019 年，App 低压下载数 1205 户；APP 线上缴费 6936 笔，占比 89%。大力推行购电制、防控电费回收风险。不断强化电费回收风险预警，大力推行购电制，落实“一户一策”，通过信息主动收集、及时反应，提前协调公司联动等措施，有效防范去产能、散乱污治理企业关停的欠费，提前有效防控电费风险。2019 年年末，应收电费余额结零，高压费控执行率为 52.67%，低压费控执行率为 100%；以客户为中心、夯实服务网格化按照省公司川电营销［2019］1 号文件指导意见，全面夯实供电服务基础，持续优化电力营商环境。坚持以“客户为中心”，落实客户经理制，通过内部调剂充实服务队伍，2019 年，培训客户经理 31 人次，选配 35 名台区客户经理。持续开展营销基础台账治理和营销信息系统优化，动态更新客户台账，以“营销服务助手“App”和业务终端，支持客户经理的精准、面对面、主动上门服务，实现客户办电“一次都不跑”。对重点大中型客户推行“两级客户经理制”，实现高压客户办电“最多跑一次”。全年新投装见容量共 2.21 万千伏安，全在线办理，规范率 100%。

始终坚持以习近平新时期扶贫开发战略思想为指导，认真贯彻国家电网公司党组和国网四川省电力公司党委关于精准扶贫工作的部署要求，积极响应各级地方党委政府号召，围绕电网规划、配网改造、战略帮扶、优质服务、志愿服务等重点因地制宜、精准施策、推进工作，使公司电力助推扶贫攻坚工作始终朝着正确方向推进。2019 年，全力配合阿坝公司实施半坡村、码头村两“三州两区”扶贫项目，公司自行出资 464 万元实施低压户表改造 1895 户。

【党的建设和精神文明建设】2019 年 3 月 19 日，协助公司党委召开党风廉政建设和反腐败工作会议；扎实做好巡视巡察“后半篇”文章和自主巡察工作，10 月 10 日，成立中央巡视反馈问题自查自纠工作领导小组；对 1 个基层单位开展了专项巡察；深入开展“形式主义、官僚主义”集中整治；强化行风建设和供电服务监督检查，对供区内 11 家大型工业客户走访；公司领导班子累计开展廉政约谈 46 人次；开展“集中整治领导人员及其亲属违规经商办企业”等 3 个协同监督项目；开展“不忘初心、牢记使命”主题教育整改落实工作；结合公司重大资产重组、

2019 年 5 月 24 日，岷江水电公司举行“壮丽七十年　开启新征程”系列活动

“8·20”泥石流灾害应急抢险、恢复生产的应急物资采购和项目等重点工作任务，召开 3 场次风险防范专题会。

扎实开展“不忘初心、牢记使命”主题教育活动。把深入学习贯彻习近平新时代中国特色社会主义思想作为首要任务，加强组织领导，层层落实责任。发放专题教育书籍 2000 余册，年内开展 13 次党委中心组集中学习研讨，其中主题教育党委理论中心组集中学习 6 次，撰写发言提纲 40 余份，保质保量完成 5 天的规定动作。深化红色教育和爱国主义教育，组织党委理论中心组成员、党务工作者到甘孜泸定桥举行革命传统教育专题学习，感受伟大的“长征精神”。高质量召开领导班子专题民主生活会和党支部组织生活会，持续增强党内政治生活的政治性、时代性、原则性、战斗性。

压实压紧党建责任。制定公司党委和领导班子成员党建责任清单，落实党委委员职责、片区和重点工作“三分工”，召开党建工作领导小组会议 4 次，领导小组办公室会议 12 次，进一步完善结构合理、配置科学、运转高效的班子运行机制。持续整治党建工作形式主义、管理主义问题，集中整顿软弱涣散基层党组织。

建强建优基层组织。紧跟公司重组和岷江供电

公司机构设置实际，启动岷江供电公司党组织筹建，扩大组织和工作覆盖。落实规章制度督导年任务，梳理党建制度6项，启动“废立改”程序。遴选6名优秀青年党员挂职基层单位副书记，推进基层党建与生产经营深度融合。发展新党员6人，创新编制《党员发展对象谈话指引》。

深化党建价值创造。结合地域特征和民族特性，实施“党建+统战”工程，真正实现党建与生产经营深度融合。强化党建量化计划管理，党建量化计划7大类项目、43项重点指标均实现了达标。深化“三亮三比”、党员责任区、党员示范岗、党员突击队建设，出动党员500余人次，在“8·20”抢险中充分发挥党支部战斗堡垒和党员先锋模范作用。

全面加强意识形态工作。开展员工思想动态分析4次，及时化解矛盾，维护企业和谐稳定。围绕建党98周年、新中国成立70周年、“五四运动”100周年等重大主题，开展“纪念五四运动100周年”青年文化节、“壮丽70年 开启新征程”“我与祖国共奋进”系列主题爱国主义教育活动。

充分发挥先进典型引领作用。信通中心党支部荣获省公司“先进党支部”称号，2名党员分别荣获国网公司“优秀党务工作者”和省公司“优秀共产党员称号”称号。3名团员和2个团组织荣获省公司团青先进表彰。推荐2名优秀员工参加省公司“最美奋斗者”评比。

彰显企业品牌价值。围绕“一州两区三家园”建设，全力创建民族团结进步示范单位。编撰完成并出版发行《岷江水电志》，填补地方企业史志的空白。召开“旗帜领航程·共筑同心圆”统战工作座谈会，印发《2019年度统战工作要点》，落实23项重点工作任务。以“追寻革命圣地·重温党的历史·弘扬革命精神·传承红色文化”为主题，启动红色教育学习方案。

发挥群团工作优势。贯彻落实公司党委全面推进共青团高质量发展的意见，集中开展“青春心向党·建功新时代”主题宣传教育实践活动。关心关爱新入职青年员工，落实“七个一”行动。携手国网映秀湾水力发电总厂团委、国网四川党校团委等单位，为汶川县耿达小学提供志愿服务。积极参加省公司“第五届”青创赛，探索推广“青工职业生涯规划”实践项目。

扩大新闻宣传影响力。落实省公司2019年宣传工作重点，通过“走进岷电”微信公众号、文化长廊展示、微信、抖音、快手等系列形式，开展庆祝建党98周年、中华人民共和国成立70周年、“五四运动”100周年系列新闻宣传活动。弘扬“8·20”抢险及恢复正能量，《岷江水电全力救灾恢复供电》在人民网上刊登；《岷江水电全力救灾恢复供电 汶川6208户居民已恢复供电》在四川经济网上刊登；《及时每一度 应急每一度》在《阿坝日报》上刊登；《岷江水电：抗洪抢险工作获得阿坝州领导肯定》等4篇稿件在省司内网刊登。

【国网岷江供电岷北供电分公司】国网岷江供电岷北供电分公司成立于2019年12月18日，简称岷北公司。承担着7个镇、117个村部分城区和工业区的供电任务。岷北公司设5个科室、6个班（站），职工112人。其中，中级职称20人，高级技师1人，技师9人，专科及以上文化程度87人。

岷北公司拥有变电站11座，变电总容量46.94万千伏安。输配电线路39条，289.23千米。2019年，完成售电量14.91亿千瓦时，同比增长0.91亿千瓦时，同比上升6.48%。累计线损率为2.6%。电费回收率100%。

扎实开展各类安全专项行动，推行一把手抓安全，宣贯安全生产“三个常态化”。举办安全知识竞赛，促进员工比安全。狠抓反违章管理，查处各类违章10人次，开展安全训诫1次，累计处罚4万元。强化应急保障，应对“8·20”泥石流灾害，完成节假日、高考、县委、县政府重要会议等保电活动31次。

积极主动走访大客户，全力压减供电服务投诉。开展“供电服务大讨论”1次，收集有效意见12份，总结建设性意见2条。大工业客户全费控，签订远程费控协议35户。

坚持党建引领。以党建工作绩效评价为纲，完成党支部标准化建设，建成公司党支部标准化示范点1个。按照“四同步、四对接”要求，配齐配全支部书记及党建工作人员，支委5人。“志愿服务”“金秋助学”等活动常态开展。

【国网岷江供电岷南供电分公司】国网岷江供电岷南供电分公司前身为四川岷江水利电力股份有限都江堰供电分公司，成立于1998年6月，归属岷江供电公司管辖。2005年8月，撤销岷江供电公司，设立都江堰供电所，2017年3月，成立都江堰供电所。2019年11月29日，更名为国网四川岷江供电有限责任公司岷南供电分公司。以下简称“国网岷南供电分公司”，主要承担着都江堰市龙池镇、蒲阳街道工业供电任务。分公司设5科室5班组，职工70人，中级职称9人，初级职称19人，技师3人，专科及以上文化程度54人。

岷南分公司拥有变电站5座，变电总容量51.15万千伏安。输配电线路8条，线路总长52.46千米。2019年，完成售电量13.36亿千瓦时，累计线损率为1.26%。综合电费回收率100%。

扎实开展各类安全专项行动，开展岗位练兵，技术比武活动，举办安全知识竞赛，促进员工比安全。狠抓反违章管理。强化应急保障，应对“8·20”洪灾，完成重大节假日等重要保电活动。

积极推进设备升级改造，完成设备技术改造升级6项（远动设备改造、信息化设备改造升级、六氟化硫泄漏在线检测装置改造、主变油气体在线监测装置改造、监控系统网络装置改造），设备维护保养3项（监控后台维保、五防系统维保、消防系统维保），完成例行年检预试106项次。积极开展设备日常运维，检查发现各类隐患、缺陷共30项，完成各类隐患、缺陷治理共27项，完成率90%；发现安全整改问题合计99项，已整改83项，完成率97.6%。组织开展安全基础知识、教育培训共483人次；组织参加防汛演练、环境污染演练、消防安全演练、地质灾害应急演练共221人次，进一步提高了施工作业人员的安全意识，强化了施工现场安全措施的监督。

积极主动走访大客户，全力压减供电服务投诉。全年精准发布停送电信息及温馨提示共556条，停电信息报送及时率和完整率分别达到100%，停送电信息报送发布管理工作水平不断提高。配合属地政府对“小、散、乱、污”以及环保不达标企业实施行政停、断电工作。累计配合属地政府开展工作5次，出动人员15人次。客户侧安全隐患7处，已督促完成整改7处，整改率100%。

坚持党建引领。岷南供电分公司党支部设支部委员3名。党支部以党建工作绩效评价为纲，完成党支部标准化建设，并全面贯彻从严治党要求，强化班子成员“一岗双责”。不断提高班子成员从严治党思想认识，规范组织生活，狠抓规范执行，落实党建责任。以坚持“三会一课”和主题党日制度为重点，增强支部组织生活政治性、时代性、原则性、战斗性，不断提升党员党性修养。2019年度，本党支部开展“三会一课”学习次数33次、主题党日活动12次，参会率为98.1%。党支部每季度开展一次员工思想动态调研分析，加强对意识形态工作领导，利用月例会、党员大会分专题、专项开展员工思想动态分析，准确、及时、客观地把握员工思想动态。

牢抓班组建设工作，提升班组整体素质。通过班组大讲堂、班组运维技能竞赛等一系列活动，努力营造班组良好的学习氛围，构建和谐进步的班组文化。2019年5月，岷南供电分公司110千伏杨柳坪集控运维操作班组在四川省“五一”劳动表彰大会上，荣获“四川省工人先锋号”荣誉称号。近年来，先后荣获四川省电力工会先进分工会、国网公司职工民主管理示范班组、公司文明单位和班组建设先进集体等荣誉称号。

【国网四川岷江供电有限责任公司发电分公司】国网四川岷江供电有限责任公司发电分公司前身为四川岷江水利电力股份有限公司发电分公司，成立于2017年3月27日。因资产重组，2019年12月18日更名为国网四川岷江供电有限责任公司发电分公司，以下简称“发电分公司”。分公司设4个科室、1个维护班、5个站，全口径职工201人，高级职称2人、中级职称60人，技师42人，专科及以上文化程度174人。

发电分公司拥有电站4座，总装机容量16.8万千瓦，另有一颗印电站（装机0.64万千瓦），由其负责安全生产管理工作。2019年，公司下达发电计划为79900万千瓦时，因“8·20”特大泥石流、一站一策生态水及3月铜钟电站库区清理影响，截至2019年12月20日，发电分公司（含草坡、沙牌、铜钟、下庄站）实际累计完成发电量67434.934万千瓦时，完成全年计划的84.40%，同比减少16.16%。

扎实开展各类安全专项行动，重点开展春安、汛期、秋安、安全月等安全大检查5次，开展地灾、防火等专项检查4次，查出问题隐患共144项，完成整改130项，问题整改率大于90%；未整改隐患1项，对未整改隐患制定监视措施和事故预想工作。同时，每周定期专项进行在评级，避免隐患升级造成事故扩大。组织修编完成各站防汛应急预案、现场处置方案等12项预案的修编工作；开展应急演练10次，参与人数532人次，外派安全教育培训人员43人次，“两措”完成率100%。完成了防汛应急预案、水库调度规程、大坝应急抢险规程、现场应急处置等12项预案的修编工作。以“强化规章制度执行，提升规范化管理能力”为目标，2019年，通过站级现场组织学习、站与站技能比武；科级组织制度、内控、安全警示教育等专项系列培训。共组织50人次参加外送厂家、国网公司十八项反措施、GIS、应急救援技能等培训，不断提高规范化管理水平。

健全防汛应急体系，组建5支应急抢险队，汛期24小时各站及后勤值班；签订安全目标管理责任书和目标任务书；开展入村入户防汛资料发放及安全宣讲；组织163人次参与防汛应急综合演练；查出并整改6处行洪通道重大隐患，确保了汛期安全。

履行全面从严治党责任，强化党组织管党治党责任，执行好“三会一课”、主题党日等制度，扎实推进“两学一做”学习教育常态化制度化，发电分公司党支部支委5人，下设5各党小组。召开党员大会8次、支委会24次，严格执行“三重一大”及相关规章制度。党小组会议主题党日合计召开62次。党支部党课5次，其中公司党委副书记李总讲授党课2次、党支部书记讲党课2次、党支部，副书记讲党课1次。规范收缴2019年党费9304元全部按规定交至公司党费专用账户。组织党员、入党积极分子在映秀爱国主义教育基开展“守初心、担使命、找差距、抓落实”主题党日活动1次，组织党员在沙牌电站现场开展“抓整改、除积弊、转作风、为人民”主题党日活动1次，组织党员到绵虒镇克冲村开展“岷电公司关于冬季安全用电宣传活动”志愿服务活动1次，成立“党员突击队”；完成年度组织生活会和民主党员评议；完成支部委员增补。发展党员情况：确定发展对象1名并吸收为预备党员，2名预备党员转为正式党员。

汶川“8·20”特大泥石流灾害发生后，分公司将“共产党员突击队”与“应急救援基干队”全面融合，充分发挥了先锋模范带头作用。保电小组赶赴铜钟电站，于当日5时14分恢复110千伏铜新线送电；7时39分恢复110千伏铜静线送电；逐级恢复了汶川、茂县城区供电。沙牌电站、草坡电站分别于10月18日和11月26日恢复发电。

2019年，该分公司获评公司“8·20”抢险救灾突出贡献单位，草沙二值、一颗印站获评公司年度安全生产先进集体，应急维护班获评公司2019年度先进集体。

发电与超（特）高压运检企业

栏目编辑：何　飞

国网四川映秀湾水力发电总厂

【企业概况】国网四川省电力公司映秀湾水力发电总厂（以下简称“映电总厂”）。位于四川省西北部阿坝藏族羌族自治州汶川县映秀镇，地处少数民族地区，距成都65千米，距都江堰市16千米。整个生产厂区分布于岷江及其支流数十公里区域内，由映秀湾水电站、渔子溪水电站（一级）和耿达水电站（二级）共同组成，是四川省电力系统大二型骨干水电厂之一。

映秀湾水电站位于岷江上游干流，渔子溪和耿达水电站位于岷江上游右岸支流渔子溪河。3个电站均系低闸隧洞引水径流式发电站，除耿达电站是半地下式厂房外，映秀湾电站和渔子溪电站均为地下式厂房，共有机组11台，主设备29台，总装机容量为45.5万千瓦。

2019年，映电总厂坚持以习近平新时代中国特色社会主义思想为指导，坚决贯彻省公司决策部署，加快推进企业转型升级实现新突破，聚焦“十讲十增强”，坚持“三化”工作主线不松懈，奋力开创数字化智能水电厂建设新局面。截至2019年12月31日，未发生7级及以上人身、电网、设备、信息事件，安全生产长周期7799天。被评为2019年度全国大型水电厂（站）“节能环保专项劳动竞赛先进单位”、汶川卧龙特别行政区与卧龙国家级自然保护区管理局“泄水泄洪安全管理工作先进单位”，2019年度汶川县“危险废物规范化管理先进单位”，在省能监办全川发电企业同业对标中持续保持A等。

2019年4月16日，卡杜里电站大型纪录片《高加索大山中的温暖》在中央电视台中文国际频道（CCTV-4）《远方的家》栏目播出　（卢磊　摄）

【人力资源】2019年，结合数字化智能水电厂建设需要，映电总厂以“三项制度”改革和落实“放管服”工作为契机，持续开展组织机构及职责优化调整。成立集体企业管理办公室和水电运检状态评价中心，对3个部门进行更名或调整，启动一线大班组整合。制定《国网四川映秀湾电厂管理、技术和重要技能岗位聘期制实施方案（试行）》，实施科级以下的管理、技术、重要技能类岗位聘任制。制定《国网四川映秀湾电厂关于盘活存量加强员工有序流动的实施指导意见（试行）》，规范各类岗位配置方式。创新绩效管理机制，优化完善《国网四川省电力公司映秀湾水力发电总厂全员绩效管理实施方案》，建立以工作业务为核心绩效分配体系，开展差异化考核。优化完善薪酬分配体系，建立以工作业务为核心的绩效分配体系，编写《国网四川映秀湾电厂关于进一步优化薪酬分配体系促进收入能增能减工作方案》。严格执行在岗人员专业技术技能津贴标准、薪级动态积分调整、招收录用毕业学生初期工资待遇。强化福利费规范管理，规范福利费用支出。以培育“一专多能”综合型人才队伍为目标，多途径推进映电总厂人才队伍建设。2019年，58名员工通过国网四川省电力公司组织的技能等级评价考试，进入综合评审；58人获得更高等级专业技术资格；20 人被选拔为厂级优秀技能人才；22 人获得学历提升；有国网四川省电力公司级及以上内训师 42 人、国网四川省电力公司级职鉴考评员 24 人。拥有映秀和都江堰两处实训基地，映秀实训基地可接纳 15 名检修、运维人员同时开展现场实训操作；都江堰实训基地设安全警示教育室、水电仿真培训室、PLC 实训室和继电保护实训室等。

【经济技术指标】2019 年，年度发电量超额完成国网四川省电力公司下达的年度计划。综合厂用电率 1.4077；机组等效可用系数 91.38，机组发电启动成功率 100%，各项经济技术指标均全面完成。

【安全生产】2019 年，认真贯彻落实国网四川省电力公司安全生产工作决策部署，牢固树立安全发展理念，大力弘扬“生命至上、安全第一、预防为主”的思想，以落实全员安全责任清单为核心，以“两抓两保”（狠抓人的行为确保生命安全、狠抓设备健康确保设施设备安全）为手段，压紧压实各级安全责任，筑牢思想、责任、管理、技能 4 条安全防线。持续推进安全管理体系建设、安全生产基础保障、设备质量管理等年度重点工作，大力开展安全隐患排查整治，切实保障全员、全面、全方位、全过程安全。

2019 年 5 月 20 日，国网四川省电力公司映秀湾水力发电总厂举行共产党员服务队授旗仪式　　（吴林娟　摄）

结合“四不两直”方式常态化开展生产现场集体安全巡查，发现问题 191 项，整改完成 187 项。全面完成 2019 年度中干安全述职工作。危险预知训练（KYT）活动成功经验获国家电网有限公司充分肯定，计划三年内在国网系统发电厂及电工装备企业推广实施，2022 年实现国家电网有限公司系统作业班组全覆盖。完成水电厂安全性评价工作，综合得分率 94.09%。组织开展“一把手讲安全课”、安全警示教育培训、安全知识竞赛等活动。全面规范危废物管理，实现危废物分类收集、存放、规范处置，在国网四川省电力公司系统首家完成电网废弃物处置，获国网四川省电力公司科技部通报表扬。严格执行下泄生态流量管理和工程项目环保要求，完成生产区域职业病危害因素检测、告知及警示标识设立等工作。强化产业单位安全管理，同步开展专项活动。营造奖罚分明的安全氛围，坚持按绩施奖、以责论处、精准奖惩。将“一案三制”应急管理体系建设与水电厂防洪度汛、泥石流减灾治理相结合，从组织体系、运行机制、支持保障及法律法规四个要素着手，形成富有映电特色的防汛应急体系，十年磨就应急体系之剑，在重大汛情灾情下经受住了严峻考验，确保了人身、设备、厂房和大坝安全。格鲁吉亚卡杜里电站“5·10”泥石流应急处置作为产业单位纳入主业“同质化”管理以来的首个成功案例，获国家电网有限公司国际部高度肯定。成功抗击汶川“8·20”特大山洪泥石流险情，为国网雅电、神华龙潭、华能太平驿等电站抢险救灾提供技术支持和帮助，为汶川灾后恢复提供坚强电力保障，获“国网四川省电力公司安全生产特殊贡献奖”。成功处置“9·12”二道桥电站暴雨泥石流灾害。全年组织开展应急演练活动 502 次，参与演练 3775 人次。

【发电运行】2019 年，映电总厂开展基于电站全停水模式下的安全管控体系提升研究，扎实推进设备巡检（点检）精益化工作，常态化开展“三漏”治理，夯实以“两票三制”为核心的运行管理工作。三站和集控执行操作票共 2131 份，执行操作 53084 项，操作票合格率 100%；办理工作票 2176 份，工作票合格率 100%；累计完成 TPM 工作 2812 项；三站及集控中心应急演练 233 次；完成反冲、冲沙、停机避峰等累计 68 次。克服重大灾情汛情、下泄生态流量等因素影响，年度累计发电同比增加 0.8%。

【设备维护与检修】2019 年，映电总厂强化设备基础管理，加强缺陷闭环管理，年度消缺率达到 95.3%，保持设备良好的健康水平。完成了映秀湾电站 1 号机组、渔子溪电站 2 号机组、耿达电站 1 号机组 A 级检修，全面推行机组标准化检修，实现检修过程精细化管理，机组均一次性启动成功。开展三站全停水检修工作，进行耿达电站电气设备年检、预试工作。开展 CT20 型弹簧操动机构专项隐患治理工作。完成水工建筑物及地质灾害隐患安全评价、第四次大坝安全注册登记等工作，自动化设备投运率 100%，正确动作率 100%。

【科技与信息化工作】2019 年，主动将智能水电厂建设统一到数字化建设方向，获国家电网有限公司水新部充分肯定。确定泛在电力物联网与数字化智能水电厂融合建设方向，编制完成《泛在电力物联网及数字化智能水电厂建设方案》。结合数字化智能水电厂建设需要，规划自行拓展项目 15 项，完成自行拓展项目储备 10 项。首次开展紫外成像、X 射线探伤等带电检测。完成基于实时数据的水电站运维辅助决策系统研发项目，初步实现数据共享、设备缺陷自动预警；完成河流浊度与水轮机过流部件快速破坏关系研究项目第一、第二阶段内容；完成映秀湾电站水轮机过流部件三维几何模型建立，完成水轮机内部多相流动数值模拟，试验试件和试验装置的加工图设计及试件加工。“多泥沙河流磨蚀物成分检测分析及地下厂房环境监测”获省公司科技进步二等奖，“地质灾害多发地带水电站防水淹厂房工程研究及应用项目”获国网四川省电力公司科技进步三等奖。公开发表科技论文 52 篇。共获得专利授权 6 件，其中实用新型专利 6 件。累计获得专利授权 35 件，其中发明专利授权 5 件，实用新型专利 30 件。

2019 年 11 月 8 日，国网四川省电力公司映秀湾水力发电总厂在“涤心堂”女工文化工作室举办“阅读经典好书 争当工匠人才”阅读活动

（卢磊 摄）

【企业管理及标准化工作】2019 年，映电总厂持续推进全面质量管理活动，QC 活动效果显著，《基于水轮机过流部件备品修复加工三化的质量管理》获得电力行业质量创新成果二等奖，《便携式法兰盘分度装置的研制》获国网四川省电力公司 2019 年度优秀成果三等奖，青年创新项目荣获国网四川省电力公司青创赛三等奖。深化企业管理创新与课题研究，《以解决信息孤岛和数据壁垒为目标的大中型水电企业智能管理研究》获 2019 年度四川省企业管理优秀论（著）文二等奖。持续开展制度标准工作，修订映电总厂技术标准 41 项，标准化作业指导书 34 项，新制订制度 3 项，修订制度 3 项。

【党的建设和精神文明建设】2019 年，映电总厂坚持党建统领，认真践行“十讲十增强”，确保全面从严治党向基层延伸向纵深推进。扎实开展“不忘初心、牢记使命”主题教育活动，全力推动主题教育与中心工作同向聚合、相融共进。建立“党员责任区”44 个、“党员示范岗”32 个、“党员突击队”8 个。成立共产党员服务队，组织 4 批次、12 名员工助力藏区电力扶贫攻坚。映电总厂信息通信中心党支部获评国家电网有限公司“电网先锋党支部”称号。突出先进榜样示范，狠抓意识形态、新闻宣传和企业社会责任工作，获评国网四川省电力公司“品牌建设特殊贡献奖”、企业文化建设“专业专注”团队奖。卡杜里运维团队故事《高加索大山中的温暖》荣登央视《远方的家》“一带一路”专题，卡杜里社会责任案例入选南方周末中国企业海外可持续发展案例集，《格鲁吉亚的川电“星光”》入选国网四川省电力公司“十讲十增强”基层实践案例。依托“涤心堂”女工文化工作室，承办四川省总工会女工干部培训班“坚定文化自信”国学经典分享活动，获中华全国总工会、四川省总工会和国网四川省电力公司工会高度评价。作为四川能源系统唯一一家企业，被中华全国总工会指定举办全国职工主题阅读映电专场活动，原创歌曲《有朋自远方来》荣获中华全国总工会职工书屋优秀原创作品。组织召开统战工作座谈会，收集意见建议6条。开展“纪念五四运动100周年”系列主题活动，映电总厂团委获评国网四川省电力公司2019年“五四红旗团委”。“电力格桑花”服务队入选国网四川省电力公司基层单位成果展示会，事迹入选国网四川省电力公司《基石》一书。马元江作为国网四川省电力公司“最美国网人”代表在泸州、成都等地巡回宣讲。举办“我和祖国共奋进”大型文艺会演。

【存在的主要问题】一是三站及闸首潜在安全生产风险、交通安全风险突出，防汛形势依然严峻。“5·12”地震后，映电总厂所辖三站三闸地处高山峡谷地带，地质环境恶劣、区域气候复杂，岷江、渔子溪干流河道淤积严重、河床逐年抬高且始终未得以根治，山体滑坡、山洪泥石流、道路坍塌等次生灾害频发且持续至今。同时，近年来龙门山地震断裂带仍极不稳定，三站地质灾害隐患点和安全生产隐患点持续增多。闸首下游时有擅自垂钓、游泳等情况，开闸泄洪时易发生人身伤害风险。二是部分设备老旧现象严重，“三漏”问题难以根治，少数设备超期服役，增大了安全生产风险。

【所属发电站】映秀湾水电站位于四川省阿坝州汶川县映秀镇境内岷江干流上游河段。电站为低闸坝引水式开发。装机容量135兆瓦（3×45兆瓦），设计发电引用流量240立方米/秒。由首部枢纽、引水系统、地下厂房等组成。

映秀湾电站首部枢纽由0～5号泄洪闸（震后将原漂木道改建为0号泄洪闸）、右岸挡水坝、取水口、无压洞、引水明渠、有压洞等建筑物组成。

渔子溪水电站为岷江上游右岸支流渔子溪上最下游的一个梯级电站。装机160兆瓦（4×40兆瓦），发电最大引用流量69.2立方米/秒。电站于1966年9月正式开工建设，1972年6月基本建成。

工程枢纽由拦河闸坝、取水口、压力隧洞、调压井、压力管道、地下发电厂房等水工建筑物组成。电站从渔子溪左岸隧洞引水至岷江右岸渔子溪口上游约2千米处建地下厂房，闸、厂址相距约10千米。

耿达水电站位于岷江上游右岸支流渔子溪上，位于渔子溪水电站上游，其尾水直接进入渔子溪电站水库。电站为闸坝引水式，装机容量160兆瓦（4×40兆瓦），最大引用流量71.2立方米/秒。始建于1982年3月，1988年6月全部建成。

工程枢纽由拦河闸坝、取水口、压力隧洞、调压井、压力管道、地下发电厂房等水工建筑物组成。

国网四川省电力公司检修公司

【企业概况】2008年4月18日，随着四川500千伏电网的快速发展，为了优化资源配置，合理整合资源，充分发挥专业化优势，提升专业化管理水平，国网四川省电力公司启动了四川超高压电网运检体制改革，四川省电力公司超高压运行检修公司在成都正式成立。按照“总体设计、分步实施、逐步到位”原则，稳步推进，完成了所属6个检修中心的组建和业务划转及人员接收工作，改变了四川超高压电网多年来的属地化管理格局，全面推进专业化管理。2010年6月，为深化专业化改革，国网四川省电力公司作出了交直流业务整合的重大决策，组建了超（特）高压运行检修公司，这是专业化改革道路上的又一个里程碑，业务范围涵盖交流和直流、超高压和特高压所有的省内骨干电网，步入了发展的快车道。2012年5月，为全面推进“三集五大”体系建设，在原超（特）高压运行检修公司基础上，组建成立了四川省电力公司检修公司，作为国网四川省电力公司“三集五大”体系建设的省级层面支撑和实施机构。2013年6月，公司名称变更为国网四川省电力公司检修公司。2018年12月，国家电网公司党组决定将特高压直流换流站实施属地化管理。2019年1月，原国网运行分公司宜宾管理处全面纳入国网四川省电力公司检修公司管理，更名为国网四川特高压宜宾管理处（以下简称“宜宾管理处”）。2019年11月，为进一步深化特高压直流管理体系化建设，国网四川省电力公司决定在国网四川省电力公司检修公司下设宜宾直流运维分部（副处级）和西昌直流运维分部（副处级）。

国网四川省电力公司检修公司（以下简称“检修公司”）是国网四川省电力公司的直属单位之一，主要负责全省21个地市（州）超特高压输变电设备的生产运维、检修、大修、抢修、带电作业等工作的组织实施。检修公司现设置办公室(党委办公室)、运维检修部、安全监察部（保卫部）、财务资产部、党委组织部（人力资源部）、党委党建部（党委宣传部、工会、团委）、监察审计部（纪委办公室）7个部门，下设3个业务支撑机构和12个二级机构，分别是综合服务中心、物资部（物资供应中心）、智能运检管控中心，宜宾直流运维分部、西昌直流运维分部、成都运维分部、西昌运维分部、变电检修中心（二次检修中心）、输电检修中心、自贡运维分部、南充运维分部、绵阳运维分部、乐山运维分部、雅安运维分部和德阳直流换流站。截至2019年年底，检修公司运维管理500千伏交流变电站52座，变电容量8628万千伏安，±500千伏换流站1座，容量300万千瓦，±800千伏换流站3座，容量2160万千瓦。输电线路205条，长度17454.205千米（其中2996.311千米线路委托国网四川电力送变电建设有限公司运维）。检修公司电网资产总量达792.66亿元（其中宜宾管理处资产134.97亿元，代管国家电网有限公司资产115.2亿元，代管华中资产15.85亿元，代管浙江资产9.35亿元），超特高压电网规模居国家电网有限公司系统前茅。

2019年3月25日，国网四川省电力公司检修公司输电检修中心带电作业二班完成500千伏南谭二线金具及绝缘子缺陷带电处理工作（张黎　摄）

【人力资源】截至2019年年末，检修公司用工总量2019人。其中，国有全民员工1747人，占86.53%；产业单位用工272人，占13.47%。国有全民员工1747人中管理人员共273人，占15.63%（经营管理人员12人、中层管理人员95人，一般管理人员154人）；专业技术人员87人，占4.98%；技能及服务人员1387人，占79.39%。硕士研究生及以上学历208人，占11.91%；大学本科学历1261人，占72.18%；大专学历233人，占13.34%；大专以下学历45人，占2.57%。取得专业技术资格人员1368人，其中高级职称239人，占13.68%；中级职称501人，占28.68%；初级职称628人，占35.95%。取得各类职业技能资格员工975人，其中高级技师210人，占12.02%；技师620人，占35.49%；高级工94人，占5.38%；中级工及以下61人，占2.92%。

1. 干部队伍建设成效显著。全年修订完善《领导人员管理办法》及其配套制度共4项，落实《领导人员选拔任用工作规程》，全面规范动议、民主推荐、考察、讨论决定、任职等关键环节，相关纪实材料规范齐全。全年完成5批次干部调整，提拔科级干部15人，其中“80后”正职3人，“85后”副职10人。举办中层干部培训班2期、读书班3期，注重政治理论教育和专业培训。强化干部交流和实践锻炼，选派优秀年轻干部到“新三直”新建工程等艰苦吃劲岗位。建立因私出国（境）等“四本台账”。全面规范领导人员因私出国（境）管理，强化证件及审批管理，确保不留死角和漏洞。

2. 劳动组织体系不断优化。优化检修公司各级单位业务界面，确保特高压直流换流站的属地化运维管理过渡期各项工作有序开展。调整检修公司机构和岗位设置，设立物资部（物资供应中心）、智能运检管控中心，优化检修公司两级财务管理，强化各业务流程和界面管理。结合检修公司各单位超缺员情况，合理分析外委业务实际需求，差异化测算检修公司外委业务费用，有效防范企业经营风险。

3. 劳动用工管理逐步规范。完善岗位动态管理机制，修订检修公司《员工岗位动态管理办法》，将管理、技术以及重要技能岗位纳入岗位竞聘，加强人才流动过程管控。全面推进岗位聘期制管理，组织446名科级以下管理、技术和重要技能岗位的全民员工签订岗位聘任协议。强化劳动合同契约化管理，利用各类培训平台对劳动合同政策进行宣贯培训，组织检修公司1771名全民在册员工完成劳动合同签订工作。

12月28日，国网四川省电力公司检修公司运维检修部主任丁志林荣获第七届中国民生论坛“最美奋斗者”称号　　（杨红　摄）

4.绩效管理激励效果日益凸显。优化检修公司团队考核方式，精简考核流程，减少考核周期，将工作任务和业绩指标剥离，实施季度与年度考核兑现。下放二级团队内部考核权，鼓励其因地制宜建立切实高效的考核激励体系。进一步加强绩效经理人管理，授予其充分的绩效考核自主权和部分绩效工资分配权。高质量完成绩效信息化管理工作，完成绩效系统季度、年度数据维护工作，确保信息数据的完整、准确。严把绩效结果运用关，将绩效等级和积分要求作为检修公司评先评优、专家人才选拔、岗位晋升等必备条件，2019年因绩效等级不符合规定取消12名员工的表彰奖励，考核降岗员工3人。

5.薪酬福利管理体系不断完善。2019年，检修公司完成628名岗位变动员工的薪酬调整及730名积分升薪员工的薪酬调整。下放绩效工资分配权，允许基层单位以公司岗位绩效工资制度为基本分配模式，在绩效总额的5%范围内增设自主分配方式作为补充，薪酬分配向关键岗位和业绩优秀的员工倾斜。加大工资总额与检修业绩考核挂钩力度，将检修绩效在检修人员绩效工资总额中的占比由30%提高至50%，并进一步优化人工成本统计原则和范围。根据国网四川省电力公司下达的福利费计划，统筹测算分解下达公司的福利费计划，严格执行福利费计划管理，优化台账管理，加强过程监督，确保福利费的全年使用率达到100%。

6.“四类人才”综合素质全面提升。一是搭建实战实训平台，培养杰出工匠。坚持利用生产准备培养运维人员、检修调试人员。深度介入新建扩建、大修技改、迁改等大型工程，深度介入超特高压电网规划、建设、筹备各个环节，提升员工对设备设施设计理念、结构工艺、机械原理等的掌控能力。2019年，共有233人获得高级职称或技能等级。二是搭建专业融合平台，培养“复合型”技能人才。建立“跨专业复合型人才”培养机制，按照成熟一个，推进一个的原则，有序开展变电一次专业和电气试验专业班组整合，组织选拔培养“复合型”人才39人，其中15人在培养结束后或培养过程中，岗位岗级得到了提高，12人取得两个及以上专业技师认证。三是搭建项目管理平台，培养“全挂子”技术人才。下发班组技术人员深度参与项目管理的实施意见，进一步加快基层技术人才培养的进程，促进技术人员编制方案、编制预算、竞谈议价能力、与人打交道的能力再提升，全面夯实公司专业技术管理的基础，助力检修公司渐入安全生产经营管理的新境界。四是搭建横向交流平台，培养“万金油”管理人才。建立合理有序的员工岗位动态管理机制，充分调动员工工作积极性，有计划开展管理人才跨专业、跨地区交流，同时通过外送挂职锻炼方式，拓宽视野，提升驾驭复杂局面、解决复杂问题能力。检修公司“大培训、大比武、大提升”专项活动成效突出，荣获国网四川省电力公司2019年特殊贡献一等奖。

【运维检修管理】1.大电网驾驭能力不断增强。一是强力支撑西南电网异步运行。完成西南电网交直流协控系统建设和安控系统改造；深入实施二次系统“排雷”行动，整改家族性缺陷883处。二是科技管网实力进一步增强。36座变电站完成机器人替代人工巡视验收，尖山站被认定为联合巡检试点建设优秀变电站；32582基杆塔、14852千米通道实现立体化巡检；三大直流四川段等隐患重点区段已全面可视化；卫星防山火技术投入实战。三是电网安全运行裕度得到保障。配合国网电科院完成四川电网抗短路能力校核，顺利完成普提、彭祖、达州、黄岩四座变电站主变中性点电抗器加装工作。四是水电外送电量突破 1 万亿千瓦时。全年省内最大供电负荷 4154.3 万千瓦，供电量省内下网 1525 亿千瓦时、外送 1357 亿千瓦时，同比增长 4.8%，累计外送 10093 亿千瓦时。

2. 运检管理体系持续优化。一是运检管理“一盘棋”格局基本形成。成都运维分部试点组建智能运检管控室；实体化运转智能运检管控中心。二是务实精简的管理制度得到补充完善。修编《省公司外延工作站组网和安全加固自动化设备运行管理意见》《变电站环境综合整治示范手册》等制度文件。三是应急体系日趋成熟。高质量完成“6·17”宜宾长宁、“9·8”内江威远地震后抢修等应急工作。四是电网和作业风险得到有效管控。应用智能运检管控平台和移动终端（云台）实施远程精准管控，安全完成主网停电 691 项，管控较大及以上电网风险 142 处、作业风险 439 处。

2019 年 8 月 10 日，在宜宾换流站换流变复装现场，国网四川省电力公司检修公司员工正在进行换流变套管吊装（蒋海军　摄）

3. 电网本质安全基础进一步夯实。一是大力推进变电精益化和线路标准化建设。广都、诗城、玛瑙、新都桥 4 座变电站获国网四川省电力公司“继电保护精益化管理红旗站”称号。二是全面务实开展设备隐患治理。完成换流站换流阀阀塔阻尼电容金属扎带腐蚀等隐患治理；全面开展 CT20 断路器操作机构等家族性缺陷整治；组织完成绝缘子检测等隐患专项排查和整治。三是全力推进变电站（换流站）消防隐患整治。建立检修公司消防管理网络和消防安全管理体系，年内完成所有非停电消防隐患及 85 台主变固定式灭火装置消防整治。四是生产准备工作稳步推进。松露、姜城站、尖山 3 号变、500 千伏蜀丹三线、水百双回扩建等重要基建项目顺利投运。

4. 项目综合管理水平进一步提升。一是统筹储备实施项目的理念得到普及贯通。2019 年，检修公司主导的停电计划同比减少约 15%，生产大修技改从 2018 年的 95 万元每项提升至 150 万元每项，安全质量效益显著。二是检修公司全口径项目管理水平持续提升。《三大项目部手册》《工程项目管理方案》《项目精益化管控指南》在生产大修技改项目管理中得到深化应用。三是项目评审平台高效运转。成本项目评审小组全年评审储备自控成本项目 508 个，涉及资金近 3 亿元。

5. 运检队伍能力持续提升。一是人才队伍建设成绩斐然，取得四川首届电力企业职业技能大赛输电工程技术项目团体二等奖，国网四川省电力公司继电保护专业知识及技能竞赛团体二等奖。二是技经融合的复合型人才加速成长。班组技术人员中有 3 人能独立承担大修技改项目全过程管理工作，31 人具备项目管理能力；全年有 39 人通过典型项目造价考核；成本项目评审小组成员实现了“业财”融合。

6. 实现特高压属地化融合提升。一是直流运检管理体系融合成效显著。建立了以检修公司职能部门为核心，宜宾管理处、变检中心和相关分部融合支撑的直流运检运作体系；圆满完成属地化后三大特高压换流站首次年度检修任务。二是换流站运检典型经验深受好评。管理课题《基于标准化智能化融合的换流站运检标杆体系建设》获国网四川省电力公司管理创新成果特等奖。三是特高压换流站生产准备工作稳步推进。组建特高压生产筹备指挥部，提前介入“新三直”的生产筹备，编制了《雅中±800 千伏特高压换流站生产准备方案》《雅中±800 千伏特高压换流站技术监督实施方案》。

【安全管理】 1. 强基固本，全面落实各级人员安全责任。一是扎实落实安委会及“月周日”安全例会制度，各级领导干部带头讲“安全课”，深入班组、现场查问题、解难题，开展科级干部安全述职，发布全员安全责任清单，各级人员切实履责、尽职。二是召开2019年安全生产电视电话会议，指明全年安全工作方向、明确年度目标、坚定全员信心。三是扎实开展春秋安全大检查，注重历史数据对比分析，研判各单位安全趋势，强化问题整改闭环，不断夯实安全基础，完成全国两会、国庆70周年、中日韩峰会等重大保电任务。四是狠抓外来施工安全管理薄弱环节，针对性制定《外来作业安全管控提升措施》《项目分包安全管理》等规定，外来作业现场规范性不断增强，违章数量不断降低。五是及时修订安全工作奖惩实施方案，切实做到“奖惩分明、同奖同罚、重奖重罚”，提升各级干部员工主动抓安全的积极性。全年共召开不安全事件说清楚会1次，红线禁令违章安全约谈15次，对1人次进行通报批评，对925人进行违章处罚，共处罚金14.5万元，核审安全过程奖励59项，奖励金额431万元。

2.坚持“现场为王”的安全管理理念，作业现场井然有序。一是坚持每日“两次”日管控不动摇，对作业现场开展针对性安全提醒，及时了解、解决作业现场的困难及需求。二是加强作业现场的巡视检查，针对性制定下周到岗到位计划及安全督查重点，确保重点作业现场督查全覆盖和高风险作业时段全过程监督，检修公司全年共督查现场495个，有效管控三级及以上作业风险439起，五级及以上电网风险87起。三是继续保持反违章的高压态势，年初即下达全年反违章指标，群策群力反违章，作业现场的规范性不断提升，全年共查处违章822起，较2018年有明显降低。

3.加强交流沟通协调，实现特高压属地化后的安全管理融合。严格落实国家电网有限公司、国网四川省电力公司三大特高压直流换流站属地化工作方案要求，采取送教上门等形式，加强与特高压安全管理模式的交流；在三大特高压和德阳换流站年检期间，抽调双方安全管理人员全程交叉互助，相互学习，取长补短，共同促进换流站集中年检的安全管理提升，同时，检修公司组织成立现场安全督查小组，采取蹲点方式，全过程、全方位、无盲区对各作业点进行旁站监督，确保了特高压属地化后的首次年检安全顺利完成，实现特高压直流管理属地化后安全管理的提升。

2019年4月23日，国网四川省电力公司检修公司自贡运维分部变电运维班荣获“工人先锋号”，图为人民大会堂受奖现场（李磊 摄）

4.营造浓厚安全文化氛围，不断提升“主动”安全意识。扎实开展“安全文化建设年”活动，以“一宣讲一讲座”反违章教育、“口袋书”“三个一”创建示范企业等活动方式为载体，大力弘扬“安全是一切工作的基础、前提和保证”核心理念，展现检修公司“安全根植于内心，内化于心、外化于行”浓厚的安全文化氛围。全年共开展安全宣讲20余次，安全讲座3次，践行领导干部及管理人员深入基层“三个一”活动。归纳提炼检修公司典型安全文化建设经验及做法，展现公司浓厚的安全文化氛围，受到省级专家的一致好评，荣获“省级安全文化示范企业”称号。

5.实现特高压属地化管理，保障三大直流大功率可靠运行。一是采取调研、送教上门等形式，加强与特高压安全管理模式的交流，促进管理融合；三大特高压换流站年检期间，双方安全管理人员全程交叉互助，取长补短，采取蹲点方式，全过程、全方位、无盲区对各作业点进行旁站监督，确保了特高压属地化后首次年检安全顺利完成，圆满实现特高压直流管理属地化“四个不降低”。二是强化三大特高压直流大负荷运维保障组织领导，抽调检修公司其他单位专业力量，依托带电检测、无人机、通道可视化等先进手段，结合人工巡检，采用“1+1”方式对近区500千伏变电站、近区500千伏交流线路、直流换流站、直流输电线路及接地极线路开展全面隐患排查治理，累计出动人员18375人次、车辆6814台次，完成三大直流大功率运维保障，三大直流累计输送电量突破千亿元大关。

【科技与信息化工作】2019年，检修公司全年累计申请发明专利7项、实用新型专利14项。1个科技项目荣获国网四川省电力公司2019年度科学技术进步一等奖；荣获国网四川省电力公司第五届青年创意大赛金奖1个、银奖2个、铜奖1个，其中“基于VR真实场景感知+人机一体的变电站远程遥控通用任务机器人”项目荣获国家电网有限公司第五届青年创新创意大赛银奖；荣获国网四川省电力公司优秀论（著）文一等奖1篇；1人被评为国网四川省电力公司“川电工匠”；1个QC小组获评“2019年全国优秀质量管理小组”称号，QC小组成果荣获2019年电力行业一等奖1项、三等奖1项，国网四川省电力公司一等奖2项、二等奖1项、三等奖2项；5个项目分获国网四川省电力公司2019年工人技术创新奖二、三等奖、专利奖以及论著奖；1个项目荣获中电联2019年度电力职工技术创新奖三等奖；1个项目荣获2019年中国设备管理协会设备管理与技术创新成果管理类一等奖；管理创新成果荣获国网四川省电力公司特等奖1项、二等奖1项、三等奖2项、1项成果荣获四川省企业管理现代化创新成果二等奖。

【党的建设和精神文明建设】1.持续加强党的建设工作。扎实开展“不忘初心、牢记使命”主题教育活动，成立主题教育领导小组及其办公室，设立4个工作组和6个主题教育指导组，制订检修公司党委主题教育“1+6”工作方案，统筹推进学习教育、调查研究、检视问题、整改落实四项重点措施，高质量开好专题民主（组织）生活会。制定激励党员干部勇于担当作为开创公司高质量发展新局面的意见，落实6个方面、20项重点任务。印发检修公司党委和领导班子成员党建工作责任清单，加强党建量化计划管理，全面跟踪督导7个方面、42项党建工作。

2.不断强化党建品牌建设。持续推进基层党组织标准化建设，检修公司党委获评国网四川省电力公司基层党委标准化建设示范点。持续开展党建微课堂140期，举办党建业务培训，开展“红色教育+巴蜀文化+生产窗口”实景教育，集中开展“3·5”“7·1”志愿服务活动，推进安全用电宣讲进校园、进社区。举办“一支部一品牌”党支部成果展示活动，展示了党支部建设的成效和特色品牌。检修公司2个基层党组织、2名党员获国家电网有限公司党组和四川省国资委党委表彰。

3.激发党建工作价值创造力。制定《“党建+特高压运维”十强行动方案》，编写《“党建+特高压运维”工作指引》统筹推进党建与安全生产相互融合。新成立一批共产党员服务队、党员责任区和党员示范岗，在换流站年检、龙王母线改造等重大工程现场举行授旗、授牌、签订安全承诺等仪式，持续开展“三亮三比三无”活动。深度参与《国企党支部工作探索与实践》书籍编写和《党建与业务工作融合推动公司高质量发展的实践与探索》重点课题研究。提炼总结检修公司党建五色阵地建设等典型经验，并荣获国网四川省电力公司管理创新三等奖、检修公司一等奖。检修公司运维检修部主任丁志林荣获第七届中国民生论坛“2019年最美奋斗者”荣誉称号。

4.新时代企业文化深入人心。扎实推进企业文化项目建设，一项企业文化研究课题收入2019版《国家电网公司企业文化建设工作指引》。新建成检修公司绵阳分部企业文化走廊，稳步推进宜宾管理处的“特高压”文化走廊建设。丰富道德讲堂形式和内容，开展巴蜀文化专题讲座、“最美国网人”宣讲进社区、“家风心语”故事分享、中华文化与幸福人生共4期道德讲堂。组织员工邱中华参加国网四川省电力公司“最美国网人”宣讲和第二批主题教育先进事迹报告会。组织开展“十讲十增强、转型再突破”形势任务宣讲11场。弘扬新时代劳模精神、劳动精神和工匠精神，做好检修公司“最美员工”评选活动。

2019年7月31日，国网四川省电力公司检修公司青创团队在国家电网有限公司第五届青年创新创意大赛决赛中荣获二等奖

（陈曦　摄）

5.创建和谐企业环境取得新突破。以“126连心

桥”建设为抓手，建立健全检修公司诉求服务工作组织制度，建立三级诉求服务平台 93 个，接受职工咨询 686 人次，现场解答问题 624 条，解决职工诉求 398 件，职工满意率达 100%。开展“‘4·15’维权咨询服务日”“直奔主题、直奔基层、交心职工”调研、总经理联络员会议，分级分类收集并处理职工意见建议 64 条。召开职代会联席会议 6 次，审议通过行政提交议案 5 件、工会提交议案 6 件。

6.“生命体”班组建设迈出坚实步伐。有效落实班组减负要求，突出班组核心业务，进一步夯实检修公司发展基础。检修公司班组首次获评全国工人先锋号，获评国网四川省电力公司工人先锋号 2 个。严格落实“大培训、大比武、大提升”活动要求，为检修公司建设“四类人才”队伍搭建练兵平台。高质量承办国网四川省电力公司特高压直流年度检修技能劳动竞赛，精心组织实施检修公司 3 项劳动竞赛，涌现多名立足岗位建功立业先进典型。检修公司职工获评中央企业劳动模范 1 人、国家电网有限公司劳动模范 1 人、国网四川省电力公司劳动模范 1 人。开展检修公司第三届职工创新成果发布展示活动，评选十大优秀职工创新成果。检修公司获评全国电力职工技术创新三等奖 1 项，1 人获评“川电工匠”。

7. 以情暖心获得职工广泛认可。组织开展“青春川检·逐梦绿茵”职工足球赛等“庆祝新中国成立 70 周年”系列活动。在藏区、特高压年检现场开展 4 次“文化进班组”活动。职工作品《最美的新娘》获国网四川省电力公司职工文化成果展示评比一等奖。完善检修公司职工文化中心功能配置，检修公司职工书屋获评中华全国总工会“职工书屋”称号。启动检修公司绵阳运维分部职工文化阵地建设，推进职工文化建设空间向基层一线延伸。落实职工普惠慰问，坚持深入“三大直流保电”“特高压直流年检”等重要工作现场慰问。积极落实慰问职工“三必贺、三必访”，全年累计走访一线班组 587 次，慰问一线职工 8515 人次，慰问住院职工 136 人次，帮扶困难职工 12 名。关心关爱女职工，营门口办公基地“妈咪宝贝屋”获四川省总工会示范性“妈咪宝贝屋”称号。

8. 青年创新创效进步明显。举办“开卷红色经典·回眸百年岁月”纪念五四活动 100 周年青年主题活动，荣获“我与祖国共奋进·纪念五四运动 100 周年”职工篮球赛第五名（二等奖）。在国网四川省电力公司第五届青年创新创意大赛中获得一金两银一革新奖，其中“电网机甲战士——基于 AR+人机随动的变电站智能遥控操作机器人”获得国家电网有限公司第五届青年创新创意大赛优秀项目成果银奖。持续开展“爱心助学·电亮梦想”金秋助学活动，首次与检修公司重大工程相结合，开展主题为“心系新三直·爱心助布拖”志愿服务活动，募集善款 10.5 万元。

9. 融媒体平台建设取得优异成绩。紧紧围绕中华人民共和国成立 70 周年、安全生产、电网运维、泛在电力物联网建设等主题主线，实施主题宣传策划。三大特高压属地化首次年检专题报道，屡次在《国家电网报》、四川卫视传播。配合国网四川省电力公司党委宣传部开展“水电外送”超 1 万亿千瓦时新闻宣传，在国务院网站、新华社、《人民日报》、央广网、四川省政府网站等全面传播，掀起检修公司运维成就和品牌形象传播高潮。500 千伏松露站投运、智能遥控机器人应用、川藏联网送电 15 亿千瓦时、德阳换流站跨区交换电量 1165 亿千瓦时等亮点成绩，在新华社、人民网和四川卫视等高端媒体密集传播。《情系特高压》《一天》等专题片在国家电网有限公司、国网四川省电力公司等相关会议上播放，赢得广泛赞誉。特高压专题片《大地琴弦》荣获英大传媒年度纪录片二等奖，川藏联网故事《巴塘花开》荣获微视频三等奖。“五四”青年节 100 周年特辑《奋斗在他乡——现在的年轻人，远比你想的能吃苦》在新华社客户端、微博等多个平台收获超千万的阅读量，受到央视《绿水青山看中国》栏目组的关注并被邀请参加节目录制。

10. 监督效能不断提升。建立“边学边查边改”、专项整治问题台账，统筹推进 131 项主题教育问题有效整改。研究制定《关于进一步加强重要监督成果运用的指导意见》，创新探索监督成果运用闭环管控机制。加大对现有协同监督项目制模式的运用，共商共谋，发现问题风险 35 个，下发意见书 25 份，督促建立长效机制 39 项。检修公司协同监督项目取得突破，分别获评国网四川省电力公司优秀、良好项目各 2 个。检修公司 2019 年度党风廉政建设在国网四川省电力公司综合考评中名列直属单位第 1 名。

11. 巡察及问题整改工作高质量开展。选优配齐巡察骨干，组建 2 个巡察组，采用“一托二”的方式，对 4 家基层单位开展自主巡察，发现问题 113 项、下发立行立改 39 份、追究责任 73 人次。做实“后半篇”文章，对 5 家单位开展“回头看”，督促问题整改、防止纠而复发。工作经验入选国网四川省电力公司首期《巡察工作交流》。监督推动国网四川省电力公司巡视巡察“回头看”和宜宾管理处国网巡视反馈发现的 19 项问题整改，督促落实整改措施 57 项，完善制度流程 1 项。

12. 风清气正的政治生态有效形成。深化形式主义官僚主义集中整治，收集意见建议 50 余条，梳理整治重点 17 项，滚动完善整治措施 109 项。以绘编漫画的形式诠释 29 类突出问题表现形式。工作经验连续两期刊入国网四川省电力公司简报。多措并举强化廉洁警示教育，分专业梳理 41 个重点领域廉洁风险点，收集 139 条红线禁令、246 条廉洁风险、416 条防范措施，汇编建立“廉洁风险库”。以“学制度、控风险、促廉洁”为主题，创新开展廉洁文化下基层活动，组建“送廉”小分队，采用快板、情景剧等方式，用身边人讲身边事。自创廉洁警示抖音视频获兄弟公司好评。组织参加国网四川省电力公司纪检业务劳动竞赛，荣获国网四川省电力公司团体第一名、个人一等奖 2 项、个人二等奖 1 项的优异成绩。

【运维分部（中心）建设】下辖国网四川特高压宜宾管理处，变电检修中心（二次检修中心），输电检修中心，成都、西昌、自贡、南充、绵阳、乐山、雅安 7 个运维分部和德阳直流换流站、综合服务中心。

【国网四川特高压宜宾管理处】国网四川特高压宜宾管理处原国家电网有限公司运行分公司宜宾管理处成立于 2007 年 11 月 13 日，于 2018 年 12 月 29 日成建制划转至国网四川电力公司。2019 年 1 月 23 日，国网四川省电力公司明确宜宾管理处全面纳入检修公司管理。宜宾管理处主要负责向上（向家坝—上海）、锦苏（锦屏—苏州）、宾金（宜宾—金华）3 条±800 千伏特高压直流工程送端换流站及接地极站的运维检修工作，总额定输送功率达 2160 万千瓦，承担着 80%以上的四川水电外送任务。

2019 年，国网四川特高压宜宾管理处全面融入检修公司管理体系，初步实现 “四个不降低”的目标，全年未发生安全事故以及对检修公司造成影响的安全事件，实现安全生产 3624 天，年度累计输送电量 1007.68 亿千瓦时。高质量完成三大特高压直流属地化后的首次年检工作，开展例行检修 14859 项，技改 23 项，隐患治理 19 项，精益化问题整改 11 项，反措治理 5 项，共消除缺陷 321 项，三大直流年检后设备运行稳定，缺陷率较 2018 年同期下降 19.8%。完成宜宾和锦屏换流站 55 台换流变网侧套管接线端子更换、复龙换流站 28 台换流变 MR 真空分接开关吊芯检查等换流变重大设备隐患治理工作，刷新了“局放一次通过、送电一次成功”的新纪录，大排油更换接线端子关键环节管控被国家电网有限公司设备部赞誉为“宜宾经验”得到推广。按期完成宜宾换流站 3 台备用换流变厂内修复及现场安装工作，解决了现场备用换流变缺失的隐患，400 千伏干式套管换流变成功挂网运行。主动承担换流站消防提升试点任务，完成宜宾换流站阀厅移动灭火机器人试点研究及应用，开展换流站消防智能运检模块试点研究。全年组织开展隐患排查 18 次，消除各类设备缺陷、隐患 600 多项，高效完成“6·17”“9·8”“12·18”3 次地震特殊巡视和国庆 70 周年、上海进博会等重大保电任务。2019 年，国网四川特高压宜宾管理处荣获“国网四川省电力公司先进集体”“国网四川省电力公司工会职工书屋示范点”称号，国网四川特高压宜宾管理处锦屏换流站荣获“国调直调系统先进厂站”称号、锦屏换流站党支部荣获“四川省国有企业先进党组织”称号、检修中心荣获“国网四川省电力公司特高压直流年度检修劳动竞赛团体一等奖”荣誉，“基于人机感知协同的特高压换流站阀厅灭火机器人”“换流站火灾应急处置系统”项目分获国网四川省电力公司第五届青年创新创意大赛银奖、小革新奖。

2019 年 1 月 3 日，500 千伏布坡三四线严重覆冰，影响通道安全运行，图为观冰人员现场检查覆冰情况　（王翔生　摄）

【变电检修中心（二次检修中心）】变电检修中心（二次检修中心）于 2013 年 12 月成立，主要负责检修公司系统交流 500 千伏变电站变电一、二次设备 A 类检修，换流站设备A、B、C类检修、参与特高压换流站生产筹备，检修公司所辖变电设备特殊带电检测、信息通信检修及技术支持、公司应急抢险等工作。

2019年，变电检修中心共开展A、B类停电检修工作29项；提报一、二级骨干通信网的TMS检修票242张，在国网四川省电力公司占比75.2%；完成通信类应急抢险及消缺19项；全年独立开展32座500千伏变电站及德阳换流站带电检测工作，共发现缺陷340项；自主校验检修公司常规仪表458台，全程参与故障设备返厂维修监造和新设备出厂见证195人次。管理人员到岗到位532次，巡查现场55个；协助特高压属地化后三大直流换流站首次年检工作，在持续做好德阳换流站年检监管工作的基础上，开展换流变套管端子更换极交流滤波器场年检等工作，深度参与直流检修；完成龙王220千伏母线改造、尖山综合改造等重点工程阶段性目标，高效完成内江站1号主变2次震后抢修、锦屏换流站换流变故障抢修、德阳换流站极Ⅱ平抗套管、极II YD A相换流变故障抢修、雅安站5053开关CT故障抢修等应急工作。《即插式移动检修电源箱的研制》获电力行业优秀质量管理小组成果展示与交流会三等奖。变电检修中心变“简”QC小组获评2019年度四川省优秀质量管理小组。变电检修中心获国网四川省电力公司2019年特高压直流年度检修技能劳动竞赛团体三等奖。

【输电检修中心】输电检修中心成立于2012年6月21日，主要负责检修公司所管输电线路及接地极线路A、B类（不含零星检修）大型检修、E类检修和应急抢修工作，输电线路绝缘子带电测零、X光检测和绝缘子红外测零工作；检修公司安排的输电线路C、D类检修工作，线路大型迁改、技改工程项目管理工作；负责检修公司无人机技术培训、技术保障、维修保养、无人机巡检工作、输电线路在线监测装置以及无人机巡检业务外包的项目管理工作；输电线路大型迁改、技改工程项目管理工作。

2019年，完成39条次500千伏及以上输电线路现场工作，应急消缺9次，配合验收线路2条，带电登杆检查1078基，累计处理各类缺陷757项。全年共开展10条线路迁改项目管理工作，已投运6条，另外4条线路迁改工程正有序推进，有力助推成都新机场和天府新区建设。开展带电作业105次，消除严重及以上缺陷8次，减少停电时间190.5小时，多供电量9525万千瓦时。采用集中检修模式完成3条线路在线监测装置带电安装工作。累计完成无人机杆塔精细化巡检（含自主巡检）1334基，可见光三维通道树障巡检1169千米。数据处理中心初步建成，完成采集可见光三维通道巡检数据处理1495千米。在500千伏谭德一二线、500千伏广山一、二线共97千米输电线路开展“机器代人”试点工作。“无人机替代人工巡线示范平台”“省级高电压带电作业平台”“线路中等规模应急抢险和线路重大迁改项目管理、急难险重生产任务支撑平台”三大平台初试成效，有力助推提升检修公司输电线路管控水平和科技含金量。全年开展计划内培训项目33项，培训400人次；外出到厂家、系统内单位交流学习35人次；开展9名新入职员工的集中式培训，全年人才评价通过率达到100%。输电检修中心积极组织团队采用集中强化培训，在首届四川电力企业职业技能大赛中荣获团体二等奖、个人二等奖。输电检修中心以“建彬创新工作室”为依托，持续创新创效，取得了显著的效果。全年完成申报专利11项、专利授权9项、发表专著1本、论文6篇，协助开展国家电网有限公司科技项目1项，完成省科技项目1项，完成科研课题的可行性研究7项，其中2项储备为2020年国网四川省电力公司科技项目。输电检修中心创新项目分别荣获2019年电力行业优秀质量管理小组成果展示与交流会一等奖、中电联2019年度电力职工技术创新三等奖、2019年电力行业质量创新成果三等奖、国网四川省电力公司科学技术进步一等奖、国网四川省电力公司管理创新二等奖。输电检修中心带电QC小组荣获2019年“全国优秀质量管理小组”称号。输电检修中心无人机作业团队荣获“2018年度全国青年安全生产示范岗”，1名员工被评为“中央企业劳动模范”。

【成都运维分部】成都运维分部成立于2013年12月26日，主要承担成都、德阳、资阳等地区超高压输变电设备运维检修业务，管辖500千伏变电站10座，变电总容量2230万千伏安；管辖500千伏输电线路33条，线路总长度1757千米；肩负成都平原供电保障，雅安、甘孜大水电送出及川渝、西北电网联络重任。

2019年，成都运维分部累计安全供电超过720亿千瓦时，约占国网四川省电力公司售电量的三分之一，通过川渝三通道外送104亿千瓦时；全年安全管控45项电网风险、193项二级及以上作业风险和13次二次高风险作业；完成停电检修作业213项，办理一种工作票274张、二种工作票1383张，累计安全操作53953项；积极开展变电精益化、线路标准化建设，成效显著，广都站勇夺国网四川省电力公司继电保护精益化评比桂冠。白泉站接受国家电网有限公司的变电精益化检查，取得国网四川省电力公司5年来最好成绩。强化内部管控与外部协调，确保全年安全态势良好，输电线路故障率创历史新低。完成500千伏资思Ⅰ、Ⅱ线开π，蜀景三线、姜资一、二线、尖山3号主变等国网四川省电力公司重点工程生产准备及投运，极大缓解了迎峰度夏期间电网供电及川电外送压力。完成西南电网交直流协控系统桃乡站主站建设、调试和运行维护工作，为西南电网成功异步运行打下坚实基础。完成龙王站母线隐患治理阶段目标，确保国网四川省电力公司范围内最大规模220千伏间隔设备改造顺利完工。明确消防管理职责分工界面，多专业协同，安全完成17台主变的消防改造工作，消除设备隐患。积极推进尖山智能运检示范站建设并取得阶段性成果，在国家电网有限公司组织的检查中，获得专家的一致好评，无人机在变电站的应用处于国内领先的位置。创新开展线路智能运检，对分部所辖68个“三跨”及重要交跨安装24小时在线监测装置，大力开展无人机自主巡检作业，对线路“三跨”等重要区段开展一键飞巡，有效提升巡检质效。处置什邡站5012绝缘拉杆断裂，资阳5022开关、50121隔离开关气室故障缺陷，使得电网全接线运行方式恢复；接受国家电网有限公司副总经理张智刚赴尖山站调研检查，对分部在设备状态全面感知、立体巡检、智能运检手段提升等方面取得的成果给予了高度的肯定和评价。2019年，成都运维分部党委获评国家电网有限公司“红旗党委”称号。广都站获评国网四川省电力公司“继电保护红旗站”称号。成都运维分部员工荣获国网四川省电力公司2019年继保专业竞赛个人一等奖、团体二等奖；创新成果荣获国网四川省电力公司青创赛银奖；成都运维分部党委被国网四川省电力公司评为“企业文化建设标杆”。

【西昌运维分部】西昌运维分部成立于2008年11月5日，管辖区域覆盖凉山州、攀枝花市、甘孜九龙县以及雅安石棉县等地区，所辖输电线路35条，线路长度3206千米，其中500千伏交流线路长度2902千米，±800千伏锦苏直流线路长度230千米，锦苏直流接地极线路长度74千米。所辖在运变电站12座，变电容量共1855万千伏安。西昌运维分部现有西昌和攀枝花2个办公区，员工总数327人，有生产班组18个。

2019年，西昌运维分部全面落实安全风险管控措施，完成了九龙石棉变电站LCC柜更换、水洛站合闸电阻安装、普提站小抗安装及0号站用变改造、11座变电站主变消防隐患整治、石板箐站500千伏刀闸、普提站220千伏刀闸大修等15项大修技改工作，进一步提升设备可靠性；完成12座变电站及相关线路例行检修试验工作，累计完成15个主变系统、7条500千伏母线、21个线路间隔，15个220千伏间隔年检预试以及19条次输电线路检修消缺及大修技改实施工作，有力保证了设备本质安全；全力完成锦苏大负荷运行、“两会”和“国庆70周年”等电网运维保障及保电任务，全力保障锦苏特高压、川藏等重要通道清洁能源外送；完成水洛盐水线扩建、松露站等工程验收投产和500千伏松露站、500千伏松泉一、二线等4条输电线路的投运工作，完成九龙、石棉站LCC柜更换、6个变电站“机器代人”巡检验收工作，有序推进交直流协控、锦苏安控及川藏联网安控系统升级改造，全面提升了变电站精益化和线路标准化水平；及时发现处置了普提站1号主变乙炔超标、东天线和百普线子导线断裂等重大缺陷，完成家族性缺陷隐患整治工作60余次，有力保障了攀西地区大电网安全。2019年，西昌运维分部被评为四川省“三电”设施安全保护先进单位。1个班组获评2019年度四川省质量信得过班组，1项QC成果荣获国网四川省电力公司优秀质量管理（QC）小组成果一等奖。荣获凉山州第一届电力企业职业技能竞赛继电保护专业团体二等奖，变电检修专业、变电运维专业团体优秀奖。

【自贡运维分部】自贡运维分部于2009年10月28日正式成立，主要负责洪沟、内江、泸州、叙府4座500千伏变电站运维管理及年度检修工作，变电容量650万千伏安；负责运维管理地处自贡、宜宾、泸州、内江、资阳、遂宁等多个地市的34条500千伏线路，线路总长2071.835千米，3条特高压直流输电线路及2座接地极址，特高压直流输电线路长度625.567千米，接地极线路180.212千米。

2019年，自贡运维分部完成国庆、进博会等重特大保电任务，及时发现并处置锦苏线管母发热缺陷，“先降后控”促使42处外破隐患国庆前停工撤场，创造性处置长宁热气球新型外破，妥善处置宜彝高速等7起外破隐患；狠抓隐患治理，完成宾金线LT4联板更换，7条线路550串绝缘子单改双，变电站消防综合整治，内江站35千伏PT家族性缺陷处置，42台次断路器三相不一致回路整改；完成普洪一线架空线路改造，集中更换电容器外熔丝，对放电线圈进行整体更换，无功设备非停事件降低67%，成功完成四川首台SVC装置改造，首次实现川内运行SVC接入AVC系统；“交直流协控系统”建成投运，守护西南电网异步运行；率先完成三大直流可视化；无人机回归一线班组，全年通道飞巡及三维建模2287千米，采集航巡轨迹2012基，自主可见光通道扫描650千米和精细化巡检283基，创新验证可见光旁向距离、导地线老旧锈蚀程度等关键控制因素，首次利用“激光炮”消除特高压线路缺陷；处置“6·17”长宁地震、“9·8”威远地震、“12·18”

资中地震抢险，快速恢复 1 条次 220 千伏母线、5 条次 220 千伏线路运行，处理 3 台次主变套管渗漏油缺陷，更换受损 220 千伏避雷器 2 只、PT1 台、500 千伏主变高压套管 2 支，确保了四川电力主网架及川南地区供电可靠性。自贡运维分部变电运维班荣获“2019 年度全国工人先锋号”荣誉称号；自贡运维分部先后获得国网四川省电力公司 2019 年度第一、第二次安全生产特殊贡献奖；自贡运维分部输电运检五班荣获国网四川省电力公司“2019 年度安全先进班组”荣誉称号。

【南充运维分部】南充运维分部成立于 2009 年 6 月 30 日，主要负责南充、广安、达州、巴中、遂宁 5 个地市内的 500 千伏输变电设备运行维护检修管理。南充运维分部所辖 500 千伏变电站 6 座，变电容量为 9500 兆伏安；500 千伏输电线路 18 条，长度 1188 千米。

2019 年，全年实现安全生产人员责任事故 0 目标，技术经济指标全面完成检修公司下达值；完成 105 项检修计划，其中 500 千伏 19 项，220 千伏及以下 86 项，安全管控电网风险 14 项，三级及以上作业风险 44 项。完成巴中、玛瑙、遂宁变电站 6 台主变消防隐患、6 座变电站防误闭锁装置隐患整治，巴中 14 台西开断路器 ZF9 弹簧疲软等重大隐患治理，及时发现黄岩站 35 千伏电抗器断路器回路电阻增大隐患、南充站 220 千伏充汉二线断路器严重漏气缺陷。消除线路山火隐患 42 处，整治地网缺陷 53 项，消除外破隐患 6 处。大力推进电网设备升级改造，提升电网本质安全水平。完成南充站 18 组 220 千伏非完善化刀闸大修、4 台主变小抗加装，完成黄万二线、广黄一、二线、巴南线共 251 基接地网整治，开展亭中线、黄达二线 40 基高土壤电阻塔位降阻整治及亭中线 58 套避雷器加装工作，完成巴达线、巴南线、黄达二线、广黄一、二线标准化线路建设。全年完成无人机可见光飞巡 513.32 千米，激光雷达扫描 254.883 千米，可视化在线监测加装 430 套，完成巴中、遂宁、黄岩、玛瑙 4 站机器人替代巡视，变电专业在线监测加装 152 套。全面推行站端小组长制，制定变电站季度评比方案，从站容站貌、固定维护等方面提升运维管理质效。2019 年，南充运维分部员工刘进枫获评“国网公司 2019 年度劳动模范”称号；郭小春荣获国网四川省电力公司 2019 年电网调度自动化技能劳动竞赛三等奖，熊久凌、郭小春荣获国网四川省电力公司 2019 年特高压直流年度检修技能劳动竞赛三等奖。500 千伏玛瑙站荣获国网四川省电力公司 2019 年“继电保护精益化管理红旗站”称号。

【绵阳运维分部】绵阳运维分部成立于 2010 年 8 月 31 日，主要负责绵阳、广元、阿坝州全境以及德阳、遂宁部分地区 500 千伏输变电设备运维工作。绵阳运维分部管辖 500 千伏变电站 7 座，变电总容量 1025 万千伏安；输电线路 17 条（包括德宝直流和直流接地极线路），线路总长 1459.13 千米。

2019 年，绵阳运维分部共执行倒闸操作票 1311 张，安全操作 16800 项次，完成停电检修作业 107 项，不停电检修作业 572 项。全年累计发现缺陷 859 项，消除 839 项，消缺率 97.7%。全年制定风险防控措施 480 条，防范电网风险 18 次，其中五级 9 次，四级 1 次，三级及以上现场作业风险预警 31 次，累计发布预警 139 天。2019 年，绵阳运维分部处置了色尔古站#1 主变高压侧 A 相套管底部法兰漏油、富乐站 5031 断路器回路电阻超标、平武站并联电抗器烧毁以及昭化站主变本体蝶阀损坏等严重缺陷；完成±500 千伏德阳换流站接地极线路三跨改造，断路器防拒动隐患整治，变电站防误装置隐患整治，42 台开关三相不一致回路优化改造，10 台主变消防改造，11 台 220 千伏断路器和 8 组串联电抗器中期维护，40 台合并单元和 46 台保护装置家族性缺陷处理，48 串复合绝缘子双串化整治；完成±500 千伏德宝线等 11 条输电线路标准化建设并通过检修公司验收；修建巡检便道 4550 米，对重要跨越、外破点位、钓鱼危险地段设置警示标识牌 772 块；在线路保护区安装警示界桩 1550 块，安装线路可视化装置 142 套；治理通道树竹隐患 6.2 万余棵、780 余笼、2.8 亩，补偿 913 户；开展信息员监管蹲守 6206 人次，分部人员监管蹲守 450 人次。2019 年，分部持续深入推进“三项制度改革”落地，专责人员流动率达到 94%，班组长上调 6 人，下调 8 人，平级调整 1 人，班组长流动率达到 75%，13 名班组员工岗位得到晋升。2019 年，分部编写的《实践“三精益”，护航大电网》案例，入选国网四川省电力公司“十讲十增强”实践优秀案例，《绝缘子串 R 型锁紧销拔取装置的研制》获得国网四川省电力公司优秀 QC 成果二等奖，平武站在国网四川省电力公司精益化评价中排名第一，诗城站荣获国网四川省电力公司继电保护精益化“红旗站”称号，分部荣获国网四川省电力公司 2019 年度先进集体荣誉称号。

【乐山运维分部】乐山运维分部成立于 2012 年 6 月 20 日，主要负责乐山、眉山地区内的 500 千伏输变电设备生产运行维护。管辖 500 千伏变电站 5 座，变电总容量 750 万千伏安；输电线路 24 条，总长度 2159.177 千米。

2019 年，乐山运维分部新投运维 500 千伏姜资

一、二线。完成68台500千伏及220千伏断路器本体三相不一致改造，6台主变消防改造。开展28组35千伏隔离开关反措治理及45项年检预试、精益化整治，执行工作票620张，倒闸操作票1654张，安全操作17907项次，完成500千伏天坡一二线等11条次线路停电检修工作，提升了输变电设备健康水平。分部处理输电线路通道树竹缺陷610条，量亩砍伐树竹360余亩，零星砍伐树木39000余根、竹子586笼，清除砍后新发巨桉幼苗690余亩，协调乐山夹江、马边、五通桥等8个区县及眉山所有区县政府，出台通道树竹治理一次性补偿标准，废除乐眉地区原通道补偿协议，共1100多亩，通道隐患治理工作成效明显。分部依托5座观冰站、4个观冰点对24个覆冰严重区段开展现场观冰工作，开展8次直流融冰操作，确保超高压电网安全运行。乐山运维分部有效管控四级电网风险1次、五级电网风险5次、其他电网风险8次、输变电作业风险31次，开展安全专项活动及隐患排查共14次，共查纠违章52起，安全生产局面趋于平稳。分部迅速完成“8·6”洪灾抢险救灾，快速恢复正常生产、办公秩序。截至2019年12月31日，乐山运维分部实现安全生产2429天。国网四川省电力公司董事长、党委书记谭洪恩到东坡变电站现场检查，给予肯定。乐山运维分部“电网机甲战士——基于AR+人机随动的变电站智能遥控操作机器人”青创项目获得国家电网有限公司第五届青年创新创意大赛优秀项目成果银奖，获得国网四川省电力公司第五届青年创新创意大赛优秀项目成果金奖。

【雅安运维分部】雅安运维分部成立于2008年8月1日，主要承担雅安、甘孜州500千伏输变电设备运维检修业务，管辖500千伏变电站8座，其中藏区站6座，变电总容量1118万千伏安；管辖500千伏线路16条，线路总长度1558千米，铁塔1978基。

2019年，雅安运维分部精心组织，累计发现并督促消除缺陷隐患3385条，历经5个多月完成姜城站投运，安全生产“姜城经验”被国网重庆市电力公司全过程技术监督评价报告列入亮点工作。完成设备年检预试115项，三级及以上作业风险管控46项，有序推进巴塘、姜城站监控移交，确保了安全生产的平稳态势。完成继电保护装置家族性缺陷整治23台次，CT20弹簧机构隐患整治14台次，220千伏及以上断路器三相不一致优化94台次，发现并及时处置石雅二线耐张管引流板断裂、乡城站藏中联网安控装置防抖动时间设置不合理等缺陷隐患，有效提升设备本质安全。通过法院起诉了雅山一、二线62#一户重复种植反复勒索的村民，法院最终宣判11个月。积极与当地政府沟通协调，努力推动丹巴站外接水源、乡城站基建项目实施。截至2019年12月31日，雅安运维分部实现安全生产2203天。分部变电运维三班获评“国网公司先进班组”，电气试验班荣获“省公司青年安全生产示范岗”荣誉称号。

【德阳直流换流站】德阳直流换流站于2013年12月9日正式成立，主要负责±500千伏德阳直流换流站的运维管理、永河接地极运行维护、公司所辖直流融冰装置和SVC技术支撑、直流三大核心设备年度检修及全站设备应急处置消缺工作。

2019年，德阳直流换流站深化设备状态管理，先后成功处置极ⅠC相阀塔主出水管一处均压电极屏蔽碗放电、极Ⅱ平抗直流侧套管异常发热、极Ⅰ内冷水系统止回阀故障等危急缺陷3次和紧急缺陷31次，有效避免了单双极闭锁事件发生。统筹规划、资源共享，各类检修工作现场管控有力，完成德阳换流站安控系统调试、西南电网异步运行试验、极Ⅱ平抗故障处理、平抗套管隐患整治、换流变GOE套管底座更换、极ⅡY/DA相换流变更换等重大工作。坚持设备隐患治理常态化，对全站所有设备及管理全过程开展全面反措排查，共排查出违反反措问题2186项，并制定出针对性的整改措施，提升电网设备本质安全水平。圆满完成年度检修任务，共开展例行检修项目16项、特殊性检修项目11项、大修技改项目5项、隐患治理4项、反措执行7项、消缺41项，并自主完成了直流控保等年检任务5项。坚持设备隐患治理创新化，创新划分消防隐患责任区，将消防隐患纳入主设备隐患统一管理，全年完成消防水池扩建、泡沫消防扩容、消防水管网大修等消防隐患治理14项。截至2019年12月31日，德阳直流换流站实现安全生产3657天，全年累计输送电量148亿千瓦时。德阳直流换流站连续8年荣获国网公司“红旗换流站”荣誉称号。

【综合服务中心】综合服务中心于2013年12月25日成立，现下辖3个业务板块，分别为物资供应中心、后勤服务中心、综合科，主要负责检修公司物资管理、后勤管理、车辆管理、消防保卫、小型基建管理等工作。

2019年，组织完成授权采购评审13个批次；签订物资采购合同621份；处置废旧物资4批次，共计750条；物资采购计划执行率、物资合同签订及时率、物资合同履约完成率、评标专家管理规范率等物资指标均达到100%；迅速响应“放管服”改革要求，建立物资支付、履约全链条管理台账及“三金一款”常态化清退机制；迅速响应 “三大直流换流站”应急采购等重点供应任务，多手段助力宜宾管理处平稳过渡；贯彻落实国网四川省电力公司创新驱动发展战略，创新成果“采购复兴号—智慧链接精准采购平台”获国家电网有限公司第五届“青创赛”铜奖，以及国网四川省电力公司第五届“青创赛”银奖。全面推进消防隐患治理，全年完成86台主变固定灭火装置消防隐患治理工作；规范车辆成本管理,全面实现车辆使用费“业财融合”；严抓保卫安全，指导各单位开展专项隐患排查整治工作，完成建国70周年保电相关工作；检修公司本部生产办公基地建设项目可行性研究通过国家电网有限公司审查；完成四川直流运维检修及生产倒班用房和配套用房项目储备，预计于2020年下达；处置应对“6·17”长宁地震、“8·6”乐山水灾等险情，保障各项生产工作正常开展。在2019年国网四川省电力公司后勤部、物资部企业负责人业绩考核中，检修公司分别排名第一、第二；物资供应中心、后勤服务中心均获评2019年获国网四川省电力公司安全先进班组。

教育培训单位

栏目编辑：何　飞

国网四川省电力公司党校（管理培训中心）

【单位概况】国网四川省电力公司党校（管理培训中心）是国网四川省电力公司直属教育培训单位，承担公司企业党建理论研究和实践探索、领导干部及党员党性教育、各级管理人员培训的重任，是公司高素质、复合型管理人才培养基地。

国网四川省电力公司党校以培养适应国网四川省电力公司“12333”战略目标的高素质干部队伍和复合型管理人才为宗旨，以建设成为国家电网有限公司一流党校为目标，聚焦干部党性教育的“主阵地”、党建理论研究的“制高点”、服务公司党委决策的“智力库”三大功能定位，持续提升党建研究的核心能力，实现研究成果实用化突破，发挥“人才培养摇篮、党建研究阵地、培训服务名片、形象展示窗口”四大作用，为公司党的建设及干部队伍建设提供专业服务支撑。

2019 年 8 月 15 日，国网四川省电力公司技能培训中心培训师荣获全国电力青年培训师教学竞赛个人三等奖，助力国网四川省电力公司荣获团体三等奖（秦勇　摄）

国网四川省电力公司党校下设部门8个，其中职能部门4个，分别为办公室（党委办公室）、培训管理部、党委组织部（人力资源部）、党委党建部（党委宣传部、纪委办公室、工会、团委）；业务部门4个，分别为党建教研部、后勤保障中心、培训服务中心、知识管理中心。四川科锐得实业集团有限公司都江堰分公司，为党校托管产业单位。

国网四川省电力公司党校占地面积701.74亩，建筑面积5.739万平方米，从功能上分为北部培训区、南部教学区和西部后勤区，有教学楼3栋、教室（会议室）20间、研修室3间、电教室3间、餐厅2个、学员宿舍382间。体育馆、国网四川省电力公司廉洁教育基地和电子评标室位于南部教学区。国网四川省电力公司党性教育基地和法治文化示范阵地也正在筹建中。

【人力资源】国网四川省电力公司党校现有在职职工 110 人，平均年龄 38.74 岁；具有研究生及上学历的占 15.45%，具有大学本科学历的占 63.64%，具有高级技术、技能等级的占 30%，具有中级技术、技能等级的占 24.55%。有省公司认证培训师 22 人。

【技术装备】国网四川省电力公司党校具有信息发布系统 2 套、大屏显示系统 2 套、扩声系统 13 套、中控系统 3 套、信息查询系统 1 套、会议系统 3 套、多媒体显示系统 3 套、会议录播及监控系统 1 套。数字化校园 1 套（含教学策划、教学管理、后勤保障功能），翠月直通车 App1 个、数字网络扩声系统 1 套、舞台灯光 1 套、公广系统 1 套、音频矩阵系统 1 套、信息采集与后期制作 1 套、LED 大屏显示系统 1 套。

【自身业务工作开展情况】2019 年，国网四川省电力公司党校在国网四川省电力公司党委的坚强领导下，深入学习贯彻习近平新时代中国特色社会主义思想，以国网四川省电力公司“12333”战略体系为指引，以“十讲十增强”总要求为遵循，秉承“五个坚持”的工作思路，守正创新，主动作为，“三大功能”更加凸显，“四个作用”有效发挥，主要指标全面向好，“1190”年度目标完成，国家电网有限公司一流党校建设实现良好开局。全年完成各类培训（会议）293个，同比分别增长27.9%和11.8%；业绩考核连续4年位列第一方阵。荣获国家电网有限公司首批“红旗党委”称号，连续4年获得国网四川省电力公司先进单位表彰，被确定为国网四川省电力公司思想政治建设标杆，被评为国网四川省电力公司职工文化建设先进单位，获评国网四川省电力公司女工工作先进集体。

1.安全生产总体平稳。坚持“党建引领、全员参与”，打造“党旗争辉·安全护航”2.0升级版。开展安全问题清单专项梳理，推动本质安全提升。组织安规考试，举办消防器材使用培训和火灾逃生实景体验，完成防洪度汛、“护网2019”网络攻防演练。全员参与“慧眼”行动，发现整改各类缺陷400余处。突出“现场管控为王”，建立预防违章和查处违章工作机制。强化外委项目安全管理，加大违章行为通报处罚力度。强化安全生产基础保障作用，为重点培训、重要会议保驾护航。

2019年10月25日，国网四川省电力公司技能培训中心开展“不忘初心 牢记使命”用电服务进社区主题党日活动 （梁丹 摄）

2.教学培训创新突破。紧扣国网四川省电力公司战略和目标要求，健全完善各层级培训体系。依托国网资阳供电公司“红细胞工程”，拓展国网四川省电力公司党校“党建研究基地”，“一校两基地”初步完成川内布局。创新教学培训方式，组织学员赴延安、泸定桥等地现场教学，实现党校办学、学员党性和教学体验三个提升。加强与华为大学、浦干院、中大院、国网党校上海、大连分校等单位的交流合作，教育培训水平持续提升。成立知识管理中心，组建柔性团队，着手“智慧校园”提档升级前期调研和规划编制。完成处级培训班5期、青干培训班1期、中干培训班22期、支部书记培训班16期；配合开展国网四川省电力公司金牌内训师遴选和2019年电力雏鹰选拔工作，有效支撑国网四川省电力公司“大培训、大比武、大提升”活动开展。

3.教研工作成果丰硕。大力实施“三名”工程，打造“名师”3人、“名课”3门、“名作”3部。自主开发课程覆盖党建、纪检、法律、心理咨询四大门类，8门标课、1门情景党课获得国家版权认证。34名职工参与课程开发、讲授，国网四川省电力公司党校“名师”“名课”亮相国家电网有限公司党校青干班，并走上中核集团讲台。建立党建研究协作机制，基本形成“党建人才工作站”和“党建专家人才库”的“一站一库”格局基本形成。牵头起草《“十讲十增强”形势任务宣讲通稿》，参与基层单位党委书记宣讲团宣讲。编印《十讲十增强 推动发展新跨越》书籍。撰写解读董事长年度、年中、季度工作报告系列文章9篇。参与编写国家电网有限公司党校《旗帜领航——国有企业基层党组织情境党课》，1项案例和1项研究课题入选；1篇论文入选国家电网有限公司党校智库成果库；1项案例被评为国家电网有限公司系统党校优秀实践案例；1个项目获国网四川省电力公司管理创新成果二等奖；1篇论文获得2019年度四川省企业管理优秀论文三等奖。《一周参考》《党校观察》等智库产品不断丰富，制高点地位更加突出。

4.经营质效持续改善。开拓计划外培训市场，承接国网西南分部、国网成都供电公司等9家单位干部职工培训。推进多维精益管理，严格综合计划和全面预算执行，加强闭环管理。深化项目与资金一体化管控，从严从紧控制各类支出。以“三学三查三改”为主线，开展“规章制度落实督导年”活动，推进国网四川省电力公司法治文化示范阵地建设，举办“每周一课”25期，新增、修订、废止规章制度 41 项，提高合规管理水平。360 度挑刺行动入选国网四川省电力公司“规章制度落实督导年”典型经验，荣获国网四川省电力公司法治文化建设演讲比赛二等奖。积极落实“放管服”措施，确保项目稳步有序开展。推进“三项制度”改革，完成岗位聘期制管理，狠抓“六能”落地见效。配合完成原中心主任经济责任审计，彻底完成四川电力疗养院注销登记，全面完成集体企业改革改制。

5. 桥梁作用有效彰显。深化共产党员服务队建设，架起与培训学员和服务对象的连心桥。聚焦“四项服务”，完成送教下基层 43 次，与凉山州阿吼村结对共建，与遂宁市新立小学结对帮扶，以实际行动践行“人民电业为人民”的企业宗旨。依托国网四川省电力公司党校资源优势，突出“窗口”功能，发挥“桥梁”作用，积极搭建国网四川省电力公司与国家电网有限公司、地方党委、政府的沟通交流平台，完成“不忘初心、牢记使命”主题教育省级领导干部读书班、国家电网有限公司现代智慧供应链建设现场会等 9 个重点项目的服务保障工作，为公司营造良好的内外部环境。

2019 年 11 月 22 日，国网四川省电力公司第二届新员工“技能新星”竞赛圆满落幕　　（张红宇　摄）

【科技成果】国网四川省电力公司党校扎实推进课题研究和管理创新工作。《新时代国企党校建设的现状分析及路径优化》入选国家电网有限公司党校智库成果库。《党建与业务工作融合推动公司高质量发展的实践与探索》被纳入政策咨询委员会 2019 年调研课题。《党校“一校两基地”办学体系的创新与实践》被评为国家电网有限公司系统党校优秀实践案例。参与完成的《汲取地域文化优秀基因的生态型企业文化管理创新实践与研究》项目获国网四川省电力公司 2019 年管理创新成果二等奖。

【党的建设和精神文明】高质量开展“不忘初心、牢记使命”主题教育活动，抓实学习教育，深入调查研究，深刻检视问题，从严整改落实，发现问题 36 项，制定整改措施 62 条，全部完成整改。实施“党建+”工程，促进党建与业务工作深度融合。联合兄弟单位举办“我奋斗 •我幸福”主题分享会，打造别开生面的主题党课；开展“抓整改、除积弊、转作风、为人民”专项行动，制定为支部减负 23 条措施。开展形式主义、官僚主义整治工作，贯彻落实新形势下全面从严治党的各项要求。配合国网四川省电力公司开展政治生态研究，完成政治生态评价体系建设。加强干部队伍建设，开展“大培训、大比武、大提升”活动，分层分类提升全员素质。建立“党小红”微信公众号，拍摄微电影《领航》，国网四川省电力党校职工先进事迹两次登上《国网故事汇》。“党校 • 青年说”首秀亮相。建立 126 职工诉求服务中心，畅通诉求渠道。切实维护职工合法权益，积极服务职工群众。组织演讲比赛等文体活动 12 项。开展重要节日慰问，认真落实离退休“两项待遇”。

国网四川技培中心
（四川电力职业技术学院）

【单位概况】国网四川省电力公司技能培训中心是国网四川省电力公司分公司性质的二级单位，属公司层面的教育培训机构。2018年，成功遴选为四川省高技能人才培训基地建设项目单位。四川电力职业技术学院是一所专科层次全日制普通高等学校。2011年9月，通过教育部、财政部验收，成为全国100所国家示范性高职院校之一，是电力行业和国网公司系统唯一一所国家示范性高职院校。国网四川省电力公司技能培训中心与四川电力职业技术学院简称中心（学院），实行“一套人马、两块牌子”的运行模式，集员工教育培训、高职学历教育、成人教育、职业鉴定等功能于一体，建有温江、草堂、罗家碾、青峰岭实习实训电厂4个校区，占地面积822.72亩。设有管理职能部门7个，培训、教学及相关业务机构5个，内设相关业务部门20个。

2019年6月26日，四川电力职业技术学院与乡城县政府签订共建“高原藏区水电科研基地”“大学生实习基地”合作协议　（伍俊舟　摄）

【人力资源】中心（学院）在岗全民职工共402人。按学历分析，研究生及以上215人（其中博士研究生5人），占53.48%；大学本科159人，占39.55%；大学专科及以下28人，占6.97%。按专业技术等级分析，副高及以上职称216人，占53.73%；中级职称124人，占30.85%；初级职称26人，占6.47%。按技能等级分析，高级技师13人，占3.23%；技师98人，占24.38%；高级工12人，占2.99%。

【技术装备】中心（学院）建成全国领先的综合性培训基地，涵盖输配电线路、电网运行、电网检修、电力营销、信息运维和水电运维各大专业，专业覆盖全面，设施先进齐全，是国家电网有限公司“带电作业培训基地”“信息培训基地”，是四川省高技能人才培训基地。实训基地建成投运以来，承担了国网四川省电力公司各专业职种岗位人员的技术技能培训、职业技能鉴定、科研攻关、技能竞赛、人才选拔等工作。近年来，中心（学院）紧跟电力行业和公司发展形势，及时更新实训设施设备，新建有特高压输电线路培训基地、风光储智能微电网培训基地等实训基地，推进500千伏智能站保护实训室、电力电缆实训基地、配网自动化实训基地和能源互联网示范与实训基地建设等新型实训基地建设，可满足电力前沿领域的科研和培训需求，服务电力“高、精、尖”技能人才培养。

【自身业务工作开展情况】中心（学院）2019年举办各类培训班695期，培训28894人次，全口径培训量200938万人天，完成国网四川省电力公司下达的各项指标，获评国网四川省电力公司2019年度先进集体，以第一名的优异成绩获评2019年电力行业技能人才培育突出贡献奖。

1.改革创新全面加快。坚持战略引领，着力把握“四个坚持”，聚焦“一个引领、三大体系”，推进一流企业大学建设迈上新征程。抢抓国家大力发展职业教育的重要机遇，深化产教融合，与广安市开展深度合作，与甘孜州乡城县共建“高原藏区水电科研基地”“大学生实习基地”，与四川大学电气学院签订战略合作协议，引领中心（学院）在更高平台、更深层次上加快发展。深化教培一体化改革，制定机构改革实施方案，探索更加符合事业发展的运作机制。师资融合取得显著成效，全年41名培训师参与职业教育授课，共4226学时。稳妥推进“三项制度”改革，推行全员岗位聘任，探索基于量化考核的一线绩效薪金分配制度，有序推进历史遗留问题整改，为长远发展奠定坚实基础。

2.培训工作成果丰硕。聚焦国网四川省电力公司战略需求，以“大培训、大比武、大提升”活动为抓手，加快推进培训精准转型。构建“泛在电力物联网”培训研发团队，精心研发系列培训课程，支撑国网四川省电力公司泛网人才培养。系统搭建“特高压直流专业”培训体系，打通人才发展通道，为特高压直流人才储备打下坚实基础。创新策划开展“优秀专家人才技术帮扶培训”“新员工综合技能提升培训”和“藏区边远地区技能人员培训”，聚焦生产实际问题，切实提升培训针对性。加强培训管理创新，与地市公司和应急中心开展合作办班，缓解培训资源短缺和一线员工工学矛盾。统筹优化二类项目全过程管理，完成49项开发任务，编写教材8本，开发课件1300余个、题库73675道，完成14个专业的调研分析报告、素质提升规划及培训方案编写。圆满完成第三届“四川工匠杯”职业技能大赛、全国电力行业职业技能竞赛等各类竞赛、调考承办和集训任务22项，成绩良好。

3.职业鉴定有序推进。高效支撑国网四川省电力公司以“优秀”等级通过四川职业技能等级认定试点单位评审。实施“职鉴1+1”特色活动，开展职业资格“送政策上门”“送考上门”，惠及三州偏远地区300余人次。全力支撑国网四川省电力公司从无到有建立技能等级评价体系，制定规章制度4项，修编评价题库2350套，完成考评员、督导员认证工作，技能等级评价工作稳步推进。全年组织完成职业技能鉴定、技能等级认证、技能等级评价、特种作业培训24223人。

4.高职教育谱写新篇。认真贯彻国家和国家电网有限公司职业教育改革精神，加快构建现代职业教育体系，制定学院职业教育发展三年规划，组织开展“1+X”证书制度试点申报。扩大招生规模，新增集体供电服务公司和四川彝区定向生，成功将“三定生”纳入深度贫困县定向招生批次，生源质量和就业质量大幅提升，学院在校学生2649名，其中定向培养学生727人。2019年，输送大专毕业生535人，就业率95.51%。积极推进现代学徒制人才培养模式改革，优化9个专业人才培养方案，发电厂及电力系统专业被认定为教育部创新发展行动计划骨干专业。积极开展省级教改项目研究，组织申报省级思政示范课程2门，《企业文化与综合素质》被认定为省级“课程思政”示范课程。牵头完成2本国家电网有限公司专业教材和5个国家电网有限公司定向培养企业认证标准的编制。学生在省级技能竞赛中荣获团队奖5项，5名学生获得“四川省优秀大学毕业生”荣誉称号。

5.经营管理提质增效。全力深化经营管控，树牢“过紧日子”思想，持续强化精准投资和成本管控，健全财务预算管理机制，积极拓展培训市场，内挖外拓、节支增收，全年营业总收入较去年同期增长101%，内模利润扭亏为盈。全面强化管理创新，发布《学院项目绩效管理办法》，制定《中心多维精益管理体系变革工作实施方案》，上线国网商旅APP，清理历史往来账款，强化采购流程管控，运营管理水平持续提升。全面提升综合服务保障能力，圆满完成国家电网有限公司现代（智慧）供应链四川现场会、四川省应对大面积停电事件联合演练等公司重点任务的服务保障工作，赢得公司和社会广泛赞誉。深入开展“规章制度落实督导年”活动，入选国网四川省电力公司典型经验2项。

6.安全水平不断提升。持续深化本质安全建设，以全员全岗位安全责任清单为抓手，全面排查治理安全隐患，督查培训及施工作业现场安全180次，整治各类安全问题、隐患105起。制定《中心安全专项奖励和处罚办法》，修订应急预案体系，持续完善安全责任清单，安全基础持续夯实。开展消防疏散、防汛等应急演练9次，举办全员安全培训班3期，开设“安全文化与本质安全”选修课，切实筑牢安全防线。强化学员学生安全管理，严格执行“三查制度”和“一日四点名制度”，开展安全、法制、心理健康、传染病预防等专题教育讲座，及时处置应急事件，确保学员学生队伍安全稳定。全力以赴做好培训教学、意识形态、维稳防恐、交通消防、饮食卫生等安全管理工作，全年未发生安全事件，中心（学院）连续两年荣获“四川省安全生产培训先进单位”称号。

7.队伍建设卓有成效。着力打造“十讲十增强”干部职工队伍，不断筑牢服务公司发展的根基。健全干部管理制度，新建和修订制度7项，推行任期制，着力强化干部担当作为。深化人才队伍培育，制定“青年英才”十年全路径培养方案，打通人才成长通道，21人通过中、高级专业技术资格评审，2人新入选国网四川省电力公司电力雏鹰计划。再启

“双向挂职”，选派5名教师到生产一线锻炼，抽调7名生产一线专家到中心（学院）挂职。实施“教培大讲堂”系列活动，举办“教授讲座”2期、“博士论坛”1期，创新采用“资源开发+微课发布”模式开展“教学技能擂台赛”4期，83名教师参赛，覆盖20个专业领域，累计开发课程34门，有力推动队伍综合能力持续提升。中心（学院）在各级师资竞赛中荣获团体一等奖3项、三等奖3项，员工荣获个人一等奖3项、二等奖1项、三等奖2项。

【科技成果】强化科技项目全过程管控，全年完成发明专利申请9项，实用新型专利申请8项，并获得7项实用新型专利的授权。立项国网四川省电力公司管理创新项目1项、QC项目6项，立项科技、群创项目5项，5本论著、6篇论文获得国网四川省电力公司奖励，荣获国网四川省电力公司科技进步和管理创新三等奖各1项。“新一代智能变电站全数字可视化仿真培训系统研究”科技项目成果通过“国网公司科技成果转化平台”完成科技成果转化。此外，联合四川大学共同申报四川省政府科技项目1项，联合信通公司申报国家电网有限公司第六批实验室。

【党的建设和精神文明建设】扎实开展“不忘初心、牢记使命”主题教育活动，登上四川省委简报1期、国网四川省电力公司简报1期、四川省教育厅简报2期，活动成效受到四川省教育工委和国网四川省电力公司党委的充分认可。开展“十讲十增强”形势任务宣讲，党组织凝聚力战斗力进一步增强。推进“创先争优年”各项工作，制定“先锋技培•创先争优年”实施方案，深入推进“六项行动”。开展“一支部一特色”“党建+”工程，打造24个党支部特色品牌，开展共产党员服务队、“青春光明行”志愿服务30余次，2个党支部分别获评国家电网有限公司、国网四川省电力公司“电网先锋党支部”，3名党员分别荣获国家电网有限公司、国网四川省电力公司优秀共产党员、党务工作者表彰，1名员工荣获国网四川省电力公司劳模称号。全面落实“两个责任”，配合完成任期经济责任审计和国网四川省电力公司党委政治巡察，开展自查自纠，强化整改落实，持续营造风清气正的干事环境。全面推进国网四川省电力公司团校建设，组建“青年讲师团”，潜心开展思政研究，孵化青创项目，实施主题教育“送教上门”，承办国网四川省电力公司、团省委“纪念五四运动100周年”“青年大讲坛”等系列活动和讲座，不断提升共青团组织对公司治理体系和治理能力现代化的贡献度，中心（学院）团委荣获国网四川省电力公司优秀“五四红旗团委”。加强企业文化建设和意识形态工作，推进企业文化示范点建设，开展“126连心桥”职工诉求服务工作。扎实推进脱贫攻坚工作，对口帮扶的甘孜州乡城县和康定市顺利通过四川省脱贫检查，中心（学院）先后被四川省委和四川省教育厅评为“定点扶贫先进单位”。

【存在的主要问题】一是改革发展压力较大，经营管理有待加强。培训机构、职业院校改革深入推进，多项改革并行叠加，给中心（学院）在资源统筹、队伍建设、合规管理等方面带来巨大挑战；二是产教融合持续深化，创新探索亟须加快。产教融合逐步从制度创新上升为国家战略，以产教融合为导向的人才培养体系还不够健全，与时俱进探索人才培养创新、服务公司人才队伍发展的能力有待加强；三是业务发展变化迅速，资源建设有待加快。电网新技术、新业态竞相发展，员工培训和职业教育业务需求增大、质量要求提高，中心（学院）基础设施、实训基地、专业建设和师资队伍等配套资源建设还有待加快步伐。

施工管理单位

栏目编辑：何　飞

国网四川电力送变电建设有限公司

【企业概况】国网四川电力送变电建设有限公司（以下简称“送变电公司”）成立于1958年，是国网四川省电力公司下属的全资子公司，注册资本3.73亿元，独立法人，独立核算。具有国家电力工程施工总承包壹级资质、国家一级承装（修、试）类资质、国家消防设施工程专业承包贰级资质及国家建筑工程施工总承包叁级资质，是四川省内唯一一家具备电网基建施工、运维技改检修和应急抢修抢险全链条管理能力的施工总承包单位。国网四川省电力公司依托送变电公司成立了施工装备统一平台和技术支撑平台，为四川电力企业协会内各单位提供装备租赁和技术服务。

2019年，阿里与藏中电网联网工程查务—吉隆双回500千伏线路新建工程（包7）基础施工全面铺开，图为国网四川电力送变电建设有限公司的项目经理田维立现场抽查基础钢筋笼生产质量　　（田维立　摄）

送变电公司现有职能部门9个，分公司7个，中心2个。截至2019年底，送变电公司全口径用工总量1455人（含长期职工1018人，业务外委人员437人），其中长期职工1018人，业务外委人员437人，经营及管理人才174人，占比12%，专业技术人才228人，占比15%，技能人才1053人，占比73%。送变电公司拥有国网四川省电力公司大师工作室2个，注册一级建造师58人，二级建造师50人，国网四川省电力公司优秀技术技能人才11人，国家电网有限公司优秀技术技能人才后备2人。

多年以来，送变电公司参加并完成“西电东送”“川电外送”、特高压工程、青藏、新甘石、川藏、藏中及阿里联网等重点工程建设，承担了国内十多座特高压换流站的年度检修、技改大修和应急抢险任务，在500千伏、750千伏、1000千伏、±800千伏、±1100千伏等各电压等级工程中屡创佳绩，多次荣获国家建筑工程鲁班奖、国家优质工程金奖。

【人力资源】2019年，送变电公司深化“三项制度”改革，实施“三倾斜一接轨”，持续激发企业活力，获得国网四川省电力公司突出贡献单位称号。持续发挥薪酬分配杠杆作用，薪酬分配向安全生产和市场开拓一线倾斜，鼓励员工到一线干事创业。促进内部人力资源共享及有序流动，大力鼓励管理技术人员向一线流动，本部向分公司流动25人，分公司人员到本部培养锻炼5人，交流借用20人；优化“3+1”用工模式，激发企业活力。

【工程建设项目】2019年，送变电公司提前完成雅安加强、蜀丹线等重点工程，强力支撑四川清洁能源外送和成都地区“迎峰度夏”。完成渝鄂背靠背“21+3”交直流协控工程超级大联调，可靠保证西南电网异步稳定运行。顺利完成雅中换流站场平工程，承担白鹤滩换流站前期场平、雅中送出工程线路1包和换流站土建A包任务，目前各项工作有序推进。750千伏河西加强工程实行全机械化作业，提前12天实现“零缺陷”带电投运。山东环网建成投运，阿里联网、青河线等重点工程推进，国网甘肃省电力公司、国网河北省电力有限公司、国网陕西省电力公司发来感谢信。送变电公司参建的特高压榆滩线获“国家优质工程金奖”。送变电公司首个市政工程总承包项目成都地铁 11 号线配套工程建成投运。

首次独立完成川内三大换流站全站全设备检修，全年完成 6 省 12 座换流站及阿坝州 12 座 220 千伏变电站年度检修技改等业务，获国网四川省电力公司和各管理处“先进集体”“先进个人”等荣誉称号 30 余次。“换流变小排油端子改造”技术措施获国家电网有限公司先进典型经验并推广运用。四川藏区输电线路平稳运行，为藏区可靠用电、脱贫攻坚贡献力量。加速推进输电线路可视化设备安装，在国网四川省电力公司指导下开展“机器代人”试点工作，推进“智慧线路”建设。创新使用无人机开展新建线路验收工作，提升验收质量。完成“迎峰度夏”和国庆 70 周年期间保电工作。快速响应并高效完成锦屏站、汶川泥石流等应急抢险抢修任务和“长宁”震后隐患排查等工作，获得广泛赞誉。

2019 年 2 月 2 日，国网四川电力送变电建设有限公司藏区党员服务队巡线员在对 500 千伏甘蜀一线巡视中发现 61 号塔塔身有异物，立即上台清除异物（孙琦　摄）

【安全生产】在电网建设、运维检修、应急抢修等各项任务异常繁重、环境恶劣多变等复杂条件下，确保了人身、设备和电网安全。全面落实“生命至上、现场为王”安全理念，优化安全管控流程，细化安全管控措施，规范安全生产费用管理，形成“三项实施方案”，进一步提升制度约束能力。充分运用安全生产指挥系统、智能违章识别系统、无人机飞巡技术、安全日常巡查、安全专项检查，实现重要三级及以上风险作业“远程指挥”与“现场到岗”双监控，作业现场三维智能管控。加大安全奖惩力度和精准度，安全专项奖励突破历史最高值，正向激励作用全面显现。

【资产经营】紧密围绕“深化向内、主动向上、积极向外”进行市场开拓，积极主动向国家电网有限公司总部和国网四川省电力公司沟通汇报，全面加强与地市供电公司及相关单位的交流合作，有力支撑电网建设、运维检修和应急抢险。加强项目成本预算决策管控，建立成本管理预警体系；紧抓款项回收，加大资金保障和资金安全管控力度，提高资产运营质量；优化远程财务管控系统，统筹做好税务筹划及管理工作，纳税信用评级为A。2019 年，新中标工程合计 29.1 亿元，创历史新高。中标雅中换流站土建、电气双A包，取得历史性突破。

【科技与信息化工作】稳步推进“三大中心”建设。组建国网四川省电力公司施工装备统一平台，注资计划落地实施，为系统内外单位提供装备服务、机具装备检测试验和技能培训，提高国网四川省电力公司施工装备水平。初步建成安全工器具检测实验室，实验室CNAS认可工作顺利实施。推进技术支撑平台建设，为系统内单位提供施工技术方案等技术咨询服务。

科技成果获得国网四川省电力公司科技进步三等奖 1 项，国网四川省电力公司专利奖 3 项，国网四川省电力公司青创赛三等奖 1 项；获得专利 4 项，形成国家电网有限公司企业标准 1 项，团体标准 3 项，形成国家电网有限公司高海拔施工典型工法 7 项；承担国家电网有限公司、国网四川省电力公司及国网西南分部可拆分式挖孔机、高原山地多功能车、索道自动转轨装置等 7 项破解山区机械化施工难题的装备。

【党的建设和精神文明建设】高质量完成“旗帜领航·三年登高”创先争优目标任务，首创三位一体“红色阵地”融合体系和“4×3 标准”“双安全”等融合举措，示范引领国网四川省电力公司“党建+电网建设”试点。藏中联网先进事迹在国家电网有限公司本部及十家网省公司、地市公司巡回宣讲。“不忘初心、牢记使命”主题教育专题民主生活会等多项工作受到国家电网有限公司、国网四川省电力公司指导组高度评价。接受国网四川省电力公司党委第三巡察组政治巡察，狠抓整改落实，做好巡察“后半篇文章”；试点开展外委审计，构建“五方监督”体系，搭建纪检监察员平台，实现项目监督全覆盖。坚持“依靠”方针，民主管理和职工权益得以充分体现。发挥好“126 连心桥”作用，畅通职工诉求通道；因地制宜建成职工文体活动中心，送文化下基层、进班组。送变电公司获评国家电网有限公司先进集体、藏中联网工程“突出贡献集体”称号、国网四川省电力公司先进集体、安全生产先进单位和“三项制度”改革工作突出贡献单位。送变电公司党委获评国家电网有限公司红旗党委、国网四川省电力公司党员教育管理标杆和全国送变电行业党建工作创新奖。山东环网项目获评国家电网有限公司“工人先锋号”，输电一分公司党支部被评为国网四川省电力公司“先进基层党组织”。景文川获评第二届成都市“百佳”职工创客明星，王泽贵获评国网四川省电力公司“川电工匠”称号，2名职工荣获成华区首届“成华工匠”称号。

【存在的主要问题】1. 机制不活管理不强。作为电家电网有限公司下属的施工企业，参照供电监管类业务进行管控的方式还较多，在投资、用工、薪酬、预算、商务等方面缺乏市场化机制，企业内生动力不足，组织机构和管理模式不适应市场需求，应对市场变化缺乏组织柔性和及时响应，反应慢、效率低、措施少的短板日益显现，难以适应市场快速反应决策要求。内部机构设置和职责界面还不够合理、清晰，各司其职、协同配合、高效推进的运转机制还未完全建立，在有效落实上级要求、积极应对外部挑战方面还显得流程不畅、合力不够、效率不高。

2. 队伍支撑能力不足。面对转型发展，有的干部员工缺乏本领恐慌意识，思想观念、知识储备、学习能力与公司高质量发展要求不相适应。干部队伍在年龄结构、专业搭配、工作经历等方面存在不足，在担当作为、创新发展方面还有差距，优秀年轻干部培养和干部梯队建设需加快推进。产业工人队伍逐步老龄化，技能人才紧缺日益严重，新生代施工管理和技术技能人才成长缓慢，现场管控能力呈弱化趋势。

【所属子公司】送变电公司下设 3 个输电施工分公司、2 个变电施工分公司、调试分公司、应急抢修中心（藏区电网运维分公司）、机具设备分公司。

国网四川省电力公司建设分公司（国网四川工程咨询公司）

【企业概况】国网四川省电力公司建设工程咨询分公司（监理公司）（以下简称“工程咨询分公司”）由原四川电力工程建设监理有限责任公司与原国网四川省电力公司建设管理中心从经研院成建制划出并整合组建，于 2018 年 5 月正式运营，实行“一套班子、两块牌子”运行模式，暂按分公司加子公司模式运转，承担原两家单位业务职责并开展全过程工程咨询试点工作。

工程咨询分公司业务包括工程项目全过程咨询服务，主要业务涵盖建设管理中心和监理公司承担的项目前期、工程前期、建设施工、总结评价等四个阶段的全部管理业务。具体负责承接 500 千伏以上及部分 220 千伏电源送出工程、电网建设工程的项目前期、建设管理、监理、设备监造、工程咨询等电网建设全过程管理工作以及地市公司 220 千伏及以下电网建设工程的监理、设备监造、工程咨询等工作。

工程咨询分公司获得中国投资协会2018—2019年度“优秀工程咨询单位”和“优秀监理单位”称号，获得中国建设行业“2019 年中国工程监理百强”称号。2019 年 5 月，当选中国设备监理协会常务理事。同时，公司还成功晋升设备监理甲级资质。

【人力资源】截至 2019 年年底，工程咨询分公司设置办公室（党委办公室）、党委组织部（人力资源部）、党委党建部（党委宣传部、纪委办公室、工会、团委）、财务资产部、市场经营部、安全监察部、工程技术部 7 个职能部门，前期业务咨询部、特高压工程咨询部、川东、川西、川南、川北电网工程咨询部 6 个业务机构，业务机构下设若干项目管理部。工程咨询分公司有各类优秀专家人才 12 人，具有注册建造、监理、造价师等执业资格人数共 164 人次。

2019 年，工程咨询分公司出台注册执业资格管理办法，新增 21 人获得国家注册执业资格，45 人取得省监理人员培训合格证。深化“三项制度”改革，促进“六能”落地见效，7人解除劳动合同，2人调出，72人退回劳务公司，新进7名大学生全部补充到一线岗位。推动员工收入能增能减，实现一线与本部员工薪酬比1.2∶1。

深入开展“大培训、大比武、大提升”活动，完成各类培训1570余人次；工程咨询分公司员工在国家电网有限公司2019年度基建安全质量抽考中取得全省质量组第一名；在国网四川省电力公司2019年基建技经调考中，获“双第一”（优秀单位中排名第一、平均成绩排名第一）。

2019年6月29日，国网四川省电力公司建设工程咨询分公司（监理公司）参与蜀丹三回试运行 （黄仁明 摄）

【工程建设、监理项目】2019年，工程咨询分公司完成电网投资195202万元。工程开工10个（含2个“三区两州”项目），变电容量788万千伏安，线路长度830千米；投产7个，变电容量333万千伏安，线路长度696千米。取得核准批复文件14项（为2018年的7倍），完成可研评审11项，初设评审13项。完成雅安加强工程建设、蜀丹三回及尖山扩工程建设、雅中特高压核准要件办理“三大攻坚战”，创造了四川电网建设“新速度”和跨区域核准要件办理“新速度”，工程咨询分公司获评2019年度国网四川省电力公司“董事长特别奖”。推进马尔康、康蜀串补等7个工程建设，有序组织新津、绵阳南、叙沐线、甘蜀改接等工程按计划开工。投运渝鄂直流背靠背联网工程安全稳定控制系统工程（西南电网四川部分）。取得白鹤滩至江苏特高压布拖换流站用地预审意见批复。超常规完成了绵阳南、绵阳天明、康蜀串补等一大批项目的初设评审。历时100天取得甘蜀改接工程初设评审意见（正常工期6～8个月）。实施含系统外、省外工程在内304项监理业务，承担70%“三区两州”项目的监理工作。监理的广东顺德火电项目和新藏水电站均有多台机组顺利发电，昌吉—古泉特高压直流工程正式投运，雅中特高压监理工作有序开展，首次承担的特高压换流站监理任务顺利推进。

【安全生产】2019年，工程咨询分公司开展“电力安全文化建设年”“安全生产月”“安全生产万里行”“应急管理普法知识竞赛”“一把手讲安全”等活动10次。开展工程“春安”“秋安”等各类安全检查专项活动，督查问题整改落实。强化安全巡查，确保工程安全可控、能控和在控。安全实施四级风险作业76项（以建管口径统计占国网四川省电力公司基建四级风险作业的54%，以监理口径统计占96%），有效应对建设高峰高风险作业挑战。严格进行安全过程考核，实施过程奖励71人次，考核处罚44人次，开展安全约谈4次。开展安全警示活动10次，组织干部员工以“对号入座”的方式学习典型安全事故案例，做到警钟长鸣。推进项目管理一体化运作，工程咨询分公司一线人员所占比例达到86%，进一步夯实了公司安全生产基础。扎实开展阶段验收，强化“痕迹”管理，保证质量责任终身制。顺利通过11个项目达标投产验收，达标投产率100%。积极落实交通、消防、网络信息等安全责任，强化隐患排查及治理。工程咨询分公司获评国网四川省电力公司“三区两州电网建设项目安全生产特殊贡献奖”“实现百日安全个数单位奖”；1个咨询部被国网四川省电力公司评为2019年度安全先进集体，1名员工获国网四川省电力公司安全标兵称号，3名员工被国网四川省电力公司评为年度安全先进个人。

【资产经营】2019年，工程咨询分公司经营质效有力提升，建立多维度全面预算管理体系，全面完成经营业绩考核指标。加强应收账款管控，监理费回收率提升到99%，月均存量现金同比增长68%，创近3年新高。完善财务预算、差旅费等财务内控制度5项。落实减税降费政策，全年降低税费支出224万元。实施资金支付融合和国网商旅等运用，增强财务信息化管控水平。积极参与市场拓展工作，全年参与投标161项，中标99项，中标金额约2.3亿元。采用联合体投标方式中标白鹤滩特高压工程布拖换流站监理业务，开启特高压监理领域的新纪元。积极尝试工程总承包业务，签订合同金额978万元。实现甘蜀改接、昭化—巴中线路工程同步开展设计监理招标，约增加15%监理费。加强车辆归口管理，监理站车辆使用费同比下降38.2%。开展合同管理数据库清理，修补历史遗留问题。

2019年10月12日，国网四川省电力公司建设工程咨询分公司（监理公司）开展“我与祖国共奋进——国旗下的演讲”特别主题团日活动
（黄仁明　摄）

【科技与信息化工作】2019年，工程咨询分公司企业管理创新、课题研究及精益管理项目成绩斐然，撰写的论文被国家电网有限公司收录入《绿色电网建设技术论文集》，并获邀参加交流授课；撰写的《特高压输电工程建设监理创新与实践》荣获四川省企业管理优秀论文二等奖；《输变电工程全过程咨询管理创新与实践》获得四川省企业管理现代化创新成果一等奖及国网四川省电力公司管理创新二等奖。

【党的建设和精神文明建设】2019年，工程咨询分公司认真开展第二批“不忘初心、牢记使命”主题教育活动，与先进兄弟单位结对共建，面向全体党员推送微党课30讲，确保主题教育扎实有效和全覆盖。新成立3个党支部，党建力量进一步提升。设立并命名22个党员责任区、23个党员示范岗，成立雅安送出加强工程临时党支部和党员突击队，在生产一线充分发挥党组织战斗堡垒作用。“党建+”和“文化+”深度融入工程建设，着力打造符合公司实际的“螺丝钉”特色品牌文化，取得较好成效。意识形态工作成绩显著，全年新闻发稿1191篇，在人民网、中国新闻网、《中国电力报》、《国家电网报》等各级媒体刊发先进典型报道30多篇次。制作的庆祝中华人民共和国成立70周年微电影在多个国际国内影展上获奖。强化党风廉政责任分工，形式多样开展廉洁教育，实现党员干部、重点关键岗位人员廉洁教育全覆盖。完善监督机制，推进惩防体系建设，切实防范风险。积极配合国网四川省电力公司巡察，完成立行立改25项，制订问题整改措施79项，问责44人次。充分发挥“126连心桥”职工服务平台作用，解决和维护职工权益诉求4起。“送温暖”和“送清凉”活动慰问1000余人次。团青、统战、后勤、离退休、保密、信访等工作有序开展，公司局面更加和谐稳定。2019年，工程咨询分公司2名党员分别荣获国家电网有限公司和国网四川省电力公司优秀共产党员荣誉称号，1个党支部荣获国网四川省电力公司先进基层党组织荣誉称号。全年未发生党风廉政建设责任制考核事件。

省公司层面集体企业

栏目编辑：何　飞

四川科锐得实业集团有限公司

【企业概况】四川科锐得实业集团有限公司是国网四川省电力公司层面的集体企业平台企业，由国网四川省电力公司层面集体企业平台出资人四川格瑞德资产管理公司于2010年11月筹资1亿元人民币设立。四川科锐得实业集团有限公司所属有十余家子分公司和控股公司，业务涉及电网建设、通信自动化、咨询及招标代理、文化传媒、物流、辅助业务、房地产、投资、设计、监理、汽车租赁、互联网金融等多个板块。

2019年，四川科锐得实业集团有限公司全力聚焦国网四川省电力公司“12333”战略，认真践行“十讲十增强”工作要求，认真贯彻国家电网有限公司、国网四川省电力公司各项决策部署，重实干、强执行、抓落实，各项工作取得新的成效。截至2019年年底，四川科锐得实业集团有限公司全口径资产总额36.17亿元，所有者权益总额14.2亿元，全年实现营业收入总额17.61亿元，利润总额0.89亿元，全面完成国网四川省电力公司下达的年度经营指标。

2019年6月27日，四川科锐得实业集团有限公司举办党内“一先两优”暨先进微党课竞赛领奖仪式（刘皖 摄）

四川科锐得实业集团有限公司先后荣获国家电网有限公司“文明单位”、“集体企业管理工作先进集体”，四川省“文明单位”、四川省总工会“模范职工之家”，国网四川省电力公司“红旗党委”、“双十佳文明单位”、“安全生产先进单位”、“三项制度”改革先进单位、“人力资源工作先进单位”“创建和谐劳动关系先进企业”“集体企业改革改制突出贡献单位”、“五四红旗团委”等多项荣誉称号。

【人力资源】2019年度，四川科锐得实业集团有限公司围绕“三项制度”改革年度重点工作目标，编制改革工作方案，对重点实施单位实行对点指导，推进“三项制度”改革相关工作，荣获国网四川省电力公司2019年度“三项制度”改革先进单位。

在“三项制度”改革工作中，推行聘期制管理，实现直管单位聘任工作全覆盖，试点职业经理人管理，满足企业内部优秀骨干的职业发展及外部特殊人才的管理需要，促进员工“能上能下”。积极探索内部人力资源市场建设，优化劳动用工策略，实施劳动合同契约化，严格执行员工退出管理机制，全年累计依法解除劳动合同（不含自然减员）123人，推动员工“能进能出”。完善薪酬激励机制，实施单位工资总额、企业负责人薪酬水平与企业经营效益工效挂钩，组织试点单位探索搭建“核心骨干”“项目团队”薪酬激励机制，试点一线员工多元量化精准考核，提升薪酬绩效的激励效能，逐步实现“能增能减”。四川科锐得实业集团有限公司大力开展“大培训、大比武、大提升”活动，聚焦“泛在电力物联网”管理理念，推进技术人员“全挂子”项目，搭建技能人员“微课堂”平台，全年开展教育培训271项583期7219人次，新增正高级职称4人、副高级职称29人、中级职称210人、初级职称25人，职称评定人数创历年新高，公司人才当量密度首次实现“1”的突破，达到1.0038。

截至2019年12月底，四川科锐得实业集团有限公司全口径从业人员2434人。其中，全民支援集体职工435人，集体职工29人，直签聘用员工1811人，劳务派遣用工159人。其中，研究生及以上学历195人，本科1507人，大专567人，中专65人，高中71人，初中及以下29人；高级职称270人，中级职称693人，初级职称917人；高级技师43人，技师594人，高级工149人，中级工329人，初级工34人。

【安全质量管理】2019年，四川科锐得实业集团有限公司安全工作始终坚持“安全第一、预防为主、综合治理”的方针，始终秉承“安全为纲，管理为先”的安全工作思想，紧紧围绕公司全年安全生产总目标，按照“三管三必须”要求，强化红线意识，坚守底线思维，狠抓安全生产各项工作：一是以安全目标责任书、安全责任清单、安全述职等为抓手，多管齐下，压实安全生产责任，拧紧责任链条，切实强化全员安全主体意识，打造严、细、实工作作风。二是及时把脉安全问题，铁腕治安。四川科锐得实业集团有限公司进一步加强安委会组织领导，严格执行安委会工作制度，规范安全会议运转机制。结合公司安全生产重点工作，相继组织复工安全分析会、现场违章分析会、项目管理专题座谈会、陕西“7·3”和西藏“8·15”“安全日”活动等，及时了解和掌握各时期的安全生产情况，及时分析和处理公司生产组织过程中存在的安全问题，制定改善措施，消除事故隐患，着力化解安全风险；四川科锐得实业集团有限公司安全督查队充分发挥违章查处的利剑作用，坚持“全覆盖、勤排查、快治理”的工作原则，对各单位办公场所、作业现场开展安全督查62次，发现违规违章问题556条，发出整改通知单91份，提出整改问题344条，组织编制11期安全巡查分析报告，及时将当月典型违章在公司主页安全生产栏目上曝光，督促相关单位及时整改落实，有效防范事故发生；严肃问责考核，积极发挥安全激励约束机制作用，逐步建立完善职工“不敢违、不能违、不想违”长效机制。针对发生“红线”禁令、严重、反复发生的同类性质违章及引发不安全事件的违章，勒令一个项目停工整顿、两个施工项目部“说清楚”，约谈了分包队伍3次，严肃处罚各类现场违章8次，合计处罚金额66000元。组织相关单位开展完成“安全性评价”自查评和专家查评工作，实现关口前移，安全管理工作收到成效。三是强化安全教育培训，有序组织开展科级干部、工作票“三种人”、作业票“三类人”、项目关键人员、班组骨干、十二项配套措施等各级各类安全教育培训工作12期，共培训620人次，员工素质显著提升；根据上级单位和公司新的安全规章制度和管理要求，更新公司安全考试题库试题383个，安全教育培训的针对性得到加强；组织开展“一把手” 讲安全课，筑牢安全生产防线，进一步强化了员工安全生产意识，营造出了浓厚的安全生产氛围。四是纵深推进各类安全管理专项行动，下大力气夯实安全管理基础、解决安全突出问题。在国网四川省电力公司相关检查评比中，获得肯定；在国家电网有限公司集体企业安全年活动检查中，得分名列国网四川省电力公司第一。五是狠抓现场，践行“现场管控为王”理念，采取系列有效管理手段，切实防范安全事故，实现安全生产零事故。六是积极推进应急管理工作，努力提升应急保障能力，经受住了“6·17”宜宾长宁地震实战检验，将地震对工程的影响降到了最低。七是强化信息安全管控，提升信息安全管理能力。全年未发生任何信息安全事件。

2019年，广大干部员工履职尽责、扎实工作，确保了公司安全生产良好局面，公司安全工作科学性、规范性、质效性得到显著提升，安全工作的各项年度重点工作任务顺利完成，各类安全生产业绩指标考核合格。

【资产经营】2019年，四川科锐得实业集团有限公司深化改革创新，推动提质增效，全面加强人财物集约化管控，为推动公司转型升级发展，更好发挥主业“第二梯队”作用贡献力量。主动适应改革大环境，适应市场和改革需要，优化内部体制机制，努力提升发展质效。强化全面预算管理，加强培训力度，强化预算执行刚性，增强财务预算对生产经营的统筹调控能力，激发广大干部员工积极性、主动性，促使集团各项经营目标完成。四川科锐得实业集团有限公司高效、顺利完成省级资金池迁移工作；强化资金管理工作，科学测算资金流量，充分发挥公司资金池优势，统筹调配资金，降低资金成本。开展应收款项督导及老旧款项回收奖励，四川科锐得实业集团有限公司及所属各单位应收款项清理回收工作取得实效，解决2018年年末2～3年和3年以下账龄应收账款余额，收回2019年前存量应收账款，降低资金损失风险。解读宣传税收政策，合规合法减轻企业和职工税负，提升风险防控能力，切实落实降本增效要求。开展备用金协同监督项目，回收长期挂账备用金成绩显著。积极开展清产核资，全面清理核实各项资产情况，真实、完整地反映企业资产状况、财务状况和经营成果，解决部分历史遗留问题，完善企业基础管理。清理民营企业欠款，全面排查、分类施策、依法合规、细化工作措施，加强舆情监控，维护企业声誉，确保按时保质有序完成民营企业账款和农民工工资清欠工作，建立清欠长效工作机制。

【科技与信息化工作】2019年，四川科锐得实业集团有限公司加强科技与信息化管理工作，强化技术攻坚和应用，不断提升科技支撑能力和信息化管理水平。推进公司泛在电力物联网建设，落实“基于泛在电力物联网的智慧电厂平台建设项目（一期）”等6项泛网重点工作。组织开展公司信息安全技能培训和网络信息安全攻防演练。完成“护网2019”和各类重要时期的专项信息安全工作。

四川科锐得电力通信技术有限公司“基于多源数据融合的智能电网信息通信系统运行态势感知平台”获2019年度国网四川省电力公司科技进步奖一等奖，“省际通信网西北西南区域SDH网络互联优化改造工程”获“国网信通公司级重点工程立功竞赛先进集体”称号。城电设计公司“高原冻土地区变电站接地系统降阻及其安全性综合评估”“智能交直流一体化电源研发与应用”项目获国网四川省电力公司科技进步三等奖；“成都市地铁10号线一期工程（青羊——沈家桥主变电所110千伏送电线路工程）”获“2018年度中电规电力行业四优二等奖”“国如—东谷—丹巴220千伏线路工程”获“2018年度中电规电力行业四优三等奖”；作为主要完成单位参与国家电网有限公司QGDW 11882—2018预制舱式10～35千伏一、二次组合设备技术标准编制（2019年10月发布）。四川蜀能电力有限公司“川渝第三通道500千伏（四川段）”项目获2018—2019年度国家优质项目奖；参加国家电网有限公司《生态脆弱区输变电工程施工环境保护规范》和国网西南分部《高海拔地区架空输电线路施工工艺导则》《高海拔地区架空输电线路施工环保技术规范》《高海拔地区陡峭地形临时栈道技术规范》等技术文件的编制。2019年，四川科锐得实业集团有限公司取得发明专利授权7项、实用新型专利授权3项、软件著作权4项，发表EI论文2篇，中文核心期刊论文1篇。

【党的建设和精神文明建设】2019年，四川科锐得实业集团有限公司党委以习近平新时代中国特色社会主义思想和中共十九大精神为指引，牢牢把握“不忘初心、牢记使命”主题，紧扣从严治党主体责任狠抓落实，围绕企业中心工作务实创新，充分发挥政治引领和政治保障作用，全面推动党建工作高质量发展。始终坚持党的领导，全年召开党委会50次，研究安排部署重大事项186件，推动习近平重要指示批示精神和中共中央重大决策部署落实落地。持续深入推进“两学一做”学习教育常态化制度化，坚持理论中心组带头，做到理论学习“党员、内容、学时”三个全覆盖。9—12月期间，认真按照中央和国网四川省电力公司党委的统筹安排，把开展第二批“不忘初心、牢记使命”主题教育作为一项重大政治任务，认真部署，精心组织，制定专项工作方案，各级党组织准确把握“守初心、担使命，找差距、抓落实”的总要求，坚持将学习教育活动、调查研究、检视反思、整改落实四项重点措施贯彻到底，切实完成了理论学习有收获、思想政治受洗礼、干事创业敢担当、为民服务解难题、清正廉洁做表率的主题教育总目标。层层传导落实党建责任，制定《公司党委2019年重点工作责任清单》和《公司领导班子成员党建工作责任清单》，按“一岗双责”要求分职分级明确责任58条，细化分解年度重点工作任务53项。充分发挥党建工作领导小组职能，全年研究部署党务、意识形态、企业文化及精神文明建设、统战群团、新闻宣传等党建相关重要事项46次，召开专题会议8次，扎实开展党组织书记抓党建述职。持续推进党组织标准化、规范化建设，严格落实组织生活制度和党课党日制度，定期开展对“三会一课”质量、党费管理使用、组织建设软弱涣散问题的专项检查。选齐配强各级党组织班子，规范开展党内选举，保障党组织战斗力和党员民主权利，下属1家党委、13家党支部按期完成换届选举。深化载体建设带动党员作用发挥，建立74个党员示范岗和17个党员责任区，持续扩散典型示范效应，新成立4支党员突击队在急难险重任务中先锋模范作用发挥显著。

坚持“主体抓、抓主体”，安排部署全年党风廉政建设重点工作5项，细化分解任务56项，研究修订领导班子成员履责通用条款10项和差异化条款41项。常规约谈和问题约谈76人次，集中整治形式主义、官僚主义问题，梳理阶段性成果清单32项，开展明察暗访、作风建设通报6次。持续强化监督检查，深化巡视巡察审计成果运用，继续围绕“六个建设”“两个加强”开展自主巡察，依法依规进行自主审计，对基层覆盖率达70%。严肃执纪问责，全年办理问题线索4件，下发廉政风险任务防控书3份，做到有信必查、查必有果。准确运用“四种形态”，坚持“宽严相济”和“四不放过”原则，全年纪律处分2人次，组织处理5人次，绩效考核17人次。公司系统全年未发生被上级查处或媒体曝光的相关违纪违规问题。

【分公司（中心）】

1. 四川科锐得实业集团有限公司营销服务分公司

四川科锐得实业集团有限公司营销服务分公司

（以下简称“营销服务分公司”）成立于2012年9月，本部设办公室、营销部、综合服务中心、安全督查队4个部门，下设“95598”呼叫及网络服务项目部、计量检定辅助业务外包项目部、应急服务外包项目部、电力交易大厅客户服务业务项目部4个项目部，有员工226人。主要负责从事“95598”呼叫及网络服务辅助业务、省级计量集中检定（检测）辅助业务、应急服务外包业务、电力交易大厅客户服务外委业务、节能服务（冰蓄冷）业务，同时开展电动汽车充电桩的检测业务员，协助推动电动汽车充电设备的检定授权与全社会充电设备的检定服务，拓展业务范围。

2019年，营销服务分公司加强思想政治建设，深入学习贯彻习近平新时代中国特色社会主义思想，全面把握“守初心、担使命，找差距、抓落实”的总要求，深化学习教育、调查研究、检视问题、整改落实四项重点措施。全面深入推进“三项制度”改革工作，确保各项业务有序推进；同时，修订完善规章制度，促进营销服务分公司管理提升，提高员工服务水平。

2. 四川科锐得实业集团有限公司青羊分公司

四川科锐得实业集团有限公司青羊分公司（以下简称“青羊分公司”）前身为四川腾兴电力科技有限责任公司，2007年7月注册成立，2012年6月由科锐得集团公司全资收购，作为承接国网四川省电力公司技能培训中心外委业务的服务商。2017年9月，由科锐得集团公司吸收合并腾兴公司成立青羊分公司。

青羊分公司下设综合管理部、财务部、业务部、技能鉴定部4个部门，用工人数203人。青羊分公司经营范围包括房屋租赁；企业管理、商务咨询及服务（不含投资咨询）；教育咨询；物业管理；酒店管理（不含住宿）；建筑装饰装修、园林绿化设计、管理、工程施工；会议服务；礼仪服务；开发、销售；计算机软硬件并提供技术服务、职业技能鉴定。2019年，青羊分公司主要承接国网四川省电力公司技能培训中心后勤综合服务、培训辅助服务、国网四川招聘考试等外委业务，并开展集体企业职工职业技能鉴定、集体企业财务人员履职能力培训等业务。

3. 四川科锐得实业集团有限公司都江堰分公司

四川科锐得实业集团有限公司都江堰分公司（以下简称“都江堰分公司”）前身为都江堰翠月湖园林工程有限责任公司，成立于2003年3月，为原四川电力疗养院下属多经企业。2012年6月，由科锐得集团全资收购，更名为四川翠月湖园林工程有限责任公司，注册资本200万元。2017年10月，由科锐得集团吸收合并成立都江堰分公司。2019年5月31日，完成集体企业改革改制工作，实现人员压减308人。

都江堰分公司下设综合管理部（综合服务中心）、经营管理部（质量控制中心）、工程项目中心、服务管理中心。主营业务为物业管理（凭资质证书经营）；酒店管理（不含住宿）；建筑装饰装修、园林绿化设计、管理、工程施工；会议服务；礼仪服务；计算机软硬件并提供技术服务；信息系统集成服务；网络工程安装维护；种植、销售、租赁：花卉苗木；建辅建材销售（不含危险化学品）；教育咨询等多种经营业务。2019年，都江堰分公司主要承接了国网四川省电力公司党校（管理培训中心）后勤综合服务外委业务，完成各类培训班279个，409086人次，综合服务满意率100%。全年完成40个非招标采购项目，逐步实现电商化采购。2019年，都江堰分公司先后荣获先进集体、安全生产先进集体等多项荣誉。

4. 四川科锐得实业集团有限公司传媒中心

四川科锐得实业集团有限公司传媒中心原为四川科锐得文化传播有限公司（以下简称“文传公司”）。文传公司成立于2011年4月，注册资本3000万元，是四川科锐得实业集团有限公司全资子公司。2018年12月，文传公司注销，更名为四川科锐得实业集团有限公司传媒中心（以下简称“传媒中心”），作为四川科锐得实业集团有限公司二级机构。

2019年，在各种不利外因影响下，传媒中心努力调整状态、适应改革和新形势要求，完成国网四川省电力公司内外网发稿9100篇，手机报290期。发布国网四川电力微信公众号46期、国网四川电力新浪官方微博3600条。出版《四川电业》杂志6期。制作播出《新闻直通车》102期，发布各类新闻报道400余条，录制国网四川省电力公司大型活动17次，各类专题片、宣传片59部。采访报道公司级以上重要新闻350余次，记者深入贫困山区、灾区一线、基层单位“走基层”50余次。常规报道抓重点。结合国网四川省电力公司工作重点，完成重点工程项目、迎峰度夏、水电消纳、优质服务、党建创新、扶贫帮困等工作的报道。贴近一线走基层。急难险重冲在前。在长宁地震、内江地震、阿坝暴雨泥石流等自然灾害发生后，传媒中心员工第一时间到达现场，采写文稿、拍摄图像影像资料，发出最鲜活的电力报道，为中央电视台新闻联播等中央媒体、四川电视台等省级媒体、《国家电网报》、《中国电力报》等行业媒体提供第一手资料和一线报道，传播公司“责任央企”品牌形象，受到国网四川省电力公司主要领导肯定。

5.四川蜀能电力有限公司成都蜀达分公司

2019年，四川蜀能电力有限公司成都蜀达分公司（以下简称“蜀达分公司”）认真贯彻落实国网四川省电力公司决策部署和四川科锐得实业集团有限公司工作安排，以安全稳定为前提，以党的建设为保障，以队伍建设为抓手，有力有序开展实施各项工作，完成了全年任务目标。

2019年，蜀达分公司主要承建凉山普格至西昌南220千伏第二回线路工程。该工程作为落实国家“三区两州”发展战略的重点电网建设项目之一，其建设意义重大。自承接该工程项目之日起，蜀达分公司就高起点谋划、高标准要求、力求高质量推进。引领全体参建员工牢固树立把工程建设成为“国网优质工程”的责任目标，创新采取班组职工与分包作业班组定人定责的捆绑式管理模式，保证项目逐级管理井然有序、追责有据。严格落实国网基建质量“八个抓实”文件的要求，从原材料检验到成品质量验收，全过程实测实量、精益求精。各项举措的有力实施，大幅提升了项目标准化、规范化管理水平，得到了来检领导的一致好评，并荣获国网四川省电力公司2019年度“安全先进班组”荣誉。

蜀达分公司党支部紧紧围绕国家电网有限公司“旗帜领航·三年登高”创先争优年目标任务，以公司“红色阵地”党建品牌为引领，积极探索开展“党建+人才队伍建设”案例实践工作，以“月度之星、阵地先锋”评比、“党员责任区、示范岗”创建等活动为载体，引领党员在无人区攻坚、四级风险作业等重难点工作中当先锋、做表率，推动党员身份意识、党性观念稳步提升，促进支部战斗堡垒作用和党员先锋模范作用突出发挥。

6.四川蜀能电力有限公司高新分公司

四川蜀能电力有限公司高新分公司（以下简称“高新分公司”）前身为四川通源电力科技有限公司，成立于2010年12月，是集电力技术研发、监督、服务、咨询于一体的高新技术企业，2012年10月由科锐得集团全资收购。2017年9月，由四川蜀能电力有限公司吸收合并通源公司成立高新分公司。

高新分公司设置综合管理部、党建工作部、安全监察质量部、工程部、质检服务部5个部门，用工总量86人。具有“电力工程调试单位能力资格甲级”资质，可承担500千伏及以下电网工程调试业务；具备独立开展500千伏及以下智能站新建、改建、扩建二次调试，500千伏及以下主变、GIS、接地网、互感器等特殊试验以及光伏电站电能质量、功率控制等并网检测能力。2019年度，完成±800千伏锦屏站技术支持及宜宾换流站隐患排查、国网四川省电力公司重点工程雅安Ⅱ500千伏开关站特殊试验、川渝第三通道重庆铜梁500千伏变电站改接工程系统调试、川藏铁路施工新都桥220千伏临时供电工程特殊试验以及220千伏遂宁小于变电站调试及投运工作；开展全省模拟式雷电探测站技改，完成31个站点模拟式探测站改数字式探测站工作；省调D5000系统自动化机房UPS电源系统巡视，排查及整改UPS电源系统安全隐患1项。完成各项检测任务。一是安全工器具检测方面，采取“自行送检”和“上门取件”相结合的方式协调各业主单位送检，共计完成16类、2万件安全工器具样品检测，检测出不合格样品3073件，预计尚有3.7万件样品未检测。二是物资设备检测方面，完成下达及委托物质抽检、金属技术监督任务706项，发现质量问题88个，其中重大质量问题9个，所有不符合项换货后均开展了跟踪检测闭环；完成配电变压器检测245台、开关及其他类检测63台，不合格项32台。三是配网自动化设备检测方面，完成故障指示器12843套，DTU（站所终端）700套，FTU（馈线终端）4653套，TTU（智能配变终端）1000台。以川藏联网、甘孜“电力天路”等工程建设为主要背景，高新分公司结合多年工程调试工作，构思设计提出“一种绝缘故障点定位方法”等4项发明专利先后获得国家知识产权局授权，实现发明专利零突破。

7.四川蜀能电力有限公司电网运维分公司

四川蜀能电力有限公司电网运维分公司（以下简称“电网运维分公司”）于2013年2月成立，主要业务为承接国网四川省电力公司检修公司非核心业务外委，通过招投标等方式承接国网四川省电力公司检修公司大修、技改项目，零星承接四川省内涉及500千伏输变电设备的社会化项目。

电网运维分公司下设工程项目部、综合管理部、安全监察质量部、计划经营部4个部门，在成都、绵阳、自贡、西昌、雅安、南充、乐山等地设有33个班组，共有员工300人。2019年，电网运维分公司认真贯彻落实上级单位“提质健体”活动要求及工作部署，不断优化班组管理模式，创新项目管理机制，拓展新业务领域，全面实现电网运维分公司工作队与主业班组分离，全年开展各类项目134项，业务领域、技术含量等核心竞争力显著增强，为充分发挥主网“第二梯队”作用、服务四川500千伏电网安全稳定运行做出了积极贡献。

8.四川蜀能电力有限公司物流服务中心

四川蜀能电力有限公司物流服务中心（以下简称“物流中心”）于2018年9月改制成立，主要围绕国网四川省电力公司电网建设，承担500千伏新建（扩建）电力工程项目与物资供应保障相关的运输、装卸、配送、仓储中转业务及四川电力应急抢险物资配送服务。

物流中心始终坚持“安全第一、客户至上”的经营理念，优化作业流程，强化成本控制。近年来，先后参与 “新甘石”工程、“电亮藏区”工程、“川藏联网”工程、藏中联网工程、雅安加强等重大项目的物资配送服务，以安全优质的服务，赢得了相关业务单位的一致好评。

【所属子公司】

1.四川蜀能电力有限公司

四川蜀能电力有限公司（以下简称“蜀能公司”）成立于1994年，是科锐得集团全资子公司，注册资本9807万元。具有输变电工程专业承包壹级、电力工程施工总承包贰级资质和电力设施一级承装（修、试）类许可资格，是工程建设施工组织质量管理、职业健康安全管理、环境管理三体系认证企业，业务涵盖电力工程、输变电工程、机电工程、机械及设备租赁、无人机技术服务、物流服务等。公司拥有成都蜀达、运维、高新3个分公司和物流中心，分别从事电网施工、电网运维、电网调试、物流服务业务。

蜀能公司本部设综合管理部、人力资源部、安全监察部、工程管理部、市场经营部、财务资产部6个职能部门和送电线路管理中心、建筑安装管理中心2个专业机构。蜀能公司现有员工219人，有一级建造师28人、二级建造师64人、注册安全工程师4人。拥有种类齐全、配套完整的输变电工程施工技术装备、多旋翼飞行器等输电通道巡检技术装备，机械化施工能力达到较高水平。

26年来，蜀能公司已在省内、外建成35～500千伏输电线路4900余千米，110～500千伏变电站140余座。500千伏川藏联网、新都桥—甘谷地线路等47项工程获得国家电网有限公司“优质工程”奖，新都桥500千伏变电站获得国家优质工程奖、安装之星奖、电力行业优质工程奖。500千伏川藏联网工程获得国家优质工程金质奖、中国电力优质工程奖，在业内树立了良好的企业品牌形象。

2019年，蜀能公司全面深化“三项制度改革”，按照“六能”要求，对公司组织机构、干部队伍进行调整，做实了线路管理中心、建安管理中心，配齐配强了两个中心管理人员队伍，打破身份限制，坚持正确选人用人导向，畅通了人才晋升渠道，让直签人员走上了中层管理岗位，实行项目经理任期制，项目总工等关键岗位人员选拔至项目经理岗位，激发了内部活力。蜀能公司雅安送出加强500千伏新建线路工程在整个雅安送出加强工程中率先完成施工任务，创造了自进场施工到53千米线路全线贯通仅用166天的“蜀能”速度。按照市场化要求，蜀能公司加强与民营企业合作，取得了攀成钢集团龙灯线迁改工程、建设银行基地供电系统、龙泉万兴环保发电厂送出工程等效益好的社会工程项目，实现了社会化工程“零”的突破。

2.四川西星电力科技咨询有限公司

四川西星电力科技咨询有限公司（以下简称“西星公司”）前身为西南电力科技咨询开发公司，成立于1986年1月。2007年1月，改制并更名为四川西星电力科技咨询有限公司。2011年3月，由科锐得集团控股60%成为科锐得集团的控股公司。2014年增资扩股后，注册资本1500万元，科锐得集团持有70%股份。2018年11月，科锐得集团收购四川新电科技开发有限责任公司持有的西星公司30%股权，西星公司成为科锐得公司全资子公司。

西星公司2019年5月完成岗位组聘，优化组织机构设置，现下设党委党建部、市场经营部、综合部、财务部、招标一部、招标二部、招标三部，另设有西昌、绵阳、德阳、资阳、广元、广安、南充、自贡、阿坝、甘孜、内江、眉山、达州、宜宾、雅安、巴中、遂宁、泸州、攀枝花等招标代理处19个，用工总量60人。西星公司主要从事招标代理业务，具有招投标协会颁发的AAA级信用等级证书，成立以来完成了大量工程设计、施工、监理及服务等招标代理项目。2019年度，招标一部、招标二部、招标三部共完成招标代理项目4050个，各代理处共完成项目21613个。2019年，西星公司新增CMA检测检验资质，现正开展相关业务的开拓工作。

3.四川科锐得电力通信技术有限公司

四川科锐得电力通信技术有限公司（以下简称“通信公司”）为科锐得集团全资子公司，成立于2011年1月，注册资本4000万元。具备电子与智能化工程专业承包二级资质和通信工程施工总承包三级资质，是中质协ISO 9001、ISO 14001、OHSAH18001三体系认证企业。2019年，通信公司获得四川省5G产业联盟会员单位证书，取得信息安全服务资质认证证书、增值电信业务经营许可证。通信公司自成立以来，累计取得6项实用新型专利和16项软件著作权，通过1项四川省科技厅“国内领先”科技成果鉴定，获得3项国网四川省电力公司科技进步三等奖。2019年，通信公司自主研发的“基于多源数据融合的智能电网信息通信系统运行态势感知平台”荣获国网四川省电力公司“科技进步一等奖”。

通信公司设综合部、党委组织部、安全监察部、党委党建部、发展企划部、财务资产部等7个职能部门以及技术应用、科技创新、产品孵化、大数据运营、综合服务、项目6个业务中心，下设通信公司运行维护分公司。主要业务涵盖四川电网输（配）网工程配套通信、信息、自动化工程施工；相关跨区域超特高压输变电工程四川段通信工程施工；变电站基建指挥系统及视频监控系统施工；川内各电厂通信、自动化信息接入工程及部分电厂的信息通信运行维护；自主研发、生产电能量采集、继电保护、时钟同步装置及调度数据专网装置；受托开展四川电网通信、信息、自动化系统运行维护和应急抢险工作。

2019年，通信公司克难攻坚，勤勉不懈，抓实抓好各项建设工作，实现了项目建设的既定目标。2019年，在国网信通公司级重点工程立功竞赛活动中被授予“先进集体”。通信公司深入谋划区块链、集成项目，持续在厂站融合、智慧变电站、基建智能化、云平台建设、5G运用等业务领域开展业务拓展。

4.四川金沙阳光房地产开发有限责任公司

四川金沙阳光房地产开发有限责任公司（以下简称“金沙阳光公司”）成立于2005年3月，于2012年12月由科锐得集团全资收购，注册资本5000万元，为三级资质房地产开发企业，可承担15万平方米以下的住宅小区，以及与以其投资能力相当的工业、商业、公共建筑、基础设施项目的开发建设，并可在全省范围内承担房地产开发业务。

金沙阳光公司本部由办公室、财务部、计划发展部3个部门组成。下属有成都西部金沙鹭岛房地产开发有限责任公司、成都惠能房地产开发有限公司2个全资子公司。拥有从业人员总数36人，其中主业借工9人，直签25人，劳务派遣用工2人；具备专业技术职称的员工27人，其中高级职称5人，占比19%；中级职称11人，占比40.5%；初级职称11人，占比40.5%。 2019年，金沙公司进行了“泓坊河畔商业项目”租赁。开展 “金沙·鹭岛”项目车位销售及产权办理；继续开展“金沙·鹭岛三期”房屋和车位不动产权办理工作。2019年，在国网四川省电力公司全面实施集体企业“瘦身健体”压减大背景下，完成金沙公司审计评估和法律尽职调查报告工作。

5.四川东祥工程项目管理有限责任公司

四川东祥工程项目管理有限责任公司（以下简称“东祥公司”）原为国网成都供电公司集体企业。按照国网四川省电力公司集体企业瘦身健体工作部署和川电体改〔2018〕10 号文件要求，于2018年12月由四川蜀电集团有限公司划转至科锐得集团公司成为科锐得公司全资子公司。东祥公司吸收合并科锐得原全资子公司四川鸿海工程建设咨询有限公司后，注册资本1300万元，经营范围主要包括建设工程项目管理、工程监理、工程招投标代理、工程造价咨询、商品批发与零售。持有电力工程监理甲级、房屋建筑工程监理乙级、市政公用工程监理丙级企业资质。

东祥公司设有综合管理部、安全监察质量部两个职能部门和工程技术中心、市场营销中心、管理咨询中心3个业务部门，另下设有东祥公司成都分公司，负责成都片区监理、项目管理、招投标等相关业务。东祥公司拥有从业人员总数159人，现有各类专业执业资格人员119人，其中全国注册监理工程师25名、全国注册造价工程师9名、全国咨询工程师1名、全国注册一级建造师12名、全国注册二级建造师36名、电力监理工程师28名，四川省评标专家8名。

6.四川科锐得天府置业有限公司

四川科锐得天府置业有限公司（以下简称“天府置业公司”）为四川科锐得实业集团有限公司全资子公司，成立于2015年8月，注册资本5000万元。经营范围包括：房地产经纪；建筑装饰装修工程设计、施工；计算机硬件研发、销售、租赁、技术服务；机电设备及配件、办公设备销售、租赁；企业管理咨询服务；广告设计、制作、代理发布（不含气球广告及固定形式印刷品广告）；新能源技术研发、技术推广等。天府置业公司主要负责“成都天府智能电网及能源互联网研发中心”项目的建设管理工作。

7.四川通能电力科技有限公司

四川通能电力科技有限公司（以下简称“通能公司”）成立于2005年5月，注册资本金300万元，通能公司正在申请注册资本金增至1200万元。2016年3月由科锐得集团全资收购，是一家集电力科技开发、火电技术培训及承运、产品制造、基建调试、电力技术服务为一体的高新技术企业。具有电源工程类甲级调试资质、科技咨询行业经营资格证书等多项资质，通过了QEH（环境管理体系、质量管理体系、职业健康安全管理体系）认证。通能公司经营范围包括：技术推广服务；发电机组、仪器仪表、计量设备的检测、安装、调试、研制及维修；环境检测；水、煤、油的化验分析；物业管理；销售；机械设备、五金交电及电子产品，化工产品（不含危险品）、建材，金属材料（不含稀贵金属）；基础软件服务；机械加工；餐饮企业管理服务等。

通能公司下设总经理工作部、开发部、市场物资部、财务部、工程技术服务部（调试和运行）等5个部门，工程技术服务部下辖锅炉组、汽机组、电气组、水机组、热工组、化环组、金属喷涂中心7个专业组（中心）。截至2019年年底，通能公司总人数约190人，其中调试从业人员约为90人，一级调总工程师4人，二级调总工程师3人，调试工程师11人，通能公司设有专业的后勤服务管理团队。

通能公司依托自身的技术力量和四川省电力工业调整试验所的技术沉淀和支持，服务电力领域，在海内外积极开拓电力技术市场，先后承接了哥伦比亚GECELCA3.2燃煤电站项目培训、运行、维护，越南升龙2×300兆瓦火力发电厂项目锅炉、汽机专业分系统及整套启动调试技术服务，波黑300兆瓦监督运行指导等国际大型项目，以及国内多项水、火发电机组的调试、试验、技改等技术服务项目，获得了海内外用户的好评。2019年，新签贞丰煤电冶调试项目、舟山绿色石化调试等项目。通能公司在循环流化床机组调试，DCS改造，机组节能降耗测评等前沿技术方面拥有雄厚实力，并逐渐成长为国内外具有相当市场竞争力的一支运行、维护队伍。

8.四川科锐得小额贷款有限公司

四川科锐得小额贷款有限公司（以下简称“小贷公司”）由四川科锐得实业集团有限公司全额出资组建，成立于2016年8月，注册资本3亿元（实缴3亿元），是以四川电网为核心、围绕电力行业开展“供应链金融”业务的国有小贷公司,主要从事贷款发放（不含委托贷款）及相关咨询活动，经营范围覆盖全川。小贷公司有员工12名，内设综合管理部、稽核审计部、信贷业务部以及风险控制部4个职能部门和贷款审查委员会、风险管理委员会2个专业机构，切实把握当前国网四川省电力公司“产融结合”及“全球能源互联网”战略，按照四川科锐得实业集团有限公司“十三五”规划和“互联网+能源+金融”战略，坚持“业务发展与内控管理并举，提质增效与外部协同并举，传统业务与科技创新并举”的经营策略，充分发挥在位优势，高度重视依法治企，强化各项内控管理，着力打造供应链金融服务平台。

截至2019年12月31日，小贷公司资产总额31665.95万元，累计发放贷款61308.21万元，累计回收贷款42250.21万元,12月末贷款余额19058万元，所有贷款客户还本付息情况正常，无一笔逾期或不良，先后荣获四川科锐得实业集团有限公司“2018年度安全专业集体”“2019年度安全综合集体”称号，成都市小额信贷协会“2018年最佳风险控制奖”“2019年最佳风险控制奖”表彰，连续两年获得武侯区“纳税大户”称号。

【控股公司】

1.成都城电电力工程设计有限公司

成都城电电力工程设计有限公司（以下简称“城电设计公司”）前身为成都电业局电力勘察设计院，组建于1954年。于2002年8月挂牌成立成都城电电力工程设计有限公司。2013年11月，由四川科锐得实业集团有限公司全资收购。2016年，按照国网四川省电力公司对区域设计公司的整合要求，城电设计公司对川西北片区德阳、绵阳、资阳、雅安、阿坝、甘孜等地设计业务进行整合，并以四川科锐得实业集团有限公司、德阳明源电力（集团）有限公司等7家集体企业平台公司为股东进行增资扩股和股权结构调整，调整后注册资本8000万元，四川科锐得实业集团有限公司持有60%股份。

城电设计公司是国家甲级电力工程勘察设计单位，专业从事电力工程勘察设计、工程咨询、工程施工、送变电工程项目总承包及建管服务业务。具有60余年从事送变电工程勘察、工程设计、工程咨询及工程总承包经验。执有中华人民共和国住房和城乡建设部颁发的电力行业（送电工程、变电工程）专业甲级设计资质、工程勘察专业类（工程测量）甲级资质；中国工程咨询协会颁发的工程咨询单位甲级资信评价证书；四川省建设厅颁发的工程勘察专业类（岩土工程、水文地质）乙级资质、电力行业（新能源发电）乙级资质；四川省住建厅颁发的工程造价咨询乙级资质；四川省住建厅颁发建筑行业（建筑工程）丙级资质。获得中电联（北京）认证中心颁发的ISO 9001：2015质量管理体系认证证书，ISO 14001：2015环境管理体系认证证书，OHSAS18001：2007职业健康安全管理体系认证证书。

城电设计公司下设质量部、市场营销部、财务部和综合部4个职能部门和规划系统部、工程总承包部、技术经济部、技术咨询部、变电设计部、输电设计部、工程勘察部、配网部8个专业部门，并下设绵阳、德阳、资阳、雅安、天府、甘孜、阿坝7个分公司。本部现有员工133人，在册专业技术人员100人，其中国家注册造价工程师7人，注册咨询师（投资）11人、注册电气工程师8人，一级注册结构工程师2人，注册土木工程师（岩土）1人，一级注册建造师3人，二级注册建造师8人，二级注册结构工程师1人，注册公用设备工程师3人，正高级工程师4人。

2019年，城电公司积极推进标准化建设，开展国家电网有限公司变电站（换流站）三维设计通用模型库建模等6项标准化项目，完成国家电网有限公司级技术标准4项。推进科技项目管理，验收通过国家电网有限公司总部科技项目1项、国网四川省电力公司科技项目1项、城电设计公司自主项目4项。稳步推进“三区两州”、苏洼龙等重点工程项目，顺利完成资阳文化等220千伏数字化三维试点工程。获得中电规电力行业四优一等奖1项、二等奖1项、三等奖2项；四川省咨询协会优秀工程咨询成果一等奖1项、二等奖3项、三等奖3项；国网四川省电力公司科技进步三等奖2项；取得发明专利授权4项、软著2项；发表EI论文2篇、其他期刊论文8篇。

2.四川蜀科汽车租赁有限公司

四川蜀科汽车租赁有限公司（以下简称“蜀科公司”）是在国家电网有限公司规范和加强集体企业用车管理，提高车辆管理集约化、标准化水平，提高车辆利用效率，降低企业经营成本的背景下，于2013年8月经国网四川省电力公司批准成立。蜀科公司是一家以工程领域“皮卡车、越野车”为主，企事业商务用车为辅，主要开展车辆租赁及相关业务的股份制企业，注册资本3548.6万元，由四川科锐得实业集团有限公司、四川蜀电集团有限公司、攀枝花网源电力有限公司、自贡电力建设集团有限公司、宜宾远能电业集团有限责任公司、绵阳启明星集团有限公司6家股东单位联合出资设立，由四川科锐得实业集团有限公司持股26.52%相对控股。截至2019年年底，可经营车辆达1220台，在工程领域用车具备一定实力，具有较强的抗风险能力。蜀科公司2016—2018年度连续3年荣获四川科锐得实业集团有限公司“先进单位”称号。

【参股公司】

1.成都鲁能压缩天然气有限责任公司

成都鲁能压缩天然气有限责任公司成立于2001年，注册资金3000万元，四川科锐得实业集团有限公司持股30%。主营业务：压缩天然气经营；五金交电化工（不含化学危险品）销售；农牧产品销售；商业贸易；信息咨询；起重机械和电站附属机械销售。经营期限为45年，取得了所有主营业务所需的证书。该公司在成都市二环路周边先后建成投产经营5座CNG加气站，日销量10万立方米以上，占成都CNG市场份额的10%左右。2019年经营状况：2019年，公司销售天然气5639.7万立方米，实现销售收入17899.5万元，利润3728.9万元。

2.黑水冰川水电开发有限责任公司

黑水冰川水电开发有限责任公司成立于2004年，在黑水县工商行政管理局注册登记成立，注册资本8000万元，四川科锐得实业集团有限公司持股30%。主营业务为水电开发、生产、销售，现主要运营竹格多水电站，其装机容量2×40兆瓦，设计多年平均年发电量3.79亿千瓦时。该电站于2006年5月投产发电。2019年经营状况：截至2019年12月25日，竹格多水电站完成发电量32420.6637万千瓦时，完成计划目标值（2.9亿千瓦时）的111.79%。主营业务收入5821万元，其他业务收入10万元（二道桥维护费用），净利润2650万元。

3.特变电工德阳电缆公司

特变电工（德阳）电缆股份有限公司成立于1998年。公司注册资金3亿元，四川科锐得实业集团有限公司持股0.48%。主营业务：电线电缆、变压器及辅助设备的制造、销售，电工器材、金属材料（稀贵金属除外）、五金、化工产品、化工原料（不含危险货物及易制毒化学品）、塑料制品、建材、电器机械及器材、机械零部件加工、木制品制作；经营本企业自产产品及技术的出口业务；经营本企业产品所需的原辅材料、仪器仪表、机械设备、零配件及技术的进口业务；电力工程施工总承包，水暖电作业分包；经营进料加工和“三来一补”业务，承包境内外机电行业工程和境内机电行业国际招标工程；上述境外工程所需的设备、材料出口，承包境外与出口自产设备相关的安装工程和境内国际招标工程，上述境外工程所需的设备、材料出口，以及对外派遣实施上述境外工程所需的劳务人员。2019年经营状况：2019年，实现销售收入176151万元，利润2562万元。

附 录

栏目编辑:何 飞

新颁规章制度

国网四川省电力公司“126连心桥”职工诉求服务工作细则

第一章 总 则

第一条 为坚持以人民为中心的发展思想和全心全意依靠职工办企业的方针，畅通职工合法有序表达利益诉求的渠道，贯彻落实中共中央、国务院《新时期产业工人队伍建设改革方案》，进一步推动解决职工最关心最直接最现实的利益问题，服务职工对美好生活的向往，构建企业和谐劳动关系，根据《中华人民共和国工会法》《中华人民共和国劳动法》《国家电网公司职工民主管理纲要》，制定本工作细则。

第二条 职工诉求管理目的是拓展民主内涵、丰富民主沟通渠道，搭建职工诉求管理平台，通过常态化、规范化、标准化的程序，及时高效处理职工对自身利益和企业发展所提出的合理需求和意见，以企业对职工的支持度和关心度，提升职工对企业的满意度和忠诚度。

第三条 工作原则

（一）坚持党的领导。把党全心全意依靠工人阶级的根本方针落实到工作全过程，把忠诚党的事业、竭诚服务职工作为工作的出发点和落脚点，推进职工诉求管理体系构建。

（二）坚持以人为本。本着尊重职工、关心职工和依靠职工的服务理念，坚持以人为本、共同成长的社会责任准则，切实维护职工的根本利益与合法权益。

（三）坚持依法合规。职工诉求事项和办理过程必须符合国家有关法律法规、政策规定以及公司规章制度，保障职工诉求管理的科学化、规范化和制度化。

（四）坚持文化塑造。大力繁荣职工文艺创作和职工文化生活，加强对职工的人文关怀和心理疏导，创造良好的人文环境和工作氛围。

第四条 本细则适用于国网四川省电力公司(以下简称“公司”)各级单位。

第二章 组织领导与职责分工

第五条 公司成立各级“126连心桥”职工诉求服务工作领导小组，形成党政领导、工会牵头、专业负责、分层实施的工作格局。领导小组下设办公室依托工会，负责日常工作。

第六条 各级单位应将职工诉求服务工作纳入党政日常工作，加强领导，党政主要负责人定期听取诉求服务工作情况汇报。涉及职工群众切身利益的重大事项，提请同级党组织研究决定。

第七条 各级工会组织作为职工诉求管理的工作机构，负责职工诉求管理日常工作。

（一）把职工诉求管理列入本单位工会工作职责，负责起草、修订职工诉求服务工作有关制度、流程，组织开展诉求服务工作。

（二）负责收集、整理、分发职工诉求意见，分析职工诉求的特点和规律，了解职工思想动态，提出有关建议。

（三）负责诉求的处理督促、意见反馈，职工对诉求服务满意度的调查，督促指导所属单位职工诉求管理工作。

第八条 各级单位职能部门是职工诉求管理的配合部门，负责办理职责范围内的职工诉求事项，及时向本单位工会反馈处理意见。

第九条 各单位积极引导职工围绕企业改革发展稳定和职工切身利益，合理合法表达诉求，明确办理意见，并及时反馈，提升职工的满意度，增强企业凝聚力。

第三章 工作体系机制

第十条 构建“126连心桥”职工诉求服务工作模式：通过“一站服务、双向联通、六种渠道”积极响应和办理职工诉求，形成从一线班组到县公司（车间）、市公司（省公司直属单位）、省公司的纵向贯通与各层级职能部门横向协同办理的诉求服务运作机制。

第十一条 搭建依托各级工会的四级职工诉求服务平台：省公司、市公司（省公司直属单位）级建立诉求服务中心，县公司（车间）级建立诉求服务站，班组（站、所）建立诉求服务点。

第十二条 建立职工诉求服务分级负责制：根据诉求事项的内容、职责权限在规定时间内进行处理或答复。

第十三条 职工诉求服务中心、站、点是具体负责职工诉求服务日常工作的场所，公司各级单位可根据实际，统筹职工综合服务中心、职工之家、职工文体中心等阵地资源，建立实体化的职工诉求服务中心。

第十四条 职工诉求服务中心、站、点受理本单位职工的诉求事项，及所属单位无法解决、需要上级单位协调的职工诉求事项。

第十五条 职工应在本级诉求服务中心表达诉求并寻求解决，各级诉求服务中心对于无法解决的诉求，应在5个工作日内提出处理意见并报上级工会。

第十六条 职工诉求服务中心根据实际情况配备兼职工作人员。

第十七条 完善职工诉求服务中心办公设施，职工诉求管理制度和流程张贴上墙。

第十八条 职工诉求服务中心应建立健全基础台账资料，包括职工诉求事项的受理、办理、反馈等全过程的基础台账资料。

第四章 诉求受理事项及渠道

第十九条 受理的诉求事项

（一）涉及企业发展、改革、稳定的意见和建议。

（二）对劳动纪律、法规和政策等问题的咨询。

（三）对落实劳动保护措施、改善工作环境等方面提出的需求。

（四）对需要帮助解决的生活困难或情绪问题、心理问题等的求助。

（五）需要提供工会法律援助的申请。

（六）对侵害职工合法权益的申诉。

（七）其他涉及职工合法权益的诉求。

第二十条 不受理的诉求事项

（一）违反国家法律法规，损害企业合法利益，违反企业规章制度的诉求。

（二）已依法履行协商程序，应通过诉讼、仲裁、行政复议、调解等法定途径解决的事项。

（三）应通过信访渠道解决的事项。

（四）诉求人不能保证诉求内容真实性，无法提供合法有效证据的诉求。未实名申请的诉求。

（五）无实际内容、带有恶意攻击性的言论等。

（六）涉及国家秘密和公司商业秘密的事项。

（七）其他不属于受理范围的诉求。

第二十一条 职工诉求服务渠道

（一）设立热线电话。省公司设立职工诉求服务“内线126、外线02868131126”专线电话，配专人值守，即时登记转办。接线登记必要信息：单位名称、姓名、联系电话、诉求内容。

（二）设立专用邮箱。省公司、市公司设立职工诉求服务的内部专用邮箱。职工根据自身需求，填写邮件采用《公司“126连心桥”职工诉求服务信息流转卡》选择邮箱发送诉求邮件。填写必要信息：单位名称、姓名、联系电话、诉求内容。各诉求服务中心每周汇总一次诉求邮件。

（三）设立维权咨询服务日活动。将每年的4月15日确定为省公司“4·15”职工维权咨询服务日，公司上下统一行动，开展维权咨询服务活动，采取设点受理、座谈沟通、健康讲堂、走进班组等方式开展诉求受理、普法宣传、政策咨询、法律咨询、心理辅导等服务工作。

（四）设立领导干部接待走访日。各级领导干部开展接待走访日活动，结合领导干部定点联系基层、党支部、班组工作，采取“迎进来、走出去”等方式，定期了解、回访一线职工诉求。公司领导每年至少安排两次接待走访日活动，各单位领导应每季度安排一次接待走访日活动。

（五）设立法律咨询服务。公司开通法律咨询服务热线，为职工提供法律词条解答、法律程序咨询、法律风险评价等服务，关心关注职工的法律诉讼势态，为职工提供法律咨询服务渠道。

（六）设立诉求信息登记卡。在公司主网页开通职工诉求服务窗口，公开服务制度、内容、渠道，统一设计《“126连心桥”职工诉求服务信息流转卡》作为职工诉求表达、受理登记、转接办理、落实回复提供流转凭证。职工可下载填写、打印后交本级职工诉求服务机构，或通过网上直接提交。

第五章 管理及工作流程

第二十二条 规范职工诉求管理流程。建立“统一受理、集中议事、责任归口、跟踪督办、受理反馈、定期汇报”的工作流程，积极稳妥办理职工诉求事项。

（一）诉求受理环节。职工向诉求服务中心、站、点提出诉求事项，诉求服务中心、站负责登记、审核，并提出办理意见。一般事项直接由工会转交有关部门牵头办理；需要集中议事决定办理的事项，由牵头部门提出意见按公司制度和规定程序办理。

（二）诉求办理环节。1.班组职工诉求服务点。接待本班组（服务点）职工，收集、汇总职工诉求信息，上报职工诉求服务站。

2.县公司（车间）级职工诉求服务站。接到职工诉求之日起在5个工作日内回复：受理意见、不予受理（说明原因）或上报处理的意见；若需职能部门确认受理与否的，服务站应在接到诉求2个工作日内转交相应职能部门，职能部门在接到诉求3个工作日内以书面形式反馈意见给服务站，由服务站及时回复班组诉求服务点或诉求人。

3.市公司（省公司直属单位）级职工诉求服务中心。接到职工诉求之日起在7个工作日内回复：受理意见、不予受理（说明原因）或上报处理的意见；若需职能部门确认受理与否的，服务站应在接到诉求2个工作日内转交相应职能部门，职能部门在接到诉求3个工作日内以书面形式反馈意见给服务中心，由市公司诉求服务中心及时回复县公司（车间）服务站或诉求人。

4.省公司职工诉求服务中心。接到职工诉求之日起在15个工作日内回复：受理意见、不予受理（说明原因）；若需职能部门确认受理与否的，服务中心应在接到诉求3个工作日内转交相应职能部门，职能部门在接到诉求5个工作日内以书面形式反馈意见给服务中心，由省公司诉求服务中心及时回复市公司服务中心或诉求人。

（三）受理反馈环节。诉求服务中心、站及时将受理事项的办理结果反馈给诉求人，对于重大或特殊的诉求事项，需经本单位党委会（总经理办公会）研究后答复，其间应向诉求人做好解释说明工作。

（四）满意度调查。对于办理完毕的诉求事项，受理诉求事项的诉求服务中心负责对诉求人进行回访，开展满意度调查。

（五）归档环节。诉求服务中心负责对受理的职工诉求事项进行归档，对已办理完毕的诉求以纸质或者电子按年度存档，保存期3年。

第二十三条 需要多个部门之间协同办理的诉求，由工会或牵头召集相关职能部门集体议事，协定分工和办理时间表，工会负责跟踪诉求事项办理进度，对于未在规定时限内提出处理意见的，发出督办通知。

第六章 附 则

第二十四条 各级工会组织要指导、督促本级和下级职工诉求服务工作，架好“连心桥”。诉求服务纳入公司民主管理、厂务公开工作评价。

第二十五条 各级单位可参照本细则制定实施方案。

第二十六条 本细则由公司工会负责解释并监督执行。

第二十七条 本细则自2019年3月起施行。

国网四川省电力公司发电机组进入及退出商业运营管理办法（试行）

第一章 总 则

第一条 为加强国网四川省电力公司（以下简称“公司”）发电机组并网运行管理，规范新建（包括扩建、改建，以下统称“新建”）发电机组进入商业运营及在役发电机组退出商业运营管理工作，保障电力系统的安全、优质、经济运行，制定本办法。

第二条 本办法依据《发电厂并网运行管理规定》（电监市场（2006）42号）、《电力企业信息报送规定》（国家电力监管委员会令第13号）、《发电机组进入及退出商业运营管理办法》（电监市场〔2011〕32号）、《四川省新建发电机组进入及退出商业运营管理实施细则（试行）》（川电监〔2012〕14号）、《国家能源局关于取消新建机组进入商业运营审批有关事项的通知》（国能监管〔2015〕18号）、《关于取消四川新建机组进入商业运营审批有关事项的通知》（川监能市场函〔2015〕25号）、《国家能源局关于加强发电企业许可监督管理有关事项的通知》（国能资质［2016］351号）、《电网运行准则》（GBT31464-2015）等制定。

第三条 本办法适用于四川电力调度控制中心直调的发电机组（以下简称发电机组），包括火电、水电、风电、光伏、生物质能等发电机组。其他类型的发电机组可按照相应技术验收规程参照本办法执行。

第四条 各级供电公司、各上市公司应参照本办法制定其管辖范围内的发电机组进入及退出商业运营管理办法，并严格执行。

第五条 发电机组进入及退出商业运营的相关工作应坚持公平、公正、高效的原则。

第六条 公司各相关部门（单位）、各发电企业涉及发电机组进入及退出商业运营的活动应当遵守本办法。

第二章 职责分工

第七条 公司各有关部门（单位）依据国家能源局、四川能源监管办、国家电网公司有关规定和本办法，按照职责分工，密切配合，做好发电机组进入及退出商业运营管理工作，并对所提供信息的完整性和准确性负责。

第八条 公司有关部门主要职责

（一）电力调度控制中心（以下简称“调控中心”）

牵头开展发电机组进入及退出商业运营管理工作。具体包括编制《新建发电机组并网服务指南》、新建发电机组调度命名文件；组织召开新建发电机组接入电网调度协调会；组织发电企业签订并网调度协议，并报四川能源监管办备案；配合新建发电机组开展涉网试验，下发相关涉网定值；执行新建发电机组投产相关流程和运行操作，在OMS系统中发起“新建发电机组转商业运营管理流程”；向并网电厂出具《新建发电机组通过并网试运行意见书》，对新建发电机组启动验收交接书或鉴定书、水电站大坝注册或备案登记表、电力业务许可证（发电类）进行备案管理，待新建发电机组满足商运条件时确认其转商业运营时间；审核发电机组退出商业运营材料并执行退役流程，开展解除合规退役机组并网调度协议的相关工作；负责向四川能源监管办报送新建机组投产、转商业运营情况和在役发电机组退出商业运营情况，以及已转商运的新建机组转商业运营材料清单。

（二）发展策划部

负责组织开展新建发电机组接入系统方案评审工作；负责根据委托开展新建发电机组送出工程可研评审工作。

（三）财务资产部

负责按《国网四川省电力公司发电项目上网电价确认和执行规定》（川电财务〔2017〕45号），牵头会同调控中心、发展部、营销部等确认新建发电机组上网电价（含调试电价）；负责新建机组上网电费的结算、支付；负责按规定管理使用辅助服务补偿资金，分月度做好调试电量差额资金统计工作，并将年度差额资金有关情况报四川能源监管办；负责购售电合同有关电价及电费结算与支付部分的内容；负责OMS系统“机组退役”流程中财务考核结算相关内容。

（四）营销部

负责开展新建发电机组关口计量装置的验收管理工作，计算新建发电机组调试电量；负责《购售电合同》有关关口计量部分的内容；根据调度部门提供的投产时间节点填写“四川省新建发电机组投产及商转情况表”中“调试电量”内容；负责在OMS系统“新建发电机组转商业运营管理流程”中完成“调试电量”部分内容以及在交易系统中填报审核“调试电量”部分内容。

（五）安全监察部

负责监督新建发电机组涉网试验完成情况以及新建发电机组启动验收鉴定书的签订完成情况。

（六）建设部

负责接受政府相关部门委托的新建发电机组的启委会秘书组的组织工作，组织受委托的新建发电机组启委会专业组验收工作，审核受委托的新建发电机组启委会会议资料，确认受委托的新建发电机组启委会召开条件，组织召开受委托的新建发电机组启委会，确认受委托的发电机组具备启动投产条件；协同发电企业开展受委托的新建发电机组验收鉴定书签署工作。

（七）经济法律部（体改办）

负责《购售电合同》《并网调度协议》中有关法律事项的审核确认。

（八）国网四川电力交易中心有限公司（以下简称“交易中心”）

负责组织发电企业签订购售电合同，并报四川能源监管办备案；负责出具新建发电机组调试电量结算依据；负责开展解除合规退役机组购售电合同的相关工作，审核发电机组交易平台注册申请和参与市场交易资格；负责新建发电机组交易注册和合规退役机组的市场注销管理工作；负责OMS系统“新建发电机组转商业运营管理流程”及“机组退役流程”中“购售电合同”的审查。

第九条 发电企业主要职责

（一）向国网四川省电力公司提交签订并网调度协议和购售电合同的申请及所需材料、新建发电机组投运申请，与国网四川省电力公司及时签订并网调度协议和购售电合同。

（二）完成召开启委会所需资料。

（三）登录四川电力交易中心交易平台进行市场注册并提交相关资料。

（四）按照调度指令完成启动投产现场操作，完成必需的涉网试验项目并按时提交涉网试验报告。

（五）按要求完成机组启动验收交接书或鉴定书并提交相关单位和部门。对符合条件的水电机组，在经国家认定的机构对水电站大坝进行注册或备案，并向国网四川省电力公司提交大坝登记备案证明。

（六）在规定时间（试运行结束后 90 天）内取得电力业务许可证（发电类），并在取证后立即向国网四川省电力公司进行备案。

（七）按相关规定要求取得机组退役文件并履行机组退役手续。

第三章　新建发电机组并网调试工作要求

第十条　发电企业应在新建发电机组（受政府相关部门委托的）计划调试运行前30日向建设部（启委会秘书组）提交启委会成立相关资料，包括不限于项目（本体及送出工程）核准备案文件、项目核准部门和省经信厅同意工程启动验收的工作函、项目纳入统调统分的文件、接入系统批复等支撑性文件以及发电企业申请成立启委会的工作函。

第十一条　发电企业应在新建发电机组计划调试运行前 90 日在调控中心领取《新建发电机组并网服务指南》，并按指南要求开展相关工作，提交相关资料。

第十二条　发电企业向调控中心、交易中心提出签订并网调度协议、购售电合同的申请，向调控中心提交新建发电机组投运的申请。

第十三条　调控中心、交易中心自接到发电企业提出的签订并网调度协议和购售电合同的申请后10 个工作日内，在新建发电机组满足相关条件的前提下，按照《并网调度协议（示范文本）》《购售电合同（示范文本）》，组织发电企业签订并网调度协议和购售电合同。

第十四条　调控中心自接到发电企业新建发电机组投运申请且在启委会同意投运后的10个工作日内安排并网调试运行。对涉及电网安全稳定运行的相关试验，原则上应自发电企业提出申请后20 日内完成。如因系统原因不能及时安排并网调试的，调控中心应向发电企业书面说明原因，并报四川能源监管办备案；如因电厂机组原因（包括水电机组来水不足、首台机组不能进行进相试验、风电、光伏资源不足，不能完成所有出力点的有无功调节能力测试等）不能及时完成涉网试验的，发电企业应向调控中心书面说明原因，并报四川能源监管办备案。

第十五条　调控中心应自新建发电机组通过并网调试运行后 5 个工作日内，给发电企业出具通过并网试运行的意见书。

第十六条　新建发电企业应在取得《新建发电机组通过并网试运行意见书》后三个工作日内，登陆四川电力交易平台提交注册申请，并向交易大厅提交注册相关资料完成市场注册相关手续。逾期未注册将不能参与市场交易。

第四章　新建发电机组进入商业运营的条件及流程

第十七条　新建发电机组进入商业运营应具备下列条件：

（一）签署机组启动验收交接书或鉴定书。

（二）完成并网运行必备的试验项目，调控中心已确认发电机组和接入系统（装置）满足电网安全稳定运行技术要求和调度管理要求。

（三）签订并网调度协议和购售电合同（或大用户直接交易合同）。

（四）取得电力业务许可证（发电类）。

（五）水电站大坝已经国家认定的机构注册或备案。

第十八条　新建发电机组进入商业运营流程

新建发电机组在完成整套设备启动试运行时间点后 90 日内，新建发电机组具备商业运营条件的，自动进入商业运营；届时未具备商业运营条件的，可申请由四川能源监管办进行专项核查。经核查认定属发电企业自身原因的，必须在具备商业运营条件时点起进入商业运营，同时按调试电价追溯已按国家规定电价结算的电量。不属发电企业自身原因的，从完成整套设备启动投产试运行时间点起进入商业运营。

第五章　新建发电机组调试运行期上网电量的结算

第十九条　新建水电发电机组调试电价按照四川电网燃煤标杆上网电价的 50%执行，火电按照四川电网燃煤标杆上网电价的 80%执行。水电以外的可再生能源发电机组自并网发电之日起执行价格主管部门批复的上网电价。如国家调整燃煤机组标杆上网电价，则调试电价相应调整。

第二十条　新建发电机组调试运行差额资金是指由于新建发电机组调试电价与政府价格主管部门制定的上网电价之差形成的盈余部分，差额资金 50%计入公司收入，其余 50%纳入并网发电厂辅助服务补偿资金账户。公司将按规定管理使用辅助服务补偿资金，分月按机组做好差额资金的统计工作，并按年度报四川能源监管办。

第二十一条　新建发电机组不具备独立计量调

试电量条件的，其调试电量按照新建发电机组装机容量占全厂发电装机容量的比重分摊。

第六章 在役机组退出商业运营的条件和程序

第二十二条 在役发电机组因故需要中止商业运行时，向政府相关部门（经信委、能监办）提出退役申请，并取得相关退役文件。

第二十三条 发电企业在取得政府部门相关退役文件后，向公司履行相关退役手续，办理相关退役流程。

第二十四条 在役发电机组退出商业运营时应与公司完成合同、协议的解除及电费清算（包括考核费用）、交易平台市场退市工作。

第二十五条 退出商业运营的发电机组再次进入商业运营的，按照本办法履行新建发电机组进入商业运营的条件、程序并执行有关结算的规定。

第七章 附 则

第二十六条 本办法由国网四川省电力公司负责解释。

第二十七条 本办法自印发之日起执行。

国网四川省电力公司扶贫捐赠项目管理实施细则

第一章 总 则

第一条 根据《国家电网有限公司扶贫捐赠实施细则》规定，为加强国网四川省电力公司（以下简称“公司”）扶贫捐赠统筹管理，落实扶贫捐赠项目监管责任，提升脱贫质量和减贫效果，特制定本实施细则。

第二条 本细则所称扶贫捐赠项目，是指公司及所属各单位为完成脱贫攻坚任务而使用公司对外捐赠资金投入的项目，包括全部或部分用于产业扶贫、智力扶贫、爱心扶贫等资金实施的项目。

本细则所指的扶贫捐赠项目均为一次性捐赠支出。

第三条 本细则适用于公司本部、公司各级单位的扶贫捐赠管理工作。

第二章 管理机构职责

第四条 公司农电工作部（以下简称“公司农电部”）负责扶贫工作统筹管理，负责扶贫捐赠项目的审批立项及督促实施。

第五条 公司党委宣传部（对外联络部）（以下简称“公司宣传部”）参与扶贫捐赠项目的审核，负责对口报送扶贫捐赠项目的备案、统计。

第六条 公司财务资产部（以下简称“公司财务部”）参与扶贫捐赠项目的审核，负责扶贫捐赠的全面预算、会计核算和税务管理。

第七条 公司审计部参与扶贫捐赠项目的审核，负责对扶贫捐赠支出的事项、资金安排等方面开展审计检查。

第八条 公司监察部（纪委办公室、巡察办）（以下简称“公司监察部”）参与扶贫捐赠项目的审核，负责扶贫捐赠项目管理的监督检查和巡察。

第九条 公司经济法律部（体改办）（以下简称“公司经法部”）负责对扶贫捐赠进行法律指引和审核。

第十条 公司所属各单位扶贫工作领导小组负责本单位扶贫捐赠项目统筹管理，负责按要求开展扶贫捐赠事项报批工作，负责组织实施扶贫项目，按要求报送扶贫捐赠信息。

第三章 预算管理

第十一条 项目命名：

各单位扶贫捐赠项目命名规则为“国网阳光扶贫—四川+市（州）名称＋项目名称”：

1.单种类项目，如：国网阳光扶贫—四川某某市产业扶贫项目；

2.多种类项目，如：国网阳光扶贫—四川某某市产业、智力和爱心扶贫项目。

第十二条 预算审核：

各单位提出扶贫捐赠需求，项目按市级公司（或二级机构）打捆，规范、完整填写扶贫捐赠项目的立项报告。扶贫捐赠对象必须为县级及以上人民政府正式文件列出的定点帮扶点。

每年 10 月 20 日之前，各单位申报次年扶贫捐赠项目材料，以正式文件报公司农电部，文件须包含如下附件：

（1）当地县级及以上政府或职能部门请求捐赠的函件以及县级及以上政府明确列出定点帮扶村的正式文件、当地乡级及以上政府出具的扶贫产业规划等支撑性意见文本。

（2）《扶贫捐赠项目立项报告》。

（3）《扶贫捐赠项目实施计划》。

（4）扶贫项目所涉及行业的专家评审意见。

（5）本单位履行决策程序后形成的会议纪要。

第十三条 预算审批：

公司农电部汇总各单位的正式文件申报材料，组织宣传部、财务部、审计部、监察部对项目进行审查，审查结果提交公司扶贫领导小组办公室会议审议通过后，向公司财务部报送预算，并将预算数据提交公司宣传部。

第十四条 公司财务部将扶贫捐赠预算资金纳入公司全面预算管理，履行相关程序。各单位按照《国家电网公司全面预算管理办法》等相关规定进行编制和执行。

未纳入扶贫捐赠预算支出的，不得捐赠。

第十五条 对于急需实施的扶贫捐赠事项可特事特办，随时上报履行审批程序。

第四章 项目实施

第十六条 实施扶贫捐赠项目应当通过依法成立的接受捐赠的慈善机构、其他公益性机构或政府部门（以下统称“实施机构”）进行。

第十七条 年度扶贫捐赠项目预算下达后，各单位应在15个工作日内与实施机构签订合同，合同应使用国网公司捐赠合同统一文本。

第十八条 合同签订后，相关单位及时申请月度现金流预算，开展支付工作，支付金额包括各单位扶贫捐赠项目资金及项目实施机构按国家规定列支的管理费。

第十九条 各单位在项目实施过程中要明确市级公司（或二级机构）、实施机构、受益方的管理责任及责任人，密切配合项目实施机构和地方政府，加强项目实施过程跟踪，确保扶贫捐赠项目在规定时间内完成，达到预期成效。原则上当年下达的项目应于当年完成。

第二十条 项目一经下达原则上不允许调整，如遇不可抗力需要调整，须由当地政府出具建议调整项目的正式文件，市级公司（二级机构）履行内部决策程序确定调整方案后以正式文件报公司，经公司扶贫工作领导小组办公室会议审议通过后方可调整。

第五章 项目决算

第二十一条 扶贫捐赠项目完成后5个工作日内，由项目所在市级公司（二级机构）开展项目决算工作，并于每年12月31日之前，将本年度《扶贫捐赠项目决算情况统计表》，报送公司农电部、财务部。

第六章 监督检查与考核

第二十二条 各单位要依法保障自身作为捐赠人的知情权和监督权，督促实施机构按约定管理和使用捐赠款物，动态掌握捐赠款物使用情况。

第二十三条 各单位在捐赠项目实施后3个月内，须组织本单位相关部门对该项目进行实地检查，并形成《实地检查报告》上报公司农电部。

第二十四条 各单位在捐赠项目实施后3个月内，应督促实施机构出具项目总结报告，并按相关规定开展后评估工作，项目总结报告和后评估报告上报公司农电部。

第二十五条 公司不定期对各单位扶贫捐赠项目进行检查或抽查。对未按规定程序决策、未及时履行批准或备案手续、未实行预决算管理、未及时报送信息等不规范行为予以通报。

第二十六条 各单位应通过纪检监察、内部审计、中介机构审计等多种渠道，及时对扶贫捐赠事项的决策程序、预算安排、项目实施和财务处理等方面情况开展监督检查，发现涉嫌违纪问题及时处置。

第七章 附　则

第二十七条 本细则由公司农电部负责解释并监督执行。

第二十八条 本细则自签发之日起施行。原《国网四川省电力公司对外捐赠管理工作实施意见》（川电外联〔2018〕7号）同时废止。

国网四川省电力公司
接收自供自管供区管理办法（试行）

第一章 总　则

第一条 （目的）为适应电改新形势下供区接收工作需要，规范自供自管供区接收管理，强化供区接收后电网建设及优质服务，助力当地经济发展，根据国家有关法律法规，结合公司实际，制定本办法。

第二条 （定义）本办法所称自供自管供区（以下简称“供区”）是指公司供区外经政府核准的，取得供电营业许可证的，由具备相关资格的主体自行管理的供电区域。

第三条　（原则）供区接收需遵循“政府主导、统筹实施，厂网分离、只发不供，同网同价、统一管理，产权清晰、有序推进，人员由政府统一安置”的原则。

政府主导、统筹实施。供区接收工作应由政府主导，在地方政府统筹安排下实施，充分依靠政府妥善处置供区接收过程中出现的资产、债权债务、人员安置、电价执行和电费收取等问题。

厂网分离、只发不供。供区接收应严格按照“厂网分离”有关政策，实行“厂网分离”，电厂不直接供用电客户，供区和电厂实行人、财、物分开管理，符合上网条件的电厂或电站，按照管辖权限分别与电厂或电站签订并网协议和购售电协议，未参与市场的上网电量执行有权价格主管部门批复的上网电价。

同网同价、统一管理。供区接收后，严格执行“同网同价”有关政策，按照有权价格主管部门核定的价格标准和公司管理规定执行，实行“电量公开、电费公开、电价公开”“销售到户、抄表到户、收费到户、服务到户”“统一电价、统一发票、统一抄表、统一核算、统一考核”管理模式。

产权清晰、有序推进。在接收过程中，必须理清资产管理关系，做好产权鉴定工作，对于归属不明甚至存在产权争议的资产，要依靠政府协调解决；在政府统筹安排下，按照群众呼声、电网安全和主体移交意愿等因素的轻重缓急，结合公司投资、运维等方面的承接能力，统筹规划，逐步实施。

人员由政府统一安置。公司所属各单位不接收人员。供区的原有用工由地方政府统一安置，涉及的劳动关系纠纷和经济补偿，由地方政府和供区原供电主体妥善处理。

第四条　（适用）本办法适用于公司本部、公司所属各单位（含全资、控股单位）涉及的供区接收工作。

公司所属单位间供区调整或公司通过股权投资取得供电营业区的实际控制，不适用本办法。

未取得供电营业许可证的事实供区的接收，由市（州）供电公司按照“政府主导、统筹实施，厂网分离、只发不供，同网同价、统一管理，产权清晰、有序推进，人员由政府统一安置”的原则，参照本办法进行管理。

第五条　（流程）供区接收的主要工作流程包括：项目立项和论证、项目审批、项目实施和项目终结。

第二章　管理职责分工

第六条　（纵向职责）供区接收由公司统筹部署，属地地市供电公司具体管理和执行；跨市（州）供区接收由公司指导，各市（州）供电公司按照市（州）政府管辖区域范围大小分主次办理。

第七条　（横向职责）公司业务部门职责划分

（一）农电部牵头指导和审批供区接收方案。

（二）财务部负责指导供区接收资产价值管理、电价管理。

（三）设备管理部负责指导接收供区的电网设施设备的清理核查、资产核定和接收等工作。

（四）营销部负责指导接收过程中用户规范用电管理、供电营业区域划转，指导和监督新接收供区用户管理、供用电合同转签等相关工作。

（五）经法部负责指导供区接收中的尽职调查、协议签订，移交和接收程序法律指引；负责指导供区接收中的电改和体制变革相关工作。

（六）公司各相关部门按照职责分工，负责指导供区接收中和接收后的管理。

第三章　项目立项和论证

第八条　（立项）根据政府统筹安排，市（州）供电公司组织专业部门，对供区现资产情况、有偿或无偿、债权债务、人员情况、供用电合同关系等基本情况进行核实，对供区接收的可行性、必要性等进行分析，配合政府相关部门对供区接收项目立项。

第九条　（论证内容）市（州）供电公司应对意向性协议（包含备忘录、会议纪要等表示移交意向的书面法律文书）、拟移交资产尽职调查、资产评估、供区移交方案、移交后供区电网改造原则等方面进行论证。

第十条　（意向性协议）意向性协议应当由地方政府、供区原供电主体和公司所属单位三方签订，主要明确移交供区基本情况、移交意向、移交原则及移交方式、风险分配及人财物处理方式和双方权利义务等内容。

第十一条　（移交方案）移交方案在地方政府的主导下制定，包括但不限于供区电网资产、设备现状、债权债务、人员机构等基本情况和人员安置、财产处置、物资处理方式，以及移交之后的设备、设施维护管理等内容。

第四章　项目审批

第十二条　（流程及材料）供区接收事宜经市（州）供电公司决策后，报公司决策。报公司审议的主要材料包括：

（一）移交实施方案；

（二）省政府对供区移交的书面批复或同意；

（三）市（州）和县（区）政府对供区移交的书面同意；

（四）意向性协议；

（五）移交协议（文稿）；

（六）法律尽职调查、资产评估报告结果；

（七）市（州）供电公司决策文件；

（八）其他。

第十三条　（移交协议）移交协议原则上应当由地方政府、供区原供电主体和公司所属单位三方签订，主要载明移交范围及业务职能、约定人员安置、财产处置、物资处理方式、安全责任移交时点和条件、双方的责任和义务等内容。

第十四条　（公示）移交前期，地方政府出具正式公告，告知供区全体用户拟进行供区移交和移交后的供用电关系承继。移交中期，地方政府出具正式公告，明确资产产权、债权债务担保、人员安置等历史遗留问题的解决方案，协调供区用户签订“同网同价”知情书。移交后期，地方政府出具正式公告，大力协同进行电网及户表改造、安全用电、反窃电、电价政策和电费收取等宣传与执行。

第五章　项目实施

第十五条　（前提）涉及供区移交的移交主体双方均已完成决策审批，供区移交事项已经相应政府主管部门同意，供区现主体已严格按照双方协商意见及协议等约定完成资产、人员、债权债务处置，可正式启动供区移交实施。

第十六条　（内容）接收单位应根据拟接收供区实际情况，搭建非常设机构，编制详细计划，按专业统筹做好各类资料、设施和系统接收，建立接收后营销、运维、调度和安全管控等机制，启动各类业务的接收。

第六章　项目终结

第十七条　（条件和评估）移交协议载明的移交事项接收完毕后，完成供电营业许可证和供电业务许可证变更，项目终结。接收单位逐项开展接收评估，形成评估报告。

第十八条　（证照、物权变更）按照接收协议明确的时间段内，完成供区变更登记、物权变更登记等相关工作。

第七章　附　则

第十九条　各单位可依据本办法制定供区移交与接收实施细则，报公司备案。

第二十条　本办法由经法部、农电部负责解释，自印发之日起实施。

国网四川省电力公司强化领导人员担当作为推进能上能下实施细则

第一章　总　则

第一条　为深入贯彻习近平新时代中国特色社会主义思想，落实新时代党的组织路线，完善全面从严管理领导人员的制度体系，强化担当作为，全面落实“十讲十增强”要求，形成能上能下的选人用人机制，建设对党忠诚、勇于创新、治企有方、兴企有为、清正廉洁高素质专业化领导人员队伍，根据《国家电网有限公司强化领导人员担当作为推进能上能下实施细则（试行）》和《国网四川省电力公司领导人员管理办法》等制度规定，结合国网四川省电力公司（以下简称“公司”）实际，制定本实施细则。

第二条　本实施细则所称推进领导人员能上能下，重点是解决领导人员能下问题。必须坚持党要管党、从严治党，坚持实事求是、公道正派，坚持人岗相适、人尽其才，坚持依法依规、积极稳妥，着力解决领导人员不作为、乱作为、慢作为等问题，促使领导人员自觉践行“三严三实”要求，推动形成能者上、庸者下、劣者汰的用人氛围。

第三条　本实施细则适用于公司党委管理的领导人员。

第四条　本实施细则主要规范对有关领导人员的组织调整。涉及违纪违法行为的，按照党的纪律规定、有关法律法规和公司员工奖惩规定等制度办理。

第五条　领导人员下的渠道，主要包括不适宜担任现职调整、问责追究调整、到龄免职（担任二线领导职务或退休）、任期届满和任内调整、不能正常履职调整、自愿退出、辞职、违纪违法免职等。

第二章　不适宜担任现职调整

第六条　不适宜担任现职，主要指领导人员的德、能、勤、绩、廉与所任职务要求不符，不宜在现岗位继续任职。

第七条　领导人员具有下列情形之一，经组织提醒、教育或者函询、诫勉等仍未改正或者问题严重的，认定为不适宜担任现职，应当及时予以调整：

（一）政治意识、大局意识、核心意识、看齐意识不强，组织纪律观念弱化的，主要包含以下情形：

1. 不严格遵守党的政治纪律和政治规矩，不坚决执行党的基本路线和各项方针政策，不能在思想上政治上行动上同党中央保持高度一致的；

2. 理想信念动摇，在重大原则问题上立场不坚定，关键时刻经不住考验，不能自觉做到“两个维护”，或者散布有损党和国家形象、国有企业形象的言论的；

3. 斗争精神不强，对违反政治纪律、政治规矩等错误思想和行为不制止不纠正，搞无原则一团和气的；

4. 马克思主义信仰缺失，参加封建迷信活动，或者违反有关规定参与宗教活动的；

5. 违背民主集中制原则，独断专行或者软弱涣散，拒不执行或者擅自改变党组织作出的决定，在领导班子中搞团团伙伙或者闹无原则纠纷的；

6. 对待上级决策部署搞变通、打折扣、做选择，甚至有令不行、有禁不止，阳奉阴违、自行其是的；

7. 不执行重要情况请示报告制度，或者有漏报、瞒报等情况的。

（二）业务水平、领导能力、自身条件与岗位要求不适应，不会为、不能为的，主要包含以下情形：

8. 能力素质不能适应新时代发展要求，不积极改进提高或者改进提高效果不明显，较长时间不能适应岗位工作的；

9. 工作浮漂，执行力差，严重影响公司党委决策部署和公司重点工作落实的；

10. 领导和驾驭能力不强，不善于团结协作，造成矛盾集中影响班子合力的；

11. 配偶已移居国（境）外，或者没有配偶但子女均已移居国（境）外，不适宜担任其所任职务的。

（三）敬业精神不足，不担当、不作为、慢作为，庸懒散拖的，主要包含以下情形：

12. 精神状态不振、积极性不高，对待工作安于现状、不思进取，敷衍应付、得过且过，消极懈怠、贻误工作，影响企业发展的；

13. 宗旨观念淡化，对涉及群众切身利益的问题能解决却不及时解决，群众意见较大的；

14. 担当精神不够，不敢坚持原则，不能直面矛盾，不愿负责，不敢碰硬，群众反映强烈的；

15. 不严格遵守工作纪律，经常迟到早退，擅自脱离工作岗位的。

（四）履职尽责不到位，工作绩效差的，主要包含以下情形：

16. 未正确履行职责，导致企业发展、党建工作或者分管工作处于落后状态，企业丧失发展机遇，或者造成国有资产损失以及其他不良后果的；

17. 本部门本单位或者分管领域发生的各类事故、事件、案件，存在工作失误、失职或者处置不当行为，但情节不适用问责处理的；

18. 年度考核评价正职连续两年排名靠后、副职连续三年排名末位，经分析研判确属不胜任的；

19. 任期综合考核评价较差，民主测评优秀称职率低于 70%，被评定为“基本称职”等次，经提醒教育没有改正或者改正不明显的；

20. 任期综合考核评价问题突出，民主测评优秀称职率低于 60%或者不称职票超过三分之一，被评定为“不称职”等次的。

（五）自我要求不严，作风不正，品行不端的，主要包含以下情形：

21. 违背中央八项规定精神和公司实施细则，不严格遵守廉洁从业有关规定和廉洁自律规范的；

22. 艰苦奋斗精神弱化，讲排场、比阔气，铺张浪费问题突出，或者追求低级趣味的；

23. 对待群众态度恶劣、简单粗暴，严重损害党群、干群关系和企业形象的；

24. 违背社会公德、职业道德、家庭伦理道德，造成不良影响的；

25. 欺上瞒下、弄虚作假，为自身或者相关利益人骗取利益或荣誉的。

第八条　调整不适宜担任现职的领导人员，一般按照以下程序进行：

（一）调整动议。根据日常考核、年度考核、任期综合考核、任职考察、巡视巡察、审计、个人重要情况请示报告查核、档案审核、民主评议、信访举报核实等情况，初步认定具有本实施细则第七条所列情形，需要启动调整程序的，由公司党委研究提出调整动议，也可以由组织部向公司党委提出调整动议建议。

（二）考察核实。公司组织部根据有关情况，有针对性地考察核实，做出客观公正评价和准确认定。考察核实应当听取所在单位党委、纪检监察部门、上级职能部门或者分管领导的意见，注重听取群众反映、了解群众口碑，特别是听取工作对象、服务对象等相关人员的意见。

（三）提出调整建议。公司党委或者公司组织部根据考察核实结果，对不适宜担任现职的领导人员提出调整建议。调整建议包括调整原因、调整方式等内容。提出调整建议前，应当与领导人员本人谈话，说明调整理由，听取其陈述意见并回复。

（四）组织决定。公司党委召开会议集体研究，作出调整决定。作出决定前，应当听取有关方面意见。

（五）谈话。公司党委负责同志或者公司组织部负责同志与调整对象进行谈话，宣布组织决定，认真细致做好思想工作。

（六）按照有关规定履行任免程序。对选举和依法任免的领导人员，按照有关法律法规规定的程序进行。

第九条 对不适宜担任现职的领导人员应当根据其一贯表现和工作需要，区分不同情形及严重程度，采取调离岗位、免职（撤职）、降职（降级）等方式予以调整。对非个人原因不能胜任现职岗位的，应当予以妥善安排。

第三章 问责追究调整

第十条 加大领导人员问责力度。除公司领导人员问责规定、员工奖惩规定、安全工作奖惩规定、供电服务奖惩规定、保密工作奖惩办法等制度规定所列的具体情形外，具有下列情形之一的，也应当对有关领导人员实行问责。

（一）落实从严治党责任不力，贯彻党风廉政建设责任制不到位，本部门本单位或者分管领域在较短时间内连续出现违纪违法问题的；

（二）依法治企观念淡薄，不依法依规办事，不按规定程序决策，或者应当及时作出决策但久拖不决，造成不良影响和后果的；

（三）抓作风建设不力，本部门本单位或者分管领域形式主义、官僚主义、享乐主义和奢靡之风比较突出的；

（四）在领导人员选拔任用工作中任人唯亲、营私舞弊，本部门本单位或者分管领域用人上不正之风比较突出的；

（五）对配偶、子女及其配偶和身边工作人员教育管理不严、约束不力，甚至默许其利用自身职权或者职务上的影响谋取不正当利益的；

（六）其他应当问责的情形。

第十一条 对领导人员实行问责的方式包括通报、诫勉、组织调整或者组织处理、纪律处分。上述问责方式，可以单独使用，也可以合并使用。

第十二条 对领导人员实行问责，应当根据实际情况追究负有直接责任、主要领导责任和重要领导责任的人员责任。有关责任人员的区分，参照《中国共产党纪律处分条例》的规定界定。

第十三条 对领导人员实行问责的程序，依照公司领导人员问责的相关规定执行。

第四章 到龄免职（担任二线领导职务或退休）

第十四条 设置二线岗位是一种领导人员配置方式，是退出领导班子现职的领导职务安排。男性领导人员年龄达到五十八周岁、女性领导人员年龄达到五十三周岁，一般应当转任二线领导职务。二线领导职务的任职程序按照有关规定办理。

第十五条 严格执行退休制度，领导人员达到任职年龄界限或者退休年龄界限的，应当按照有关规定办理免职和退休手续。对于在人大、政协担任规定职务的二线领导人员，确因工作需要延迟退休的，应当经公司党委研究同意，适当延长任职时间。

第五章 任期届满和任内调整

第十六条 严格执行领导人员职务任期制度。党委每届任期按照党内有关规定执行；分公司性质单位经营班子成员每个任期为三年；子公司性质单位董事会成员、经理层成员每个任期也为三年。领导人员任期届满自然免职，按照有关规定进行任期综合考核，考核合格的，可以连任；考核结果被认定为不适宜担任现职的，按照本实施细则第二章的规定办理。

第十七条 加强任期内考核和管理。对任期内巡视、巡察、审计、考核以及各类监督检查等发现问题较多的领导人员，经考察核实认定不适宜继续任职的，应当中止任期、及时予以调整，不得以任期未满为由继续留任，并按照本实施细则第二章的规定办理。

第十八条 领导人员在同一单位任职达到最高任职年限的，一般不得延长，并应安排交流任职。

第六章 不能正常履职调整

第十九条 领导人员因健康原因，无法正常履行工作职责一年以上的，应当对其工作岗位进行调整。能够承担一定工作任务的，可以安排到职责较轻的岗位或者转任职员。因病需要长时间治疗、不能正常上班、严重影响工作的，或者因病连续离岗超过一年以上的，免去现职，保留原职务层次的医疗待遇。完全丧失工作能力的，按照有关规定办理。

因健康原因调整的领导人员恢复健康后，根据工作需要、岗位职责和领导人员自身条件，参照原任职务层次作出安排。

第二十条　领导人员非组织选派，离职学习期限超过一年的，应当免去现职。

第七章　自愿退出

第二十一条　领导人员因下列原因，可以提出自愿辞职。

（一）不愿意继续担任现任职务的；

（二）由于个人健康原因，严重影响或者不能正常履行本岗位职责的；

（三）因私出国（境）定居的；

（四）认为自己能力不济，不适宜担任现任职务的；

（五）因求学或者领办、创办企业等个人原因，需要辞去现任职务的；

（六）其他原因：

领导人员自愿辞职，应符合有关规定，由本人向公司党委提出书面申请、报告个人重大事项，所在单位提出相关意见，征求纪检监察部门意见，经公司党委研究决定后，依照法律或者公司规定办理相关手续。

第二十二条　处级干部距退二线年龄界限不满2年，且任现职级已满6年以上的，因健康、家庭等个人原因，可由本人申请、经公司党委研究，通过转任职员、专职董事监事等方式进行调整。

第八章　违纪违法免职

第二十三条　领导人员因违纪违法受到免职（撤职）、解除劳动合同等处分的，按照党章党规党纪和有关法律法规制度及时办理。

受到党纪或公司纪律处分需要免去现职的，可以根据纪检监察部门建议意见，在处分之前作出决定，也可以在公司党委研究处分决定的同时一并明确。

第二十四条　涉嫌严重违纪违法，正在接受纪检监察机关或者司法机关立案审查调查，不宜继续担任现职的，应当及时免去现职。

第九章　组织实施

第二十五条　落实推进领导人员能上能下工作责任制，把推进领导人员能上能下作为全面从严治党、从严管理领导人员的重要内容，坚持原则、敢于负责，做到真管真严、敢管敢严、长管长严。

第二十六条　在推进领导人员能上能下工作中，严明工作纪律，不得搞好人主义，不得避重就轻、以纪律处分规避组织调整或者以组织调整代替纪律处分，不得借机打击报复。对干扰组织调查、隐瞒真相、弄虚作假或者不服从组织调整决定的领导人员要严肃批评教育，情节严重造成不良影响的从严处理。

第二十七条　加强对领导人员的日常了解，定期分析研判领导班子运行情况和领导人员综合表现，对应当调整的领导人员及时作出调整。

第二十八条　因不适宜担任现职、问责追究等被组织调整的领导人员，需要重新安排职务的，应当从严掌握重新任职条件，从严确定重新任职的岗位，从严履行规定的程序。

（一）受到调离岗位的，另行安排工作不得平级转任重要职务，一年内不得提拔重用。

（二）受到引咎辞职、责令辞职和免职（撤职）的，一年内不安排职务，两年内不得担任高于原任职务层次的领导职务。

（三）受到降职（降级）的，一般降低一个职务层次。情节、后果特别严重的，可以降低两个或两个以上职务层次。两年内不得提拔重用，相关处分期（影响期）满后，不视为恢复原职务（原级别）。

（四）同时受到党纪或公司纪律处分的，按照处分期（影响期）长的规定执行。

（五）对引咎辞职、责令辞职和免职（撤职）后不安排职务的，可以酌情安排临时性、专项性工作，期间其工资和福利待遇应当参照领导人员级别，形成合理的收入结构。影响期满后，对德才表现和工作实绩突出、群众公认度较高，因工作需要且经考察符合任职条件的，可以按照有关规定重新任用。

第二十九条　正确把握领导人员不适宜担任现职调整、问责追究调整等认定标准，注意联系领导人员工作基础、外部环境、复杂矛盾、岗位特点等因素客观评价领导人员，注意保护领导人员担当作为、干事创业的积极性，宽容改革探索中的失误。

第三十条　对领导人员作出调整后，领导人员本人对调整决定不服的，可以按照有关规定申请复核，或者向上级组织部门提出申诉。复核、申诉期间不停止调整决定的执行。从领导人员调整岗位的次月起，调整其级别和工资待遇。

第三十一条 对调整下来的领导人员，要从对党的事业负责、对领导人员负责出发，给予关心帮助，有针对性地加强教育管理，激励领导人员奋发有为。

第十章 附则

第三十二条 公司所属各单位党委根据本实施细则，结合自身实际，制定完善相关配套制度和具体办法。

第三十三条 本实施细则由公司组织部负责解释。

第三十四条 本实施细则自发布之日起施行。已有规定与本实施细则不一致的，按照本实施细则执行。

国网四川省电力公司调研及课题研究工作实施细则

第一章 总 则

第一条 本办法旨在加强国网四川省电力公司（以下简称“公司”）调研及课题研究工作计划、组织、实施、考核、成果应用等全过程管理，充分调动公司系统开展调研及课题研究工作的积极性和创造性，实现调研及课题研究工作的制度化、规范化、常态化，更好地服务公司科学决策、民主决策，促进公司持续健康发展，根据《国家电网有限公司调研工作管理办法》（国家电网企管〔2019〕89号）的有关规定，结合公司实际，制定本细则。

第二条 本办法所指调研及课题研究工作是围绕贯彻落实党中央、国务院决策部署，按照国网公司工作安排，推动解决公司持续健康发展进程中面临的困难、问题、矛盾等，有计划、有组织、有目标开展的调查研究活动。

第三条 公司调研（及课题研究）工作应遵循以下原则：

（一）提高政治站位，树立优良作风；

（二）坚持问题导向，全力破解难题；

（三）坚持目标导向，提升工作水平；

（四）坚持价值导向，服务改革发展；

（五）深入基层一线，密切联系群众；

（六）加强统筹协调，务求实效高效。

第二章 分类与职责分工

第四条 调研分为综合调研和专项调研。综合调研是以掌握整体情况、谋划全局工作，解决影响公司改革发展的困难、问题和矛盾为主要目的开展的调查研究。专项调研是以解决某方面突出问题，推动某方面工作、专项活动或研究课题为主要目的开展的调查研究。

第五条 办公室是公司调研及课题研究工作的归口管理部门。负责公司调研及课题研究工作的计划、组织、协调、评价、总结，以及对各部门、单位调研及课题研究工作的指导，其主要职责是：

（一）结合公司和电网发展战略目标，组织提出调研及课题研究选题方向建议；

（二）组织编制调研及课题研究计划；

（三）督促、协调各部门、单位调研及课题研究计划执行；

（四）组织评价、推广、应用各部门、单位调研及课题研究成果；

（五）总结评估各部门、单位调研及课题研究工作情况，并组织改进完善；

（六）评价、指导各部门、单位调研及课题研究工作。

第六条 调研和课题研究工作根据不同专业，由相关部门负责。

第三章 调研及课题研究工作机制

第七条 要把调查研究贯穿于日常决策和执行全过程。既要重视决策前的调研，也要重视决策后对决策的执行情况进行跟踪调研。

第八条 要重视和做好调研及课题研究选题，围绕贯彻中央决策部署，解决公司改革发展重点、难点、热点问题开展调查研究；围绕影响公司改革发展全局的新情况、新问题开展调查研究；围绕针对涉及职工群众切身利益、社会关注度高的问题开展调查研究。

第九条 每年年初，办公室根据公司工作任务和重点，组织制定年度重点调研和课题研究计划，各部门、单位将调研计划及课题研究计划报办公室。

第十条 要加强对调研及课题研究计划的统筹协调，根据公司重点工作和基层实际，科学安排、有序管理，避免突击调研、目的不明确的调研。对于调研及课题研究内容有交叉重复的，应主动沟通、有机整合。同一调研主体的各类调研应统筹开展，不集中或轮番到同一单位开展调研。调研可与开展具体业务和督导检查、党建工作联系点、直接联系服务专家等实际工作相结合。

第十一条　调研计划实施前，应根据工作目标、任务要求等，精心制定调研方案，突出工作主题，明确调研目的、时间地点、工作方式和工作标准。调研组应掌握调研背景、收集相关资料、了解相关理论，并结合实际问题，编制调研提纲。

第十二条　综合考虑调研及课题研究选题、目的、对象、人力物力等要素，有针对性地选取调查方法，鼓励运用大数据等现代手段，深入系统地采集调研信息。

第十三条　对调研及课题研究得来的情况和采集的信息要认真梳理、筛选、审核；运用先进科学的方法对数据进行处理，通过准确的统计和科学的分析，通过定量和定性相结合的研究，深刻把握事物的本质规律和发展趋势；找出问题的症结所在，提出解决问题的对策措施。

第十四条　各部门、单位要指定专人作为课题研究联系人，协调相关事宜。每半年报送重点调研项目完成情况和调研成果，报办公室。加强调研及课题研究工作过程管控，各部门、单位每年11月底前，将本年度重点调研项目完成情况、调研工作总结和优秀调研报告，课题研究工作总结和优秀课题研究报告报办公室。

第四章　调研及课题研究要求与纪律

第十五条　各部门、单位要认真贯彻落实中央八项规定精神，严格贯彻落实中央八项规定实施细则的实施办法及本单位贯彻落实细则，严明调研纪律，改进调研作风。

第十六条　调研要坚持实事求是，不搞形式主义，真正把功夫下到察实情、出实招、办实事、求实效上。要深入基层、深入一线，既要到工作开展好的地方去总结经验，更要到困难突出、情况复杂、矛盾尖锐的地方去了解情况、研究问题、指导工作。

第十七条　各级领导干部要带头开展调研，把调研的过程作为密切联系群众，践行党的群众路线的过程。

第十八条　调研接待和陪同要严格按照公司各级单位相关制度执行，不得超出规定人数。

第十九条　调研现场要真实，不得为迎接调研装修布置、增添设备、改变环境，不得“踩点”，更不得弄虚作假。调研汇报工作时要讲真话、报实情。

第二十条　各级领导干部到相关单位考察调研，要严明纪律，不收受任何礼品和土特产，不提与调研工作无关要求，不影响调研对象单位正常工作，不安排与工作无关的其他活动。

第二十一条　各部门、单位人员开展调研，均要自行结算餐饮、住宿、交通等费用，报销标准按照《国家电网公司差旅费管理办法》执行，超支部分自理，不得让被调研单位承担调研单位或个人应承担的任何费用。

第五章　调研及课题研究成果应用与考评奖惩

第二十二条　调研及课题研究完成后，须在深入调查和缜密分析的基础上形成专题报告。专题报告要主题鲜明、内容务实、观点明确、逻辑严谨、言简意赅。

第二十三条　对基层单位在调研中提出的困难问题和意见建议，应尽快研究解决措施，及时予以答复。

第二十四条　调研和课题研究成果要在本部门、本单位及时转化应用，以多种形式服务科学决策，解决矛盾问题，促进管理提升。

第二十五条　公司积极鼓励各部门、单位做好调研及课题研究工作，推荐优秀调研及课题研究成果参与国家、行业、国家电网有限公司和省公司评选。

第二十六条　优秀调研及课题研究成果按照公司有关表彰奖励办法给予奖励。

第二十七条　同一项目获得不同级别奖励，奖金以最高获奖奖金发放，不得重复累加。

第二十八条　获奖单位（部门）应将奖金如数发放，不得挪用，并按贡献大小合理分配奖金，不搞平均主义。

第二十九条　建立调研工作评价机制，对调研计划、调研质量、调研成果、调研信息等工作进行全面评价，评价结果可作为评优评先、考核的依据。

第三十条　以弄虚作假、剽窃他人成果或以不正当手段骗取奖励的，由公司核准后撤销奖励，并追回奖金；情节严重的，由公司通报批评，并取消下一年度推荐资格，同时对负有直接责任的主管人员和其他直接责任人员，依照有关规定给予惩处。

第三十一条　对于调研及课题研究获奖个人，所在单位应将其获奖情况及相关业绩记入本人档案，并作为考核、聘任技术职务等的依据之一。

第三十二条　办公室要健全完善调研资源共享和成果推广应用机制，可通过举办工作座谈会、成果发布会、业务培训班，搭建共享平台，编发调研信息等多种方式，促进成果共享，发挥更大作用。

第三十三条 涉及公司企业秘密的调研及课题研究工作应遵守公司有关保密规定。

第六章 附 则

第三十四条 本细则由公司办公室负责解释并监督执行。

第三十五条 本办法适用于公司所属各部门、单位和政策咨询委员会。

国网四川省电力公司违规经营投资责任追究实施细则（试行）

第一章 总 则

第一条 为加强和规范国网四川省电力公司（以下简称“公司”）违规经营投资责任追究工作，进一步完善国有资产监督管理制度，落实国有资本保值增值责任，防止国有资产流失，依据国家电网有限责任公司《国家电网有限公司违规经营投资责任追究实施办法（试行）》（国家电网办〔2019〕32号），制定本细则。

第二条 本办法适用于公司本部、各分公司、各全资子公司、直属单位（以下简称“各单位”）。

第三条 本办法所称违规经营投资责任追究（以下简称责任追究）是指各单位及其所属企业经营管理有关人员违反国家法律法规和企业内部管理规定，未履行或未正确履行职责，在经营投资中造成国有资产损失或其他严重不良后果，经调查核实和责任认定，对相关责任人进行处理的工作。

前款所称未履行职责，是指未在规定期限内或者正当合理期限内行使职权、承担责任，一般包括不作为、拒绝履行职责、拖延履行职责等；未正确履行职责，是指未按规定以及岗位职责要求，不适当或不完全行使职权、承担责任，一般包括未按程序行使职权、超越职权、滥用职权等。

第四条 责任追究应当遵循以下原则：

（一）坚持依规依纪依法问责。以国家法律法规为准绳、公司规章制度为依据，对违反规定、未履行或未正确履行职责造成国有资产损失或其他严重不良后果的经营管理有关人员，严肃追究责任，实行重大决策终身问责。

（二）坚持分类处置分级追责。根据问题性质对违规违章与违纪违法问题分类处置，原则上按照干部管理权限，界定责任追究工作职责，分级组织开展责任追究工作，形成分级分层、有效衔接、上下贯通的责任追究工作体系。

（三）坚持严格问责与容错激励相结合。贯彻落实“三个区分开来”重要要求，建立完善容错机制，在充分调查核实的基础上，结合实际情况，既考虑量的标准也考虑质的不同，认定相关人员责任，保护经营管理有关人员干事创业的积极性，恰当公正地处理相关责任人。

（四）坚持问责整改与建立长效机制相结合。在对违规经营投资相关责任人严肃问责、督促整改的同时，加大典型案例通报力度，加强警示教育，发挥震慑作用，推动公司建立长效机制，提高经营管理水平，实现国有资本保值增值。

第五条 在责任追究工作过程中，发现企业经营管理有关人员违纪或职务违法的问题和线索，应当移送相应的纪检监察机构查处；涉嫌犯罪的，应当移送国家监察机关或司法机关查处。

第二章 责任追究工作职责

第六条 公司成立违规经营投资责任追究工作领导小组（以下简称“公司领导小组”），主要职责是：贯彻落实党中央、国务院、国家电网公司相关工作决策部署，构建公司违规经营投资责任追究工作体系，督导公司系统开展责任追究各项工作；建立各类监督力量协调配合、定期会商的工作机制，审议决策责任追究重大事项，研究解决工作推进过程中的重大问题；及时向国家电网有限公司汇报，负责与国资委、国家审计机关、纪检监察机关、司法机关沟通协调。

第七条 公司领导小组办公室设在公司审计部，相关职能部门作为领导小组办公室成员部门。办公室主要负责落实公司领导小组决策部署，研究制定责任追究制度办法，组织开展责任追究受理、初步核实、提出分类处置建议、核查认定、工作报告等有关工作，具体包括：

（一）研究制定公司责任追究等有关规章制度；

（二）组织配合国家电网公司开展有关责任追究工作，组织完成国家电网公司交办的其他有关责任追究工作；

（三）按照国家电网公司有关工作要求，组织做好责任追究实时报告和定期报告工作；

（四）组织开展公司本级发生的一般或较大资

产损失，二级单位发生的重大资产损失或产生严重不良后果的较大资产损失，以及涉及二级单位负责人的责任追究工作，国家电网公司直接组织开展的除外；

（五）组织对认为有必要的资产损失单位直接开展违规经营投资责任追究工作；

（六）组织对各单位存在的共性问题进行专项核查；

（七）指导、监督和检查各单位责任追究相关工作；

（八）其他有关责任追究工作。

第八条 公司相关职能部门是责任追究工作的配合部门，主要职责：

（一）在业务管理、专业监督、专项检查等工作中发现的，以及公司内外部审计、巡视巡查等移交的资产损失问题、线索，应及时报告领导小组办公室；

（二）按照领导小组要求配合开展责任追究受理、初步核实、提出分类处置建议、核查认定、工作报告等有关工作。

第九条 各单位应成立违规经营投资责任追究工作领导小组，办公室原则上设在审计部门。各单位在责任追究工作中负责以下主要职责：

（一）研究制定本单位责任追究有关工作制度规定；

（二）修订、完善本单位公司章程，明确各治理主体在经营投资决策及责任追究工作中的职责；

（三）在有关经营管理人员、职业经理人聘任合同中，明确责任追究的原则要求；

（四）向公司领导小组报告较大和重大违规经营投资的问题和线索，并定期报送责任追究工作开展情况；

（五）组织开展各单位本级发生的一般或较大资产损失，所属企业发生的重大资产损失或产生严重不良后果的较大资产损失，以及涉及所属企业负责人的责任追究工作，公司本部直接组织开展的除外；

（六）负责本单位认为有必要直接组织开展的所属企业责任追究工作；

（七）指导、监督和检查所属企业开展责任追究工作；

（八）配合公司领导小组开展责任追究工作，完成公司领导小组交办的其他有关责任追究工作。

第十条 要充分发挥组织人事、审计、财务、法律、人力资源、安监、纪检监察等部门作用，形成联合实施、协同联动、规范有序的责任追究工作机制。

第十一条 各单位发现本企业以及所属企业较大和重大违规经营投资的问题和线索，应当及时向公司领导小组办公室报告，同时对口报告相关职能部门。

第十二条 各单位应对每一年度责任追究工作情况进行汇总和总结，并于每年度最后25个工作日内报送公司领导小组办公室。

第十三条 对各单位违规经营投资等重大违法违规违纪问题应当发现而未发现或发现后敷衍不追、隐匿不报、查处不力的，严肃追究相关人员的失职渎职责任。涉嫌犯罪的，移送国家监察机关或司法机关处理。

第三章 责任追究范围

第十四条 公司及其所属企业经营管理有关人员违反国家法律法规和公司内部管理规定，未履行或未正确履行职责，发生本办法第十五条至第二十六条情形造成国有资产损失或其他严重不良后果的，应当追究相应责任。

第十五条 企业管控方面的责任追究情形：

（一）违反规定程序或超越权限决定、批准和组织实施重大经营投资事项，或虽未违反规定程序或超越权限，但决定、批准和组织实施的重大经营投资事项违反党和国家方针政策、决策部署以及国资监管工作要求；

（二）对国家有关战略管理、资本运作、结构调整、财务控制、风险防范等企业管控工作要求未执行或执行不力，致使企业发生较大或重大资产损失，对生产经营、财务状况产生重大影响；

（三）对企业重大风险隐患、内控缺陷等问题失察，或虽发现但没有及时报告、处理，造成重大损失；

（四）所属企业发生重大违法违规违纪问题，造成重大国有资产损失，对生产经营、财务状况产生重大影响或造成其他严重不良后果；

（五）对有关监管机构就重大问题提出的整改工作要求，拒绝整改、拖延整改或整改不到位。

第十六条 风险管理方面的责任追究情形：

（一）未按规定履行内控及风险管理制度建设职责，导致内控及风险管理制度缺失，内控流程存在重大缺陷；

（二）对内控及风险管理制度未执行或执行不力，导致重大损失；

（三）对经营投资重大风险未能及时分析、识别、评估、预警和应对，导致重大损失；

（四）未按规定对企业规章制度、经济合同和重要决策等进行法律审核，或者虽经法律审核但未采纳正确法律意见；

（五）未执行有关国有资产监管工作要求，过度负债导致债务危机，危及企业持续经营；

（六）恶意逃废金融债务；

（七）瞒报、漏报重大风险及风险损失事件，指使编制虚假财务报告，企业账实严重不符。

第十七条 购销管理方面的责任追究情形：

（一）未按照规定订立、履行合同，未履行或未正确履行职责致使合同标的价格明显不公允；

（二）未正确履行合同，或无正当理由放弃应得合同权益；

（三）违反规定开展融资性贸易业务或“空转”“走单”等虚假贸易业务；

（四）违反规定利用关联交易输送不正当利益；

（五）未按规定进行招标或未执行招标结果；

（六）违反规定提供赊销信用、资质、担保或预付款项，利用业务预付或物资交易等方式变相融资或投资；

（七）违反规定开展商品期货、期权等衍生业务；

（八）未按规定对应收款项及时追索或采取有效保全措施；

（九）其他违反行业监管规定开展购销业务的。

第十八条 工程承包建设方面的责任追究情形：

（一）未按规定对合同标的进行调查论证或风险分析；

（二）未按规定履行决策和审批程序，或未经授权和超越授权投标；

（三）违反规定，无合理商业理由以低于成本的报价中标；

（四）未按规定履行决策程序和审批程序擅自签订或变更合同；

（五）未按规定对合同约定进行严格审查，存在重大疏漏；

（六）工程以及与工程建设有关的货物、服务未按规定招标或规避招标；

（七）违反规定分包；

（八）工程组织管理混乱，致使工程质量不达标，工程成本严重超支；

（九）违反合同约定超计价、超进度付款。

第十九条 资金管理方面的责任追究情形：

（一）违反决策和审批程序或超越权限筹集和使用资金；

（二）违反规定以个人名义留存资金、收支结算、开立银行账户等；

（三）设立“小金库”；

（四）违反规定集资、发行股票或债券、捐赠、担保、委托理财、委托贷款、拆借资金或开立信用证、办理银行票据等；

（五）虚列支出套取资金；

（六）违反规定超发、滥发职工薪酬福利；

（七）因财务内控缺失或未按照财务内控制度执行，发生挪用、侵占、盗取、欺诈等。

第二十条 电费回收工作方面的责任追究情形：

（一）违反公司销售电价执行相关规定，造成电费损失；

（二）违反公司电费抄表核算相关规定，不计或少计电费，造成损失；

（三）电费回收风险防控机制缺失，未及时发现并采取有效措施，造成重大电费损失；

（四）电费回收弄虚作假，隐瞒欠费事实，造成损失。

第二十一条 固定资产投资方面的责任追究情形：

（一）未按规定进行可行性研究或风险分析；

（二）项目概算未按规定进行审查，严重偏离实际；

（三）未按规定履行决策和审批程序擅自投资；

（四）购建项目未按规定招标，干预或操纵招标；

（五）外部环境和项目本身环境发生重大变化，未按规定及时调整投资方案并采取止损措施；

（六）擅自变更工程设计、建设内容等；

（七）项目管理混乱，致使建设严重拖期、成本明显高于同类项目；

（八）违反规定开展列入负面清单的投资项目。

第二十二条 转让产权、上市公司股权、资产和增资扩股等方面的责任追究情形：

（一）未按规定履行决策和审批程序或超越授权范围转让；

（二）财务审计和资产评估违反相关规定；

（三）隐匿应当纳入评估范围的资产，组织提供和披露虚假信息，授意、指使中介机构出具虚假财务审计、资产评估鉴证结果、法律意见书等；

（四）未按相关规定执行回避制度；

（五）违反相关规定和公开公平交易原则参与企业增资扩股，低价转让公司产权、上市公司股权和资产等；

（六）未按规定进场交易。

第二十三条 投资并购方面的责任追究情形：

（一）未按规定开展尽职调查，或尽职调查未进行风险分析等，存在重大疏漏；

（二）财务审计、资产评估或估值违反相关规定；

（三）投资并购过程中授意、指使中介机构或有关单位出具虚假报告；

（四）未按规定履行决策和审批程序，决策未充分考虑重大风险因素、未制订风险防范预案；

（五）违反规定以各种形式为其他合资合作方提供垫资，或通过高溢价并购等手段向关联方输送利益；

（六）投资协议及标的企业公司章程等法律文件中存在有损国有权益的条款，对标的企业管理失控；

（七）投资并购后未按有关工作方案开展整合，对标的企业管理失控；

（八）投资参股后未行使相应股东权利，发生重大变化未及时采取止损措施；

（九）违反合同约定提前支付并购价款；

（十）投资并购谈判过程中，泄露国家秘密或公司商业秘密的；

（十一）投资并购实际执行情况与报经批准或备案的方案有重大差异，且未经请示或报备擅自实施的；

（十二）违反规定开展列入负面清单的投资项目。

第二十四条　改组改制方面的责任追究情形：

（一）未按规定履行决策和审批程序；

（二）未按规定组织开展清产核资、财务审计和资产评估；

（三）故意转移、隐匿国有资产或向中介机构提供虚假信息，授意、指使中介机构出具虚假清产核资、财务审计与资产评估等鉴证结果；

（四）将国有资产以明显不公允低价折股、出售或者无偿分给其他单位或个人；

（五）在发展混合所有制经济、实施员工持股计划等改组改制过程中，违反规定，导致发生变相套取、私分国有股权；

（六）未按规定收取国有资产转让价款和转让资产；

（七）改制后的公司章程等法律文件中存在有损国有权益的条款；

（八）未按规定进场交易（国家另有规定的除外）。

第二十五条　境外经营投资方面的责任追究情形：

（一）未按规定建立企业境外投资管理相关制度，导致境外投资管控缺失；

（二）开展列入负面清单禁止类的境外投资项目；

（三）违反规定从事非主业投资或者开展列入负面清单特别监管类的境外投资项目；

（四）未充分进行风险评估并采取有效风险防控措施对外投资或承揽境外项目；

（五）采取商业贿赂、虚假宣传、恶意攻击竞争对手、反复降（抬）价、通过代理违反规定介入等不当经营行为，以及不顾成本和代价进行恶性竞争；

（六）违反本章其他有关规定或存在国家明令禁止的其他境外经营投资行为的。

第二十六条　问题整改不力或屡查屡犯，造成国有资产损失以及其他严重不良后果的追究责任的情形：

（一）未按照国家电网有限公司《国网公司问题整改要求及验收参考标准》全面彻底整改问题，导致国有资产损失或不良后果无法全部或部分挽回；

（二）未认真分析研究问题产生原因，举一反三、堵塞漏洞，彻底消除隐患，导致问题屡查屡犯；

（三）未全面彻底整改问题，向上级虚报瞒报整改结果，导致国有资产损失或不良后果依然存在。

第二十七条　其他违反规定，造成国有资产损失以及其他严重不良后果的追究责任的情形。

第四章　国有资产损失认定

第二十八条　对各单位经营投资发生的资产损失，在调查核实的基础上，依据有关规定认定国有资产损失金额及影响，以及对企业、国家和社会等造成的影响。

第二十九条　经营投资发生的资产损失，包括直接损失和间接损失。

（一）直接损失是与相关人员行为有直接因果关系的损失金额及影响；

（二）间接损失是由相关人员行为引发或导致的，除直接损失外、能够确认计量的其他损失金额及影响。

第三十条　各单位违规经营投资资产损失以资产损失金额为基础，划分为一般资产损失、较大资产损失、重大资产损失，按以下绝对值或相对值孰低确定。

（一）一般资产损失，是指违规经营投资资产损失价值在500万元以下，或者占发生损失企业追索责任认定年度上年末账面资产总额0.1%以下（账面资产总额不足10亿元的单位按10亿元计算）。

（二）较大资产损失，是指违规经营投资资产损失价值在500万元及以上5000万元以下，或者占发生损失企业追索责任认定年度上年末账面资产总额0.1%及以上1%以下（账面资产总额不足10亿元的单位按10亿元计算）。

（三）重大资产损失，是指违规经营投资资产损失价值在5000万元及以上，或者占发生损失企业追索责任认定年度上年末账面资产总额1%及以上（账面资产总额不足10亿元的单位按10亿元计算）。

第三十一条 资产损失造成的影响包括内部影响和外部影响等。

（一）内部影响指资产损失对企业正常生产经营造成的影响；

（二）外部影响指资产损失对国家战略、国家安全、国民经济运行、产业发展以及社会公共服务、国有企业信誉等造成的影响；

（三）其他不良后果影响。

第三十二条 国有资产损失金额应当依据有关会计账簿记录，按照会计核算确认的损失，分类分项进行认定。国有控股资产损失金额按照国有股比例计算。

第三十三条 资产损失的金额及影响可依据以下四类材料综合研判认定：

（一）司法机关、行政部门等依法出具的与本企业资产损失相关的书面文件；

（二）依法设立的审计稽查机构和具有相应资质的会计师事务所、资产评估机构、律师事务所等中介机构出具的专项审计、评估或鉴证报告；

（三）企业内部涉及特定事项的资产损失的会计记录、内部证明材料或内部鉴定意见书等；

（四）可以认定资产损失的其他证明材料。

第三十四条 相关违规经营投资虽尚未形成事实资产损失，但确有证据证明资产损失在可预见未来不可避免发生，且能可靠计量资产损失金额的，经中介机构评估可以认定为或有资产损失，计入直接资产损失确定资产损失程度。

第五章 责任认定

第三十五条 各单位及其所属企业经营管理有关人员任职期间违反规定，未履行或未正确履行职责造成国有资产损失以及其他严重不良后果的，应当追究其相应责任。违规经营投资责任根据工作职责划分为直接责任、主管责任、整改责任和领导责任。

（一）直接责任是指相关人员在其工作职责范围内，违反规定，未履行或者未正确履行职责，对造成的资产损失或其他严重不良后果起决定性直接作用时应当承担的责任；

（二）主管责任是指相关人员在其直接主管（分管）工作职责范围内，违反规定，未履行或者未正确履行职责，对造成的资产损失或其他严重不良后果应当承担的责任；

（三）整改责任是指相关人员在其问题整改工作职责范围内，未履行或者未正确履行职责，对造成的资产损失或其他严重不良后果应当承担的责任；

（四）领导责任是指企业主要负责人在其工作职责范围内，违反规定，未履行或者未正确履行职责，对造成的资产损失或其他严重不良后果应当承担的责任。

第三十六条 企业负责人存在以下情形的，造成资产损失或其他严重不良后果，应当承担直接责任：

（一）本人或与他人共同违反国家法律法规、国有资产监管规章制度和公司内部管理规定；

（二）授意、指使、强令、纵容、包庇下属人员违反国家法律法规、国有资产监管规章制度和公司内部管理规定；

（三）未经集体决策、相关会议讨论、文件传签、报审等规定程序或超越权限，直接决定、批准、组织实施重大经济事项；

（四）主持相关会议讨论或以文件传签等其他方式研究时，在多数人不同意的情况下，直接决定、批准、组织实施重大经济事项；

（五）将按有关法律法规制度应作为第一责任人的事项、签订的有关目标责任事项或应当履行的其他重要职责，授权（委托）其他领导人员决策且决策不当或决策失误等；

（六）其他应当承担直接责任的行为。

第三十七条 各单位所属企业违规经营投资致使发生本条所列情形的，上级企业经营管理有关人员应当承担相应的责任。

上一级企业有关人员应当承担相应责任的情形包括：

（一）发生重大资产损失且对企业生产经营、财务状况产生重大影响的；

（二）多次发生较大、重大资产损失，或造成其他严重不良后果的。

除上一级企业有关人员外，更高层级企业有关人员也应当承担相应责任的情形包括：

（一）发生违规违纪违法问题，造成资产损失金额巨大且危及企业生存发展的；

（二）在一定时期内多家所属企业连续集中发生重大资产损失，或造成其他严重不良后果的。

第三十八条 企业违反规定隐瞒不报或少报资产损失的，除按照本办法对相关责任人进行责任认定外，企业主要负责人和分管负责人应当承担相应的领导责任和主管责任。

第三十九条 企业发生资产损失，未对相关人员进行责任追究，或对责任追究工作有关要求拒绝整改、拖延整改或整改不到位，除按照本办法对相关责任人进行处理外，企业主要负责人存在故意或重大过失的，对企业主要负责人比照直接责任人进行处理。

第四十条　企业有关经营决策机构以集体决策形式作出违规经营投资的决策或实施其他违规经营投资的行为，造成资产损失或其他严重不良后果的，应当承担集体责任，有关成员也应当承担相应责任。

第六章　责任追究处理

第四十一条　对责任人的处理方式包括组织处理、扣减薪酬、禁入限制、纪律处分、移送国家监察机关或司法机关等，可以单独使用，也可以合并使用。

（一）组织处理。包括批评教育、责令书面检查、通报批评、诫勉、停职、调离工作岗位、降职、改任非领导职务、责令辞职、免职等。

（二）扣减薪酬。扣减和追索绩效年薪或任期激励收入，终止或收回中长期激励收益，取消参加中长期激励资格等。

（三）禁入限制。五年内直至终身不得担任企业的董事、监事、高级管理人员。

（四）纪律处分。违反党纪的，由相应的纪检部门依纪依规查处。违反企业规章制度的，按照《国家电网公司员工奖惩规定》，由相关职能部门根据职责分工提出惩处建议，员工奖惩工作办公室审核并征求工会意见后，提交员工奖惩工作领导小组或党委会审定，并由员工奖惩工作办公室执行惩处决定。

（五）移送国家监察机关或司法机关处理。依据国家有关法律规定，移送司法机关依法查处。

第四十二条　各单位发生资产损失，经过查证核实和责任认定后，除依据有关规定移送纪检监察部门和司法机关处理外，应当按以下方式处理：

（一）发生一般资产损失的，对直接责任人和主管责任人给予批评教育、责令书面检查、通报批评、诫勉等处理，可以同时扣减和追索责任认定年度50%以下的绩效年薪。

（二）发生较大资产损失的，对直接责任人和主管责任人给予通报批评、诫勉、停职、调离工作岗位、降职等处理，同时按照以下标准扣减薪酬：扣减和追索责任认定年度50%～100%的绩效年薪、扣减和追索责任认定年度（含）前三年50%～100%的任期激励收入并延期支付绩效年薪，终止尚未行使的其他中长期激励权益，上缴责任认定年度及前一年度的全部中长期激励收益，五年内不得参加企业新的中长期激励。

对领导责任人给予通报批评、诫勉、停职、调离工作岗位等处理，同时按照以下标准扣减薪酬：扣减和追索责任认定年度30%～70%的绩效年薪、扣减和追索责任认定年度（含）前三年30%～70%的任期激励收入并延期支付绩效年薪，终止尚未行使的其他中长期激励权益，三年内不得参加企业新的中长期激励。

（三）发生重大资产损失的，对直接责任人和主管责任人给予降职、改任非领导职务、责令辞职、免职和禁入限制等处理，同时按照以下标准扣减薪酬：扣减和追索责任认定年度100%的绩效年薪、扣减和追索责任认定年度（含）前三年100%的任期激励收入并延期支付绩效年薪，终止尚未行使的中长期激励权益，上缴责任认定年度（含）前三年的全部中长期激励收益，不得参加企业新的中长期激励。对领导责任人给予调离工作岗位、降职、改任非领导职务、责令辞职、免职和禁入限制等处理，同时按照以下标准扣减薪酬：扣减和追索责任认定年度70%々100%的绩效年薪，扣减和追索责任认定年度（含）前三年70%～100%的任期激励收入并延期支付绩效年薪，终止尚未行使的中长期激励权益，上缴责任认定年度（含）前三年的全部中长期激励收益，五年内不得参加企业新的中长期激励。

第四十三条　企业所属单位发生资产损失，按照本办法应当追究企业有关人员责任时，对相关责任人给予通报批评、诫勉、停职、调离工作岗位、降职、改任非领导职务、责令辞职、免职和禁入限制等处理，同时按照以下标准扣减薪酬：扣减和追索责任认定年度30%～100%的绩效年薪、扣减和追索责任认定年度（含）前三年30%～100%的任期激励收入并延期支付绩效年薪，终止尚未行使的其他中长期激励权益、上缴责任认定年度（含）前三年的全部中长期激励收益、3～5年内不得参加企业新的中长期激励。

第四十四条　对承担集体责任的企业有关经营决策机构，给予批评教育、责令书面检查、通报批评等处理；对造成资产损失金额巨大且危及企业生存发展的，或造成其他特别严重不良后果的，按照规定程序予以改组。

第四十五条　责任认定年度是指责任追究处理年度。有关责任人在责任追究处理年度无任职或任职不满全年的，按照最近一个完整任职年度执行；若无完整任职年度的，参照处理前实际任职月度（不超过12个月）执行。

第四十六条　对同一事件、同一责任人的薪酬扣减和追索，按照党纪处分、政务处分、责任追究、企业员工奖惩规定等扣减薪酬处理的最高标准执行，但不合并使用。

第四十七条 资产损失相关责任人受到诫勉处理的，六个月内不得提拔、重用；受到调离工作岗位、改任非领导职务处理的，一年内不得提拔；受到降职处理的，两年内不得提拔；受到责令辞职、免职处理的，一年内不安排职务，两年内不得提拔；同时受到纪律处分的，按照影响期长的规定执行。

第四十八条 各单位经营管理有关人员违规经营投资未造成国有资产损失，但造成其他严重不良后果的，经过查证核实和责任认定后，对相关责任人参照本办法予以处理。

第四十九条 有下列情形之一的，应当对相关责任人从重或加重处理：

（一）资产损失频繁发生、金额巨大、后果严重的；

（二）屡禁不止、顶风违规、影响恶劣的；

（三）强迫、唆使他人违规造成资产损失或其他严重不良后果的；

（四）未及时采取措施或措施不力导致资产损失或其他严重不良后果扩大的；

（五）瞒报、漏报或谎报资产损失或整改结果的；

（六）拒不配合或干扰、抵制责任追究工作的；

（七）同类问题屡查屡犯的；

（八）其他应当从重或加重处理的。

第五十条 对各单位经营管理有关人员在企业改革发展中出现的失误，不属于有令不行、有禁不止、不当谋利、主观故意、独断专行等情形的，根据有关规定和程序予以容错，激励干部担当作为。有下列情形之一的，可以对违规经营投资相关责任人从轻或减轻处理：

（一）情节轻微的；

（二）以促进企业改革发展稳定或履行企业经济责任、政治责任、社会责任为目标，且个人没有谋取私利的；

（三）党和国家方针政策、党章党规党纪、国家法律法规、地方性法规和规章等没有明确限制或禁止的；

（四）及时采取措施减少或者挽回损失并消除不良影响的；

（五）处置突发事件或紧急情况下，个人或少数人决策，事后及时履行报告程序并得到追认，且不存在故意或重大过失的；

（六）主动反映资产损失情况，积极配合责任追究工作的，或主动检举其他造成资产损失相关人员，查证属实的；

（七）其他可以从轻、减轻处理的。

第五十一条 对于违规经营投资有关责任人应当给予批评教育、责令书面检查、通报批评或诫勉处理，但是具有本办法第五十条规定的情形之一的，可以免除处理。

第五十二条 对违规经营投资有关责任人减轻或免除处理，须由作出处理决定的上一级组织或国资委批准。

第五十三条 相关责任人已调任、离职或退休的，应当按照本办法给予相应处理。

第五十四条 相关责任人在责任认定年度已不在本单位领取绩效年薪的，按离职前一年度全部绩效年薪及前三年任期激励收入总和计算，参照本办法有关规定追索扣回其薪酬。

第五十五条 董事、监事以及其他有关人员应当对履行职责行为承担相应责任。

（一）对违反规定，未履行或未正确履行职责造成国有资产损失的董事、监事以及其他有关人员，除依法承担赔偿责任外，应当综合考虑不同类型董事、监事以及其他有关人员的责权利、违规行为的性质以及实际履职过程等因素，依照公司法、公司章程、本办法及其他有关规定对其进行处理。

（二）对重大资产损失负有直接责任的董事、监事以及其他有关人员，应及时调整或解聘。

（三）因违规违纪违法被解聘的董事、监事以及其他有关人员，五年内直至终身不得担任国有企业董事、监事和高级管理人员。

第七章 责任追究工作程序

第五十六条 开展公司责任追究工作一般应当遵循受理、初步核实、分类处置、核查、处理和整改等程序。

第五十七条 公司各级领导小组办公室受理下列违规经营投资的问题和线索，并组织相关成员部门进行有关证据、材料的收集、整理和分析工作：

（一）职能部门在业务管理、专业监督、专项检查等工作中发现的；

（二）审计、巡视巡察、纪检监察以及其他有关部门移交的；

（三）所属单位报告的；

（四）其他有关违规经营投资的问题和线索。

第五十八条 公司各级领导小组办公室组织相关部门对受理的违规经营投资问题和线索，及相关证据、材料进行必要的初步核实工作。

第五十九条　初步核实的主要工作内容包括：

（一）资产损失及其他严重不良后果的情况；

（二）违规违纪违法的情况；

（三）是否属于责任追究范围；

（四）有关方面的处理建议和要求等。

第六十条　初步核实的工作一般应于30个工作日内完成，根据工作需要可以适当延长。

第六十一条　根据初步核实情况，属于责任追究范围的，经公司各级领导小组审批，按照规定的职责权限和程序进行分类处置。对于不属于责任追究范围的，报领导小组审批同意后予以了结，并督促采取相应整改措施。

第六十二条　分类处置的主要工作内容包括：

（一）属于国家电网公司责任追究范围的，由公司领导小组上报国家电网公司；

（二）属于公司本部责任追究范围的，由公司领导小组办公室组织相关成员部门实施核查工作；

（三）属于各单位责任追究范围的，移交和督促相关单位领导小组进行责任追究；

（四）属于其他有关部门责任追究职责范围的，及时移送有关部门；

（五）涉嫌违纪的问题和线索，移送纪检监察部门；

（六）涉嫌犯罪的问题和线索，通过纪检监察部门移送国家监察机关或司法机关。

第六十三条　公司各级领导小组办公室及时组织相关部门开展核查工作，核实责任追究情形，确定资产损失程度，查清资产损失原因，认定相关人员责任等。

第六十四条　对各单位正在开展资产损失挽回工作的，结合工作进展情况适时启动责任追究工作。

第六十五条　核查可以采取核查谈话、查阅资料、现场核查、委托专业机构等工作措施。按照相关规定和要求，查清客观事实、提取直接证据等。

（一）核查谈话是指与被核查事项有关的人员谈话，有关人员应当如实回答相关问题，并形成核查谈话记录；

（二）查阅资料是指查阅、复制被核查企业的有关资料。企业负责人对所提供资料的真实性和完整性负责；

（三）现场核查是指核查工作人员实地核查被核查企业的相关资料和资产等；

（四）委托专业机构是指委托或要求被核查企业委托具有相应资质的专业机构对有关问题进行审计、评估或鉴证等；

（五）其他必要的工作方法和措施。

第六十六条　在核查期间，对相关责任人未支付或兑现的绩效年薪、任期激励收入、中长期激励收益等均应暂停支付或兑现；对有可能影响核查工作顺利开展的相关责任人，可视情况采取停职、调离工作岗位、免职等措施。

第六十七条　在重大违规经营投资事项核查工作中，对确有工作需要的，负责核查的部门可请纪检监察部门提供必要支持。

第六十八条　核查工作一般应当从受理之日起6个月内完成，根据工作需要可以适当延长。

第六十九条　核查工作结束后，一般应当听取有关单位和相关责任人关于核查工作结果的意见，形成资产损失情况核查报告和责任认定报告。

第七十条　根据核查事实，按照干部管理权限和相关程序对相关责任人追究处理，形成处理决定，送达有关单位及被处理人，并对有关单位提出整改要求。

第七十一条　相关责任人对处理决定有异议的，可以在处理决定下达之日起15个工作日内，向同级领导小组办公室提出书面申诉，并提供相关证明材料。申诉期间不停止原处理决定的执行。

第七十二条　公司各级领导小组办公室应当自接到申诉之日起30个工作日内复核，经领导小组审议决策后作出维持、撤销或变更原处理决定的复核决定，并以适当形式告知申诉人及其所在企业。

第七十三条　发生资产损失的有关单位应当认真总结吸取教训，落实整改措施，优化业务流程、改进内控体系，堵塞经营管理漏洞，建立健全防范损失的长效机制。

第七十四条　被责任追究的有关单位应当在收到处理决定之日起60个工作日内，向领导小组办公室报送整改报告及相关证明材料。加强对整改结果的监督检查，形成闭环。

第七十五条　公司各相关责任部门、各单位要按照公司相关规定，做好违规经营投资责任追究受理、初步核实、分类处置、核查、处理和整改过程中形成的文件材料的归档管理。

第七十六条　各单位应当按照公司有关信息公开规定，逐步公开违规经营投资核查处理情况和有关整改情况等，接受监督。

第八章　附　则

第七十七条　本办法由公司领导小组办公室负责解释并监督执行。

第七十八条　本办法自印发之日起施行。

国网四川省电力公司违窃用电及欠费客户征信管理办法（试行）

第一章　总　则

第一条　为促进社会信用体系建设，加强公司违窃用电及欠费电力客户（以下简称“电力客户”）信用信息管理，明确失信行为标准、失信客户名单管理等工作要求，规范电力客户征信工作，根据国家有关规定，结合公司实际，特制定本办法。

第二条　本办法所称的电力客户征信工作包括征信平台选择、失信客户识别与审核、失信客户名单发布、异常情况处理等工作程序及业务要求。

第三条　本办法所称的信用是指以偿还为条件的一种特殊形式，一般产生于货币借贷和商品交易的赊销或预付之中，强调经济主体之间的债权债务关系，反映经济主体的支付愿望和支付能力。

第四条　本办法所称的征信是指依法收集、整理、保存、加工自然人、法人及其他组织的信用信息，并向社会信用机构提供的活动。

第五条　本办法所称的失信客户是指在一定的统计周期内具有本办法规定的失信行为的电力客户。

第六条　本办法适用于公司客户服务中心、各级供电企业对电力客户的征信管理。

第七条　电力客户征信工作坚持依法、公正、准确、及时、严肃的原则。公司统一电力客户失信行为标准和失信客户名单管理流程，保障公正性；公司建立完善的失信信息审核、审批程序，确保准确性；公司建立失信信息动态维护机制，确保及时性；公司建立严格的监督检查制度，确保严肃性。

第二章　工作职责

第八条　省公司层面

（一）营销部

1. 归口管理电力客户征信工作，负责组织制定电力客户征信管理相关制度、规范，组织协调征信工作中的相关问题。

2. 负责与中国人民银行及其他社会信用机构对接，商议电力客户信用信息管理相关协议内容，并提交公司领导审批；负责相关协议签订工作。

3. 负责制定电力客户信用信息数据抽取范围和规则、交换方式和周期等工作。

4. 负责电力客户信用信息数据安全管理。

5. 负责电力征信信息审批及对信用机构的一口报送工作。

6. 负责组织制定对外宣传文本；负责审定 95598 知识库相关内容。

7. 指导、监督各单位开展征信管理工作。

（二）办公室

负责电力客户征信相关保密工作归口管理。

（三）互联网部

1. 负责电力客户征信相关信息系统运维归口管理。

2. 负责电力客户信用信息数据交换接口技术审查。

（四）经济法律部

1. 负责电力客户征信工作的法律业务指导。

2. 参与电力客户征信工作管理办法及相关实施细则条款的内容审查，负责法律风险防范工作。

（五）四川省公安厅直属二分局

负责协调开展重大窃电、违约用电案件的侦破工作。

（六）客户服务中心

1. 负责电力客户征信相关信息系统软件运维管理及业务支撑工作。

2. 参与电力客户信用信息数据交换接口技术审查。

3. 负责电力客户信用信息数据交换接口管理工作。

4. 负责电力客户信用信息数据安全管理实施工作。

5. 负责 95598 知识库征信相关内容管理。

（七）信通公司

1. 负责电力客户征信相关信息系统硬件及网络运维工作。

2. 参与电力客户信用信息数据交换接口技术审查。

第九条　地市公司层面

（一）营销部（客户服务中心）

1. 归口管理本辖区电力客户征信工作。

2. 负责贯彻落实征信工作相关要求，负责相应宣传解释工作。

3. 负责指导县公司开展相关工作，负责本辖区电力客户失信信息的核实、审批及上报工作。

4. 负责直接管理客户的信用信息管理、失信信息纳入征信体系的流程发起工作。

5. 负责协调解决本辖区电力客户征信管理的各类问题。

6. 负责本辖区电力客户征信档案管理工作。

7. 负责本辖区电力客户信用信息数据安全管理。

（二）保密工作归口部门

负责本辖区电力客户征信相关保密工作归口管理。

（三）法律工作归口部门

1. 负责本辖区电力客户征信工作的法律业务指导。

2. 参与协调解决本辖区电力客户征信相关的法律问题。

第十条　县公司层面

（一）营销部（客户服务中心）

1. 归口管理本辖区电力客户征信工作。

2. 负责贯彻落实征信工作相关要求和做好宣传解释工作。

3. 负责本辖区电力客户信用信息管理、失信信息纳入征信体系的流程发起工作。

4. 负责本辖区电力客户失信信息的核实、审批及上报工作。

5. 负责协调解决本辖区电力客户征信管理的各类问题。

6. 负责本辖区电力客户征信档案管理工作。

7. 负责本辖区电力客户信用信息数据安全管理。

（二）保密工作归口部门

负责本辖区电力客户征信相关保密工作归口管理。

（三）法律工作归口部门

1. 负责本辖区电力客户征信工作的法律业务指导。

2. 参与协调解决本辖区电力客户征信相关的法律问题。

第三章　社会信用机构选择与协议签订

第十一条　公司选择的社会信用机构应符合以下基本条件：

（一）在中华人民共和国境内正式注册、依法设立的、独立于信用交易双方的第三方机构。

（二）依据国家的法律法规，建有完善的信息管理体系和保密管理体系，具有从事收集、整理、加工、分析企业和个人信用信息资料的专业能力。

（三）建有安全可靠的信用信息基础数据库，具有良好的运行和管理该数据库的能力。

（四）能独立、客观、公正开展信用调查和信用评价，为供电企业提供电力客户信用状况咨询。

（五）自建有征信发布平台，能按照国家法律法规的规定和与供电企业的协议约定，及时、准确发布电力客户相关的信用信息。

第十二条　公司营销部按照本办法第十一条的条件，对社会信用机构进行梳理，提出意向合作机构建议名单及理由，报公司领导审批。

第十三条　公司领导审批同意后，营销部会同经济法律部、互联网部、办公室与意向合作机构商谈双方的权利、义务和信息交换技术，拟定合作协议。

第十四条　合作协议至少应包括以下内容：

（一）合作内容，包括电力客户信用信息的范围、公开方式、查询方式等。

（二）双方的权利义务，明确安全保密要求、更新时限、信用数据应用等。

（三）协议的变更和解除。

（四）出现争议时的解决方式。

（五）协议生效和终止的相关规定。

（六）《合同法》规定的其他内容。

第十五条　协商一致后，按照公司合同管理的有关规定，与社会信用机构签订合作协议。

第四章　失信客户准入及退出标准

第十六条　公司客户服务中心、各级供电企业应当在与电力客户签订的供用电合同中约定采集用电人信息的条款，并明确用途。

第十七条　有下列情况之一的电力客户，应纳入失信客户准入范围：

（一）低压客户（不含居民客户）最近 12 个月有 3 次及以上逾期交费记录且经通知催交仍拒交的客户。

（二）高压客户欠费经通知催交仍拒交，且欠费逾期时间超过 1 个月的客户。

（三）存在窃电行为次数 1 次及以上的客户。

（四）存在违约用电行为次数累计达到 2 次及以上的客户。

（五）存在窃电及违约用电行为，且证据完整齐备，相关通知已有效送达后 30 天内不配合改正，拒不缴纳相关费用的客户。

第十八条　已纳入征信体系中管理的失信客户，在其相关费用已结清且满足以下条件的，由各地市供电公司提出申请，经审批后，可从征信体系中撤销：

（一）纳入征信体系的客户，连续 24 个月未发生逾期交纳电费、违约用电和窃电等失信行为。

（二）对电力建设、规范用电等有积极促进作用的，可根据实际情况酌情提前撤销。

第十九条　各单位应认真受理电力客户对信用评价结果的咨询或投诉，并立即进行核实、答复。

第五章　电力客户失信数据处理规则

第二十条　电力客户失信数据抽取范围及规则：

（一）抽取范围为公司所有电力客户。

（二）居民客户需要有身份证信息，且户名和身份证名字一致的客户是有效客户。

（三）非居民客户需要有统一社会信用代码的为有效客户。

第二十一条 每月10日前，通过营销业务应用系统按照本办法确定的准入规则，以县级公司为单位抽取疑似失信客户的名单和数据。

第二十二条 地市、县公司应组织对疑似失信客户名单和相关数据信息进行严格审核，必要时可开展现场确认。审核结果应经本单位营销分管领导审批同意。

第二十三条 失信客户名单和数据应通过与社会信用机构约定的技术通道，每月统一传输至征信平台，不得擅自对外公布。供电企业应通过挂号信等书面方式将失信信息有效告知客户。

第二十四条 数据传输后，经核实发现失信信息存在偏差的，各地市供电公司应在2个工作日内报公司营销部，由公司营销部负责向社会信用机构提交紧急更新联系单，对异常客户进行紧急处理。

第六章 宣传与考核

第二十五条 各单位应积极做好电力客户失信信息纳入征信体系的宣传与解释工作，并通过各类媒体、营业网点、电费账单等做好告知工作，认真回应客户诉求，避免由此产生的优质服务风险。

第二十六条 公司对各单位的电力客户征信工作进行检查和考核，对供电企业责任的错误失信信息进行追责处理。

第二十七条 公司将本办法第四章、第五章的有关内容纳入95598知识库，接受电力客户的咨询和社会监督、政府监管。

第七章 附 则

第二十八条 本办法由公司营销部负责解释并监督执行。

第二十九条 本办法自发文之日起实施，原相关规定与本办法不一致的，以本办法为准。

国网四川省电力公司
消防管理办法

第一章 总 则

第一条 为加强国网四川省电力公司（以下简称“公司”）消防管理工作，预防火灾和减少火灾危害，保护人身和财产安全，保障电网安全运行，依据现行的《中华人民共和国消防法》《消防安全责任制实施办法》《火力发电厂与变电站设计防火标准》《电力设备典型消防规程》《国家电网公司电力安全工作规程》等有关消防法律法规、技术规范和国家、行业消防规程及国家电网有限公司相关规定制定本办法。

第二条 本办法所称的消防管理主要包括消防管理体系建立、安全管理、隐患治理、火灾处置、档案管理等工作。

第三条 消防管理应遵循“预防为主，防消结合”的工作方针，坚持“安全第一”的指导思想，按照“谁主管，谁负责”“管业务必须管安全”的原则，实行逐级消防安全责任制。

第四条 消防管理工作实行各级单位主要负责人负责制，统一指挥，实行归口管理、监督管理和专业管理相结合的原则。

第五条 本办法适用于公司本部及所属各级单位的消防管理工作。

第二章 组织机构

第六条 各级单位安全生产委员会应履行消防安全职责，并成立消防安全领导小组，作为本单位消防管理工作领导机构，由主要负责人担任主任（组长）、分管领导担任副主任（副组长）、消防归口管理、监督管理和专业管理部门负责人为成员，委员会下设办公室，由消防工作归口管理部门负责办公室的日常工作。消防安全委员会（领导小组）主要职责如下：

（一）组织贯彻落实消防法律法规和政策，建立健全消防安全责任制和规章制度，对本单位消防管理工作的落实情况进行监督、考核。

（二）建立消防管理保障和监督体系，明确消防工作归口管理职能部门，确保消防管理人员配置；明确逐级消防安全职责，确定消防安全管理人、专（兼）职消防管理人员以及重要部位岗位人员的消防安全职责。

（三）制定消防管理目标并组织落实，定期召开消防安全会议，分析研判消防安全形势，协调指导消防工作开展，督促解决消防工作重大问题。

（四）组织消防应急处置，组织或参与火灾事故调查。

（五）对消防工作进行奖惩。

（六）研究决定本单位突发消防事件信息的对外发布。

第七条 各级单位主要负责人是单位消防安全责任人，对本单位消防安全工作全面负责，履行下列消防管理职责：

（一）贯彻执行消防法律法规和政策，保障单位消防安全符合规定，掌握本单位的消防安全情况。

（二）将消防工作与本单位的生产、经营、科研、管理等活动统筹安排，批准实施年度消防工作计划。

（三）确定逐级消防安全责任，批准实施消防安全制度和保障消防安全的管理活动。

（四）建立健全消防工作机构，根据消防法规规定建立志愿消防队。

（五）组织防火检查，督促落实火灾隐患治理，及时处理涉及消防安全的重大问题。

（六）为本单位的消防隐患治理提供必要的经费和组织保障。

（七）组织制定并实施符合本单位实际的灭火和应急疏散预案。

（八）组织消防应急处置，组织或参与火灾事故调查。

（九）对消防工作进行奖惩。

（十）研究决定本单位突发消防事件信息的对外发布。

第八条　各级单位分管安全生产工作的行政副职是消防管理人，负责协助消防安全责任人组织实施和履行消防管理职责，对本单位主要负责人负责。其消防管理职责是：

（一）组织拟订年度消防工作计划，组织实施日常消防安全管理工作。

（二）组织制订消防安全制度和保障消防的操作规程并检查督促其落实。

（三）组织实施防火检查和火灾隐患治理工作。

（四）组织拟订消防管理工作的资金投入和组织保障方案。

（五）组织实施对本单位消防设施、消防器材和消防安全标志维护保养，确保其完好有效，确保疏散通道和安全出口畅通。

（六）组织对员工进行消防知识的宣传教育和技能培训，组织灭火和应急疏散预案的实施和演练。

（七）完成单位主要负责人委托的其他消防安全管理工作。

（八）定期向主要负责人报告消防安全情况，及时报告涉及消防管理的重大问题。

第九条　单位其他行政副职负责协助主要负责人开展分管工作范围内的消防安全管理，对分管工作范围内的消防安全负领导责任。

第十条　消防管理工作实行归口管理。公安直属二分局、各地市公司级单位消防管理部门、县公司级单位消防管理部门（以下简称“各级消防管理部门”）为消防管理工作的归口管理部门，并配备专（兼）职消防管理人员。

第十一条　公司各部门履行以下职责：

（一）公安直属二分局负责制定并落实公司消防管理制度、操作规程、工作标准和技术标准等，建立消防安全责任制；负责制定年度消防工作计划；负责组织开展日常消防管理、安全检查、消防安全隐患排查治理、火灾处置、消防验收和档案建设工作；负责组织开展公司消防设施设备的第三方检测工作，并对社会消防从业单位进行负面清单管理；负责组织消防隐患治理涉及新改扩建、电网小型基建、生产辅助技改大修、零购项目需求审查；负责隐患治理过程管控；负责消防隐患治理专项费用管理；负责联系政府消防主管部门协调处理涉及公司的重大消防安全事项；负责组织或参与公司火灾事故调查；负责提出公司消防安全奖惩意见；研究决定公司突发消防事件信息的对外发布。

（二）办公室负责消防档案管理工作的监督、检查和指导；负责公司档案库房的消防管理，负责组织落实公司档案库房火灾隐患排查治理工作。

（三）发展部为公司电网基建项目前期消防工作专业管理部门。负责建设项目前期工作中配套消防设施的规划管理；负责消防隐患治理项目计划纳入公司综合和专项计划统一管理。

（四）财务部负责消防隐患治理项目资金和消防专项费用纳入公司预算统一管理；负责消防隐患治理项目决算管理。

（五）设备部为公司产权范围内电网输电、变电（直流）、配电设备的消防工作专业管理部门。负责日常消防安全管理、消防检查、火灾隐患排查治理、火灾处置和消防档案建设管理；负责电网设施设备消防安全管理日常巡视；负责消防隐患治理涉及零购、生产技改大修项目审查及项目过程管理；负责电网设备火灾事故中电气部分专业技术分析。

（六）安监部为公司消防安全监督管理部门。负责组织消防安全监督检查，督查各级单位消防安全监督检查工作，并对其工作质量及发现问题的整改或治理情况进行考核或评价；负责开展专项考核，提出消防安全奖惩方案。

（七）营销部为公司营销场所消防工作专业管理部门。负责组织落实公司所属营业场所火灾隐患排查治理工作；配合开展消防隐患治理涉及营销投入项目审查，负责项目过程管理；负责配合政府开展客户产权设备的电气火灾隐患排查治理、开展安全用电宣传教育、普及安全用电常识等工作。

（八）建设部为公司35千伏及以上电网建设项目消防工作专业管理部门。负责组织落实建设项目消防设计、施工质量和安全及验收备案管理。

（九）调控中心为公司调度场所、通信自动化机房等场所通信、调度自动化设备的消防工作专业管理部门。负责组织落实公司通信机房、独立通信站等通信设施以及公司调度场所、自动化机房等场所调度自动化系统（设备）的火灾隐患排查治理工作；配合开展消防隐患治理涉及公司调度场所、通信自动化机房等场所通信、调度自动化设备技改大修项目审查，负责项目过程管理。

（十）审计部负责公司消防隐患治理工程项目、消防专项成本的审计监督。

（十一）人资部负责公司消防管理人才队伍的培养工作，负责消防培训计划的审核和督促指导。

（十二）互联网部为公司电网信息的消防工作专业管理部门。负责组织落实信息中心机房、有关信息网络设备，信息专业运维范围内信息系统和直接管辖的信息工程的火灾隐患排查治理工作。配合开展消防隐患治理涉及公司信息中心机房、有关信息网络设备，信息专业运维范围内信息系统项目审查，负责项目过程管理。

（十三）物资部负责公司消防物资和非物资采购管理工作；负责组织落实公司注册仓库消防安全管理和火灾隐患排查治理工作。

（十四）后勤部为公司生产辅助房产（场所）及相关后勤设施设备的消防工作专业管理部门。负责指导、监督各级单位落实电网小型基建和生产辅助技改大修项目消防安全管理制度、规程和消防验收备案；负责组织落实生产辅助房产（场所）日常消防安全管理、消防检查、火灾隐患排查治理、火灾处置、消防档案管理等工作；配合开展消防隐患治理涉及电网小型基建、生产辅助技改和大修项目审查，负责项目过程管理。

（十五）集管办为公司集体企业的消防工作专业管理部门。负责组织落实各集体企业消防日常安全管理、消防检查、火灾隐患排查治理、电气火灾治理、火灾处置和消防档案建设管理；负责督促各级集体企业落实消防安全管理日常巡视；配合开展集体企业消防隐患治理项目审查，负责项目过程管理；负责配合开展集体企业火灾事故调查。

第十二条 地市公司级单位应履行以下消防管理职责：

（一）贯彻执行国家（行业）和公司有关消防管理法律法规、规章制度，制定本单位年度消防管理工作任务。

（二）建立健全本单位消防管理体系。

（三）制定并组织实施本单位消防管理工作措施，并检查督促落实。

（四）组织本单位消防安全检查和火灾隐患治理。

（五）初审消防隐患治理的资金投入和组织保障方案。

（六）负责组织或参与本单位火灾事故调查。

（七）负责对本单位消防安全实施奖惩。

（八）研究决定本单位突发消防事件信息的对外发布。

第十三条 县公司级单位应履行以下消防管理职责：

（一）贯彻执行国家（行业）和公司有关消防管理法律法规、规章制度。

（二）开展防火安全检查，落实火灾隐患治理。

（三）熟悉火灾危险性，掌握灭火方法，维护和保养消防器材和设施。

（四）着火时，按照规程进行处置并及时报警。

（五）组织、参加消防业务培训和灭火演练。

（六）拟定消防隐患治理的资金投入和组织保障方案。

（七）组织实施对本单位建筑消防设施、灭火器材和消防安全标志的维护保养，确保其完好有效。确保疏散通道和安全出口畅通。

（八）保护火灾现场，协助火灾事故调查。

第三章 消防安全管理

第十四条 各级单位按照有关规定，应当落实消防安全主体责任，消防归口、监督、专业管理部门是各自专业范围内的消防工作执行主体，应制定相应的岗位消防安全职责、消防安全操作规程、消防设施运行和检修规程等制度，重要场所及重点部位的灭火和应急疏散预案；公司发供电单位、学校等消防重点单位要按照有关规定，制定措施，设置明显标志，实行严格管理。

第十五条 各级单位对重点防火部位或场所应建立岗位防火责任制，并落实消防措施。

第十六条 各级单位对重点防火部位和场所，应按国家有关规定及技术标准，装设火灾自动报警装置或固定灭火装置。

第十七条 各级单位对生产、生产辅助场所的动火工作，实行严格的消防安全管理，执行动火作业审批和现场管理规定。

第十八条 各级单位按标准配置消防设施设备和器材，按照“谁使用，谁负责”的原则加强管理，实行定位、定量、定人、统一编号、建立台账、定期检查、挂牌管理，不得挪作他用。

第十九条 各级单位应当遵守国家有关规定，对易燃易爆危险物品的生产、使用、储存、销售、运输或者销毁实行严格的消防安全管理。

第四章 检查与检测

第二十条 各级单位应结合安全生产开展消防安全检查，必要时可根据情况进行消防专项检查。消防检查内容应当包括：

（一）火灾隐患的治理情况以及防范措施的落实情况。

（二）消防安全标志的设置、安全疏散通道、疏散指示标志、应急照明和安全出口情况。

（三）灭火器材、设施配置及有效情况。

（四）用火、用电违章情况。

（五）消防安全重点部位的管理情况。

（六）易燃易爆危险物品和场所防火防爆措施的落实情况及其他重要物资的防火安全情况。

（七）消防设施设备的完好及运行情况。

第二十一条 公司重点消防单位除履行第二十条规定外，还应按相关规定定期进行消防巡查，巡查内容包括：

（一）安全出口、疏散通道畅通情况，安全疏散指示标志、应急照明完好情况。

（二）消防设施、器材和消防安全标志在位、完整情况。

（三）常闭式防火门关闭状态，防火卷帘下是否堆放物品。

（四）消防安全重点部位的人员在岗情况。

第二十二条 依据国家相关法律和《建筑消防设施检测技术规程》等规程，公司每年统一组织开展消防设施设备检测，对公司消防设施工程施工和维护保养质量，生产、生产辅助场所的消防设施使用功能性进行检测。检测工作要求：

（一）第三方消防检测单位不得同时在从业区域内从事消防设施工程施工和维护保养工作。

（二）第三方消防检测单位须出具政府消防主管部门认可的消防检测报告。

第五章 消防隐患治理

第二十三条 按《国家电网公司安全隐患排查治理管理办法》的规定，消防隐患排查治理按照“排查（发现）—评估报告—治理（控制）—验收销号”的流程形成闭环管理。重大隐患应纳入“两单一表”管控和绿色通道治理流程。

第二十四条 各级单位应及时消除存在的火灾隐患，对下列违反消防安全规定的情况，应责成有关人员立即整改。

（一）违章进入生产、储存易燃易爆危险物品场所的情况。

（二）违章使用明火作业或者在具有火灾、爆炸危险的场所吸烟、使用明火等违反禁令的情况。

（三）将安全出口上锁、遮挡或者占用、堆放物品影响疏散通道畅通的情况。

（四）消防栓、灭火器材被遮挡影响使用或者被挪作他用的情况。

（五）常闭式防火门处于开启状态，防火卷帘下堆放物品的情况。

（六）违章关闭消防设施、切断消防电源的情况。

第二十五条 对不能立即消除的隐患，各级消防管理部门应及时将存在的消防隐患向本单位分管领导报告，提出整改方案，确定整改措施、期限以及责任部门。消防隐患分类治理：

（一）需立项治理的消防隐患，各级单位依据消防检测报告和隐患排查情况，提出项目需求；按生产、生产辅助技改等项目管理规定，编制项目可行性研究报告或建议书，统一报公安直属二分局；公司每季组织联合会审后滚动储备纳入综合或专项计划等落实项目计划或资金预算。各类项目按《国家电网公司生产技术改造工作管理规定》《国家电网公司生产辅助技改、大修项目管理办法》等管理办法执行。各级单位要充分利用互联网、大数据等技术在 ERP、电子商务平台（ECP）等系统直接取数对所有消防隐患项目的治理过程进行管控。

（二）不需立项治理的消防隐患（含消防专项费用），各级单位提出整改方案，确定整改措施、期限以及责任部门，并报公安直属二分局备案。

第二十六条 各级单位针对无法消除的重大火灾隐患，提出解决方案并及时向上级消防归口管理部门或当地政府报告。消防隐患治理完成前，必须采取临时安全措施。

第二十七条 对当地政府部门责令限期整改的消防隐患，各级单位应及时报告上级单位备案，并在规定的期限内整改。

第二十八条 消防隐患治理完毕，负责整改的部门或者人员应当将整改情况记录报送本单位分管领导。

第六章 火灾处置管理

第二十九条 发生火灾时，应立即采取必要措施，及时报警，迅速扑救初起火灾并疏散人员。

第三十条 对电气设备灭火时，仅准许在熟悉该设备带电部分的人员指挥或带领下进行灭火。

第三十一条 参加灭火的人员在灭火时，应防止烧伤或被燃烧物所产生的气体引起中毒、窒息，防止触电。

第三十二条 发生火灾后，事故单位应立即上报上级单位，不得迟报、漏报、谎报或者瞒报。

第三十三条 各级单位应制定灭火和应急疏散预案，预案应当包括下列内容：

（一）组织机构，包括灭火行动组、通信联络组、疏散引导组、安全救护组。

（二）报警和接警处置程序。

（三）应急疏散的组织程序和措施。

（四）扑救初起火灾的程序和措施。

（五）通讯联络、安全防护救护的程序和措施。

第三十四条 各级单位应当按照消防安全操作规程、灭火和应急疏散预案，至少每半年开展一次演练，并结合实际不断完善预案。

第三十五条 火灾扑灭后，事故单位应保护现场，协助政府消防主管部门开展火灾事故调查，核定火灾损失，不得擅自破坏火灾现场。

第三十六条 发生火灾事故，由上级单位和事故单位根据损失情况，成立调查组，组织召开内部事故分析会，分析火灾事故原因，对事故单位和相关责任者提出处理意见。

第三十七条 火灾事故调查处理，应按“四不放过”原则，分清责任，总结教训，落实防范措施。

第三十八条 火灾事故调查结束后，事故单位应及时向上级单位上报事故调查处理报告。

第七章 消防教育培训

第三十九条 各级单位应当根据消防法规，组织开展消防业务学习和灭火技能训练，提高预防和扑救火灾的能力。

第四十条 消防安全教育培训纳入本单位职工教育培训计划，做到内容、人员、时间、资金四落实。消防培训经费在各级单位职工教育经费列支，经常性消防安全教育所需经费在各单位生产成本列支。

第四十一条 各级单位组织开展全员消防教育培训。每年至少组织一次对全体员工的消防安全教育培训。培训要求：

（一）重点防火部位的人员应每月组织一次消防安全学习。

（二）对新上岗和进入新岗位的职工进行上岗前消防教育培训。

（三）对在岗的职工每年至少进行一次消防教育培训。

第四十二条 各级单位下列人员应当接受消防安全专门培训，并按规定持证上岗。

（一）单位的消防安全责任人、消防安全管理人。

（二）专（兼）职消防管理人员。

（三）消防控制室的值班人员和消防设施操作人员。

（四）电焊、气焊作业人员。

（五）其他依照国家法律法规规定应当接受消防安全专门培训的人员。

第八章 消防档案管理

第四十三条 各级单位应当建立健全消防档案。消防档案应按照一个重点部位（单位）一份消防档案的原则建立，并存放在所在部位（单位）消防管理班组（部门）。消防档案应当包括消防安全基本情况和消防安全管理情况，并附有必要的图表，根据情况变化应在10个工作日更新。重大消防隐患治理完成后应在5个工作日内建立档案并归档保存。

第四十四条 消防安全基本情况应当包括以下内容：

（一）基本情况和消防安全重点部位情况。

（二）消防管理组织机构和各级消防安全责任人。

（三）消防安全制度。

（四）消防设施、灭火器材情况。

（五）与消防安全有关的重点工种人员情况。

（六）灭火和应急疏散预案。

第四十五条 消防安全管理情况应当包括以下内容：

（一）政府消防主管部门填发的各种法律文书。

（二）消防设施定期检查记录，自动消防设施全面检查测试报告以及维修保养记录。

（三）火灾隐患及其整改情况记录。

（四）防火检查、巡查记录。

（五）消防安全培训记录。

（六）灭火和应急疏散预案的演练记录。

第四十六条　各级单位应当将本单位的基本情况、政府消防主管部门填发的各种法律文书、与消防工作有关的材料和记录等统一保管备查。

第九章　检查与考核

第四十七条　各级单位应结合消防管理工作实际，适时组织开展消防管理现场检查。检查工作要求：

（一）检查专家组应客观、公正地开展工作，确保检查质量，如实记录检查中发现的问题，在检查结束时提交检查报告。

（二）检查组织单位应对检查情况进行总结通报，组织有关单位针对发现的问题及时进行整改，并抽查落实情况。

第四十八条　消防管理检查考核工作按照“分级管理、逐级考核”原则开展，公司对各单位消防管理工作进行督查和评价，地市级单位消防管理部门对所属单位消防管理工作进行督查和评价，评价结果纳入绩效考核和安全生产奖惩。

第四十九条　公司依据第三方消防检测单位的检测结论，对消防设施工程施工和维护保养单位进行负面清单管理，对各级单位消防管理情况进行绩效考核。

第五十条　公司及所属各级单位应对消防管理工作中成绩显著的单位、集体和个人给予表彰和奖励。

第五十一条　公司及所属各级单位应对消防管理工作中履职不当造成严重后果和消防隐患治理不力的单位、集体和个人，依据有关规定追究责任。

第十章　附　则

第五十二条　本办法所称“各级单位”，包括公司本部、地市公司级单位、县公司级单位；所称“所属各级单位”，包括地市公司级单位、县公司级单位；所称“地市公司级单位”，包括公司直属单位（含支撑实施机构）、地市供电企业、公司全资和控股单位（含集体企业）；所称“县公司级单位”，包括县供电企业、公司直属单位下属子企业、公司全资和控股（含集体企业）单位下属子企业。

第五十三条　本办法所称的消防安全重点单位（部门）是指从事发输变配工作的单位（部门）；有重点发输变配电或生产辅助工程施工现场，有易燃、易爆化学物品储存，有发生火灾后人员集中且伤亡等的单位（部门）。消防安全重点部位是指容易发生火灾的电焊气割操作间、化验室等，与火灾扑救相关的变配电站（室）、消防控制室、消防水泵房等，性质重要且发生事故影响全局的变电站（换流站）、控制室、通信设备机房、档案室等，财产集中的存在先进技术设备实验室等。

第五十四条　本办法由公安直属二分局负责解释并监督执行。

第五十五条　自本规定发布之日起，原《四川省电力公司消防安全管理规定》（川电办〔2010〕44号）同时废止。

第五十六条　本办法自2019年9月1日起施行。

国网四川省电力公司
业务外包管理办法（试行）

第一章　总　则

第一条　为进一步加强国网四川省电力公司（以下简称“公司”）业务外包规范管理，构建适应“三型两网、世界一流”能源互联网企业战略目标的业务外包管理制度和运行机制，充分整合和利用内外部资源，提高公司劳动效率与经济效益，根据国家法律法规和国网公司业务外包规范管理的相关规定，结合公司实际，制定本办法。

第二条　业务外包是指企业将经营范围内业务，通过与其他法人单位（包括公司系统各子公司、控股公司、代管单位、集体企业）签订合同的方式，完成相关任务的企业间经济行为，同一法人主体内部的业务委托不属于业务外包范畴。由其他法人单位承接企业经营范围外业务的经济行为属于外部服务采购，不纳入业务外包范畴。

第三条　公司经营范围内业务分为负面清单业务、限制性外包业务和外包业务。负面清单业务是指与企业核心竞争力紧密相关的业务，包括关系公司盈利模式和核心价值链的业务、关系电网安全生产与客户优质服务的业务，以及为防范经营与法律风险必须自营的业务。限制性外包业务是指负面清单业务以外，受制于各单位管理水平、设备装备水平、技术条件和专业人员配备等差异，暂时不具备完全外包条件的业务。除上述两类业务以外的其他业务均定义为外包业务。

第四条　负面清单业务禁止整项外包，存在外包的单位，需根据公司各专业的回收方案，限期实现负面清单业务自营。负面清单业务中的辅助性项目可采用劳务外包或劳务派遣方式实施。限制性外包业务由专业部门明确自营过渡期，在自营过渡期内不允许外包。外包业务在内外部条件允许的情况下，宜推进外包。

第五条 公司工程以及与工程建设有关的勘察、设计、监理等业务的外包管理根据国家规定执行，不属于本办法规定范围。

第六条 业务外包分为专业外包与劳务外包。专业外包是指承包单位具备相应的承包资质，并使用自有机具设备、工器具及办公用品，独立完成业务的外包方式；劳务外包是指发包单位提供工作场所、机具设备、工器具、办公用品等，由具备相应承包资质的承包单位安排人员，按照发包单位的要求完成相应业务的外包方式。

外包业务原则上应采用专业外包方式开展，专业外包的实施条件和管理要求由公司相关专业部门综合考虑业务实施需要、社会化程度以及资源配置等因素确定。

第七条 业务外包按照“谁主管业务，谁组织实施”原则明确管理主体；按照“公平、公正、择优”原则确定承包单位；按照“统一管理、分级实施、强化管控、严格考评”原则依法合规开展。

第八条 本办法适用于公司所属各级单位，上市公司、控（参）股及代管单位可参照执行。

第二章 职责分工

第九条 公司是业务外包管理的责任主体，负责落实国网公司关于业务外包管理的相关要求，建立责权对等、规范高效的业务外包管理和运行体系。主要职责包括：

（一）各专业部门：负责本专业业务外包管理工作；负责编制并滚动修订本专业负面清单业务的辅助性项目和限制性外包业务清单；负责研究制定本专业业务外包工作定额标准；负责指导所属单位制定本专业负面清单外包业务回收方案，并督导落实；负责组织编制和审核本专业业务外包申报计划和预算申请；负责统计本专业纳入综合计划和未纳入综合计划的业务外包项目，并将未纳入综合计划的业务外包项目报送财务资产部纳入预算；负责指导所属单位开展本专业业务外包工作；负责开展本专业业务外包统计分析、考核评价等工作；负责提出本专业业务承包单位资质要求；负责本专业业务外包安全与质量管理。

（二）发展策划部：负责结合优先预安排项目机制，将含有业务外包需求的综合计划项目提前审批下达，以便项目按期实施。

（三）人力资源部：负责制定并适时修订公司业务外包管理办法和考核评价标准；负责组织各专业部门编制负面清单业务的辅助性项目和限制性外包业务清单，并滚动修订；负责根据各单位超缺员情况，参与审核业务外包计划；负责根据各单位业务外包开展情况，调整核定定员；负责将各专业业务外包考核评价结果纳入业绩考核体系。

（四）财务资产部：负责汇总经相关专业部门审核后的未纳入综合计划的业务外包项目；负责将业务外包费用纳入公司年度预算统筹管理，根据公司标准成本水平和费用列支渠道综合平衡业务外包支出规模，并纳入预算下达；负责采取多维精益核算及报表等方法，统计业务外包成本费用支出规模；负责公司业务外包资金支付工作。

（五）物资部：负责落实国网公司业务外包采购管理的工作要求，组织开展公司业务外包采购工作。

（六）安全监察部：负责监督检查所属单位业务外包安全工作情况；参与承包单位的资质审查。

（七）经济法律部：负责公司业务外包合同文本的法律审核；指导所属单位对业务外包进行合法合规性审核。

（八）审计部：负责公司业务外包的审计监督工作。

第十条 公司所属各级单位是业务外包管理的执行主体，负责本单位业务外包具体工作。主要职责包括：

（一）各专业管理部门：负责本专业业务外包管理工作；负责分类编制本专业纳入综合计划和未纳入综合计划的业务外包项目的申报计划和预算建议；负责制定本专业负面清单外包业务回收方案；负责审核本专业业务外包工作实施方案、外包合同、外包结算书和结算费用等内容；负责本专业业务外包组织实施和过程管控，加强安全、质量、实施进度等方面管理，做好承包单位资质审查、合同和安全协议签订等工作；负责开展本专业业务外包统计分析、考核评价等工作。

（二）发展策划管理部门：负责将含有业务外包需求的综合计划项目纳入本单位综合计划管理，并在向上级主管部门申报综合计划时注明业务外包的相关内容。

（三）人力资源管理部门：负责根据专业超缺员情况，参与审核各专业业务外包计划；负责结合各专业业务外包工作情况，调整核定定员；负责将各专业业务外包考核评价结果纳入业绩考核体系。

（四）财务资产管理部门：负责将业务外包费用纳入本单位年度预算统筹管理，根据公司标准成本水平和费用列支渠道综合平衡业务外包支出规模；负责采取多维精益核算及报表等方法，统计业务外包成本费用支出规模；负责将公司未纳入综合计划的业务外包项目进行分解下达；落实本单位业务外包预算安排，开展相关费用资金支付等工作。

（五）物资管理部门：负责落实国网公司和公司业务外包采购管理的工作要求，组织开展本单位业务外包采购工作。

（六）安全监察管理部门：负责本单位业务外包作业现场安全监督；负责监督承包单位的安全培训，审查与承包单位签订的安全协议；参与承包单位资质审查。

（七）经济法律管理部门：负责本单位业务外包合同文本的法律审核，实施业务外包法律保障。

（八）审计管理部门：负责本单位业务外包的审计监督工作。

第三章 管理流程

第十一条 业务外包的管理流程分为计划与预算管理、采购与合同管理、实施过程管理、考核评价管理4个环节。

第十二条 计划与预算管理。

（一）根据综合计划和预算管理时间安排，公司相关专业部门启动下年度业务外包计划编制工作。各单位结合工作需要和超缺员情况，确定本单位业务外包需求，并按照各专业业务外包工作定额标准，编制业务外包计划和预算方案，上报公司审核。公司审核后，涉及业务外包需求的综合计划项目由公司发展策划部按照综合计划相关流程下达各单位，未纳入综合计划的业务外包项目由公司财务资产部纳入预算下达。

（二）各单位业务外包原则上应纳入综合计划和财务预算统筹管理，确因临时性、紧急性工作需要开展其他业务外包项目的，应通过本单位内部决策程序，并报公司专业部门审核后，在自控成本范围内安排实施。

第十三条 采购与合同管理。

（一）采购管理。物资管理部门应按照招标及物资采购相关规定，根据业务性质及费用金额，选择合适的采购方式，包括招标和非招标（竞争性谈判、询价采购、单一来源采购）等方式，并根据专业管理要求，编制采购文件，组织开展发包、评标或评审工作，择优确定承包单位。

（二）合同管理。确定承包单位后，发包单位应与承包单位根据国家、国网公司和公司合同管理相关规定，参照业务外包合同范本拟定和签订业务外包合同。

第十四条 实施过程管理。

发包单位应加强业务外包工作的过程管控，明确监管人员，建立相应管控体系，落实责任主体和监管职责。

（一）安全管理。发包单位应在开工前对承包单位做好安全和技术交底，严格审查实施方案、工艺标准，做好危险点预防控制；在实施过程中对外包作业现场进行动态安全监督，及时发现安全隐患并督促整改。

（二）质量管理。发包单位应对外包合同范围内的实施质量全过程管控，督促承包单位制订详细的质量控制措施并按照工艺标准开展工作，加强作业质量管控。

（三）进度管理。发包单位应密切跟踪外包业务的开展情况，督促承包单位严格按照合同约定开展业务外包，确保业务外包工作有序推进。

（四）费用管理。发包单位应按照合同约定落实资金预算，按业务开展进度支付外包费用。严格监管承包单位履约情况，对承包单位的违约行为根据合同约定进行处置。

（五）风险防控。发包单位在开展业务外包时，应及时评估业务外包不同阶段、不同环节的风险点，制定、实施风险控制对策，并进行持续监督与改进。

（六）工作验收。发包单位外包业务专业管理部门按合同约定组织相关人员对业务外包工作进行全面验收，对验收中发现的缺陷和问题要求承包单位按照合同约定限期整改。

第十五条 考核评价管理。

各单位按照公司业务外包考核评价参考标准，细化制定本单位业务外包考核评价标准，对内考核发包单位的成本控制及外包规范管理情况；对外考核承包单位的安全、质量、进度等情况。

第四章 日常管理

第十六条 各单位结合人力资源配置现状、专业工作需要、效率效益、承包单位市场等因素，依据公司标准成本体系和各专业业务外包工作定额标准，统筹编制业务外包计划和预算申请，科学合理控制业务外包规模。

第十七条 对具备外包条件的业务，各单位应充分利用公司内部人力资源市场，优先采取跨区域、跨单位、跨专业和单位内部劳务协作的方式予以实施。

第十八条 除乡镇及农村配电与营业业务外，单位和专业人员配置率在95%以下的，应优先保证负面清单业务人力资源配置，对可外包业务按不超过缺员比例对应的工作量合理开展业务外包，解决用工缺口。单位或专业人员配置率在95%及以上的，应首先盘活人力资源存量，原则上不得开展业务外包。

第十九条 公司在核定各单位定员时应核减外包业务对应定员，同时按核减定员的5%核定监管定员，并在此基础上进行超缺员分析、用工计划管控和薪酬分配。

第二十条 各单位要加强供电服务公司、集体企业市场化、实体化、专业化管理，促进其整合内外部供电服务资源力量，尽快成为具备资质条件的主业外包业务优质承接商。

第二十一条 供电服务公司、集体企业承接主业外包业务的，原则上具体业务实施工作应由供电服务公司、集体企业的职工和劳务派遣人员承担。

第二十二条 业务外包中所需物资采购管理严格按照国网公司规定执行：劳务外包原则上由发包单位负责采购；专业外包原则上由承包单位负责采购，但对于业务实施过程中所需使用量大、通用性较强的物资材料，可由发包单位统一采购后提供给承包单位，其余物资材料应包含在发包标的内。

第二十三条 承包单位资质审查要求。

（一）按照招标管理相关规定，成立审查组负责承包单位资质审查，确保承包单位具备相应的资质、资格和业务实施能力。外包作业人员应具备必要的作业资格，并通过发包单位组织的作业前培训及考试。

（二）对承包单位的资质审查分为企业资质、业务资质、安全资质、企业信誉、管理评价五类。其中业务资质、管理评价的审查由相关专业管理部门负责，安全资质的审查由安全监察管理部门负责，企业资质、企业信誉的审查由物资管理部门牵头，财务、监察、审计、经法以及相关专业管理部门配合。

（三）对承包单位的资质审查不得自行降低标准，不得简化审查手续，不得逾期办理。对于承包单位发生资质变更的，应重新对其进行资质审查、备案。对资质变化影响业务实施的，专业部门应及时通知发包单位。

第二十四条 业务外包合同及协议管理要求。

（一）发包单位应根据国家、国网公司和公司相关规定，及时与承包单位签订业务外包合同。合同须明确业务外包的内容、安全责任、工作量以及与工作量匹配的结算标准，不允许直接按照用工人数进行费用结算。合同应附优质服务协议、安全协议或签署专项安全协议，严禁无合同、无安全协议实施业务外包。涉及安全生产和优质服务等不间断业务的，应确保合同期限覆盖外包全过程。

（二）发包单位不得直接对承包单位人员进行考勤、绩效、薪酬分配等日常管理。

（三）外包业务不得转包，分包按照国家法律法规和国网公司有关规定执行。

（四）对于存在泄密风险的外包业务，各级发包单位应按照公司保密管理规定与承包单位及相关劳务人员签订保密协议，约定保密范围、内容及时效，对发生泄密行为的承包单位，必要时采取终止业务外包合同直至追究法律责任的措施。

（五）采取专业外包形式时，系统外承包单位禁止使用与国家电网标识完全一致或相似的标志标识；采取劳务外包形式时，系统外承包单位应按发包方的要求规范使用国家电网的标志标识，具体使用规定由专业部门确定。

第二十五条 业务外包安全质量管理要求。

（一）发包单位应通过资质审查、合同约束、教育培训、动态评价等机制，做好承包单位的安全监督，严禁以包代管、以罚代管。

（二）发包单位应督促承包单位认真查勘作业现场，编制完整的工作实施方案，按照相关工艺标准开展工作，制订详细的质量控制措施，确保质量符合标准。

（三）发包单位应对安全风险和工艺要求较高的外包业务的重要环节加强现场督察，对标准化程度较高的外包业务应定期进行抽查；检查中发现严重问题时，应责令承包单位现场立即停工整顿，限期整改。

第二十六条 业务外包进度及费用管理要求。

（一）外包业务的进度及费用发生应严格按照计划、预算安排和合同约定进行，如遇不可抗力因素，承包单位应及时制定应对措施，并与修订后的进度计划、费用预算一并报发包单位审核。

（二）外包业务工作完成后，发包单位应及时组织项目结算，在质保期满并无质量问题后，方可支付质保金。

第五章 评价与考核

第二十七条 对发包单位的评价与考核。

（一）专业部门应定期对所属单位业务外包工作进行评价考核，考核结果纳入专业评价，考核评价工作应涵盖业务外包计划与预算管理、采购与合同管理、实施过程管理、成本费用管理等各个方面。

（二）发包单位应及时掌握外包业务开展情况，对因以包代管、以罚代管等造成的安全事故、质量事件及经济损失，应纳入考核。

（三）外包业务现场发生安全事故，必须按照国家、国网公司关于事故报告的有关规定及时逐级上报，严禁迟报、瞒报安全事故，对未按要求执行的发包单位实施考核。

第二十八条 对承包单位的评价与考核。

（一）发包单位对违反本办法的承包单位，责令其改进或停工整顿，按照合同约定的条款追究违约责任。

（二）发包单位应开展单一项目后考评和年度综合考评，评价内容应包括安全管理、质量管理、进度管理、现场管理、资料管理、人员管理等各个方面，评价结果作为将承包单位纳入各级、各类承包单位名录的重要参考依据，并可在合同中与承包单位约定评价结果与费用结算相挂钩的条款。

（三）发包单位对发生转包、违规分包或其他严重违反本办法的承包单位，视问题严重程度及时上报上级专业主管部门纳入诚信评价，在相应范围内的招标中对其进行评标扣分，或在一定时间内限制授予标包。

第二十九条 发包单位可从提高效率效益、降低成本费用、优化用工配置等方面对业务外包项目进行成效分析和评估并逐级上报专业主管部门，为后续滚动修编公司各专业业务外包工作定额标准提供参考。

第三十条 外包业务安全事故和质量事件的调查处理，按照国家有关法律法规、国网公司和公司安全事故及质量事件调查处理有关规章制度执行，对责任单位和责任人严肃追究。

第六章 附 则

第三十一条 本办法由公司人力资源部会同相关部门负责解释并监督执行。

第三十二条 本办法自印发之日起施行，原《国网四川省电力公司业务外包规范管理指导意见（试行）》（川电人资〔2016〕123号）同时废止。以往规定与本办法不一致的，按照本办法执行。

国网四川省电力公司职工困难补助管理细则

第一章 总 则

第一条 为贯彻落实国家电网有限公司关于加强福利保障管理的要求，以人为本，关爱职工，构建和谐企业，根据《企业会计准则》《国家电网公司福利保障管理办法》等制度规定，公司结合实际，制订本细则。

第二条 职工困难补助指公司根据国家电网有限公司管理规定和标准，为保障困难职工家庭的基本生活，在按程序进行审核认定与公示基础上，负担困难职工的一次性补助。不包括根据国家或地方政策纳入“抚恤费”管理的因病或非因工死亡职工抚恤性质的困难补助，以及按照规定纳入“离退休人员统筹外费用”的离退休人员困难补助。

第三条 职工困难补助按公司规定的管理职责、列支范围、标准、渠道及管理流程进行分级管理。

第四条 本细则适用于公司本部及所属各级全资、控股单位（以下简称“各单位”）。代管单位可结合实际参照执行。

第二章 管理与职责

第五条 公司成立困难职工帮扶领导小组，由公司工会主席任主任，工会副主席、人力资源部负责人任副主任，成员由本部其他部门负责人组成。负责公司职工困难补助管理工作的组织领导和统一协调。

第六条 公司困难职工帮扶领导小组办公室设在公司工会。负责公司层面困难职工的补助审核；负责指导各单位建立和管理职工困难补助台账，完成日常管理和考核统计工作，提出加强管理的意见和建议。

第七条 公司人力资源部负责公司职工困难补助归口管理工作，主要职责包括：负责贯彻落实国家政策，执行国家电网有限公司职工困难补助管理要求和工作部署；负责组织制定公司职工困难补助管理制度；负责职工困难补助的计划管理工作；负责组织开展职工困难补助过程管控、统计分析、考核评价及其他日常管理工作，对所属单位相关工作进行监督、考核和评价。

第八条 各单位建立本单位困难职工帮扶领导小组，负责本单位职工困难补助管理工作的组织领导和统一协调。

第九条 各单位困难职工帮扶领导小组办公室设在工会，负责困难职工补助审核；负责建立困难职工档案和日常管理工作；负责配合本单位人力资源部门做好职工困难补助费用计划编制和台账管理工作。

第十条 各单位人力资源部门负责本单位职工困难补助实施细则的建立工作，负责本单位职工困难补助计划管理工作。

第十一条 各单位财务部门负责职工困难补助的资金来源、预算及财务核算工作。

第三章 范围、标准及列支渠道

第十二条 列支范围

（一）职工发生重大疾病、意外伤害造成生活困难的；

（二）职工及其家庭发生突发性灾害造成生活困难的；

（三）职工因病或因工死亡，家庭失去主要收入来源，造成生活困难的；

（四）职工因意外致残，无法独立生活，需要专人长期（1年及以上）照顾的；

（五）职工家庭年人均收入低于当地最低生活保障标准的；

（六）职工因其他特殊情况，造成家庭生活困难的。

第十三条 公司每年补助的职工人数，以公司职工总人数为基数计算，比例一般不超过5%。

第十四条 列支标准

（一）各单位根据困难职工情况，经本单位困难职工帮扶领导小组研究确定，给予1000～3000元困难补助；对于特别困难的职工，经公司困难职工帮扶领导小组批准，给予5000元困难补助；

（二）如因特殊情况，按上述标准补助后仍然生活困难者，由各单位困难职工帮扶领导小组研究确定补助额，其中：补助额累计超过1万元的，应报公司困难职工帮扶领导小组办公室备案。

第十五条 列支渠道：职工困难补助为非基金性支出，需符合公司有关规定和财务要求，从职工福利费的“职工困难补助”项目中列支，不得与“救济金”项目混淆。

第十六条 各单位不得超计划、超标准、超范围列支职工困难补助。

第十七条 职工发生违法犯罪、自杀、自残、严重违反规章制度等行为，造成生活困难的，不属补助范围。通过隐瞒或欺骗等行为获得职工困难补助的，应予追回。

第四章 管理流程

第十八条 困难职工本人或直系亲属向所在单位工会提交书面申请，并提供相关部门（单位）出具的证明材料，其中因重大疾病造成困难的职工，应提供医院出院证明、当地社保机构已报销的医药费凭据、个人自付医药费凭据等相关资料。本人因病等客观原因不能亲自办理申请手续的，可书面委托他人代办。

第十九条 各单位工会对提出申请的困难职工实际情况及有关材料进行核实和公示，并提出补助意见。

第二十条 各单位困难职工帮扶领导小组办公室结合公示情况，对本单位职工的帮扶申请进行复核。由本单位补助的，经本单位困难职工帮扶领导小组审批同意，向本单位人力资源部门提供帮扶对象名单及补助金额；由省公司补助的，向公司困难职工帮扶领导小组办公室上报困难补助申请，并附补助对象名单、各类证明等相关材料。

第二十一条 公司困难职工帮扶领导小组办公室复核各单位上报的困难补助申请，经公司困难职工帮扶领导小组审批同意，向各单位困难职工帮扶领导小组办公室下达补助意见。各单位困难职工帮扶领导小组办公室将确定的帮扶对象名单及补助金额反馈本单位人力资源部门。

第二十二条 各单位人力资源部门依据审定的帮扶对象名单及补助金额，确认费用支付的范围和标准。

第二十三条 各单位财务部门按照《国家电网有限公司会计基础管理办法》相关要求，结合人力资源部门审核意见和报销凭据，进行财务核算和费用支付。

第二十四条 各单位困难职工帮扶领导小组办公室开展困难职工补助资料整理、统计、检查、归档等工作，完善管理台账。

第五章 附 则

第二十五条 各单位应根据本细则和相关要求，规范管理流程、内部决策程序和列支渠道，落实管理责任，形成制度订立、执行、监督、反馈及完善的闭环体系。

第二十六条　各单位应加强职工困难补助管理工作的监督检查与考核，深化信息化应用，对发现的问题限期整改纠正和处理。对于违反规定、发生不当行为造成负面影响的，公司将依据有关规定追究相关人员责任。

第二十七条　本细则与国家、当地政府新出台的政策规定相抵触时，以国家或当地政府规定为准。

第二十八条　本细则由公司人力资源部负责解释。

第二十九条　本细则自2019年1月1日起施行。原《四川省电力公司职工困难补助管理办法（试行）》（川电人资〔2012〕138号）同时废止。

国网四川省电力公司
职员职级管理办法

第一章　总　则

第一条　为优化国网四川省电力公司（以下简称“公司”）职员职级管理，拓展员工职业发展通道，激励优秀员工职业成长，根据国家电网有限公司（以下简称国网公司）有关规定，结合公司实际，制定本办法。

第二条　职员职级序列与领导职务序列同为员工职业发展通道，二者互联互通，员工既可以在职员或职务序列内纵向晋升，又可以横向流动、交叉晋升。

第三条　职员职级管理遵循分级管理、注重实绩、从严从紧、公开公平的原则。

第四条　本办法适用于公司本部及所属各单位管理、技术和技能岗位类别的长期职工。

第二章　职级与职数

第五条　职员职级按照单位层级由高至低依次设置为一至八级，各级职员职数按照机构设置和人员编制确定，并占用所在单位（机构）人员编制。其中：

公司本部设一至五级职员；

地市公司级单位设二至七级职员，大型地市供电公司可增设二级职员 1 人；

县公司级单位设四至八级职员，大型县供电公司可增设三级职员 1 人。

第六条　各职级职数由公司统一核定与管理，严禁超职数聘任职员。高职级职数空缺的可用于聘任低职级职员。

第七条　各单位优先在一线岗位推广职员聘任，一线岗位未开展的，管理机关不得新聘任职员。管理机关职数可用于生产一线职员聘任。

第三章　职责与分工

第八条　公司人力资源部负责公司职员职级管理办法的制定；负责核定下达各单位四至八级职员职数；负责各单位四至五级职员的备案及破格聘任事项的审核。

第九条　公司党委组织部（人事董事部）负责公司一至三级职员、本部四至五级职员的考察聘任与日常管理工作；负责各单位干部转任职员中需报批事项的审核。

第十条　地市公司级单位负责本单位四至五级职员的报批报备、考察聘任和日常管理工作；负责所属单位六至八级职员的备案及需报批事项的审核。

第十一条　县公司级单位（地市供电企业业务机构）负责本单位（机构）六至八级职员的报批报备、考察聘任和日常管理工作。

第四章　聘任管理

第十二条　聘任基本条件

（一）贯彻落实党的路线方针政策和公司制度规定，具有良好的思想政治素质，事业心和责任感强，勤奋敬业，廉洁奉公，服从大局，群众公认；

（二）绩效考核要求：近三年年度绩效等级积分累计达到4.5分且上年绩效等级达到B级及以上。近三年无绩效等级结果、绩效等级结果不全的，不参与首次晋升性职员聘任和职员晋级；

（三）学历要求：聘任一至五级职员需具有大学本科及以上学历，六至八级职员需具有大学专科及以上学历；

（四）职称和技能等级要求：聘任一至三级职员应具有高级职称（高级技师），四至六级职员应具有中级职称（技师），七、八级职员应具有初级职称（高级工）。

第十三条　职员任职资格

（一）首次晋升性聘任

聘任一级职员的，应担任正处级职务满 7 年；

聘任二级职员的，应担任副处级职务满 6 年；

聘任三级职员的，应担任正科级职务满 5 年；

聘任四级职员的，应担任副科级职务满 4 年；

聘任五级职员的，应从事管理技术类岗位工作满 6 年（技能类岗位工作满 9 年）；

聘任六级职员的，应从事管理技术类岗位工作满 5 年（技能类岗位工作满 8 年）；

聘任七级职员的，应从事管理技术类岗位工作满 4 年（技能类岗位工作满 7 年）；

聘任八级职员的，应从事技能类岗位工作满 5 年。

各级职员首次晋升性聘任时，其学历、职称或技能等级比基本条件每高一个等级，任职（工作）年限可减少 1 年，最多减少 3 年。

（二）职员晋级

晋升一级职员的，应担任二级职员满 7 年；

晋升二级职员的，应担任三级职员满 6 年；

晋升三级职员的，应担任四级职员满 6 年；

晋升四级职员的，应担任五级职员满 5 年；

晋升五级职员的，应担任六级职员满 1 年；

晋升六级职员的，应担任七级职员满 1 年；

晋升七级职员的，应担任八级职员满 1 年。

第十四条 职务工作年限中断的，中断前的职务年限只可等同管理技术岗位工作年限纳入计算；管理技术岗位工作年限可等同技能岗位工作年限纳入计算。

第十五条 在同等条件下，各级优秀人才、近三年年度绩效等级积分累计达到 5.5 分及以上、获得省公司及以上单位表彰奖励、有特殊贡献等人员，可优先聘任或晋升职员。

第十六条 因工作需要，符合下列条件的可破格聘任职员，但必须从严把控，事前向上级单位报批。三级及以上职员破格聘任须报国网公司审核。

（一）获得省部级及以上表彰奖励的、有重大发明创造和科技创新成果的、对企业做出突出贡献的、长期扎根一线的、艰苦边远地区的员工聘任职员时，可适当放宽聘任条件；对于从事生产一线岗位工作满 30 年的可聘任三级职员；

（二）各级专家人才聘任职员时，可减少任职（工作）年限，国家级、公司级、省公司级、地市公司级、县公司级专家人才可分别减少 5、4、3、2、1 年，其中具备多个级别称号的专家人才，在聘期内只能就高减少一次年限。

第十七条 有下列情形之一的，限制或不得聘任职员：

（一）受到诫勉的，六个月内不得聘任或晋升职员；

（二）受到党纪、政纪处分且在处分期内或影响期内的；

（三）受到责令整改、免职问责的，一年内不得聘任或晋升职员；

（四）法律法规、党内法规及企业规章制度另有规定的。

第十八条 职员聘任一般应经过下列程序：

（一）拟定聘任方案；

（二）组织考察；

（三）征求纪检部门意见；

（四）集体研究；

（五）任前公示，公示期不少于五个工作日；

（六）首次晋升性聘任、职员晋级均应实行一年的试聘期。

第十九条 职员跨地市级单位调动，如需继续聘任应重新履行聘任手续，其原职级任职时间可合并计算。

第二十条 领导职务与职员职级转任（兼任）

（一）职员职级和领导职务可双向流动，原则上不互相兼任；特殊情况下，一至三级职员因工作需要也可继续兼任领导职务；

（二）公司助理副总师转任一级职员、正处级职务转任二级职员、副处级职务转任三级职员、正科级职务转任四级职员、副科级职务转任五级职员，不受任职资格和条件的限制；各单位干部因身体原因等特殊情况转任四、五级职员，须事前向省公司报批；

（三）一级职员担任公司助理副总师、二级职员担任正处级职务、三级职员担任副处级职务、四级职员担任正科级职务、五级职员担任副科级职务，其任职资格、条件和程序按照干部管理相关规定执行，同时不再任原所聘职员。

第五章 履职与考核

第二十一条 职员聘任不改变员工的岗位类别。领导职务聘任或转任职员的，占用管理人员编制；一般人员聘任职员的，应担任管理、技术或技能岗位。

第二十二条 职员必须担任实际工作，根据工作需要应承担所在单位（机构）的相关工作。各级单位应健全职员考评制度，根据公司绩效管理规定，对职员开展绩效考核。

第二十三条 原则上，一级职员参照公司助理副总师管理，二级职员参照正处级职务管理，三级职员参照副处级职务管理，四级职员参照正科级职务管理，五级职员参照副科级职务管理，其他各级职员由所在单位（机构）按照相应级别管理。

第二十四条　各级职员实行任期制管理，各单位根据实际情况确定聘任期限，原则上任期为 3 年。

第二十五条　按照职员职级管理权限，各单位应组织开展职员年度绩效考核和任期考核，考核结果与薪酬待遇、职级调整、职员解聘及续聘等挂钩，形成待遇能高能低、职级能上能下、职员能进能出的动态管理机制。

第二十六条　职员任期考核结果合格的履行决策程序后可续聘，优秀的同等条件下可优先晋升上一级职员。

第二十七条　出现下列情况之一的，应降低职级：

（一）年度绩效考核等级为D级；

（二）受到记过、记大过、降级处分；

（三）受到党内严重警告处分；

（四）符合降级的其他情形。

职员降级后一年内，不得聘任或晋升职员。

第二十八条　出现下列情况之一的，应解聘职员：

（一）连续两个年度绩效考核等级为 D 级；

（二）受到行政撤职处分；

（三）受到撤销党内职务、留党察看、开除党籍处分；

（四）因工作失误失职给单位造成重大损失或恶劣影响的；

（五）已为本单位最低职级且出现应降低职级的情况；

（六）符合解聘职级的其他情形。

职员解聘后重新聘任的，按首次聘任条件执行。

第六章　薪酬待遇

第二十九条　职员薪酬待遇总体水平与职级对应，通过调整绩效工资实施。原则上，一级职员参照公司助理副总师标准，二级职员介于正处级与副处级之间；三级职员介于副处级与正科级之间；四级职员介于正科级与副科级之间；五级及以下职员依次合理拉开差距。

第三十条　职员在试聘期，按照试聘期高于聘任前岗位待遇水平、低于正式聘任后待遇水平执行。

第三十一条　公司助理副总师转任一级职员、正处级职务转任二级职员、副处级职务转任三级职员、正科级职务转任四级职员、副科级职务转任五级职员，原则上执行原干部薪酬标准。

第七章　附　则

第三十二条　本办法由公司人力资源部和党委组织部（人事董事部）负责解释并监督执行。

第三十三条　本办法自印发之日施行。原《国网四川省电力公司职员职级管理办法》（川电人资〔2017〕99 号）同时废止。

第三十四条　国网公司、公司有新规定时，按其新的规定执行。

国网四川省电力公司
志愿服务管理办法（试行）

第一章　总　则

第一条　为加强国网四川省电力公司（以下简称“公司”）志愿服务管理，促进广大员工积极参与志愿服务活动，推动公司志愿服务工作规范化、制度化、品牌化，有力推进志愿服务事业，依据国家《志愿服务条例》《四川省志愿服务条例》《国家电网公司青年志愿服务管理办法》等有关规定，结合公司实际，制定本办法。

第二条　本办法适用于公司本部、各市（州、县）供电公司和直属单位所属志愿服务组织、志愿者和所开展的志愿服务活动。

第三条　本办法所称志愿者是指在所在单位志愿服务组织登记，利用自身知识、技能、体能、时间等，不以获得报酬为目的，自愿服务社会和帮助他人的公司员工。

第四条　本办法所称志愿服务组织是由公司本部、各市（州、县）供电公司和直属单位成立，拥有健全管理体系，常态化从事公益活动的群众性团体。

第五条　本办法所称志愿服务活动是经志愿服务组织安排，志愿者自愿、无偿服务社会和帮助他人的公益行为。志愿服务活动应当遵循自愿、平等、合法、诚信和公益性原则。

第二章　志愿服务组织

第六条　公司各级文明单位均应成立志愿服务组织，建立健全管理体系，确定尽职负责、公益心强的员工担任负责人，拥有不少于 10 人的志愿者，常态化开展志愿服务活动。

第七条 公司各单位志愿服务组织应报当地民政部门备案，并在中国志愿服务网（全国志愿服务信息系统，网址为：www.chinavolunteer.cn）或志愿四川网站（网址：www.sczyz.org.cn）注册登记，接受所注册登记机构的监管和社会的监督。

第八条 公司各单位应填写《国网四川省电力公司志愿服务组织登记表》，报公司党委党建部（思想政治工作部）备案。

第九条 公司各单位党委要加强对本单位志愿服务工作的领导，各单位党委党建部（党委宣传部）要做好志愿者管理和志愿服务组织建设，注重宣传推广，塑造特色品牌。

第十条 志愿服务组织的基本职责：

(一)负责志愿者的招募培训、注册登记、管理考核工作；

(二)负责志愿服务活动和项目的组织实施，做好档案资料管理；

(三)负责志愿服务活动和项目的资金物资的募集、使用、监管等工作；

(四)负责联系其他志愿服务组织和机构，加强交流合作；

（五）负责维护本志愿服务组织内志愿者的合法权益，并提供必要的支持和援助。

第三章 志愿者

第十一条 公司各级党组织要大力倡导志愿服务精神，引导志愿服务组织做好志愿者招募工作，把握以下基本条件：

(一)申请人为本单位管理的在岗员工、离退休人员；

(二)具有奉献精神，热心社会公益事业；

(三)遵纪守法，忠诚企业，维护社会公德和国家电网品牌形象；

(四)具备参加志愿服务活动及项目的身体条件和技能素质；

(五)具有完全民事行为能力。

第十二条 公司志愿者享有以下权利：

(一)根据自己的意愿、时间和能力，选择参加志愿服务活动；

(二)获得所参与志愿服务活动及项目的相关教育和培训；

(三)获得所参与志愿服务活动及项目的真实、准确、完整信息；

(四)获得所参与志愿服务活动及项目的必要条件和保障；

(五)向所在志愿服务组织提出合理化意见和建议；

(六)依法享有的其他权利。

第十三条 公司志愿者应当履行以下义务：

(一)在中国志愿服务网或志愿四川网登记注册为志愿者。

(二)遵守法律法规，遵守所在志愿服务组织的规章制度，维护公司志愿服务品牌声誉和形象；

(三)接受所在志愿服务组织的管理和安排，履行志愿服务承诺；

(四)不得向志愿服务对象收取或者变相收取报酬，不得以志愿者身份从事营利性活动；

(五)尊重志愿服务对象的意愿、人格、隐私，不得损害其合法权益；

(六)因自身原因不再具备志愿者基本条件的，应当及时向所在志愿服务组织申请退出；

（七）法律法规规定的其他义务。

第十四条 公司各单位对志愿者实行动态管理，坚持加入自愿、退出自由。对违法乱纪、拒不履行义务的志愿者，由所在志愿服务组织报经本单位党组织审核同意予以除名，在登记注册机构注销其志愿者身份，并报公司党委党建部（思想政治工作部）备案。

第四章 志愿服务活动及项目

第十五条 公司各单位志愿服务组织要利用国家法定节庆日和双休日组织志愿者参与志愿服务活动，积极主动参与地方党委政府统一安排的重大志愿服务活动。

第十六条 公司各单位志愿服务组织要结合自身实际和群众需要，策划主题性志愿服务项目，增强针对性、长效性，整合志愿服务力量，扩大志愿服务影响，塑造志愿服务品牌。

第十七条 公司志愿服务活动及项目的主要内容为：

1.产业扶贫（包括精准扶贫）：开展志愿服务进农村活动，组织公司志愿者积极帮助贫困乡村、贫困农户走上脱贫致富道路。

2.社区共建：开展志愿服务进社区活动，组织公司志愿者共建平安社区、文明社区、和谐社区和优美社区。

3.扶危帮困：开展志愿服务进灾区活动，组织公司志愿者参加应急救援，帮助受灾群众化解危难、走出困境。

4.关爱特殊群体：开展志愿服务进福利院活动，

组织公司志愿者关心关爱“三无”老人、孤残儿童等特殊人群。

5.支教帮教：开展志愿服务进校园活动，组织公司志愿者与边远乡村学校、留守学生之家进行结对帮扶、助教助学。

6.政策宣讲：开展志愿服务进讲堂活动，组织公司志愿者宣讲党的政治理论、国家大政方针、法律法规等。

7.环境保护：开展志愿服务助推环境保护活动，组织公司志愿者参加植树造林、江河保护、绿色出行、城市创卫等行动。

8.文化传播：开展志愿服务助推文化传播活动，组织公司志愿者广泛传播电力科普知识、优秀传统文化、革命文化、社会主义先进文化，推动城市乡村精神文明建设。

9.保障服务：开展志愿服务保障重大活动、重要会议、重大赛事等，组织公司志愿者提供电力保障、便民引导、事项咨询等服务。

10.根据服务对象申请或实际需要开展的其他志愿服务活动。

第十八条　公司各单位志愿服务组织要及时填写《国网四川省电力公司志愿服务活动登记表》，做好有关文档、图片、视频等资料收集归档。各单位党委党建部（党委宣传部）要及时在公司内外媒体广泛宣传志愿服务工作，塑造公司积极履行社会责任的良好形象。

第十九条　公司各单位应当为志愿服务活动及项目提供必要的经费物资保障，所需费用可在党组织工作经费、对外捐赠资金等项目中列支，按照公司财务制度严格管理、规范使用。

第二十条　公司各单位志愿服务组织实施志愿服务活动时，旗帜、服装、宣传资料等应当使用中国志愿服务“爱心放飞梦想”的统一标识，必须体现“国网四川电力志愿服务队”名称。在协调美观的基础上，可加入本单位志愿服务品牌名称或标识等元素。

第二十一条　公司各单位党委党建部（党委宣传部）要与地方志愿服务主管部门建立定期沟通协调机制，及时报告本单位开展志愿服务活动、实施志愿服务项目情况，扩大志愿服务影响力和知晓度。

第五章　激励与表彰

第二十二条　公司各单位员工登记注册成为志愿者后，每年参加志愿服务活动不少于4次，总时长不少于8小时。

第二十三条　公司各单位志愿服务组织应在志愿服务活动记录基础上，对志愿者进行星级评定，每年度报送所在单位党组织。

第二十四条　星级档次划分标准：

累计志愿服务时间达20小时的评定为一星级志愿者；

累计志愿服务时间达40小时的评定为二星级志愿者；

累计志愿服务时间达80小时的评定为三星级志愿者；

累计志愿服务时间达160小时的评定为四星级志愿者；

累计志愿服务时间达300小时的评定为五星级志愿者；

累计志愿服务时间达600小时的评定为标兵级志愿者；

累计志愿服务时间达800小时的评定为功勋级志愿者。

第二十五条　一至三星级志愿者由公司各单位基层党委（党支部）颁发证书，四至五星级志愿者由各单位党委颁发证书，标兵级、功勋级志愿者由公司党委颁发证书。

第二十六条　公司党委每两年评选表彰10名最美志愿者、10个最佳志愿服务组织、10个最佳志愿服务项目。

第二十七条　公司各单位应加强与地方志愿服务主管部门联系沟通，积极推荐申报市（州）级、省级和国家级志愿服务先进典型。

第二十八条　公司各单位志愿者在参加公司各级综合类评先评优时，其志愿服务成效应作为重要参考依据。

第六章　附　则

第二十九条　本办法由国网四川省电力公司党委党建部（思想政治工作部）负责解释并监督执行。

第三十条　本办法自颁布之日起实施。

国网四川省电力公司重大活动客户侧保电工作实施细则（试行）

第一章　总　则

第一条　为规范供电企业在重大活动中的客户侧电力服务保障行为，促进重大活动场所安全、可靠用电，依据国家和公司重大活动电力保障工作有关规定，按照《国网营销部关于印发<重大活动客户侧保电工作规范（试行）>的通知》(营销客户〔2019〕35 号)，结合四川公司客户侧保电工作实际，特制订本规范。

第二条 重大活动客户侧电力服务保障工作（以下简称“客户侧保电”）坚持“政府主导、客户主体、电力主动”的三位一体原则。政府主导开展重大活动客户侧保电工作，发布相关政策，协调督促各相关单位（部门）完成保电任务；客户依法承担主体责任，按照政府要求，做好隐患和缺陷的排查治理，确保安全、可靠用电；供电企业主动对接，提供技术支持，督促、指导客户完成隐患和缺陷的排查治理，确保完成客户侧保电任务。

第三条 客户侧保电工作应在本单位重大活动电力保障工作领导机构的统一指导下，由营销部门牵头，相关专业部门配合。客户侧保电实行任务清单制度，实现“工作任务化、任务清单化、清单责任化，责任时限化”，明确任务内容、工作要求、完成时限、责任部门和配合单位；实行工作联系和督办制度，传递工作要求，闭环过程管理，协调推进客户侧保电工作。

第四条 客户侧保电实行分级负责制。特级保电任务由国网公司总部统筹指导，省公司组织协调，市县公司具体实施；一级保电任务由省公司统筹指导和组织协调，市县公司具体实施；二级保电任务由省公司统筹指导，市县公司组织协调和具体实施；三级保电任务由市县公司组织实施。

第五条 客户侧保电以重大活动举办方正式提供的书面依据。范围应包括重大活动举办场所，为重大活动提供保障的住宿、通信等客户，以及与重大活动密切相关的其他用电客户。

第六条 供电企业与客户的保电安全责任以双方签订的《供用电合同》为基础，签订《重大活动供用电安全责任书》，客户产权范围内的电力保障工作由客户负责。供电企业在政府主导下，按照“服务、通知、报告、督导”四到位的要求协助客户开展客户侧保电工作。

第七条 保电准备和保电期间，与政府交互的各类文件、函件，与保电客户交互的各类协议、告知书、函件等，应及时归档，妥善保管，符合保密规定，实现客户侧保电全过程痕迹化管理。

第八条 客户侧保电工作应急处理应统一领导、统一指挥。在重大活动期间，发生客户侧保电突发事件、服务事件等情况，按《国网四川省电力公司重大保电事件客户侧处置应急预案》《国网四川省电力公司电力服务事件处置应急预案》等相关规定执行。

第九条 本细则明确了客户侧保电工作原则，规定了保电分级、组织机构与职责、客户侧保电方案、隐患排查、专项及全负荷试验、隐患缺陷整改与督促指导、场馆保电手册管理、演练管理、临时负荷管理、保电任务管理、撤离和总结、支援管理、信息管理及评价考核等内容、流程和要求。

第十条 本细则所指的举办地公司是指重大活动举办地的地市供电公司、县供电公司。

第十一条 本细则用于指导一级、二级重大保电任务，三级保电任务可根据工作实际情况参照执行。特级保电按照《国家电网有限公司重大活动客户侧保电工作规范（试行）》执行。

第十二条 本细则适用于国网四川省电力公司及所辖单位，四川西昌电力股份有限公司、四川明星电力股份有限公司等上市公司可参照执行。

第二章 保电分级

第十三条 客户侧保电实行分级管理，包括保电任务分级、保电客户分级、保电时段分级。

第十四条 根据重大活动的规格、规模和对电力供应与使用的可靠性要求划分保电任务的重要等级并制定具体标准，重要性等级分为特级、一级、二级、三级共四个等级。

第十五条 特级保电任务是指满足下述条件之一的保电任务：

（一）国家举办或承办且有党和国家领导人出席，具有特别重大影响和特定规模的政治、经济、科技、文化、体育等重大活动。

（二）国家电网公司确定的特级保电任务。

第十六条 一级保电任务是指满足下述条件之一的保电任务：

（一）四川省承办且有党和国家领导人出席，具有重大影响和特定规模的政治、经济、科技、文化、体育等重大活动。

（二）国家电网公司、四川省电力公司确定的一级保电任务。

第十七条 二级保电任务是指满足下述条件之一的保电任务：

（一）四川省主办并承办且有省委省政府领导出席，具有较大影响和特定规模的政治、经济、科技、文化、体育等重大活动。

（二）四川省电力公司确定的二级保电任务。

第十八条 三级保电任务是指满足下述条件之

一的保电任务：

（一）四川省主办、各市县政府承办，具有一定影响和规模的政治、经济、科技、文化、体育等重大活动。

（二）四川省电力公司、各市县公司确定的三级保电任务。

按客户（场所）所承担的各项重大活动中的最高等级，确定保电客户重要性等级。等级分为特级、一级、二级和三级。

第十九条　根据重大活动的等级和其在活动前、活动中、活动后不同时段的重要程度，确定保电时段重要性等级。等级分为特级、一级、二级和三级。

第二十条　保电客户（场所）的重要性等级，由举办地公司营销部门与重大活动举办方商议，且由重大活动举办方确认。客户（场所）及保电时段的重要性等级实行动态调整。

第五章　组织机构与职责

第二十一条　各级保电任务均应设置相应的客户侧保电组织协调机构和指挥机构。

第二十二条　省公司营销部主要职责：

（一）配合编制一级及以上保电任务工作总方案，负责编制一级及以上客户侧电力保障方案（以下简称“客户侧保电方案”）。

（二）负责组织编制客户侧保电服务相关工作标准、规范。

（三）负责组织开展一级及以上保电任务客户侧供用电安全隐患排查治理、客户侧保电支援力量调配、营销网络与信息安全管控等工作。

（四）负责指导举办地公司开展重大活动保电客户（场所）、时段的重要性等级定级工作。

（五）负责向国网总部汇报客户侧保电工作准备情况、工作进展和工作总结。

（六）负责向四川省级电力管理部门和监管部门汇报保电客户相关情况。

第二十三条　省公司相关部门负责重大活动客户侧保电的专业指导和管理工作，其中：

（一）办公室负责指导、监督客户侧保电保密、档案管理等工作。

（二）发展策划部负责客户侧保电装备固定资产零购项目计划管理。

（三）安全监察部负责指导、监督客户侧保电安全生产工作。

（四）设备管理部负责保电客户供电电源隐患排查治理，配合开展客户侧专项及全负荷试验工作，负责应急发电车（机）资源调配和技术指导。

（五）电力调度控制中心负责保电客户所在区域电网运行方式的优化，负责指导、监督保电客户侧继电保护、自动装置定值梳理、校验等工作，负责客户侧保电人员通信设备保障，负责客户侧“遥测、遥信”及视频监控接入的专业管理。

（六）互联网部负责指导、监督营销网络与信息安全管理，负责信息系统及数据通信网运行安全保障。

（七）物资部负责客户侧保电装备等物资的计划、采购、合同、应急物资、质量监督、仓储配送等物资全供应链的专业管理工作。

（八）党委宣传部（对外联络部）负责指导客户侧保电新闻宣传、舆情处置和对外发布等工作。

（九）经济法律部负责客户侧保电对外协议、文件的合法性审查。

（十）后勤工作部负责组织落实客户侧保电人员餐饮、住宿、医疗、交通等后勤保障工作。

第二十四条　成都和天府公司负责成都地区内所辖客户侧保电工作实施，若保电范围存在管理界面交叉，按照需保电的重大活动主要场馆（主会场）管辖单位牵头负责保电总体方案制定，与客户（政府）联络及向省公司汇报等，另一单位配合开展保电工作的实施原则，确保一口对外，有序开展。

第二十五条　各地市公司营销部负责客户侧保电工作实施，落实省公司营销部各项工作任务。

（一）负责配合编制一级保电任务工作总方案，负责编制二级、三级客户侧保电方案；

（二）负责组织开展二级、三级保电任务客户侧供用电安全隐患排查治理、客户侧保电支援力量调配、营销网络与信息安全管控等工作。

（四）负责开展所属地区重大活动保电客户（场所）、时段的重要性等级定级工作。

（五）负责与保电客户相关的电网补强项目的前期及建设工作。

（六）负责向四川省电力公司营销部汇报客户侧保电工作准备情况、工作进展和工作总结。

（七）负责向地市级电力管理部门和监管部门汇报保电客户相关情况。

各地市公司其他相关部门按照各自专业职责配合做好客户侧保电工作。

第五章　客户侧保电方案

第二十六条　营销部门应依据本单位的保电工作总方案编制客户侧保电方案，明确客户侧保电各项工作任务和要求。

第二十七条　客户侧保电方案应包括组织机构及职责、保电范围、保电时间、阶段划分、重点工作计划、客户侧保电指挥等的工作内容。

第二十八条 客户侧保电方案应经所在单位安监、设备、调控、信通等相关专业部门审核，并由所在单位统一审定、批准及发布。

第二十九条 营销部门应按照“近细远粗”的原则，根据客户侧保电方案编制客户侧保电任务清单。任务清单应全面覆盖营销专业的工作任务和需要其他部门完成的协同任务。

第三十条 保电客户名单以重大活动举办方提供为准，举办地公司营销部门应会同政府相关部门予以核实、确认，梳理形成保电客户名单及其等级。需调整时，应履行审批手续。

第三十一条 举办地公司营销部门应根据保电客户名单，梳理客户信息，并汇总运检部门梳理的客户供电线路信息和调控中心梳理的涉及客户相关变电所信息，及时完成《保电客户基础信息表》。

第三十二条 举办地公司营销部门应按照保电任务类别及重要性等级，梳理测算客户侧保电所需的人员、车辆、物资，编制保电资源配置清单，履行审批程序后，提交相关专业协同部门进行配置。需要其他单位支援的，应提交上级营销部门审核、协调。

第三十三条 举办地公司应在保电指挥体系中设置客户侧保电指挥专业组织（可命名为客户服务组），负责联络上级保电指挥机构，指挥、联系各级客户侧保电人员。

第五章 客户侧隐患排查

第三十四条 重大活动开始前，举办地公司应依据国家、电力行业标准，在重大活动举办方或政府电力管理部门的主导下，开展重大活动保电客户供用电隐患排查工作。

第三十五条 供用电隐患排查分为通用排查和深度排查。通用排查应覆盖所有保电客户，深度排查应覆盖一级及以上保电客户。应对与各级保电场馆的同线路、同母线其他客户开展用电检查，并填写《同母线/线路客户重大活动供用电安全保障告知书》，交客户签收。

第三十六条 举办地公司应在接到保电客户名单后立即组织通用排查，原则上应在半个月内完成；深度排查应综合考虑保电客户场馆建设、改造进度和整改工期等因素，在通用排查完成后、重大活动开始前完成。

第三十七条 通用排查的主要内容包括：保电场馆的供电电源、应急电源、受电装置、运行维护、值班管理、应急管理、重要负荷等。

第三十八条 举办地公司应通过通用排查，填写《保电场馆信息调查表》。应在常规客户档案的基础上，按照“一户一档”的要求，逐户建立保电场馆电气资料档案。

第三十九条 深度排查应在通用排查基础上进行，对场馆红线处供电电源一直延伸至重要末端负荷处的高低压设备、重要末端负荷、不间断电源等开展安全隐患缺陷排查，并做好详细记录。

第四十条 对通用与深度排查过程中发现的问题，举办地公司应开具《用电检查结果通知书》，交客户签收。对发现的重大安全隐患或缺陷，应及时书面报送举办方、政府相关部门备案。

第四十一条 完成通用排查和深度排查后，应及时更新保电客户档案。

第四十二条 举办地公司应督促保电客户按照国家相关技术标准和管理规定配备自备应急电源。确需举办地公司支援应急移动发电车（机）时，保电客户应提交《应急移动设备支援申请单》。

举办地公司应按照轻重缓急的原则，审批支援申请；同意支援的，在应急移动发电车（机）入驻前，举办地公司和保电客户应联合编制《应急移动发电车（机）接入方案》。

第六章 专项及全负荷试验

第四十三条 保电客户应按国家和行业标准开展电气设备预防性试验。

第四十四条 电气设备专项及全负荷试验是指为查验评估各保电客户电气设备健康水平及负荷承载能力，对保电客户的受电装置、配电设施进行的试验。举办地公司应督促特级保电客户开展电气设备专项及全负荷试验。

其中，电气设备专项试验是指为检验电气设备某项性能而开展的试验，分为绝缘性能类试验和电气性能类试验；全负荷试验是指模拟重大活动期间保电场馆运行状态，将场馆全部用电装置和设备同时运行一定的时间，以检验用电设备的实际承载能力和电气性能情况，发现设备缺陷隐患，为问题整改、运行方案制定、负荷预测、设备改造等工作提供支撑的试验。

第四十五条 保电客户应自行选择有试验资质的单位开展电气设备专项试验。

在试验周期内已由有资质单位试验合格、且未进行变动、未发生电气事故、未出现异常的设备，保电客户应收集相关信息和试验报告，填报《电气设备专项试验免试申请表》，经举办方审核同意后，可免于重复试验。

第四十六条 全负荷试验应在场馆电气设施全部竣工投产，所有固定的用电设备调试完毕、试运行正常后进行。特殊情况下，可通过接入同容量模拟负荷的方式，模拟无法提前就位的用电设备。

第四十七条 举办地公司应协助保电客户制定全负荷试验计划及试验方案，并经保电客户电气负责人审核批准。方案主要内容包括：试验准备（含职责和分工）、试验方法、日程安排、安全措施和注意事项、结果分析等。

第四十八条 对客户侧排查、电气设备专项试验、全负荷试验及日常检查工作中发现的隐患、缺陷，举办地公司应向保电客户发送书面整改通知，指导、督促整改，并建立用电安全隐患治理明细表，实行闭环管理。

第四十九条 举办地公司应定期向政府相关部门和举办方书面报告排查发现隐患缺陷及整改情况，并内部存档。

（一）应将隐患缺陷及整改情况定期向政府相关部门或举办方进行书面报告。

（二）对未按期整改或整改不到位的重大及以上的缺陷，应及时向电力管理部门或重大活动举办方作出书面报告。必要时提请政府召开供电方、保电客户、政府相关部门的三方专题整改会议或进行当面约谈。

（三）在重大活动举办前，对保电客户不能整改或不能限时整改的，举办地公司应以书面形式告知政府相关部门或者举办方；若保电客户的场馆不能达到重大活动用电要求的举办地公司可建议政府相关部门要求该场馆退出重大活动。

第七章 场馆保电手册

第五十条 特级保电任务时，根据保电客户的排查和试验的结果，举办地公司营销部门应会同保电客户，按照“一馆一册”的要求，联合编制场馆供用电保障方案，必要时可建议保电客户，要求场馆电气设计、施工、设备供应厂商等配合。

举办地公司营销部门应会同保电客户，在场馆供用电保障方案的基础上，以实用性、简洁性和指导性为原则，编制口袋书和保电卡。供用电保障方案、口袋书和保电卡合称保电手册。

第五十一条 保电手册应在客户侧保电演练前完成审批及发布，并结合保电任务变化、演练暴露问题和临时负荷接入等情况滚动修编；场馆供用电保障方案滚动修编时，应同步修改相应的口袋书和保电卡。

第五十二条 供用电保障方案应包括客户简介、保电任务、供电电源、用电信息、自备应急电源、重要负荷基本信息、外接应急电源、继电保护及整定、保电人员、应急处置预案、备品备件及安全工器具、后勤保障等内容。

第五十三条 供用电保障方案编制完成后，举办地公司应会同保电客户进行联合审查、确认，审查记录和定稿方案各自存档。

第五十四条 口袋书应针对岗位编制，主要包括岗位工作所涉及的任务、供配电设施及其正常运行方式、应急电源、重要负荷、关联人员及联系方式、应急处置预案、备品备件及安全工器具清单等内容，要求“一岗一书、一人一本”。

第五十五条 保电卡应针对各岗位值守范围内电气运行、应急操作等单一保电事项进行编制，主要包括设备状态巡视检查卡、应急处置操作卡、移动应急发电车操作卡等内容，要求“一事一卡”。

第五十六条 举办地公司营销部门应会同保电客户开展保电手册的宣贯培训。培训应分户进行，培训对象包括举办地公司的客户侧保电人员和保电客户安排的电气人员。

第五十七条 保电手册由保电客户和举办地公司双方按照相应文件密级和保密期限进行妥善保管。

第五十八条 客户侧保电演练（以下简称“演练”）是指保电客户、举办地公司共同组织保电相关人员，模拟保电值守或突发事件的预想场景，按照应急预案所规定的职责和程序，在特定的时间和地点，执行应急响应任务的演习和训练活动。

第五十九条 对政府提前公布的一级、二级保电任务，举办地公司应联合客户进行演练。演练遵循“立足实战、发现问题、促进整改、补足短板”的原则，检验值守方案、应急处置预案的实效性、适用性和顺畅性，提升客户侧保电综合能力。

第六十条 演练主要包括值守演练和应急演练两种类型。

第六十一条 值守演练应模拟保电值守场景，覆盖所有值守岗位。主要包括各保电时段值守人员的巡视、工作交接、负荷监控及信息报送等实际工作情况。

第六十二条 应急演练应按照事故预想的方式，模拟保电场馆可能出现的突发停电或异常事件，检验客户侧的应急处置能力。演练分为单路失电演练和全停演练。

（一）单路失电演练是指模拟保电场馆的单条

供电线路或单路低压出线失电情况，主要检验客户侧供电拓扑关系，检验高压备自投、ATS、UPS等装置工作情况及对电压闪动、暂降敏感的重要负荷的影响情况。

（二）全停演练是指模拟保电场馆的全部供电线路失电情况，主要检验应急电源投切动作与时序配合情况、停电恢复程序、信息报送与指令收发等内容。

第六十三条 举办地公司应会同保电客户，依据保电准备工作的进程安排，结合其他专业演练或综合演练，制定演练计划、编制客户侧电力保障演练方案。客户侧演练应在重大活动开始前完成，并预留足够的整改、完善时间。其中：

（一）值守演练应在客户侧电气设施改造完成、电气管理人员和运维人员全部定岗到位的条件下实施。

（二）单路失电演练应在演练线路及关联线路、应急电源等改造完成、相关人员定岗到位的条件下立即组织实施，每条高压供电线路、每条为重要负荷供电的低压线路不少于一次。对发现问题的，应在完成问题整改后再次验证演练，直至问题消除。

（三）全停演练应在客户侧电气设施改造完成、电气管理人员和运维人员全部定岗到位的条件下实施。

第六十四条 客户侧演练方案应包括演练组织机构、演练科目及时间、场景、电气状态设置、事件模拟、处置流程等主要内容和安全要求。

参加跨专业联合演练、跨行业综合演练时，客户侧演练内容应并入上述演练方案，不再单独制定客户侧演练方案。

第六十五条 演练前，参演各方应明确危险点并做好安全防护措施，确保演练过程中不发生人员伤亡、财产损失、设备损坏等异常情况。演练负责人应根据演练方案组织完成演练人员、物资、装备、环境等各方面的准备，提前做好应急移动设备的就位，并组织专题培训。

第六十六条 演练时，参演人员根据演练指令，按照演练方案规定的程序开展演练，不得擅自增加或减少内容。应采用文字、照片和音像等手段记录演练过程。

第六十七条 演练期间发生突发停电、安全事件等意外情况时，立即终止演练，转入应急处置，并向演练负责人汇报。

第六十八条 演练结束后，举办地公司应会同保电客户开展演练评估，并编制客户侧电力保障演练评估报告，提出问题整改和完善保电方案、应急预案的意见和建议。

第十章 临时负荷管理

第六十九条 临时负荷是指在重大活动期间需要临时使用的用电负荷。临时负荷管理包括负荷梳理、使用申请、现场确认、审核批准、接用及拆除。

举办地公司应指导、督促保电客户建立并落实临时负荷管理制度，明确临时负荷用电安全责任分界点、规范临时负荷的接用及撤除流程，防止因保电客户临时负荷管理不当引发异常。必要时促成政府相关部门发布加强临时负荷管理的有关办法或要求。

第七十条 举办地公司应指导保电客户组织临时负荷使用单位提前填报临时负荷接入申请单，督促保电客户收集、梳理临时负荷的用途、用电地点、用电时间、电压等级、负荷容量、电能质量等需求，提前开展场馆内部配电设施的适应性改造。对不可接入临时负荷的插座、配电箱等进行有效封闭，或张贴警示标志。

第七十一条 举办地公司应协助保电客户审批临时负荷接入申请，并据此及时更新场馆保电手册；应协助保电客户建立临时负荷清册，开展临时负荷使用情况的巡视检查，对未经审批或审批未通过的临时负荷，应立即予以制止；对超过批准容量用电的，应要求临时负荷使用单位减少负荷。

临时用电结束后，举办地公司应督促保电客户及时拆除接线，撤出用电设备，涉及多个设备产权方时应做好协调沟通工作。

第十一章 日保电任务发布与实施

第七十二条 重大活动期间，客户侧保电实施日任务管理机制，按照任务重要性等级要求实施现场保电工作。

第七十三条 重大活动开始前，举办地公司应根据重大活动安排计划，预先制定日保电任务表、保电时段表，并初步制定现场保电日任务清单，明确各子项保电任务名称与等级、保电时间等。

客户侧日保电任务按客户侧指挥网络下达至各场馆。

第七十四条 保电期间，任何单位和部门接到政府相关部门或活动主办方的临时性保电任务时，应第一时间将信息报送到保电现场指挥机构。现场指挥机构应通过分析研判，确定临时新增的保电任务、保电客户及其等级、设备范围和任务等级；完成次日日保电任务表、保电时段表、现场保电日任务清单的修订和发布。

第七十五条 保电客户应配置相应值守人员开

展电气运行、巡视工作。举办地公司根据政府相关部门的书面委派，可安排专业人员参与保电客户的保电值守。

第七十六条　按照保电时段等级，保电值守分为现场值守、区域性就近值守及电话值守三种方式：

现场值守方式，举办地公司客户侧保电服务人员（以下简称保电服务人员）配合保电客户开展现场值守保障工作，并填写《现场值守巡视表》。

区域性就近值守方式，现场值守由保电客户负责，举办地公司按照区域网格化就近选取区域服务点，保电服务人员以区域服务点为基地，对区域内的保电客户定时进行巡视，并记录现场值守巡视情况。

电话值守的方式，保电服务人员在举办地公司的工作场所定时电话询问保电客户，保电活动执行前、后各询问一次，保电活动中定时进行巡视，填写《保电客户用电安全服务询问工作单》。

第七十七条　保电值守前，举办地公司应做好人员、设备、物资、交通等各项准备工作。

（一）举办地公司应与保电客户明确保电值守期间的责任分工。根据保电时段等级，双方应提前确定值守方案，包括值守人员排班表等。

（二）保电服务人员应规范着装，携带常用检查工器具、巡视记录表单、保电卡、口袋书等资料进场。

（三)24 小时值守或出入受限时,应为现场值守、区域性就近值守的值守人员配置驻点食宿、应急物资。应急物资应根据安保情况提前运达保电场馆。

第七十八条　保电值守期间，现场保电服务人员必须严格遵守值守巡视、交接班、缺陷管理、临时负荷接入管理、信息报送、现场安全、保密等相关制度要求。严禁擅自操作客户设备。

第七十九条　发生突发事件，现场保电服务负责人与保电客户负责人应联动指挥，现场保电服务人员应立即协助保电客户按照应急预案开展应急处置。在保证人身和设备安全的基础上，第一时间恢复重要负荷供电，同时向上级指挥部门汇报。必要时申请调派应急设备及物资。

第十二章　保电撤离与总结

第八十条　保电任务结束后，客户侧保电人员应服从统一指挥，有序撤离。撤离分单馆保电任务结束撤离（以下简称“单馆撤离”）和整体保电任务结束撤离（以下简称“整体撤离”）。

（一）单馆撤离是指供电企业派员驻点值守的单个保电场馆保电任务全部结束后进行的值守人员、设备、物资撤离值守现场的工作。撤离后，相关人员、设备、物资转为待命状态，用于临时机动调配。

（二）整体撤离是指所有保电场馆保电任务全部结束后进行的值守人员、设备、物资撤离值守现场的工作。

第八十一条　撤离工作应按照核准的保电撤离方案执行。

（一）单馆撤离方案应包括撤离的准备工作、人员装备撤离的方式、撤离路径及撤离的后续工作安排等内容。方案须经上级指挥机构审核。

（二）整体撤离方案应包括保电资料、装备、物资移交工作，整体撤离时间、方式、次序及后勤保障等内容。方案应经保电指挥负责人批准。

第八十二条　撤离工作应按照现场保电人员先行撤离，信息通信和后勤保障人员最后撤离的顺序有序开展。受现场安保管控和交通管制限制，无法按照指令撤离的，应向上级指挥机构汇报。

第八十三条　单馆保电任务结束后，场馆保电服务负责人接到活动举办方活动结束通知后，应向上级指挥机构报告保电任务完成情况，提出撤离申请，经许可并下达准许撤离指令后，按撤离方案有序撤离。撤离前需完成如下工作：

（一）指导并协助保电客户将电气设备运行方式、保护设置、负控设置恢复至保电前状态，并做好记录。

（二）指导保电场馆即时关停临时负荷、拆除临时负荷设备，并做好相关隐患告知工作。

（三）完成场馆驻点应急发电车电缆拆除、撤离工作。

（四）清点所带工器具、保电装备及资料是否齐全。

第八十四条　整体保电任务结束后，保电指挥机构下达整体撤离指令，按整体撤离方案有序撤离。撤离前需完成的主要工作有：

（一）完成物资装备的归还，并做好记录。

（二）支援队伍完成一户一档保电资料的移交工作，在《客户侧保电一户一档移交表》中做好记录。举办地公司需做好所有保电资料收集、归档。

（三）保电过程中形成的不需要归档的涉密纸质、电子资料按保密要求实施销毁处理。严格落实离岗保密管理要求，所有保电人员需签订《电力保障涉密人员离岗保密承诺书》。

（四）各项工作移交完成后，填写《客户侧保电工作移交确认单》。

第八十五条　保电工作结束后，举办地公司应按照要求对所有的文件、资料进行收集、整理，及时移交档案管理部门，落实痕迹化管理要求。

（一）保电工作结束后立即整理相关纸质和电子资料，及时移交。

（二）保电过程中的所有发文、收文、演练评估报告，要求以原件归档。

（三）协议、场馆保电手册、缺陷隐患整改通知单、验收意见单等需双方或多方履行签字手续的文件，均应以正本归档。

（四）保护整定单、试验报告、日报表、证明材料等应字迹清楚、内容规范、数据准确，以原件归档。

第八十六条 整体保电工作结束后，举办地公司应按照总体工作部署，及时完成客户侧保电工作总结。保电工作总结主要包括重点工作及成效、典型经验及亮点、提升措施等。

第八十七条 总结中提出的问题应制定整改提升措施，落实责任部门和单位，实行“销号”闭环管理。

第十三章 支援管理

第八十八条 客户侧保电外部支援是指为完成重大活动客户侧保电工作，从举办地公司以外调配客户侧保电人员、装备等资源的形式。

第八十九条 按照“地理相对集中、任务总体均衡”的工作原则，举办地公司统一管理和指挥保电支援力量；各支援队伍根据举办地公司的安排，负责各自区域内保电工作。

第九十条 举办地公司负责编制客户侧支援工作方案。工作方案应包括：保电任务简介，保电需求测算，支援队伍建设，支援工作安排，支援部署简图，信息报送制度，支援指挥体系及后勤保障等内容。

第九十一条 上级单位营销部门应会同支援需求所涉及的其他专业部门，审核批复举办地公司提交的客户侧支援工作方案。

审批同意后，上级单位营销部门应通过工作联系单或正式文件的方式，向所涉及的支援单位下发支援指令。

第九十二条 根据工作方案，支援单位接到指令后应及时汇总整编本单位客户侧支援人员，组建支援队伍。团队成员应由政治可靠、技能过硬、身心健康，并通过政治审核和背景审查的人员组成。

第九十三条 支援单位与举办地公司应签订《重大活动客户侧保电支援责任书》。各支援队伍在双方约定的时间内，到达指定地点。举办地公司与支援队伍做好保电场馆供用电安全交底、技术交底和支援工作任务交接。

第九十四条 举办地公司负责根据保电场馆现有状况建立交接档案，主要包括：客户基本供用电信息、高低压一次主接线图、前期工作资料及各类来往函件等。各支援队伍负责档案后续补充、完善工作，举办地公司予以配合。

第九十五条 举办地公司应组织支援队伍开展保电工作方案宣贯，各支援队伍根据方案要求，开展客户侧保电工作，并负责队伍的安全保密和人员培训等相关工作。

第九十六条 举办地公司应协助落实支援队伍后勤保障，统一安排并调配工作用车。支援队伍应按照举办地公司确定的保电工作装备配置标准，自行配置保电个人装备。

第九十七条 支援队伍应严格遵守政府及公司各类工作标准和制度，严格落实各类安全措施，切实履行客户侧保电安全职责。

第九十八条 举办地公司应建立联络员制度，向每个支援队伍派驻联络人员，负责协调与当地政府、举办地公司相关部门、保电客户等的相关事宜。

第九十九条 支援队伍在重大活动开始前发现设备紧急缺陷或其他影响正常供电的情况应立即报告举办地公司，由举办地公司负责后续故障处理、消缺工作。

第十四章 保电信息、保密与证件管理

应建立客户侧保电工作的信息与证件管理机制。信息管理主要涉及信息传递、信息保密和信息安全等；证件管理主要涉及客户侧保电人员、车辆的证件办理及发放等。

第一百条 对涉及保密的敏感活动、敏感场所的客户侧保电工作，相关保电人员均应签订保电承诺书，遵守《中华人民共和国保守国家秘密法》《国家电网公司保密工作管理办法》和《国家电网公司重大活动保电检查评估和支援人员保密管理工作规范（试行）》等文件规定，严禁泄露保密信息和文件内容。

第一百零一条 保电期间，保电信息采用周报、日报方式。周报、日报的启动时间由举办地公司确定。

（一）保电工作周报内容主要包括保电任务清单完成情况、需要协调解决的问题、下阶段工作计划等。

（二）保电工作日报内容主要包括当日保电任务的总体执行情况、工作量统计、新增或调整等级情况、突发事件应急处置情况，下一日工作任务等。

第一百零二条 保电中，除保电工作日报报送

外，上级指挥部门应定期轮询各个保电客户，收集保电信息。

发现供用电异常时，客户侧保电人员应根据应急预案第一时间向指挥机构报送异常现象、已采取的处置措施及处置结果，具备条件时，同步上报初步原因分析；若发生停电事故，应第一时间向上级指挥部门报送停电范围和影响程度、已采取的处置措施，具备条件时，同步上报初步原因分析。完成应急处置后，应再次报告核实后的停电原因、处置结果，并及时回复上级指挥部门提出的其他信息。

第一百零三条 举办地公司应根据重大活动举办方规定的范围和要求，办理客户侧保电人员和车辆的专门证件。举办地公司应提前统计本单位和支援单位的人员、车辆信息，上报相关部门审核，设专人做好证件发放和登记工作。

第十五章 评价考核

第一百零四条 上级单位营销部门应加强对举办地公司的监督、检查，开展保电工作专项评价。主要评价内容包括任务清单管理、场馆保电手册编制、隐患缺陷治理、演练管理、保电人员值守到岗到位、后勤保障等情况。

第一百零五条 总部营销部或省公司营销部根据各举办地公司保电工作数量和完成情况，对各举办地公司营销部进行综合考评。

第十六章 附 则

第一百零六条 本规范保电分级若与公司重大活动电力保障有关制度标准不一致时，以有关制度标准的最新内容为准。

第一百零七条 各单位应根据本规范的要求并结合本地实际制定相关工作规范。

第一百零八条 本规范由国网四川省电力公司营销部负责解释。

第一百零九条 本规范自发布之日起施行。

四川电网运行事件通报和约谈工作实施细则（试行）

第一章 总 则

为进一步落实公司加强安全生产管理的工作要求，贯彻国调中心《电网运行事件通报和约谈工作办法（试行）》（调调〔2018〕155号）有关精神，强化调控安全管理体系，提高调控安全管理水平，推进电网运行系统本质安全建设，及时通报对四川电网安全运行产生较大影响的各类事件，促进相关单位吸取教训、开展自查、制定措施并消除隐患，切实保障大电网安全稳定运行，制定本细则。

本细则依据《电力安全事故应急处置和调查处理条例》《国家电网公司安全事故调查规程》《国家电网调度控制管理规程》《国家电网公司调度系统重大事件汇报规定》《电网运行事件通报和约谈工作办法（试行）》《四川电力系统调度控制管理规程》《四川电网调控运行专业管理规定》等规程规定编制。

电网运行事件通报包括事件快报和季度通报两类，通报材料由四川电力调度控制中心（以下简称“省调”）负责发布。

针对省调各调管单位因安全管理不到位对电网运行造成恶劣影响或构成重大隐患的事件，省调将约谈相关单位负责人，要求相关单位及人员“说清楚”。相关单位包括但不限于地市调控中心、检修公司生产运行指挥中心、变电站、发电厂、用户等。

本细则适用于四川电网内除国调、西南分中心调管外的110千伏及以上电网运行事件，其通报及约谈原则上由省调负责。

各地调可根据本细则，制定本地区35千伏及以下电网运行事件的通报和约谈实施细则，并负责通报和约谈。

第二章 事件快报

对电网安全产生严重影响的电网运行事件，省调原则上于原因查明后3个工作日内发布事件快报，快报以简报形式下发至各地调、责任单位及应受教育的相关单位。

事件快报主要包括以下：

（一）公司经营区220千伏及以上电网一、二次设备存在家族性缺陷，并构成重大实时运行安全隐患的事件；

（二）110千伏及以上电网、发电厂一次设备发生误操作事件；

（三）地级及以上调控机构、220千伏及以上厂站发生二次设备因误碰、误接线、误整定等原因造成其不正确动作事件；

（四）220千伏及以上电网、发电厂设备发生三相金属性短路故障事件；

（五）发电厂因燃料供应、供水等因素等自身原因造成机组非停或跳闸，水电站上下游施工、临时综合用水要求等未提前告知，风机、光伏逆变器大面积脱网，且对全网或地区电网安全运行和电力电量平衡产生严重影响的事件；

（六）因网络入侵、外力破坏和恐怖袭击等对电网安全运行造成严重影响的事件；

（七）拒不执行或不按要求执行调度指令、监控指令，妨碍省调行使调控职权，严重影响电网安全的事件；

（八）用电紧张时期，或电网故障处置中，未按省调调度命令、或未能在调度命令明确的规定时间内足额执行有序用电、错避峰、拉闸限电等；擅自恢复所限用电负荷；发电厂不按调度命令，擅自调整出力，经省调值班调度员警告仍拒绝执行的行为；

（九）国调下发的快报中，涉及四川电网或对四川电网安全运行有警示作用的事件，以及其他省调认为有必要进行通报的违反调控规程、调控纪律的事件。

相关责任单位应尽快组织开展事件分析，原则上应于3个工作日内将事件分析报告以邮件形式报送省调相关专业处室。

事件分析报告应包括但不限于以下内容:事件经过，一二次设备动作情况、处置过程，原因分析，暴露的问题及整改措施等。

各单位在收到事件快报相关材料后，应尽快组织学习、开展专项排查与自查，根据排查自查情况制定整改措施及实施计划。

第三章　季度通报

省调按季发布四川电网主网调度运行安全情况通报。季度通报于每季度前10个工作日内以省调简报形式下发至各地调、责任单位及应受教育的单位。季度通报主要内容：

（一）220千伏及以上线路故障、较大影响电网故障等故障情况统计分析；

（二）220千伏及以上设备发生 N-2 及以上同时故障事件；

（三）恶劣天气、水灾、火灾、地震、泥石流及外力破坏等对电网运行产生较大影响的事件 ；

（四）因电网原因造成铁路、公路、航运等公共交通中断或延误，或重要用户供电或供热，并造成较大社会影响的事件；

（五）实时运行中，电力供需形势紧张的地区或局部电网；

（六）违反《四川电网调控运行专业管理规定》中重大事件汇报规定，出现迟报、漏报、瞒报、谎报、错报等行为的事件；

（七）已通报的快报事件及国调下发的月报中涉及四川电网或对四川电网有警示作用的事件，以及其他省调认为有必要进行通报的违反调控规程、调控纪律的事件。

相关单位应在开展安全活动时对季度通报进行讨论学习，对于季度通报中明确的工作要求要严格落实。

第四章　省调约谈

省调约谈涉及的事件包括：

（一）110千伏及以上电网、发电厂一次设备发生误操作事件；

（二）地级及以上调控机构、220千伏及以上厂站发生二次设备因误碰、误接线、误整定等原因造成其不正确动作事件；

（三）重大保电期间，损失有关负荷，造成重大社会、政治影响的事件；

（四）因故障处置不当造成事故影响范围扩大的事件；

（五）发生《国家电网公司电力监控系统网络安全运行管理规定》中规定的网络安全事件；

（六）发生第八条第（七）（八）项的快报事件；

（七）发生国调快报、月度通报中的事件，以及其他省调认为有必要进行约谈的违反调控规程、调控纪律的事件。

省调约谈可采取当面会谈、电视电话会议等方式，约谈通知单以传真文件下发至被约谈单位。

被约谈单位在接到约谈通知后，应深入开展事件分析，由单位负责人带队参加约谈。被约谈单位应在约谈后5个工作日内，按照省调要求将整改措施及实施计划以书面形式报送。

省调可授权地调对相关单位进行约谈，并将约谈情况在约谈后5个工作日内报送省调。

第五章　考核与处罚

发生有责任单位的电网运行事件，若责任单位是电网公司系统内的，将在电网公司内的调控工作评价、评先评优等工作中体现；非电网公司内的单位，可根据并网调度协议、电力监管办法、其他法律法规进行考核追责。

第六章　附　则

本细则由省调负责解释并监督执行。

本细则自2019年1月1日起正式实施。

四川智能电网调度控制系统运行管理规定

第一章　总　则

第一条　为保障四川电力调度控制中心（以下简称“省调”）智能电网调度控制系统（以下简称“D5000系统”）安全稳定运行，有序开展运行维护管理工作，依据《电力调度自动化系统运行管理规程》和《国家电网公司电力调度自动化系统运行管理规定》，制定本规定。

第二条　本规定适用于四川省调、南充备调智能电网调度控制系统的运行维护管理工作。

第三条　智能电网调度控制系统包括基础平台和实时监控与预警、调度计划及安全校核、调度管理等应用。

第四条　省调各专业处室、国网四川检修公司（以下简称“省检修公司”）在进行智能电网调度控制系统运行维护时，应遵守本规定。

第二章　职责分工

第五条　根据“统一平台、应用融合”的技术特点，D5000系统平台及各应用功能模块运行维护按“专业分工、协同配合”的原则进行。

第六条　D5000系统平台维护职责分工

(一) 自动化处职责：负责系统硬件平台、操作系统、关系数据库、软件支撑环境维护；负责电网公共静态模型参数维护；负责状态估计数据校核；负责厂站SCADA信息、PMU信息、电量信息接入；负责变电站设备监控信息接入；负责AGC/AVC/设备远方控制功能实施；配合进行二次设备（保护装置、故障录波、安控装置等）运行信息、水调子站、新能源厂站信息、主/辅设备全监视拓展信号接入；配合继电保护远方操作功能实施。

(二) 调度控制处职责：配合进行变电站设备监控信息接入；配合AGC/AVC/设备远方控制功能联调。

(三) 系统运行处职责：负责动态模型参数维护；负责及时提供静态模型参数；负责安控信息接入；配合AVC功能联调。

(四) 继电保护处职责：配合进行动态模型参数维护；负责及时提供静态模型参数；负责二次设备（保护装置、故障录波等）运行信息接入；配合继电保护远方操作功能实施。

(五) 水电及新能源处职责：负责水调子站、新能源厂站信息接入。

(六) 设备监控处职责：配合进行变电站设备监控信息接入；配合设备远方控制功能联调。

(七) 省检修公司职责：负责开展继电保护和安全自动装置远方操作验收；负责主/辅设备全监视拓展信号接入验收及画面绘制；配合开展500kV变电站自动化信息接入；负责D5000系统延伸工作站的安全防护；负责延伸工作站硬件设备及延伸通道安全防护装置运维。

第七条　应用功能模块维护职责分工

(一) 应用功能模块由各专业处室牵头开展日常运行维护工作，提出应用功能改造完善需求，经自动化处审核后统筹实施。

(二) 各专业处室应配合其他应用功能模块的运行维护需求，对应用功能模块提供的服务可靠性和数据准确性负责。

(三) 自动化处为各应用功能模块运行维护提供技术支撑，配合进行应用功能维护和故障消缺。

第三章　硬件平台管理

第八条　硬件平台包括服务器、工作站、前置设备、网络设备、安全防护设备、KVM系统等设备。

第九条　自动化处负责硬件平台设备运行工况监视，负责硬件设备维护消缺，负责实施硬件平台改造完善工程。

第十条　自动化处负责硬件设备配置参数管理，审定、分配设备名称、IP地址、服务端口、网络路由、安装位置等参数，负责设备台账管理。

第一十一条　系统各用户不得擅自改变硬件设备、网络设备、安全防护设备、操作系统、数据库、平台的配置参数。

第一十二条　各专业处室负责提出设备耗材和备件需求，自动化处汇总后统筹实施。

第一十三条　各专业处室负责从应用角度出发提出硬件设备改造完善需求，经自动化处审核后统筹实施。

第四章 操作系统及支撑环境管理

第一十四条 操作系统包括安装于服务器、工作站上的Linux/Windows操作系统。支撑环境指提供D5000系统运行环境的系统软件及配置参数。

第一十五条 自动化处负责各服务器、工作站的操作系统及支撑环境运行工况监视，负责各设备操作系统及支撑环境维护消缺。

第一十六条 自动化处负责各设备操作系统及支撑环境配置参数管理，分配用户名，设置口令，配置用户权限。

第一十七条 系统各用户不得擅自改变系统配置参数，严格执行电力二次系统安全防护有关规定，保障系统安全运行。

第五章 关系数据库管理

第一十八条 关系数据库指I、II和III区关系数据库，向各应用模块提供历史数据和参数存储服务。

第一十九条 自动化处负责关系数据库运行工况监视及维护消缺。各专业处室应协调应用功能模块开发厂商配合进行关系数据库维护消缺。

第二十条 自动化处负责分配数据库用户名，设置口令，配置用户权限。

第二十一条 各专业处室负责提出应用功能模块数据存储需求。自动化处负责数据库资源分配和优化。

第六章 模型参数管理

第二十二条 系统模型参数包括电网公共静态模型参数、动态模型参数和各应用私有模型参数。

第二十三条 电网公共静态模型包含设备静态参数、拓扑连接关系、遥信定义、遥测定义等，由自动化处负责维护、校验，系统运行处、继电保护处配合及时提供静态模型相关参数。

第二十四条 自动化处负责根据上级调度控制机构有关要求，定期进行静态模型上报，配合进行模型拼接和校验。

第二十五条 动态模型包括动态参数、安控及自动装置策略、稳定限额及故障集，由系统运行处负责维护。

第二十六条 系统运行处负责根据上级调度控制机构有关要求，定期进行动态模型上报，配合进行模型拼接和暂稳校验。

第二十七条 应用功能模块私有模型参数由各专业处室牵头维护，自动化处配合提供技术支持。

第七章 运行维护管理

第二十八条 运行维护人员应严格执行相关的运行管理制度，确保D5000系统安全稳定运行，自动化机房环境整洁。

第二十九条 自动化处负责对D5000系统和设备进行巡视、检查、测试和记录，确保系统平台和各项应用功能、网络、安全防护设备等正常运行。发现异常情况及时处理，做好记录并按有关规定进行汇报。

第三十条 各应用功能模块日常运行维护由各专业处室牵头进行。

第三十一条 各专业处室在应用功能模块运行维护过程中，应严格遵循自动化机房、自动化系统运行管理及二次安全防护管理规章制度要求，配合自动化处开展过程管控。

第三十二条 自动化处负责D5000系统平台软件升级工作，拟订升级计划、方案并组织实施。系统平台升级方案应分析对各应用功能模块的影响范围和需要各专业处室配合的工作，经各专业处室会签后执行。

第三十三条 各专业处室应根据平台升级方案，协调所负责应用功能模块的开发厂商配合工作。平台升级后对所负责应用功能进行测试。

第三十四条 各专业处室牵头负责应用功能模块的软件升级工作，编制升级方案，分析对系统平台及相关应用功能模块的影响。自动化处根据系统总体构架和平台要求审核方案，确保方案的合理性和可行性。

第三十五条 各专业处室负责编制应用功能模块软件升级工作的实施方案、风险评估及安全措施，经自动化处审核后方可实施。

第三十六条 应用功能模块升级改造工作应首先在离线测试系统中进行，通过相关测试后方可投入在线运行。严禁在运行系统上进行开发调试。

第八章 检修管理

第三十七条 D5000系统和设备的检修分为计划检修、临时检修和故障抢修。计划检修是指纳入年度计划和月度计划的检修工作；临时检修是指须及时处理的重大设备隐患、故障善后等工作；故障抢修是指由于设备健康或其他原因须立即进行抢修恢复的工作。

第三十八条　D5000系统的计划检修由各专业处室至少提前3个工作日在OMS系统中办理检修申请，临时检修应至少在工作前4小时办理检修申请，经省调各相关专业处室会签后方可进行。如可能影响到向相关电力调度控制机构传送的信息时，应向上级电力调度控制机构提出申请并获得准许后方可进行。

第三十九条　D5000系统的故障抢修，由自动化值班人员及时通知省调相关专业处室并按现场规定处理，必要时报告主管领导。如影响到向相关调度控制机构传送的信息时，应及时通知相关电力调度控制机构值班人员。

第九章　缺陷管理

第四十条　D5000系统和设备出现异常情况均列为缺陷，根据威胁安全的程度，分为紧急缺陷、重要缺陷和一般缺陷。

（一）紧急缺陷：指已经引发自动化系统、调度管理或变电管理的故障或事故，必须马上处理的缺陷，包括但不限于以下情况，SCADA 功能异常、AGC 功能异常、AVC 功能异常、前置功能异常、同上级调度的计算机通信链路中断、日内发电计划功能异常、监控功能异常等；

（二）重要缺陷：指对自动化系统、调度管理或变电管理的正常运行有一定影响，但短时期内不会引发故障或事故，必须限期处理的缺陷，包括但不限于以下情况，SCADA 等重要功能服务器单机运行、网络分析功能异常、综合智能分析与告警功能异常、日前调度计划功能异常、调度管理类应用功能异常等；

（三）一般缺陷：指对自动化系统、调度管理或变电管理无明显影响，在较长时间内不会引发故障或事故，但应安排处理的缺陷，包括但不限于以下情况，非重要功能服务器单机运行、数据网路由器单节点运行等。

第四十一条　缺陷处理时间要求：紧急缺陷4小时内处理；重要缺陷24小时内处理；一般缺陷2周内消除。

第四十二条　紧急缺陷、重要缺陷的处理按照故障抢修流程开展，一般缺陷的处理按照计划检修或临时检修流程开展。

第四十三条　缺陷未消除前，各专业处室应加强检查，监视缺陷的发展趋势。紧急缺陷、重要缺陷因故不能按规定期限消缺，应及时向相关调控机构汇报。

第四十四条　缺陷发生和处理过程中，各专业处室应按照有关管理规定履行汇报职责。缺陷消除后，各专业处室应做好缺陷记录。

第十章　附　则

第四十五条　本规定自颁布之日起执行。原《四川智能电网调度技术支持系统运行管理制度》（川电调控〔2012〕73号）同时废止。

第四十六条　本规定由四川电力调度控制中心负责解释。

四川四川省电力公司共产党员服务队“五个服务”管理办法（试行）

第一章　总　则

第一条　为深入学习贯彻习近平新时代中国特色社会主义思想，践行人民电业为人民的企业宗旨，加强公司共产党员服务队（以下简称“党员服务队”）标准化、规范化、制度化、品牌化建设，结合实际，制定本办法。

第二条　依据《国家电网公司共产党员服务队管理办法》和《关于进一步深化国家电网共产党员服务队建设的意见》，党员服务队主要围绕政治服务、抢修服务、营销服务、志愿服务、增值服务(以下简称“五个服务”)五个方面开展工作。

第三条　本办法主要规范党员服务队“五个服务”全过程管理，明确服务内容、工作要求，强化风险管控，不断提高为民服务水平。

第四条　本办法适用于公司注册管理的党员服务队。

第二章　政治服务

第五条　党员服务队政治服务的主要内容：

（一）政策精神学习宣贯：带头学习宣传贯彻党的理论和路线方针政策，大力宣传公司贯彻中央决策部署、践行企业责任、服务人民群众的重要举措。

（二）重大保电工作：为重大活动、重要时段、重点单位、重点项目提供电力保障。

（三）重大科技攻关：参与本单位的关键领域、

重大项目科技攻关。

（四）重点工程建设：参与本单位、本地区重要电网建设保障任务。

（五）电力扶贫、乡村振兴：深入贫困地区开展帮扶工作，积极服务“三农”，促进民族地区发展。

（六）污染防治、绿色引领：宣传节能环保，推广电能替代，带头开展绿色施工。

（七）根据公司统一部署或实际需要开展的其他重大政治服务。

第六条 党员服务队政治服务的基本要求：

（一）在政策精神宣贯工作上，借助用电咨询、抢修服务、志愿行动、公益活动以及街道社区党建共建等平台，通过微党课、宣传栏、公众号等形式开展宣传解读。

（二）在重大活动、重要时段、重点单位、重点项目的供电保障中，党员服务队要在关键环节值守，参与突发故障抢修，担负艰巨困难任务，充分发挥骨干带头作用。

（三）在重大科技攻关上，要建立由党员服务队技术骨干组成的团队，积极参与科技攻关。

（四）在重点工程建设上，应服从公司安排部署，勇当先锋，在本单位、本地区重点工程规划、建设、管理和保障等工作中发挥党员服务队引领作用。

（五）在电力扶贫、乡村振兴工作上，各单位要根据公司总体部署，组织党员服务队因地制宜开展工作，助力精准脱贫攻坚，提升农村地区供电服务水平，积极造福电网沿线少数民族群众。

（六）在污染防治、绿色引领上，深化“我为绿色出主意”主题活动，开展有示范性、导向性的绿色施工行动，推行绿色出行抢修，积极倡导文明、节约、绿色的消费方式和生活习惯。

（七）要注意做好保密工作，对于重大活动、重要会议、服务对象、科研项目、工程建设中的涉密事项，严格遵守保密要求。

第三章　抢修服务

第七条 党员服务队抢修服务的主要内容：

（一）各党员服务队结合地域和服务对象实际确定抢修服务的范围。

（二）在遭遇重大自然灾害、突发性重大事件等危急时刻，要首先派出具备条件的党员服务队奔赴一线，全力做好抢修恢复、抢险应急等工作，做到迅速响应、冲锋在前、担当重任。

第八条 党员服务队抢修服务基本要求：

（一）抢修服务过程严格执行公司故障抢修处理有关规定。

（二）强化抢修现场优质服务和安全关键环节风险管控，抢修过程中严格按照标准化作业要求，认真分析现场作业环境及风险点防范，确保抢修工作安全高效。

（三）党员服务队应按照故障分级，优先处理紧急故障，并如实向上级主管部门汇报抢修进展情况，直至故障处理完毕。

（四）抢修服务应积极主动地向客户进行解释和安抚，避免发生因抢修时长、抢修质量等引发的不稳定事件或导致相关投诉。

第四章　营销服务

第九条 党员服务队营销服务的主要内容：

（一）供电服务信息沟通：推行在社区、村社等地设立服务站，发放服务卡，选派党员服务队队员担任客户经理，实施服务网格化管理。及时答复客户有关电力方面的咨询、意见、建议，用户诉求收集及牵头闭环处理；停送电信息等各类供电服务信息交互服务；故障停电事件的协调处理、进度跟踪、信息告知服务。

（二）政策宣传解读：电费电价政策、安全用电知识、掌上电力App、电能替代、节能等宣传推广、疑问解答服务。

（三）设备监视巡查：电能计量装置（含采集）运行状态巡视监测服务。

（四）居民客户产权内故障处理：党员服务队队员结合客户自身实际情况，建议客户联系物业或有资质的电工进行处理。

（五）远程充值失败故障处理：党员服务队队员根据实际情况，指导客户到供电公司或缴费机构进行补卡，或现场掌机下发，恢复用电。

（六）客户欠费复电处理：客户缴清电费后，党员服务队队员协助客户经理现场进行复电。

第十条 党员服务队营销服务的基本要求：

（一）党员服务队队员现场工作中应保持值班手机24小时通讯畅通，遇特殊原因无法满足客户需求时，应向客户做好沟通解释工作，做好应急处理。

（二）党员服务队要加强与其他业务班组的协调配合，不断提升综合服务能力，推行“一站式”服务、“全领域”服务，推广线上办理业务，着力提升服务便捷性，快速响应、高效解决群众服务问题。

（三）党员服务队队员受理客户咨询时应及时予以解答，暂时无法答复的应做好记录并留下客户联系方式，待确定答复意见后尽快回复客户。当客户诉求与政策、法律、法规及公司相关制度矛盾时，应耐心解释，避免争执。

第五章　志愿服务

第十一条　党员服务队志愿服务的主要内容：

（一）产业扶贫：开展志愿服务进农村活动，选派队员担任驻村干部，组织队员利用专业知识和资源，积极帮助贫困乡村改善基础设施、扩宽贫困农户的脱贫致富渠道，助力国家乡村振兴战略。

（二）社区共建：开展志愿服务进社区活动，组织队员共建平安社区、文明社区、和谐社区和优美社区。

（三）解危济困：开展志愿服务进灾区活动，组织队员参加应急救援，帮助受灾群众化解危难、走出困境。

（四）关爱特殊群体：开展志愿服务进福利院活动，组织队员关爱慰问"三无"老人、孤残儿童等特殊人群。

（五）支教帮教：开展志愿服务进校园活动，指导学生安全用电，组织队员与边远乡村学校、留守学生之家进行结对帮扶、助教助学。

（六）环境保护：开展志愿服务助推环境保护活动，组织队员参加植树造林、江河保护、绿色出行、垃圾分类、城市创卫等行动。

（七）文化传播：开展志愿服务助推文化传播活动，组织队员广泛传播电力科普知识、优秀传统文化、革命文化、社会主义先进文化，推动城市乡村精神文明建设。

（八）保障服务：开展志愿服务保障重大活动、重要会议、重大赛事等，组织公司志愿者提供电力保障、便民引导、事项咨询等服务。

（九）除包含上述乡村、社区、学校服务场景外，同时深入企业、医院、部队、政府机构等，推行电力便民利民措施，提供用电隐患排查，优化用电指导等具有行业性的技能和专业志愿服务。

（十）根据服务对象申请或实际需要开展的其他志愿服务活动。

第十二条　党员服务队志愿服务的基本要求：

（一）志愿服务活动应遵循自愿、平等、合法、诚信和公益性原则，遵守《志愿服务条例》等法律法规及《国网四川省电力公司志愿服务管理办法（试行）》的相关要求。

（二）党员服务队队员接受所在队伍管理和安排，履行志愿服务承诺，不得向志愿服务对象收取或者变相收取报酬，不得以志愿者身份从事营利性活动。尊重志愿服务对象的意愿、人格、隐私，不得损害其合法权益。

（三）党员服务队应积极主动与公司群团志愿服务队伍和外部志愿服务组织加强志愿服务协同，常态化开展沟通交流，促进资源整合、活动协作，并在项目活动中起好带头示范作用。

（四）将每年"3·5""7·1""12·5"等日期固化为共产党员服务队志愿活动日，每支共产党员服务队要定点联系社区、村社和困难群众，开展结对帮扶工作。

（五）在党员服务队牵头组织的联合志愿服务活动和项目中，应禁止不具备电力专业资质资格的其他志愿服务组织或个人进行电力技能和专业志愿服务，并杜绝协同参与的外部志愿服务组织和个人进行可能发生人身危险的志愿服务活动。

（六）成建制的党员服务队全年开展志愿服务的时间不少于全部工作时间的五分之一。队员作为登记注册的志愿者，每年参加志愿服务活动应不少于4次，总时长不少于8小时。

第六章　增值服务

第十三条　党员服务队增值服务的主要内容：

（一）深入挖掘重要政企客户的用电需求，针对客户用电的痛点、难点问题，提供精细化、定制化、差异化的供用电咨询和服务，提升用能质量、优化用能方案。

（二）为电力用户提供多样化的电力知识宣传及科普服务，积极利用线上线下的信息渠道，以科学讲座、新媒体、公众号等形式，实现用电政策解读、电力知识普及、用电安全宣贯等，促进用户提升用电安全性和科学性。

（三）面向泛在电力物联网建设需求及用户典型痛点问题，探索用户用电及其增值服务的创新发展模式，定期开展创新技术交流活动，立足实际，搭建技术攻关、政策研读、创新创效的交流平台，提升客户在电力服务中的获得感。

（四）提供政策指导、技术咨询、节能降耗、用电诊断、运维服务、电工培训、工器具试验等增值服务。

（五）为中高端客户提供差异化的供用电服务。重点为新建工业园区、专变客户，提供方案优化、技术咨询、政策指导、设备运维状况诊断、安全工器具试验等服务。

（六）为重要政治、经济、文化重大活动提供精细化的保电服务，包括方案编制、方案优化、技术诊断等。

（七）为重要电力客户提供多样化的电力知识服务和电工技能培训。包括以电力讲座、现场指导等形式，宣传电力前沿知识、电力政策解读等，引导电力客户安全用电、科学用电。

（八）为新客户提供前期免费咨询服务。主动对接招商、经信等政府部门，提前介入市招商引资重点项目服务，提前收集客户用电需求，超前掌握其用能规划投产安排等信息，同步推送发展、运维、建设、调控等部门，引导配电网规划布点。在正式受理用电申请前，协助客户办理规划许可、电力通道等政府审批手续，指导客户合理确定内部用能方式、配电设施容量，通过咨询方案“预安排”方式，提前启动配套电网工程前期工作。

（九）专业协同帮助客户降低用电成本。引导客户参与电力市场化交易，并向客户提供能效诊断、节能咨询等综合能源服务，统筹运用新能源、储能等多种技术，指导客户实施电能替代或节能改造，实现降本增效。协助客户完成客户侧设备相关保护定值整定。

第十四条 党员服务队增值服务的基本要求：

（一）打造“强前端，大后台”服务体系，党员服务队与各技术部门密切协作，加强前端探索，提升对接效率，依托技术部门的后台支持，有效解决技术难题，构建完善服务体系。

（二）党员服务队应结合客户需求形成多元化、专业化和规范化的服务队伍，并有针对性地开展定向服务，定期进行客户定制化服务的工作总结及跟进回访，保证用户对服务的满意度水平。

第七章 规范管理

第十五条 党员服务队开展服务时，应严格遵守公司供电服务、品牌管理等规范要求：

（一）严格执行公司供电服务规范，规范使用文明礼貌用语，服务礼仪、仪容仪表符合规定要求，服务热情周到。

（二）规范制作和使用队旗、服装、宣传资料等。

（三）服务过程中主动亮身份、亮职责、亮承诺，自觉接受群众监督。

第十六条 党员服务队要加强服务工作的基础管理：

（一）及时做好有关文档、图片、视频、实物等资料收集归档，按服务类别分类整理、存储。

（二）做好服务数据统计，按季度、按年度进行汇总。及时在国网公司党建信息化综合管理系统中录入工作开展情况。

第八章 组织保障

第十七条 公司各单位要加强党员服务队“五个服务”工作的组织领导，强化管理、持续改进，不断提升服务水平。

第十八条 公司各单位应当为各项服务活动提供必要的经费物资保障。所需费用明确列支项目，按照公司财务制度严格管理、规范使用。

第十九条 公司各单位要把党员服务队开展“五个服务”的情况纳入年度工作目标和绩效考核指标体系，并作为先进评选的重要依据。

第二十条 公司各单位要加强党员服务队“五个服务”的总结宣传，及时总结先进经验，广泛宣传报道典型做法和先进事迹，塑造良好形象。

第九章 附 则

第二十一条 本办法由公司党委党建部负责解释并监督执行。

本办法自印发之日起实施。

统 计 资 料

四川省发电设备装机容量分年度情况表
（2018—2019 年）

附表 1

年 份	发电设备容量(万千瓦)					水、火电比重（%）	
	合计	年增长率(%)	占全国比重（%）	水 电	火 电	水 电	火 电
2018	9832.67	1.14	5.18	7823.95	1575.15	79.57	16.02
2019	9929.02	0.98	4.94	7846.13	1570.23	79.02	15.81

四川省年发电量分年度情况表
（2018—2019 年）

附表 2

年 份	总发电量（亿千瓦时）	年增长率(%)	占全国比重(%)	水 电（亿千瓦时）	火 电（亿千瓦时）
2018	3760.84	5.37	5.38	3249.10	434.67
2019	3902.95	3.78	5.33	3316.01	487.54

国网四川省电力公司售电量分年度情况表
（201—2019 年）

附表 3

年 份	售电量(亿千瓦小时)	年增长率(%)
2018	2007.05	13.36
2019	2180.19	8.63

说明：该表为并表口径统计数据

国网四川省电力公司公用变电容量分年度情况表
（2018—2019 年）

附表 4

单位：万千伏安

年份	合计		500 千伏		220 千伏		110 千伏		35 千伏	
	全省	电力公司	全省	电力公司	全省	电力公司	全省	电力公司	全省	电力公司
2018	25093.32	24552.82	8330	8330	7941.45	7812.45	7429.88	7139.93	1391.99	1270.44
2019	25854.21	25250.11	8580	8580	8218.45	8041.45	7622.88	7329.63	1432.88	1299.03

四川省及国网四川省电力公司公用输电线路分年度情况表（2018—2019 年）

附表 5　　单位: 千米(回路长度)

年份	合计		500千伏		220千伏		110千伏		35千伏	
	全省	电力公司	全省	电力公司	全省	电力公司	全省	电力公司	全省	电力公司
2018	99205.04	87736.15	15053.17	15053.17	21715.29	20066.75	30870.12	27396.32	30472.05	24125.48
2019	102241.26	90889.31	16077.35	16077.35	22386.31	20761.01	31820.02	28316.20	30863.16	24640.33

2019 年四川电网负荷特性情况表

附表 6

指标名称	计算单位	2019年	2018年	2019年发生日期
最高发电负荷	万千瓦	4194	3668	2019.8.26
最高用电负荷	万千瓦	4154	3701	2019.8.26
平均用电负荷率	%	79.44	80.12	
日最大峰谷差率	%	45.94	44.03	2019.2.9
峰谷差率最大日的最大用电负荷	万千瓦	3603	3635	
最大日用电量	万千瓦时	77118	70426	2019.8.26
日均用电量	万千瓦时	56351	51847	
累计最大负荷利用小时数	小时	4951	5114	
拉电条次	条次		0.00	
其中：110 千伏及以上	条次		0.00	
拉、限电损失电量	万千瓦时		0.00	
其中：拉电损失电量	万千瓦时		0.00	
移峰损失电量	万千瓦时		0.00	

2019 年四川电网发电能力情况表（全口径）

附表 7

指标名称	期初	本年累计新增	本年累计减少	期末
甲	1	2	3	4
总计	98326746	1268092	304681	99290157
其中：清洁能源	82575252	1039790	27181	83587861
可再生能源	83049492	1218992	27181	84241303
新能源	4809949	976242	6221	5779970
其中：生物质发电	474240	179202	0	653442
分布式电源	263560	41340	10721	294179
水电	78239543	242750	20960	78461333
其中：抽水蓄能				

续附表7

指标名称	期初	本年累计新增	本年累计减少	期末
火电	15751494	228302	277500	15702296
燃煤	12400600	30000	270000	12160600
其中：煤矸石发电	333000	27000	270000	90000
燃油				
燃气	1262694	2000	3000	1261694
其中：煤层气	56044	500	3000	53544
沼气发电	33240	1500	0	34740
其他	2088200	196302	4500	2280002
其中：余热、余压、余气发电	1647200	18600	4500	1661300
垃圾发电	356000	117702	0	473702
农林生物质发电	85000	60000	0	145000
核电				
风电	2528200	718500	0	3246700
太阳能发电	1807509	78540	6221	1879828
其中：光伏发电	1807509	78540	6221	1879828
光热发电				
其他	0	0	0	0
地热能				
海洋能				
储能				
其他				
一、6000千瓦及以上	93520786	1188772	286000	94423558
水电	73710595	213370	16000	73907965
其中：抽水蓄能				
火电	15530374	216902	270000	15477276
燃煤	12387100	30000	270000	12147100
其中：煤矸石	327000	27000	270000	84000
燃油				
燃气	1229774	0	0	1229774
其中：煤层气	37144	0	0	37144
沼气发电	29740	0	0	29740
其他	1913500	186902	0	2100402
其中：余热、余压、余气发电	1472500	12000	0	1484500

续附表7

指标名称	期初	本年累计新增	本年累计减少	期末
垃圾发电	356000	114902	0	470902
农林生物质发电	85000	60000	0	145000
核电				
风电	2528200	718500	0	3246700
太阳能发电	1751617	40000	0	1791617
其中：光伏发电	1751617	40000	0	1791617
光热发电				
其他	0	0	0	0
地热能				
海洋能				
储能				
其他				
A、按调度关系分	93520786	1188772	286000	94423558
1. 统一调度	84795409	1019000	270000	85544409
水电	68233800	92000	0	68325800
其中：抽水蓄能				
火电	12383340	168500	270000	12281840
燃煤	11010000	0	270000	10740000
其中：煤矸石发电	270000	0	270000	0
燃油				
燃气	932340	0	0	932340
其中：煤层气	15000	0	0	15000
沼气发电	29740	0	0	29740
其他	441000	168500	0	609500
其中：余热、余压、余气发电				
垃圾发电	356000	108500	0	464500
农林生物质发电	85000	60000	0	145000
核电				
风电	2528200	718500	0	3246700
太阳能发电	1650069	40000	0	1690069
其中：光伏发电	1650069	40000	0	1690069
光热发电				
其他	0	0	0	0

续附表7

指标名称	期初	本年累计新增	本年累计减少	期末
地热能				
海洋能				
储能				
其他				
（1）国家电网公司统一调度	23100000	0	0	23100000
水电	23100000	0	0	23100000
火电				
核电				
风电				
太阳能				
其他				
（2）分部统一调度	3300000	0	0	3300000
水电	3300000	0	0	3300000
火电				
核电				
风电				
太阳能				
其他				
（3）省电力公司统一调度	58395409	1019000	270000	59144409
水电	41833800	92000	0	41925800
火电	12383340	168500	270000	12281840
核电				
风电	2528200	718500	0	3246700
太阳能	1650069	40000	0	1690069
其他				
2. 非统一调度	8725377	169772	16000	8879149
水电	5476795	121370	16000	5582165
其中：抽水蓄能				
火电	3147034	48402	0	3195436
燃煤	1377100	30000	0	1407100
其中：煤矸石发电	57000	27000	0	84000
燃油				
燃气	297434	0	0	297434

续附表7

指标名称	期初	本年累计新增	本年累计减少	期末
其中：煤层气	22144	0	0	22144
沼气发电				
其他	1472500	18402	0	1490902
其中：余热、余压、余气发电	1472500	12000	0	1484500
垃圾发电	0	6402	0	6402
农林生物质发电				
核电				
风电				
太阳能	101548	0	0	101548
其中：光伏发电	101548	0	0	101548
光热发电				
其他	0	0	0	0
地热能				
海洋能				
储能				
其他				
B、按性质分	93520786	1188772	286000	94423558
1. 公用电厂	90398348	1116772	286000	91229120
水电	73710595	213370	16000	73907965
其中：抽水蓄能				
火电	12449484	144902	270000	12324386
燃煤	11058000	0	270000	10788000
其中：煤矸石发电	270000	0	270000	0
燃油				
燃气	944484	0	0	944484
其中：煤层气	27144	0	0	27144
沼气发电	29740	0	0	29740
其他	447000	144902	0	591902
其中：余热、余压、余气发电	6000	0	0	6000
垃圾发电	356000	114902	0	470902
农林生物质发电	85000	30000	0	115000
核电				
风电	2528200	718500	0	3246700

续附表7

指标名称	期初	本年累计新增	本年累计减少	期末
太阳能发电	1710069	40000	0	1750069
其中：光伏发电	1710069	40000	0	1750069
光热发电				
其他	0	0	0	0
地热能				
海洋能				
储能				
其他				
2．企业自备电厂	3122438	72000	0	3194438
水电				
其中：抽水蓄能				
火电	3080890	72000	0	3152890
燃煤	1329100	30000	0	1359100
其中：煤矸石发电	57000	27000	0	84000
燃油				
燃气	285290	0	0	285290
其中：煤层气	10000	0	0	10000
沼气发电				
其他	1466500	42000	0	1508500
其中：余热、余压、余气发电	1466500	12000	0	1478500
垃圾发电				
农林生物质发电	0	30000	0	30000
核电				
风电				
太阳能发电	41548	0	0	41548
其中：光伏发电	41548	0	0	41548
光热发电				
其他	0	0	0	0
地热能				
海洋能				
储能				
其他				
C、按管理关系分	93520786	1188772	286000	94423558

续附表7

指标名称	期初	本年累计新增	本年累计减少	期末
1.国家电网有限公司	455000	0	0	455000
2.中国华能集团	3044000	49500	0	3093500
3.中国大唐集团	6122000	62000	0	6184000
4.中国华电集团	8053400	102500	0	8155900
5.国家能源集团	14954400	0	0	14954400
6.国家电投集团	1517000	24000	0	1541000
7.其他	59374986	950772	286000	60039758
二、6000千瓦以下	4805960	79320	18681	4866599
水电	4528948	29380	4960	4553368
其中：抽水蓄能				
火电	221120	11400	7500	225020
燃煤	13500	0	0	13500
其中：煤矸石发电	6000	0	0	6000
燃油				
燃气	32920	2000	3000	31920
其中：煤层气	18900	500	3000	16400
沼气发电	3500	1500	0	5000
其他	174700	9400	4500	179600
其中：余热、余压、余气发电	174700	6600	4500	176800
垃圾发电	0	2800	0	2800
农林生物质发电				
核电				
风电				
太阳能发电	55892	38540	6221	88211
其中：光伏发电	55892	38540	6221	88211
光热发电				
其他	0	0	0	0
地热能				
海洋能				
储能				
其他				

2019年四川电网全社会用电分类情况表

附表8

行业	用户个数（个）	用户用电装接容量（千瓦）	用电量（万千瓦时）	
			累计	上年累计
全社会用电总计	35608148	474905386	26358251.46	24594895.36
A、全行业用电合计	2592642	197546791	21521101.31	19931296.06
第一产业	168663	2431106	131449.1294	111571.5033
第二产业	475880	126427654	16773995.54	15619912.42
第三产业	1948099	68688031	4615656.646	4199812.14
B、城乡居民生活用电合计	33015506	277358595	4837150.15	4663599.3
城镇居民	13977387	154305466	2761800.487	2673088.153
乡村居民	19038119	123053129	2075349.662	1990511.147
全行业用电分类	2592642	197546791	21521101.31	19931296.06
一、农、林、牧、渔业	293986	4156573	185760.632	164641.0045
1.农业	118255	1586245	73002.5636	61892.3476
2.林业	5038	106888	3849.4769	3962.8022
3.畜牧业	22629	502144	38637.7555	32348.0674
4.渔业	22741	235829	15959.3334	13368.2861
5.农、林、牧、渔专业及辅助性活动	125323	1725467	54311.5026	53069.5012
其中：排灌	103264	1287792	35619.0515	35379.3161
二、工业	420966	116350425	16358169.66	15273532.18
（一）采矿业	19866	10088986	1042051.891	974638.3015
1.煤炭开采和洗选业	6505	1134733	167992.3546	161967.247
2.石油和天然气开采业	1850	4358057	138584.6545	117044.48
3.黑色金属矿采选业	896	1558288	393338.1324	365329.2435
4.有色金属矿采选业	1232	566776	73116.0026	87076.5943
5.非金属矿采选业	5906	1696037	171996.9269	167696.8861
6.其他采矿业	3477	775095	97023.8196	75523.8506
（二）制造业	382815	80272454	12238075.24	11258457.46
1.农副食品加工业	168421	3624598	184407.9093	168899.8983
2.食品制造业	18604	1155754	129810.2849	124326.4847
3.酒、饮料及精制茶制造业	10145	1162307	123163.1047	113080.2789
4.烟草制品业	7513	185926	15567.0003	13751.2746
5.纺织业	4831	783331	128473.7156	127420.7015

续附表8

行业	用户个数（个）	用户用电装接容量（千瓦）	用电量（万千瓦时）	
			累计	上年累计
6.纺织服装、服饰业	2525	215542	26483.3381	25724.5318
7.皮革、毛皮、羽毛及其制品和制鞋业	2713	433183	42696.6681	43417.0755
8.木材加工和木、竹、藤、棕、草制品业	15463	1410187	118557.7245	114061.4043
9.家具制造业	10733	785316	105739.6626	101411.7414
10.造纸和纸制品业	4747	1209365	310484.0074	284931.6873
11.印刷和记录媒介复制业	2927	274695	40477.2001	33140.2866
12.文教、工美、体育和娱乐用品制造业	1365	79747	8790.111	7606.1611
其中：体育用品制造	69	5032	383.8192	357.9228
13.石油、煤炭及其他燃料加工业	2763	1181197	389496.6029	335755.4385
其中：煤化工	1344	288369	96442.4909	87370.7966
14.化学原料和化学制品制造业	17387	13407908	2278826.586	2005450.417
其中：氯碱	195	1818173	341370.3615	337576.1108
电石	94	3442886	167402.803	144604.3076
黄磷	145	1124738	288024.1026	260520.3477
肥料制造	1706	965071	348188.1499	367768.7692
15.医药制造业	2952	973355	120938.4708	106692.685
其中：中成药生产	410	136780	18158.924	15560.1831
生物药品制品制造	434	222130	22470.8096	19193.6172
16.化学纤维制造业	590	1763852	118961.6622	115746.5079
17.橡胶和塑料制品业	5671	3252405	251479.526	232889.2693
其中：橡胶制品业	1452	2334028	57976.7793	54025.6283
塑料制品业	4219	918377	193502.7467	178863.641
18.非金属矿物制品业	33678	10762364	2131366.667	1990373.316
其中：水泥制造	2487	2193329	931956.6736	873337.7088
玻璃制造	417	250744	55892.1773	45667.5798
陶瓷制品制造	6015	1239533	197246.9352	216267.2288
碳化硅	41	379137	34188.6483	27864.6534
19.黑色金属冶炼和压延加工业	941	7103799	2225802.891	2095115.136
其中：钢铁	575	4411218	1349870.278	1230552.157
铁合金冶炼	366	2692581	875932.6136	864562.9798
20.有色金属冶炼和压延加工业	1683	12140708	1284413.769	1197294.316

续附表8

行业	用户个数（个）	用户用电装接容量（千瓦）	用电量（万千瓦时）	
			累计	上年累计
其中：铝冶炼	134	5185295	747494.927	795866.6353
铅锌冶炼	85	375275	148561.1517	97769.7952
稀有稀土金属冶炼	9	6500	9297.3947	15722.7383
21.金属制品业	16390	4546747	518668.4846	546913.3293
其中：结构性金属制品制造	1402	234753	39236.4293	26102.4042
22.通用设备制造业	7304	1122117	132878.8915	121059.9913
其中：风能原动设备制造	10	3432	554.6528	279.3688
23.专用设备制造业	787	708800	69224.9834	67507.151
其中：医疗仪器设备及器械制造	22	6242	539.0276	218.6069
24.汽车制造业	877	1214076	132809.6325	120721.7131
其中：新能源车整车制造	26	42914	911.9777	1757.8282
25.铁路.船舶.航空航天和其他运输设备制造业	2305	1501529	78634.1601	76629.9411
其中：铁路运输设备制造	45	89194	8131.8735	9427.4188
城市轨道交通设备制造	77	69971	4728.2717	5828.4298
航空、航天器及设备制造	144	310249	39889.681	37995.7098
26.电气机械和器材制造业	1876	2163090	210313.427	166695.3736
其中：光伏设备及元器件制造	8	1363	87.0104	106.563
27.计算机、通信和其他电子设备制造业	2145	3127629	679665.9796	564733.5526
其中：计算机制造	53	128462	15096.3187	14261.5907
通信设备制造	407	208372	30748.6128	34557.1992
28.仪器仪表制造业	278	49301	9361.3596	9318.0118
29.其他制造业	20890	2425674	200869.1196	175312.2738
30.废弃资源综合利用业	3787	403670	37569.0197	29542.1551
31.金属制品、机械和设备修理业	10524	1104282	132143.2774	142935.3536
（三）电力、热力、燃气及水生产和供应业	18285	25988985	3078042.528	3040436.424
1.电力、热力生产和供应业	4615	24067036	2803266.133	2811649.303
其中：电厂生产全部耗用电量	926	8461940	752787.683	725387.1348
线路损失电量	157	495491	1940959.72	1946480.593
抽水蓄能抽水耗用电量	0	0	0	0
2.燃气生产和供应业	2154	469814	52834.9633	39302.8351
3.水的生产和供应业	11516	1452135	221941.4317	189484.2859

续附表8

行业	用户个数（个）	用户用电装接容量（千瓦）	用电量（万千瓦时）	
			累计	上年累计
三、建筑业	65438	11181511	547969.1585	489315.5914
1.房屋建筑业	34699	4323645	191584.0813	179770.7463
2.土木工程建筑业	7892	2949743	130420.7763	99826.5897
3.建筑安装业	6836	618508	34628.0894	33885.1503
4.建筑装饰、装修和其他建筑业	16011	3289615	191336.2115	175833.1051
四、交通运输、仓储和邮政业	20300	11017420	647121.9341	582984.9661
1.铁路运输业	2341	7959248	408808.436	383744.7334
其中：电气化铁路	338	4129996	208665.9877	185155.8494
2.道路运输业	5811	1654573	120323.8352	101634.6793
其中：城市公共交通运输	776	590342	64611.7437	50870.1535
3.水上运输业	433	48337	3052.5233	3362.002
其中：港口岸电	5	33	152.1705	30.0806
4.航空运输业	392	332990	31168.6746	25248.9638
5.管道运输业	185	83603	6019.4633	8934.5948
6.多式联运和运输代理业	1750	90325	13485.9935	13588.2254
7.装卸搬运和仓储业	6385	730980	54999.7228	37926.7858
8.邮政业	3003	117364	9263.2854	8544.9816
五、信息传输、软件和信息技术服务业	211716	3385570	395698.3698	365395.9374
1.电信、广播电视和卫星传输服务	129553	1473119	122912.7549	105269.8094
2.互联网和相关服务	75195	1405107	205329.0074	204335.5743
其中：互联网数据服务	875	122786	10031.1227	6678.605
3.软件和信息技术服务业	6968	507344	67456.6075	55790.5537
六、批发和零售业	1149203	17905617	1128464.392	1015284.451
其中：充换电服务业	964	245567	17343.5126	2918.6922
七、住宿和餐饮业	120704	4254360	306404.3927	283556.1148
八、金融业	15314	1928735	71884.92	69241.6462
九、房地产业	30219	7476420	598133.4008	523742.9128
十、租赁和商务服务业	23495	1225976	75630.7953	66141.7846
其中：租赁业	1663	48178	7406.08	7417.4461
十一、公共服务及管理组织	241301	18664184	1205863.661	1097459.473
1.科学研究和技术服务业	4101	2550791	106246.1781	96259.8164

续附表8

行业	用户个数（个）	用户用电装接容量（千瓦）	用电量（万千瓦时）	45.5044
2.水利、环境和公共设施管理业	73814	4055826	267357.3391	239659.2312
其中：水利管理业	5596	391189	38584.5499	34579.5556
其中：公共照明	30720	1633422	109732.8748	99805.1662
3.居民服务、修理和其他服务业	44113	1315692	88827.1668	84659.6531
4.教育、文化、体育和娱乐业	50183	4861176	325067.9151	291908.7056
其中：教育	25766	3177351	266374.4829	232863.8456
5.卫生和社会工作	18836	2720423	212520.1229	190963.9062
6.公共管理和社会组织、国际组织	50254	3160276	205844.9394	194008.1601
补充指标	0	0	0	0
开采专业及辅助性活动	2296	536506	78752.1021	58961.652

2019年国网四川省电力公司产值情况表

附表9

指标名称	总产值（现行价格）	销售产值（现行价格）	增加值（现行价格）
甲	1	2	3
一、公司合计	11327869	11327869	3124244
二、母公司	10476293	10476293	2710339
（一）主营业务	10459523	10459523	2706000
1.公司本部	1243244	1243244	321642
2.供电公司小计	9216279	9216279	2384359
国网阿坝供电公司	145201	145201	37565
国网巴中供电公司	159181	159181	41182
国网成都供电公司	2711419	2711419	701476
国网达州供电公司	340052	340052	87975
国网德阳供电公司	579628	579628	149956
国网甘孜供电公司	87672	87672	22682
国网广安供电公司	198733	198733	51414
国网广元供电公司	248296	248296	64237
国网乐山供电公司	548729	548729	141962
国网泸州供电公司	374146	374146	96796
国网眉山供电公司	402100	402100	104028
国网绵阳供电公司	504908	504908	130626

续附表9

指标名称	总产值（现行价格）	销售产值（现行价格）	增加值（现行价格）
国网内江供电公司	295181	295181	76367
国网南充供电公司	367033	367033	94956
国网攀枝花供电公司	476116	476116	123177
国网遂宁供电公司	139414	139414	36068
国网凉山供电公司	288018	288018	74514
国网雅安供电公司	115454	115454	29869
国网宜宾供电公司	318175	318175	82316
国网资阳供电公司	132423	132423	34259
国网自贡供电公司	196499	196499	50837
国网天府新区供电公司	587902	587902	152097
（二）发电			
（三）电力修造			
（四）其他	16770	16770	4339

2019 年四川电网 35 千伏及以上输电线路情况表

附表 10

指标名称	输电线路				架空线路部分				电缆部分	
	条数（条）		长度（千米）		条数	杆路长度	回路长度(千米)		条数（条）	长度（千米）
	小计	其中：直流线路	小计	其中：直流线路	（条）	（千米）	小计	其中供农电用		
甲	1	2	3	4	5	6	7	8	9	10
电网总计	6017	4	102241.255	1094.422	5772	89002.007	99722.709		1291	2518.546
±800 千伏	3	3	854.392	854.392	3	854.392	854.392			
500 千伏	197		16077.346		197	11526.688	16077.346			
±500 千伏	1	1	240.030	240.030	1	240.030	240.030			
220 千伏	909		22386.313		876	17999.256	21984.183		96	402.130
110 千伏	2305		31820.019		2120	28187.026	30131.965		496	1688.054
35 千伏	2602		30863.155		2575	30194.615	30434.793		699	428.362
一、国家电网公司	4820	4	90889.310	1094.422	4655	78482.193	89035.996		1126	1853.314
±800 千伏	3	3	854.392	854.392	3	854.392	854.392			
500 千伏	197		16077.346		197	11526.688	16077.346			
±500 千伏	1	1	240.030	240.030	1	240.030	240.030			
220 千伏	827		20761.013		800	16505.881	20397.005		81	364.008
110 千伏	1901		28316.204		1778	25296.820	27201.250		405	1114.954
35 千伏	1891		24640.325		1876	24058.382	24265.973		640	374.352
（一）总部	25	3	3039.421	911.339	25	2890.805	3039.371		1	0.050
（二）分部	8		886.608		8	766.340	886.608			
（三）省电力公司	4786		86780.198		4621	74641.965	84926.934		1125	1853.264

续附表 10

指标名称	输电线路				架空线路部分				电缆部分	
	条数（条）	长度（千米）	条数	杆路长度	回路长度(千米)				条数（条）	长度（千米）
	小计	其中：直流线路	小计	其中：直流线路	（条）	（千米）	小计	其中供农电用		
（四）外省电力公司	1	1	183.083	183.083	1	183.083	183.083			
二、其他	1197		11351.945		1117	10519.814	10686.713		165	665.232
220 千伏	82		1625.300		76	1493.375	1587.178		15	38.122
110 千伏	404		3503.815		342	2890.206	2930.715		91	573.100
35 千伏	711		6222.830		699	6136.233	6168.820		59	54.010

2019 年四川电网变电站情况表

附表 11

指标名称	公用变电站							企业自备变电站			开关站
	普通变电站			换流站							
	变电站	在运变压器	容量	换流站	在运变压器	换流变压器容量	换流容量	变电站	在运变压器	容量	变电站
	（座）	（台/组）	（千伏安）	（座）	（台/组）	（千伏安）	（千瓦）	（座）	（台/组）	（千伏安）	（座）
甲	1	2	3	4	5	6	7	8	9	10	11
电网总计	2540	4336	258542140	4	84	29743200	24600000	479	939	21263205	9
±800 千伏				3	0	0	21600000				
500 千伏	50	99	85800000	0	84	29743200	0				2
±500 千伏				1	0	0	3000000				
220 千伏	249	491	82184500					30	95	7168160	
110 千伏	902	1716	76228800					210	371	10787950	
35 千伏	1339	2030	14328840					239	473	3307095	7
一、国家电网公司	2332	4003	252501060	4	84	29743200	24600000				9
±800 千伏				3	0	0	21600000				
500 千伏	50	99	85800000	0	84	29743200	0				2
±500 千伏				1	0	0	3000000				
220 千伏	245	483	80414500								
110 千伏	854	1633	73296300								
35 千伏	1183	1788	12990260								7

续附表 11

指标名称	公用变电站							企业自备变电站			开关站
	普通变电站			换流站							
	变电站	在运变压器	容量	换流站	在运变压器	换流变压器容量	换流容量	变电站	在运变压器	容量	变电站
	（座）	（台/组）	（千伏安）	（座）	（台/组）	（千伏安）	（千瓦）	（座）	（台/组）	（千伏安）	（座）
（一）总部	0	1	750000	4	84	29743200	24600000				
（三）省电力公司	2332	4002	251751060								9
二、其他	208	333	6041080					479	939	21263205	
500 千伏											
220 千伏	4	8	1770000					30	95	7168160	
110 千伏	48	83	2932500					210	371	10787950	
35 千伏	156	242	1338580					239	473	3307095	

2019年四川省供电综合情况情况表

附表12

指标名称	全部供电部分			其中：电力企业部分			
	供电量	净用电量	供电最高负荷	供电量	售电量	线损电量	线损率
总 计	24814977.37	22942706.55	4154.30	24051689.37	22179418.55	1872270.82	7.78
1. 主网（省内）	702365.70			702365.70		702365.70	
2. 国网地区合计	24112611.67	22942706.55	4154.30	23349323.67	22179418.55	1169905.12	5.01
达州市	616827.46	589224.63	171.00	616827.46	589224.63	27602.83	4.47
南充市	774346.47	720140.15	211.00	773949.36	719743.04	54206.32	7.00
成都市	5663859.26	5367364.29	1099.10	5613223.55	5316728.58	296494.97	5.28
绵阳市	1280040.24	1227520.90	218.00	1265852.89	1213333.55	52519.34	4.15
德阳市	1280040.23	1227520.89	208.93	1256118.98	1203599.64	52519.34	4.18
广元市	590925.32	556084.66	107.90	567218.25	532377.59	34840.66	6.14
乐山市	2038462.96	1945037.10	240.00	1795100.41	1701674.55	93425.86	5.20
自贡市	422308.58	397635.72	113.66	408939.11	384266.25	24672.86	6.03
宜宾市	618727.69	591860.91	190.14	600744.28	573877.50	26866.78	4.47
内江市	774811.65	748742.67	146.46	660693.92	634624.94	26068.98	3.95
泸州市	850101.63	799715.76	178.10	817440.77	767054.90	50385.87	6.16
攀枝花市	1336335.11	1310334.91	178.06	1180118.76	1154118.56	26000.20	2.20
凉山州	1150841.98	1081504.12	171.20	1150841.98	1081504.12	69337.86	6.02
巴中市	337341.95	308291.84	77.10	337341.95	308291.84	29050.11	8.61
广安市	564844.89	553087.78	124.24	509162.02	497404.91	11757.11	2.31

续附表 12

指标名称	全部供电部分			其中：电力企业部分			
	供电量	净用电量	供电最高负荷	供电量	售电量	线损电量	线损率
眉山市	1222066.49	1186861.21	194.87	1208031.55	1172826.27	35205.28	2.91
资阳市	277698.52	257229.99	66.50	277698.52	257229.99	20468.53	7.37
遂宁市	502760.57	476575.35	125.99	502695.42	476510.20	26185.22	5.21
阿坝州	1077015.02	1033950.88	127.88	1077015.02	1033950.88	43064.14	4.00
甘孜州	264271.80	213531.81	51.42	264271.80	213531.81	50739.99	19.20
雅安市	1006449.29	956257.06	150.20	1006449.29	956257.06	50192.23	4.99
天府新区	1208178.23	1164454.79	238.22	1205232.05	1161508.61	43723.44	3.63

四川省电力公司机构名称及管理范围变更一览表

附表 13

时间	机　构　名　称	管辖范围
2011年12月	国家电网公司四川省电力公司	四川全省国有供电企业和映秀湾水力发电总厂
2012年12月		

四川省电力公司所属统调发电厂装机容量情况表

附表 14

年　份	发电设备容量(万千瓦)					水、火电比重（%）	
	合计	年增长率(%)	占全国比重（%）	水　电	火　电	水　电	火　电
2018	45.5	0		45.5	0	100	0
2019	45.5	0		45.5	0	100	0

国网四川省电力公司所属发电厂年发电量情况表

附表 15

年　份	总发电量（亿千瓦时）	年增长率（%）	占全省比重(%)	水　电（亿千瓦时）	火　电（亿千瓦时）
2018	21.10	-11.85	0.56	21.10	
2019	21.27	0.81	0.57	21.27	